IMAGINA!

SERVIÇO SOCIAL DO COMÉRCIO
Administração Regional no Estado de São Paulo

Presidente do Conselho Regional
Abram Szajman
Diretor Regional
Danilo Santos de Miranda

Conselho Editorial
Ivan Giannini
Joel Naimayer Padula
Luiz Deoclécio Massaro Galina
Sérgio José Battistelli

Edições Sesc São Paulo
Gerente Marcos Lepiscopo
Gerente adjunta Isabel M. M. Alexandre
Coordenação editorial Clívia Ramiro, Cristianne Lameirinha, Francis Manzoni
Produção editorial Rafael Fernandes Cação, Maria Elaine Andreoti
Coordenação gráfica Katia Verissimo
Produção gráfica Fabio Pinotti
Coordenação de comunicação Bruna Zarnoviec Daniel

IMAGINAI!

O TEATRO DE GABRIEL VILLELA

Dib Carneiro Neto e Rodrigo Audi [org.]

© Dib Carneiro Neto e Rodrigo Audi, 2017
© Edições Sesc São Paulo, 2017
Todos os direitos reservados

preparação Luanne Batista
revisão Karinna A. C. Taddeo, Silvana Vieira
versão ao inglês Anthony Sean Cleaver
revisão do inglês Silvana Vieira
projeto gráfico e diagramação Mariana Bernd
imagem da capa João Caldas Fº

Imaginai! O teatro de Gabriel Villela / Organização de Dib
Carneiro Neto e Rodrigo Audi. –
São Paulo: Edições Sesc São Paulo, 2017. –
340 p. il.: fotografias e desenhos. Bilíngue (português/inglês).

ISBN 978-85-9493-013-2

1. Teatro. 2. Teatro Brasileiro. 3. Villela, Gabriel. 4. Cenografia.
5. Figurino. I. Título. II. Villela, Antônio Gabriel Santana. III.
Carneiro Neto, Dib. IV. Audi, Rodrigo.

CDD 792

Edições Sesc São Paulo
Rua Cantagalo, 74 — 13º/14º andar
03319-000 São Paulo SP Brasil
Tel. 55 11 2227-6500
edicoes@edicoes.sescsp.org.br
sescsp.org.br/edicoes
/edicoessescsp

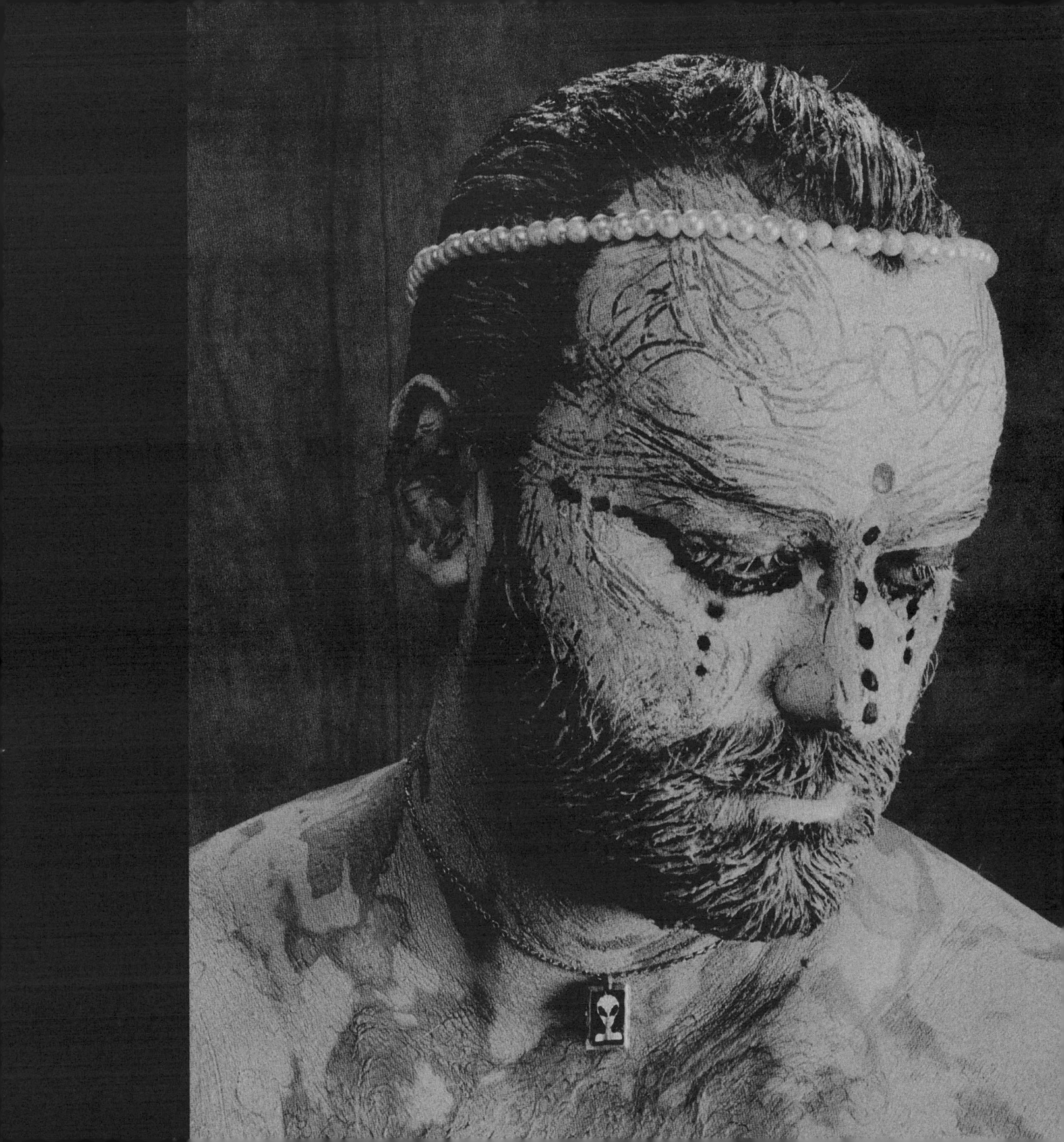

SUMÁRIO

(09) **APRESENTAÇÃO** ··· Danilo Santos de Miranda

(11) **CORES, TEXTURAS E PRAZERES DE UMA PRIMAVERA ININTERRUPTA** ··· Dib Carneiro Neto

(17) **"OH, BARRO, ESTE É O TEU CENTRO! VOLTA!"** ··· Rodrigo Audi

(20) **VOCÊ VAI VER O QUE VOCÊ VAI VER** ··· 1989
(24) **O CONCÍLIO DO AMOR** ··· 1989
(28) **RELAÇÕES PERIGOSAS** ··· 1990
(32) **VEM BUSCAR-ME QUE AINDA SOU TEU** ··· 1990
(38) **A VIDA É SONHO** ··· 1991
(44) **ROMEU E JULIETA** ··· 1992 · 1995 · 2012
(50) **A GUERRA SANTA** ··· 1993
(56) **A FALECIDA** ··· 1994
(60) **A RUA DA AMARGURA** ··· 1994
(66) **TORRE DE BABEL** ··· 1995
(70) **MARY STUART** ··· 1996
(76) **O MAMBEMBE** ··· 1996
(80) **O SONHO** ··· 1996
(84) **VENTANIA** ··· 1996
(90) **A AURORA DA MINHA VIDA** ··· 1997
(94) **MORTE E VIDA SEVERINA** ··· 1997
(98) **ALMA DE TODOS OS TEMPOS** ··· 1999
(104) **REPLAY** ··· 2000
(110) **ÓPERA DO MALANDRO** ··· 2000
(116) **OS SALTIMBANCOS** ··· 2001 · 2003 · 2009
(122) **GOTA D'ÁGUA** ··· 2001
(128) **SONHO DE UMA NOITE DE VERÃO: fragmentos amorosos** ··· 2002
(134) **A PONTE E A ÁGUA DE PISCINA** ··· 2002
(138) **QUARTETO/RELAÇÕES PERIGOSAS** ··· 2003
(142) **AUTO DA LIBERDADE** ··· 2003
(146) **FAUSTO ZERO** ··· 2004

- (150) (RE)APARECEU A MARGARIDA ··· 2005
- (154) ESPERANDO GODOT ··· 2006
- (160) LEONCE E LENA ··· 2006
- (166) SALMO 91 ··· 2007
- (172) CALÍGULA ··· 2008
- (178) VESTIDO DE NOIVA ··· 2009
- (184) O SOLDADINHO E A BAILARINA ··· 2010
- (188) SUA INCELENÇA, RICARDO III ··· 2010
- (194) CRÔNICA DA CASA ASSASSINADA ··· 2011
- (200) HÉCUBA ··· 2011
- (206) MACBETH ··· 2012
- (212) OS GIGANTES DA MONTANHA ··· 2013
- (218) UM RÉQUIEM PARA ANTONIO ··· 2014
- (222) MANIA DE EXPLICAÇÃO ··· 2014
- (226) A TEMPESTADE ··· 2015
- (234) RAINHAS DO ORINOCO ··· 2016
- (240) SHOWS E ÓPERAS
- (248) EPÍLOGO

- (251) A DRAMATURGIA DA PAIXÃO ··· Eduardo Moreira
- (262) QUANDO HÁ MÉTODO NA LOUCURA ··· Walderez de Barros
- (269) NINGUÉM ENCENA O CIRCO COM TANTA INSPIRAÇÃO E VERDADE ··· Fernando Neves
- (278) O FIGURINO DE GABRIEL VILLELA: DRAMATURGIA E POÉTICAS TÊXTEIS ··· Fausto Viana e Rosane Muniz
- (290) UM MUNDO DE POSSIBILIDADES NO UNIVERSO DA VOZ ··· Babaya
- (297) TODAS AS DIMENSÕES DE UM GIGANTE RENASCENTISTA ··· Francesca Della Monica
- (300) ARTÍFICE DO VISUAL DRAMÁTICO ··· Macksen Luiz
- (305) UM TEATRO FEITO DE TRAVELLINGS E PLANOS-SEQUÊNCIA ··· Luiz Carlos Merten

- (312) CRÉDITOS DAS IMAGENS
- (314) SOBRE OS AUTORES
- (316) ENGLISH VERSION

BARROCA MINEIRIDADE

Contar qualquer história sobre o teatro de Gabriel Villela passa, com certeza, por abordar a influência de suas raízes plantadas na pacata cidade de Carmo do Rio Claro, no sul de Minas, à qual o diretor ciclicamente se volta em momentos de descanso, inspiração e ensaios, muitas vezes com um convite extensivo aos atores e profissionais que participam da criação de seus espetáculos.

Suas obras trazem esse mundo do barroco brasileiro, com suas cores intensas, suas texturas marcadas, seus festejos populares, seus elementos circenses, procissões, bordados, sombrinhas, galinhas, flores, barro, colchas de retalho. As referências de seu barroco dramático são inúmeras, mas não as únicas. Por trás disso há muito mais: há o pesquisador e leitor compulsivo, o aluno reverente à faculdade que o formou e, sobretudo, o artista que exercita plenamente seu ofício de encenar histórias. Nisto Gabriel Villela é também hábil: seu grande apreço pelos clássicos, que alterna aos contemporâneos, seus cenários, seus figurinos, sua visão cênica nos transportam a um universo sensorialmente rico e, acima de tudo, capaz de voltar nossos olhares a nós mesmos e aos outros, às similitudes e diferenças que nos constituem e nos movem.

Imaginai! pretende abarcar uma porção significativa de tudo isso. O olhar intimista dos organizadores do livro, Dib Carneiro Neto e Rodrigo Audi, que trabalharam com Gabriel em diversas ocasiões, se lançou ao desafio de reunir fotografias de peças e shows, bem como artigos de críticos, artistas e parceiros conhecedores de sua estética pelos anos de trabalho conjunto. Além deles, também há os comentários do próprio diretor sobre cada uma de suas peças – e nessas memórias não faltam histórias interessantes, referências aos bastidores, ao processo criativo, à trajetória dos espetáculos e a afetuosas parcerias com Ruth Escobar, Laura Cardoso, Sábato Magaldi, J.C. Serroni, Grupo Galpão e Walderez de Barros, entre diversos outros.

Desde o começo de sua carreira, Gabriel Villela tem se apresentado nos palcos do Sesc e, ao espetáculo *Vem buscar-me que ainda sou teu*, que estreou em 1990 no Teatro Sesc Anchieta, se seguiram vários outros. Pois agora também agregamos este *Imaginai!* a nossa empreitada editorial. Com esta publicação, mais uma vez reafirmamos nosso compromisso com a valorização do teatro brasileiro.

Danilo Santos de Miranda
Diretor Regional do Sesc São Paulo

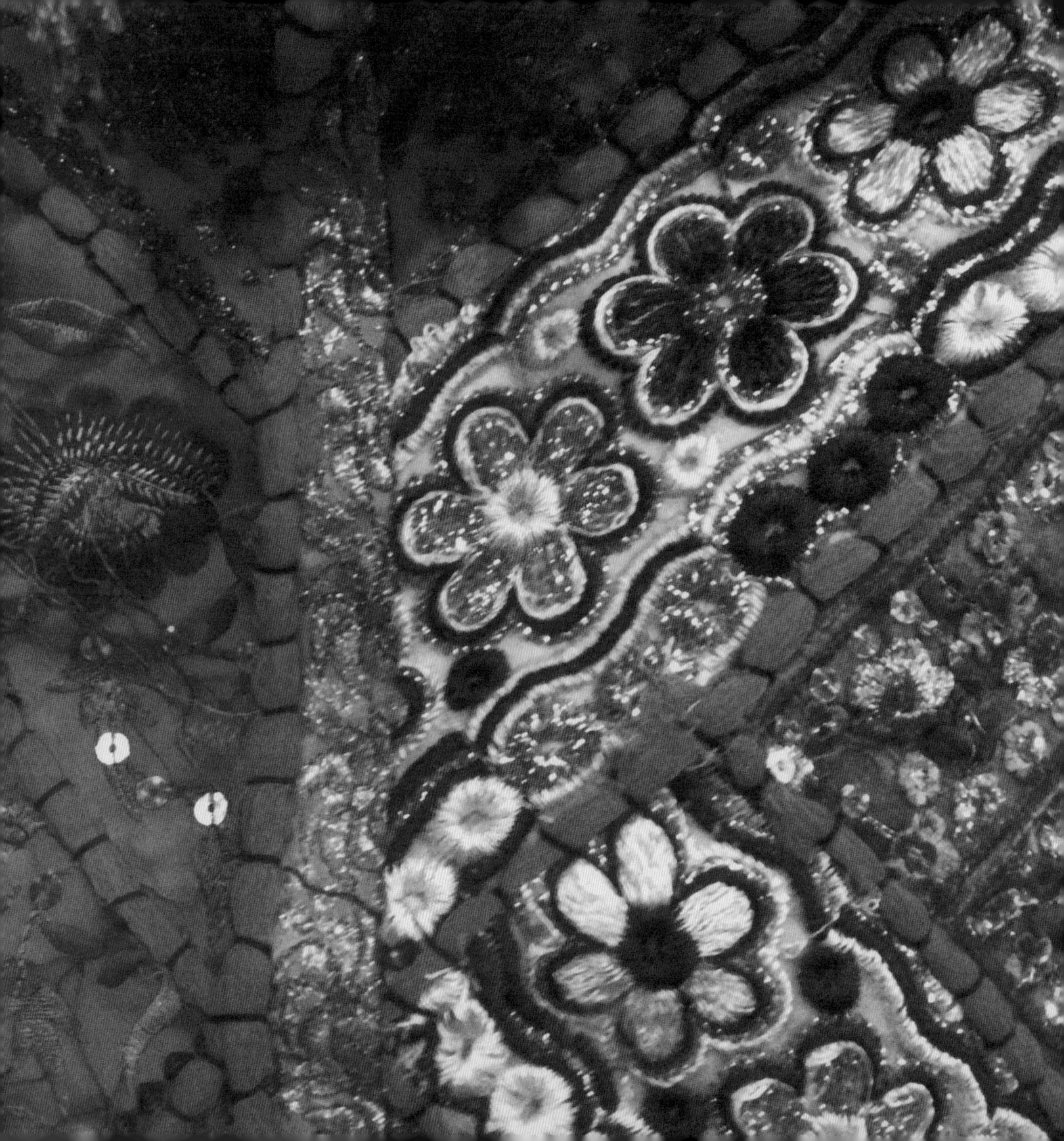

CORES, TEXTURAS E PRAZERES DE UMA PRIMAVERA ININTERRUPTA

Dib Carneiro Neto

A figura de Gabriel Villela inspira superlativos, e não é para menos. Sua obra é superlativa. Sua estante abarrotada de troféus que o diga. Não houve prêmio de teatro que ele não tenha abocanhado. E já é, por exemplo, o mais premiado de toda a história do prestigioso Prêmio Shell. Barbara Heliodora, tida como a maior especialista em Shakespeare no Brasil, certa feita, por encomenda de uma editora, montou seu *ranking* dos dez espetáculos brasileiros de que mais gostou em toda a sua carreira de crítica[1]. Apesar de ser sua especialidade, ou talvez por isso mesmo, um único Shakespeare tupiniquim mereceu entrar na lista da temida crítica: o poético e encantatório *Romeu e Julieta* que Gabriel Villela dirigiu com o Grupo Galpão.

Dono de uma personalidade forte, Gabriel consegue aliar certa destemperança cíclica com suas doces e genuínas raízes de bom mineiro. O produto dessa receita é uma combinação única, só dele, tão inusitada quanto sublime. Gabriel não se permite abandonar seus sotaques e sua prosódia, não abre mão das modas de viola nas madrugadas nem suporta muitas semanas sem retornar às origens — a cidade natal, a família, as montanhas e, claro, as galinhas, muitas galinhas, que ele ama com todas as forças telúricas de quem pode até saber olhar para cima e se derreter para a lua, lindamente retratada em várias de suas peças, mas desde que os pés estejam sempre enfiados na terra salpicada de farelos de milho.

---

1. Cf. Barbara Heliodora *apud* Luiz André Alzer; Mariana Claudino (org.), *Os 10 mais: 250 rankings que todo mundo deveria conhecer*, Rio de Janeiro: Agir, 2008.

Gabriel é um contador de causos como nenhum que conheço, no palco ou fora dele. Sua imaginação não tem limites. Melhora tanto os fatos ao reproduzi-los, que nos deixa rendidos à sua fantasia. Com Gabriel no papel de comentarista da vida, fica difícil acreditarmos só na realidade. Basta dizer que, no dia em que nasceu, foram vistos muitos discos voadores pairando sobre sua cidade, a até então pacata Carmo do Rio Claro, no sul de Minas Gerais. Não é à toa, também, que seu bordão preferido seja o "Imaginai!", convite sedutor e recorrente nas peças de Shakespeare.

Em contraposição, ao criar para teatro, desfia, com afinco, muitos rosários de uma lucidez pragmática e de uma inteligência objetiva. Prepara-se muito antes de reunir seu elenco para a primeira leitura da próxima peça. Lê e relê, madrugadas afora, todos os textos que lhe caem às mãos relacionados ao autor da vez, não deixando que o elogiem por isso: sabiamente proclama que estudar não é mérito, faz parte do ofício. E tem um talento adicional para escolher assistentes de sua mesma estirpe dedicada e estudiosa.

Em sua época de militante do teatro amador, que durou uma década inteira, a vocação precoce prenunciava o artista travesso e obstinado que viria a ser para sempre na vida profissional. Aos 16 anos, por exemplo, integrando o Raízes, um grupo de 22 alunos de seu colégio, na mesma cidade natal de Carmo do Rio Claro, deixou as professoras de cabelo em pé ao arrancar da sala de aula, sem autorização, as velhas cortinas brancas desbotadas, pintando-as de vermelho forte para o cenário da montagem escolar de *O homem do princípio ao fim*, de Millôr Fernandes.

Ama os livros. Mais tarde, na época da USP, aluno aplicado, em vez de voltar para casa depois das aulas, passava horas lendo na biblioteca da Escola de Comunicações e Artes (ECA), principalmente peças de teatro. É um poço de referências e citações *cult*, embora se considere um caipira. "Não sou um primor de cortesia", fala de si, citando Shakespeare em *Romeu e Julieta*. O universo cristão das abadias e dos claustros, bem como o jogo de contrastes da estética barroca e o encanto inocente do circo-teatro, permeiam sua vida e obra de forma, no mínimo, deslumbrantemente estetizante. "O circo empresta seu delírio ao meu teatro. Nunca deixei de erguer uma grande lona invisível e mítica por cima de todos os trabalhos que fiz até hoje", admite. "E o que é a lona senão também uma grande galinha que abraça todos nós, como se fôssemos os seus pintinhos?"

Gabriel Villela tem orgulho de ser tachado de barroco desde o início da carreira, mas se incomoda quando críticos mal preparados empregam, erroneamente, o termo. Quando dirigiu meu texto *Salmo 91*, por exemplo, teve de engolir várias resenhas sentenciando que ele abandonara o barroco. Irritava-se. O que era aquela explosão de vida dos enclausurados em cena, contrastando com seus pés mortos, tingidos de sangue, senão uma contundente simbologia de contrários?

Quando encomendou minha adaptação do romance epistolar mineiro *Crônica da casa assassinada*, primeiro me estimulou a brincar bastante com a prosódia de seus conterrâneos, para depois me pedir para jogar tudo fora. Com essa estratégia de diretor sagaz, ensinou-me, definitivamente, todas as diferenças entre os estereótipos fáceis da mineirice e a profundidade secular de um estado de alma chamado mineiridade. "Não tente, ninguém vai conseguir ser Guimarães Rosa", disse-me sem papas na língua, assim mesmo como devem ser as relações entre mestre e discípulo. Na tradução de *Calígula*, de Camus, que ele também me pediu que fizesse, não hesitou em sugerir que eu começasse tudo de novo, pois as primeiras cenas tinham ficado por demais coloquiais e ele não queria abrir mão de um vocabulário mais elegante e dos rigores da norma culta. Em *Um réquiem para Antonio*, sobre a lendária rivalidade entre os compositores Mozart e Salieri, transformou, sem nenhuma cerimônia, meus dois personagens históricos em dois magníficos *clowns*, com direito a nariz de plástico e alguns números sapecas da mais tradicional palhaçaria.

Já me deu prazer e privilégio de vê-lo em ação, preparando seus espetáculos, muitas e muitas vezes. Mesmo quando era eu o autor, adaptador ou tradutor, nunca me proibiu de testemunhar a gestação de seu novo filho. Tira proveito do autor vivo, não o renega. São esses instantes frenéticos de sua criação que me comovem e encantam mais, na convivência frutífera que tenho com o inigualável encenador. Quando está montando uma nova cena, fica tomado de um brilho que ilumina todos. No dia seguinte, pode querer mudar tudo, mas, naquela hora abençoada de materializar e corporificar suas ideias, não demonstra nem um segundo sequer de insegurança, o que é fundamental em qualquer tipo de profissão.

Essa qualidade de diretor que ele é sempre sabe o que quer, desde a cor exata da linha que vai bordar no figurino do mais simples coadjuvante até a quantidade de caracteres do texto *sagrado* de Eurípides de que vai ter de abrir mão para que sua síntese dramatúrgica de *Hécuba* ainda assim dê conta de cada filigrana da têmpera dos heróis gregos. E passa por vários outros tipos de tarefas: fiscalizar de perto a variedade de frutas e lanches para o elenco nos dias de ensaio, aprovar o *layout* dos anúncios que sairão na imprensa, negociar questões meramente técnicas, muitas vezes de maneira árdua, com os administradores das salas de espetáculo do país, e assim por diante. Cerca-se de gente competente, mas fica de olho em tudo, sem perder o foco de seu rigor artístico. Isso é ter controle sobre a própria obra, o resto é silêncio.

Gabriel não tem um coletivo teatral formalizado e oficial, e ri quando o interpelam sobre isso, porque, afinal, aprendeu, desde sempre, que teatro é uma palavra plural por definição, uma arte que não admite outra forma senão a de se fazer em conjunto — e mais do que isso: de se fazer em comunhão, em cumplicidade. Como eu disse, vê-lo criar em sintonia com os atores é um deslumbramento. Seus braços se ramificam, suas pernas se multiplicam, sua mente viceja, seu peito infla, seus olhos pingam magia, sua boca bafeja arte.

    Participar de seu ritual de criação é exatamente como assistir ao desabrochar completo de um canteiro multicolorido na alta primavera. Constate isso deliciando-se com as fotos desta obra, uma louvável iniciativa das Edições Sesc São Paulo. Você vai ver o que você vai ver: a criatividade ilimitada de Gabriel Villela equivale aos prazeres de uma primavera ininterrupta. É bonito vê-lo florindo. Depois, no pomar de suas abundâncias, quem colhe os frutos é o teatro brasileiro. A menina protagonista Isabel da peça infantil *Mania de explicação*, que ele dirigiu em 2014, dizia que "queria inventar um despertador que, ao invés de despertar as pessoas, despertasse os sonhos!". Esse despertador de sonhos já existe, Isabel: mora dentro do coração de um diretor de teatro chamado Gabriel Villela.

"OH, BARRO, ESTE É O TEU CENTRO! VOLTA!"

Rodrigo Audi

[...] visto que o entendimento humano divagou durante muitos séculos de múltiplas maneiras sobre inumeráveis objetos, nada é mais fácil do que encontrar para toda novidade uma obra antiga que com ela tenha alguma semelhança.
Immanuel Kant

Testemunhei parte do processo de pesquisa das imagens do acervo fotográfico de Emidio Luisi para publicação sobre o conjunto da obra de Antunes Filho[1] quando ainda era integrante de sua companhia, o Centro de Pesquisa Teatral do Sesc (CPT), onde permaneci, durante dez anos, exercendo as funções de ator, professor e coordenador dos núcleos de interpretação e dramaturgia. Ali, ainda que de forma tímida, quando me tornei responsável pelo cuidado e pela atualização desse acervo, recolhendo e catalogando imagens, reportagens e críticas de mídia impressa e subprodutos dos novos espetáculos do encenador, entre outras tarefas, pude colocar em prática ações que atendiam à minha preocupação pela arte de preservar o nosso patrimônio, aprendida ainda nos tempos em que estudava Arquitetura e Urbanismo na Faculdade de Belas Artes.

1. Emidio Luisi; Sebastião Milaré, *Antunes Filho: poeta da cena*, São Paulo: Edições Sesc São Paulo, 2011.

Ao tornar-me assistente de direção de Gabriel Villela em *Macbeth*, de William Shakespeare, em 2012, imediatamente após a minha saída do CPT, estreitando laços com Dib Carneiro Neto, reconhecemos, em um e outro, o mesmo desejo de luta pela preservação e formação de memória da obra desse grande artista. Nosso primeiro passo seria entendermos a forma pela qual seria possível concretizar esse nosso projeto, em se tratando o teatro de uma arte da impermanência, um bem cultural imaterial, e Gabriel-mago-metamorfoseador, possuidor, em sua respiração, do sopro da renovação constante, que sempre recorre ao barro de suas origens toda vez em que aponta para o futuro por meio de alguma nova obra. A ambição destrutiva de Lady Macbeth seria esculpida do mesmo barro com que ele esculpiu as lágrimas trágicas de Hécuba, lágrimas essas que teriam sido, muito provavelmente, esculpidas do mesmo barro que o coração de Julieta, assim como diz a ciência que somos feitos da poeira das primeiras estrelas, da mesma argila que moldou nossos antepassados. Gabriel Villela muitas vezes esculpe seus novos seres da mesma matéria que esculpiu outros seres seus de outrora. Quero dizer que quase não existem resquícios de seus figurinos e adereços, por exemplo, senão quando se contempla um Próspero sabendo que ali, um dia, com aqueles mesmos nobres tecidos servindo de segunda pele, pode ter vivido um outro grande personagem. A exuberância barroca de Villela é a do renascimento atrevido, pela transformação e renovação da matéria associada ao novo.

Mas, enfim, o que pode ser preservado de uma arte que é efêmera por natureza? Que rastros concretos ela deixa pelo caminho para além de sua impermanente expressão? Podem esses rastros, ainda assim, quando reunidos, estudados e contemplados, possibilitar a construção de um inapagável documento patrimonial? O teatro é a arte que acontece do encontro entre o artista e o público, e sua manifestação tem preservação imaterial residida no espaço da experiência de quem a vivenciou. Como entidade que só se manifesta no encontro real no tempo e no espaço, a tentativa compreensível de um registro material pode preservar, em parte, seu corpo, mas o seu espírito necessita do encontro, o que torna o trabalho de preservação desse patrimônio limitado, embora não menos imprescindível. Mnemósine, a deusa grega que preserva as artes e a história, era considerada uma das mais poderosas deusas de seu tempo por ser ela a memória, a base de todo processo civilizatório. Eis o que justifica contribuir para a manutenção de nosso passado, de nosso presente cada vez mais rapidamente transformado em passado, visando à preservação do nosso futuro — uma iniciativa pioneira em se tratando do teatro de Gabriel Villela.

A exuberância estética da obra de Gabriel encontra, no acervo fotográfico de alguns dos maiores especialistas da fotografia de palco aqui reunidos, o suporte necessário para tanto. O uso da fotografia neste trabalho se justifica, além das razões práticas, por ter sido o meio pelo qual se registrou a trajetória desse artista desde o início, e também por ser esta a arte que, por evocar muitos sentidos, mais poderá aproximar o leitor do impacto que a obra de Gabriel Villela provoca no público: "Para haver poesia é preciso o baque. Façamos isso e deixemos os deuses fazerem a parte deles" — como proclamou o mesmo Gabriel, lembrando Ferreira Gullar, durante um dos ensaios de *A tempestade*. Enquanto a presença prioritária da imagem tenta dar conta do indizível, para além de sua função documental de *retentora de história*, buscamos as palavras especializadas de testemunhas desta obra para a elaboração do entendimento de como esse artista, sua linguagem e obra tornaram-se capítulo fundamental na história do teatro brasileiro moderno. Desbrave este artista que reconhecidamente é um preservador apaixonado das origens de um *Brasil profundo*, expressão que ele mesmo gosta de usar e assim o faz, tornando o seu teatro o palco onde são exibidas, resistentes e exuberantes, as múltiplas expressões culturais que nos forjaram, e que o forjaram — expressões de nossas raízes que as gerações mais novas certamente desconhecem.

VOCÊ VAI VER O QUE VOCÊ VAI VER

1989

PARA GÉRSON DE ABREU, *IN MEMORIAM*

> A tua voz, estou a ouvir,
> no entanto eu queria
> a ti sentir [...]
> e bastaria que
> uma só vez te visse, flor,
> depois morrer dizendo
> 'Bendito amor'!
>
> OUVINDO-TE
> Vicente Celestino

" Essa montagem inaugural do Circo Grafitti, grupo que reunia Rosi Campos, Gérson de Abreu (1964-2002), Helen Helene, Pedro Paulo Bogossian, Zezeh Barbosa e Romis Ferreira, com Paulo Ivo e Caru Camargo completando o elenco, foi o espetáculo que marcou a minha estreia profissional, após dez anos de teatro amador. Antes de qualquer coisa, preciso contar que Rosi Campos foi a grande bênção desse meu início de trajetória. O texto era inspirado no livro *Exercícios de estilo* (*Exercices de style*, 1947), do francês Raymond Queneau (1903-1976), em que conta 99 vezes a mesma história, usando 99 linguagens e estilos diferenciados, sugerindo, ao final, que os leitores criem outras versões. Foi o que fizemos, brincando muito com a *commedia dell'arte*, o expressionismo alemão, a quarta parede russa, o pós-modernismo e, claro, o circo-teatro — barro que me constitui. Luciano Lopreto foi o virtuoso tradutor, mas, antes, houve uma leitura em francês mesmo, com ele, Rosi e Helen Helene. Eu não entendia nem uma palavra, mas os três divertiam-se tanto ao ler que resolvemos montar. Se dá certo no imaginário do ator, é porque vai dar com o público, pensei. Eu não queria usar palco italiano. Meu desejo era a rua e o circo. Foi então que li no jornal sobre um 'cemitério' de ônibus quebrados da antiga Companhia Municipal de Transportes Coletivos (CMTC). Sempre com Rosi Campos abrindo caminhos, bati à porta da Secretaria Municipal de Transportes, e conseguimos uma carcaça de ônibus para usar no espetáculo como picadeiro e arena. Estreamos no *foyer* do Centro Cultural São Paulo (CCSP), e virou um acontecimento. Tivemos uma rara matéria de teatro na revista *Veja* nacional e uma crítica no extinto *Jornal da Tarde*, em que Alberto Guzik (1944-2010) escreveu: 'Uma peça contagiante, a mais gostosa surpresa da temporada'. A partir daí, todo mundo queria ver. Vieram os olheiros de festivais, e fomos parar em Cádis, na Espanha, e em Bogotá, na Colômbia. Não posso deixar de citar a colaboração do italiano Francesco Zigrino, do Piccolo Teatro di Milano, que realizava um trabalho sobre *commedia dell'arte* na USP e, a nosso convite, fez a preparação de *clowns*. "

estreia **17 DE MAIO DE 1989** · **CENTRO CULTURAL SÃO PAULO** autor **RAYMOND QUENEAU** tradução **LUCIANO LOPRETO** roteiro **CIRCO GRAFITTI e GABRIEL VILLELA** direção **GABRIEL VILLELA** cenografia **GABRIEL VILLELA** figurino **CHARLES LOPES, GABRIEL VILLELA e LUIS CARLOS ROSSI** iluminação **NEZITO REIS** direção musical e trilha sonora **PEDRO PAULO BOGOSSIAN** coreografia e preparação corporal **EDUARDO COUTINHO** preparação circense **FRANCESCO ZIGRINO** elenco **BETE COELHO [voz em *off*], CARU CAMARGO, GERSON DE ABREU, HELEN HELENE, PAULO IVO, PEDRO PAULO BOGOSSIAN, ROMIS FERREIRA, ROSI CAMPOS e ZEZEH BARBOSA** produção **CIRCO GRAFITTI**

imagens **LENISE PINHEIRO**

O CONCÍLIO DO AMOR

1989

" Enquanto *Você vai ver...* era um espetáculo do triunfo do picadeiro, *O concílio do amor,* montagem seguinte, no porão do CCSP, era uma sátira barra-pesada, mas de mesmo sucesso. Lotava. O texto, do alemão Oskar Panizza (1853-1921), escrito em 1894, é uma paródia sobre o surgimento da sífilis, em 1495, na corte do papa Alexandre VI, ou Rodrigo Bórgia (Luis Carlos Rossi). O tema combinava muito com aquele período duro dos anos 1980, com as vítimas da aids, em que a cada instante tombava um amigo. Na peça, Jesus (David Taiyu) estava anêmico de tanto doar sangue pela humanidade. Deus (Charles Lopes) fica sabendo que o Vaticano virou uma farra do pecado e resolve fazer um concílio para achar a solução, convocando o Diabo (Jairo Mattos) para participar — porque sexo era coisa do departamento dele. Decide-se criar uma doença para ser *instalada* no Vaticano. O Diabo chama a mais perversa das mulheres na opinião dele, Salomé (Elaine Carvalho), e dessa cópula nasce uma filha linda, Sífilis. A última cena é ela espalhando-se como epidemia, tal qual ocorria com a aids. Graças à intervenção do crítico João Cândido Galvão (1937-1995), que fez a curadoria de Eventos Especiais da 20ª Bienal de Artes de São Paulo, nossa peça foi incluída como atração paralela da mostra. Isso nos salvou, de certa forma, pois a pressão de um grupo de manifestantes católicas, as tais *senhoras de Santana*, foi grande. Elas davam bolsadas nas pessoas da equipe, protestando sobretudo contra a personagem da Virgem Maria (Maria do Carmo Soares), retratada como vaidosa e autoritária. Recebemos ameaças anônimas e redobramos a segurança. Era uma peça apoiada na cultura itinerante dos autos sacramentais, em que o público se deslocava para três ambientes — céu, inferno e Vaticano. O som invadia a Sala Jardel Filho, o que exigiu construir uma parede acústica. Com minha cara de pau, fui pedir os tijolos a Ruth Escobar, que estava reformando seu teatro, e ela nos cedeu. O elenco numeroso era basicamente formado por atores do Boi Voador, de Ulysses Cruz, que estava em Portugal. Aprendi muito com a dinâmica e o rigor do grupo. Ficamos 14 meses em cartaz. "

::::::::::::::

estreia **16 DE NOVEMBRO DE 1989 · CENTRO CULTURAL SÃO PAULO** autor **OSKAR PANIZZA** direção **GABRIEL VILLELA** cenografia **GABRIEL VILLELA** figurino **CHARLES LOPES, CHARLES MÖELLER** e **LUIS CARLOS ROSSI** iluminação **EDVALDO RODRIGUES** direção musical e trilha sonora **TUNICA** coreografia **FERNANDO LES** e **HAROLDO M. DOS REIS ARRUDA** elenco **ALEXA LEIRNER, ALEXANDRE PATERNOST, CACÁ AMARAL, CHARLES LOPES, CRISTINA PIKIELNY, DAVID TAIYU, ELAINE CARVALHO, JAIRO MATTOS, JOÃO FONSECA, LARA CÓRDULA, LUCIANA MELLO, LUIS CARLOS ROSSI, MARCOS AZEVEDO, MARIA DO CARMO SOARES, MAURÍCIO MACHADO, MÔNICA BARBOSA, MÔNICA SALMASO, PATRÍCIA MELONE** e **ROBERTA NUNES** produção **BOI VOADOR**

:::::::::::
imagens **LENISE PINHEIRO**

RELAÇÕES PERIGOSAS

1990

" A convite de Ruth Escobar, fui dirigir um espetáculo que era a junção de três textos do alemão Heiner Müller (1929-1995): *Medeamaterial*, *Paisagem com argonautas* e *Quarteto* (esse último, por sua vez, baseado em *Ligações perigosas*, de Choderlos de Laclos). Optamos pelo nome *Relações perigosas* e assim inauguramos a Sala Dina Sfat, do Teatro Ruth Escobar. Uma portuguesa mítica, de personalidade muito ativa, não só no teatro como na política nacional, Ruth marcou minha vida nesse período. Ela brincava com minha mineiridade, chamando-me de *jequinha universal* — e também ria muito de si mesma. Certa vez, disse-me que não era meramente uma atriz, mas uma 'escroque internacional'. Ríamos muito juntos. Era uma *mãezona* e pagou-me o mesmo cachê de diretor que costumava destinar aos grandes nomes que trazia do exterior. Cheguei à conclusão de que ela tem força para alterar a rota dos astros. Trabalhar com ela era uma aventura, mas também significava tomar contato com um modo de produção tradicional, racional e cartesiano. Levei um susto, porque o teatro, na minha visão, permitia excessos e um pouco mais de calibre poético. Ela percebeu que algo estava incomodando-me quando eu disse que queria voltar a Minas porque sentia falta de famíllia, de pasto, de vaca e de galinha. Ruth telefonou para sua amiga Maria Pia Matarazzo, e, dias depois, estávamos ensaiando no casarão de Campos do Jordão da família Matarazzo. Ela levou-me para a natureza, para que eu ficasse feliz para criar. Fui mimado por ela. Para a peça, tive de aprender a lidar um pouco mais com o conhecimento acadêmico e os procedimentos canônicos daquilo que se convencionou chamar de pós-modernismo. Interiormente, eu via que aquilo não era a minha praia. Como mineiro, tive dificuldades em alcançar a complexidade do teatro alemão. Mas como não achar Heiner Müller estupendo e genial? O elenco era especial. Além de Ruth e sua filha Inês Cardoso, tivemos Luiz Guilherme, Letícia Teixeira e Ângela Barros. Myriam Muniz (1931-2004) esteve junto de nós também, auxiliando na direção de elenco e dando *aquela força toda*. Eu a conhecia da USP, mas me aproximei ainda mais de sua inteligência, sensibilidade e metodologia. Quem conheceu Myriam sabe a honra que era tê-la como parceira nos teatros da vida. "

estreia **4 DE ABRIL DE 1990** · **TEATRO RUTH ESCOBAR** · **SÃO PAULO**   autor **HEINER MÜLLER**   tradução **MILLÔR FERNANDES, MARCOS RENAUX** e **CHRISTINE ROEHRIG**   direção **GABRIEL VILLELA**   assistência de direção **LETÍCIA TEIXEIRA**   cenografia **GABRIEL VILLELA**   assistência de cenografia **CHARLES MÖELLER** e **ALEXANDRE PATERNOST**   cenotécnica **JOÃO QUIRINO** e **LEONARDO DO NASCIMENTO**   figurino **DOMINGOS FUSCHINI**   assistência de figurino **SÔNIA TROISE**   confecção de figurino **ZÍRIA ROSA**   aerografia em tecidos **CRISTINA ROSSI**   iluminação **DOMINGOS QUINTILIANO**   assistência de iluminação **MARCOS RIBEIRO** e **SÉRGIO BARBOSA**   trilha sonora **TUNICA**   preparação corporal **MARIANA MUNIZ**   elenco **ÂNGELA BARROS, INÊS CARDOSO, LETÍCIA TEIXEIRA, LUIZ GUILHERME** e **RUTH ESCOBAR**   produção **DINÂMICA PRODUÇÕES CULTURAIS**   produção executiva **GLAUCE MACOLER**   produtora **MÁRCIA SAGAZ**   assistentes de produção **ANNA RUTH** e **NELSON AGUILAR**   realização **RUTH ESCOBAR**

imagem **VANIA TOLEDO**

VEM
BUSCAR-ME
QUE AINDA
SOU TEU

1990

PARA SOFFREDINI E LUIZ SANTOS, *IN MEMORIAM*

> [...] eu tenho n'alma um vendaval sem fim e uma esperança que hás de ter por mim.
>
> PATATIVA
> Vicente Celestino

"Depois de Rosi Campos e Ruth Escobar, outra grande mulher do teatro brasileiro com quem tive a honra e a sorte de trabalhar foi ninguém menos do que Laura Cardoso. No papel da dona de um circo decadente, o que ela fazia em cena não tinha explicação, levava o público do Sesc Anchieta, em São Paulo, a uma catarse. *Vem buscar-me que ainda sou teu*, de Carlos Alberto Soffredini (1939-2001), foi como um estrondo no mundo — no meu mundo pessoal, sobretudo. Pratiquei a estética do Brasil profundo, juntando minha visão das festas populares de rua, como reisado e congado, a cultura de circo-teatro — o único tipo de teatro que conheci até fazer 18 anos de idade — e também a parte da liturgia sacra com o que ainda restava das grandes procissões. O espetáculo entrou nessa minha moldura muito particular de celebração de identidade. A montagem anterior, com direção de Iacov Hillel, para o Grupo Mambembe, em 1979, deixou-me encantado. Soffredini foi feliz ao se apoiar em *Coração materno*, de Vicente Celestino (1894-1968) e Gilda de Abreu (1904-1979), criando uma obra-prima do teatro nacional. O melodrama de circo, com seu abuso, excesso de mau gosto e cafonice, era tudo de que eu mais precisava naquela fase em que a paisagem do teatro brasileiro ainda era muito europeia, sobretudo alemã. O pós-moderno não me cabia. Eu estava vaidoso com meu início de carreira, era muito abusado, um boi solto no pasto, completamente autorreferente, e nada me detinha no que dizia respeito às minhas convicções estéticas. Com *Vem buscar-me...*, consegui fazer um teatro com a cara das minhas verdades, das minhas fontes originais mineiras. Foi uma montagem significativa por muitas outras razões. Com Claudio Fontana, vindo do teatro amador paulistano, fundei a Cia. Melodramática, que dura até hoje. Iniciamos uma parceria frutífera também com Yacoff Sarkovas, produtor de grande destaque. Levamos pela primeira vez um espetáculo meu ao Rio de Janeiro. Conheci outra grande atriz, Xuxa Lopes, que virou amiga para sempre. Hector Babenco amparou-nos muito em questões de produção. Tive oportunidade ainda do primeiro contato com o mestre pernambucano Romero de Andrade Lima, que assinou os figurinos. Enfim, muitas alegrias, muitas saudades e muitos amores."

estreia **28 DE SETEMBRO DE 1990** · **TEATRO SESC ANCHIETA [SESC CONSOLAÇÃO]** · **SÃO PAULO**   texto **CARLOS ALBERTO SOFFREDINI**   direção **GABRIEL VILLELA**   assistência de direção **MAURÍCIO GUILHERME JR.**   cenografia **GABRIEL VILLELA**   assistência de cenografia **MARCO OLIVEIRA**   envelhecimento de cenário e telão frontal **JUVENAL IRENE**   cenotécnica e trucagem **MÁRIO MÁRCIO**   figurinos, adereços e telão **ROMERO DE ANDRADE LIMA**   iluminação **DAVI DE BRITO**   locução de abertura **FERNANDA MONTENEGRO**   composição, arranjo e direção musical **DAGOBERTO FELIZ**   sonoplastia **TUNICA**   assistência de sonoplastia **ALINE MEYER**   coreografia e preparação corporal **VIVIEN BUCKUP**   elenco **ALVARO GOMES (ALVINHO), CLAUDIO FONTANA, DAGOBERTO FELIZ, LAURA CARDOSO, LÚCIA BARROSO, LUIZ SANTOS, PAULO IVO, ROSELI SILVA** e **XUXA LOPES** [depois, **LUCINHA LINS**]   produção executiva **GLAUCE MACOLER**   direção-geral de produção **YACOFF SARKOVAS**   realização **ARTICULTURA** e **CIA. MELODRAMÁTICA BRASILEIRA**

imagens **LENISE PINHEIRO**

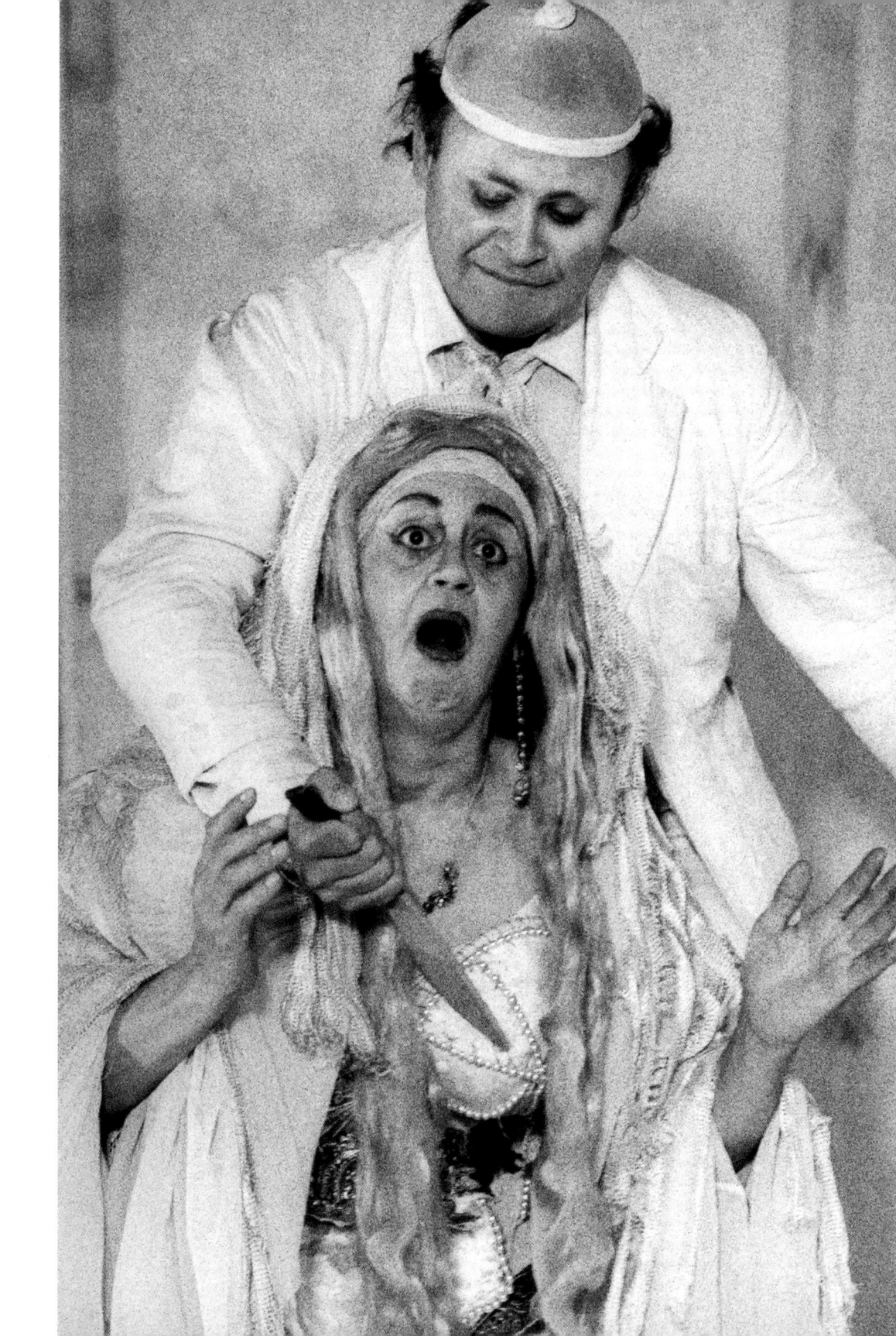

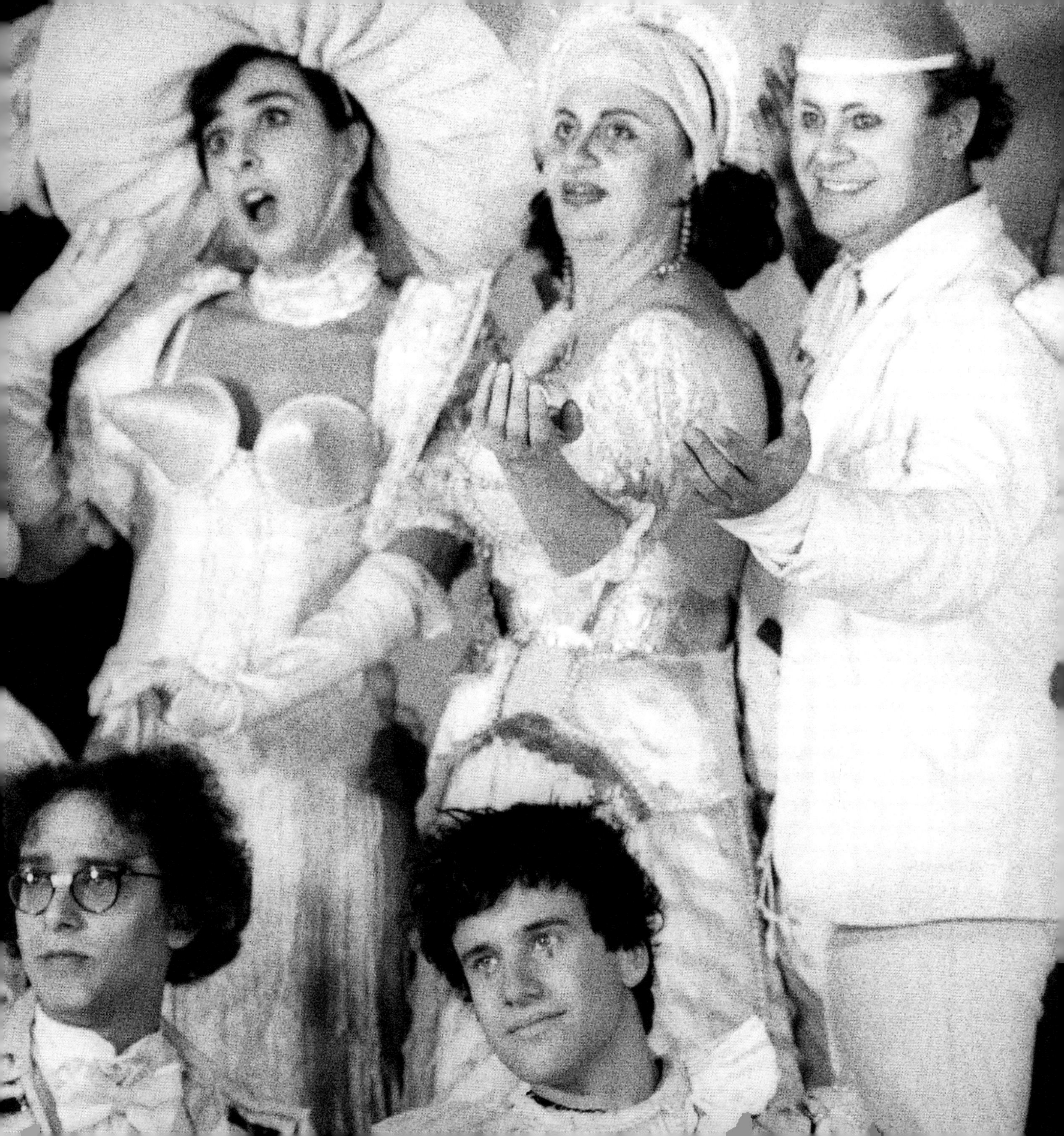

A VIDA É
SONHO

1991

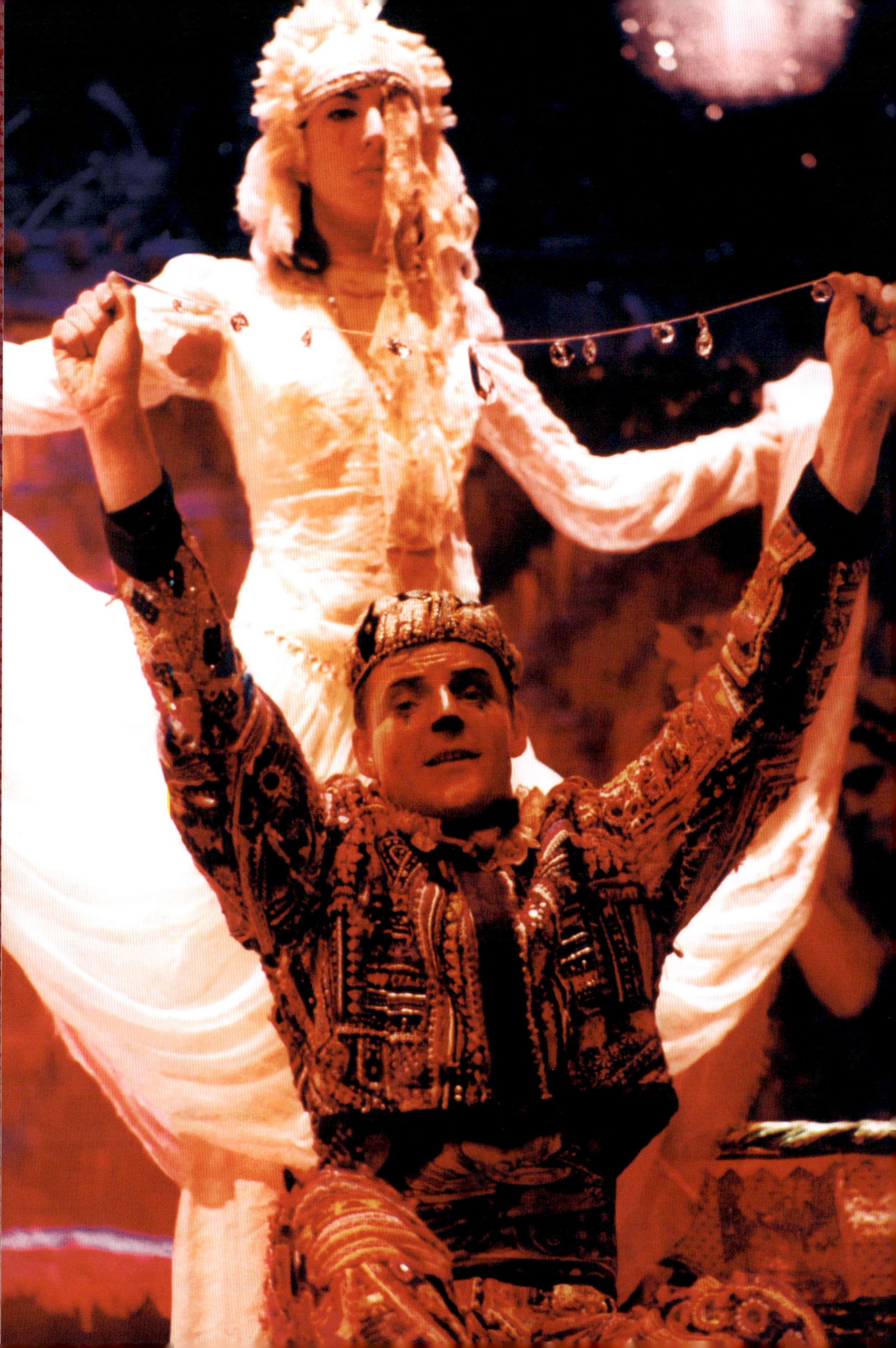

PARA ILEANA KWASINSKI, *IN MEMORIAM*

> Pode ser que sonhemos;
> e o faremos,
> pois estamos em um
> mundo tão singular
> que o viver é só sonhar
> e a vida ao fim
> nos imponha que
> o homem que vive sonha
> o que é até despertar.
>
> A VIDA É SONHO
> Calderón de la Barca

"Regina Duarte procurou-me querendo participar de um espetáculo de teatro sob minha direção. Sugeri a ela *A vida é sonho*, do espanhol Pedro Calderón de la Barca (1600-1681), autor que eu conhecia bem pelas aulas na USP. Aprofundei-me ainda mais em seu universo, viajando para o interior da Espanha, Salamanca, onde o autor viveu e estudou. Esse texto fica sempre em minha cabeceira. Recorro a ele para tudo. É uma pungente oração de dor, um forte clamor da humanidade pautado no barroco. Se eu já mergulhara de cabeça na estética profana, ou seja, na cultura religiosa das ruas, de fora do altar, agora essa seria uma experiência metafísica que me permitiria entrar na igreja. Montamos um oratório barroco. Foi uma produção de grande investimento, a cargo de uma espécie de paizão do espetáculo, Eriberto Monteiro (1945-2011), craque em delicadezas e sutilezas, que me ensinou a polir um pouco minha dura casca de caipira. Com ele e Regina Duarte, senti-me finalmente recebendo meu diploma de diretor profissional. Havia só um homem no elenco, Alexandre Paternost, que foi um contrarregra amoroso para todas as atrizes. Foi quando convivi com a saudosa Ileana Kwasinski (1941-1995) — e nos apaixonamos. Também aprofundei minha parceria com Romero de Andrade, que me ensinou o que pratico até hoje em meus figurinos: desmanchar e reconstituir roupas com criatividade. Conseguimos algumas peças de indumentária religiosa do período colonial. Romero usou tampinhas de garrafa, das minhas lembranças dos folguedos de Moçambique. Também me baseei na festa da Virgem de Macarena, na Andaluzia. Compramos cortinas velhas de teatros de São Paulo, que foram tingidas e usadas no figurino, sisudo e preto, inspirado nas figuras de Velásquez. Romero e, antes, Irineu Chamiso, na universidade, foram dois mestres que me deram segurança para perseguir a arte popular em sua essência. Para trabalhar o corpo litúrgico do elenco, tivemos Paula Martins, que me apresentou o conceito de artelhos para a sustentação dos movimentos. Houve também a parceria madura e competente de Vivien Buckup na assistência de direção. Muito devo a elas. Em 1998, refiz o espetáculo no antigo Teatro Glória, no Rio de Janeiro, com elenco todo masculino, tendo Sílvio Kaviski como protagonista e uma narradora, Nábia Villela."

estreia **23 DE OUTUBRO DE 1991** · **TEATRO SESC ANCHIETA [SESC CONSOLAÇÃO]** · **SÃO PAULO** autor **PEDRO CALDERÓN DE LA BARCA** tradução e adaptação **RENATA PALLOTTINI** concepção e direção **GABRIEL VILLELA** assistência de direção **VIVIEN BUCKUP** dramaturgia **ELZA DE VINCENZO** cenografia **GABRIEL VILLELA** cenotécnica e efeitos especiais **MÁRIO MÁRCIO** figurinos, adereços e objetos de cena **ROMERO DE ANDRADE LIMA** iluminação **DAVI DE BRITTO** direção musical **SAMUEL KERR** trilha sonora **TUNICA** arranjos corais **SAMUEL KERR** e **ÁLVARO CARLINI** expressão corporal **PAULA MARTINS** elenco **ALEXANDRE PATERNOST, DIRCE CARVALHO, EDNA AGUIAR, ELAINE CARVALHO, ILEANA KWASINSKI, JAQUELINE MOMESSO, LARA CÓRDULA, LETÍCIA TEIXEIRA, LUCIANA MELLO, MARIA DO CARMO SOARES, MARIANA MUNIZ, REGINA DUARTE** e **VERA MANCINI** produção executiva **BETI ANTUNES/ESCR. BRASIL** direção de produção executiva **UMBERTO MAGNANI** direção-geral de produção **ERIBERTO MONTEIRO** direção de marketing **YACOFF SARKOVAS (ARTICULTURA)**

imagens **LENISE PINHEIRO** e **SILVIO POZATTO**

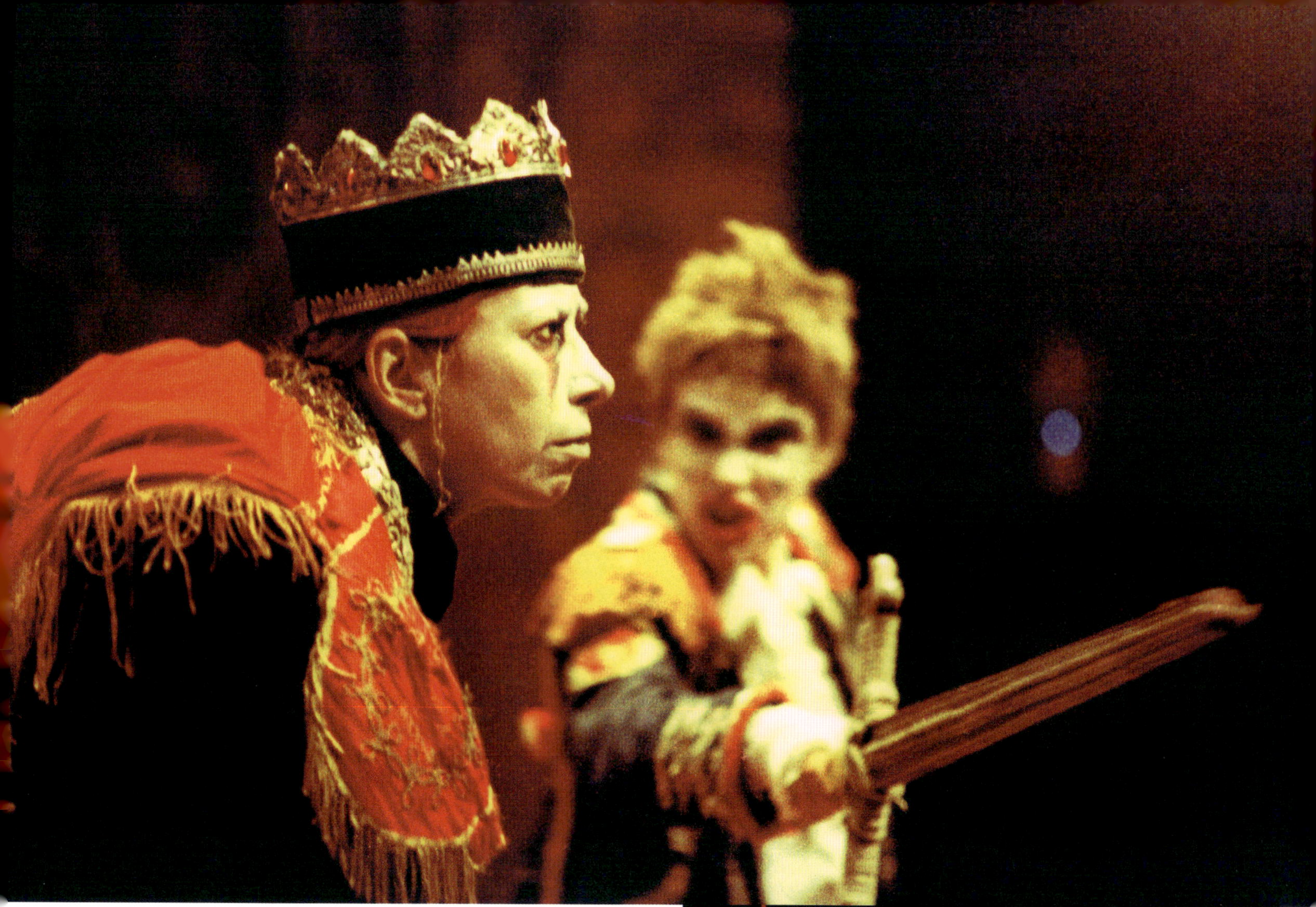

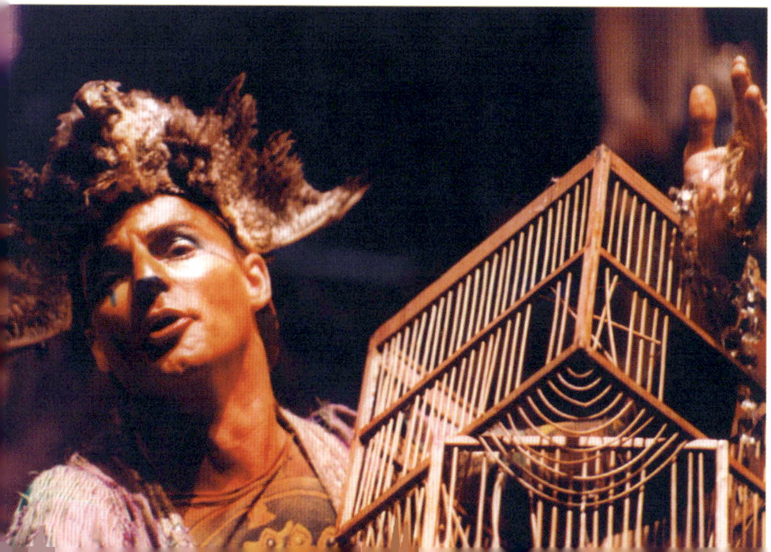

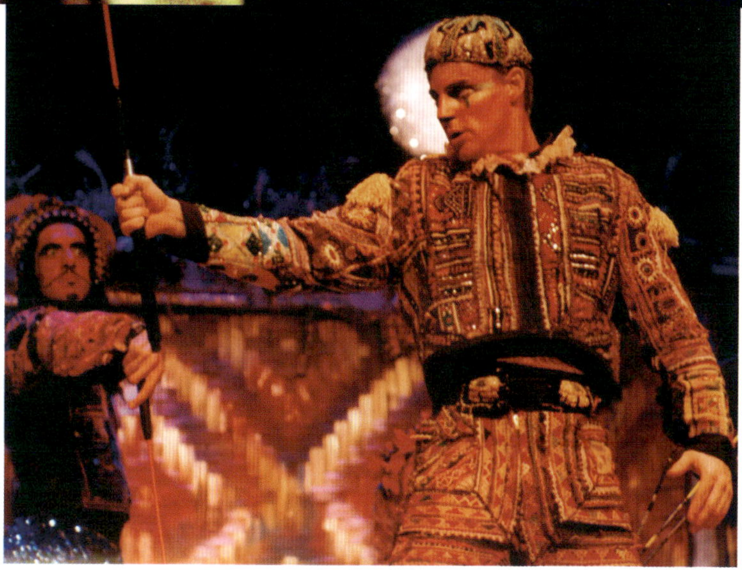

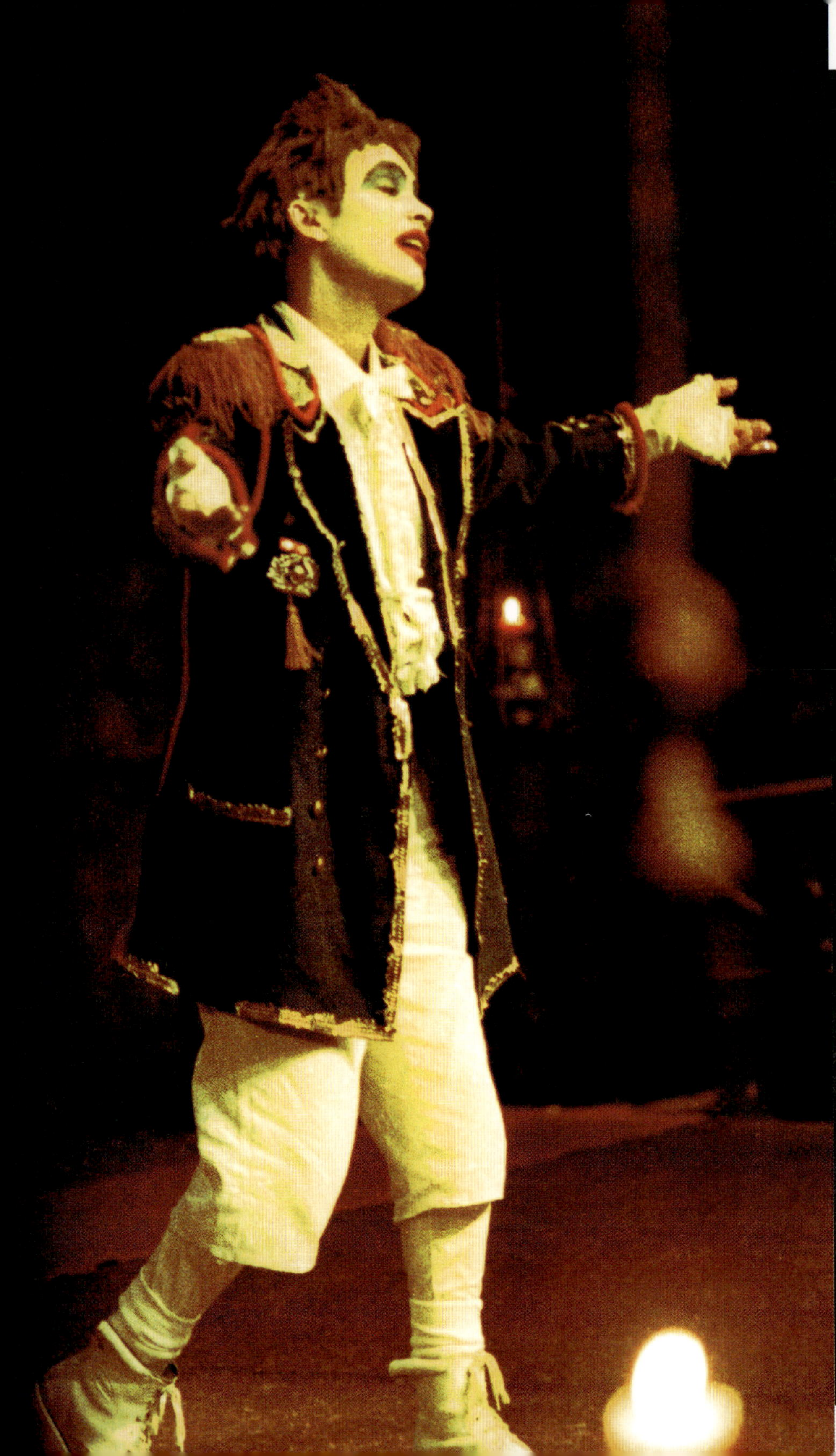
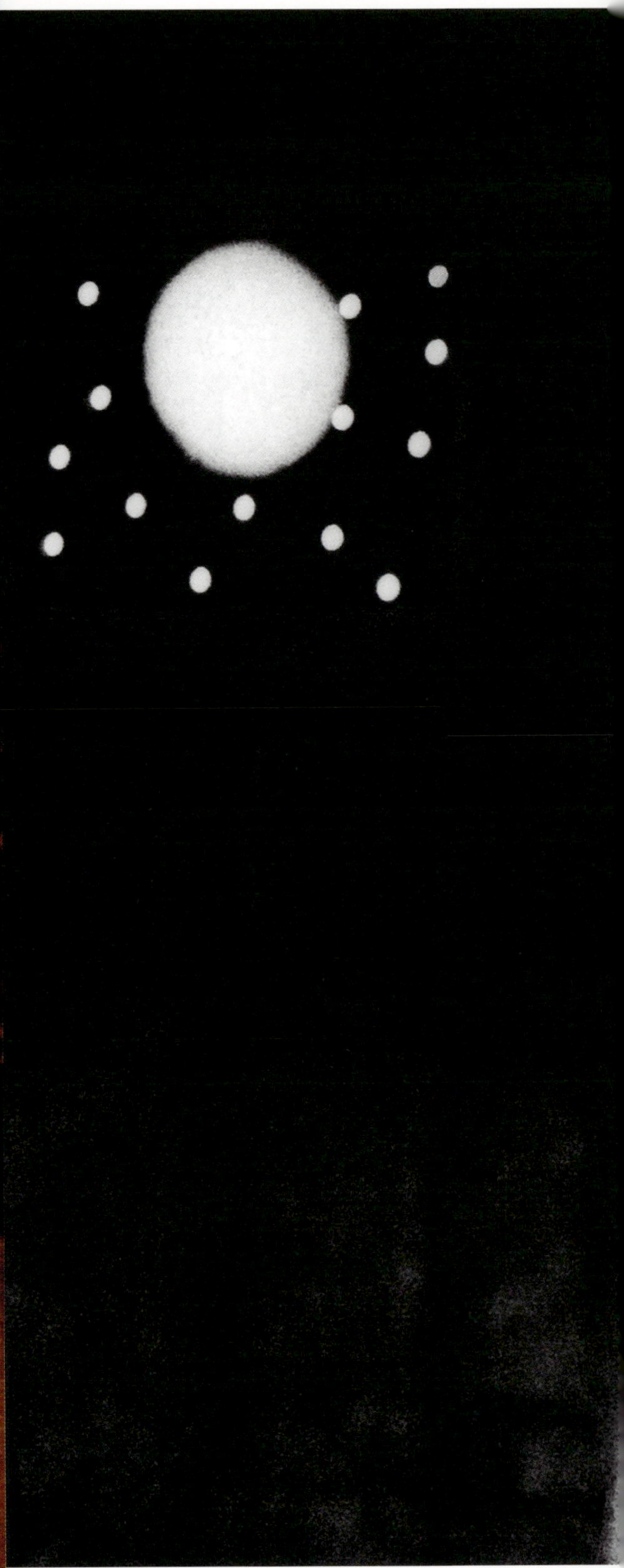

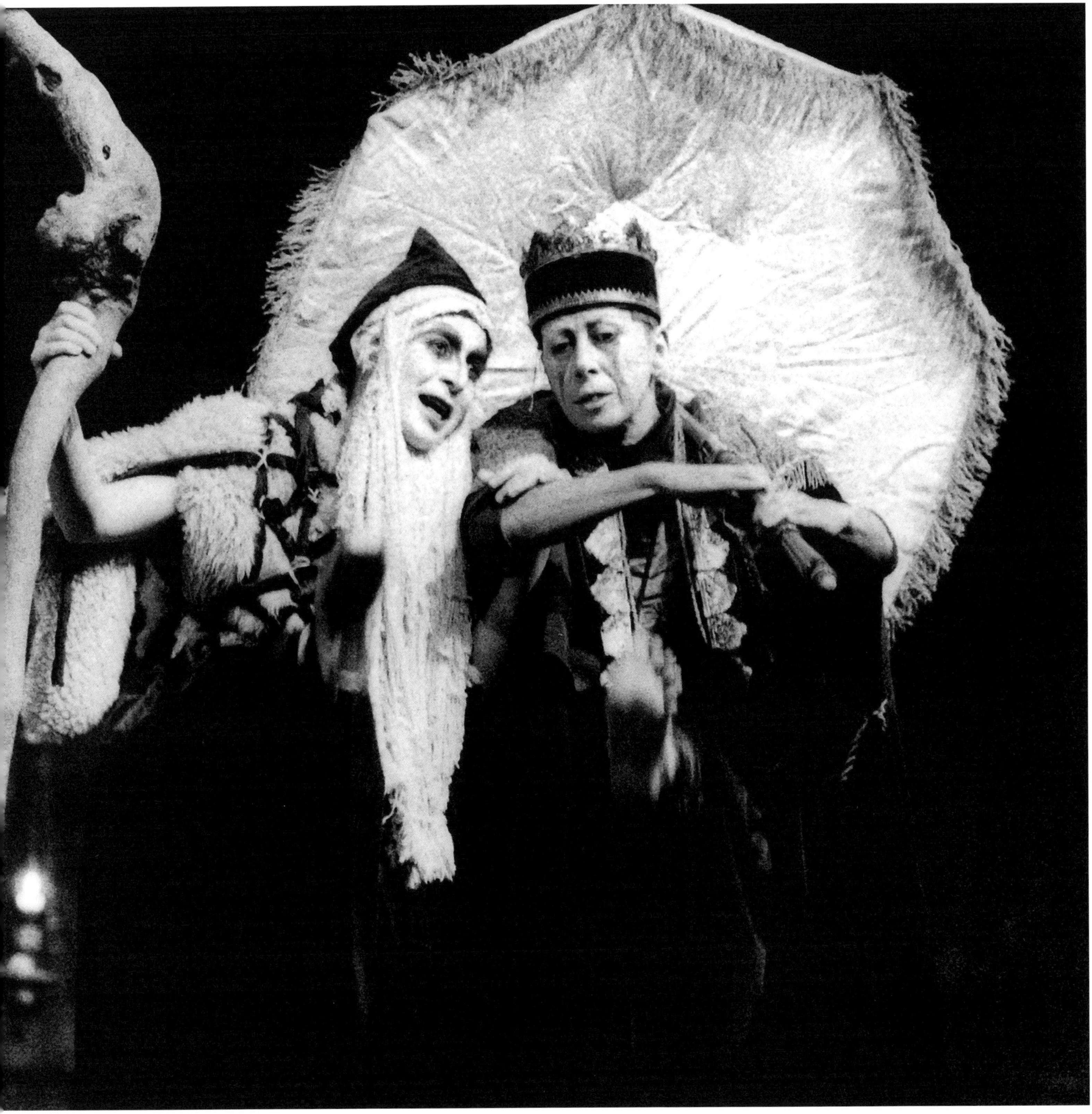

ROMEU E JULIETA

1992
1995
2012

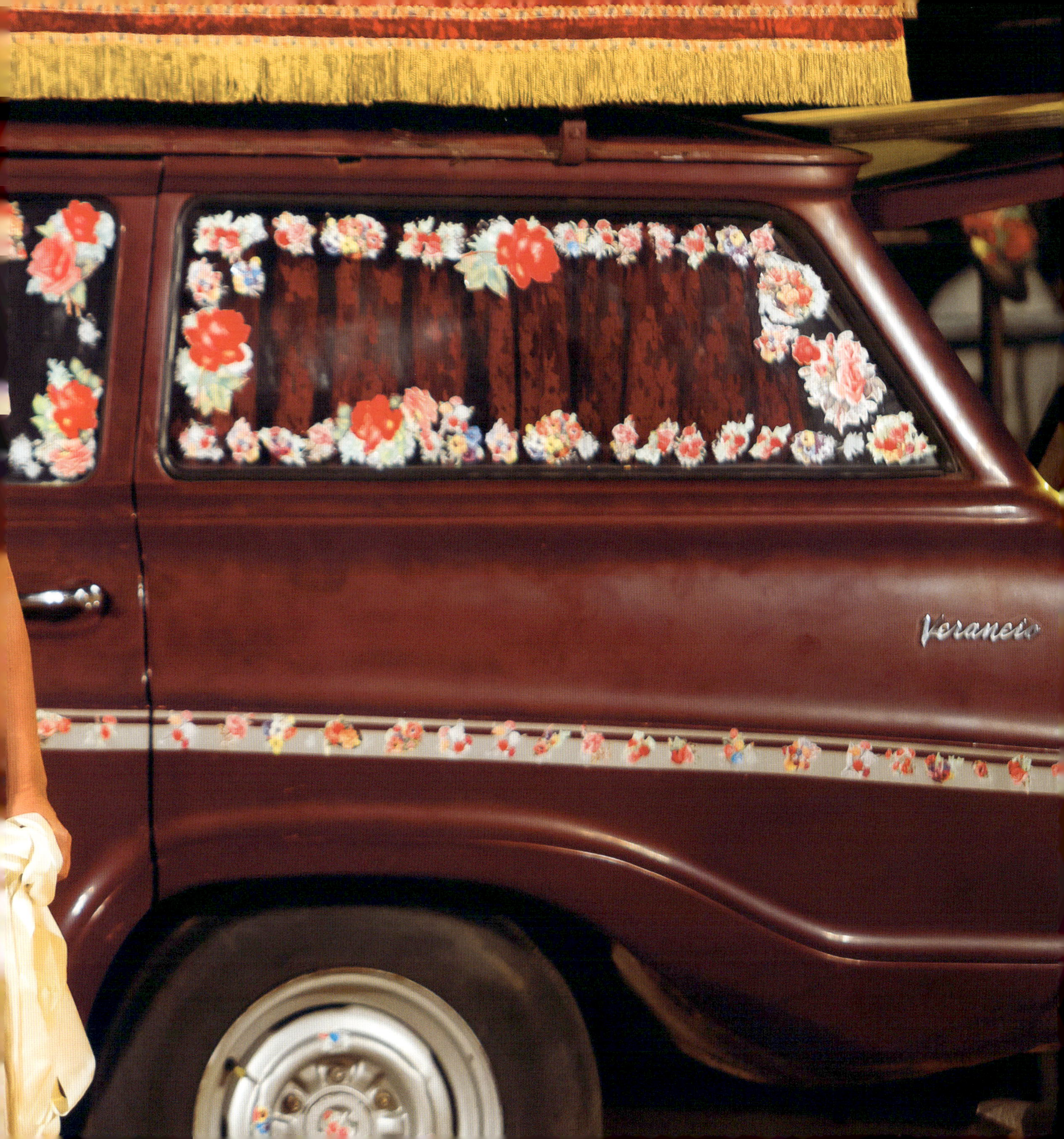
Veraneio

PARA WANDA FERNANDES, IN MEMORIAM

É a ti, flor do céu,
que me refiro.

É A TI, FLOR DO CÉU
Teodomiro Pereira e
Modesto Ferreira

" Voltando da primeira edição do Festival de Curitiba, em que nos apresentamos com *A vida é sonho*, meu lugar no avião, por uma feliz coincidência, era ao lado da poltrona do ator Eduardo Moreira, do Grupo Galpão. Conversa vai, conversa vem, eu me ofereci para fazer com eles um espetáculo de rua. *Romeu e Julieta* acabou virando a maior felicidade e a maior tristeza que já experimentei em toda a minha carreira. O encontro mais elaborado com o barroco mineiro, ou seja, com tudo o que fazia parte do conjunto de atividades artísticas de Minas Gerais, ou ainda, como dizem por lá, 'as excelências mineiras', foi uma experiência radical e gratificante, um banho virtuoso de cultura das Gerais, nas preliminares da montagem. O *dramaturg* e adaptador do texto, Cacá Brandão, conseguiu levar-nos para dentro da igreja de São Francisco de Assis, em Ouro Preto, que estava inacessível à visitação. Mergulhamos com afinco naquele mundo de Aleijadinhos e Ataídes, além de estudarmos de forma acadêmica o pensamento barroco. A fase final dos ensaios foi toda realizada ao ar livre, em uma praça de Morro Vermelho, lugarejo perto de Belo Horizonte, até então sem acesso ao teatro. Os moradores voltavam do trabalho na lavoura e se posicionavam para ver a peça, vibrando, opinando. Quando eu interrompia ou pedia a repetição de uma cena, eles bronqueavam comigo, de tão envolvidos. Os últimos cortes ainda necessários ao texto de Shakespeare foram feitos ali, ao percebermos que o público de Morro Vermelho dispersava-se nos trechos mais descritivos e encantava-se com os momentos mais emocionados, constatação muito bem-feita por Cacá Brandão. Optamos por criar a figura de um narrador (Antonio Edson), que falava *mineirês*, típico de um Guimarães Rosa — mas também não abrimos mão, na fala dos outros personagens, do texto arcaico e dos versos parnasianos de Shakespeare, na tradução de Onestaldo de Pennafort (1902-1987). Aprendemos que *Romeu e Julieta* é, na vasta obra do bardo, uma *tragédia da precipitação*, em que os personagens agem de forma sempre vertiginosa, jogando-se o tempo todo em situações de desequilíbrio. A linguagem de circo cabia então à perfeição. Criamos uma trave de mais de dois metros de altura e colocamos o elenco para atuar nas alturas, equilibrando-se com a ajuda de sombrinhas coloridas à mão. Usávamos também pernas de pau em cena. Era preciso organizar o corpo, acomodando-o, equilibrando-o, ao mesmo tempo que o texto carecia de se alojar no aparelho fonatório, de forma a ser articulado de um jeito vivo, pulsante, não recitativo. Foi um desafio estimulante para todos e que fascinou o público das mais diversas partes do mundo. Outra marca registrada do espetáculo foi a velha perua Veraneio 1974 do grupo, que incorporamos à cenografia. A famosa cena do balcão, por exemplo, foi feita com uma inversão ousada: Romeu ficava em cima, numa plataforma de madeira montada sobre o carro, e Julieta postava-se embaixo dele, sentada ao volante da Veraneio. Estreamos em Ouro Preto, debaixo da maior chuva, e o espetáculo sempre enfrentou grandes intempéries, por todos os lugares por onde passou, no mundo todo, em contraste com tudo o que havia de muito solar na nossa concepção estética. Foi uma grande felicidade, um contentamento coletivo. Não dávamos conta de tantos pedidos para apresentações, incluindo todos os principais festivais. Mas aí veio a grande tristeza, abatendo-se sobre nós em forma de tragédia.

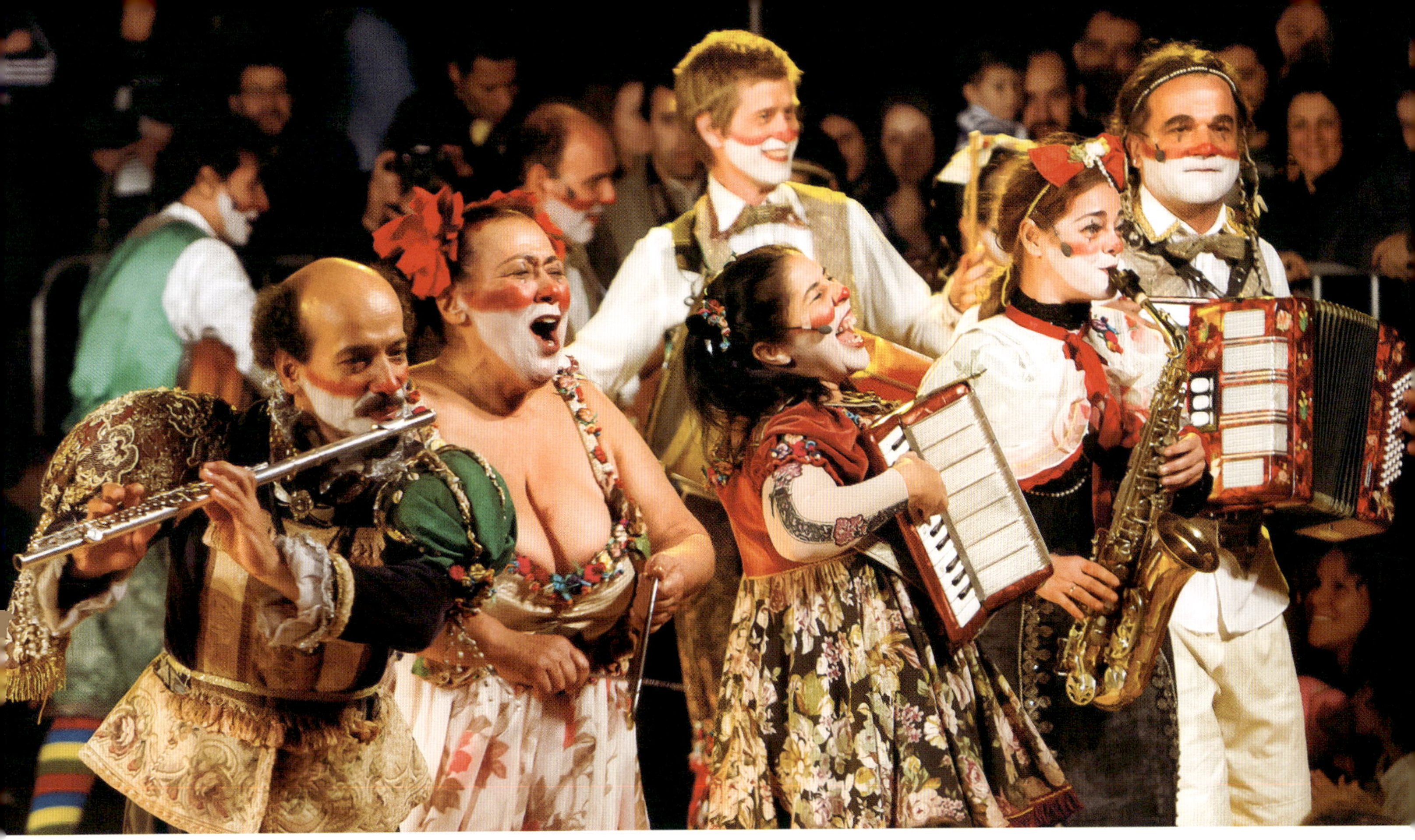

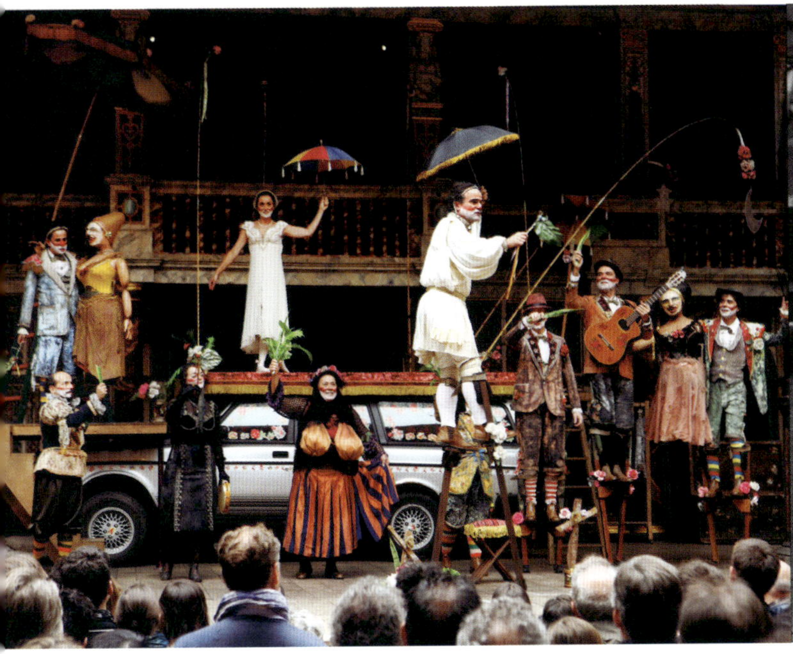

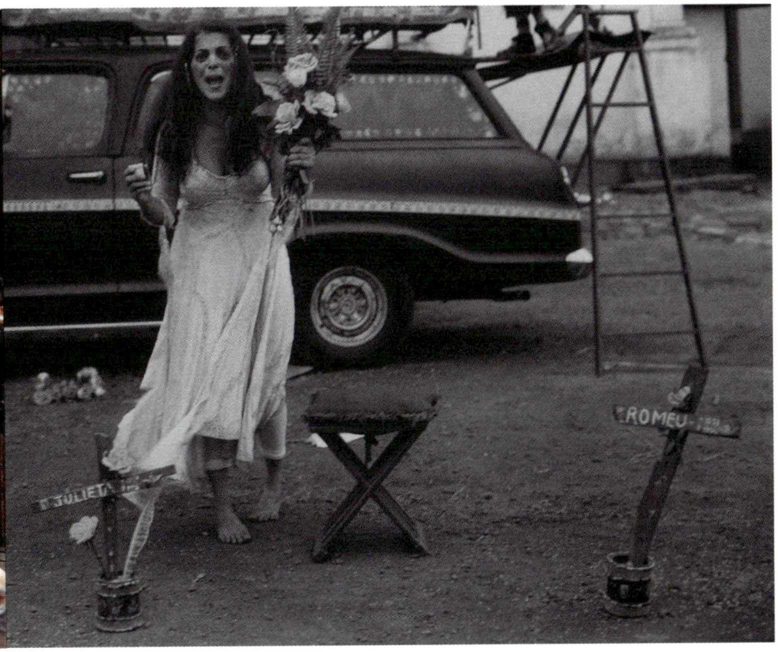
JULIETA
ROMEU

Aconteceu, então, o triste acidente de carro com parte do elenco do Galpão, que causou a morte da Wandinha, a nossa Julieta. Fiquei traumatizado para sempre. Foi pesado, trágico, agudamente dolorido. O grupo caiu em desânimo profundo, apatia enorme. Enfim, escureceu. Da luz às trevas, literalmente. Perdemos uma mulher radiante, delicada e forte ao mesmo tempo, grande atriz, mãe, minha comadre, uma estrela-guia. A arte mesclou-se com a vida. Hoje posso dizer que Wandinha foi o nó-mãe que me amarrou para sempre ao Grupo Galpão nesta vida. Não chorei na frente deles. Tive de bancar o forte e sei quanto isso foi fundamental naquele momento. O espetáculo tinha de continuar, e, então, trabalhamos em cima da essencialidade da perda e do luto. Wanda fazia a Julieta com uma cor dramática incrível. Passado um ano, convidamos, para substituí-la, Fernanda Vianna, que tinha uma consistente carreira de bailarina. Levei a personagem para a ponta da sapatilha, como uma dançarina clássica tsarista. Virou outra Julieta, e isso trouxe uma energia renovadora a todos nós. Inesquecível, em 2000, foi a primeira ida do espetáculo ao Globe Theatre em Londres, reduto histórico de muitas das primeiras montagens das peças de Shakespeare. O Galpão foi o primeiro grupo brasileiro a se apresentar ali — e em português. Pela primeira vez, outra bandeira foi hasteada no teatro que não a da Grã-Bretanha. Por conta do período ufanista da ditadura brasileira, guardávamos uma certa negação aos símbolos nacionais, mas quando vimos nossa bandeira hasteada e tremulando no alto de Londres não houve jeito de não virar comoção. O espetáculo ainda voltou ao lendário Globe uma segunda vez, em 2014, escolhido entre as 39 peças do bardo encenadas em uma maratona teatral. Cada montagem era de um país diferente do mundo. *Romeu e Julieta* tinha de ser a peça do Brasil, disseram-nos. De novo, no solo de Shakespeare, morremos de orgulho — e de saudades da Wandinha. ”

estreia **3 DE SETEMBRO DE 1992 · PRAÇA TIRADENTES · OURO PRETO · MINAS GERAIS** texto **WILLIAM SHAKESPEARE** dramaturgia e texto do narrador **CACÁ BRANDÃO** tradução **ONESTALDO DE PENNAFORT** concepção e direção **GABRIEL VILLELA** assistência de direção **ARILDO DE BARROS** cenografia **GABRIEL VILLELA** cenotécnica **"OFICINA DE MARCENARIA"** e **HELVÉCIO IZABEL** figurino **LUCIANA BUARQUE** manutenção de figurinos e adereços **WANDA SGARBI** assistência de figurinos **MARIA CASTILHO** adereços **GABRIEL VILLELA, LUCIANA BUARQUE** e **GRUPO GALPÃO** bonecos **AGNALDO PINHO** iluminação **WAGNER FREIRE** operação de luz **WLADIMIR MEDEIROS** direção musical **FERNANDO MUZZI** pesquisa musical **GABRIEL VILLELA** e **GRUPO GALPÃO** arranjos e preparação instrumental **FERNANDO MUZZI** preparação vocal **BABAYA** sonorização **RÔMULO RIGHI** e **VINÍCIUS ALVES** minuetos musicais **PAULA MARTINS** aeróbica **JÚNIA PORTILHO** esgrima **MÁQUI** elenco **ANTONIO EDSON, BETO FRANCO, EDUARDO MOREIRA, FERNANDA VIANNA / WANDA FERNANDES, INÊS PEIXOTO, JÚLIO MACIEL, LYDIA DEL PICCHIA, PAULO ANDRÉ / CHICO PELÚCIO, RODOLFO VAZ** e **TEUDA BARA** produção **GRUPO GALPÃO** direção de produção **CHICO PELÚCIO, REGIANE MICIANO** e **GILMA OLIVEIRA** assistência de produção **VIRGÍNIA DIAS**

imagens **ALEXANDRE NUNIS, ELLIE KURTTZ, GUSTAVO DE CAMPOS** e **GUTO MUNIZ**

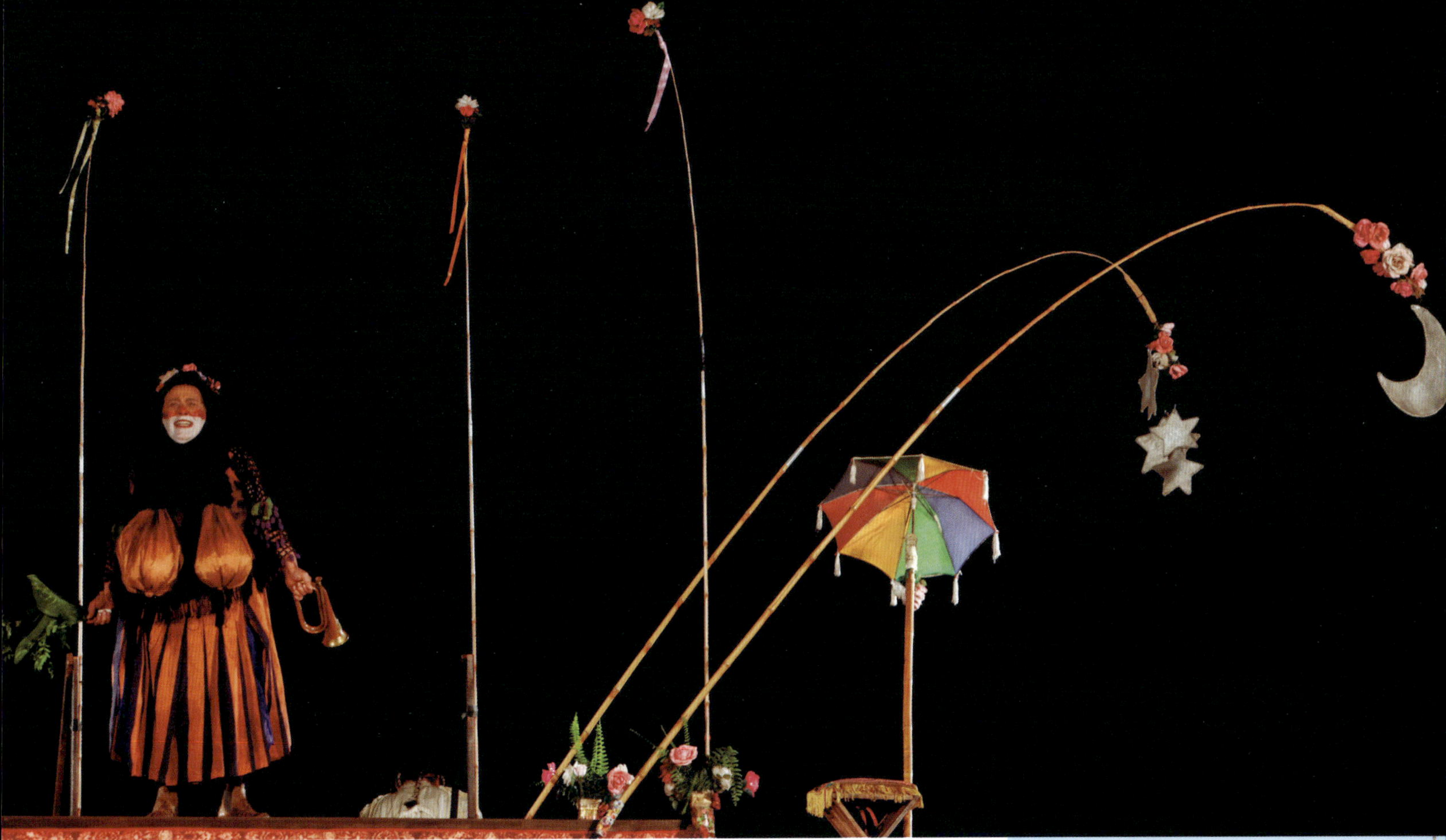
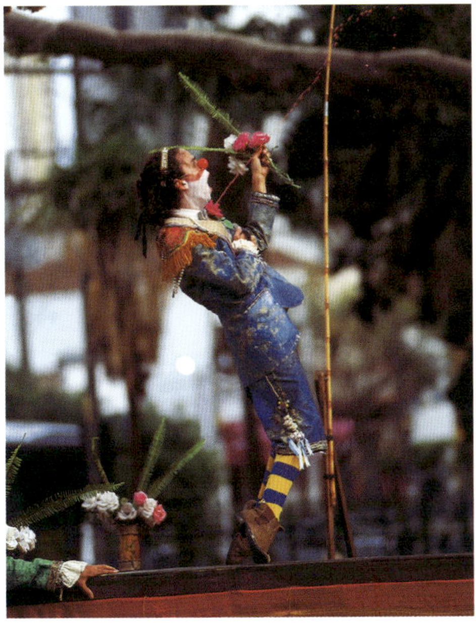
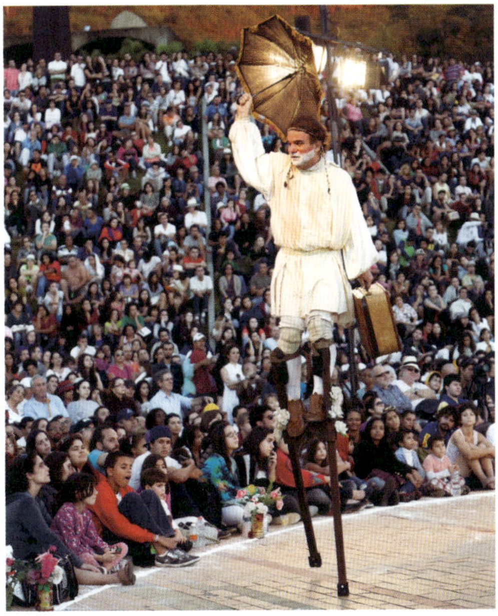
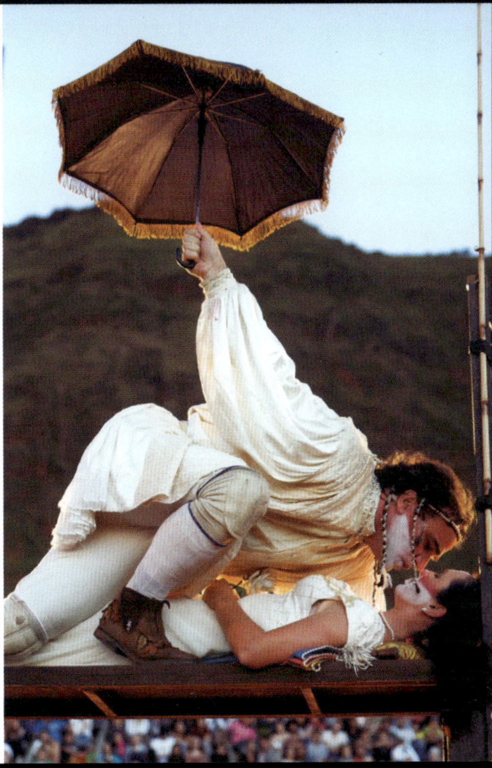

A
GUERRA
SANTA

1993

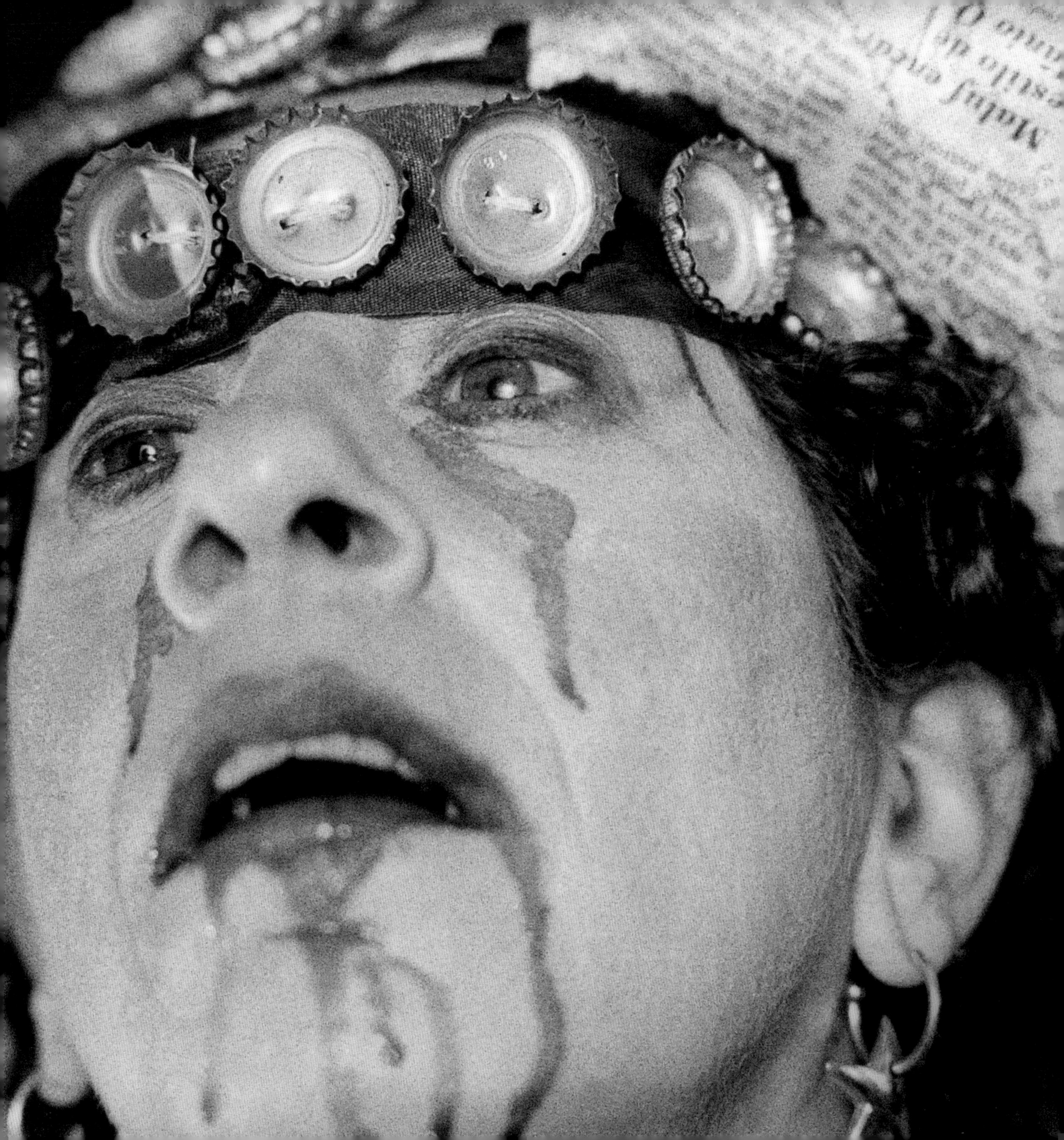

PARA UMBERTO MAGNANI, *IN MEMORIAM*

> 'Ah, tristeza dura de campos tão devastados, galhos cortados antes da fruta madura. Por mais que os anos cavem rugas em nosso rosto, a vida é o gosto e a morte é sempre prematura.' Assim o ator Claudio Fontana, no papel do espírito do poeta Virgílio, iniciava o poema dramático de Luís Alberto de Abreu, *A guerra santa*, que encenamos no Rio de Janeiro, em São Paulo e em Londres, em coprodução inglesa, por encomenda da diretora do London International Festival of Theatre (LIFT). Quando estivemos no Riverside Studios, à beira do rio Tâmisa, esse narrador do espetáculo passou a falar tudo em inglês britânico. Foi minha primeira ida à Inglaterra como diretor, ainda bem antes de *Romeu e Julieta*. O texto do Abreu, magnífico, inspirava-se em alguns conteúdos dramáticos da *Divina comédia*, de Dante, transferindo a ação para algum ambiente inóspito e árido do nosso sertão ou do agreste, uma espécie de inferno brasileiro castigado e sofrido. Havia algo de Guimarães Rosa em sua escrita também, assim como referências importantes às utopias de Maio de 1968 na França e ao período da ditadura brasileira. Um painel com uma enorme bandeira do Brasil desbotada e surrada ajudava a compor a cenografia. Para encenar o poema, decidimos criar um preâmbulo fabular. Uma companhia portuguesa de teatro vem se apresentar no Brasil, e todos os atores morrem de gripe espanhola. São enterrados em um desses povoados tipicamente mineiros. Seus corpos, porém, começam a vagar, autorizados e estimulados pelas visitas dos espíritos de Virgílio, Dante e Beatriz, os três personagens principais da *Divina comédia*. Havia uma engenhoca que produzia efeitos de queda de neve no palco, pois, quando os mortos *ressuscitavam*, nevava em Minas Gerais. A *mise-en-scène* foi muito feliz, graças sobretudo à colaboração da sempre preparadora de corpo Vivien Buckup, que criou uma brilhante coreografia não realista, como uma fantasia bizarra interiorana. Toda a incrível dramaticidade do corpo dos atores não foi dada pela direção, mas pela preparação de Vivien. O elenco era muito talentoso: Umberto Magnani (1941-2016), Fernando Neves, Paulo Ivo, Claudio Fontana, Maria do Carmo Soares, Vera Mancini, Lulu Pavarin, Rita Martins, Cris Guiçá, Jaqueline Momesso, Lúcia Barroso, Roseli Silva, Sérgio Zurawski e Beatriz Segall.

A tua sodade corta
Como aço de navaia
O coração fica afrito
Bate uma, a outra faia
Os óio se enche d'água
Que até a vista
se atrapaia,
ai, ai, ai.

CUITELINHO
canção popular

---

estreia **27 DE AGOSTO DE 1993** · **TEATRO SESC ANCHIETA [SESC CONSOLAÇÃO]** · **SÃO PAULO**   autor **LUÍS ALBERTO DE ABREU**
direção **GABRIEL VILLELA**   cenografia e figurino **GABRIEL VILLELA**   iluminação **WAGNER FREIRE**   preparação corporal e coreografia **VIVIEN BUCKUP**   elenco **BEATRIZ SEGALL, CLAUDIO FONTANA, CRIS GUIÇÁ, FERNANDO NEVES, JAQUELINE MOMESSO, LÚCIA BARROSO, LULU PAVARIN, MARIA DO CARMO SOARES, PAULO IVO, RITA MARTINS, ROSELI SILVA, SÉRGIO ZURAWSKI, UMBERTO MAGNANI** e **VERA MANCINI**   produção **COMPANHIA MELODRAMÁTICA BRASILEIRA**

imagens **LENISE PINHEIRO**

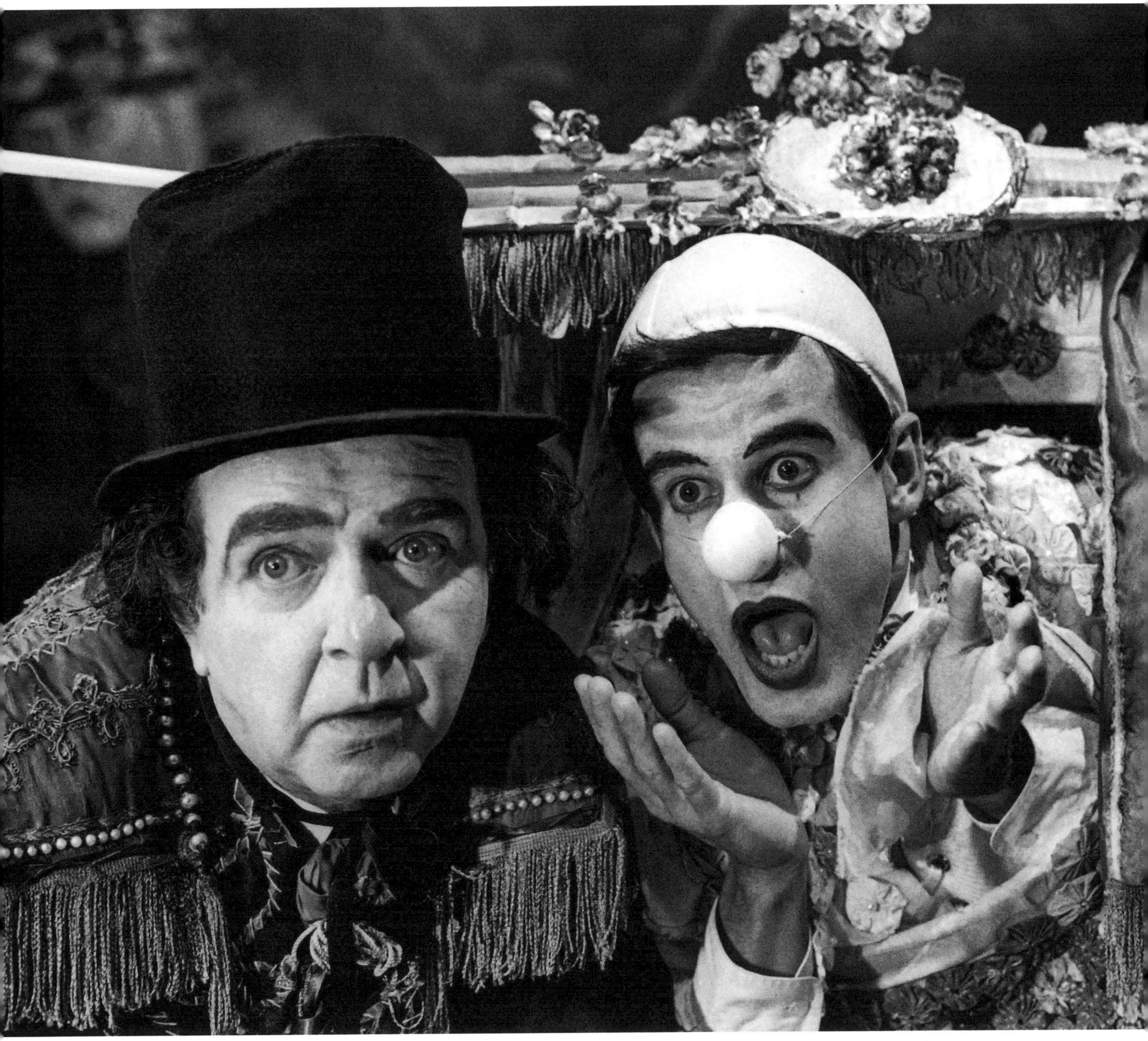

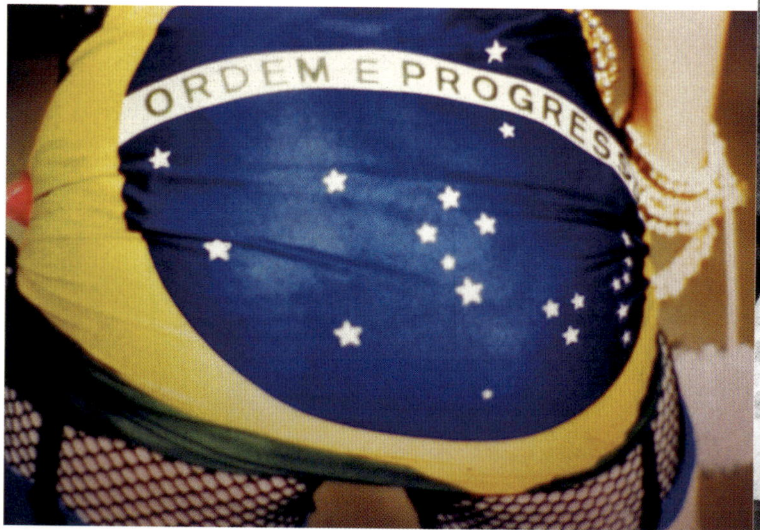
ORDEM E PROGRESS

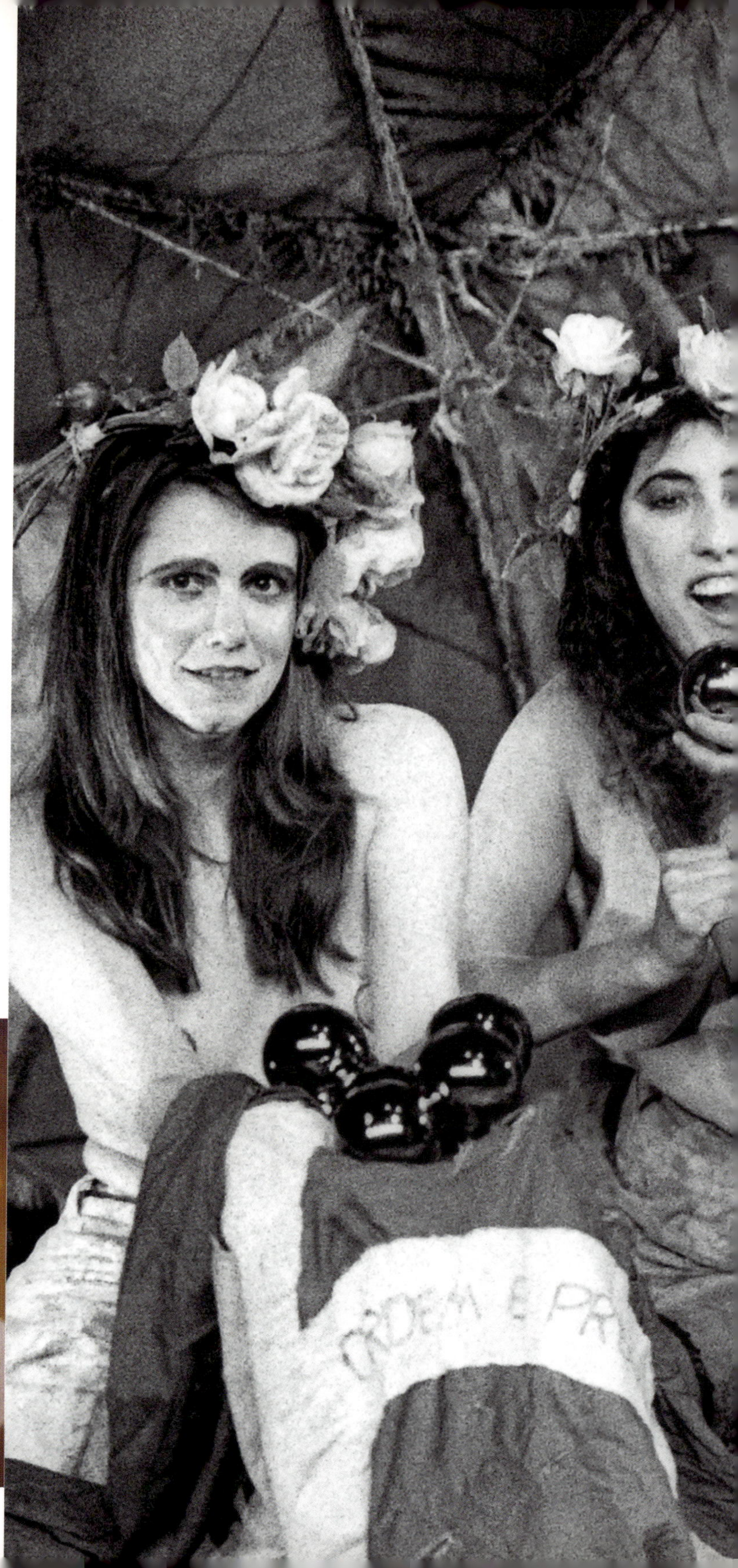
ORDEM E PR

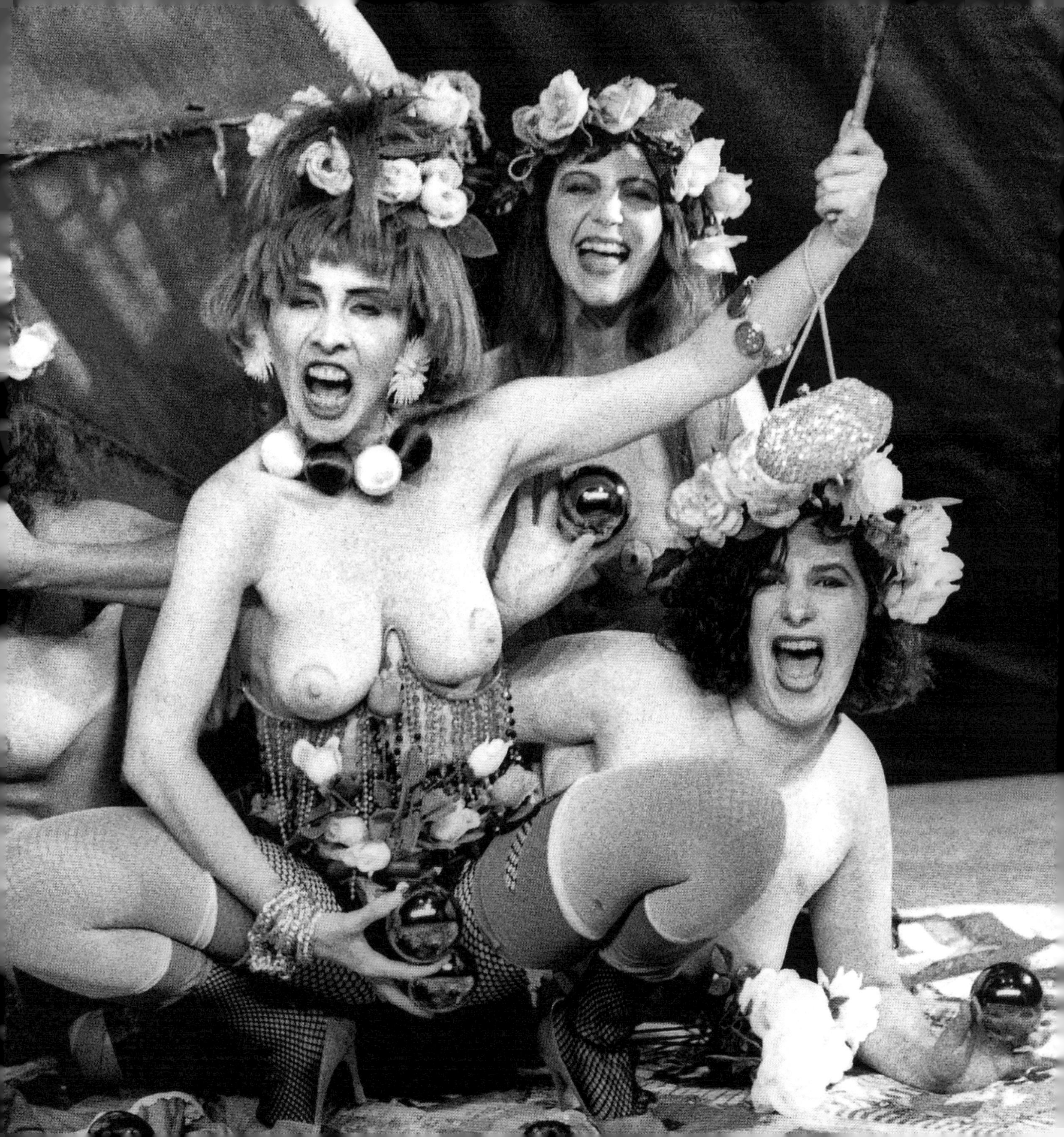

A
FALECIDA

1994

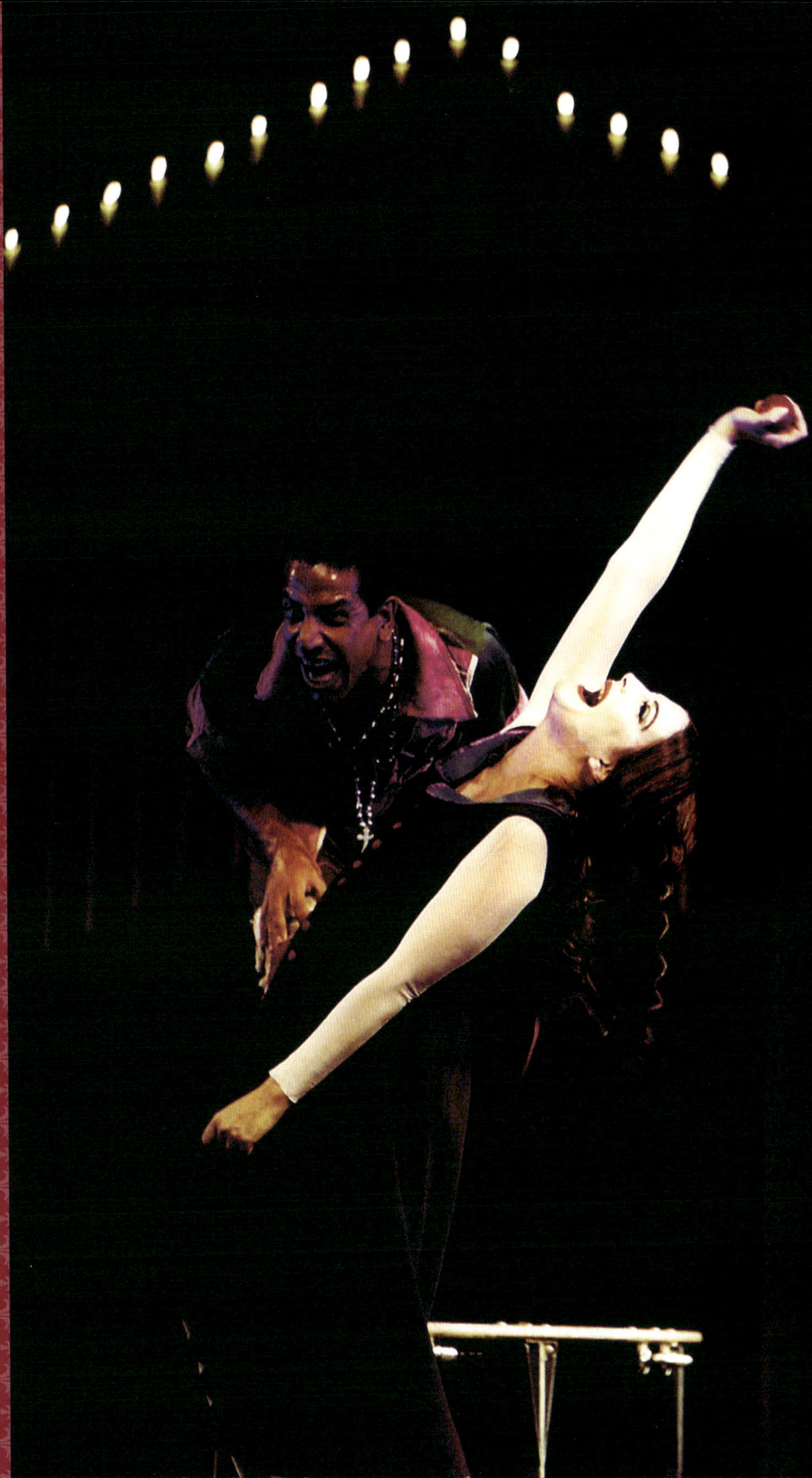

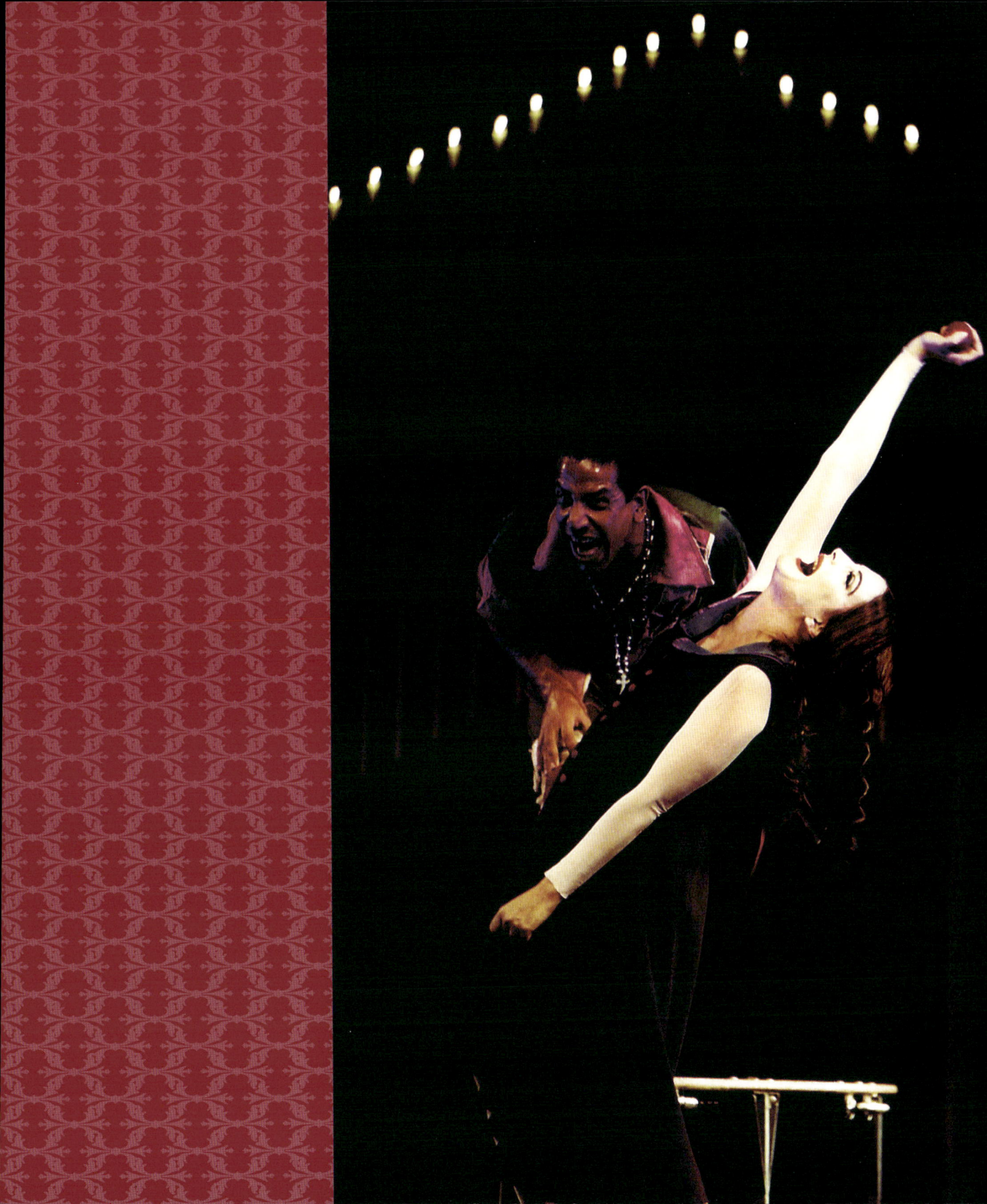

PARA YOLANDA CARDOSO, IN MEMORIAM

> A barra do amor é que
> ele é meio ermo,
> a barra da morte é que ela
> não tem meio-termo.
>
> MEIO-TERMO
> Lourenço Baêta e Cacaso

"Essa montagem nasceu sob encomenda de um festival de teatro em Viena, Áustria, o Wiener Festwochen, que intencionava contemplar a obra de Nelson Rodrigues (1912-1980) em um projeto grande, que incluiu também um fórum de debates com nomes como Sábato Magaldi, Edla Van Steen, Edélcio Mostaço e o tradutor alemão de Nelson, Henry Thoreau. Brasileiros radicados na Europa prestigiaram o fórum e o espetáculo na sala G do Messepalast, o complexo de teatros que abriga o festival. Os austríacos elogiaram muito a dramaturgia de Nelson Rodrigues. Não posso negar que realizei o espetáculo sob forte influência de tudo o que aprendi na academia com Sábato Magaldi, esse mineiro ilustre, grande professor, pedagogo, crítico e contador de histórias, que deixou para a posteridade uma classificação mítica e definitiva de toda a obra de Nelson Rodrigues. A produção foi dividida com a protagonista, Maria Padilha, que sonhava interpretar a tísica e adúltera Zulmira, que planeja ter o enterro mais luxuoso do Rio de Janeiro. Para conseguir o dinheiro da produção, Maria aceitou o convite da revista *Playboy* para posar nua. Fez um ensaio bonito, com direção de arte de Gringo Cardia, baseado nas mulheres da obra de Nelson Rodrigues. Usou todo o cachê na nossa peça, e isso foi bastante noticiado pela imprensa. Fui ensaiar no Rio, com elenco todo carioca. Foi quando Adriana Esteves estreou no teatro profissional, bem novinha. A cenografia era um grande órgão feito de seiscentos tacos de sinuca, com velas acesas nas pontas. O Nelson não escreveu nenhuma rubrica a respeito da cenografia, então, como na primeira cena os personagens falam de futebol jogando sinuca, resolvemos reproduzir uma grande mesa de jogo, que media 14 metros. Afinal, o que é Zulmira senão uma 'sinucada' na vida, que morre na caçapa porque fica sem opção, que leva um xeque-mate do destino. Para retratar mais ainda a carioquice suburbana, os atores vestiam camisetas estilizadas de jogadores do Fluminense e usavam chuteiras. Em São Paulo, a temporada foi no CCSP. No Rio, foi no Teatro Nelson Rodrigues. Antes disso, eu havia dirigido *A falecida* como teatro amador — com o grupo do Clube Pinheiros —, e foi uma montagem bastante contemplada com troféus no festival de Rio Preto."

estreia **25 DE FEVEREIRO DE 1994 · TEATRO NELSON RODRIGUES · RIO DE JANEIRO** texto **NELSON RODRIGUES** direção **GABRIEL VILLELA** assistência de direção e preparação corporal **VIVIEN BUCKUP** dramaturgia **EDÉLCIO MOSTAÇO** voz **DAGOBERTO FELIZ** cenografia **GABRIEL VILLELA** cenotécnica e efeitos especiais **MÁRIO MÁRCIO** contrarregragem **GILSON** caracterização **RENATO CASTELO** figurino **LETÍCIA TEIXEIRA** adereços **LETÍCIA TEIXEIRA** e **FLÁVIO SOLANO** costura **SONIA MARIA E VILMA** iluminação **MANECO QUINDERÉ** operação de luz **NÉLSON LEÃO** trilha sonora **TUNICA** assistência de trilha sonora **ALINE MEYER** operação de som **CRISTINA MARIZ** camareira **MARIA HELENA** música incidental especialmente composta **WAGNER TISO** hino **"QUANDO LÁ DO CÉU DESCENDO"**, com **CORAL FEMININO DA CATEDRAL EVANGÉLICA DE SÃO PAULO**, regência de **DOROTÉA KERR** e arranjo de **MATIAS CAPOVILLA** elenco **ADRIANA ESTEVES, EDSON FIESCHI, LOURIVAL PRUDÊNCIO, MARCELO ESCOREL, MARIA PADILHA, OSCAR MAGRINI, SÉRGIO MASTROPASQUA, TATIANA ISSA** e **YOLANDA CARDOSO** [atriz convidada] administração **YOLANDA RODRIGUES** contabilidade **COARTE** e **OFÉLIA** produção executiva **TEREZA DURANTE** direção de produção **CAIO DE ANDRADE, FERNANDO SALIS** e **LUIZ PEREIRA** [Atonal Comunicação] e **GISELLE GOLDONI** assistência de produção **EDUARDO BARATA** e **MAURÍCIO FROTA**

imagens **GUGA MELGAR**

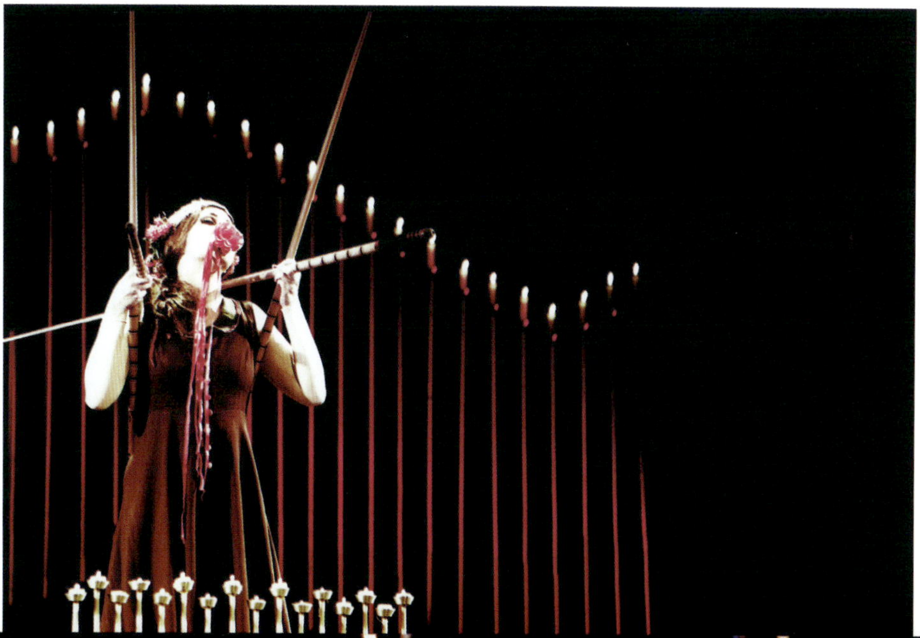

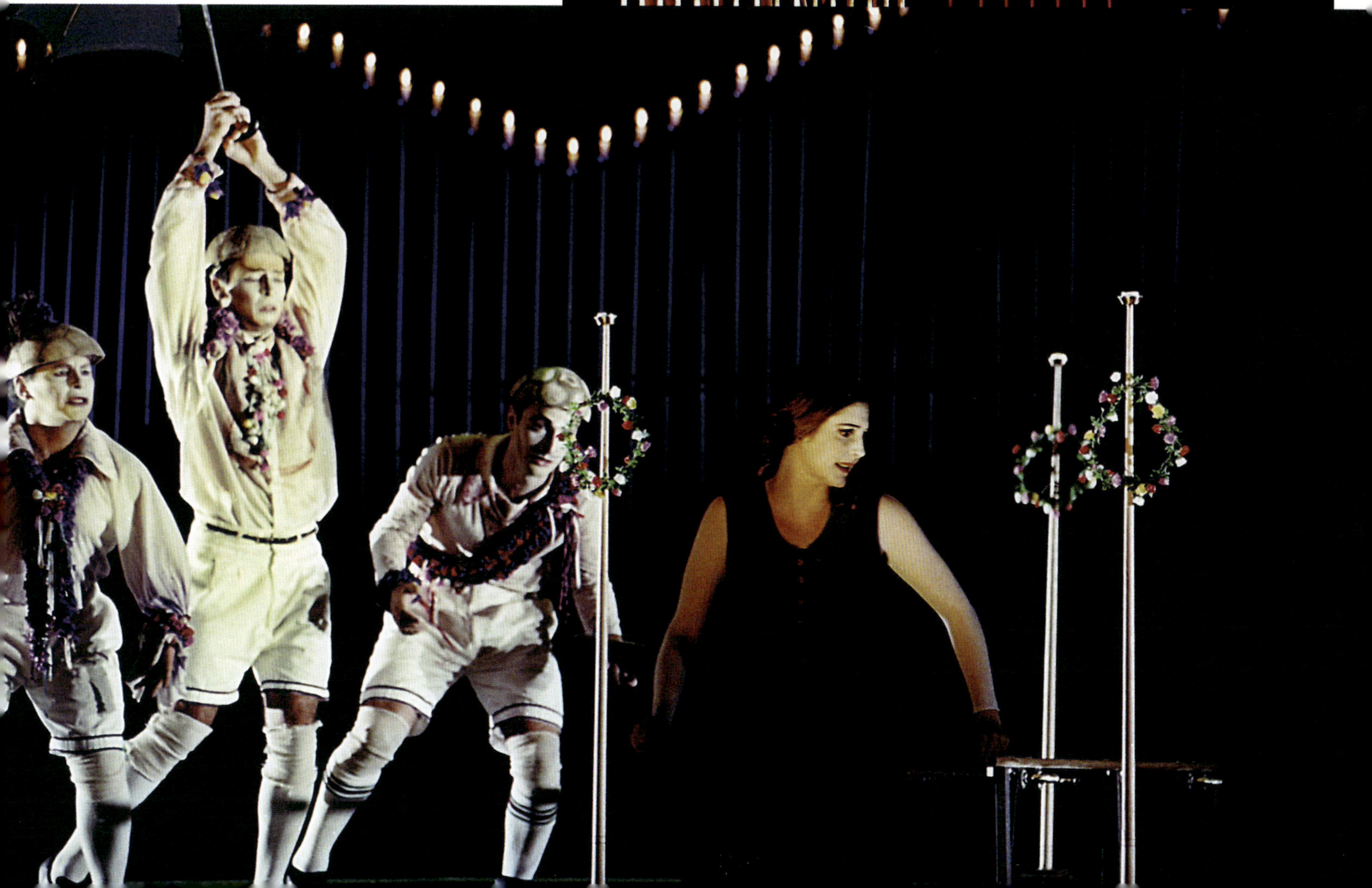

A RUA DA AMARGURA

1994

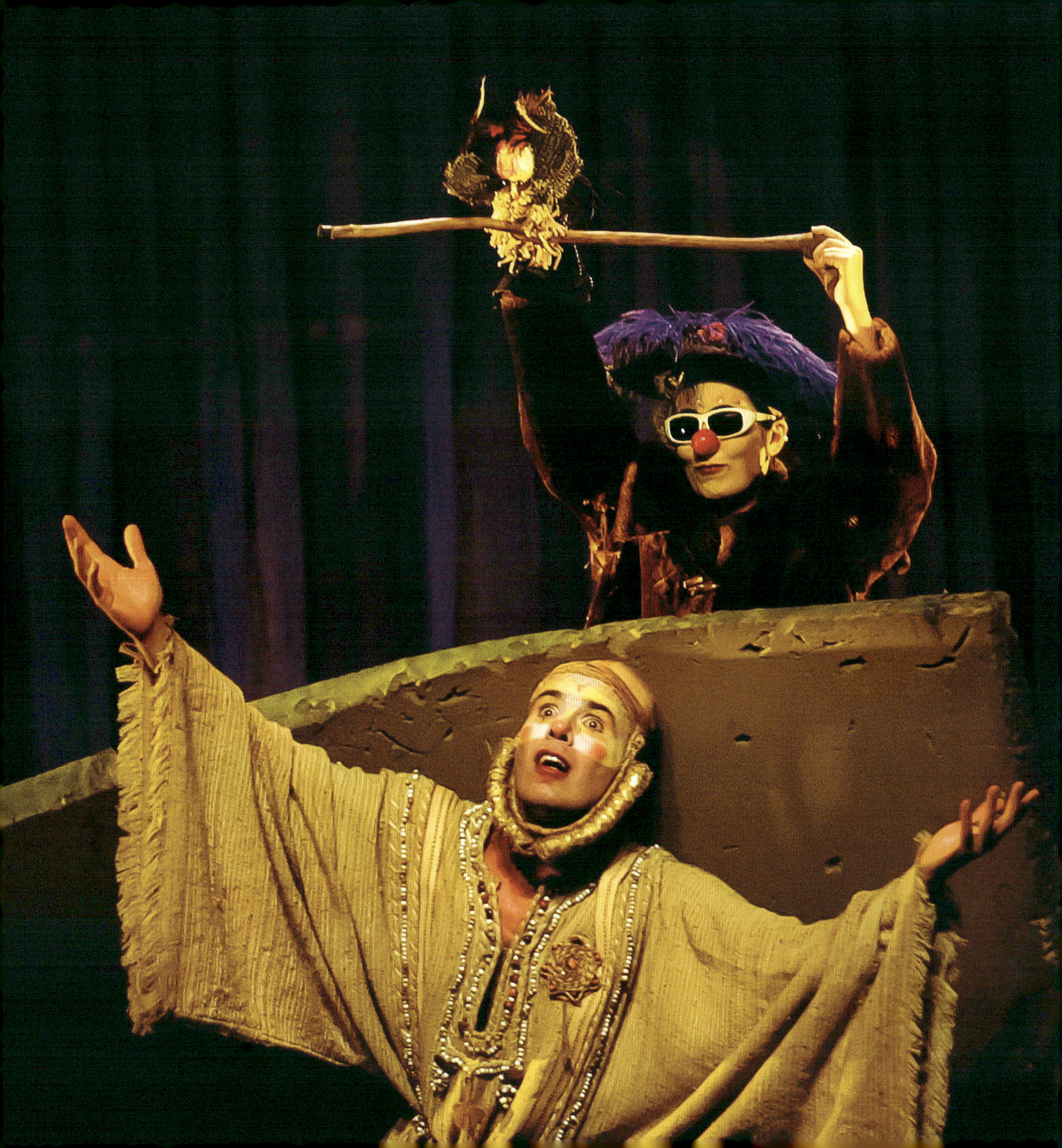

PARA DONA BILA E VANINHA, *IN MEMORIAM*

Coração santo,
tu reinarás,
Tu, nosso encanto,
sempre serás.

CORAÇÃO SANTO
cântico religioso

> Dois anos depois de *Romeu e Julieta,* dirigi novamente o Grupo Galpão em *A rua da amargura*. A estreia foi no Centro Cultural Banco do Brasil (CCBB) do Rio de Janeiro, quatro meses após a morte da atriz Wanda Fernandes. O grupo estava no chão, precisava ser reerguido — e nada melhor do que um novo espetáculo. Abriguei todos debaixo de minhas asas e saí escorando um a um. Atuei de forma imperativa, arrombando cercas, não respeitando o limite emocional de ninguém. Virei um bicho atrás de ressurreição. Com o subtítulo de *14 passos lacrimosos da vida de Jesus*, a peça era um drama circense baseado em *O mártir do calvário*, de Eduardo Garrido. Fui encontrar o texto no repertório de Toco, um grande artista de circo-teatro, da família do Circo Aretuza, tio do ator, diretor e meu amigão do peito Fernando Neves. Dona Bila, mãe de Fernando, fez com o grupo duas semanas de *workshops* de interpretação circense, o que transformou o rumo das interpretações. De novo, reencontrei-me com a estética popular mineira. Eu precisava lidar com a ressurreição do grupo e a de Jesus. A única forma sutil, poética e delicada que encontrei foi usar a policromia. Adotei uma cartela de cores que fugia do cinza em que o grupo mergulhara. E recorri aos teares que são famosos em minha cidade, Carmo do Rio Claro, para conseguir a mesma trama do tecido usado na Galileia antes de Cristo, a urdidura espinha de peixe. Pensei: 'Vou vesti-los com o calor de minha cidade'. Contei com a ajuda de Vaninha Soares Pereira, gênio dos teares, que infelizmente morreu cedo. Fizemos uma campanha para comprar colchas de retalhos e fuxicos que as pessoas não usavam mais. A coberta de minha cama de criança, presente de minha avó, virou a parte de cima da roupa da atriz Teuda Bara. Na trilha, usamos os cantos populares da Cia. do Menino Jesus, também do Carmo. Foi a partir daí que Babaya apresentou-nos Ernani Maletta, maestro e pesquisador que nos modificou, artista de muita erudição. Ele fazia seu doutorado em polifonia musical. Entrou com a função de trabalhar o canto em várias vozes, polifônico, sem perder de vista os cantos de mutirão do interior de Minas. A presença da polifonia no canto esteve em muitos outros espetáculos que dirigi depois. Eduardo Moreira, como Jesus, costumava usar uma malinha bem pessoal, objeto que incluí em cena. Quando Jesus lançava a diáspora sobre o povo judeu, saía de dentro da mala a maquete de Jerusalém. O espetáculo serviu de base, em 2001, para um especial da Globo, *A paixão segundo Ouro Preto*.

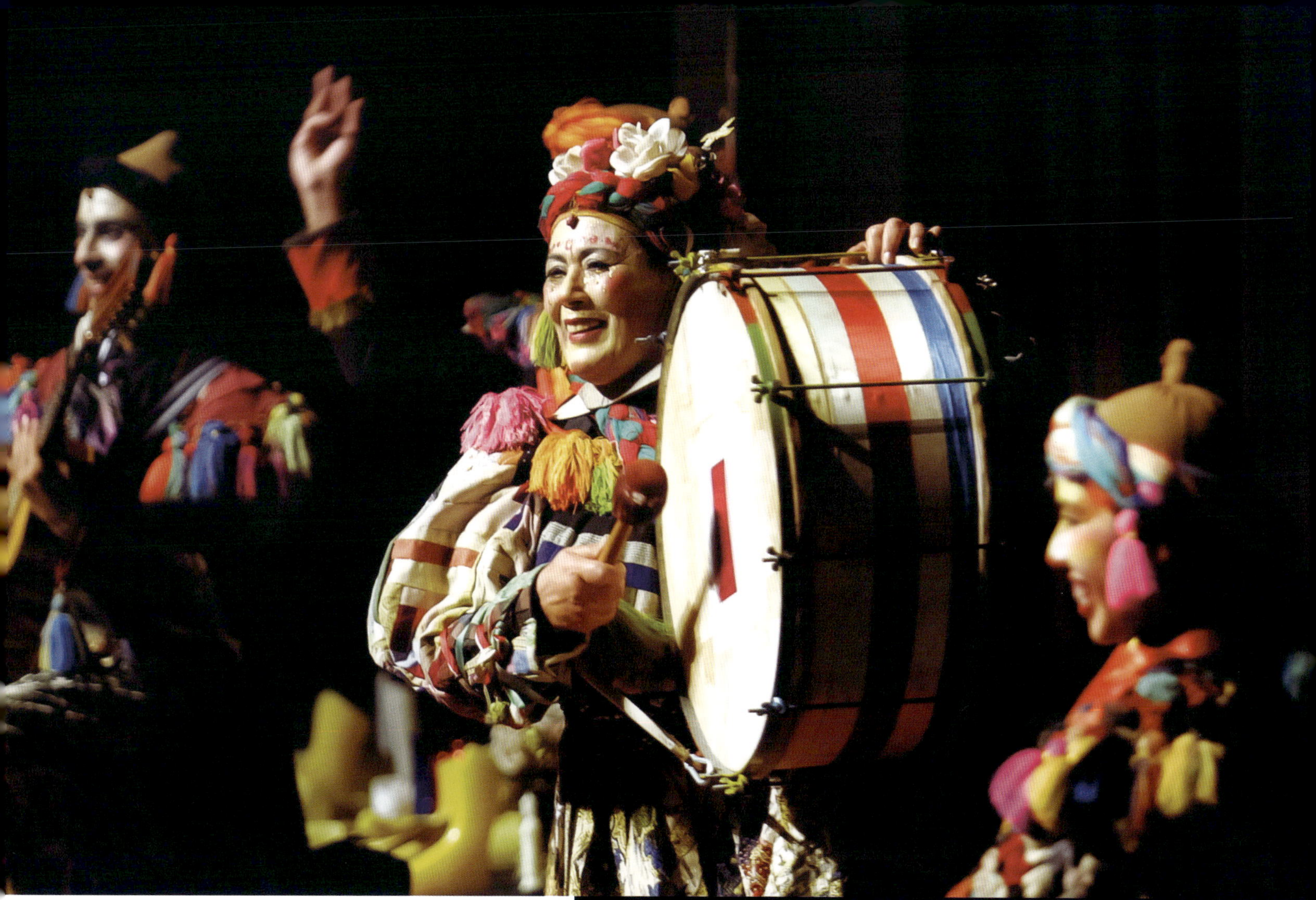
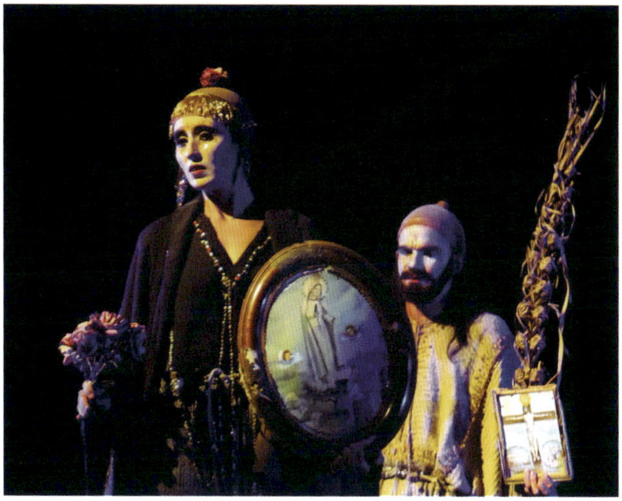
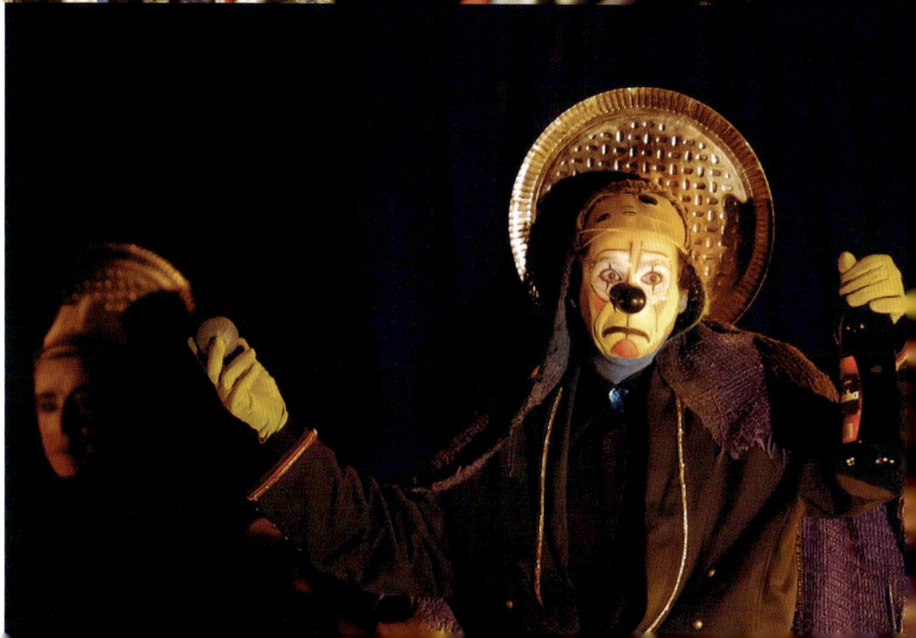

::::::::::::::::::::
estreia **27 DE AGOSTO DE 1994 · CENTRO CULTURAL BANCO DO BRASIL RIO DE JANEIRO** e **6 DE JANEIRO DE 1995 · TEATRO SESC ANCHIETA [SESC CONSOLAÇÃO] · SÃO PAULO** adaptação do texto **ARILDO DE BARROS** concepção e direção **GABRIEL VILLELA** assistência de direção **SIMONE ORDONES** *workshops* de interpretação circense **JACIRA VIANNA** preparação corporal e coreografia **PAOLA RETTORE** cenografia **GABRIEL VILLELA** cenotécnica **MÁRIO MÁRCIO** e **HELVÉCIO IZABEL** efeitos especiais **MÁRIO MÁRCIO** pintura em espuma **SEBASTIÃO VIEIRA** figurino **MARIA CASTILHO** e **WANDA SGARBI** assistência de figurino **IVANA ANDRÉS** e **DANIELA STARLING** criação e execução dos tecidos **VANINHA SOARES PEREIRA/WS** adereços e pintura de arte **WANDA SGARBI** iluminação **MANECO QUINDERÉ** operação de luz **ALEXANDRE GALVÃO** e **WLADIMIR MEDEIROS** técnica de som **RÔMULO RIGHI** e **HELVÉCIO IZABEL** trilha sonora **CHICO PELÚCIO** arranjos musicais **FERNANDO MUZZI** preparação vocal **BABAYA** arranjos e preparação vocal para coro **ERNANI MALETTA** elenco **ANTONIO EDSON, ARILDO DE BARROS, BETO FRANCO, EDUARDO MOREIRA, FERNANDA VIANNA / BIA BRAGA** [atriz convidada]**, INÊS PEIXOTO, JÚLIO MACIEL, LYDIA DEL PICCHIA, PAULO ANDRÉ, RODOLFO VAZ, SIMONE ORDONES** e **TEUDA BARA** produção **GRUPO GALPÃO** direção de produção **CHICO PELÚCIO** e **REGIANE MICIANO** produção executiva **GILMA OLIVEIRA**
:::::::::::::::::
imagens **GUTO MUNIZ**

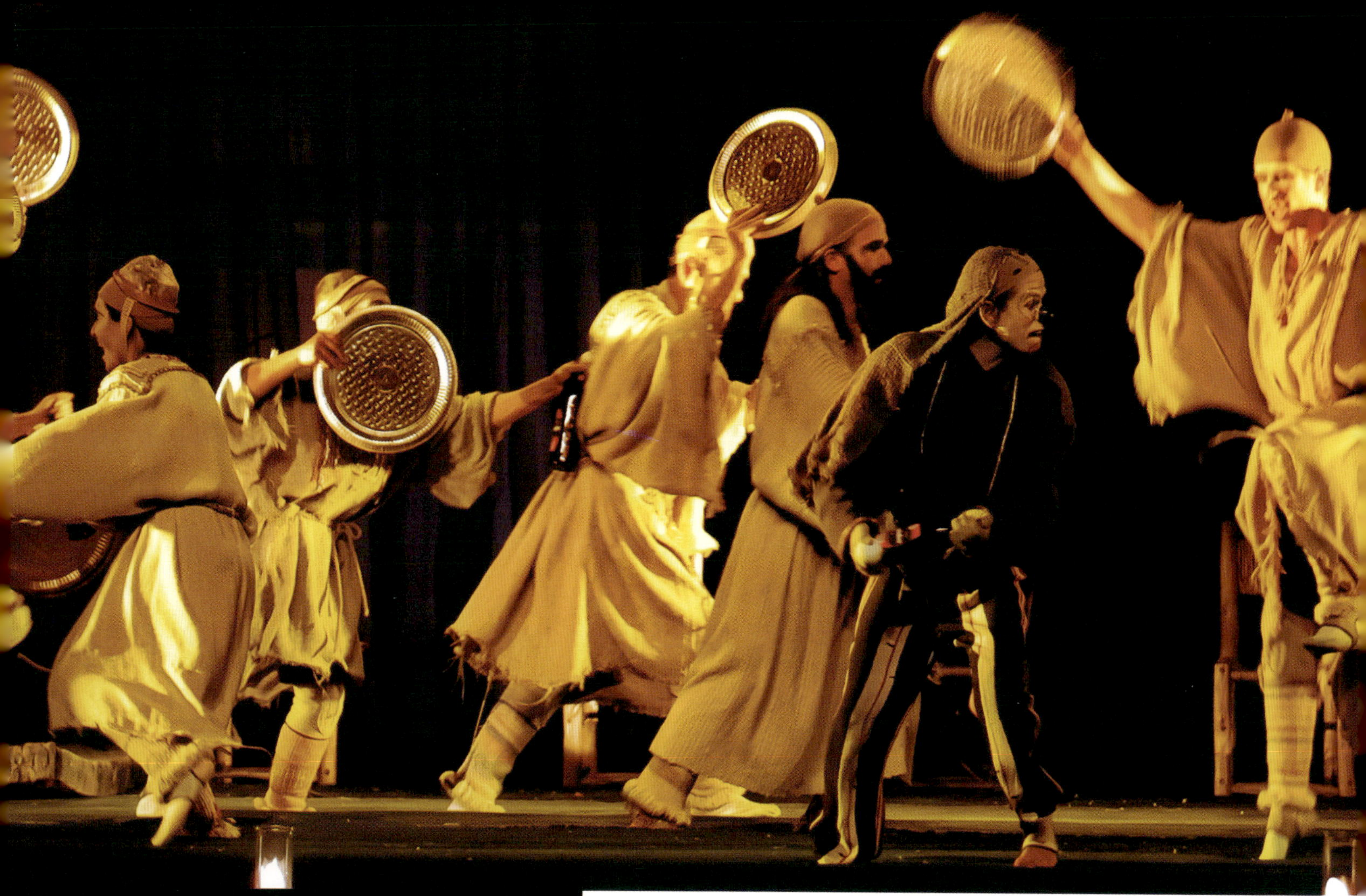

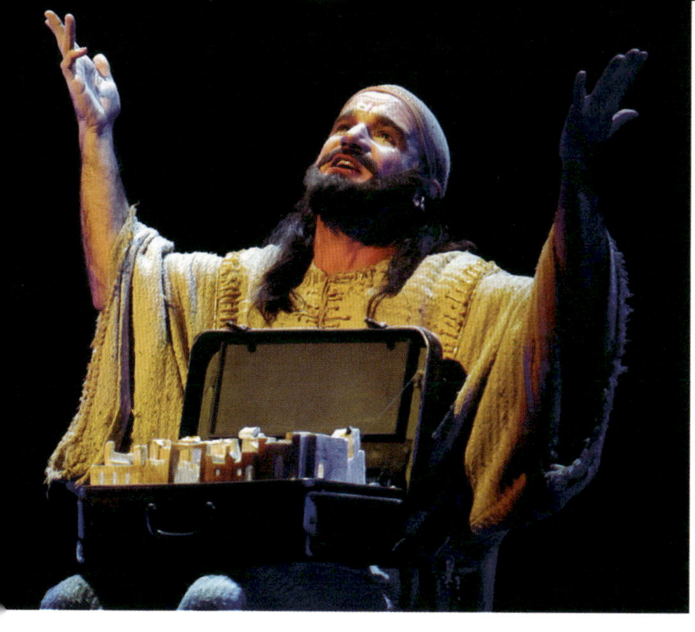

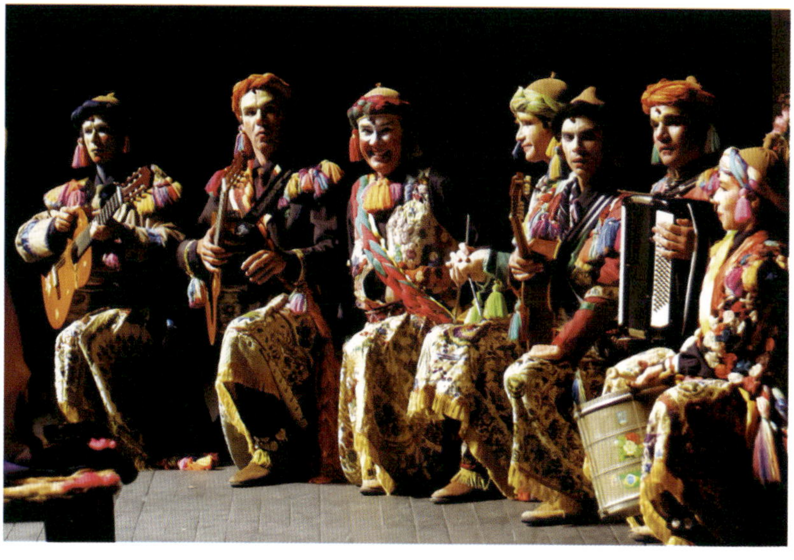

TORRE DE BABEL

1995

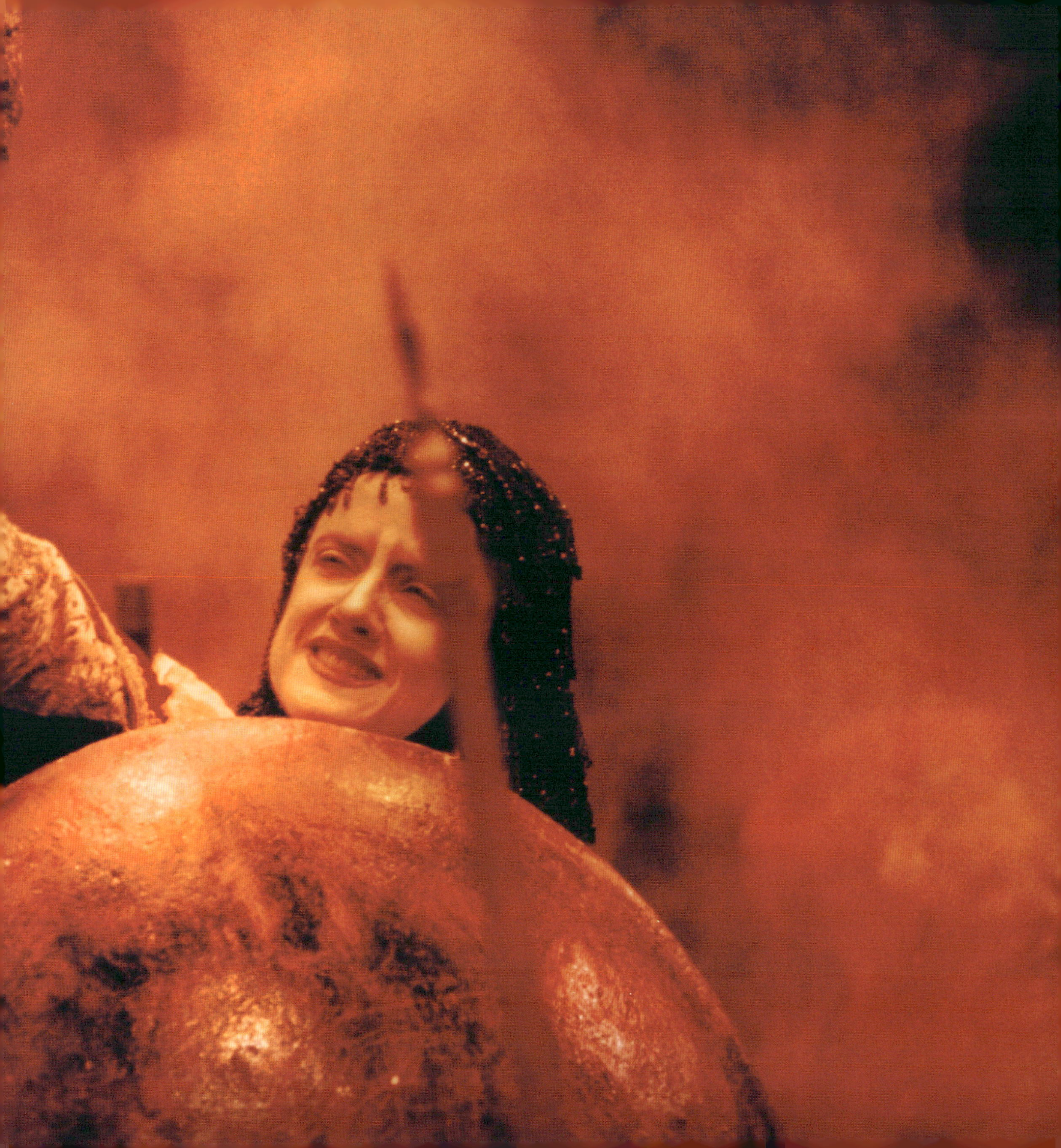

"No final dos anos 1970, eu saía de Minas com meu grupo de teatro amador Raízes para assistir a peças em São Paulo e no Rio de Janeiro. Foi quando vi Ruth Escobar fazendo *Torre de Babel*, de Fernando Arrabal, e fiquei fascinado. Anos depois, quando Marieta Severo procurou-me para trabalharmos juntos, sugeri a ela esse belo texto, com uma linguagem alegórica e metafórica belíssima, e ela topou. Marieta, além de ser dessas grandes mulheres do teatro nacional, que assume as rédeas de suas produções, é um dos rostos mais teatrais que eu conheço no Brasil. O rosto dela é uma borracha, espicha; enfim, fornece mil e uma máscaras. O convívio com ela significa aprendizado o tempo inteiro. Foi uma das atrizes que involuntariamente me forneceram mais conhecimento do ofício de interpretar. Ela abriu meus olhos para uma maturidade, fez-me sair da fase da juventude vaidosa. Representa para mim a mulher ética acima de tudo, inteligente, política, com uma sofisticação intelectual incrível e uma conduta sempre coerente com o que diz, uma grande paixão, um grande amor, um Dom Quixote de saias. A peça de Arrabal, poeta das improbabilidades, da revolta e da fantasia irrefreada, com seus delírios raivosos de um inconformismo surreal, como escrevemos no programa, conta a história perturbadora de uma duquesa cega, de nome Latídia de Teran, que luta contra a venda de seu velho castelo, roído por cupins, para um grupo de especuladores imobiliários. Obstinada e entregue a seu mundo particular de sonhos, ela resiste à asfixia da ditadura franquista dentro de sua torre, para onde sua imaginação convoca todos os marginais, mitos e ídolos espanhóis, como Santa Teresa d'Ávila, Goya, Don Juan e Cervantes. Uma das frases mais fortes da personagem era o dístico mais popular do período franquista: 'Pobre Espanha, grandeza em decadência'. Havia também o momento em que Marieta dizia lindamente, em estado de transe, trechos de *A vida é sonho*, de Calderón de la Barca. Trouxemos de um brechó londrino as bases para os figurinos de Wanda Sgarbi, mas modificamos com bordados, apliques, tingimentos e customizações. Com esse espetáculo, inauguramos o teatro de arena do Sesc Copabacana, no Rio de Janeiro — um projeto de Oscar Niemeyer."

estreia **23 DE JUNHO DE 1995** · **SESC COPACABANA** · **RIO DE JANEIRO** texto **FERNANDO ARRABAL** tradução **ELOISA ARAÚJO RIBEIRO** direção **GABRIEL VILLELA** assistência de direção **VIVIEN BUCKUP** cenografia **GABRIEL VILLELA** escultura e pintura de arte **SÉRGIO MARIMBA** cenotécnica e efeitos especiais **MÁRIO MÁRCIO** figurino **WANDA SGARBI** iluminação **MANECO QUINDERÉ** trilha sonora **ANDREA ZENI** e **VIVIEN BUCKUP** preparação corporal **VIVIEN BUCKUP** elenco **ANDRÉ VIDAL, ANTONIO CALLONI, ENRIQUE DIAZ, GUIDA VIANNA, LOURIVAL PRUDÊNCIO, MALU VALLE, MARIA LETÍCIA, MARIETA SEVERO, MARIO BORGES** e **ORÃ FIGUEIREDO** produção **MARIETA SEVERO** produção executiva **ANDREA FRANCO** e **RENATA MONTEIRO**

imagens **GUGA MELGAR** e **PAULA JOHAS** | **AGÊNCIA O GLOBO**

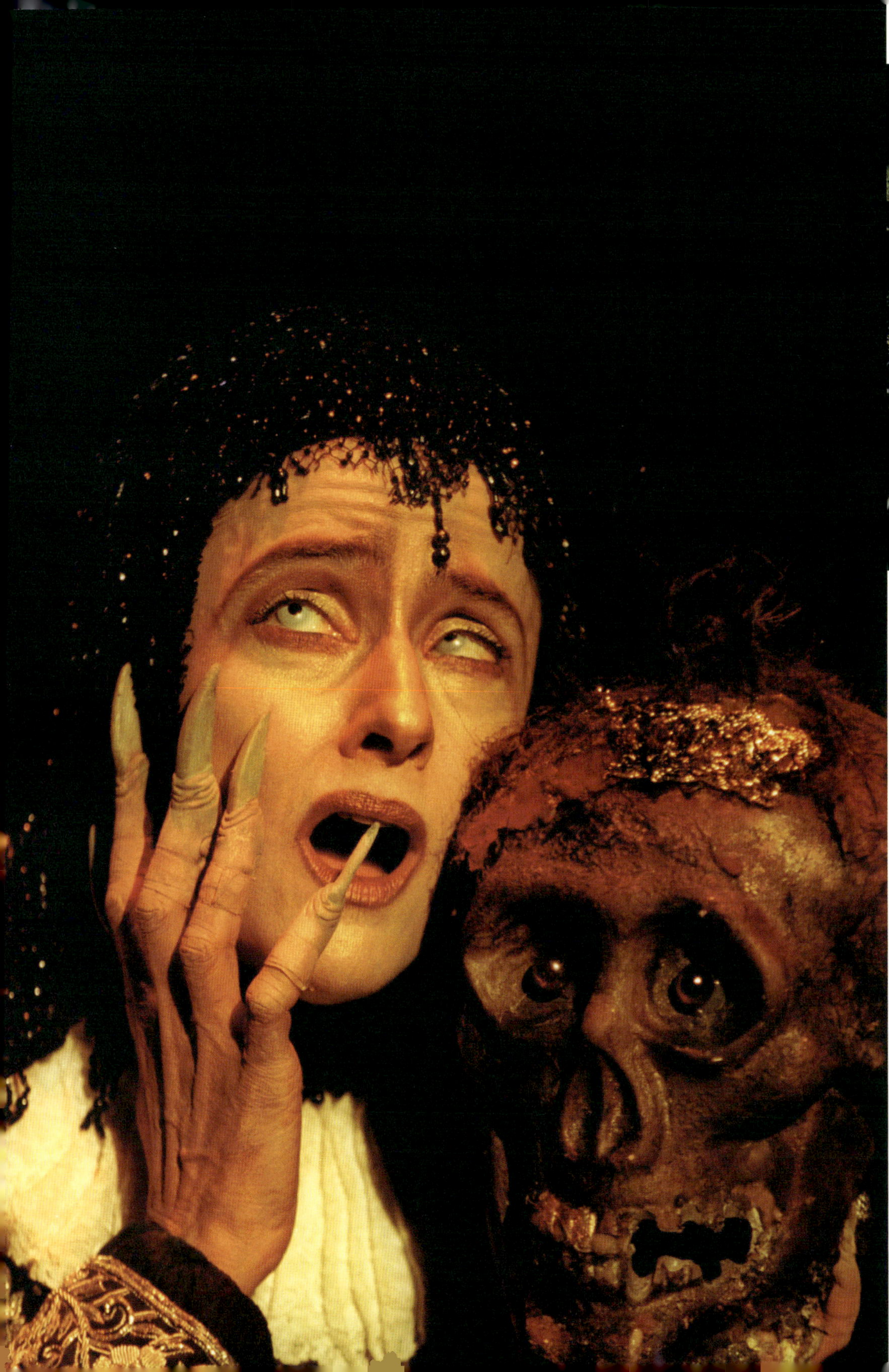

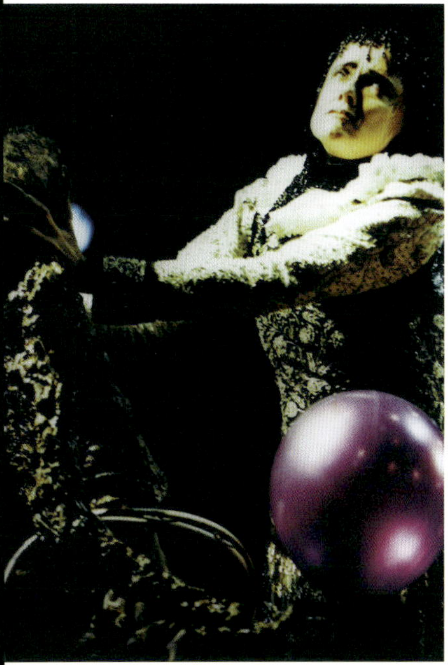

MARY STUART

1996

PARA MÁRIO MÁRCIO, *IN MEMORIAM*

Lascia ch'io pianga
mia cruda sorte,
e che sospiri
la libertà.

LASCIA CH'IO PIANGA
Georg Friedrich Händel

"No meu curso de teatro, na USP, vivi um ano de intensa admiração pelo crítico, ensaísta e professor Jacob Guinsburg, que na época pesquisava sobre o romantismo alemão para seu livro, transmitindo-nos tudo em aula. Foi um período proveitoso, deixando marcas em minha personalidade de estudante, tanto que não sosseguei enquanto não montei uma obra exemplar de cada um dos grandes autores estudados com ele: Schiller, Goethe e Büchner. De Friedrich Schiller (1759-1805), fizemos *Mary Stuart*, com Renata Sorrah no papel-título, Xuxa Lopes como sua antagonista, Elizabeth I, e a participação muito especial de Miriam Mehler como a ama, única acompanhante de Mary Stuart na prisão. O original é em versos, mas usamos a adaptação em prosa feita pelo inglês Stephen Spender e traduzida para o português por Marcos Renaux e Marilene Felinto. É uma tradução primorosa, com sofisticação e consistência. Eu enxerguei a perfeição naquela dramaturgia. Schiller imaginou um encontro, que nunca aconteceu, entre duas mulheres fortes da história, duas leoas. Os diálogos são de uma ferocidade inacreditável. Parecem dois bichos em confronto na savana. Eu quis que o espetáculo fosse bem austero e sisudo. Xuxa Lopes, que já era minha amiga, e Renata Sorrah são duas atrizes dessas que sabem tocar adiante uma produção de qualidade. Pudemos mais uma vez ensaiar na sede da produtora HB, do Hector Babenco, então marido da Xuxa. Isso permitiu que eu tivesse espaço para instalar um ateliê desde o início dos trabalhos, prática que depois me acompanhou pela carreira. Não ensaio sem ter por perto minhas araras de figurinos. João Santaella Jr., que conheci na equipe do *show* de Maria Bethânia que eu dirigira dois anos antes, ajudou-me muito com os figurinos. Consegui tecidos especiais dos teares de Minas, e ele fez cortes medievais impressionantes. Mário Márcio, gênio da cenotécnica, cuidou das três portas imensas que imaginei para a cenografia. Marcello Boffat, no elenco, cantava lindamente a ária 'Lascia ch'io pianga', de Händel. Por fim, não posso deixar de registrar que trabalhar com Renata e Xuxa é uma animação, uma felicidade. Elas são naturalmente engraçadas e tornam a vida da gente no teatro, nos jantares, no dia a dia, uma festa prazerosa."

estreia **20 DE JANEIRO DE 1996** · **TEATRO MARS** · **SÃO PAULO** texto **FRIEDRICH SCHILLER** adaptação **STEPHEN SPENDER** tradução **MARCOS RENAUX** e **MARILENE FELINTO** direção **GABRIEL VILLELA** dramaturgia **EDELCIO MOSTAÇO** direção de cena **MARCELO GOMES** assistência de direção e preparação corporal **VIVIEN BUCKUP** cenografia **GABRIEL VILLELA** cenotécnica e efeitos especiais **MÁRIO MÁRCIO** visagismo **FÁBIO NAMATAME** figurino **JOÃO SANTAELLA JR.** e **PAULO ROGÉRIO DE OLIVEIRA** iluminação **MANECO QUINDERÉ** direção musical **BABAYA** [coordenação e preparação vocal] e **ERNANI MALETTA** [maestro de coro e arranjos vocais] concepção sonora **FERNANDA BRANKOVIC** trilha sonora **ALINE MEYER** e **TUNICA** elenco **ALEXANDRE SCHUMACHER, ANDRÉ BOLL, CLAUDIO FONTANA, FERNANDO NEVES, FLÁVIA PUCCI, MARCELLO BOFFAT, MARCOS OLIVEIRA, MIRIAM MEHLER** [participação especial]**, OSWALDO BOARETTO JUNIOR, RENATA SORRAH, SERGIO MASTROPASQUA** e **XUXA LOPES** direção de produção e produção executiva **RENATA MONTEIRO** e **THEREZA FALCÃO** assistência de produção **JÚLIO CESAR RIBEIRO** realização **RENATA SORRAH** e **XUXA LOPES** [XR Produções Artísticas]

imagens **LENISE PINHEIRO**

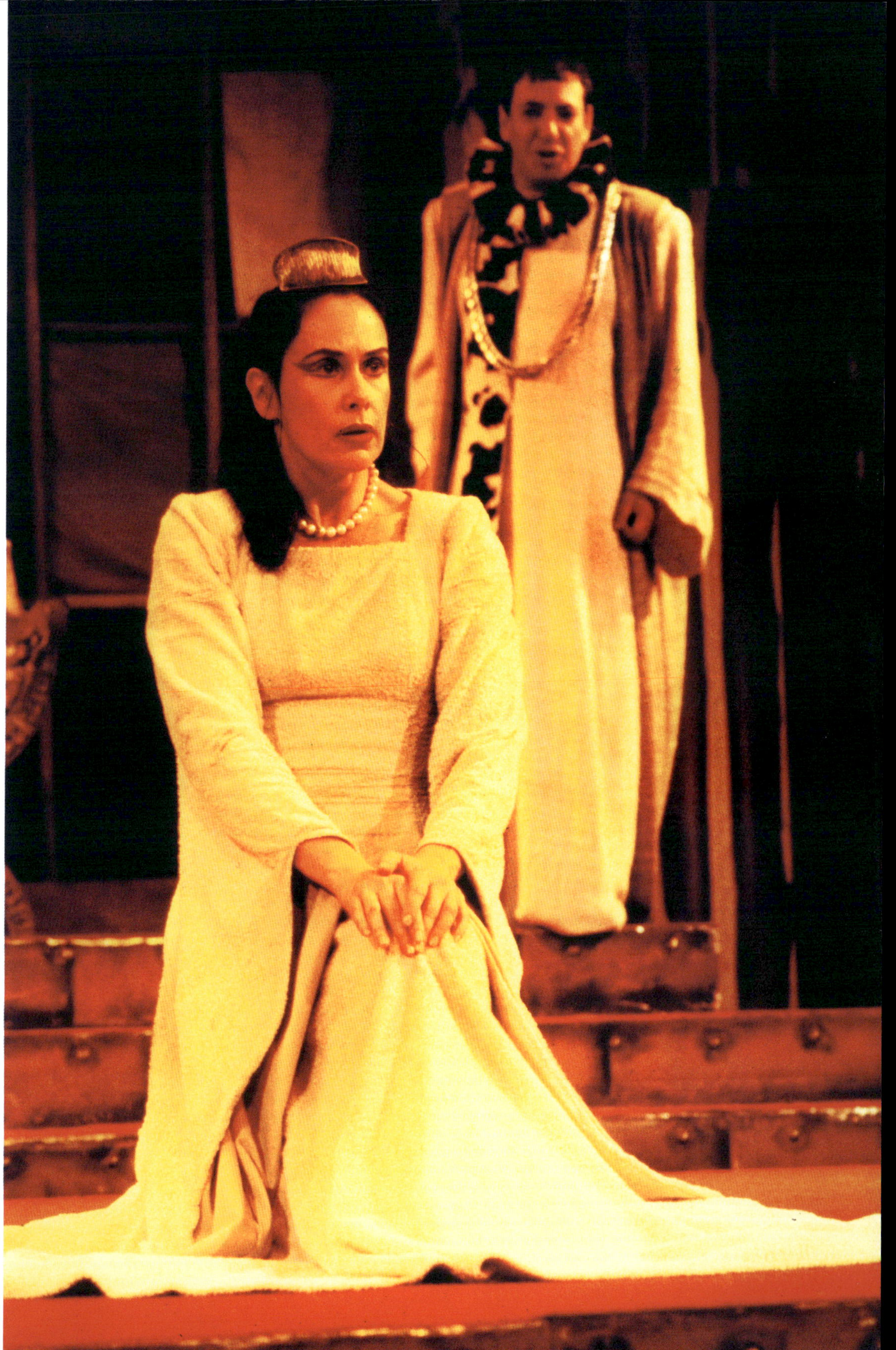

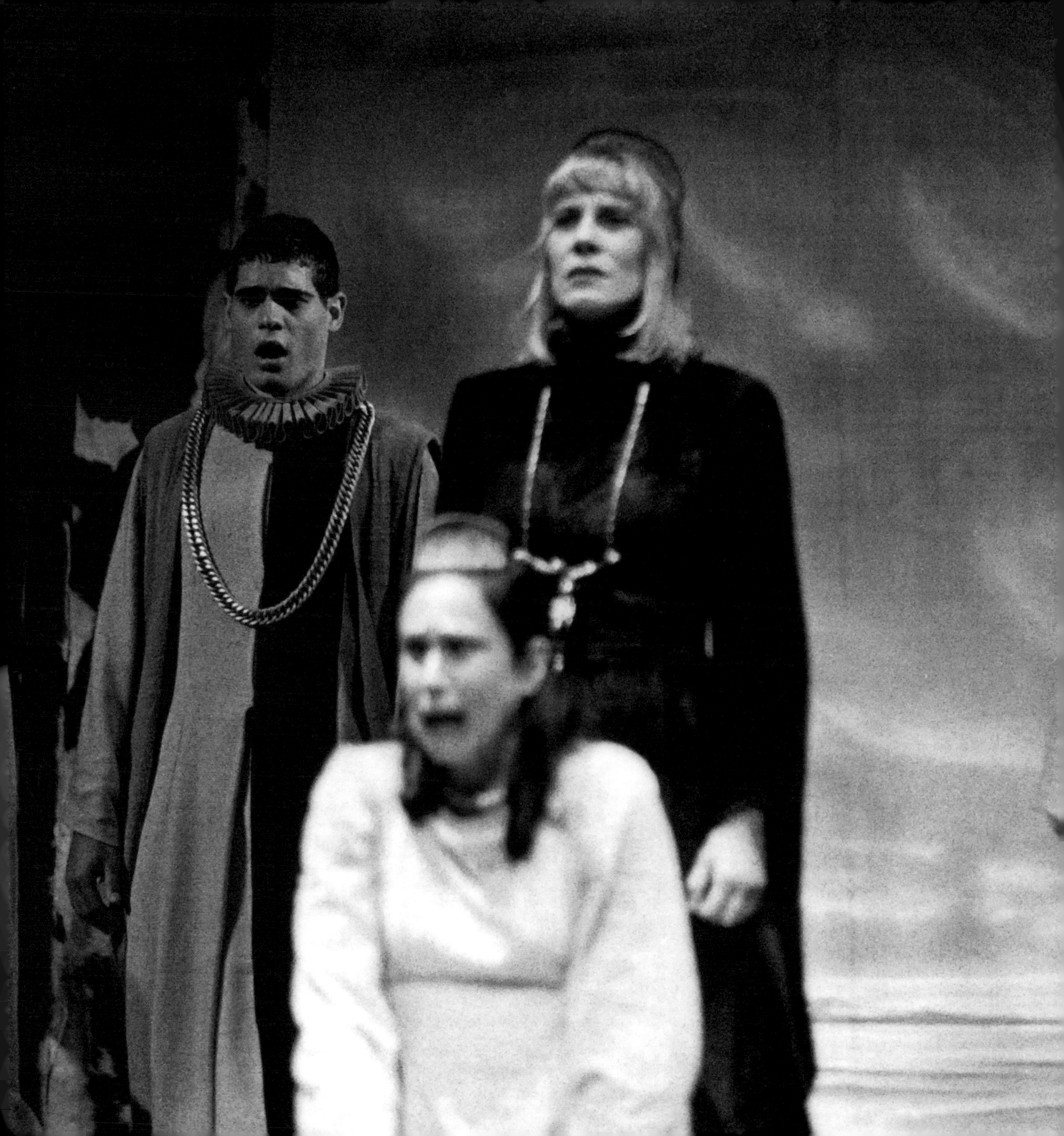

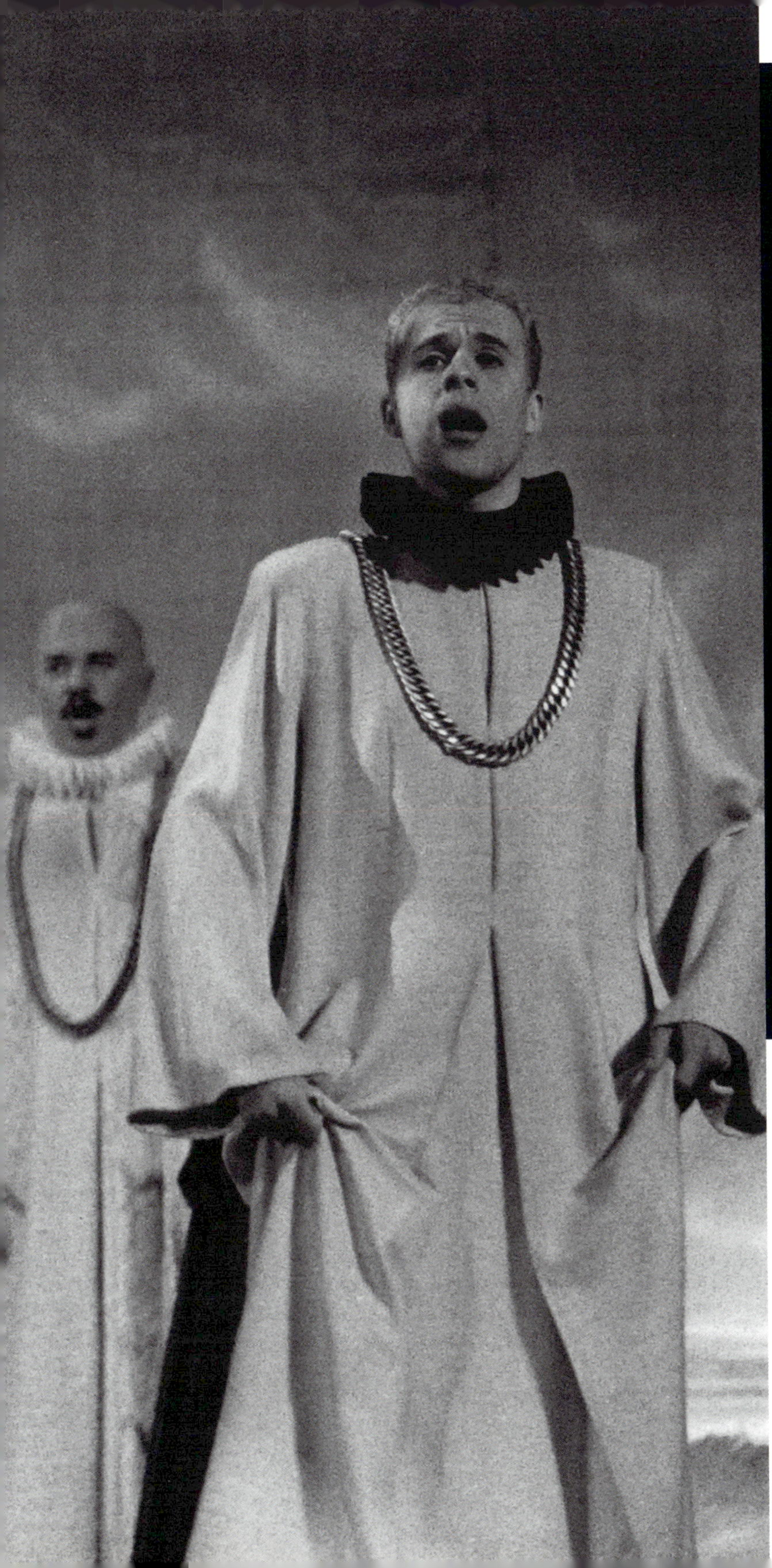
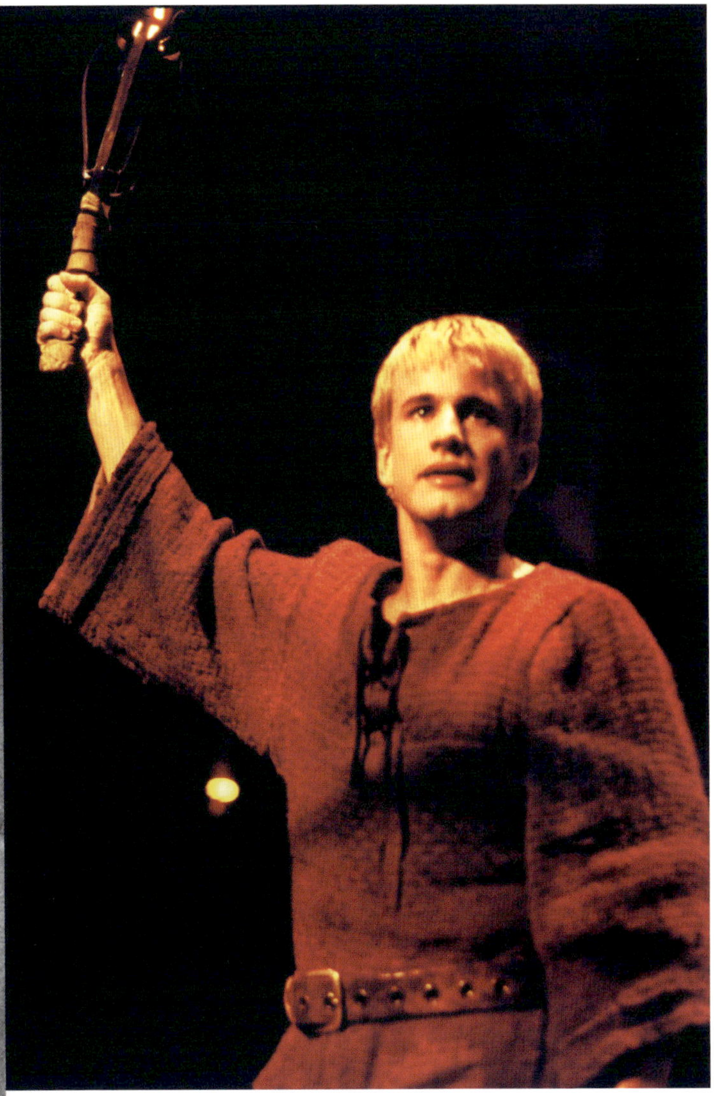

O
MAMBEMBE

1996

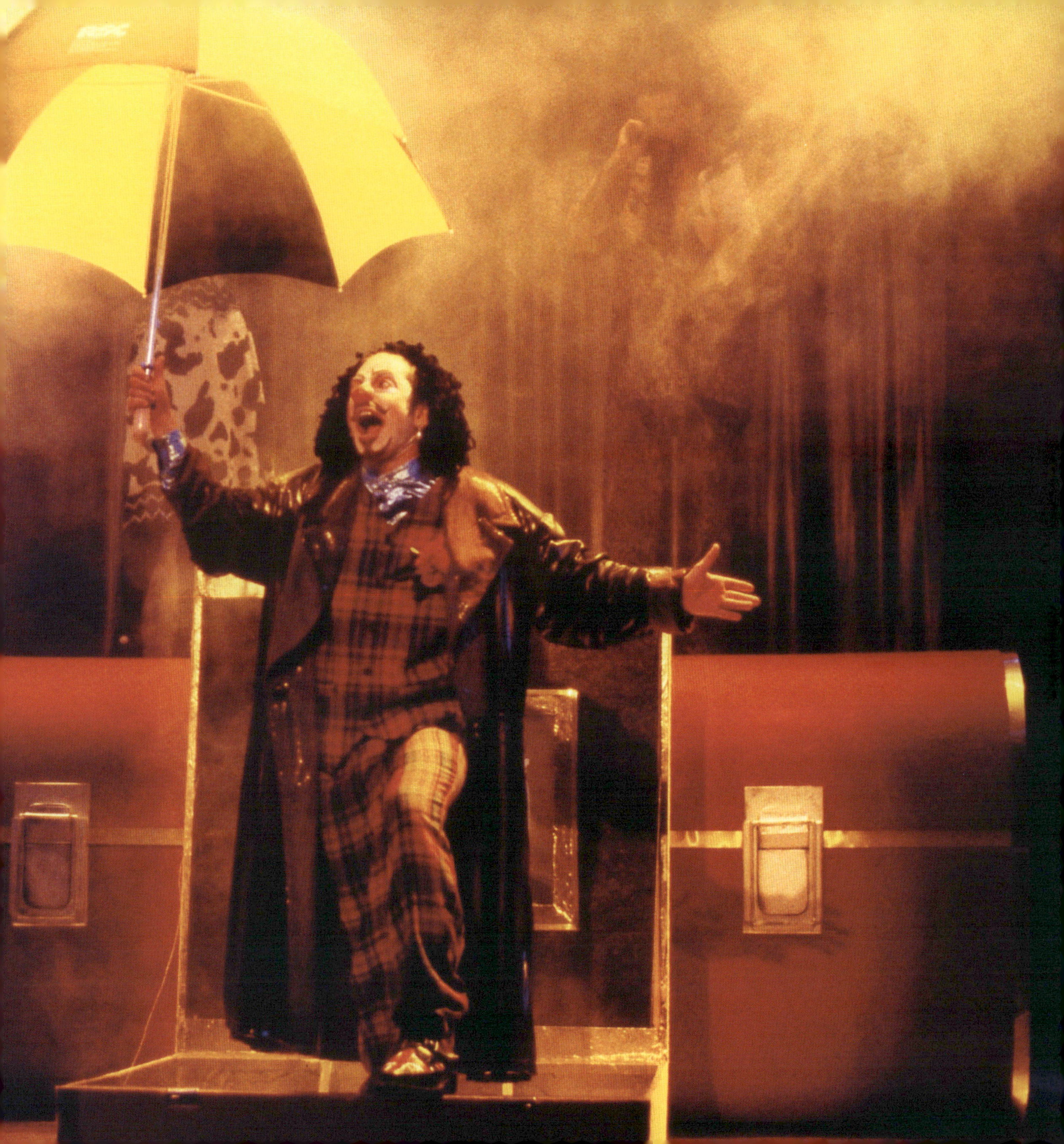

PARA FRANCISCO FARINELLI, *IN MEMORIAM*

Lá vai o trem com o menino
Lá vai a vida a rodar
Lá vai ciranda e destino
Cidade e noite a girar…

POEMA SUJO
Ferreira Gullar

" Montar, a convite do Sesi São Paulo, essa clássica comédia de costumes de Arthur Azevedo foi um momento de celebração e alegria, ao lado de um numeroso elenco, formado por pessoas em estado de graça, felizes, entrosadas. É disso que mais me lembro: uma festa constante no palco e nos camarins, um congraçamento de intérpretes. Para definir o elenco, tive de fazer audições, processo que nunca me deixa confortável. Mas também quis aproveitar atores da equipe veterana do Sesi, talentos que estavam ali contratados desde o tempo das peças de Osmar Rodrigues Cruz, como as grandes Cleide Queiroz, que depois trabalhou comigo de novo em *Gota d'água*, e Lizette Negreiros. Recebemos quatrocentos currículos, mas fiz audição com 160 artistas para tirar os trinta do elenco, incluindo cinco músicos. Babaya, Ernani Maletta e Fernando Muzzi vieram de Minas para cuidar de voz e música. O chão do palco era de linóleo dourado, feito especialmente para o espetáculo, pois há duas maneiras de retratar o artista mambembe, tema dessa peça: ou você o coloca no barro ou pisando em ouro, como ele merece. Fiz uma adaptação usando por princípio uma frase que o próprio Arthur Azevedo usava ao explicar sua obra — feita de retalhos, repleta de citações: 'O que está à disposição eu pego'. Inventamos, por exemplo, o troféu Saci Pererê, parodiando o extinto Prêmio Saci, que era concedido pelo jornal *O Estado de S. Paulo*. Puxei a sardinha para Minas e também desloquei a trama para a época da ditadura militar brasileira. Lembro que o crítico Sábato Magaldi condenou essa atualização, escrevendo que 'desgastamos um diamante'. Mas foi uma escolha que bancamos até o final, com o apoio do público, que voltava várias vezes para rever o espetáculo. Vivien Buckup, na coreografia, fez um trabalho bonito de deslocamento dos corpos no espaço, mesmo quando os atores não estavam dançando. Enchemos a trilha sonora de pérolas do cancioneiro popular, como 'Aquarela do Brasil' (Ary Barroso), 'Boa noite, amor' (Abreu / Matoso), 'Chão de estrelas' (Sílvio Caldas / Orestes Barbosa), 'Beatriz' (Chico Buarque), 'Emoções' (Roberto e Erasmo), 'Palco' (Gilberto Gil) e 'Trenzinho caipira' (Villa-Lobos / Ferreira Gullar). "

estreia **18 DE MARÇO DE 1996 · TEATRO POPULAR DO SESI SÃO PAULO** texto **ARTHUR AZEVEDO** e **JOSÉ PIZA** direção, adaptação, cenografia e figurino **GABRIEL VILLELA** assessoria técnica **ALBERTO GUZIK** assistência de direção **VIVIEN BUCKUP, LÍGIA PEREIRA** e **KAJU RIBEIRO** assistência de cenário e adereço **DAVID TAIYU** cenotécnica e efeitos especiais **MÁRIO MÁRCIO** pintura de telão **FÉLIX GONZALES** videomaker **TAMARA K** iluminação **MANECO QUINDERÉ** direção musical e preparação vocal **BABAYA** maestro de coro e arranjos vocais **ERNANI MALETTA** arranjos e adaptação instrumental **FERNANDO MUZZI** músicos **ALEXANDRE CUEVA [cordas], BETINHO SODRÉ [percussão], FERNANDO MUZZI [violão], LÉ ZURAWSKI [sopros]** e **LULA GAMA [sete cordas]** coreografia **VIVIAN BUCKUP** condicionamento corporal **RUTH RACHOU** assistência de figurinos **MIGUEL MARCARIAN** elenco **ÂNGELA DIP, CRIS GUIÇÁ, CLEIDE QUEIROZ, CRISTINA PIKIELNY, EDU CARMELLO, ELIANNA CÉSAR, FÁBIO SALTINI, FRANCISCO FARINELLI, LAVÍNIA PANNUNZIO, LEOPOLDO PACHECO, LIZETTE NEGREIROS, MARIA DO CARMO SOARES, PAULO IVO, RAUL BARRETTO, RENATO CALDAS, RITA MARTINS, ROGÉRIO MATIAS, ROGÉRIO ROMERA, ROSELI SILVA, SÉRGIO CARVALHO, SILVIA LEBLON, SILVIA POGGETTI, WALTER BREDA, WASHINGTON LUIZ GONZALES** e **ZEZEH BARBOSA** produção executiva **SOFIA NEGRÃO** direção de produção **FRANCISCO MARQUES** assistência de produção **SILVANA MARCONDES**

imagens **LENISE PINHEIRO**

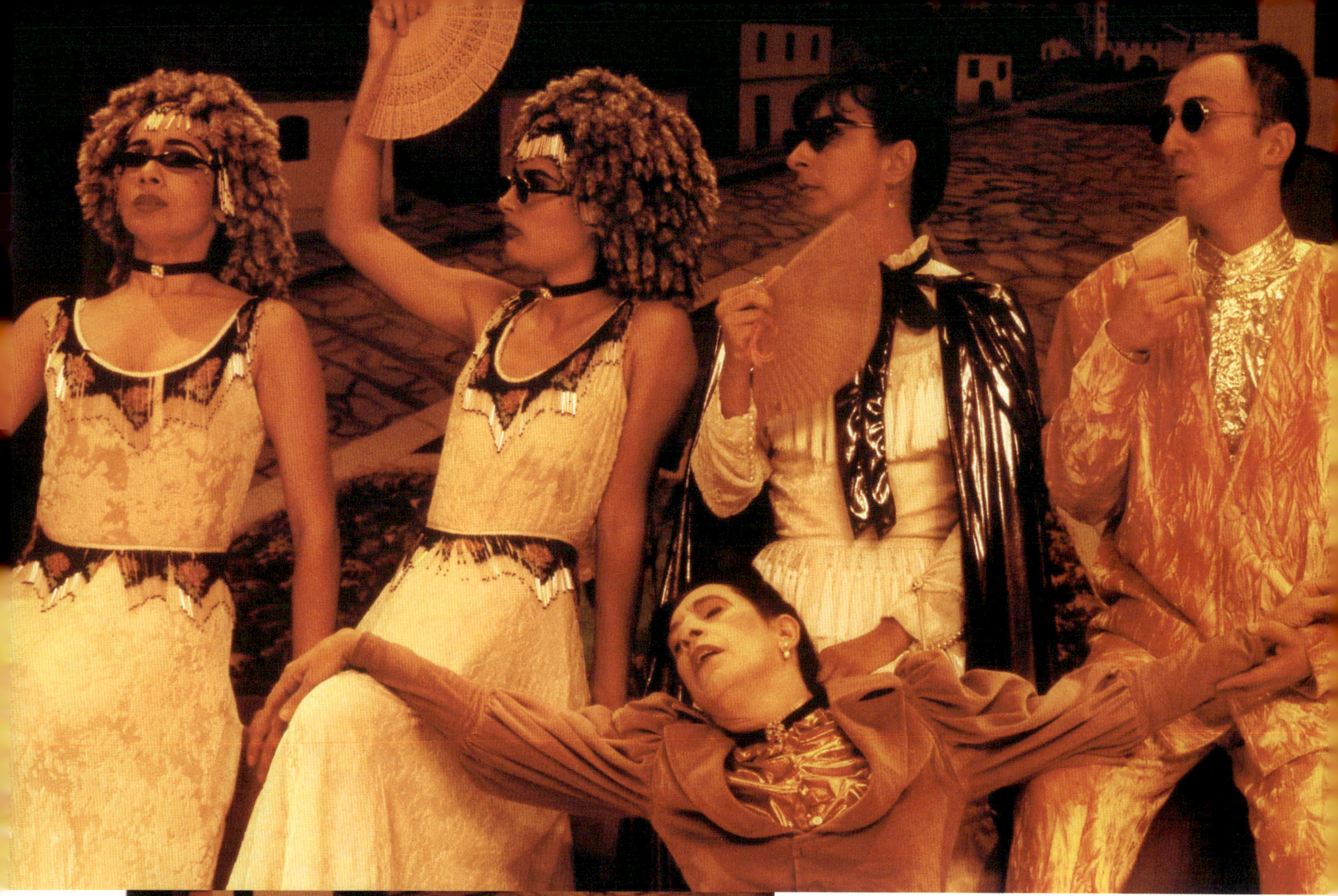

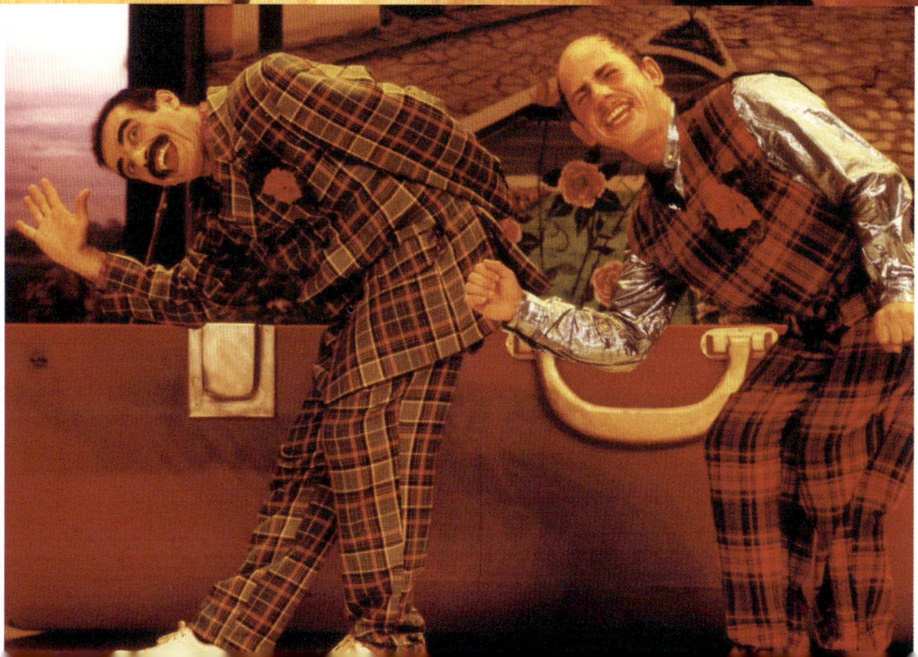

O SONHO

1996

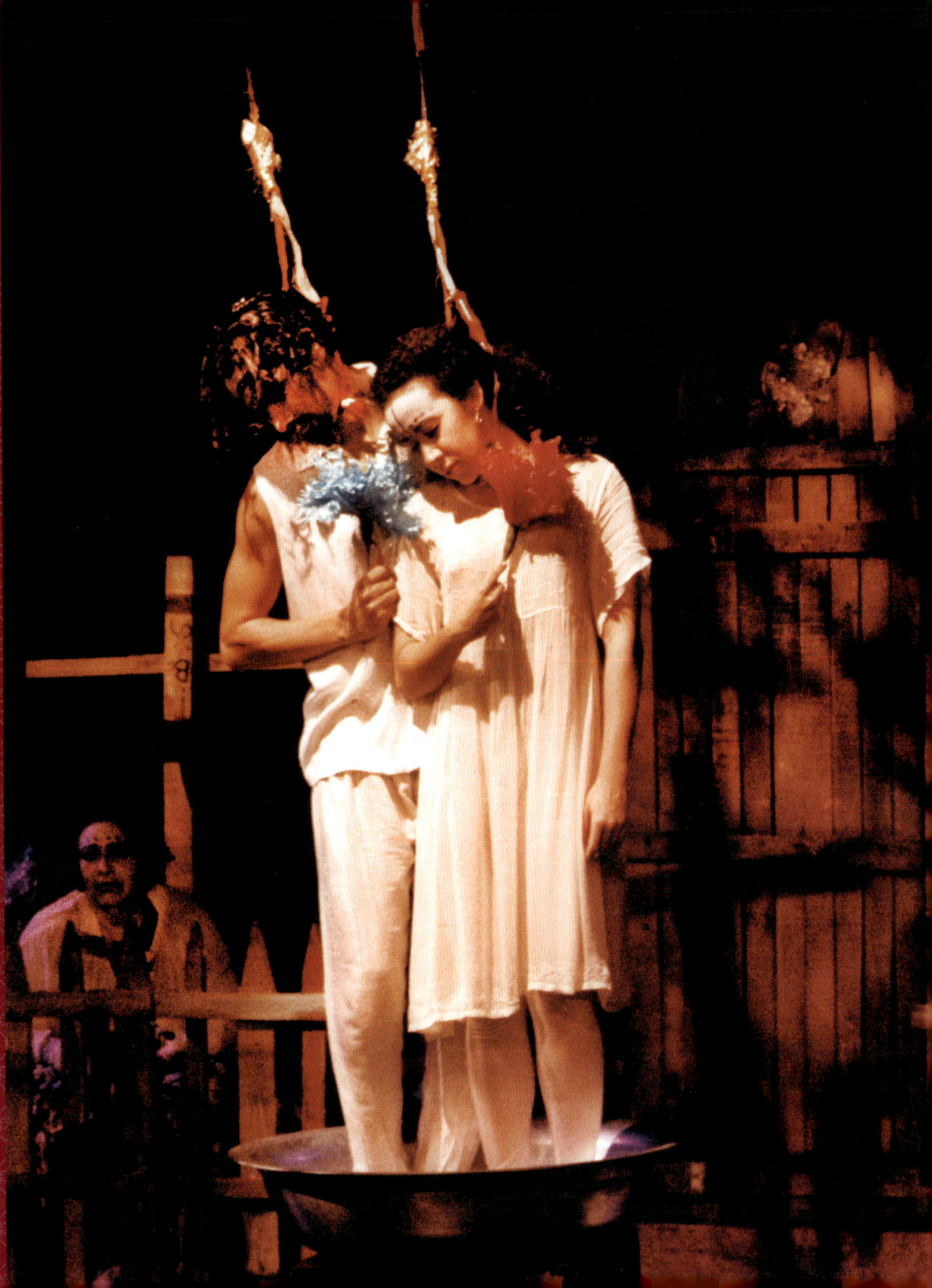

"Fui convidado pela direção do Teatro Castro Alves, em Salvador, Bahia, para encenar o que eu quisesse com o elenco de lá. Que atores inteligentes, criativos, amigos, articulados, politizados! Claro, tive de encarar de novo as audições para escolha dos atores, o que muito me desagrada, mas, feito isso, foi só felicidade. Posso hoje dizer que foi um dos espetáculos mais lindos que fiz na vida. Era como um poema encenado, com muita força na iconografia, quase como se eu estivesse fazendo um filme. Aliás, baseei-me muito no cinema nórdico como inspiração, aproveitando que Ingmar Bergman, em *Fanny e Alexander*, encerrava o filme com um trecho de *O sonho*, de August Strindberg, justamente a peça que eu escolhera. Também foi quando descobri a trilha de Goran Bregović para o filme *A rainha Margot* e a usei pela primeira vez no palco. *O sonho* é um olhar dos deuses de um olimpo politeísta na direção de um homem triste, amargo, frustrado. A história é muito bonita, sobre a dor, sobre o ser humano digno de lástima e os desassossegos e tormentos da alma humana na Terra. Agnes, a filha do deus Indra, desce à Terra, em carne e osso, para desvendar a angústia da existência. Aprecio textos não realistas, fincados em uma proposta onírica. Strindberg criou um mundo de mistérios que você não pode revelar. Uma grande charada, uma peça enigmática feita para ser contemplada, e não decifrada. Fico fascinado sempre por esse paradoxo barroco entre ser e parecer, entre não saber se estamos aqui vivendo ou sonhando que vivemos. Toda a arquitetura do cenário era móvel. Compramos aqueles banheiros de praia feitos de estrados, desconstruímos tudo para virarem as casas cenográficas. Também havia cadeiras de rodas em cena, como se fosse um 'sonho paralítico', pois eu quis fazer referência à chamada 'tragédia da hemodiálise' que acabara de ocorrer naquele ano em Caruaru, com vítimas fatais contaminadas pela água usada na filtragem de sangue. Eu não pude deixar, ainda, de homenagear a Bahia mítica dos orixás, pois não concebo fazer teatro de outra maneira. Para mim, seria impossível criar um espetáculo na Bahia e não considerar a Bahia. Minha tendência é sempre ir ao encontro das características regionais, e não ignorá-las."

::::::::::::::::::
estreia **23 DE JULHO DE 1996 · TEATRO CASTRO ALVES · SALVADOR** texto **AUGUST STRINDBERG** tradução **CLAUDIO FONTANA** direção **GABRIEL VILLELA** assistência de direção **LUIZ SÉRGIO RAMOS** assessoria em dramaturgia **CLEISE MENDES** cenografia **AYRSON HERÁCLITO** figurino **GABRIEL VILLELA** assistência de figurino **ZUARTE JÚNIOR** máscaras grandes **ALECY** [*in memoriam*] iluminação **MANECO QUINDERÉ** trilha sonora **SÉRGIO RAMOS** efeitos especiais **FRITZ GUTMANN** assistência em trabalho de corpo **NADJA TURENKO** elenco **ALDRI ANUNCIAÇÃO, ALEX MAIA, ANDRÉ ACTIS, CARLOS BETÃO, EDUARDO ALBUQUERQUE, EVANI TAVARES, FAFÁ MENEZES, FERNANDO NEVES, JORGE MARTINS, LUIZ PEPEU, MARIA RIVAS, PAOLO FERREIRA, SÉRGIO MENEZES** e **SUE RIBEIRO** produção executiva **CIDA LIMA** direção de produção **VIRGÍNIA DA RIN**
::::::::::::
imagens **ISABEL GOUVÊA**

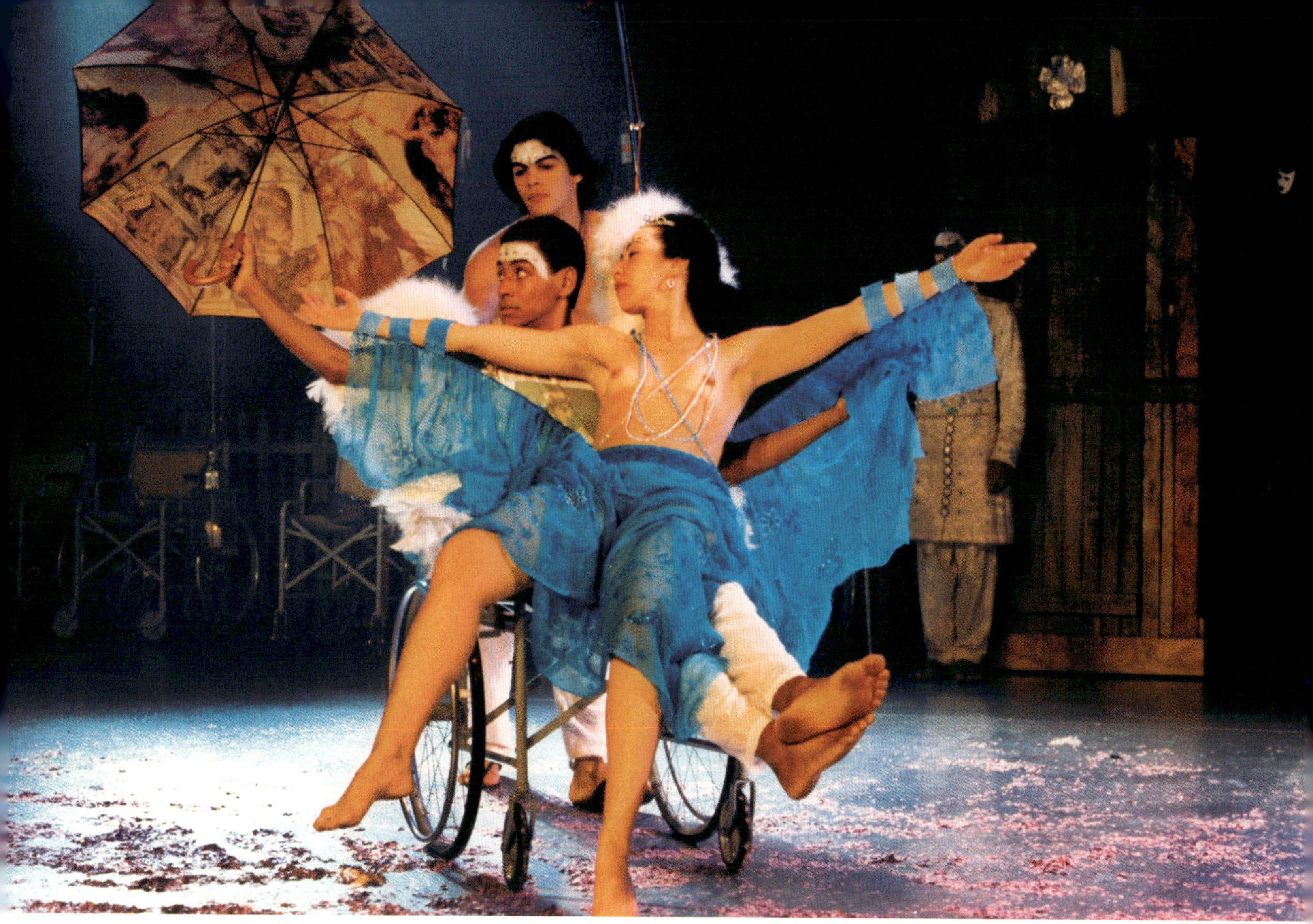

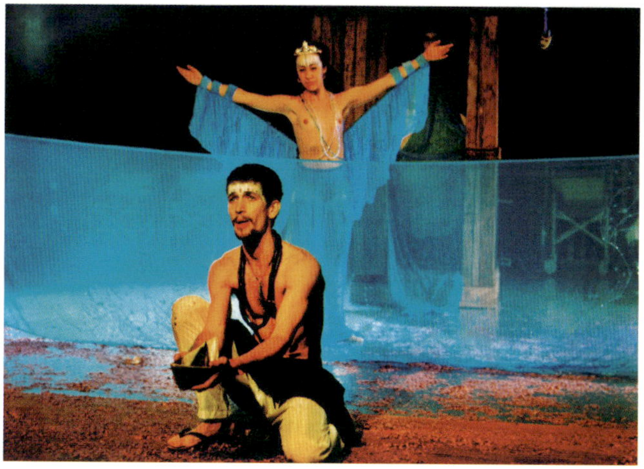

VENTANIA

1996

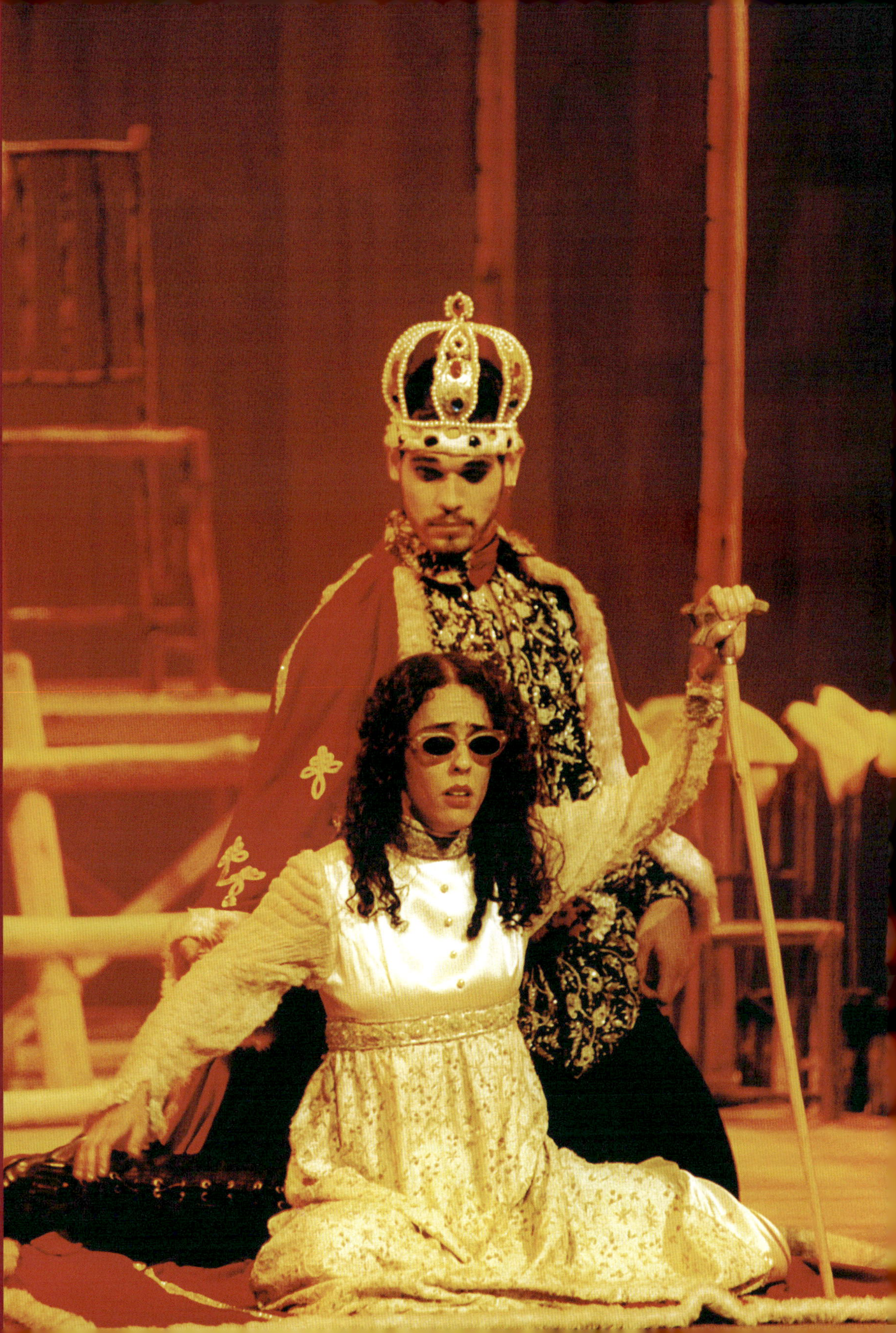

PARA ZÉ VICENTE, IN MEMORIAM

> When I find myself in times of trouble, mother Mary comes to me speaking words of wisdom: let it be.
>
> **LET IT BE**
> John Lennon e Paul McCartney

"Ao tentar falar sobre esse texto de Alcides Nogueira, baseado na vida e obra do dramaturgo mineiro Zé Vicente (1945-2007), sempre corro o risco de simplificar — e não se trata de um texto simples: é poético, estratificado, pleno de camadas e, sobretudo, de metáforas e alegorias — duas molas mestras com as quais adoro trabalhar. Os autores dos anos 1970, como o Zé, tiveram de recorrer a esses recursos de linguagem para driblar a censura — e não podíamos deixar isso de fora. Alcides dividiu o personagem em dois, o Zé (David Taiyu), mais solar, e o Vicente (Eriberto Leão), mais ligado à noite. Havia também a irmã deles, Luiza (Silvinha Buarque), uma garota cega, 'filha do crepúsculo'. A mãe — já morta — era belamente interpretada por Malu Valle. Alcides falou dessa família de um jeito dolorido, pungente, onírico. Tudo se passava na região de Ventania (Alpinópolis), onde Zé Vicente nasceu e de onde também vem a família do meu pai. Por isso eu embarquei tanto nessa fábula, que retratava o esfacelamento das famílias do interior, com a diáspora dos filhos em direção às cidades grandes. Alcides intercalou aos elementos autobiográficos do Zé Vicente trechos da obra dele, como das peças *O assalto*, *História geral das Índias* e *Hoje é dia de rock*. De quebra, *Ventania* ainda se compunha de uma textura dramatúrgica parecida com o que vemos de mais nobre no realismo fantástico da América Latina, principalmente em Gabriel García Márquez. Também havia referências aos primórdios do *rock*, com Elvis invadindo pelo rádio o mundo ingênuo das famílias rurais brasileiras. Zé Vicente foi à estreia. Lembro que assistiu a tudo com certa aflição, pois sempre foi recluso, embora no fim tenha até se animado a subir ao palco. A produção mais uma vez foi de Eriberto Monteiro, profissional que marcou minha vida. Uma curiosidade é que a Silvinha Buarque comentou em casa sobre as dificuldades de alcançar o tom no arranjo de 'Let it be', proposto por nossa diretora musical, a Babaya, e o *paizão* a orientou. Ficamos, então, todos vaidosos em poder dizer, de boca cheia, que *Ventania* tinha uma canção dos Beatles com o tom exato de interpretação dado por Chico Buarque."

estreia **24 DE OUTUBRO DE 1996 · CENTRO CULTURAL BANCO DO BRASIL RIO DE JANEIRO** texto **ALCIDES NOGUEIRA** direção **GABRIEL VILLELA** assistência de direção **KAJU RIBEIRO** e **LUÍS SÉRGIO RAMOS** cenografia e figurino **GABRIEL VILLELA** direção musical **BABAYA** trilha sonora **LUÍS SÉRGIO RAMOS** iluminação **MANECO QUINDERÉ** preparação corporal **ADRIANA BONFATTI** elenco **ALEXANDRE SCHUMACHER, DAVID TAIYU, ERIBERTO LEÃO, LOURIVAL PRUDÊNCIO, MALU VALLE, ROGÉRIO ROMERA** e **SÍLVIA BUARQUE** produção executiva **ERIBERTO MONTEIRO** produção **CENTRO CULTURAL BANCO DO BRASIL RIO DE JANEIRO**

imagens **GUGA MELGAR** e **FERNANDO QUEVEDO | AGÊNCIA O GLOBO**

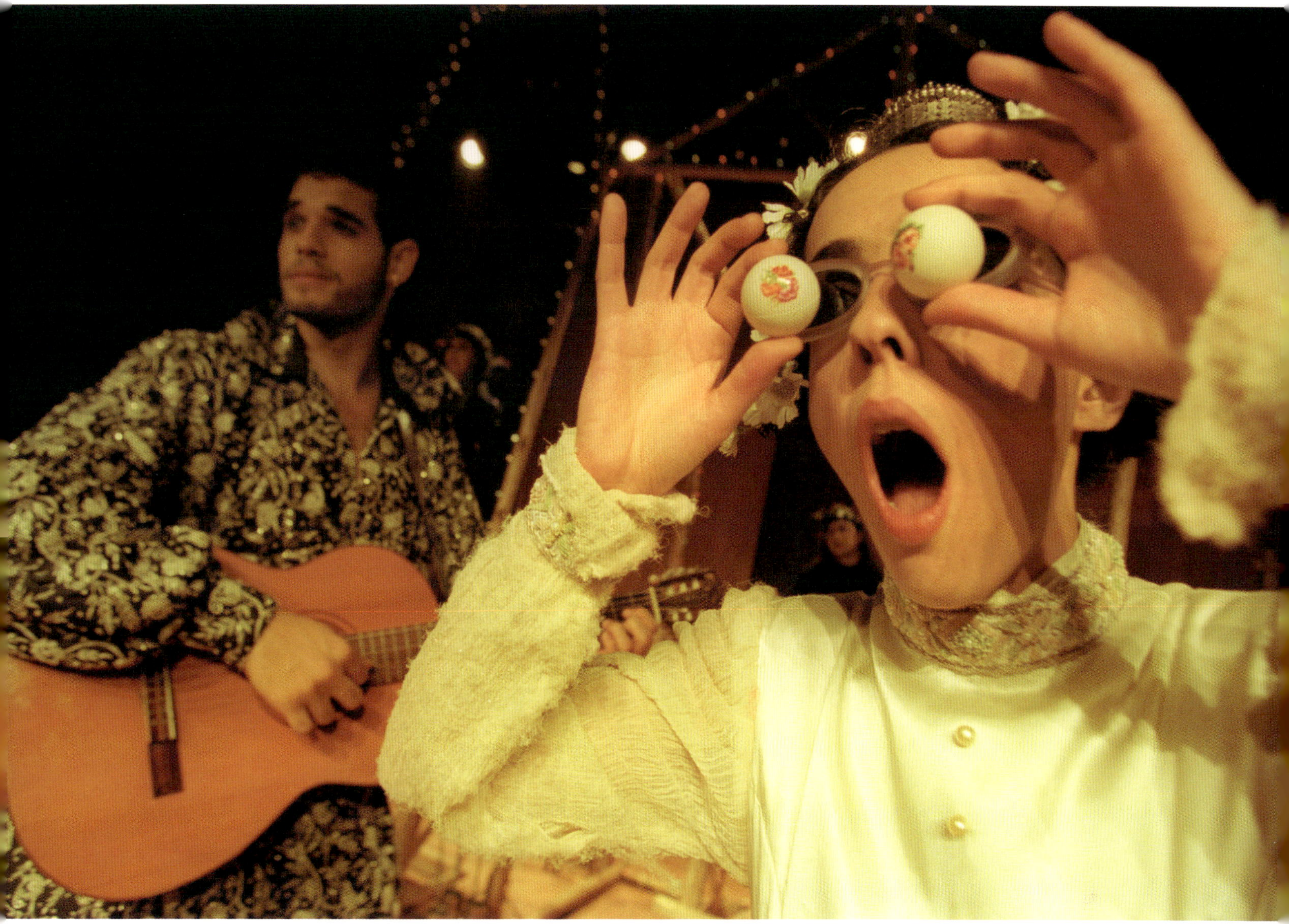

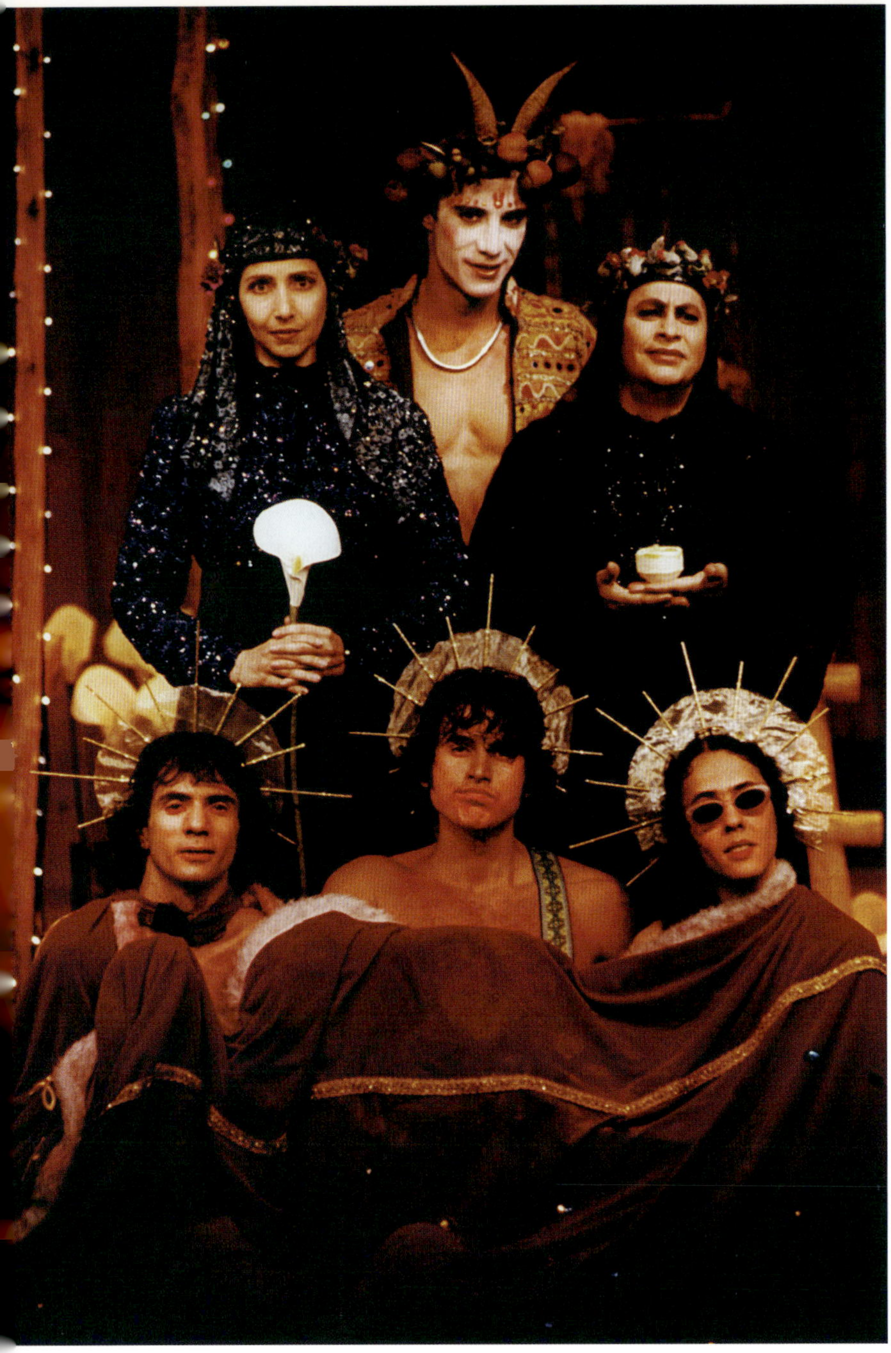
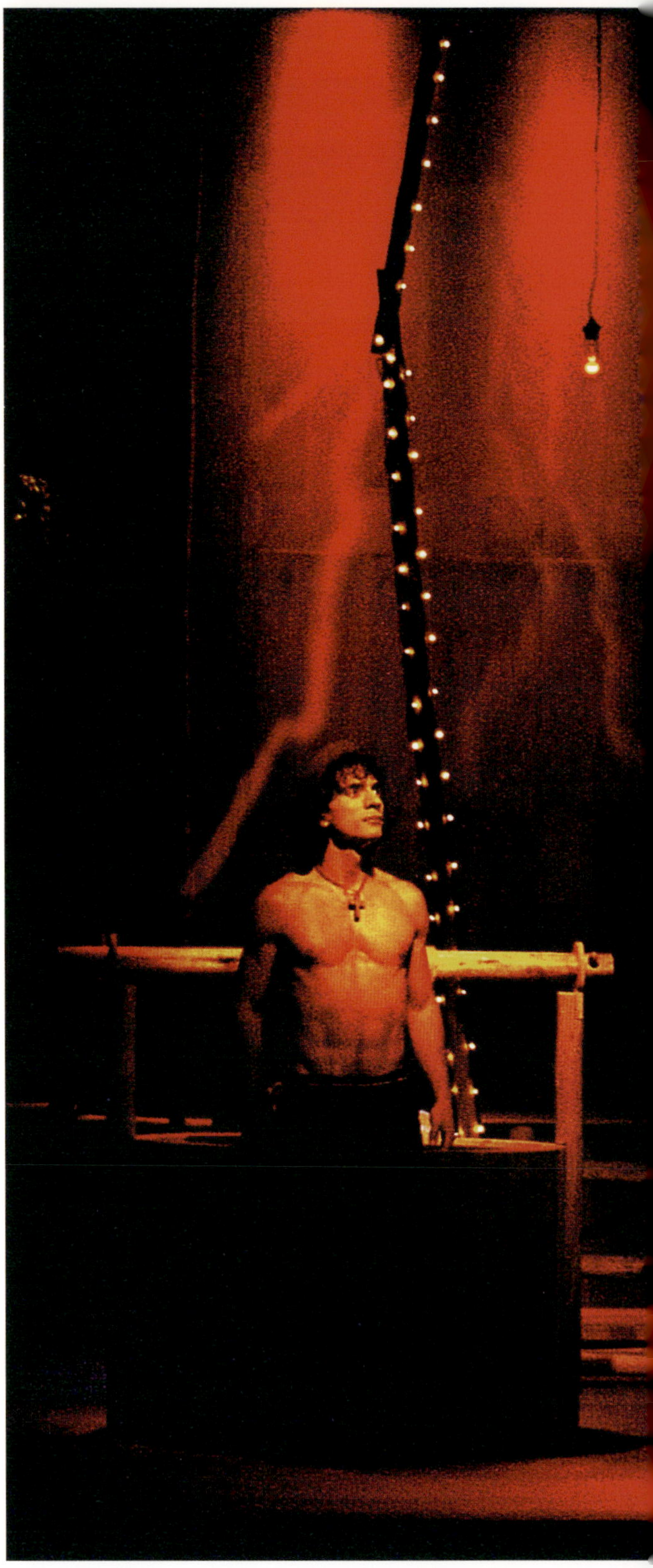

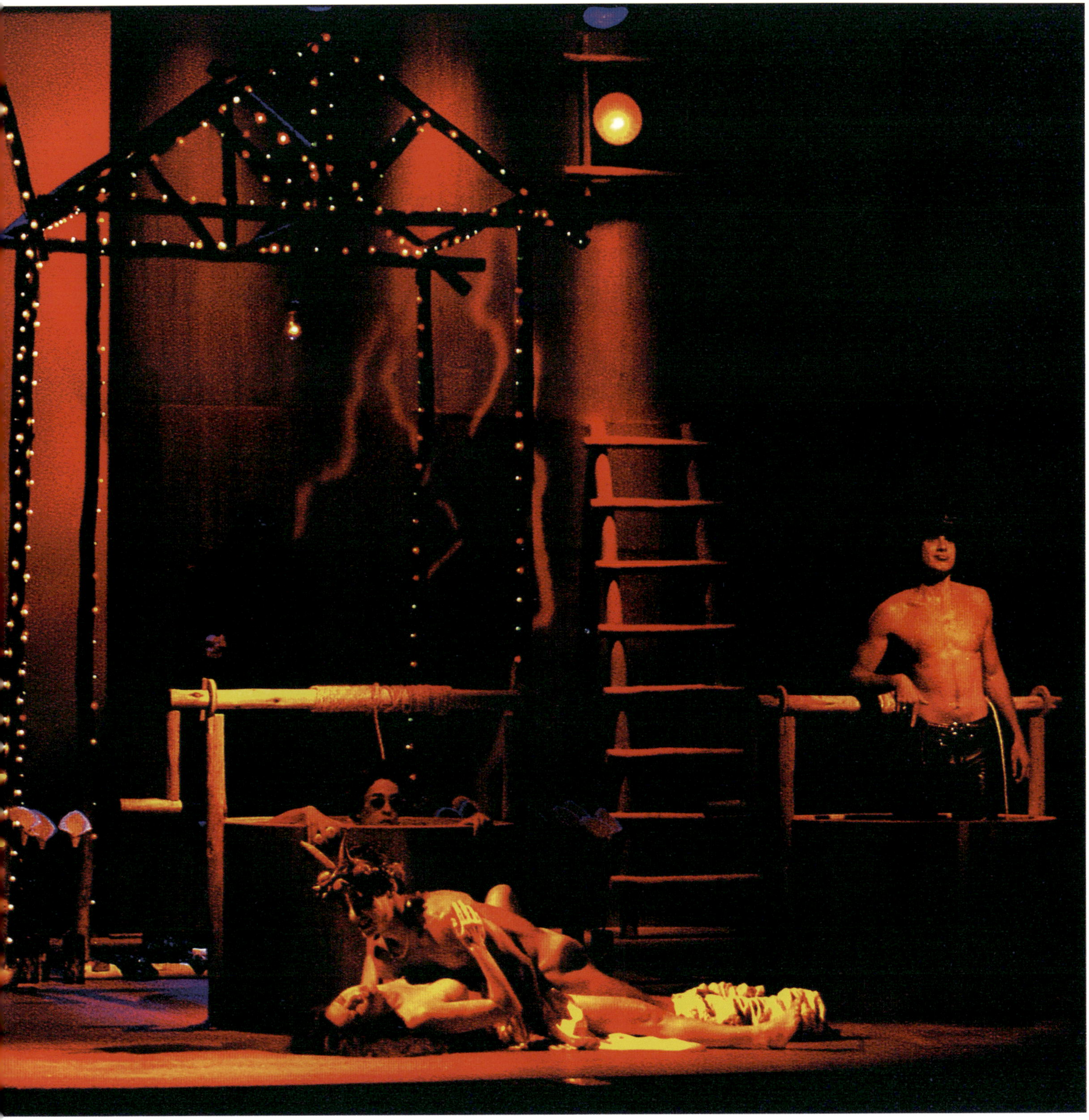

A AURORA DA MINHA VIDA

1997

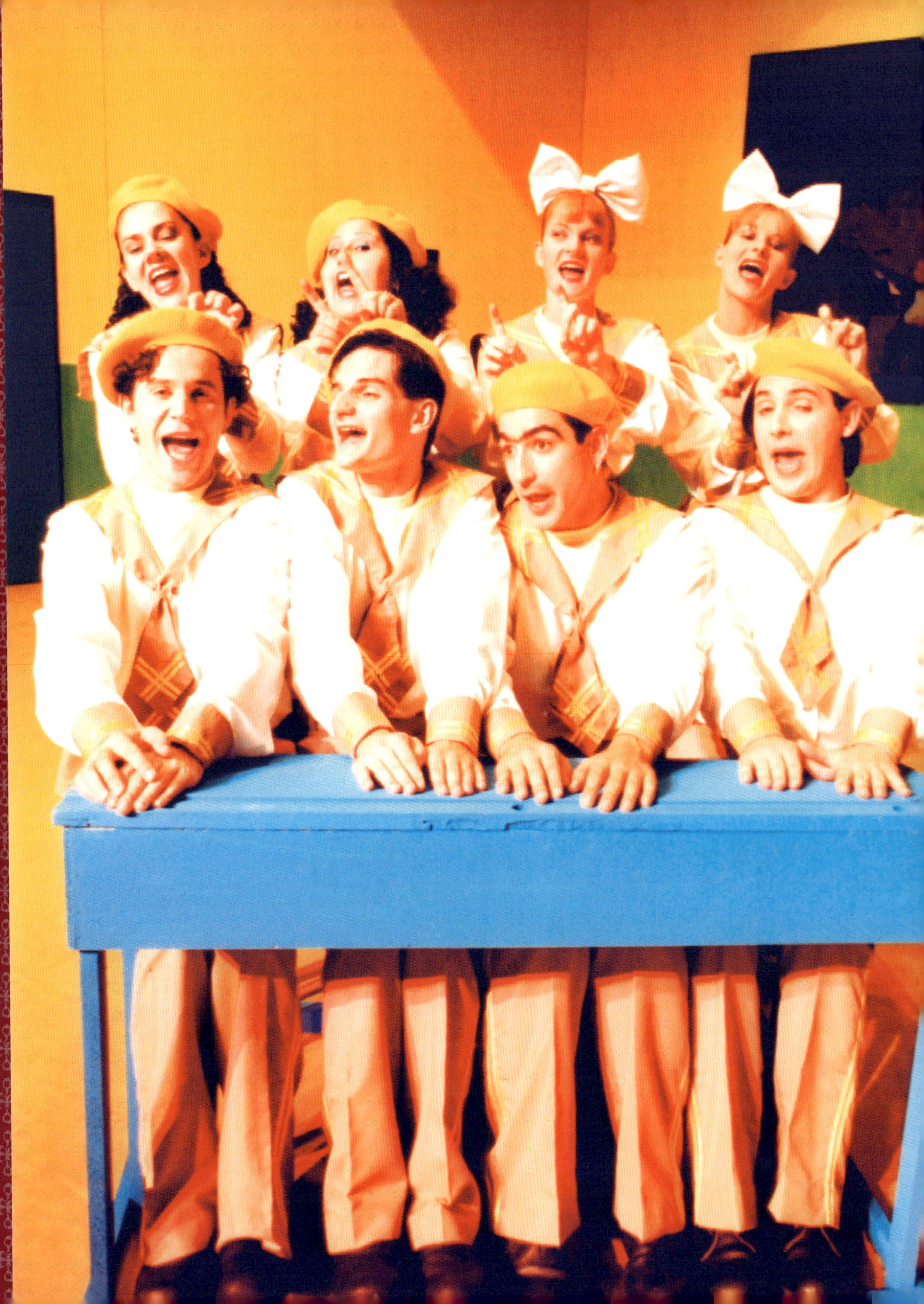

PARA NAUM ALVES DE SOUZA, *IN MEMORIAM*

No azul da adolescência
as asas soltam,
Fogem... Mas aos pombais
as pombas voltam,
E eles aos corações não
voltam mais...

AS POMBAS
Raimundo Correia

"A exemplo do que ocorrera em Salvador, também a cidade de Curitiba — mais especificamente o Teatro Guaíra, dirigido por Mara Moron, com seu núcleo cênico, o Teatro de Comédia do Paraná (TCP) — chamou-me para realizar um espetáculo com elenco local. De novo, as malditas audições, os testes — e a chance de conhecer ótimos artistas curitibanos, muito bem preparados e voltados para as múltiplas linguagens cênicas, incluindo circo e dança. Optamos por esse antológico texto de Naum Alves de Souza, que anos antes eu já havia montado com meu grupo amador, o Raízes, em Carmo do Rio Claro. É um texto voltado para o campo da reminiscência, o mundo de magia que envolve nossas memórias dos bancos escolares e, ao mesmo tempo, um retrato acurado de um período complicado da história do Brasil, os anos da ditadura militar. Quem, na escola, nunca foi algum daqueles personagens cruéis, sádicos, terríveis, contrastantes, alguns como vítimas e outros como agentes de *bullying*? Eu, por exemplo, sempre fui da turma dos que atacam, adepto da braveza, não da passividade. Havia na peça a gorda da sala, o bobo, o puxa-saco, o quieto, as gêmeas, o professor bonitão, a freira mais saidinha e a mais brava, e assim por diante, todos inesquecíveis. Não faltava o humor escrachado, o deboche, mas, ao mesmo tempo, tínhamos o viés da delicadeza, apontando os afetos e os desafetos que passam por nossas vidas, amigos que ficam e amigos que se vão. É um texto enternecedor. Naum foi muito feliz e universal nesse seu inventário de desejos e emoções. A peça tem frases que definem tanto uma situação que acabam ficando para sempre no imaginário. No meu caso, quando estou trabalhando com os atores, adoro brincar, até hoje, com uma das falas do espetáculo: 'Faz isso, senão te soco aqui na frente de todo mundo!'. E, como essa, havia outras pérolas. Optei por uma versão com muita música, inclusive com músicos ao vivo, e trechos coreografados. A cenografia — que reproduzia uma sala de aula, com quadro-negro e carteiras — também remetia criticamente à fase ufanista da ditadura, com uma enorme bandeira do Brasil ao fundo do palco. Pena ter ficado em cartaz só em Curitiba, pois foi uma festa para todos os envolvidos."

estreia **9 DE MAIO DE 1997 · TEATRO GUAIRINHA · CURITIBA**   texto **NAUM ALVES DE SOUZA**   direção, cenografia e figurino **GABRIEL VILLELA**   iluminação **MANECO QUINDERÉ**   direção musical **BABAYA**   coreografia **CLEIDE PIASECKI**   elenco **FABIANA FERREIRA, FABIO TAVARES, GIULIANO SARTORI, JANA MUNDANA, JEANINE RHINOW, MARINO JR., MAURICIO VOGUE, MONIKA KELLER e RANIERI GONZALEZ**   produção **TEATRO GUAÍRA**

imagens **ROBERTO REITENBACH**

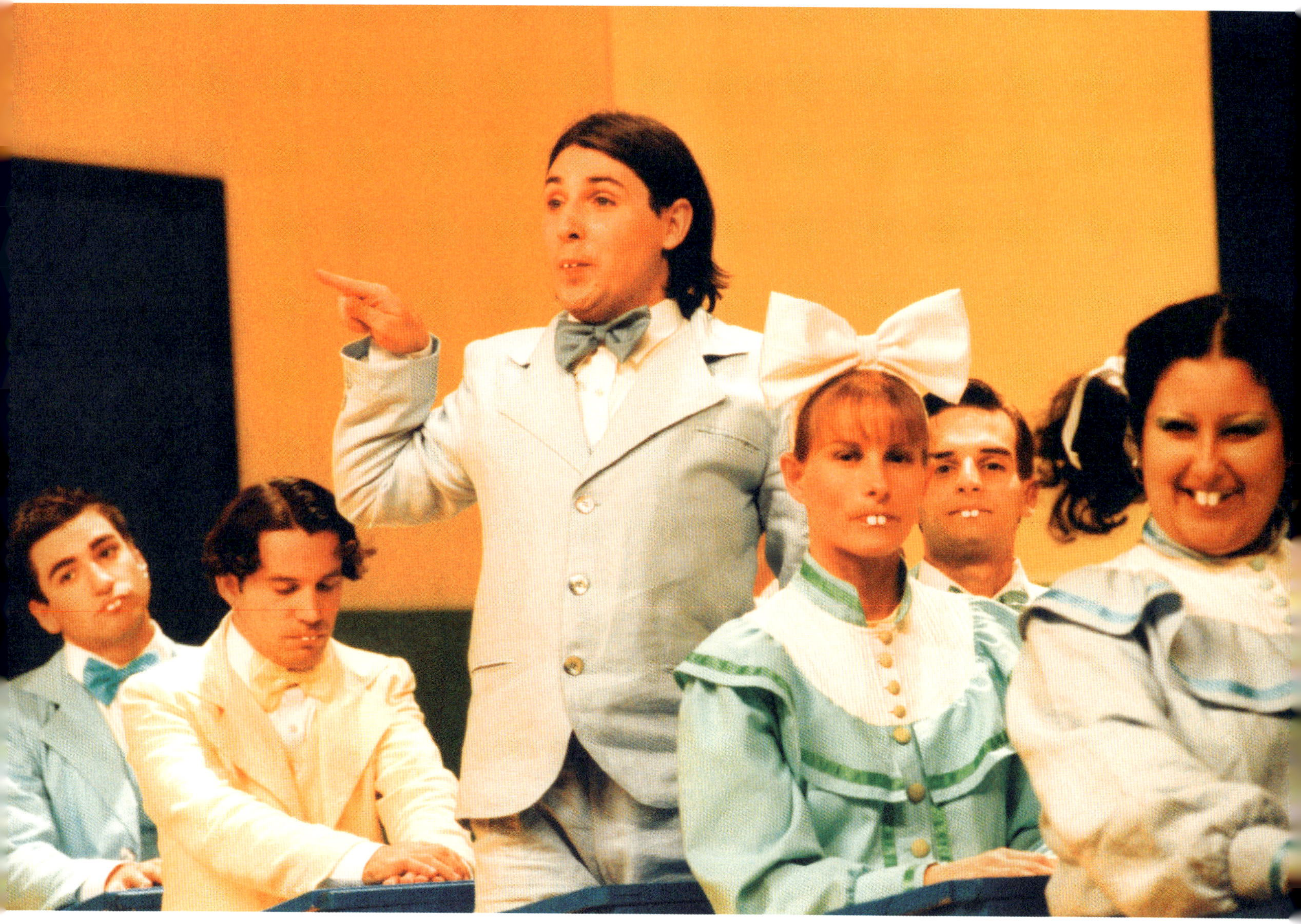

MORTE
E VIDA
SEVERINA

1997

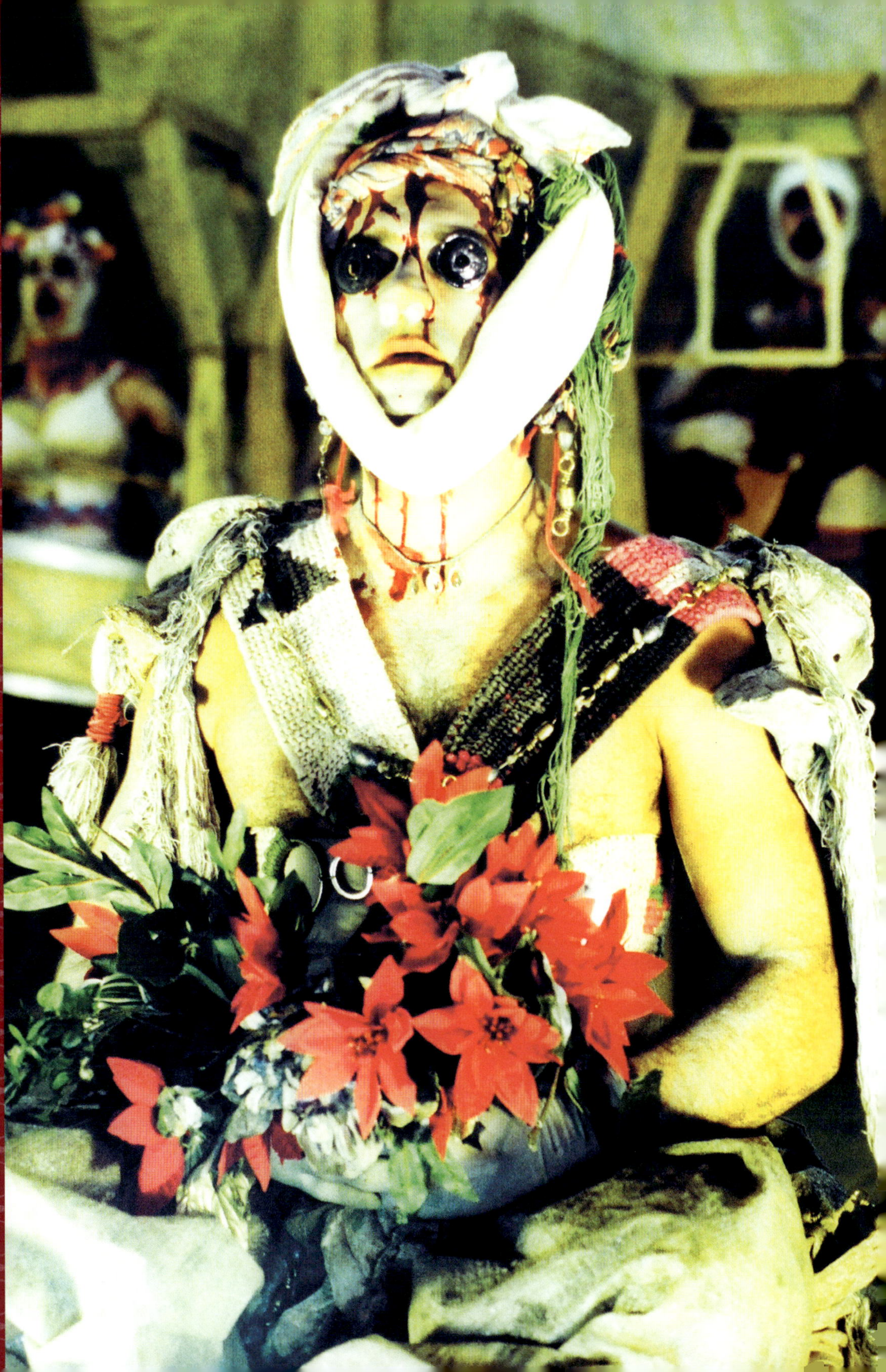

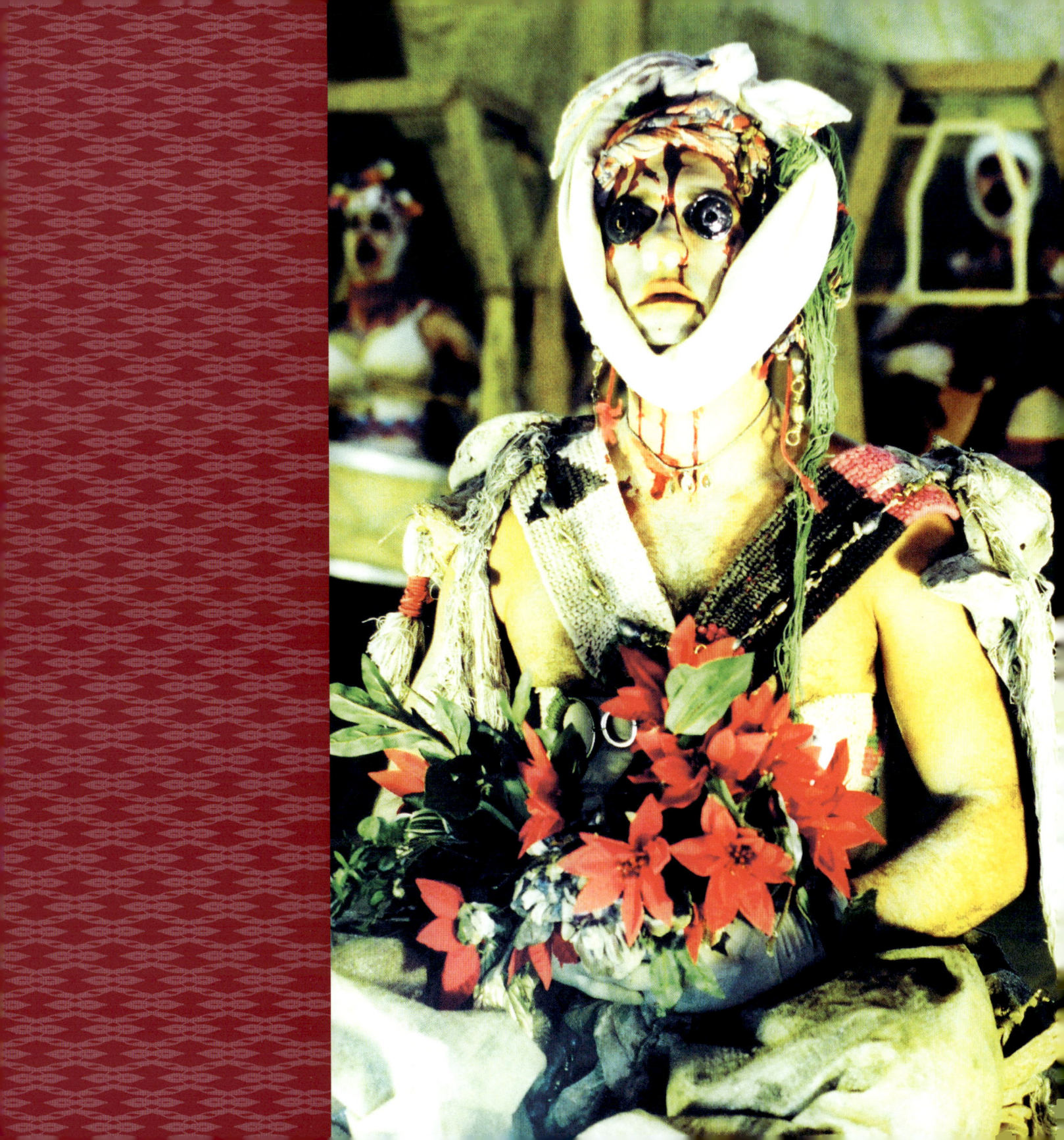

" Encenei esse clássico de João Cabral de Melo Neto (1920-1999) no Rio de Janeiro, quando assumi a direção artística do Teatro Glória. Meu projeto de ocupação para o teatro era trabalhar com as influências da Península Ibérica na dramaturgia brasileira e vice-versa. Como João Cabral viveu algum tempo na Espanha, *Morte e vida severina* caberia bem em minha curadoria. Também achei apropriado inspirar-me no projeto *Terra*, livro de fotos de Sebastião Salgado que saiu naquele mesmo ano, com prefácio de José Saramago e com um CD de Chico Buarque. Aliás, utilizei fotos de Salgado no cenário. Eu queria uma montagem que se referisse aos sem-terra de qualquer parte do Brasil ou do mundo. Minha ideia desde o começo foi usar o barro em cena. A maquiagem dos atores tinha como base a tabatinga, terra de tons coloridos. Ensaiamos em minha cidade, Carmo do Rio Claro, com apoio da Prefeitura, que cedeu alojamentos ao elenco. Em troca, apresentamos a peça em Carmo algumas vezes. O resultado ficou bem barroco. Fizemos toda a temporada carioca usando sacos e mais sacos da terra de Minas. João Cabral foi assistir à peça e a achou belíssima. Conversou um tempão, com muito carinho, com o ator Alexandre Schumacher, que fazia o Severino e cantava primorosamente. As músicas, aliás, ganharam uma roupagem polifônica incrível, a cargo do maestro Ernani Maletta, que mais uma vez realizou um trabalho diferenciado, único — ao lado de Babaya e Fernando Muzzi. Decidimos que Maletta e Muzzi, para controlar melhor o canto coral, estariam também em cena; e deu certo, eles até criaram uma espécie de referência crítica ao sistema *belting* de canto, utilizado na Broadway. Além da conhecida trilha original composta por Chico em 1966, usamos canções do disco do projeto *Terra*, como 'Assentamento'. Optamos por fazer a peça com certa ironia, em que os personagens eram defuntos redivivos — uma trupe de mortos saía da cova para encenar a fábula. (Também no Glória voltei a dirigir *A vida é sonho*, de Calderón de la Barca, que já havia feito em 1991 com Regina Duarte e que também cumpriu a função de contemplar o barroco ibérico. Segismundo, o protagonista, foi interpretado dessa vez por um curitibano talentoso, Silvio Kaviski. Registro, em agradecimento, o trabalho brilhante dos assistentes Zeca Bittencourt e Cyrano Rosalém, bem como dos produtores Ulisses Lima, Darson Ribeiro, Fernando Neves, Claudia Schapira e Daniela Colombo Antonini, parceiros em momentos difíceis.) "

estreia **17 DE OUTUBRO DE 1997** · **TEATRO GLÓRIA** · **FESTIVAL RIO CENA CONTEMPORÂNEA** · **RIO DE JANEIRO** texto **JOÃO CABRAL DE MELO NETO** direção, cenografia e figurino **GABRIEL VILLELA** música e voz **BABAYA, ERNANI MALETTA** e **FERNANDO MUZZI** elenco **ÁLDICE LOPES, ALEXANDRE SCHUMACHER, ANDRÉ SCHMIDT, CHIRIS GOMES, CRIS GUIÇÁ, CLEIDE QUEIROZ, ERNANI MALETTA, ESMERALDA DO PATROCÍNIO, FERNANDO MUZZI, FERNANDO NEVES, GUILHERME MIRANDA, NÁBIA VILLELA, RANIERI GONZALEZ** e **OUTROS** produção **PREFEITURA MUNICIPAL DO RIO DE JANEIRO** e **TEATRO GLÓRIA**

imagens **MARCO ANTÔNIO GAMBÔA**

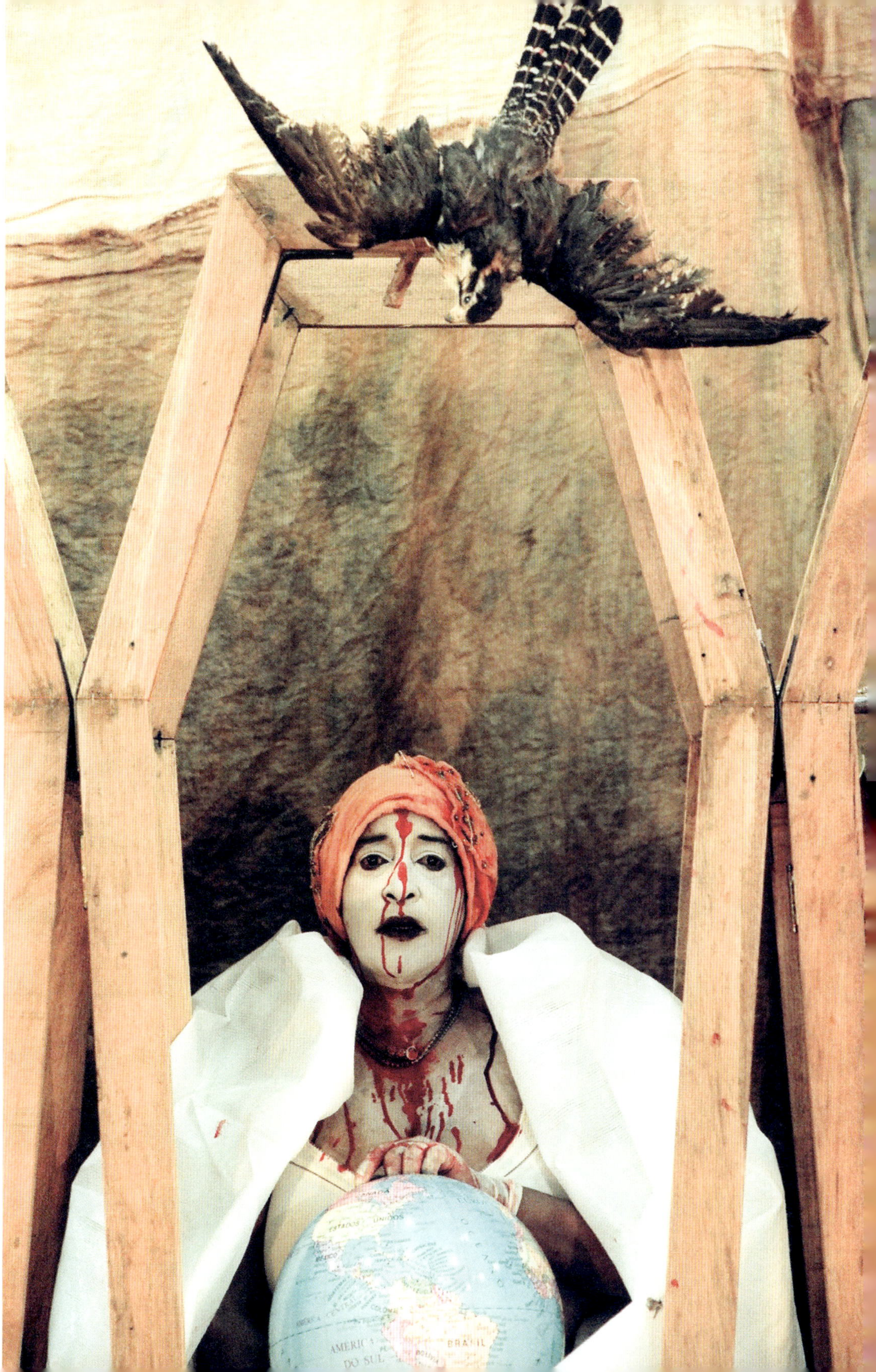
ESTADOS UNIDOS
BRASIL

ALMA DE TODOS OS TEMPOS

1999

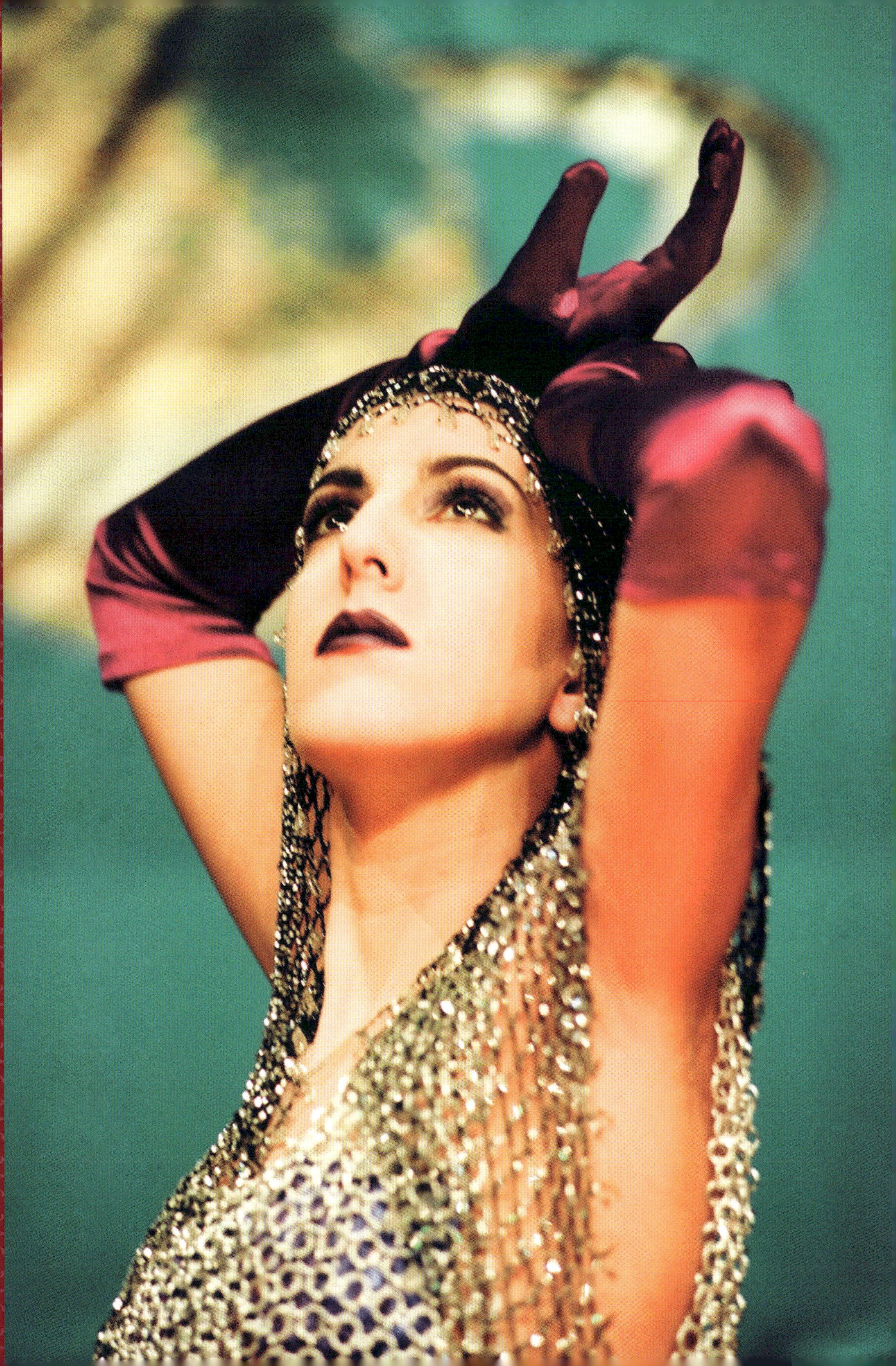

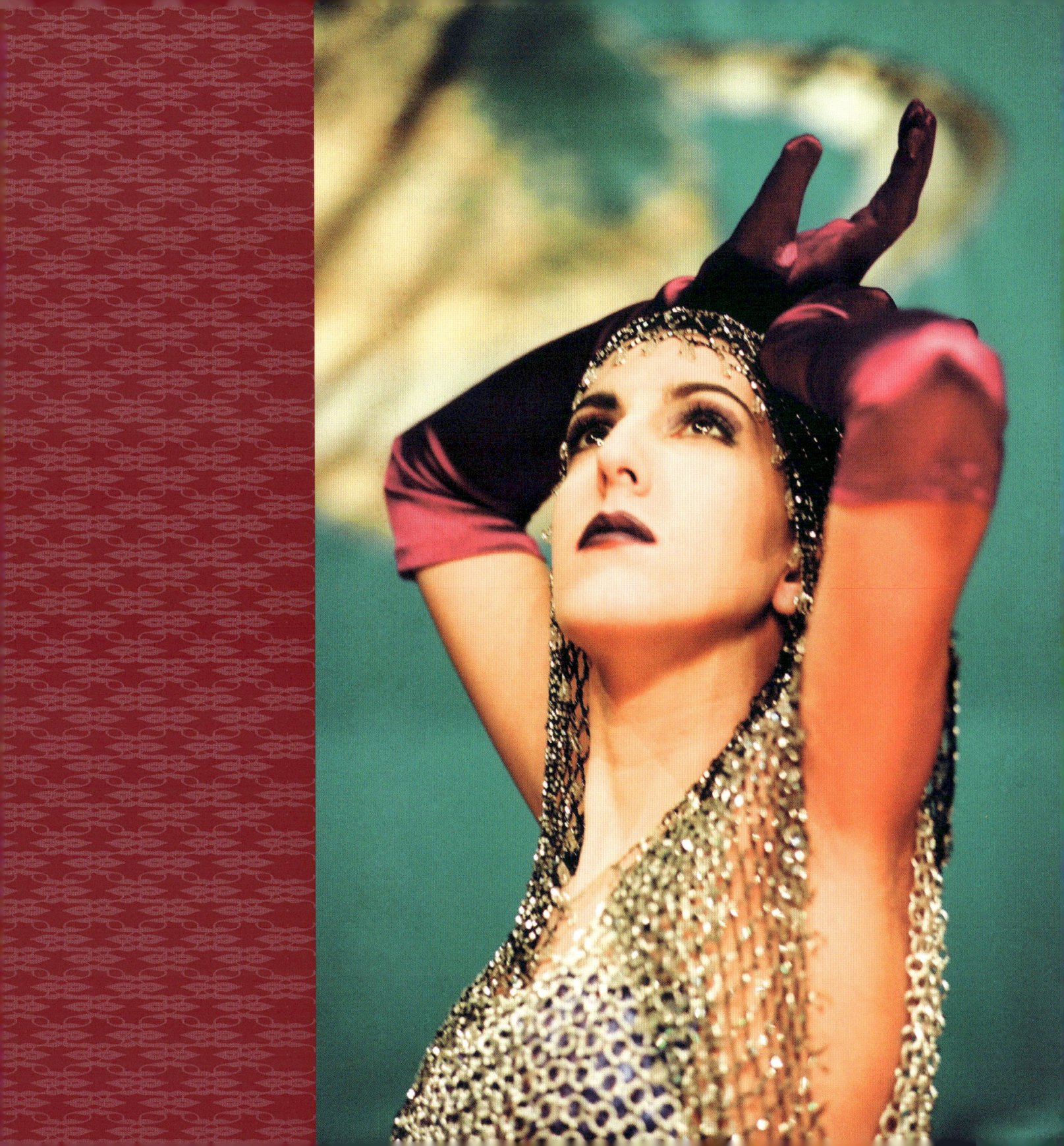

PARA ERIBERTO MONTEIRO, *IN MEMORIAM*

> When the moon is in the seventh house, and Jupiter aligns with Mars, then peace will guide the planets and love will steer the stars [...]
>
> AQUARIUS
> Galt MacDermot,
> James Rado e Gerome Ragni

"Mais uma vez não posso deixar de falar do produtor Eriberto Monteiro, um homem culto e humanista, que me ensinou muito sobre profissionalismo, ética e lisura na produção de um espetáculo. O filho dele, o ator e músico Eriberto Leão, tinha uma banda de *rock* chamada Estranhos, nome que dizia muito a respeito de seus integrantes — além de Eribertinho, havia Johnny Monster, Jaques Molina e Jeff Molina. A ideia era levá-los ao palco não em um mero *show*, mas com roteiro e dramaturgia. Gostei do desafio. A essa altura, eu havia dirigido alguns *shows* de MPB, como os de Maria Bethânia e Milton Nascimento, mas lidar com *rock* seria diferente. Tudo o que eu não sou na vida é roqueiro, mas caí de admiração pela fé cênica que esses meninos traziam nas veias — sem contar o caráter contestatório que é intrínseco a eles —, e isso me alimentava como artista. Foi também o espetáculo que me levou de volta a São Paulo, depois da temporada de dois anos dirigindo o Teatro Glória, no Rio de Janeiro, uma fase muito conturbada, inclusive em minha vida pessoal. Comecei por convencê-los a ter também em cena a cantora e atriz Nábia Villela, argumentando que uma presença feminina seria um ganho, o que realmente foi agregador, artisticamente falando. Batizamos com o subtítulo *Uma epopeia-rock*. Os meninos da banda viviam falando em destruir linguagens caretas e ultrapassadas. Apliquei neles logo de cara o *Ulisses*, de James Joyce, incluindo um trecho do monólogo sem pontuação da personagem Molly Bloom. Eles eram estranhos, mas muito inteligentes, não só musicalmente. Havia ainda uma agressividade própria da juventude que me interessava. O espetáculo virou uma celebração à era de Aquarius e à contracultura, com textos também de Goethe, Shakespeare e Fernando Pessoa. Eles pediram referências visuais do mundo celta, Avalon, pedras, menires e dolmens, Stonehenge e os primórdios do *rock* inglês. Lidei com um público que não conhecia: uma metade sentava, outra dançava, e ainda alguns batiam cabelo. A trilha era especial: Raul Seixas, Lennon, Queen, The Doors, João Bosco, João do Vale, Caetano, a Internacional Comunista, a canção dos *partigiani* ('Bella ciao'), Elohi (um lamento iugoslavo) e o hino da revolução espanhola."

estreia **9 DE SETEMBRO DE 1999** · **TEATRO RUTH ESCOBAR** · **SALA DINA SFAT** · **SÃO PAULO**   direção **GABRIEL VILLELA**   assistência de direção **LÍGIA PEREIRA**   dramaturgia **ERIBERTO LEÃO** e **GABRIEL VILLELA**   cenografia **GABRIEL VILLELA** e **LEOPOLDO PACHECO**   cenotécnica e efeitos especiais **MÁRIO MÁRCIO**   pintura de arte **JUVENAL IRENE**   maquiagem **ANA MACLAREN**   figurino **LEOPOLDO PACHECO** e **GABRIEL VILLELA**   assistência de figurino **MARIA DO CARMO SOARES**   costura **CLEYDE MEZZACAPA HISSA**   iluminação **DOMINGOS QUINTILIANO**   direção musical **PAULO HERCULANO** e **BABAYA**   preparação vocal **BABAYA**   efeitos especiais sonoros **JEFF MOLINA**   preparação corporal e coreografia **MARIANA MUNIZ**   elenco **BANDA ESTRANHOS COM ERIBERTO LEÃO, JAQUES MOLINA, JEFF MOLINA, JOHNNY MONSTER** e **NÁBIA VILLELA** [participação especial]   produção executiva **CLÍSSIA MORAIS**   direção de produção **UMBERTO MAGNANI**   realização **PROART**

imagens **MARCO ANTÔNIO GAMBÔA**

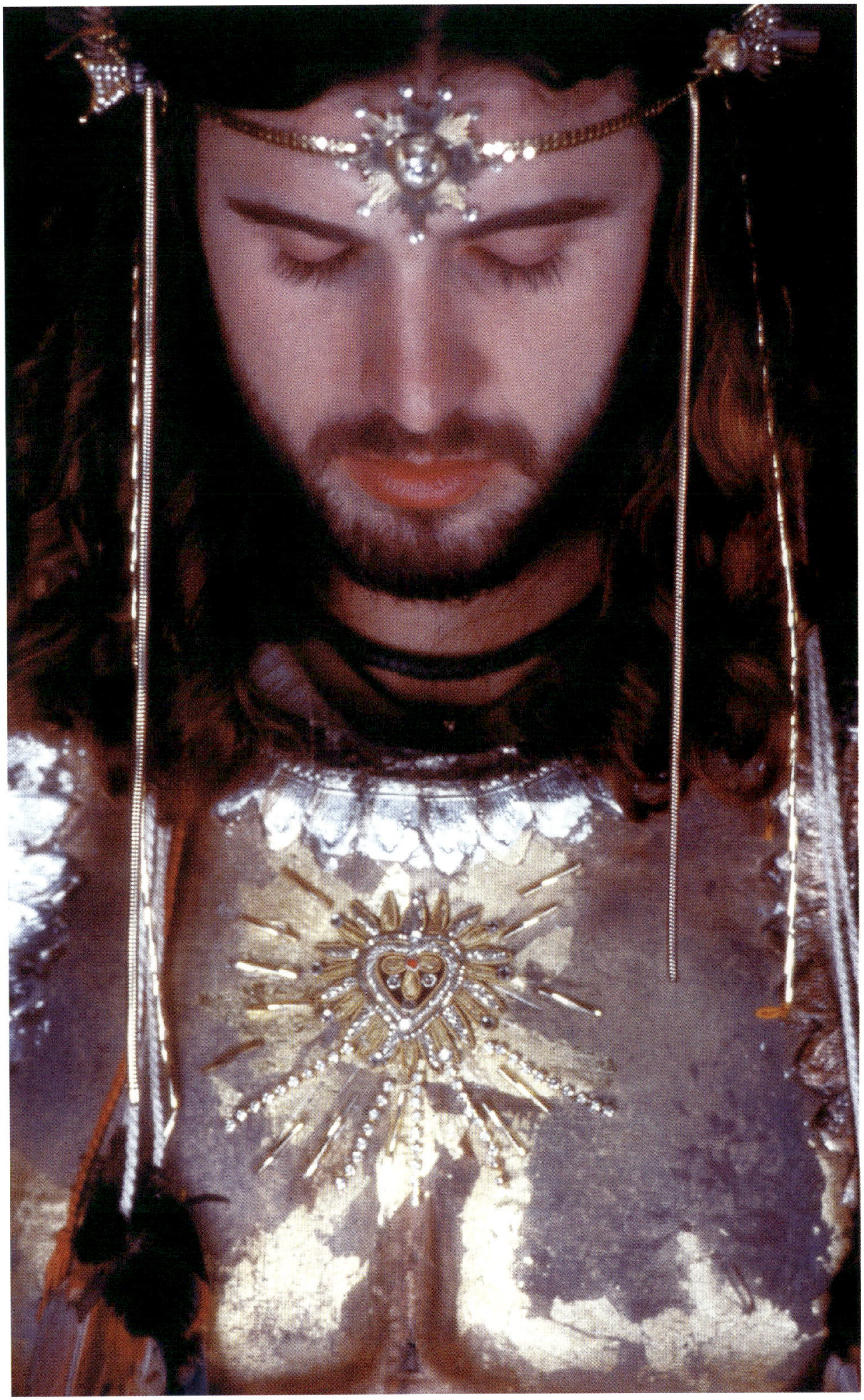

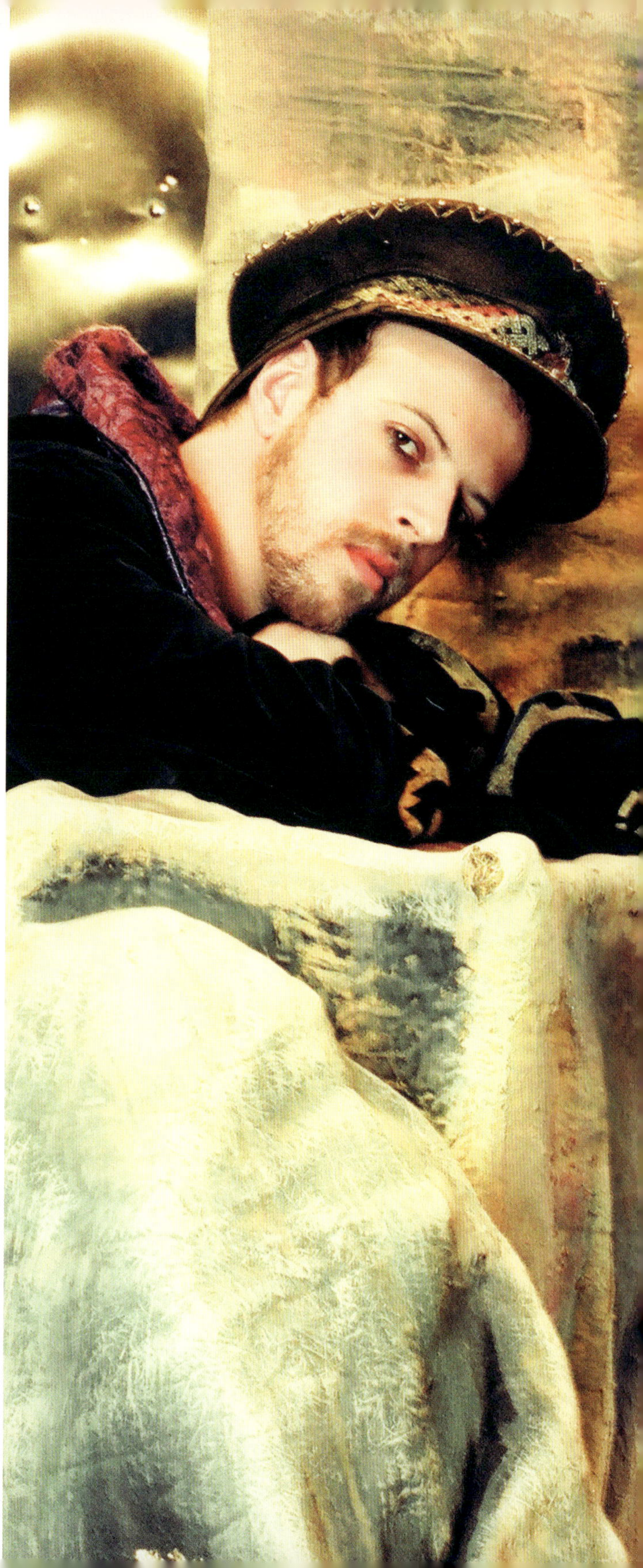

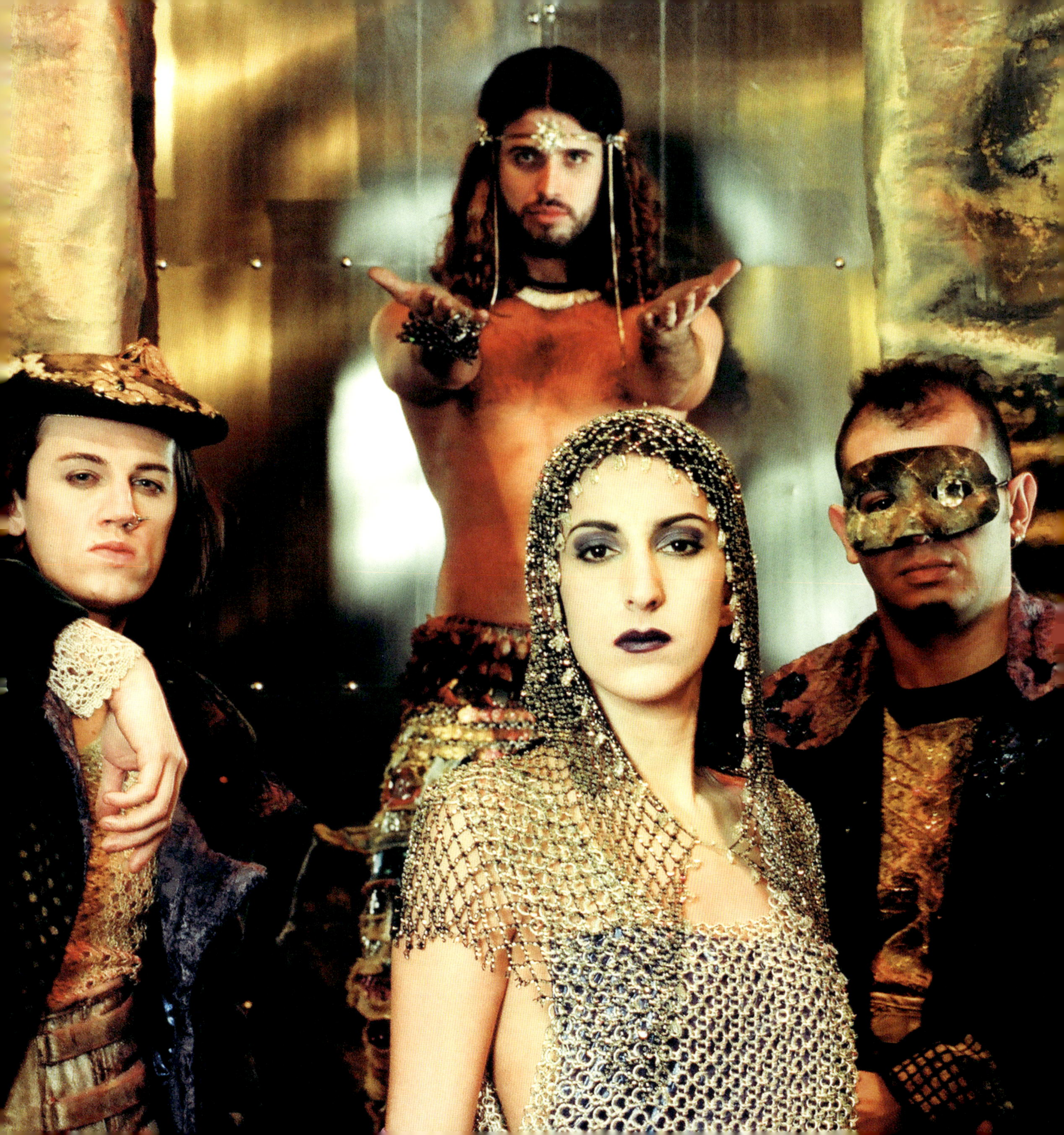

REPLAY

2000

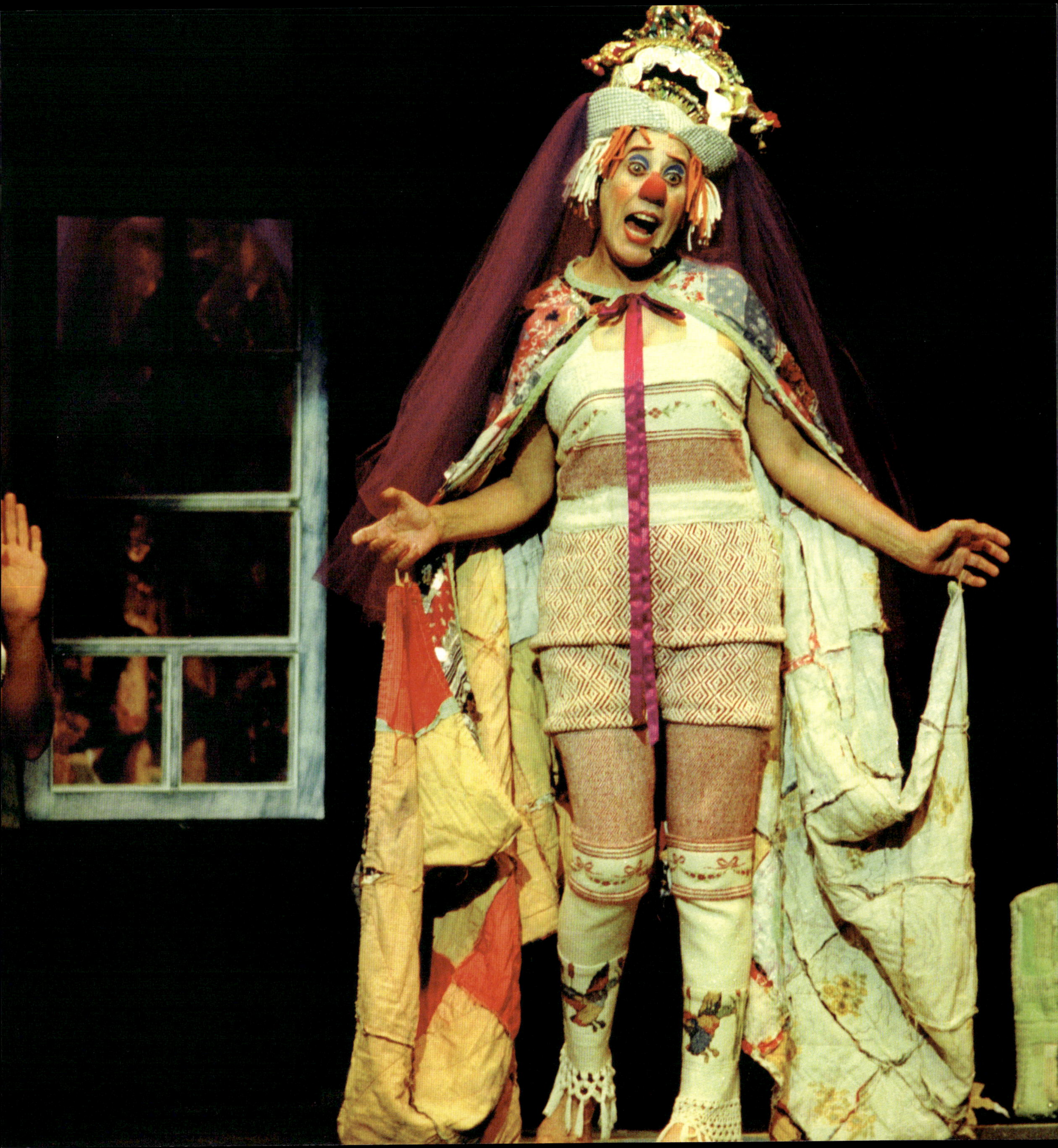

"A convite do empresário Marcos Tidemann, passei a dirigir artisticamente o assim chamado novo Teatro Brasileiro de Comédia (TBC), em São Paulo, que passou por uma boa reforma em suas quatro salas de espetáculos. A ideia era atrair público jovem e dramaturgia brasileira. Eu já estava prestes a montar *Replay*, de um jovem publicitário gaúcho, Max Miller, estreando na dramaturgia para adultos. Decidimos, então, fazer no TBC. Era um texto assim meio *rock and roll*, sobre um cinquentão fanático por futebol, que voltava trinta anos no tempo e tentava fazer uma espécie de inventário emocional de sua vida, como se fosse mesmo um *replay* de suas melhores e piores jogadas. Esse personagem era um jovem de cidade grande com toda a sua mitologia urbana e vontade de bater asas e fugir sozinho para o carnaval da Bahia. O texto funcionou como um *canovaccio*, ou seja, um roteiro de *commedia dell'arte* em que o ator poderia acrescentar a própria história, preenchê-lo com mais significados. Voltei a mergulhar nos ensinamentos do mestre italiano Francesco Zigrino, do Piccolo Teatro di Milano. O trabalho resultou em um espetáculo com muita liberdade de improviso, talvez o mais livre de minha carreira. Investimos nessa aleatoriedade a partir de referências do dadaísmo francês. A personalidade de cada ator contava muito em cena. Optei também pela linguagem de *clowns*, pois boa parte do elenco possuía essa experiência e o texto era dotado de um frescor típico de juventude, que permitia esse exercício. Foi a primeira vez em que trabalhei com Maria Thaís, na preparação dos atores com máscaras neutras. Aprendi muito, ela modificou minhas reflexões sobre teatro como se me virasse do avesso. O cenário era feito só de janelas vazadas e espelhadas. Uma curiosidade: a sala foi equipada com o sistema de som *LCS* (*Level Control System*). Naquela época, essa tecnologia octogonal de ganho na emissão do som só era comum nos espetáculos da Broadway. Depois do TBC, a peça viajou pelo circuito Sesc do interior de São Paulo e para algumas capitais, terminando sua temporada em Porto Alegre, no Teatro São Pedro. Foi bem bacana, mesmo."

estreia **31 DE MARÇO DE 2000 · NOVO TBC · SÃO PAULO** texto **MAX MILLER** direção **GABRIEL VILLELA** assistência de direção **LÍGIA PEREIRA** e **MARCELO ANDRADE** cenografia **GABRIEL VILLELA** e **LEOPOLDO PACHECO** cenotécnica **MÁRIO MÁRCIO, LINDOMAR PINHEIRO, SEVERO GOMES** e **EVERALDO JR.** iluminação **DOMINGOS QUINTILIANO** operação de luz **ANDRÉ BOLL** maquiagem **LEOPOLDO PACHECO** figurino **LEOPOLDO PACHECO** e **GABRIEL VILLELA** costura **CLEIDE MEZZACAPA HISSA** direção musical, arranjos e trilha incidental **EDUARDO QUEIROZ** música original **MILTON MAGALHÃES** e **MAX MILLER** preparação vocal **BABAYA** e **ERNANI MALETTA** operação de som **ANDRE LUIS OMOTE** preparação corporal e de máscaras **MARIA THAÍS** camareira **DORINHA** copeira **ROSIANI GONÇALVES** elenco **CLAUDIO FONTANA, FERNANDO NEVES, LEOPOLDO PACHECO, MARCELLO BOFFAT, MARIA DO CARMO SOARES, MATEUS CARRIERI, RAUL GAZOLLA** e **VERA ZIMMERMANN** produção executiva **BEL GOMES** produção **HERALDO PALMEIRA** direção executiva **TANIA MILLER** direção-geral de produção **NEYLOR TOSCAN**

imagens **LENISE PINHEIRO**

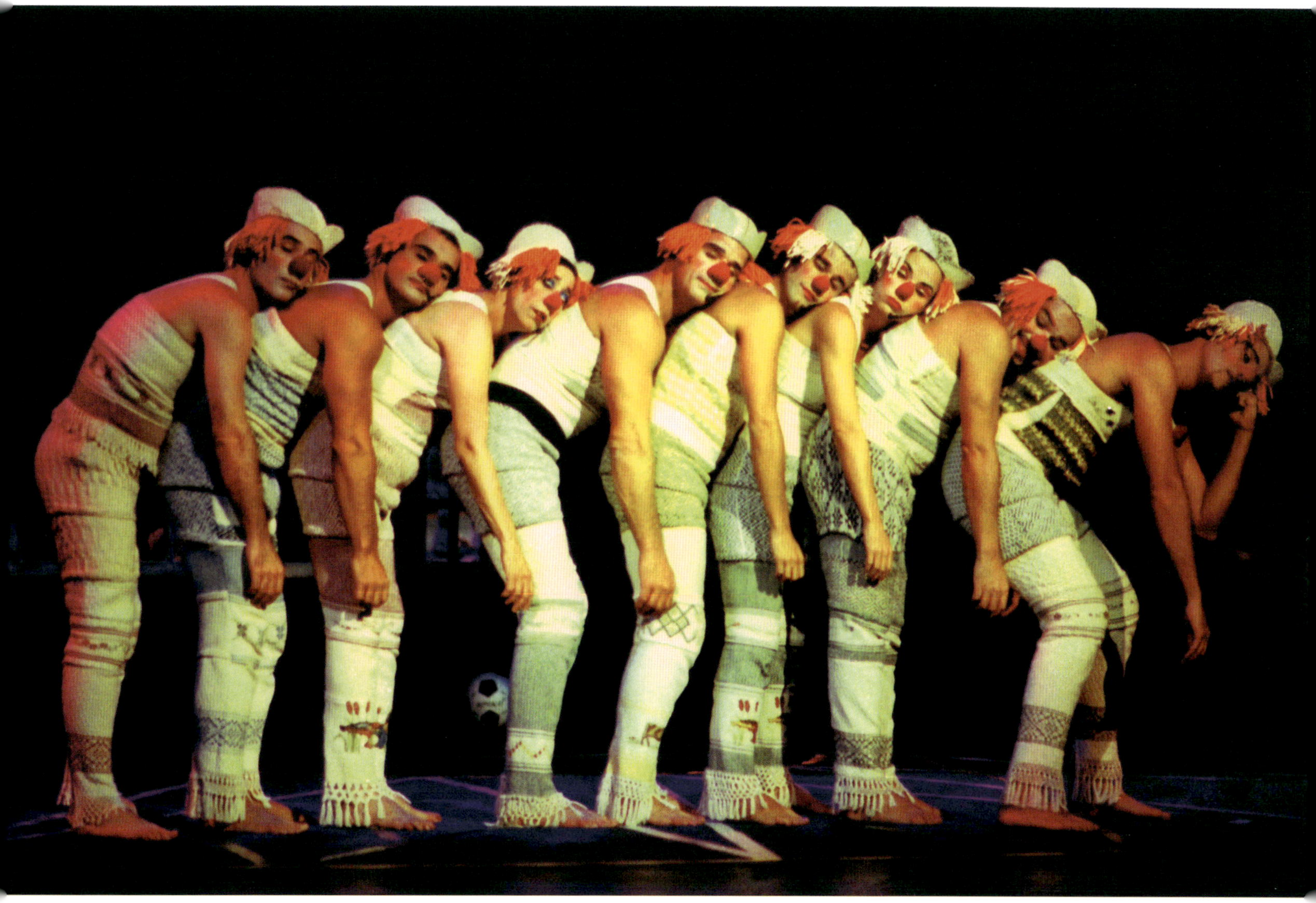

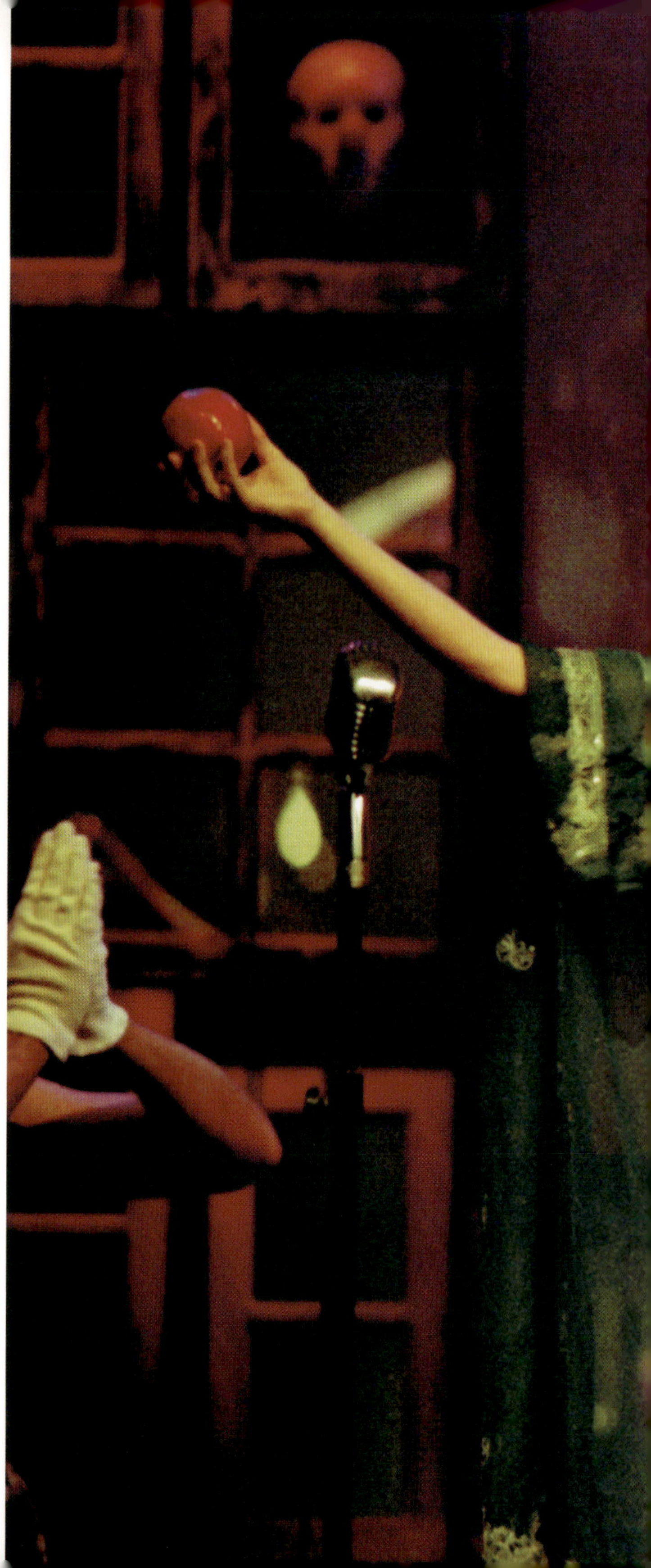

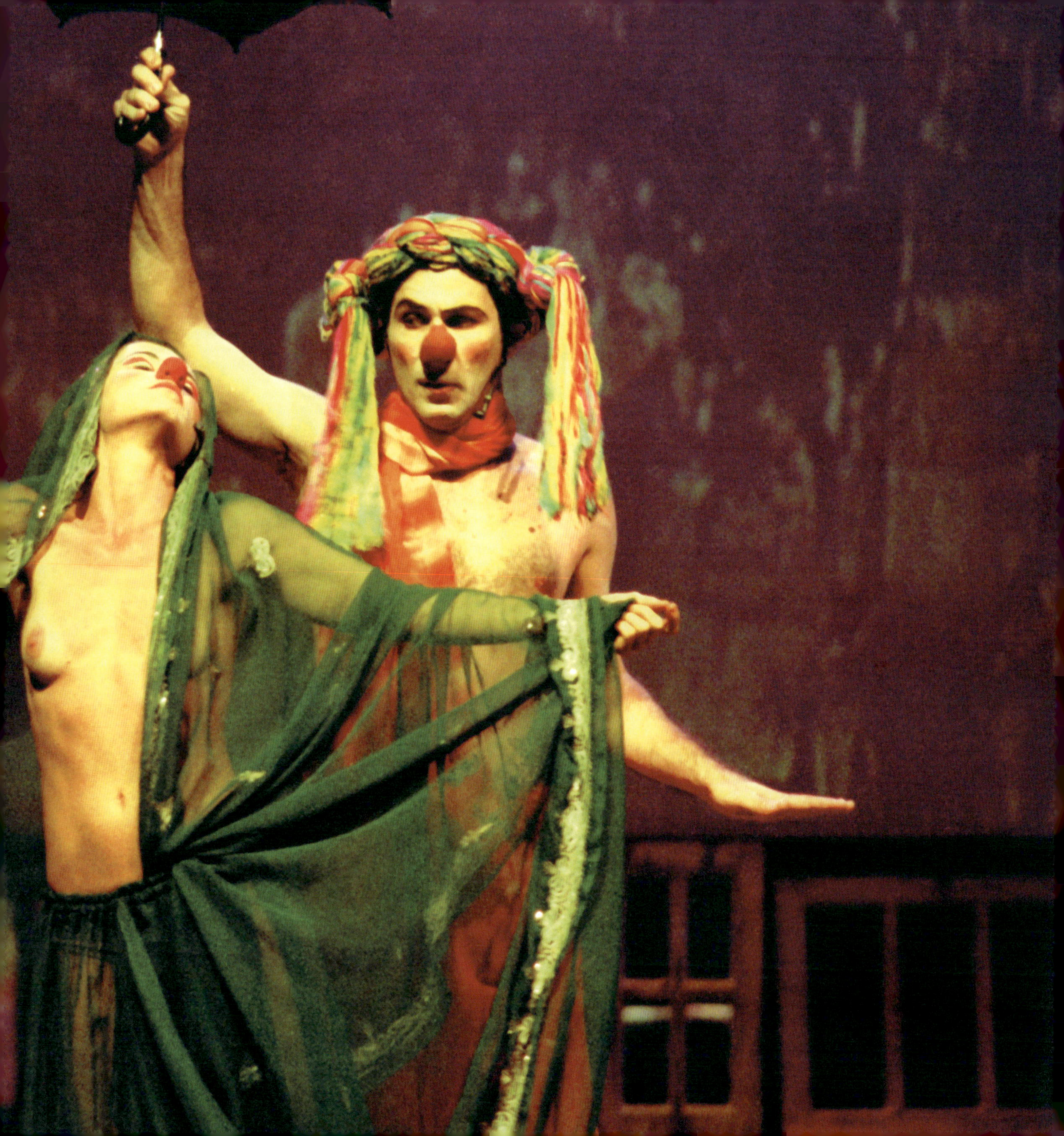

ÓPERA DO MALANDRO

2000

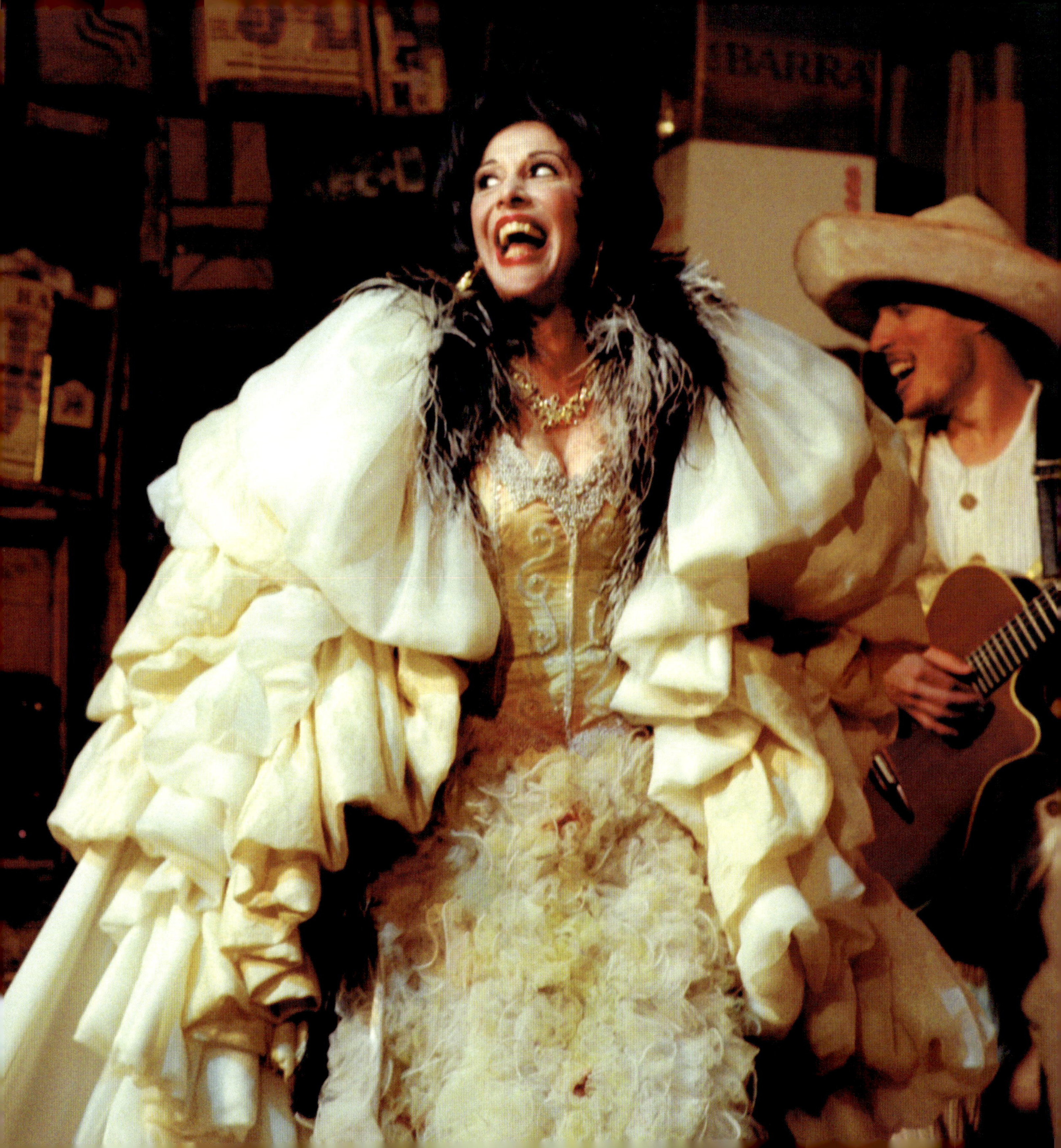

" O empresário do novo TBC, Marcos Tidemann, andava empolgado com a onda de musicais. Já na função de diretor artístico, eu sugeri fazer Chico Buarque e ele adorou a ideia de montarmos uma trilogia, começando com *Ópera do malandro*. De novo na base das audições, criamos uma companhia estável de repertório, com mais de vinte artistas. Como havia ali uma promessa de continuidade, todos trabalhávamos muito felizes, tranquilos e seguros. Esse musical é um momento glorioso da carreira do Chico-dramaturgo. Basta dizer que todas as 16 faixas do disco viraram *hits* impregnados no imaginário dos brasileiros. É só cantar alguns versos e, pronto, o público identifica a canção na hora. Nosso trio mineiro de diretores musicais brilhou mais uma vez: Babaya, Fernando Muzzi e Ernani Maletta. Brincamos muito nesse espetáculo com o *erro proposital*, incentivando que todos desafinassem o tempo todo. Fiz com os atores um jogo de inversão: ao longo do espetáculo, as prostitutas iam virando os malandros, e vice-versa. Era uma grande festa musical promíscua, em que não se sabia mais, a certa altura, quem era do lado de quem. No epílogo operístico e apoteótico de louvação à malandragem carioca, o maestro Maletta empostava as vozes de todos no registro lírico. Era magnífico. Os figurinos foram criados por Leopoldo Pacheco com quatro mil metros de tule, seda, cetim e tafetá, provenientes de duzentos vestidos de noiva que coletamos em lojas de roupas usadas. Adereços inusitados chamavam a atenção, como as próteses deformadas de órgãos genitais, que eu trouxe de Londres. A cenografia do premiado J.C. Serroni reproduzia em três níveis um depósito de mercadorias da Galeria Pajé, ponto paulistano especializado em produtos falsificados e contrabandeados. As paredes eram feitas de celulares, computadores, saquinhos imitando cocaína, garrafas de uísque, calculadoras. Faço aqui uma justa homenagem ao grande cenógrafo, amigo, mestre e parceiro J.C. Serroni, que, com sua competência e humildade, é capaz de ir transtornando aos poucos as nossas cabecinhas, dirigindo-nos rumo à essencialidade cênica, característica tão virtuosa em seus trabalhos. Também havia o momento *saloon* com estábulo, em que os malandros da Lapa carioca se aproximavam da ideia de *caubóis do asfalto*, remetendo aos *agroboys* das festas do Peão de Boiadeiro texanas e interioranas. Cada dia que passa, o Brasil é mais e mais essa grande ópera de malandros sugerida pelo Chico. "

estreia **29 DE SETEMBRO DE 2000 · NOVO TBC · SÃO PAULO** texto e músicas **CHICO BUARQUE** direção **GABRIEL VILLELA** assistência de direção **LÍGIA PEREIRA** e **ZECA BITTENCOURT** direção de cena **FÁBIO OCK** dramaturgia **MÁRCIO AURÉLIO** cenografia **J.C. SERRONI** figurino **LEOPOLDO PACHECO** e **GABRIEL VILLELA** iluminação **GUILHERME BONFANTI** direção musical **BABAYA** [coordenação geral e preparação vocal], **ERNANI MALETTA** [preparação para canto coral e arranjos vocais] e **FERNANDO MUZZI** [preparação e arranjos instrumentais] preparação corporal **MARIA THAÍS** elenco **COMPANHIA ESTÁVEL DE REPERTÓRIO DO TBC: ANDRÉ DIAS, ADRIANA CAPPARELLI, ADRIANA SANTINI, CLÁUDIA VALLE, DANIEL MAIA, ELIANA BOLANHO, FÁBIO OCK, FERNANDA HIEMISCH, GUSTAVO TRESTINI, IVAN PARENTE, LEONARDO DINIZ, LUCIANA CARNIELI, MARCELLO BOFFAT, MARCELO VÁRZEA, MAURÍCIO XAVIER, NANDO PRADO, NAOMY SCHÖLLING, NELLI SAMPAIO, NEUSA ROMANO, ROBERTO ROCHA, SERGIO RUFINO, TÂNIA PAES** e **VERA MANCINI** direção de produção **PAULO PELLEGRINE** produção executiva **ROSA CASALLI** e **CLÍSSIA MORAIS**

imagens **LENISE PINHEIRO**

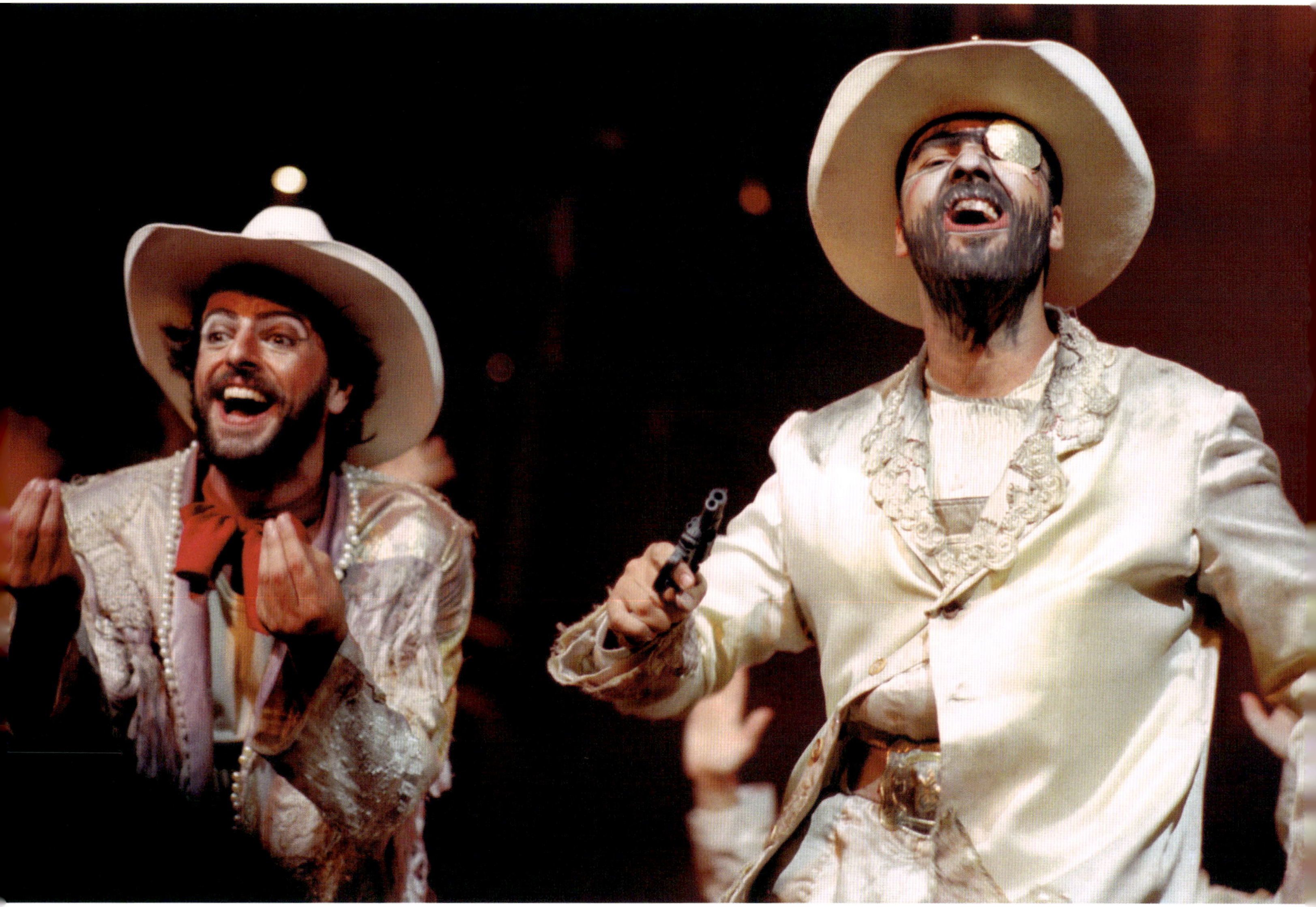

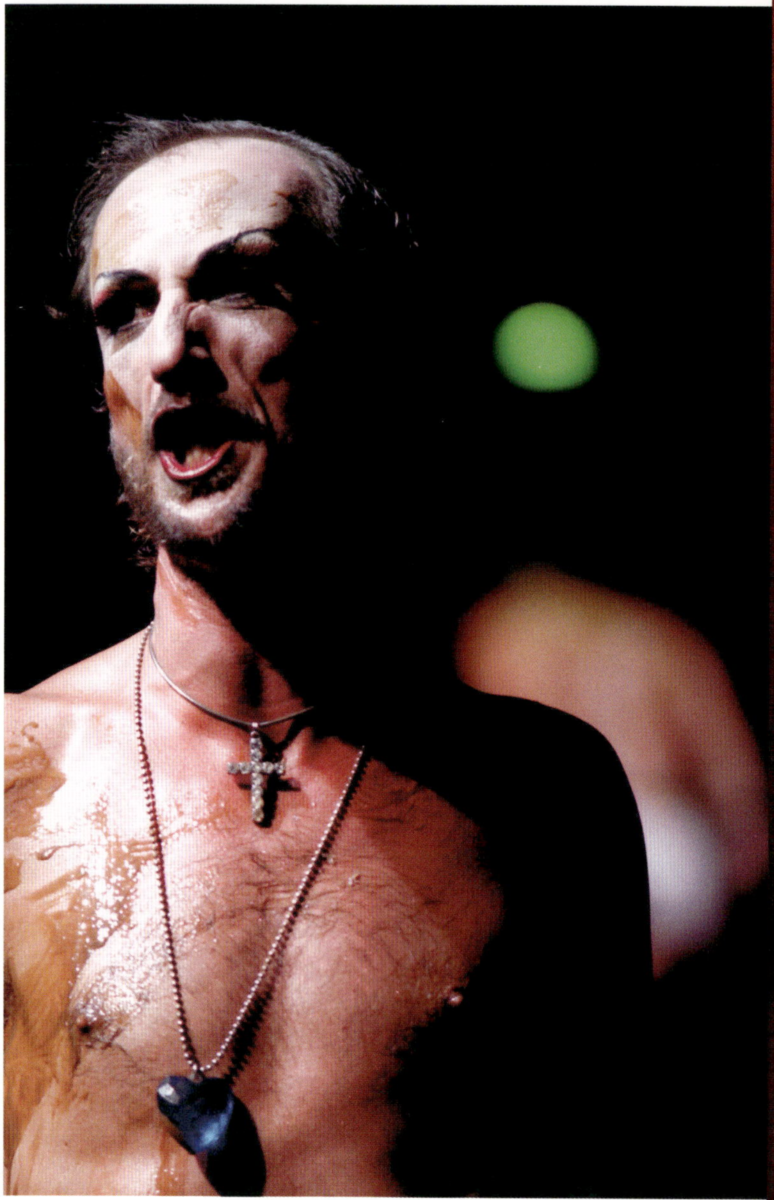
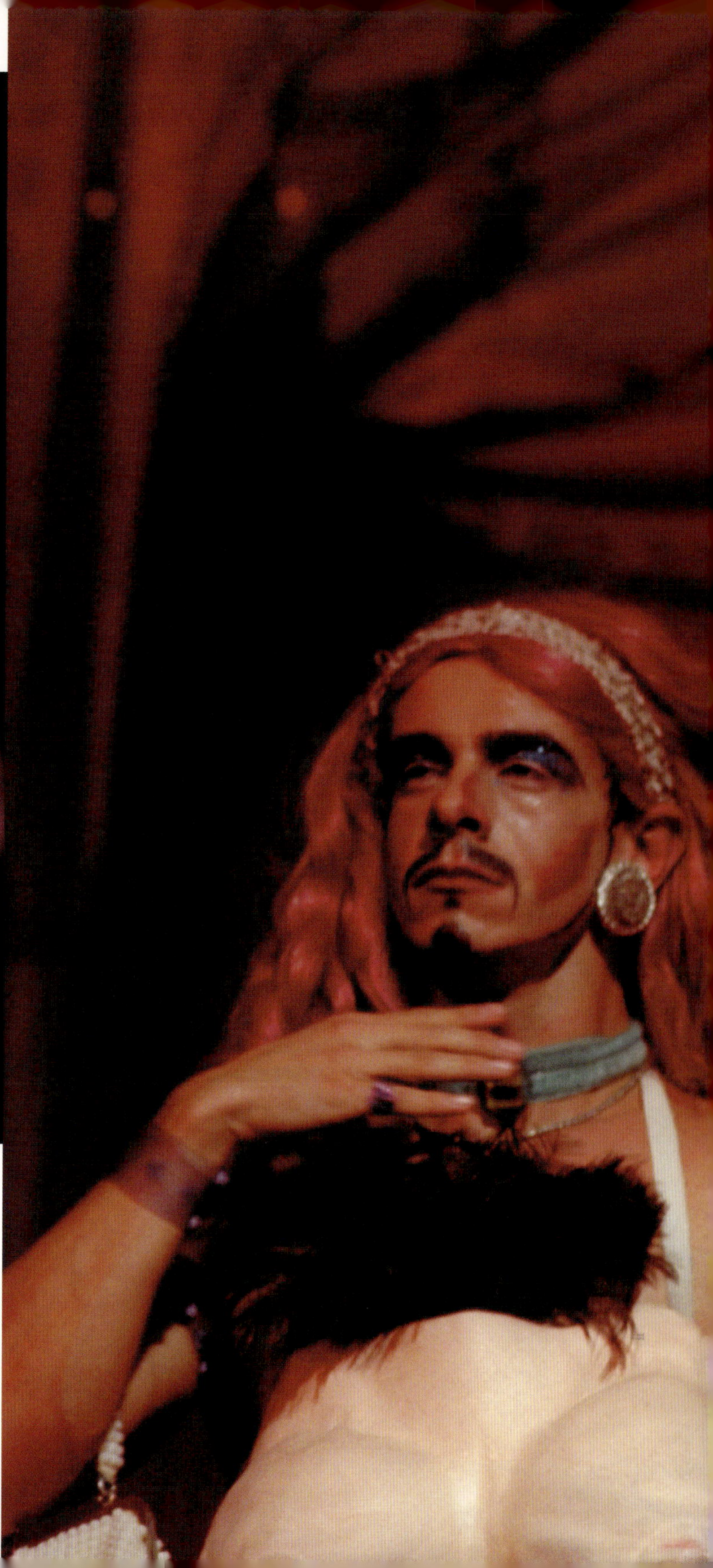

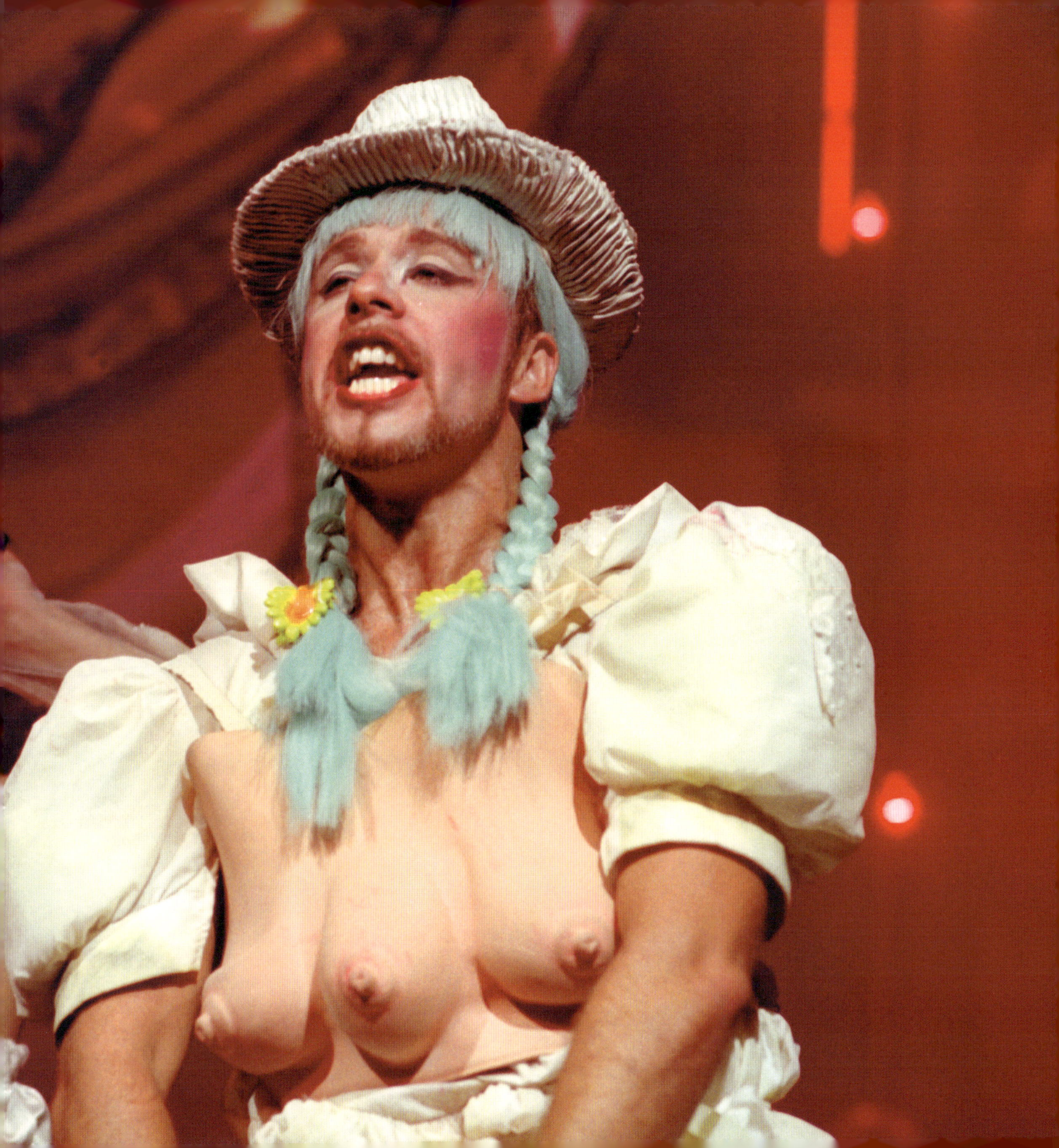

OS SALTIMBANCOS

2001
2003
2009

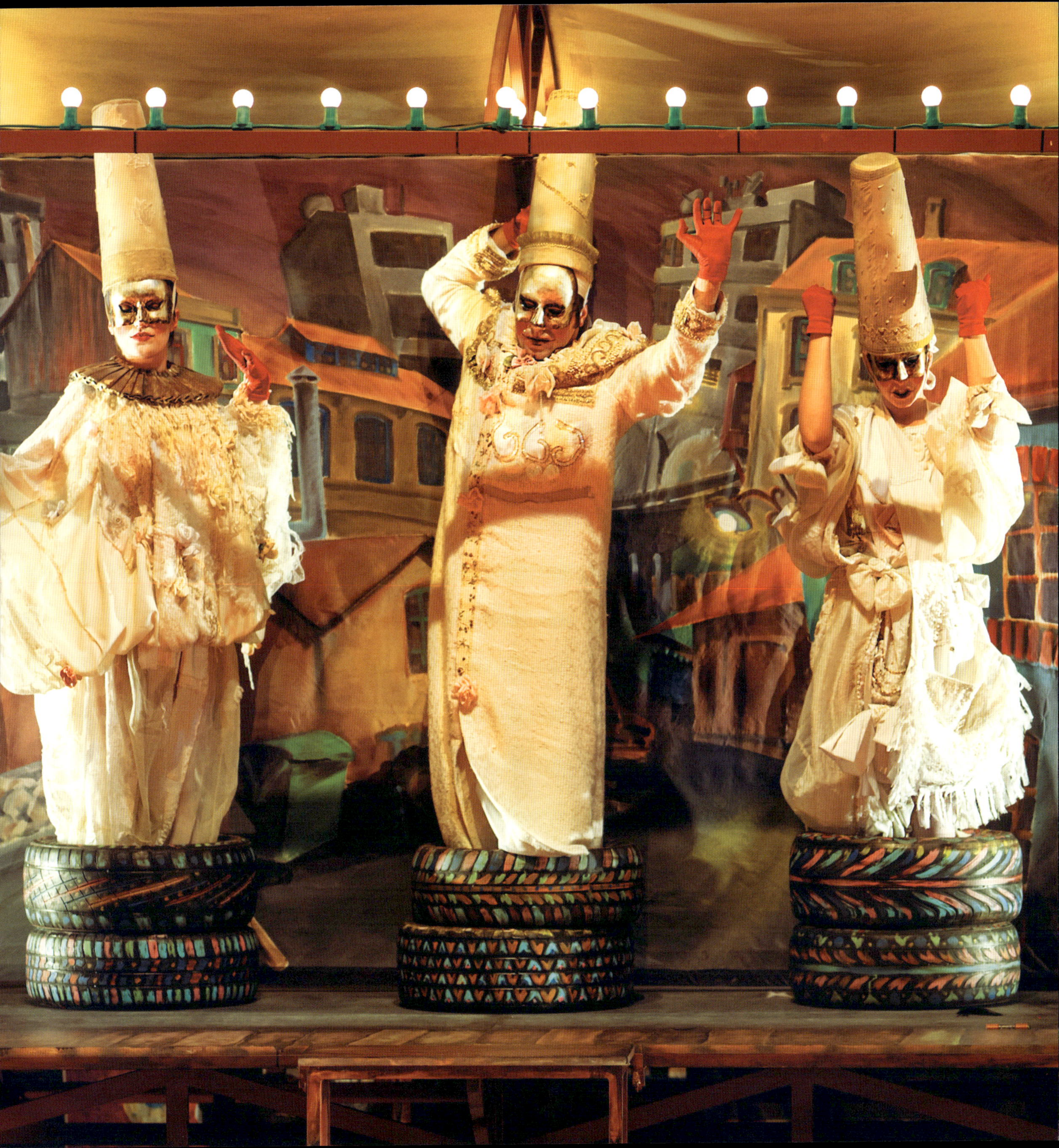

"Foi minha estreia como diretor de teatro infantil. Busquei a criança dentro de mim, o que não foi nada difícil. Algumas vezes, como diretor de espetáculos para adultos, lutei para que não houvesse infantil dividindo o mesmo palco que minhas peças. Quando passei para o lado de lá, fiz mea-culpa e entendi a dimensão aflitiva do preconceito contra o teatro infantil vindo da própria classe. É uma arte que precisa de cuidados especiais, que carece de oxigênio à sua volta. Resolvemos, então, utilizar duas salas do novo TBC, com um belo projeto de cenografia do Serroni. O público migrava de um espaço para o outro, e isso dava um charme extra ao espetáculo, fazendo as crianças interagirem com a cenografia e desgrudarem um pouco de seus pais na plateia, mas tudo com o maior cuidado e delicadeza possíveis. A luz de Guilherme Bonfanti previu com muita competência essa itinerância do público e a liberdade às crianças para circularem pelos dois espaços. A montagem virou um grande sucesso em pouquíssimo tempo. Começamos recrutando as escolas dos arredores, ali na Bela Vista, e depois a peça pegou de um jeito que as filas davam voltas na calçada. Percebi, logo de cara, que os pais se encantavam tanto quanto ou mais ainda que os próprios filhos, pois era a trilha da infância deles e, por isso, sabiam cantar tudo com as crianças. A estrutura do TBC permitiu que eu transferisse para o porão o meu ateliê de figurinos, e a fase de criação do espetáculo se beneficiou muito dessa facilidade e praticidade. Quase no final da temporada, dois grandes atores portugueses do grupo Seiva Trupe, Júlio Cardoso e António Reis, estavam em São Paulo à procura de espetáculos e diretores para levar à sua sede na cidade do Porto. Foram assistir aos *Saltimbancos*, e isso resultou em um convite para que fôssemos ao Porto montar a mesma peça com elenco de lá. O tema agradou muito a eles: quatro animais que se revoltam contra a exploração do patrão e se organizam para fugir do campo para a cidade. Estreamos no Porto em 2003. Levei comigo Babaya e Ernani Maletta, para garantir a integridade dos novos arranjos que fizemos para as canções do Chico. Nessa montagem, sentimos a necessidade de acrescentar uma música, pois havia um entreato para troca de cenário. Escolhemos uma canção do Chico que não é da trilha dos *Saltimbancos*, 'Tanto mar', pois para eles, portugueses, o mar é coisa muito séria. O espetáculo ficou meses em cartaz no teatro que ocupavam, no bairro Campo Alegre. Encerraram a temporada ainda com uma demanda de público absurdamente grande. Por isso, anos depois, em 2009, chamaram-me para refazer essa mesma peça com elenco renovado."

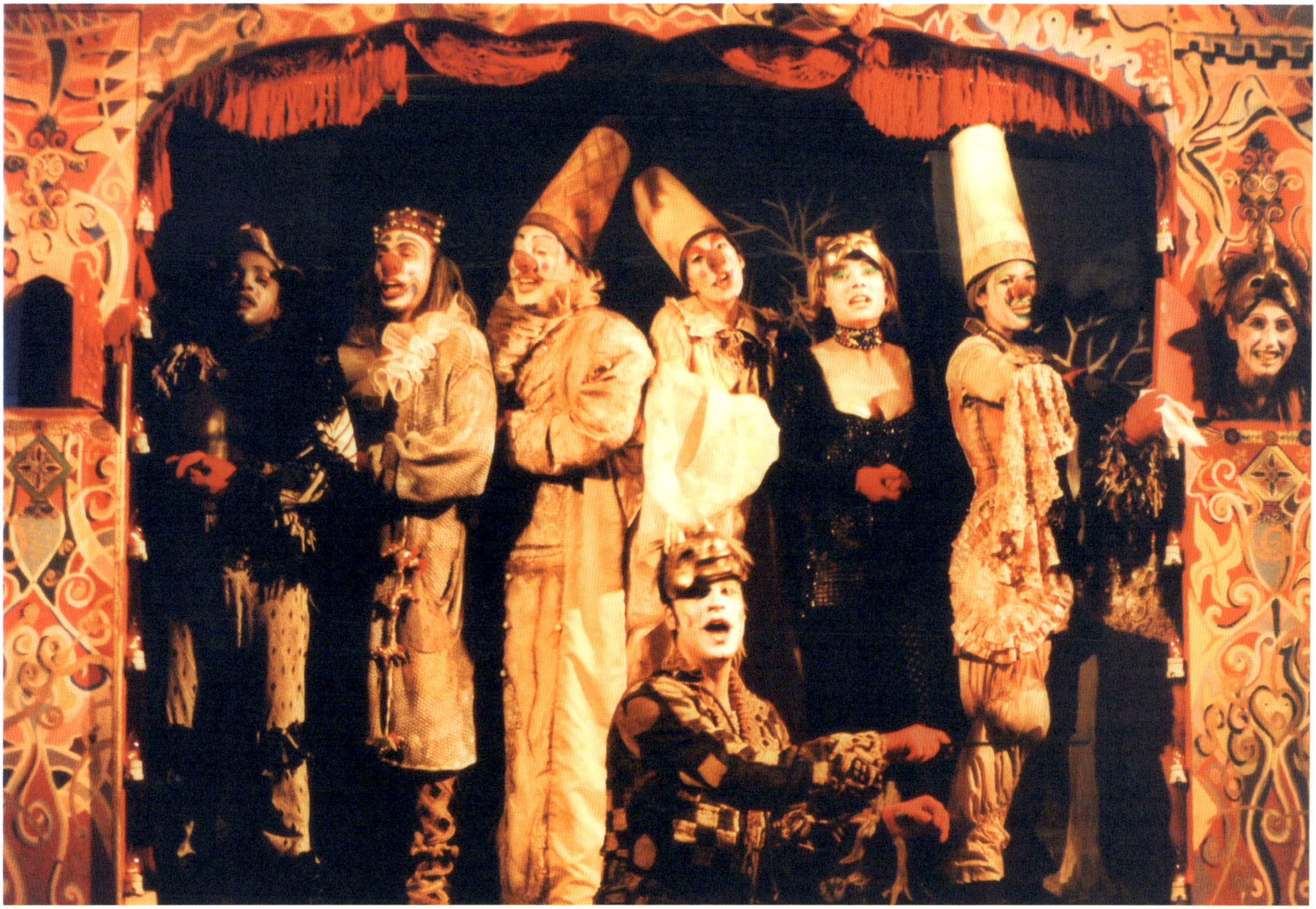

::::::::::::::::::
estreia 17 DE MARÇO DE 2001 · NOVO TBC · SÃO PAULO

texto **CHICO BUARQUE** inspirado em original de **LUIZ ENRIQUEZ** e **SERGIO BARDOTTI** a partir de fábula dos **IRMÃOS GRIMM** cenografia **J.C. SERRONI** assistência de cenografia **TELUMI HELLEN** figurino **GABRIEL VILLELA** e **LEOPOLDO PACHECO** assistência de figurino **MARIA DO CARMO SOARES** desenho de luz **GUILHERME BONFANTI** direção musical, coordenação geral e preparação vocal **BABAYA** trilha sonora **CHICO BUARQUE, ENRIQUEZ** e **BARDOTTI** preparação e arranjos vocais **ERNANI MALETTA** preparação e arranjos instrumentais **FERNANDO MUZZI** e **DANIEL MAIA** coreografia **FERNANDO NEVES** e **HENRIQUE ALBERTO** elenco **CHIRIS GOMES, CLÁUDIA VALLE, DANIEL MAIA, EDUARDO SILVA, LEONARDO DINIZ, NÁBIA VILLELA, VERA ZIMMERMANN** e **WAGNER DE MIRANDA** produção **COMPANHIA ESTÁVEL DE REPERTÓRIO DO TBC**

estreia 6 DE MARÇO DE 2003 · TEATRO DO CAMPO ALEGRE · PORTO · PORTUGAL

direção-geral e encenação **GABRIEL VILLELA** assistência de encenação **JÚNIOR SAMPAIO** cenografia **J.C. SERRONI** figurino **GABRIEL VILLELA** adereços **JOSÉ ROSA** desenho de luz **JÚLIO FILIPE** direção musical **ERNANI MALETTA** e **BABAYA** arranjos vocais e regência coral **ERNANI MALETTA** preparação vocal **BABAYA** arranjos instrumentais **FERNANDO MUZZI** e **DANIEL MAIA** coreografia **ÍNDIO QUEIROZ** elenco **ALEXANDRA CALADO, ISABEL QUEIRÓS, JACINTO DURÃES, JOÃO MIGUEL MOTA, MARIANA ASSUNÇÃO, MARTA FERNANDES, MIGUEL FRAGATA LOPES** e **PATRÍCIA FRANCO** realização **SEIVA TRUPE**

estreia 15 DE JANEIRO DE 2009 · TEATRO DO CAMPO ALEGRE · PORTO · PORTUGAL

direção-geral e encenação **GABRIEL VILLELA** assistência de encenação **MIGUEL ROSAS** cenografia **J.C. SERRONI** figurino **GABRIEL VILLELA** direção musical, regência, preparação e arranjos vocais **ERNANI MALETTA** arranjos instrumentais **DANIEL MAIA** e **FERNANDO MUZZI** desenho de luz **JÚLIO FILIPE** operação de luz **JOSÉ BORGES** desenho de som **JOSÉ PRATA** coreografia **ÍNDIO QUEIROZ** direção de cena **MIGUEL ROSAS** elenco **ANA MACHADO, CATARINA GUERREIRO, FERNANDA PAULO, ISABEL NOGUEIRA, JACINTO DURÃES, JOÃO MELO** e **TIAGO VOUGA** realização **SEIVA TRUPE**

:::::::::::::::::

imagens **ANTONIO ALVES, GAL OPIDO** e **PAOLA PRADO**

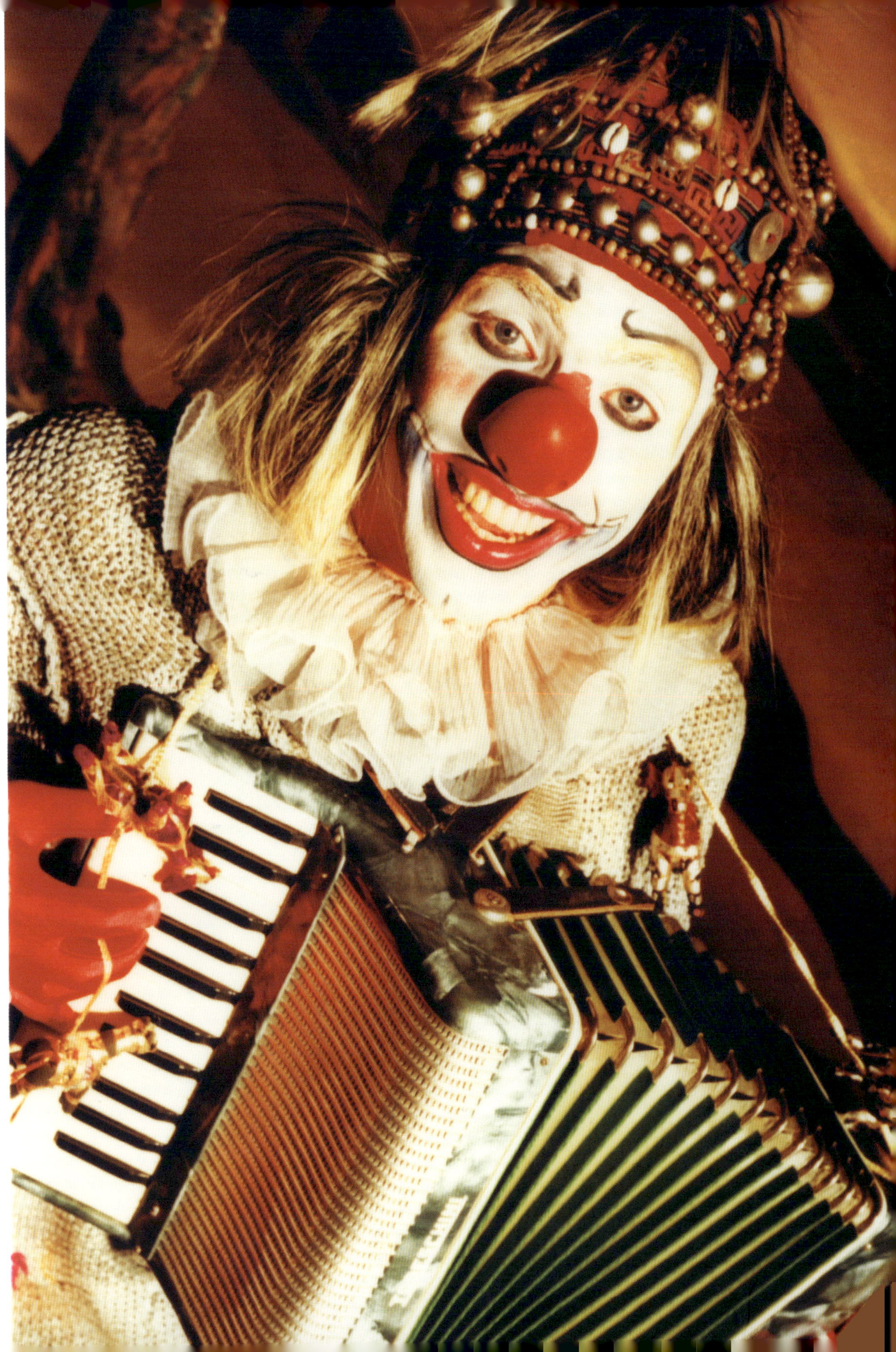

GOTA D'ÁGUA

2001

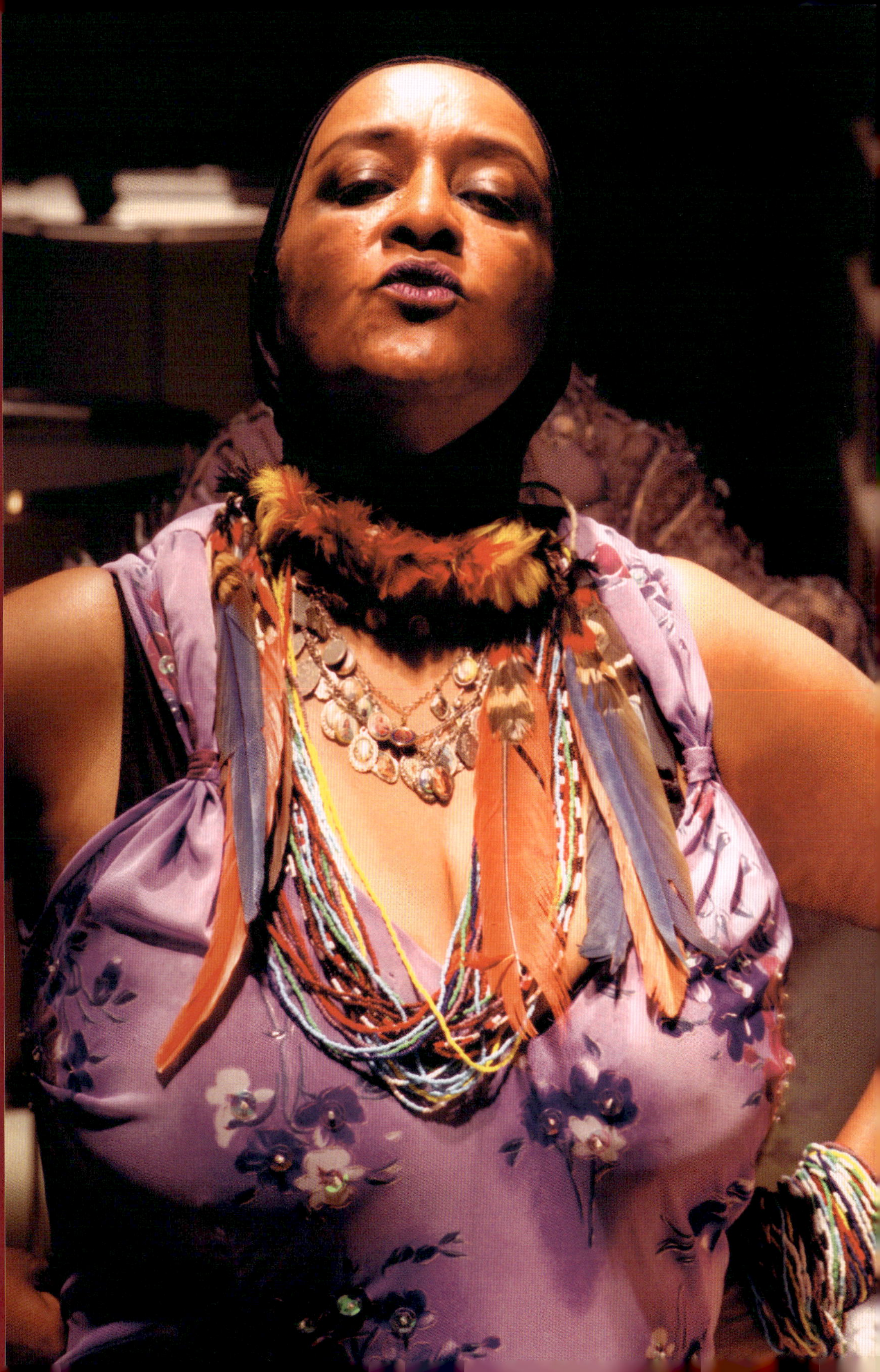

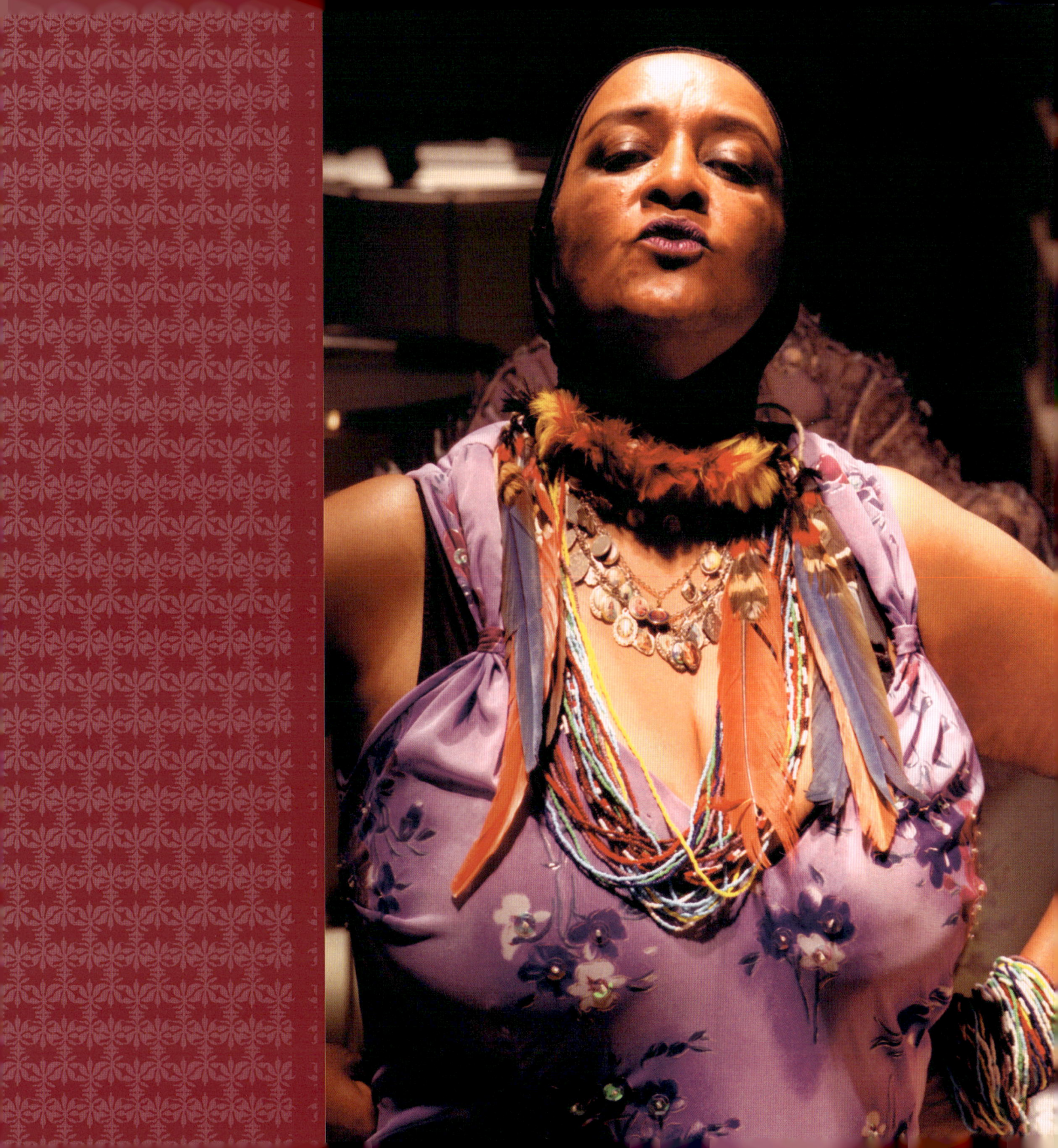

"Quando vi Bibi Ferreira nesse musical de Chico Buarque e Paulo Pontes pela primeira vez, aos 18 anos, fiquei muito tocado. Jamais vou me esquecer da fala de Joana, inspirada em Medeia, a Jasão: 'O que você vem xeretar aqui na minha terra?'. Joana era a tradução do submundo marginal carioca, que reivindica a justiça social por meio da articulação e da mobilização das pessoas de sua comunidade, a chamada Vila do Meio-Dia. No TBC, tive total apoio de Marcos Tidemann, pois ele também era apaixonado pela peça e se empenhou na realização dessa terceira parte da 'Trilogia Chico'. Hoje, tenho dúvidas se consegui dar o melhor de mim na direção, pois os problemas contratuais com a proprietária do prédio da rua Major Diogo já despontavam no novo TBC. O investimento no nosso projeto era enorme e começava a não compensar mais, não dava lucro. Esse lado empresarial afetava-me como diretor artístico do espaço, tanto que houve uma parceria com a antiga casa de *shows* Tom Brasil e a peça acabou estreando lá, com uma parafernália técnica incrível, os melhores equipamentos de som da época. O elenco era mais uma vez maravilhoso. É perigoso citar nomes e esquecer de alguém, no entanto não posso deixar de mencionar Cleide Queiroz, que fez a Joana. Citá-la aqui — uma dama do teatro de São Paulo — estende a minha gratidão a todos os outros também. Ela deu um *show* de interpretação. Ernani Maletta teve muita liberdade para recriar a trilha. Eu havia voltado de uma viagem à Itália, de onde trouxe máscaras de Sartori e máscaras venezianas compradas em Pádua. J.C. Serroni, por sua vez, fez uma cenografia genial e bastante irônica, como se fosse uma maquete do Congresso Nacional, em escala reduzida, fria como a Brasília de Niemeyer. Joana morria na rampa do palácio, remetendo de fato à tragédia grega que inspirou a peça do Chico, que também se passa em um ambiente externo palaciano. Ficou forte ainda no espetáculo a presença do candomblé. Dedicamo-nos a uma ampla pesquisa sobre as forças que regem os orixás, as danças, os cantos e toda a liturgia desse sincretismo religioso do Brasil."

::::::::::::::::

estreia **14 DE SETEMBRO DE 2001 · TOM BRASIL · SÃO PAULO** texto **CHICO BUARQUE** direção **GABRIEL VILLELA** assistência de direção **RICARDO RIZZO** e **FÁBIO ELIAS** direção de cena **EDUARDO REYES** direção de movimento **RICARDO RIZZO** direção musical **BABAYA** [coordenação geral e preparação vocal], **ERNANI MALETTA** [preparação e arranjos vocais], **FERNANDO MUZZI** [preparação e arranjos instrumentais] e **DANIEL MAIA** [assistente musical] cenografia **J.C. SERRONI** assistência de cenografia **TELUMI HELLEN** e **VÂNIA MONTEIRA** cenotécnica **OSVALDO LISBOA** maquiagem **LEOPOLDO PACHECO** figurino **GABRIEL VILLELA** e **LEOPOLDO PACHECO** assistência de figurino **MARIA DO CARMO SOARES** estamparia de figurino **VERÔNICA ARIAS** costura **CLEIDE MEZZACAPA** e **DENISE GUISELINI** realização de figurino **ODAMEI ARTE** e **MAGIA** técnica de máscara neutra **MARIA THAÍS** adereços e pintura de arte **DAVID TAIYU** desenho de luz **GUILHERME BONFANTI** assistência de iluminação **MILÓ MARTINS** elenco **ANDRÉ DIAS, CHIRIS GOMES, CLAUDIA VALLE, CLEIDE QUEIROZ, DANIEL MAIA, EDUARDO REYES, GUSTAVO TRESTINI, JORGE EMIL, LEONARDO DINIZ, LUCIANA CARNIELI, MARCELLO BOFFAT, MAURÍCIO XAVIER, NÁBIA VILLELA, NELLI SAMPAIO, NICOLAS TREVIJANO, RACHEL RIPANI** e **WAGNER MIRANDA** direção de produção **PAULO AMORIM** produção executiva **BEL GOMES, CINTHIA PEDRESCHI** e **ROSA CASALLI** produção **TBC** e **TOM BRASIL** realização **MARCOS TIDEMANN**

::::::::::::::::

imagens **LENISE PINHEIRO** e **PAOLA PRADO**

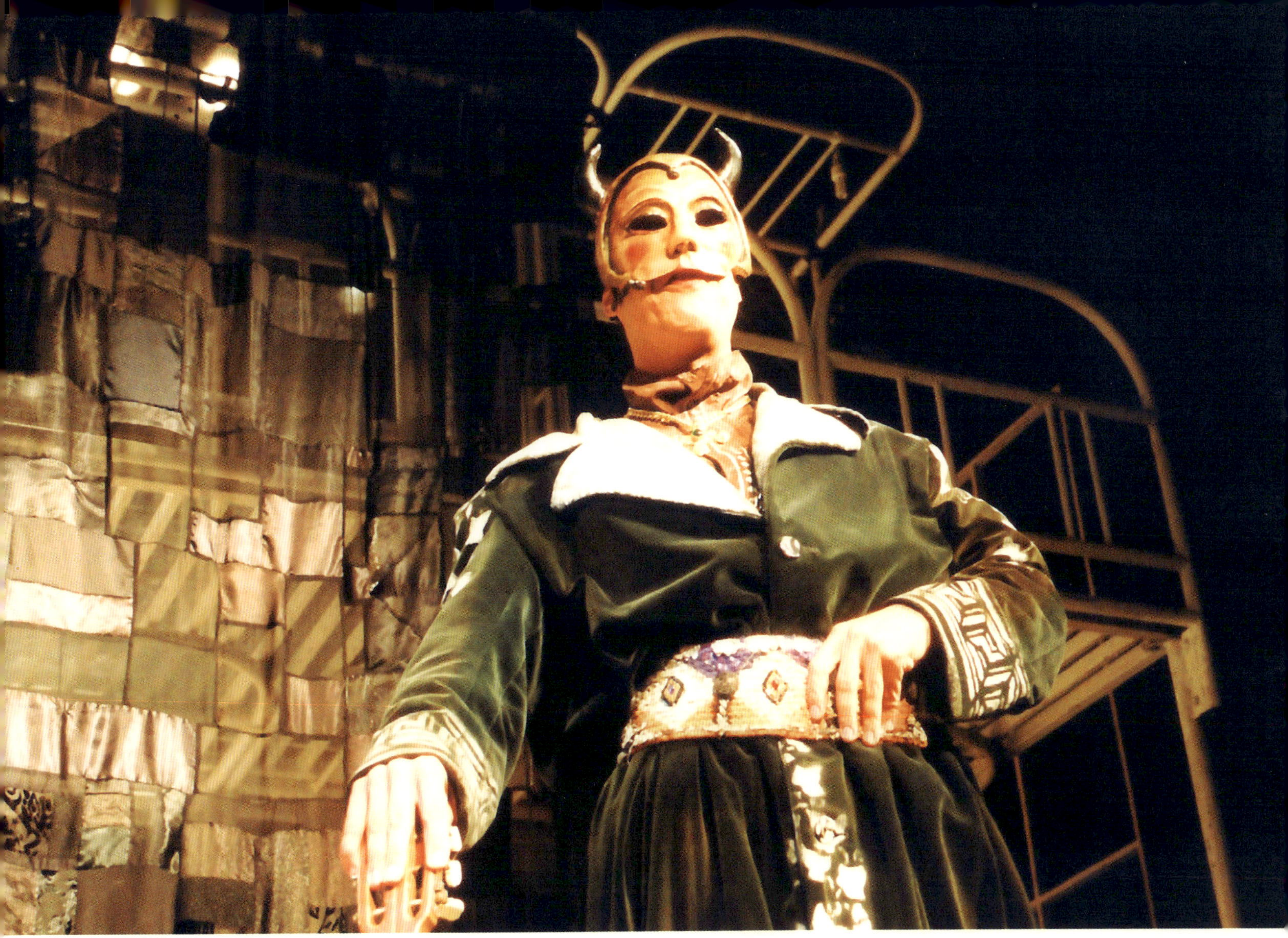

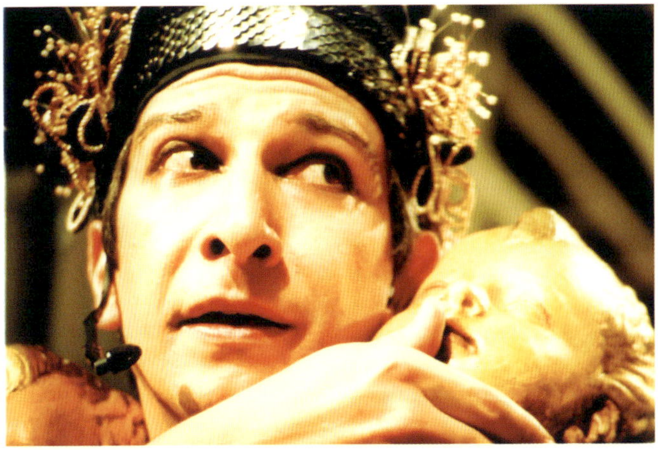

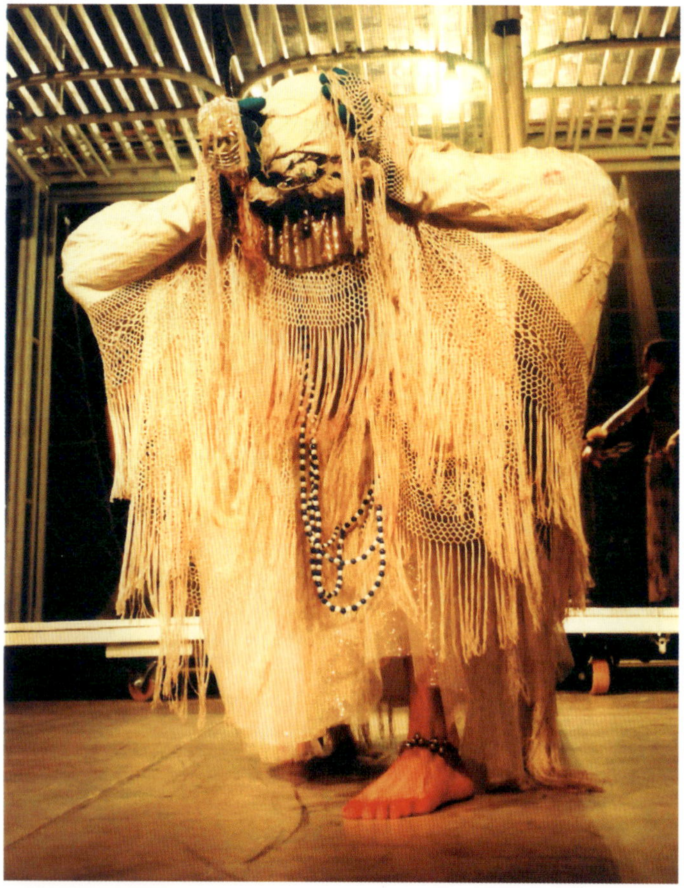

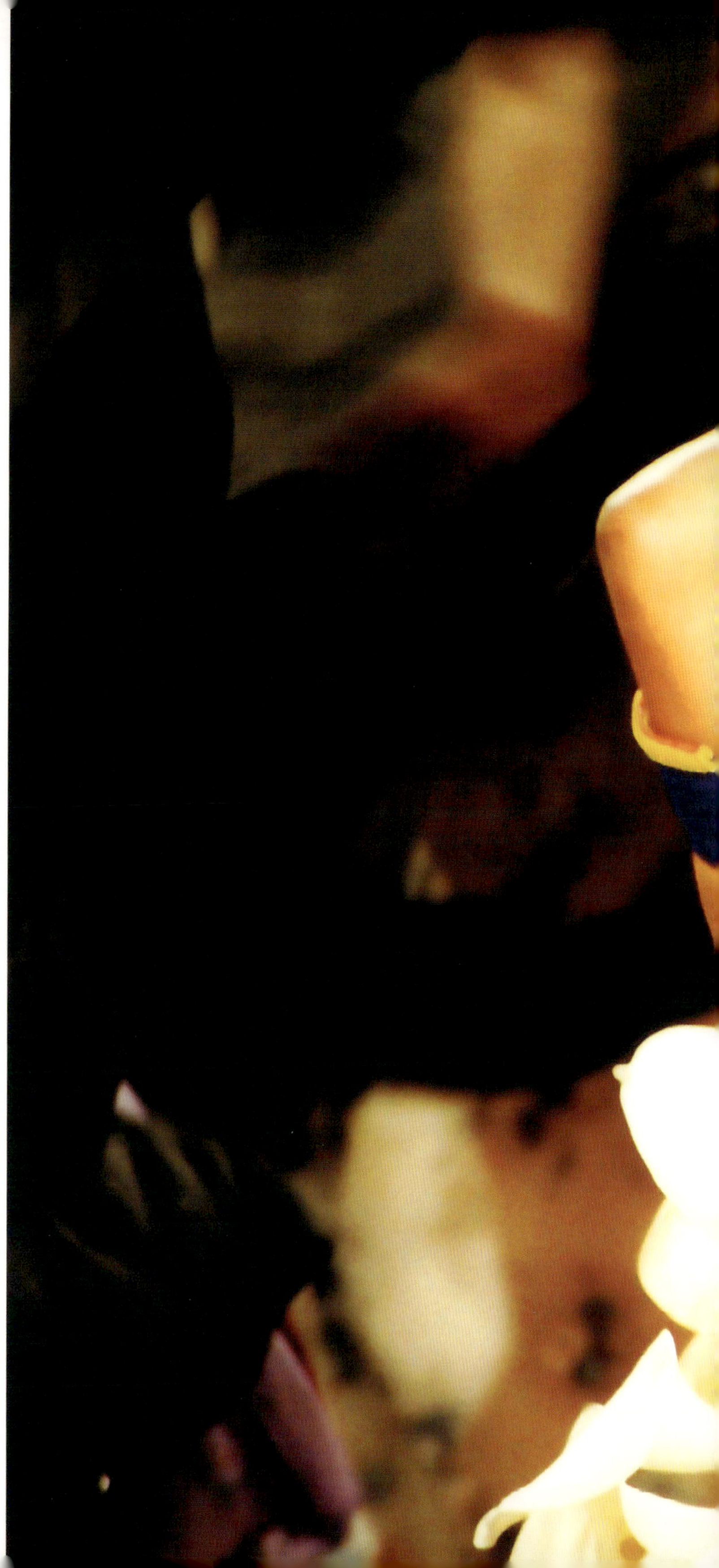

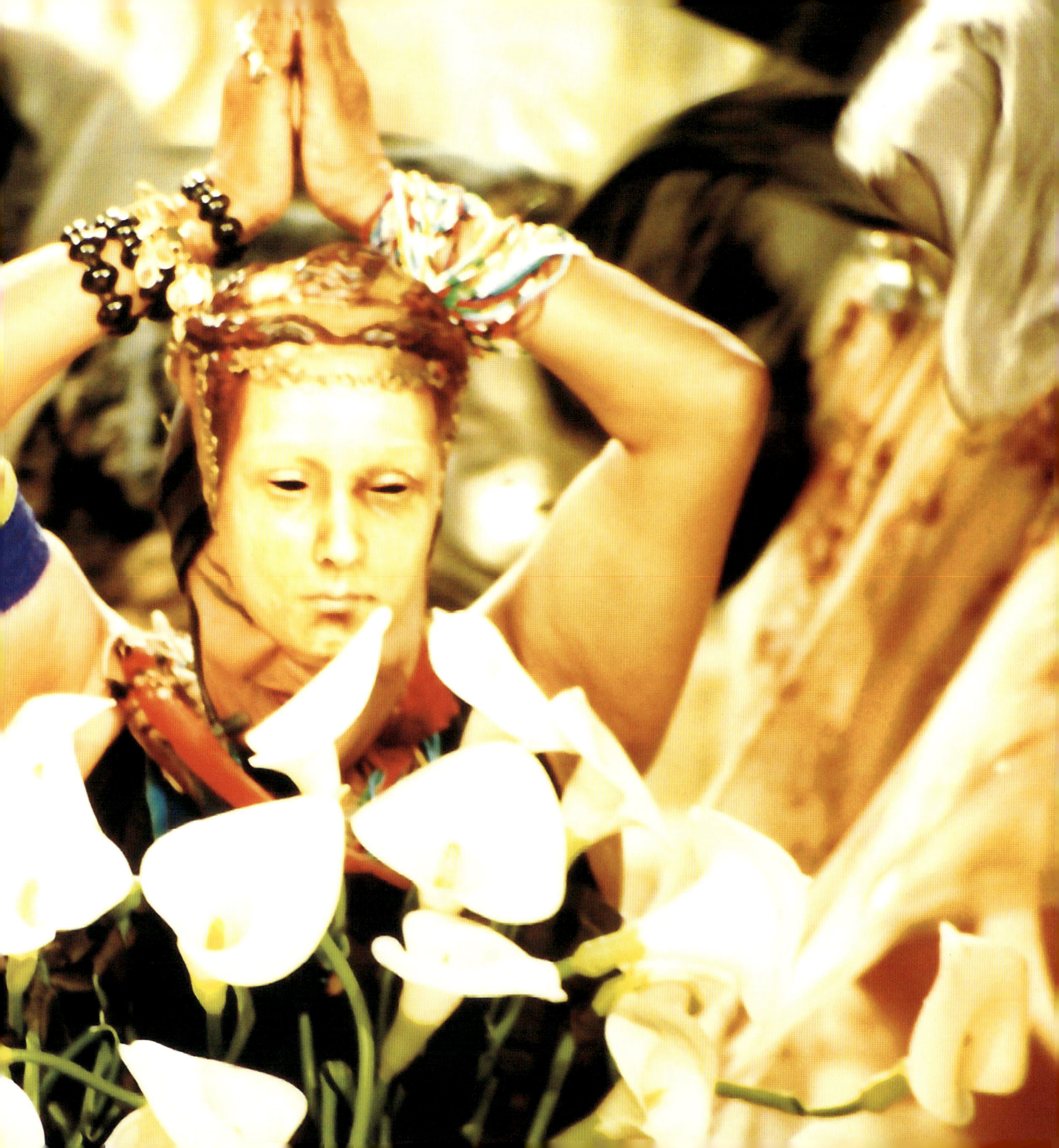

SONHO DE UMA NOITE DE VERÃO
fragmentos amorosos

2002

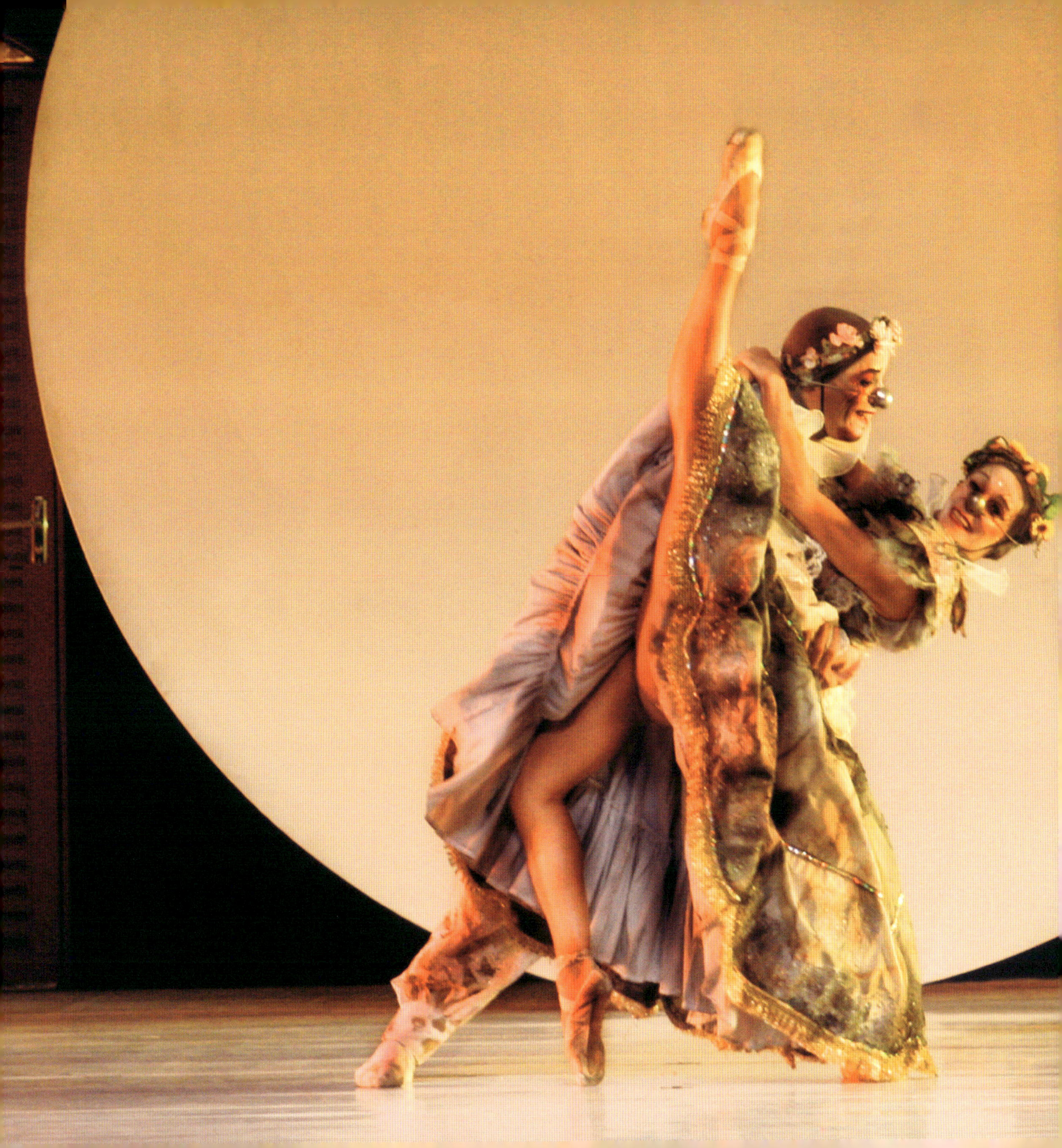

"Essa foi a minha primeira incursão no mundo da dança. Reescrevemos o texto de Shakespeare com o código, a ortografia e a gramática da dança contemporânea. Cristina Machado, diretora de coreografia da Cia. de Dança do Palácio das Artes, em Belo Horizonte, e o então presidente da Fundação Clóvis Salgado, Mauro Werkema, estavam encantados e muito influenciados pelo que viram em *Romeu e Julieta*, com o Grupo Galpão: um apelo visual muito forte. Era um desafio voltar a Shakespeare agora sem palavras, pois toda palavra shakespeariana é ação. Mas há a vantagem de ser essa peça uma comédia fantástica, repleta de seres prodigiosos, figuras elementais. A grande questão que detectamos, juntamente com o assistente Ricardo Rizzo, que atuou de forma decisiva em todo o processo, foi o fato de o balé sempre conter oito tempos. Esse padrão estabelecido assustou-nos de início, porque o teatro é imediato, não tem contagem nenhuma. Foi quase um choque, pois não pude trabalhar os tempos teatrais dos bailarinos. Cristina Machado foi quem conciliou o senso de síntese do teatro com a exatidão coreográfica da dança. Outro aspecto é que há uma rotina de dores físicas no ofício do bailarino, acompanhada de perto pela necessidade constante de superação. Tivemos de aprender a lidar com isso. A primeira medida foi procurar distanciá-los da ideia de coro e de corpo de baile a que estavam acostumados. Fomos particularizando as interpretações, fazendo cada bailarino dar sua forma bem individualizada aos personagens da fábula. Procuramos, ainda, adotar as técnicas do teatro popular, estimulando os bailarinos a praticar o *olho no olho* com o espectador, característica que é uma das forças mais poderosas do Grupo Galpão, por exemplo. Na época, ganhei da Cristina Machado uma agenda cheia de citações sobre dança. Uma delas, de Santo Agostinho, dizia: 'Ó homem, ó mulher, aprende a dançar, senão os anjos do céu não saberão o que fazer contigo'. Fiquei bastante impressionado com essa frase. Aprendi, assim, a ter uma tolerância total com as dificuldades físicas e motoras dos bailarinos, para que o diálogo shakespeariano com a dança pudesse fluir de forma harmoniosa, para muito além dos calos e das feridas de cada um. A experiência foi mesmo fantástica, uma aula magna de disciplina, afeto e carinho. Foi para a cena o fruto de toda essa disciplina coletiva, misturada com a farra proposta pela trama da peça. O resultado ficou leve, muito aéreo, com uma trilha linda e premiada, composta por Daniel Maia."

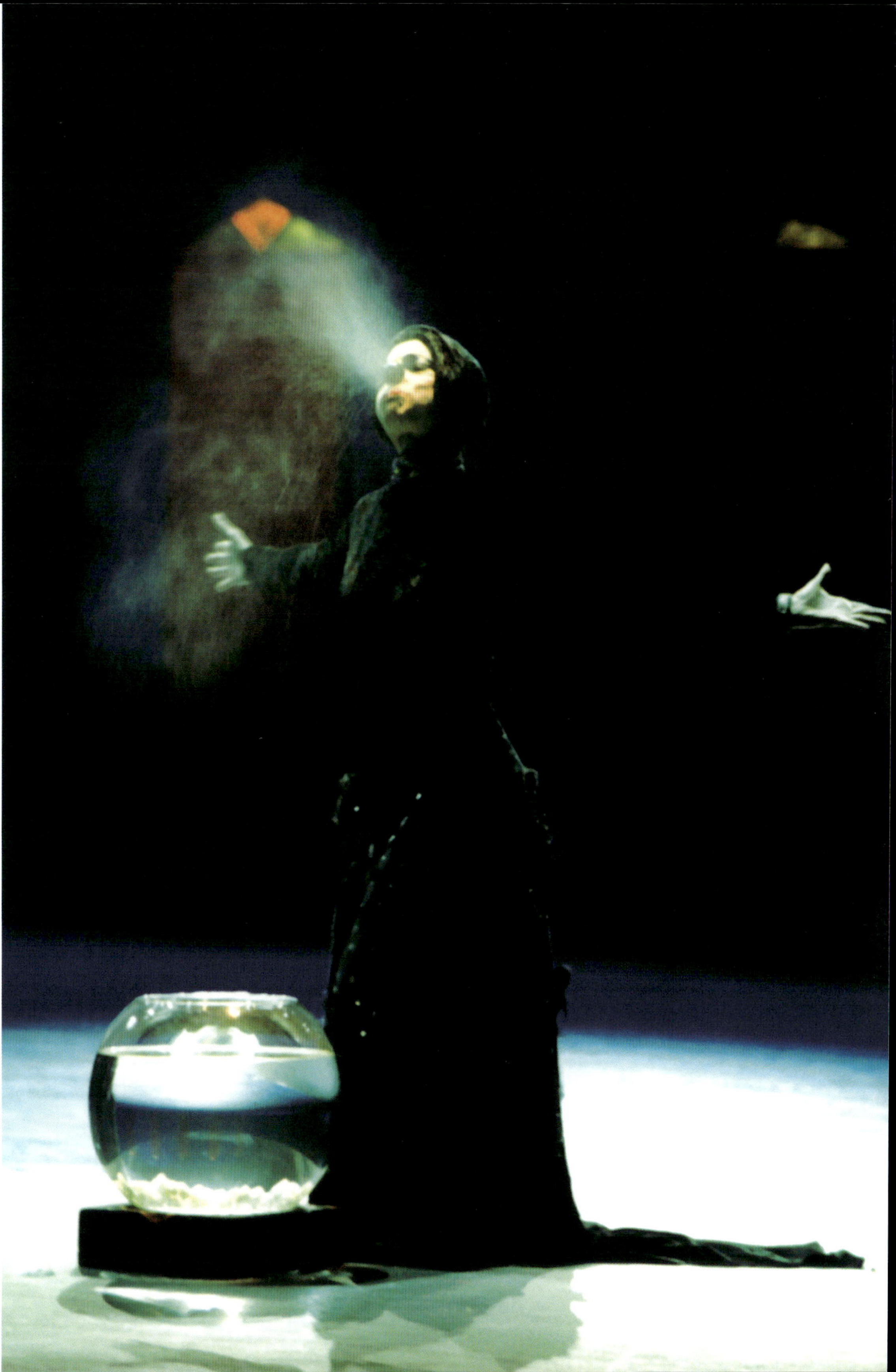

::::::::::::::::::

estreia **21 DE MARÇO DE 2002 · FESTIVAL DE TEATRO DE CURITIBA** tradução dos textos citados durante o espetáculo **BARBARA HELIODORA** direção, concepção, figurino e cenário **GABRIEL VILLELA** assistência de direção artística **RICARDO RIZZO** assistência de direção **FÁBIO ELIAS** cenotécnica **JOAQUIM PEREIRA** produção do figurino **STUDIO ODAMEI ARTE MAGIA [Cleide Mezzacapa Hissa, Giovanna Villela e Maria do Carmo Soares]** assistência de figurino **DAVID TAIYU** alfaiate **ELPÍDIO ESCOBAR** desenho de luz **GUILHERME BONFANTI** assistência de iluminação e *moving lights* **MARISA BENTIVEGNA** trilha sonora **DANIEL MAIA** locução **JORGE EMIL** direção coreográfica **CRISTINA MACHADO** coreografia **LAIR ASSIS** e **SÔNIA PEDROSA [Atenas]**, **EDER BRAZ** e **RODRIGO GIÉSE [Floresta]** e **CRISTINA RANGEL [Artistas]** coautoria coreográfica **OS BAILARINOS** assistência coreográfica **RENATO AUGUSTO** elenco **CIA. DE DANÇA DE MINAS GERAIS [Palácio das Artes] ALEX SILVA, ANDREA FARIA, ANDREA SPOLAOR, BEATRIZ KUGUIMIYA, CRISTIANE OLIVEIRA, CRISTIANO REIS, CRISTINA RANGEL, DADIER AGUILERA, EDER BRAZ, FERNANDO CORDEIRO, GABRYELLA COUTO, HELBERT PIMENTA, IVAN SODRÉ, JACQUELINE GIMENES, KARLA COUTO, LAIR ASSIS, LINA LAPERTOSA, MARCELO CORDEIRO, MARCOS ELIAS, MARIANGELA CARAMATI, PAULO CHAMONE, PRISCILA FIORINI, RODRIGO GIÉSE** e **SOTER XAVIER** produção executiva **CLÍSSIA MORAIS** e **CRISTINA SCHIRMER**

:::::::::::::::::

imagens **PAULO LACERDA**

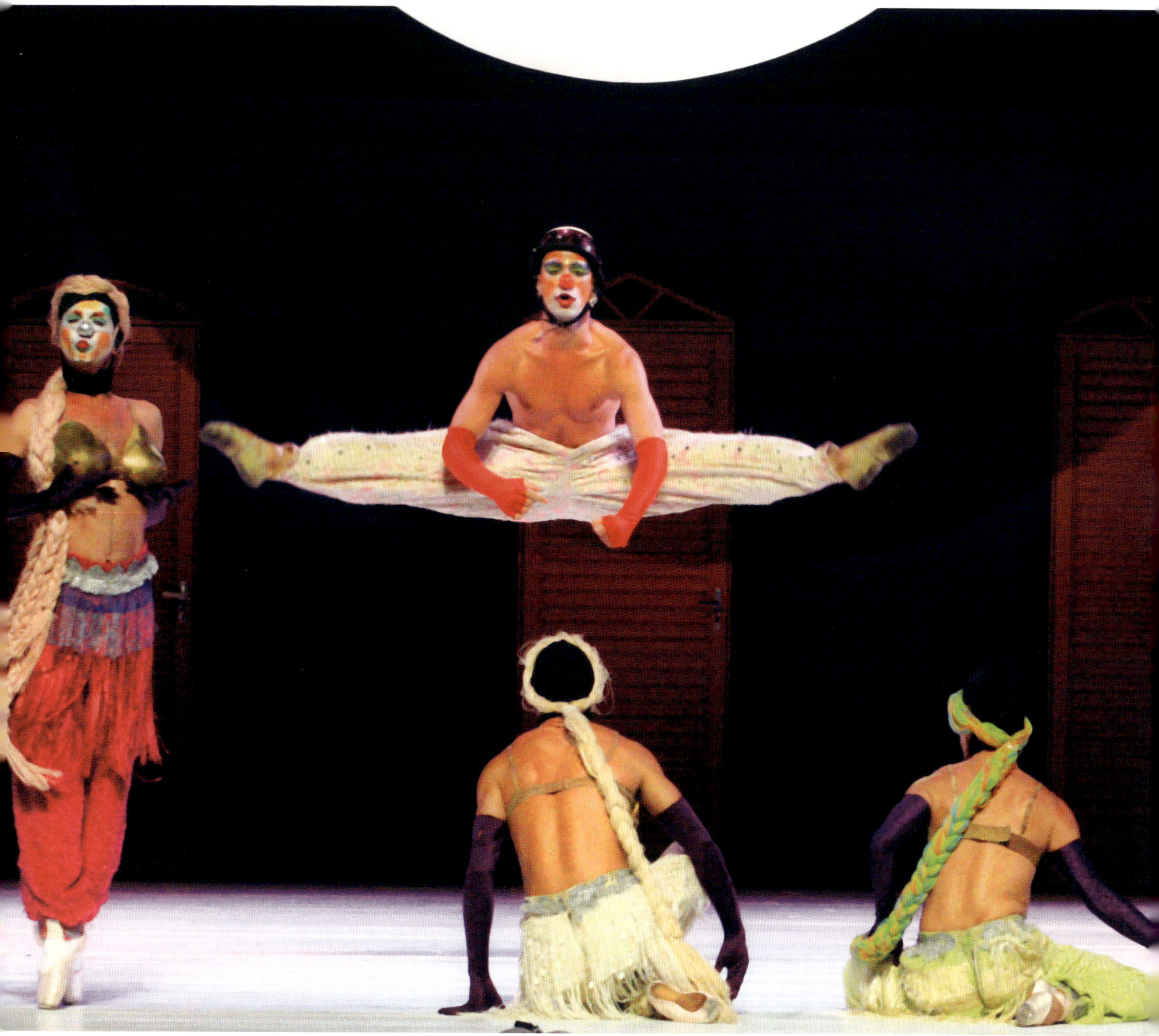

A PONTE
E A
ÁGUA DE PISCINA

2002

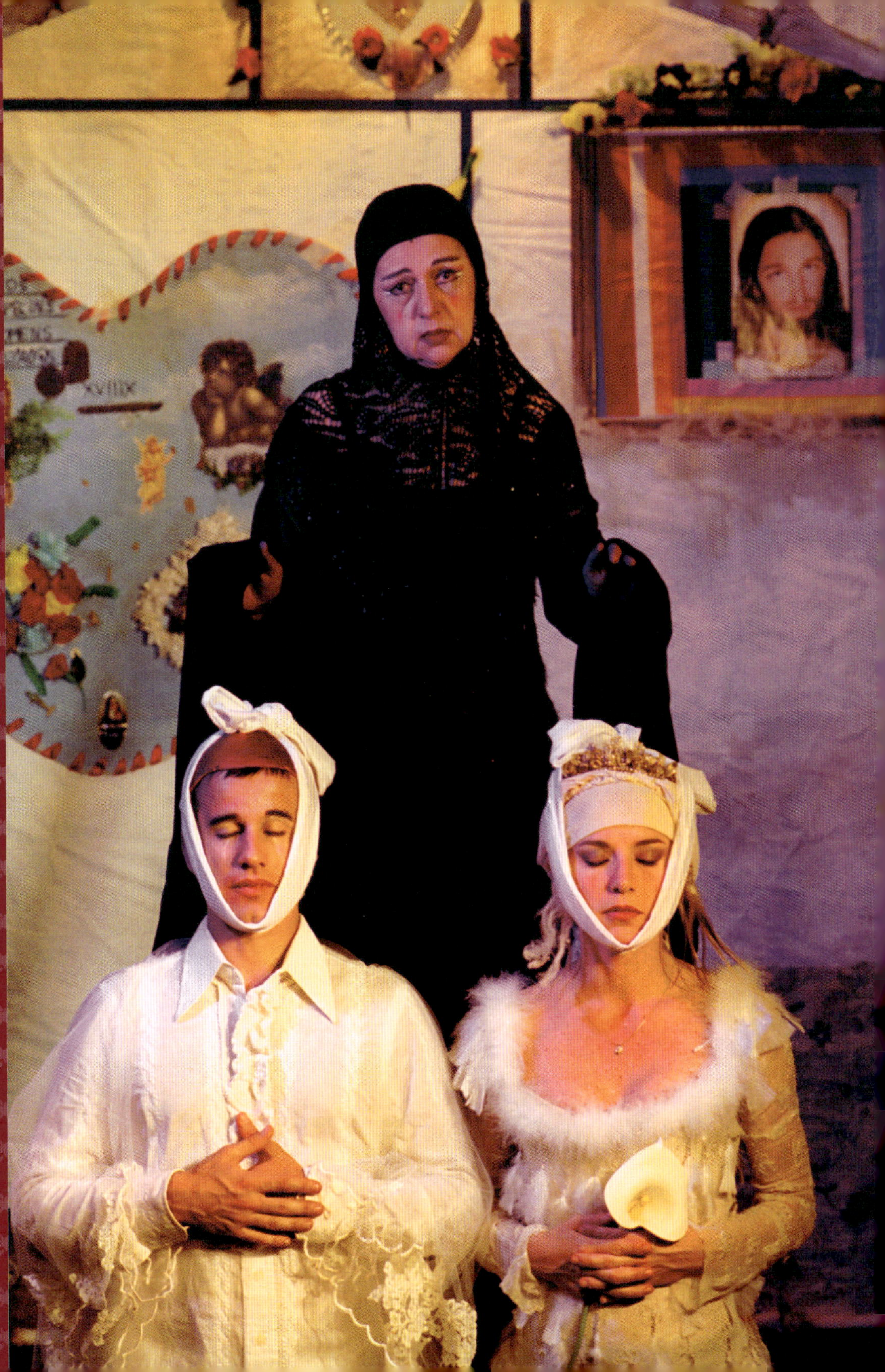

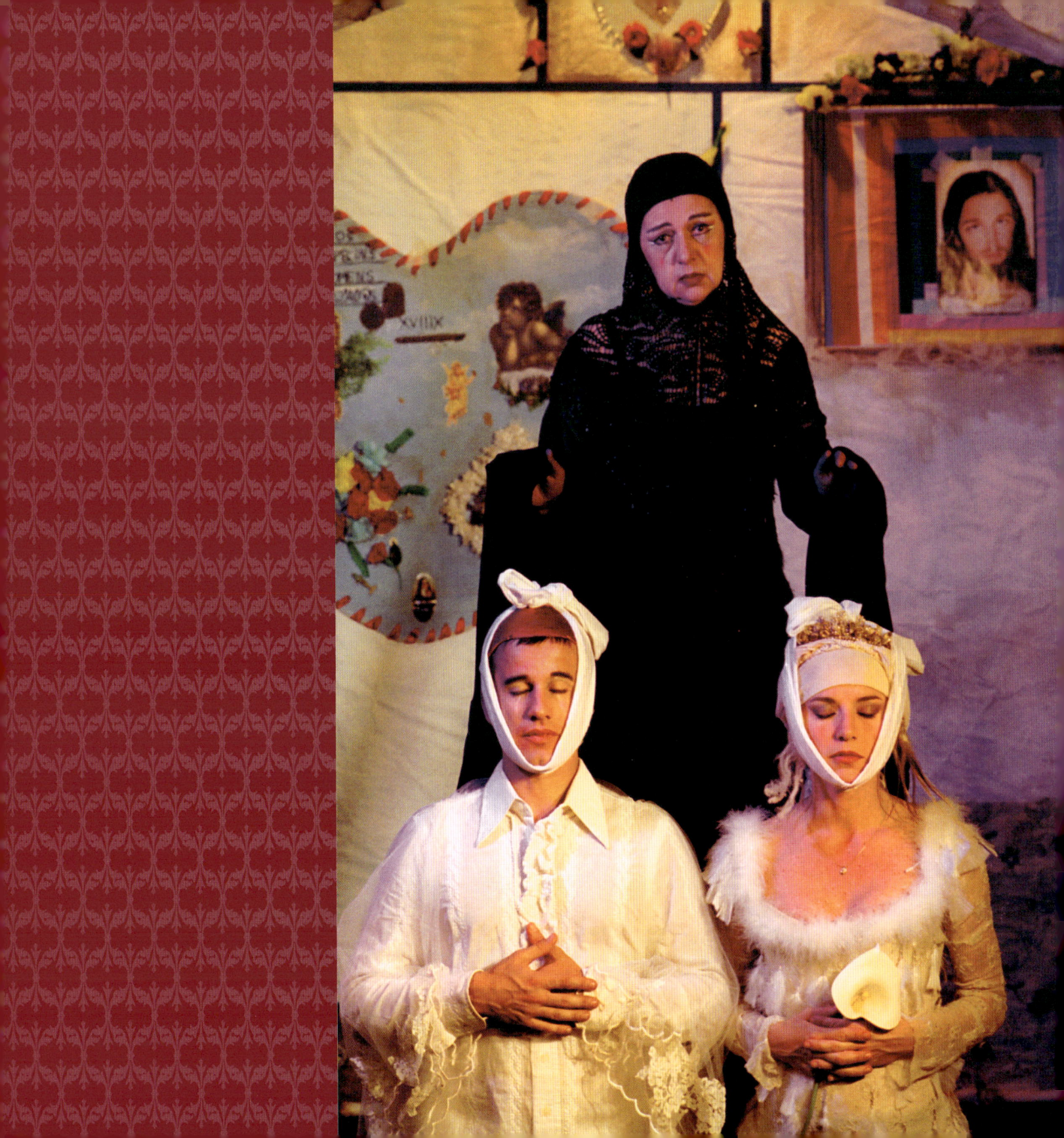

" Considero essa peça uma divisora de águas em minha carreira, pelo simples fato de ter tido a oportunidade de trabalhar pela primeira vez com Walderez de Barros, outra das grandes damas do teatro nacional, que revirou minha cabeça, mexeu com meus procedimentos, mudou metodologias, zerou conceitos, aprofundou o meu olhar sobre o teatro. Tivemos uma sintonia imediata, pois ela nasceu no interior (Ribeirão Preto) e, apesar de muito culta, estudada e, sobretudo, politizada, nunca perdeu o encantamento por suas raízes, assim como eu me vejo. Foi como se Walderez apresentasse-me o caminho mítico de volta à minha origem, a estrada genuína que nos leva ao autoconhecimento, a fazer escolhas mais radicais sem medo, sem insegurança, mas, claro, sem esquecer também a sobrevivência. Foi a segunda vez que dirigi um texto de Alcides Nogueira (*Ventania*), que nasceu em Botucatu. O espetáculo foi, então, todo construído e cultivado nas reminiscências de quatro vozes interioranas: autor, protagonista, diretor e cenógrafo, J.C. Serroni, que nasceu em São José do Rio Preto. Isso fez toda a diferença. Alcides sabe ser inventivo e escreve sem amarras de linearidade, sem apego ao realismo, exatamente como eu gosto. A fábula que criou falava de um lugar extremamente árido, sem chuva e, portanto, sem água e comida. Para sobreviver, as pessoas precisavam vender os ossos de seus antepassados, que virariam farinha para adubo. Serroni fez uma cenografia *naïf* impressionante, em que tudo era de osso, até um lustre. Assim como Alcides, que foi criando o texto a partir de nossas conversas, Serroni também pensava a cenografia em sala de ensaio, dialogando com todos. Ele é inteligente, provocativo, um excelente fomentador de ideias. Outro que brilhou com seu trabalho de direção de movimento foi Ricardo Rizzo, que soube estetizar maravilhosamente o deslocamento dos personagens por aquele ambiente inóspito e poeirento em que viviam. Kaju Ribeiro, outro assistente de direção, foi quem se responsabilizou pelo tratamento dos ossos bovinos utilizados em cena, dando uma decisiva contribuição estética para a peça. Vera Zimmermann, como sempre linda de doer, fazia a heroína romântica, ao lado de Claudio Fontana, em uma composição primorosa, que buscava, a distância, uma referência ao *Romeu e Julieta* do Grupo Galpão. Nábia Villela, com sua voz potente, mística e estranha, interpretava uma cantora lírica morta-viva, pontuando o espetáculo com canções portuguesas e espanholas. A tamanha poesia do espaço criado por Serroni e a luz de Guilherme Bonfanti propiciaram-me a sensação de viver dentro de um 'presépio vivo' napolitano. "

estreia **1º DE NOVEMBRO DE 2002 · CENTRO CULTURAL BANCO DO BRASIL · SÃO PAULO** texto **ALCIDES NOGUEIRA** direção **GABRIEL VILLELA** assistência de direção **KAJU RIBEIRO** e **RICARDO RIZZO** direção de movimento **RICARDO RIZZO** cenografia **J.C. SERRONI** assistência de cenografia **TELUMI HELLEN** figurino **GABRIEL VILLELA** assistência de figurino **MARIA DO CARMO SOARES** adereço **MÔNICA POMPÊO** costura **CLEYDE MEZZACAPA HISSA** iluminação **GUILHERME BONFANTI** assistência de iluminação **CAMILA BONFANTI** e **FERNANDA CARVALHO** preparação vocal **BABAYA** elenco **CLAUDIO FONTANA, EDUARDO REYES, NÁBIA VILLELA, VERA ZIMMERMANN** e **WALDEREZ DE BARROS** produção executiva **ROSA CASALLI** e **CLAUDIO FONTANA** direção de produção **CLAUDIO FONTANA** realização **CCBB · SÃO PAULO**

imagens **LENISE PINHEIRO**

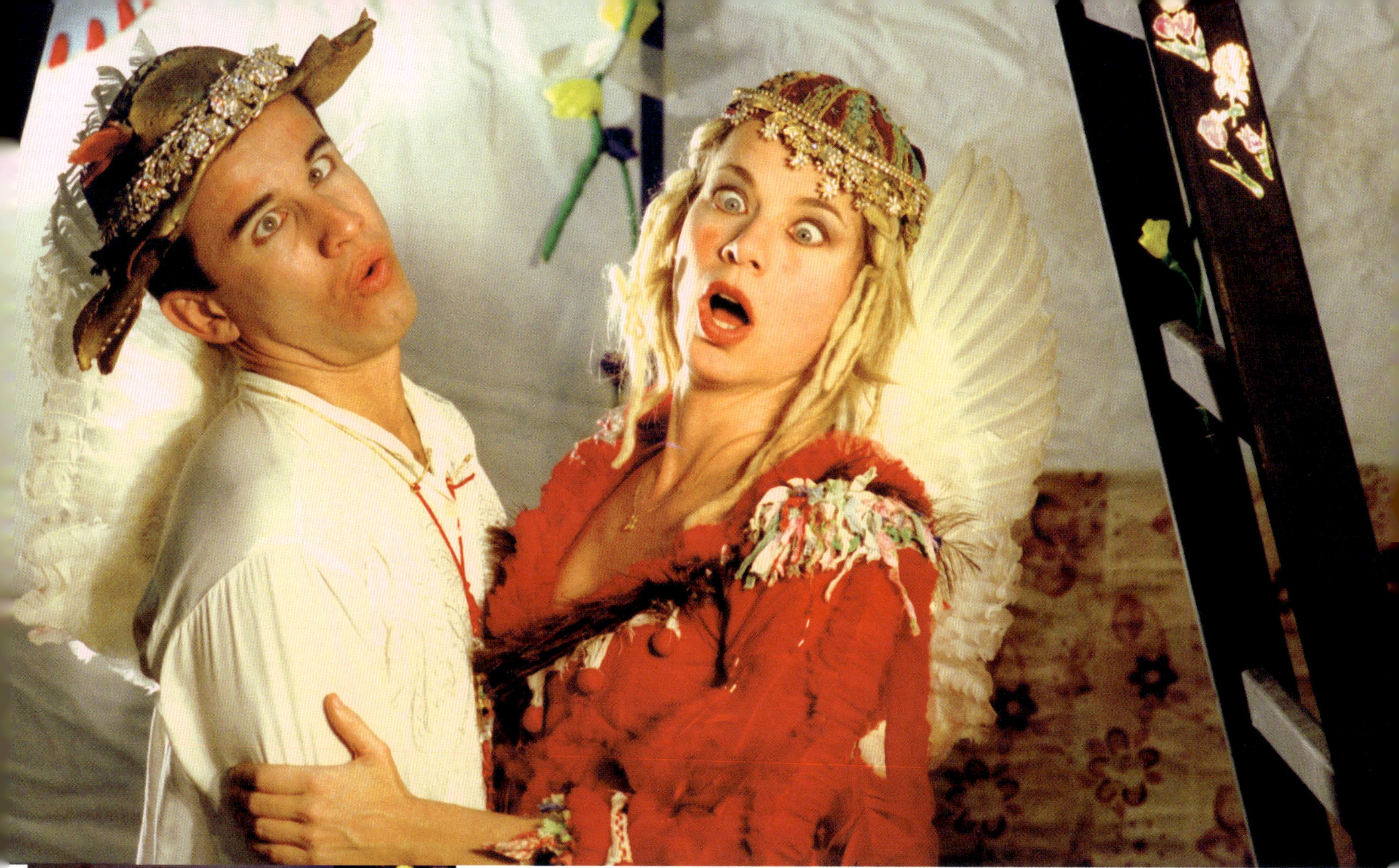
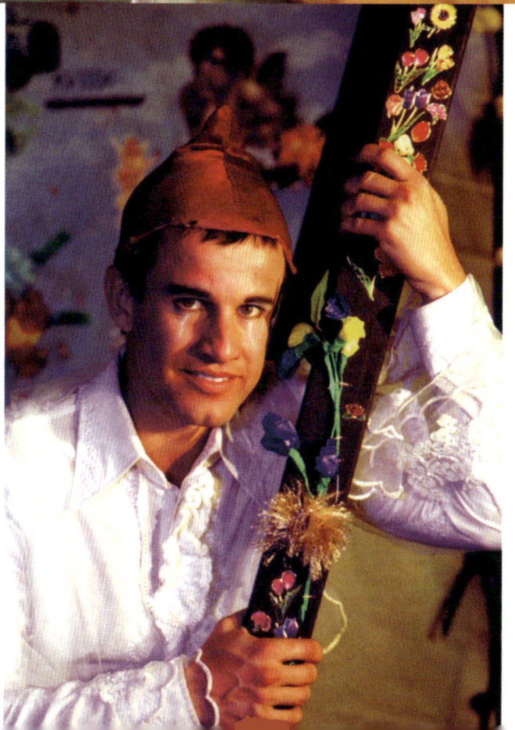
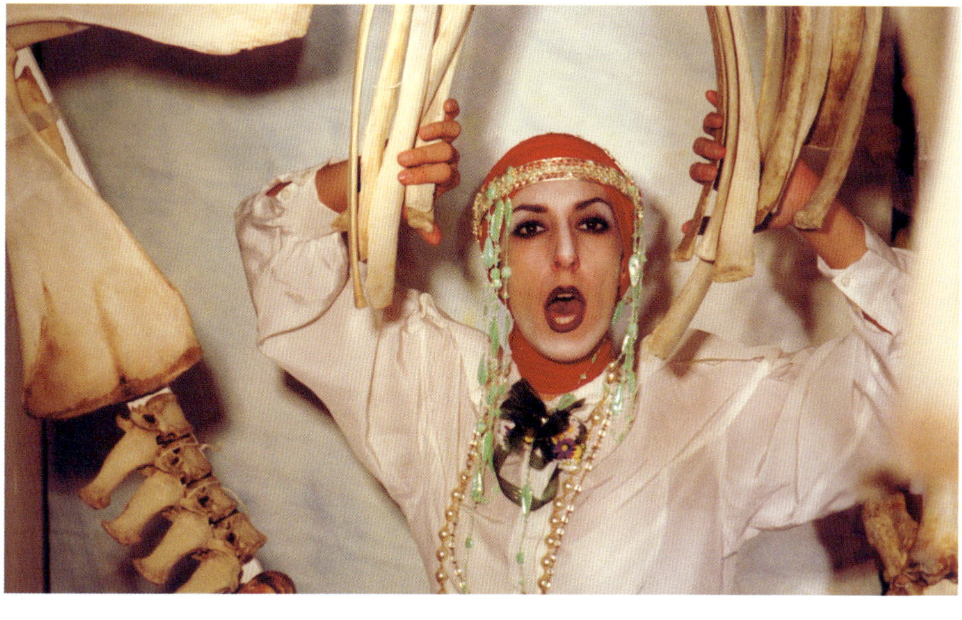

… QUARTETO/
RELAÇÕES
PERIGOSAS

2003

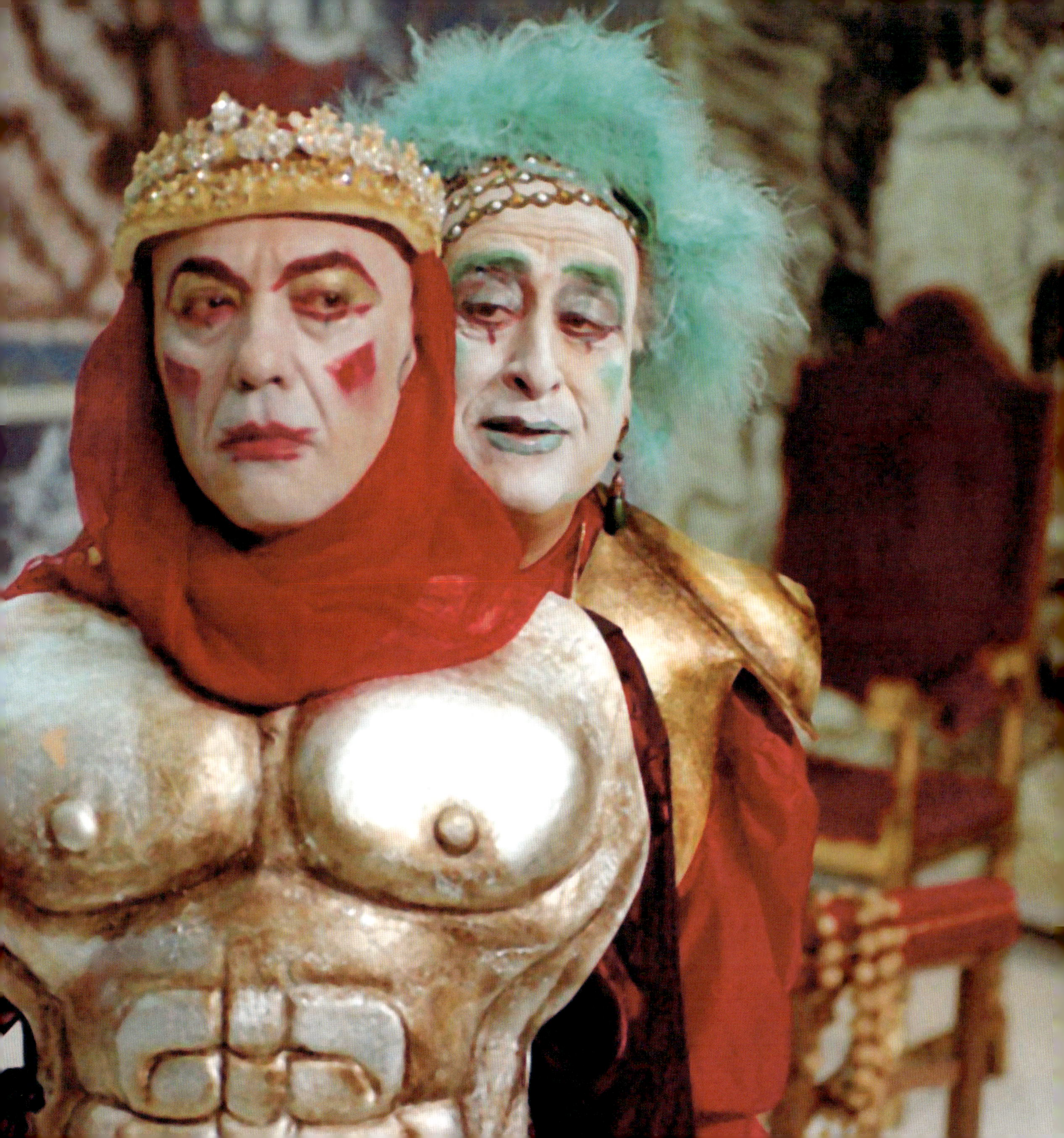

" A partir do sucesso de *Os saltimbancos*, em Portugal, acabei ficando ligado afetivamente aos atores e a toda a equipe da Seiva Trupe, no Porto. Havia, por exemplo, a presença magnética de Nina Teodoro, grande dama, produtora e relações-públicas, com talento para organizar tudo. A Seiva Trupe é uma grande escola de retidão. Decidimos então trabalhar juntos novamente. A proposta era fazer Heiner Müller na sala menor do Teatro do Campo Alegre, uma espécie de sala com programação alternativa, com 150 lugares. A qualidade do público que frequentava esse pequeno espaço interessava-me muito. Era uma gente culta, bem qualificada, inteligente, com fino humor. Eles instigaram-me a melhorar meu conhecimento teatral, levaram-me a ler coisas novas, foi um contato proveitoso. Nos períodos livres de ensaios, eu escapava para dentro das livrarias, como a Lelo, com sua beleza arquitetônica, que virou minha segunda casa no Porto naquele momento. Ficava ali horas lendo peças de teatro. Eram os meus momentos de isolamento e imersão em leituras não disponíveis no Brasil. Foi quando eu li, por exemplo, grande parte da obra teatral de Gil Vicente e também Fernando Pessoa e Eça de Queiroz. O resultado foram pausas bem resolvidas em cena, silêncios reflexivos nesse espetáculo, pois eu estava apaixonado pelo silêncio das livrarias portuguesas. A cenografia também acabou baseando-se muito nesses ambientes de leitura, nas texturas dos livros, nos azulejos portugueses. O que o elenco fazia em cena era uma imensa palhaçaria grotesca, algumas vezes bizarra, provocada por mim, como se fosse um grande picadeiro dentro das ruínas de um suposto *bunker* com obras de arte, como pedem as rubricas de Heiner Müller. Foi lindo demais ver dois atores veteranos consagradíssimos no Porto, Júlio Cardoso e António Reis, fazendo papéis de mulher, com muitos fricotes, um jeito que era só deles de fazer humor, inteligente, filosófico, engajado e cáustico, nem um pouco pudico. António Reis cativou-me com seu vozeirão e o apego exagerado à organização. E conviver com Júlio Cardoso era como estar com o nosso Paulo Autran: um aprendizado contínuo. Ele é dessa estirpe de ator que pratica a generosidade dando dicas e toques o tempo todo. Preciso realçar a presença de três grandes artistas fazendo um prólogo sobre a cultura arcaica de Medeia, Jasão e o 'velocino de *oiro*', que muito contribuíram para o sucesso do *Quarteto*: o ator e iluminador da Seiva Trupe, Júlio Filipe, que fez Jasão; Júnior Sampaio, que fez uma Medeia inesquecível com máscaras e xales pernambucanos, todo trabalhado no lado bárbaro da personagem; e António Pedro, que fazia uma ama anã inspirada nas meninas barrocas do Velásquez. "

estreia **2 DE MAIO DE 2003** · **TEATRO DO CAMPO ALEGRE** · **PORTO** · **PORTUGAL** texto **HEINER MÜLLER** [Quarteto, Relações perigosas, Paisagem com argonautas, Medeiamaterial]   tradução **ANTÓNIO REBORDÃO NAVARRO**   direção-geral, encenação, cenografia e figurino **GABRIEL VILLELA**   direção de cena **JÚNIOR SAMPAIO**   assistência de encenação **ANTÓNIO PEDRO**   técnica de palco **JOAQUIM SABINO**   direção técnica **JÚLIO FILIPE**   assistência de direção técnica **JOSÉ BORGES**   desenho de luz **JÚLIO FILIPE**   som **RICARDO BRANCO**   relações-públicas **NINA TEODORO**   elenco **ANTÓNIO PEDRO, ANTÓNIO REIS, JÚLIO CARDOSO, JÚLIO FILIPE e JÚNIOR SAMPAIO**   produção **SEIVA TRUPE**

imagens **MÁRCIA LESSA**

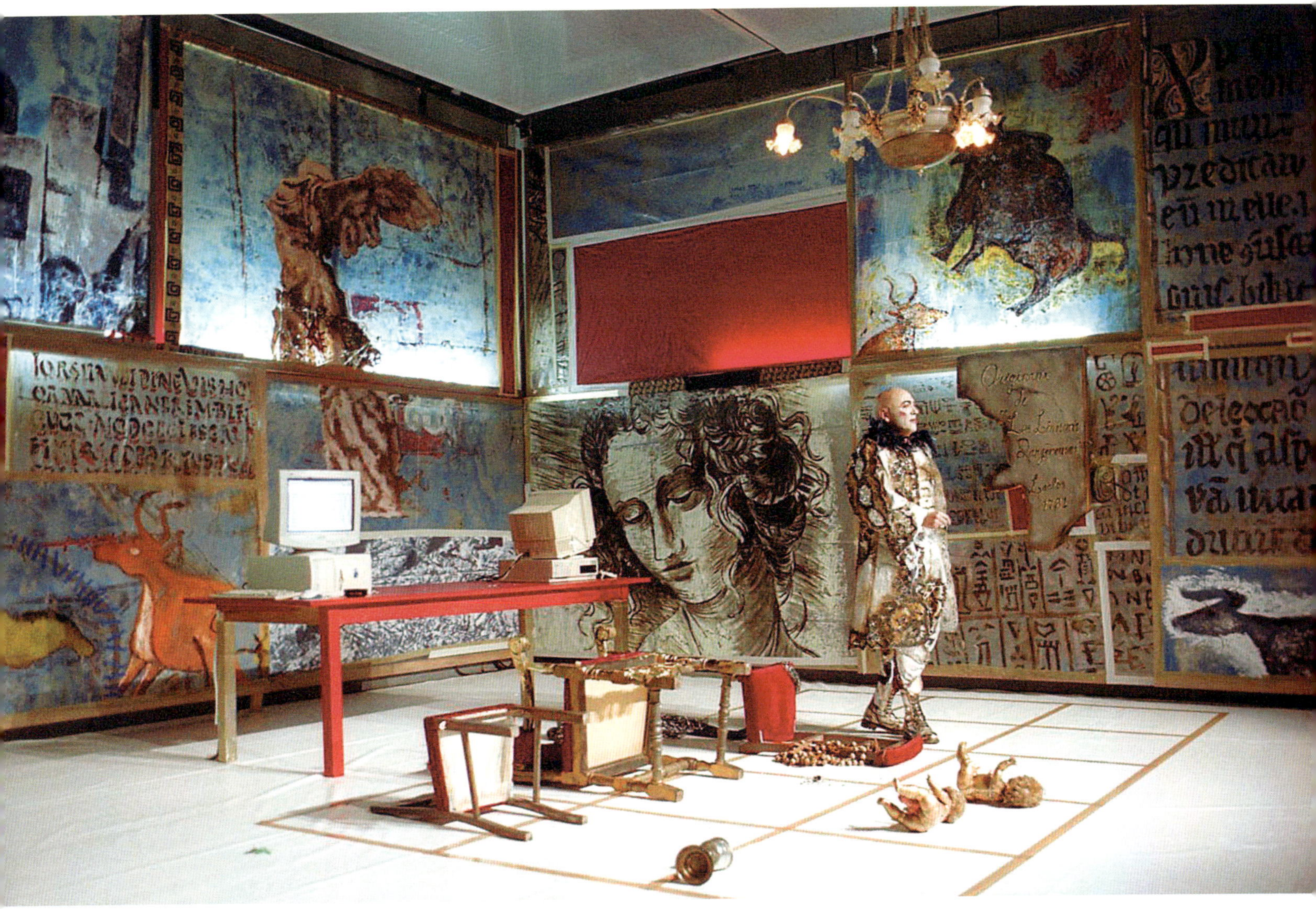

AUTO DA LIBERDADE

2003

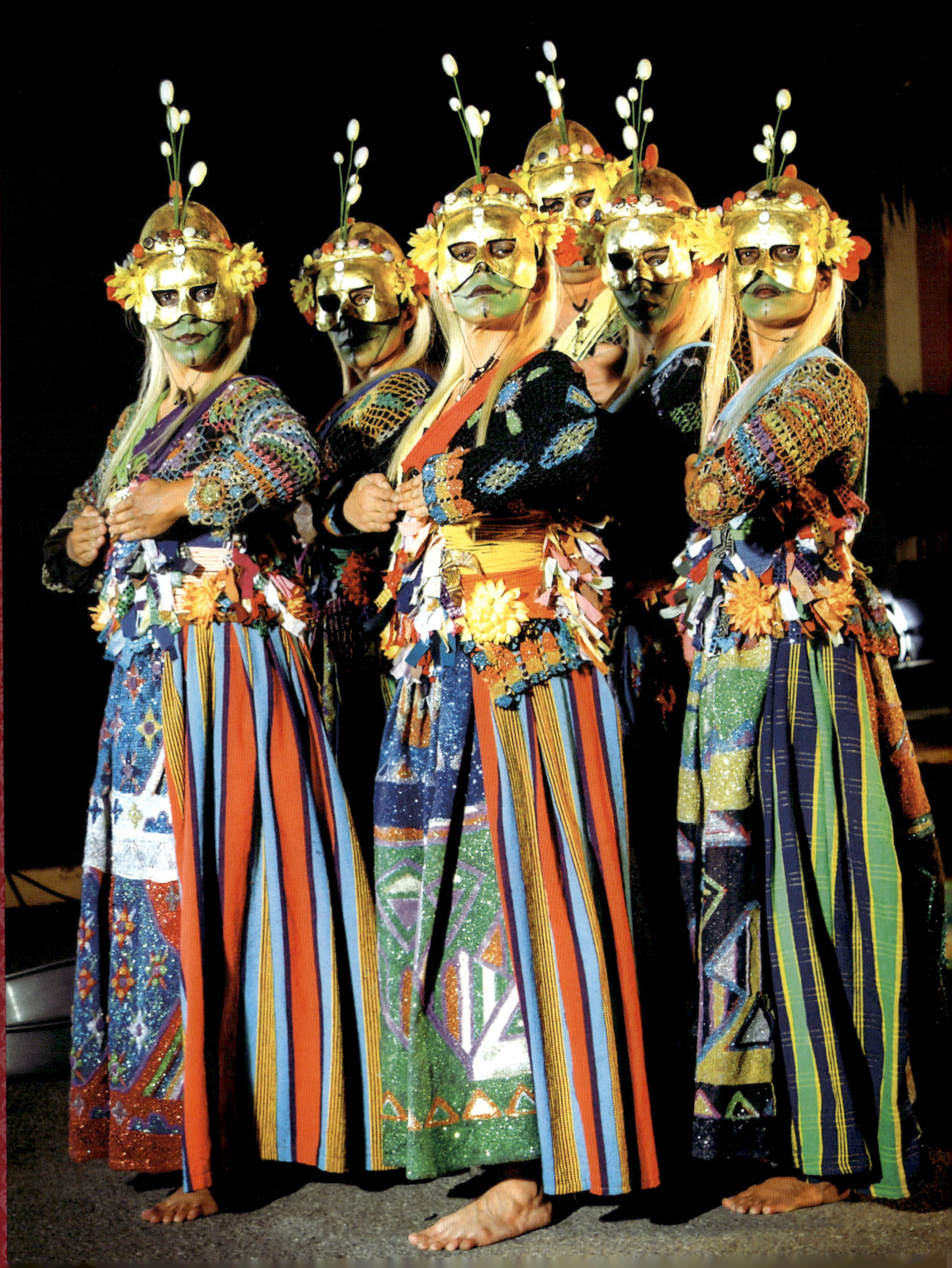

" Experiência inesquecível vivida em Mossoró, cidade distante 270 km de Natal, capital do Rio Grande do Norte. Pude simplesmente participar de um triunfo da arte popular. Por sua magnitude, eu chamo esse evento até hoje de *uma ópera popular a céu aberto*. O *Auto* é um tributo a quatro eventos históricos da cidade: o Motim das Mulheres (que relembra a revolta contra o recrutamento para a Guerra do Paraguai), o primeiro voto feminino da América Latina, a resistência ao bando de Lampião e a libertação dos escravos cinco anos antes da Lei Áurea. Mossoró, nessa época, sempre em setembro, é uma festa. Toda a população participa. O texto é declamado a partir de um poema de Joaquim Crispiniano Neto. Fizemos tudo em uma arena de 23 metros, com piso revestido por areia, ao estilo do teatro grego. Não faltaram desenhos gregos confeccionados com areia colorida. Em volta da arena, pedras e telas de galinheiro lembravam ruínas. Quem enxergava de cima via um coliseu. Quisemos estabelecer paralelos entre os feitos históricos que orgulham aquela população e várias referências de liberdade na história universal: a liberdade filha do classicismo grego (Prometeu acorrentado), a liberdade atravessando com os hebreus o mar Vermelho, a liberdade guiando o povo na Revolução Francesa, a Inconfidência Mineira e a Estátua da Liberdade. Não posso deixar de mencionar Tony Silva, cantora local das mais comoventes que já ouvi na vida. Ela brilhava no *Auto* com uma beleza radiante, uma voz do naipe de uma Cesária Évora. Protagonizava o espetáculo, como uma narradora ou trovadora, à frente de um elenco de 86 artistas da cidade. Que voz, que presença, que atitude, que história pessoal... Tony era a nossa diva, a nossa dama. No começo do *Auto*, um ator caracterizado de homem primitivo descia de uma estrela no centro da arena, cuspindo fogo. Tony surgia cantando 'Um índio', de Caetano Veloso. Em outro momento, a arena era tomada por uma legião feminina cantando 'Mulheres de Atenas', de Chico Buarque, usando bacias de lavar roupa como escudos. Figurinos e adereços somavam mais de trezentas peças, sendo setenta delas toalhas de mesa cortadas para se transformar nas saias do coro grego. Todo esse trabalho de cenário e figurino foi feito minuciosamente pelo grande artista Márcio Vinicius, que passou então a trabalhar comigo nos cenários dos espetáculos seguintes que dirigi. É importante destacar ainda o belíssimo trabalho coreográfico de Ricardo Rizzo. "

estreia **26 DE SETEMBRO DE 2003** · **ESTAÇÃO DAS ARTES ELISEU VENTANIA** · **MOSSORÓ** · **RIO GRANDE DO NORTE** texto **JOAQUIM CRISPINIANO NETO** direção, adaptação, cenografia e figurino **GABRIEL VILLELA** assistência de direção **KAJU RIBEIRO, FÁBIO ELIAS** e **RICARDO RIZZO** assistência de cenografia e adereços **MÁRCIO VINICIUS** assistência de figurino **MONICA POMPÊO** iluminação **DOMINGOS QUINTILIANO** direção musical, trilha sonora e arranjos **DANIEL MAIA** e **FERNANDO MUZZI** realização **PREFEITURA MUNICIPAL DE MOSSORÓ**

imagens **GIOVANNI SÉRGIO**

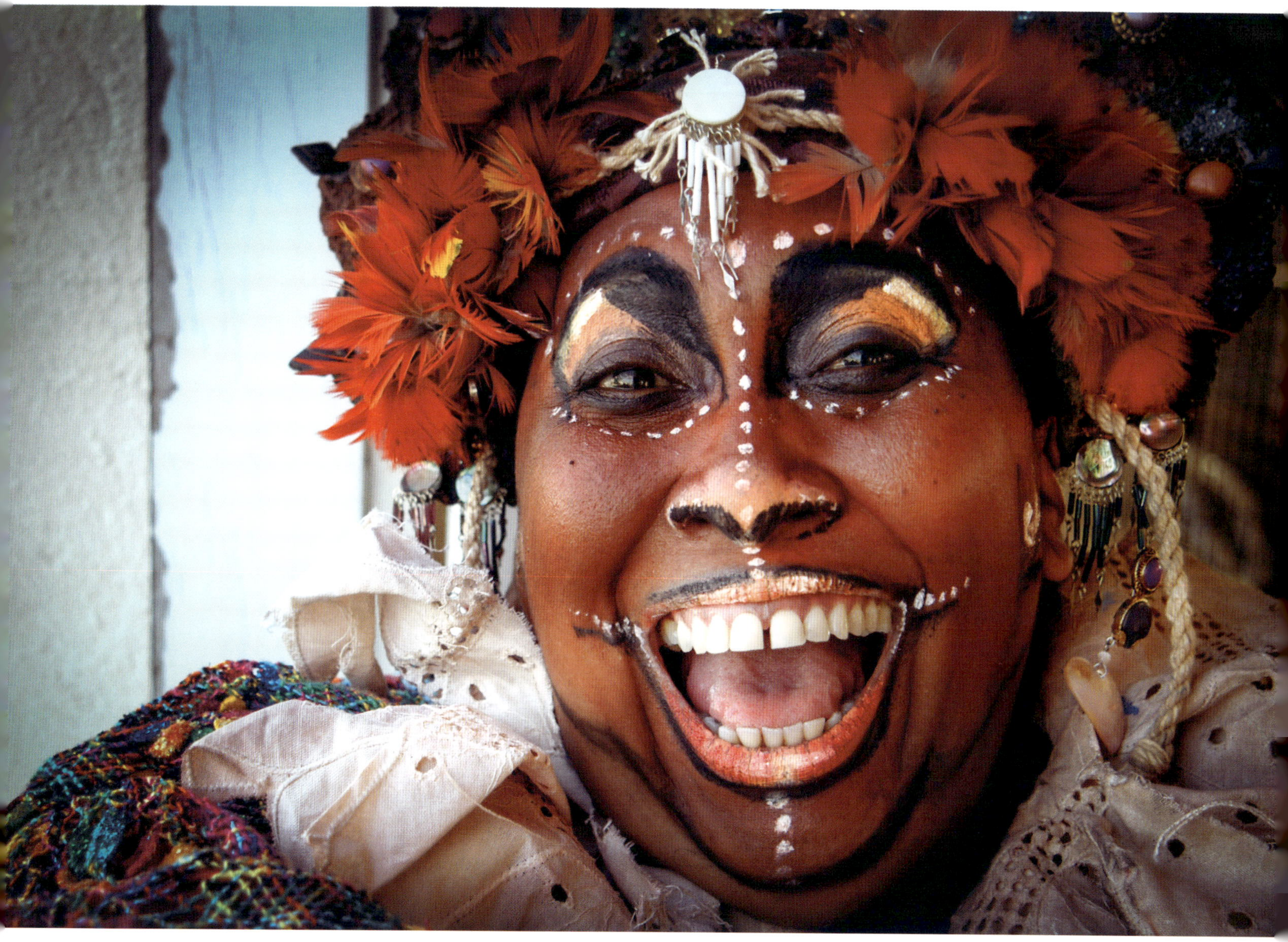

FAUSTO ZERO

2004

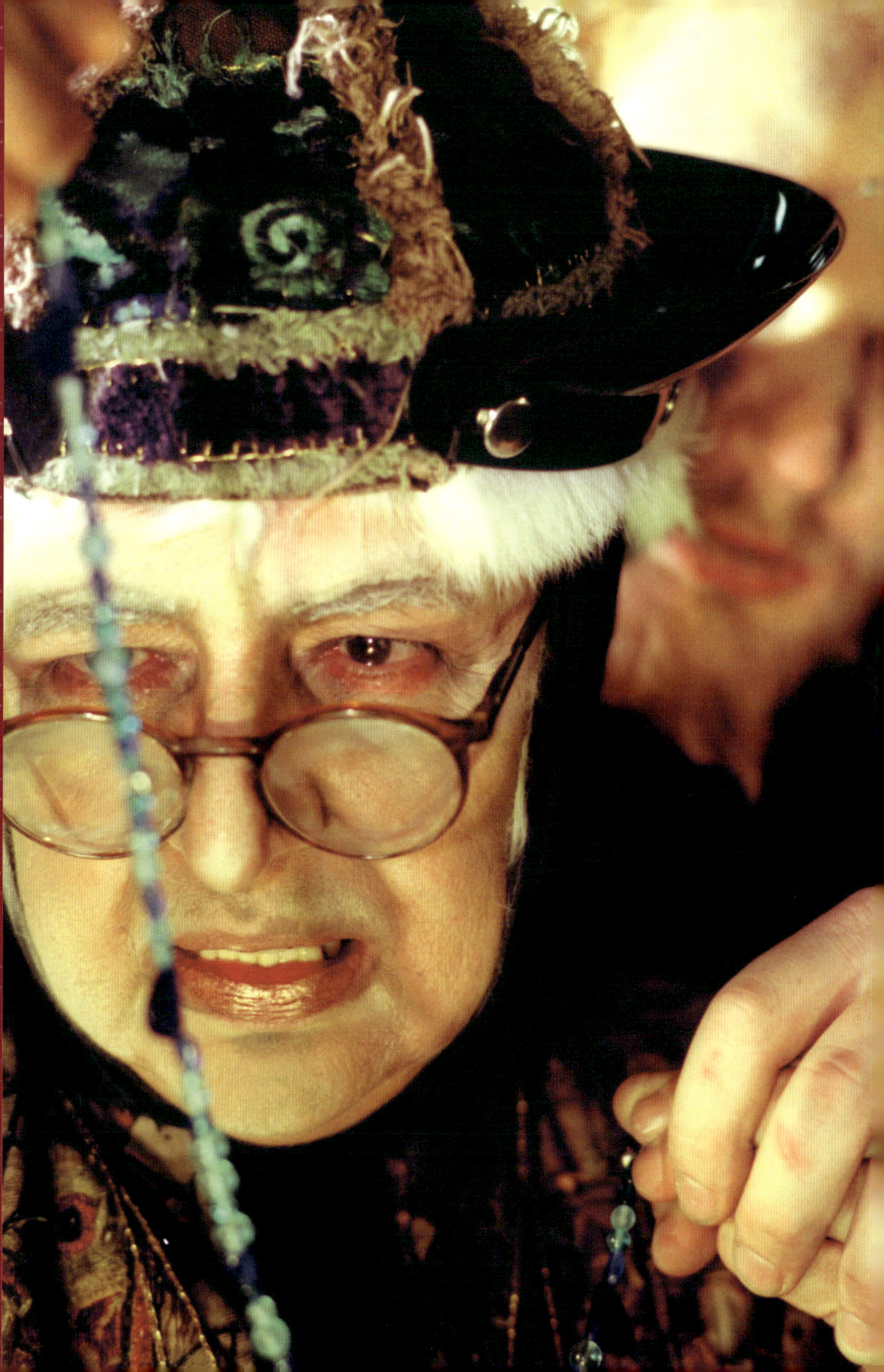

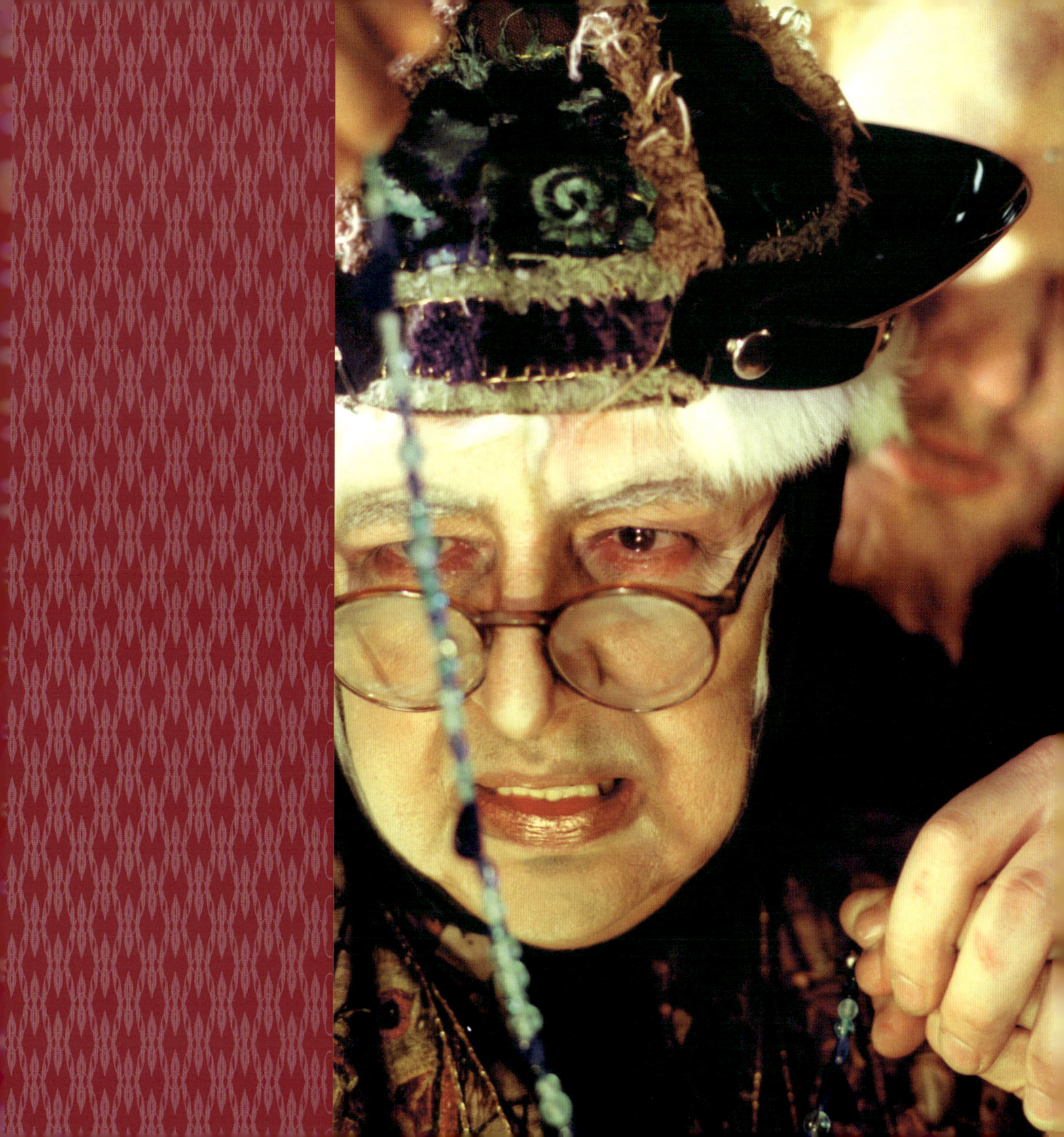

" Espetáculo que comemorou os quarenta anos de carreira de Walderez de Barros, com quem mais uma vez eu tive o prazer de trabalhar. Pouco tempo antes, saíra pela editora Cosac Naify uma primorosa e premiada tradução do *Urfaust*, o *Fausto zero*, de Goethe (1749-1832). A tradutora, Christine Röhrig, é uma grande divulgadora da cultura alemã no Brasil. Fiquei fascinado por ela e por seu competente mergulho em Goethe. Eu conhecia uma versão de Fernando Pessoa para essa mesma história do chamado proto-Fausto, mas é um texto introspectivo, subjetivo, hermético, sem fornecer chaves para ações dramáticas. Na tradução da Christine, ao contrário, enxerguei teatro do começo ao fim. E decidimos encená-la. Lembro-me muito da magnífica trilha sonora criada por Daniel Maia, cheia de impactos dramáticos, alterações súbitas nos ritmos. O cenógrafo Márcio Vinicius trabalhou com muitos adereços, fantoches, marionetes, máscaras, que complementavam a fábula, enriquecendo-a com outros personagens. Walderez, como Fausto, à certa altura ficava com a cabeça dentro de uma pequena maquete de um teatro neoclássico, usando uma máscara e uma mão mecânica, celebrando o artificialismo imortalizado pelo teatro grego. A cena era linda. Era um cérebro desproporcional dentro de um palco minúsculo. Também havia um tear em cena, que subia e descia do fosso, como um elevador que trazia os espíritos de dentro da terra. Era assim que surgia Maria do Carmo Soares, toda de branco, com um vestido cheio de brocados, e óculos escuros. Era bonito e lúdico. Também completavam o elenco, com delicadeza e exuberância de interpretação, os atores Alvise Camozzi, Vera Zimmermann e Nicolas Röhrig. Nesse período, passava por São Paulo uma comissão do Festival de Teatro de Moscou, que foi nos assistir. Impressionaram-se muito bem com a presença forte de Walderez de Barros e toda a equipe, e acabaram por nos incluir no festival, com apresentações no Teatro Pushkin — Teatro dos Grandes Atores, um reduto conhecido em Moscou por abrigar os clássicos e intérpretes veteranos. Foi uma experiência e tanto. A telenovela *O rei do gado* estava em cartaz na Rússia e, por isso, Walderez foi recebida com muitas palmas assim que pisou no palco. Houve uma sessão fechada para um sindicato de construção civil, e foi impressionante ver tantos pedreiros juntos — todos demonstrando conhecer muito bem o texto de Goethe. Parte da cenografia foi feita nos teares manuais de Carmo do Rio Claro, nos ateliês de Junior e Aline, que também acompanharam a montagem em Moscou. "

estreia 19, 20 e 21 DE MARÇO DE 2004 · FESTIVAL DE TEATRO DE CURITIBA e 27 DE MARÇO DE 2004 · ESPAÇO PROMOM [Sala São Luiz] · SÃO PAULO texto **J.W. GOETHE** tradução **CHRISTINE RÖHRIG** direção **GABRIEL VILLELA** assistência de direção **JULIANA PIKEL** cenografia **GABRIEL VILLELA** e **MÁRCIO VINICIUS** direção de movimento **RICARDO RIZZO** figurino **GABRIEL VILLELA** adereços e criação de bonecos **MÁRCIO VINICIUS** iluminação **GUILHERME BONFANTI** música original **DANIEL MAIA** elenco **ALVISE CAMOZZI, MARIA DO CARMO SOARES, NICOLAS RÖHRIG, VERA ZIMMERMANN** e **WALDEREZ DE BARROS** direção de produção **FRANCISCO MARQUES**

imagens **LENISE PINHEIRO**

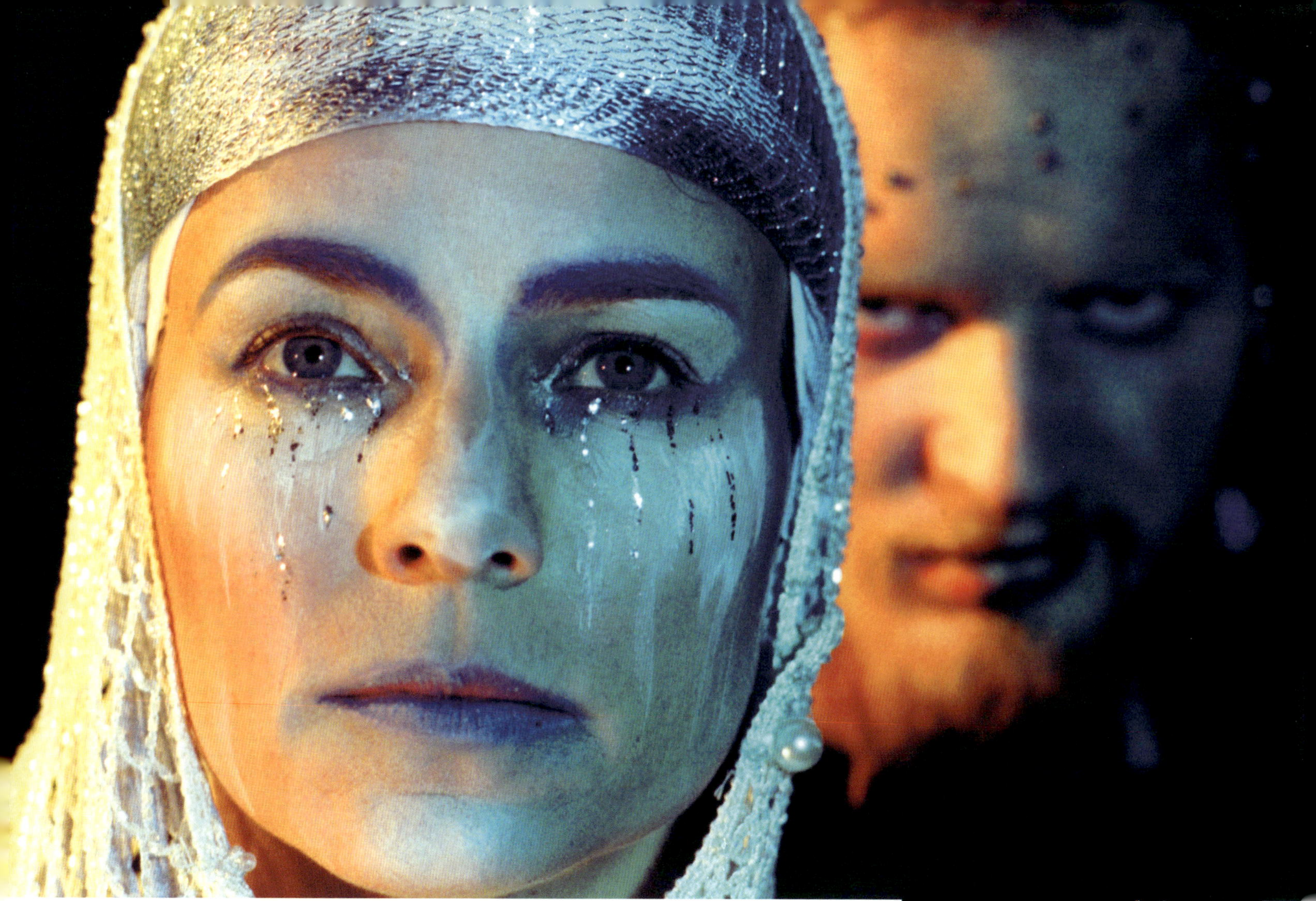

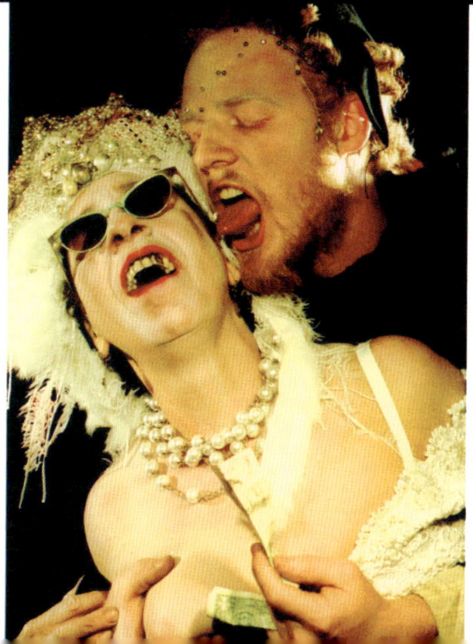

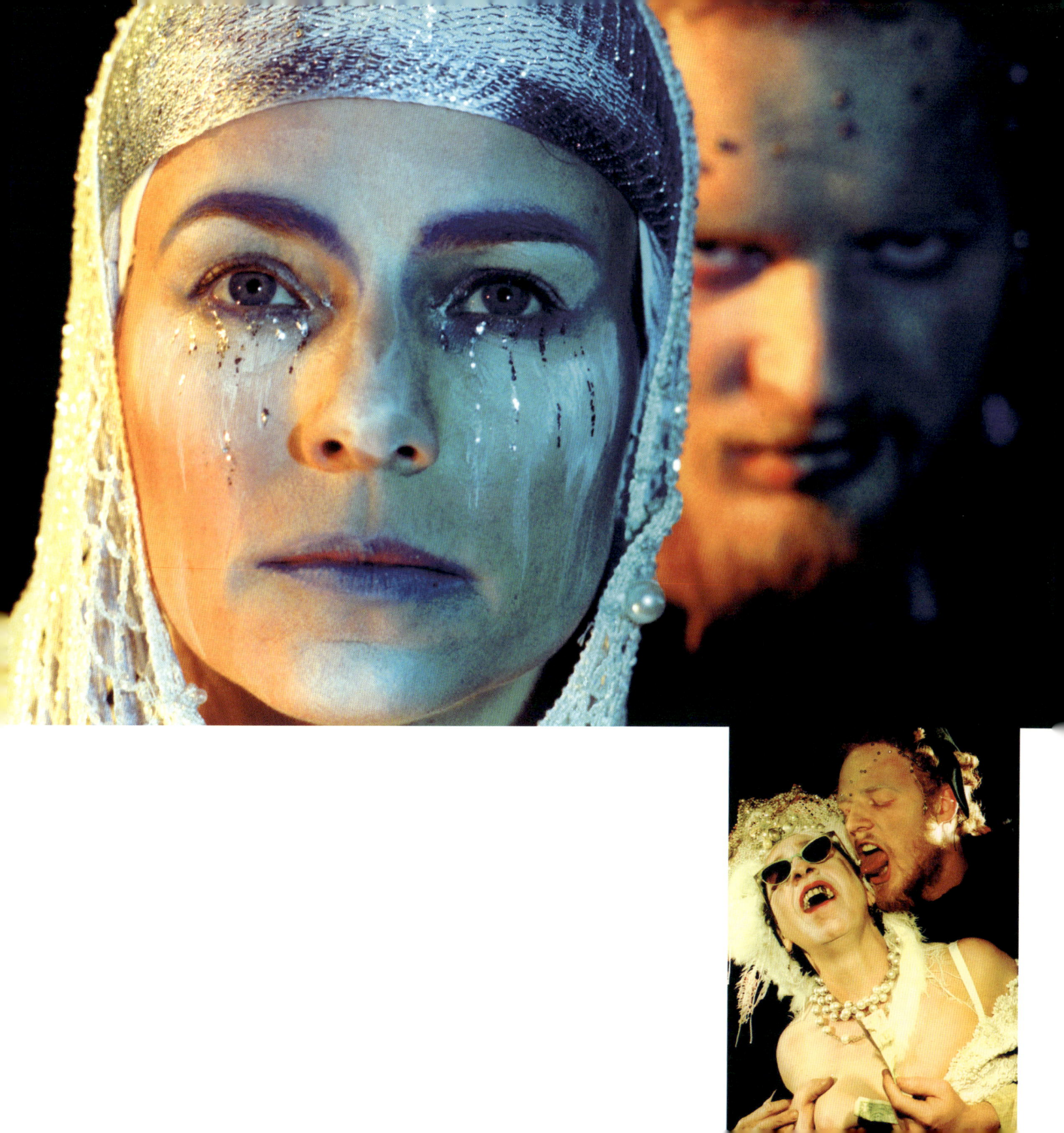

(RE)APARECEU A MARGARIDA

2005

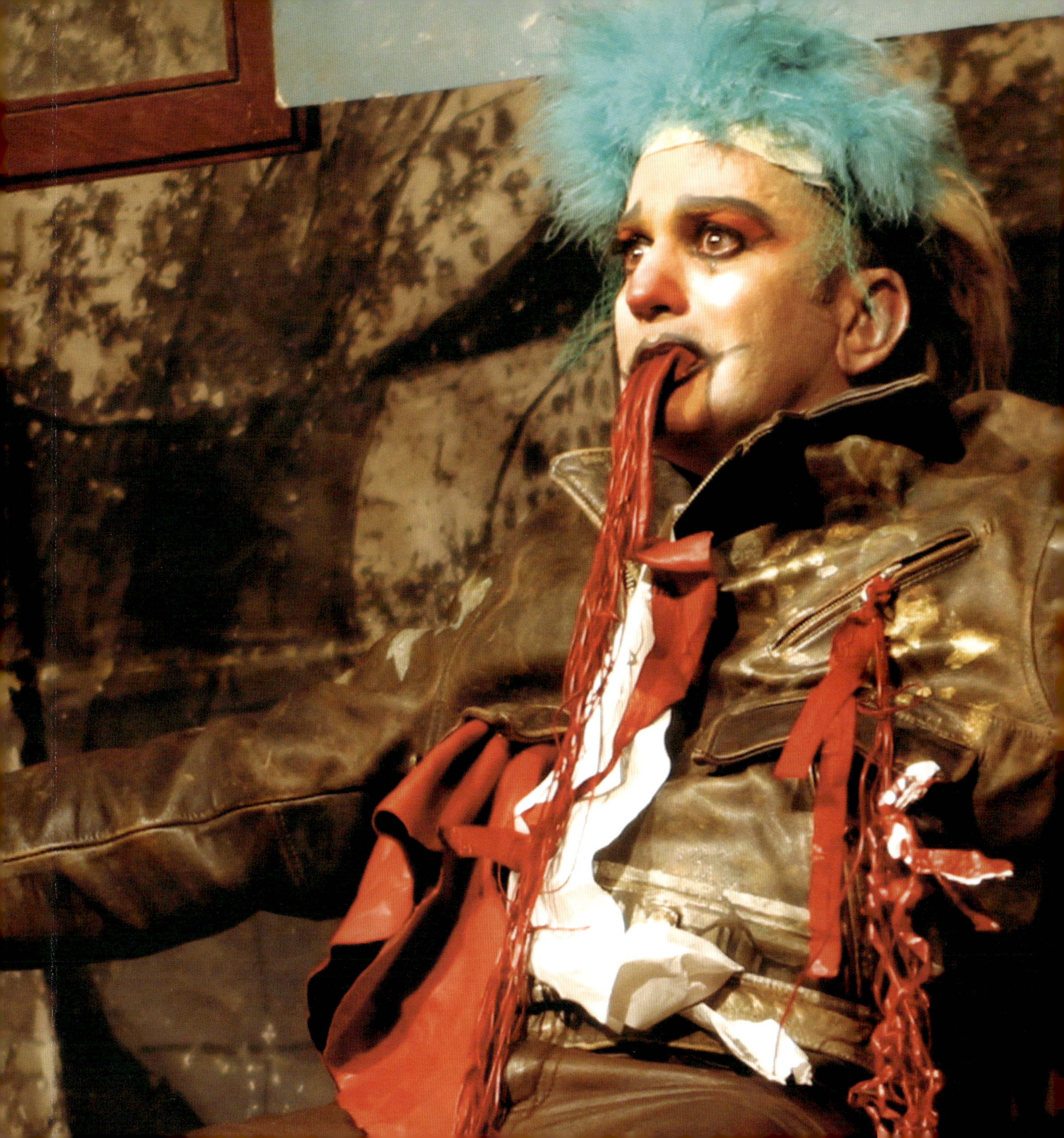

" O pernambucano Júnior Sampaio, ator e diretor assistente em algumas peças do grupo português Seiva Trupe, do Porto, com quem eu fizera *Os saltimbancos* e *Quarteto*, convidou-me para dirigir algum texto do Brasil com o seu grupo ENTREtanto Teatro, que estava pesquisando a dramaturgia brasileira. Propus fazer esse monólogo do carioca Roberto Athayde, que fora um grande sucesso no Brasil com Marília Pêra. Como deixei registrado no programa da peça, fizemos um exercício dramático-circense para Júnior Sampaio, um prodigioso ator-centauro, metade brasileiro, metade lusitano. A peça fala sobre o poder como combustível da descoberta dos monstros que todos nós arrastamos escondidos nos intestinos durante toda a vida. Dona Margarida, a personagem, uma professora autoritária, encarna o espírito da tirania, do absolutismo, do terror, mas também representa a anarquia e o *nonsense*. Júnior encarnou o lado *fascistoide* da personagem, misturando expressões de Hitler, Mussolini, Geisel, Médici, Franco, Salazar… Era uma mixórdia de faces tirânicas e despóticas, resultando em uma cara-máscara sensacional em cena. Júnior parecia uma taturana brava. Eu vi pessoas saindo da sala, com medo e raiva das atitudes da professora. Era o retrato da veemência de uma tirana, que também sabia jogar com a sensualidade e provocar seus alunos nas aulas de anatomia. Lembro que brincamos muito no texto com as diferenças semânticas e dramaticais entre o português falado no Brasil e o praticado em Portugal. Eu adorava o deboche das frases, a lucidez quase lisérgica do autor. No cenário, Victor Sotto-Mayor instalou um grande telão com a tela *Guernica*, mas reproduzida de forma inacabada, malfeita. Conforme o assunto de Dona Margarida, iluminávamos um pedaço da tela que estivesse relacionado ao tema. Em cena, além de Júnior, outro ator de sua companhia, Hugo Sousa, fazia uma espécie de contrarregragem de apoio, à vista da plateia. Estreamos em Lisboa, para uma temporada no espaço do grupo A Barraca, da grande dama Maria do Céu Guerra, com quem tive a honra de conviver e aprender muito. "

estreia **10 DE NOVEMBRO DE 2005 · TEATRO CINEARTE-BARRACA · LISBOA · PORTUGAL** texto **ROBERTO ATHAYDE** versão portuguesa **NINA TEODORO** encenação **GABRIEL VILLELA** assistência de encenação **HUGO SOUSA** direção de ator **FÁBIO MAZZONI** direção de movimento **ÍNDIO QUEIROZ** cenografia e figurino **GABRIEL VILLELA** execução da cenografia **ANTÓNIO QUARESMA** e **JOSÉ BORGES** pintura cenográfica **VICTOR SOTTO-MAYOR** e **NUNO GOMES** execução de figurino **JOSÉ ROSA** desenho de luz e som **TIAGO CATARINO** desenho vocal **MARIA LUÍS FRANÇA** interpretação **JÚNIOR SAMPAIO** participação **HUGO SOUSA** produção executiva **SÓNIA MANGAS** coprodução **CIA. MELODRAMÁTICA BRASILEIRA** produção **ENTRETANTO TEATRO**

imagens **MIGUEL FALCÃO**

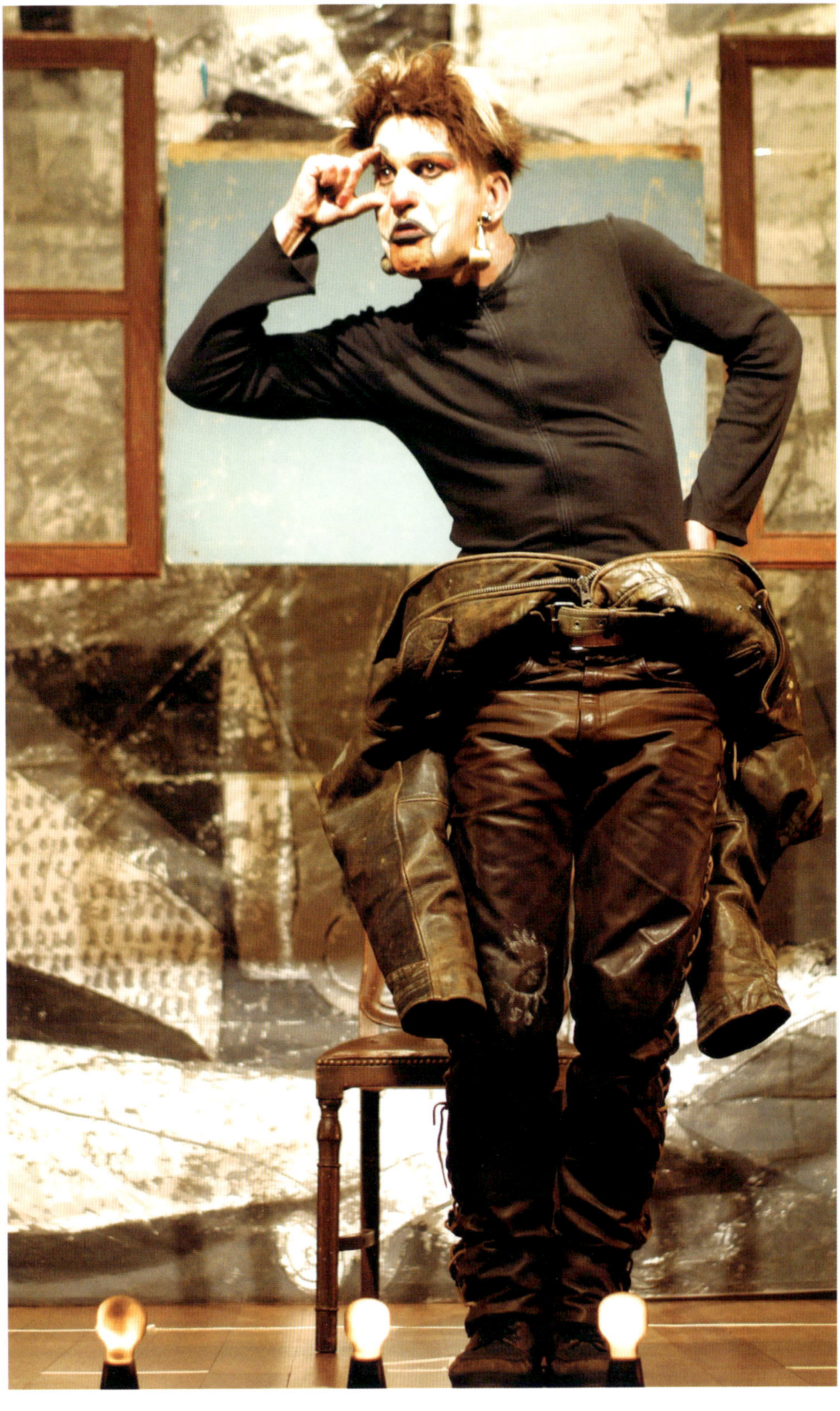

ESPERANDO GODOT

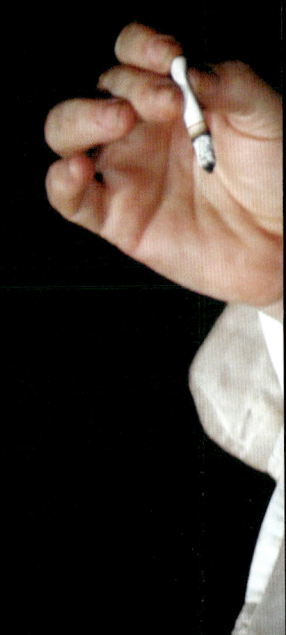

2006

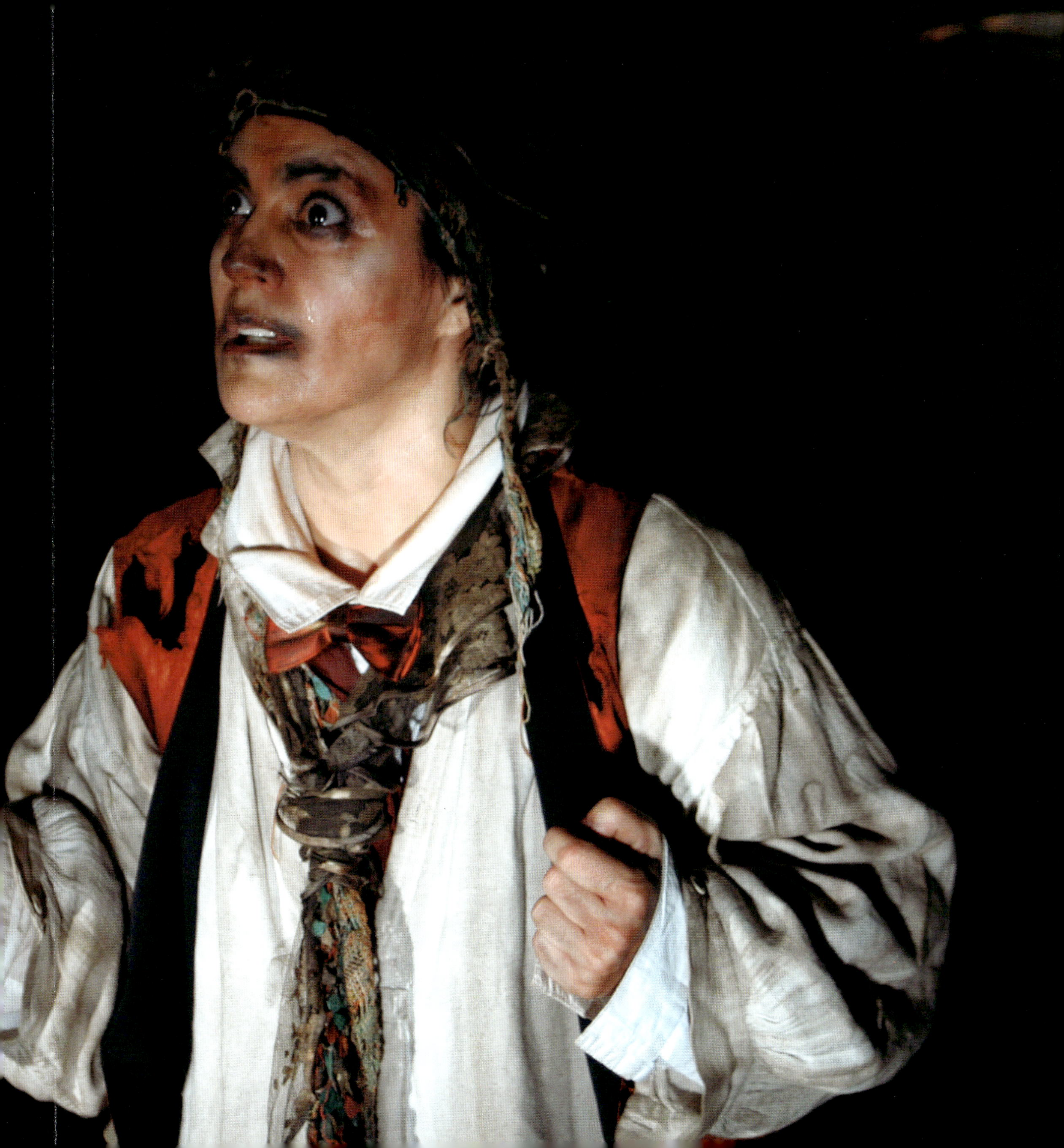

"Era o ano de centenário de nascimento do irlandês Samuel Beckett (1906-1989). Brinco que, no teatro, há três evangelhos: segundo São Sófocles, segundo São Shakespeare e segundo São Beckett, com *Édipo rei*, *Hamlet* e *Esperando Godot*, que contém a palavra divina de forma escondida, amoitada no discurso, a qual é desvendada à medida que se vai penetrando na dramaturgia. Mas Beckett fez o teatro do niilismo, e há em *Godot* uma frase-síntese sobre a vida que, para mim, é um epitáfio para a humanidade: 'Do útero para o túmulo e um parto difícil'. É complexo e até cruel mexer com esse tipo de poesia, pois não me considero niilista. Ao contrário, sou homem de fé e acredito em quase tudo, no entanto gostei de voltar a trabalhar em um espaço físico não convencional, como nas primeiras peças que fiz. Nossa montagem de *Godot*, afundada no subsolo do Sesc Belenzinho, onde originalmente havia uma caldeira, teve inspiração em um território devastado pelas queimadas nas florestas, com os rios secando e a vegetação dizimada. Os ensaios foram em Minas. Quando chegou o dia de fazer uma sessão prévia para os programadores do Sesc, eles se deslocaram até lá e eu tirei as vacas do rancho para melhor reproduzir a ideia de cenografia calcinada. As luzes em volta atraíram muitos insetos, que por sua vez chamaram os sapos. O que havia de sapo na plateia foi engraçadíssimo. Retiramos do fundo da represa de Furnas uma árvore afogada que virou o principal elemento cenográfico. Quanto aos figurinos, compramos em Portugal, no Chiado, algumas camisolas usadas no período da Segunda Guerra por pessoas que viviam em albergues. Eram lindas, de um linho que nem existe mais. Eu queria que os personagens parecessem figuras entre o estado letárgico do sono e o pesadelo devastador da realidade. Houve a particularidade de ser um elenco totalmente feminino, coisa que os detentores dos direitos da obra de Beckett não autorizam mais. Beth Coelho, Magali Biff, Vera Zimmermann e Lavínia Pannunzio fizeram a peça com entrega, seriedade, concentração e talento. São atrizes pródigas em pensamentos e esteticamente sensíveis. Na trilha, 'A canção da terra', de Mahler."

estreia **3 DE FEVEREIRO DE 2006** · **ESPAÇO SUBSOLO** · **SESC BELENZINHO** · **SÃO PAULO** texto **SAMUEL BECKETT** tradução **FÁBIO DE SOUZA ANDRADE** direção, cenografia e figurino **GABRIEL VILLELA** assistência de direção **CACÁ TOLEDO** direção de movimento **FÁBIO MAZZONI** maquinista **VALTER DE MIRANDA** assistência de figurino **MARIA DO CARMO SOARES** preparação de máscara neutra **MARIA THAÍS** adereços **MÁRCIO VINICIUS** costura **CLEIDE MEZZACAPA HISSA** desenho de luz **DOMINGOS QUINTILIANO** produção da trilha sonora **DANIEL MAIA** elenco **BETE COELHO, LAVÍNIA PANNUNZIO, MAGALI BIFF e VERA ZIMMERMANN** direção de produção **CLAUDIO FONTANA e VERA ZIMMERMANN** produção executiva **CACÁ TOLEDO** produção **BF PRODUÇÕES** realização **SESC SÃO PAULO**

imagens **NILTON SILVA** e **LENISE PINHEIRO**

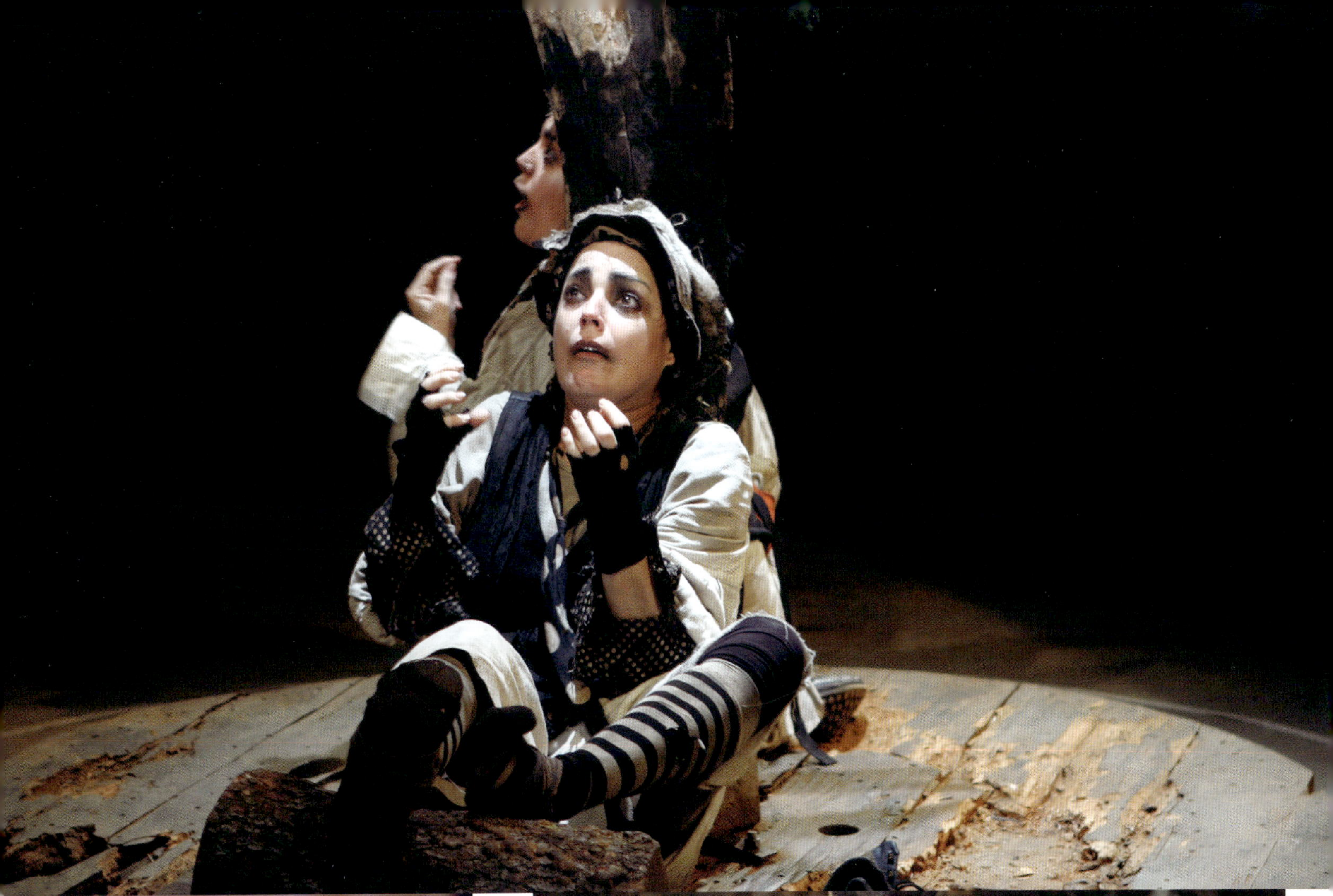

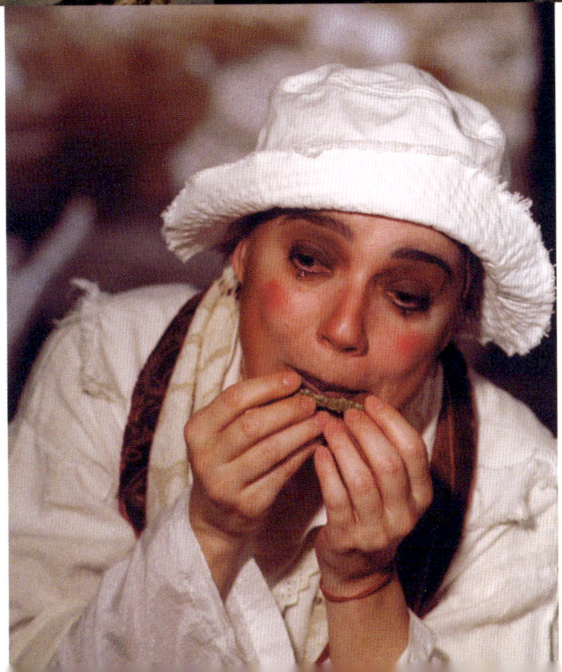

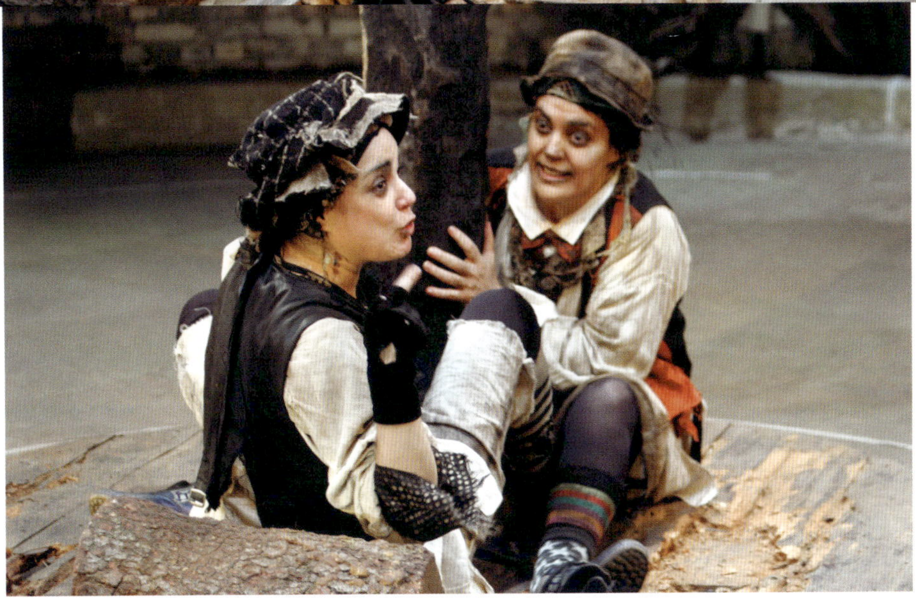

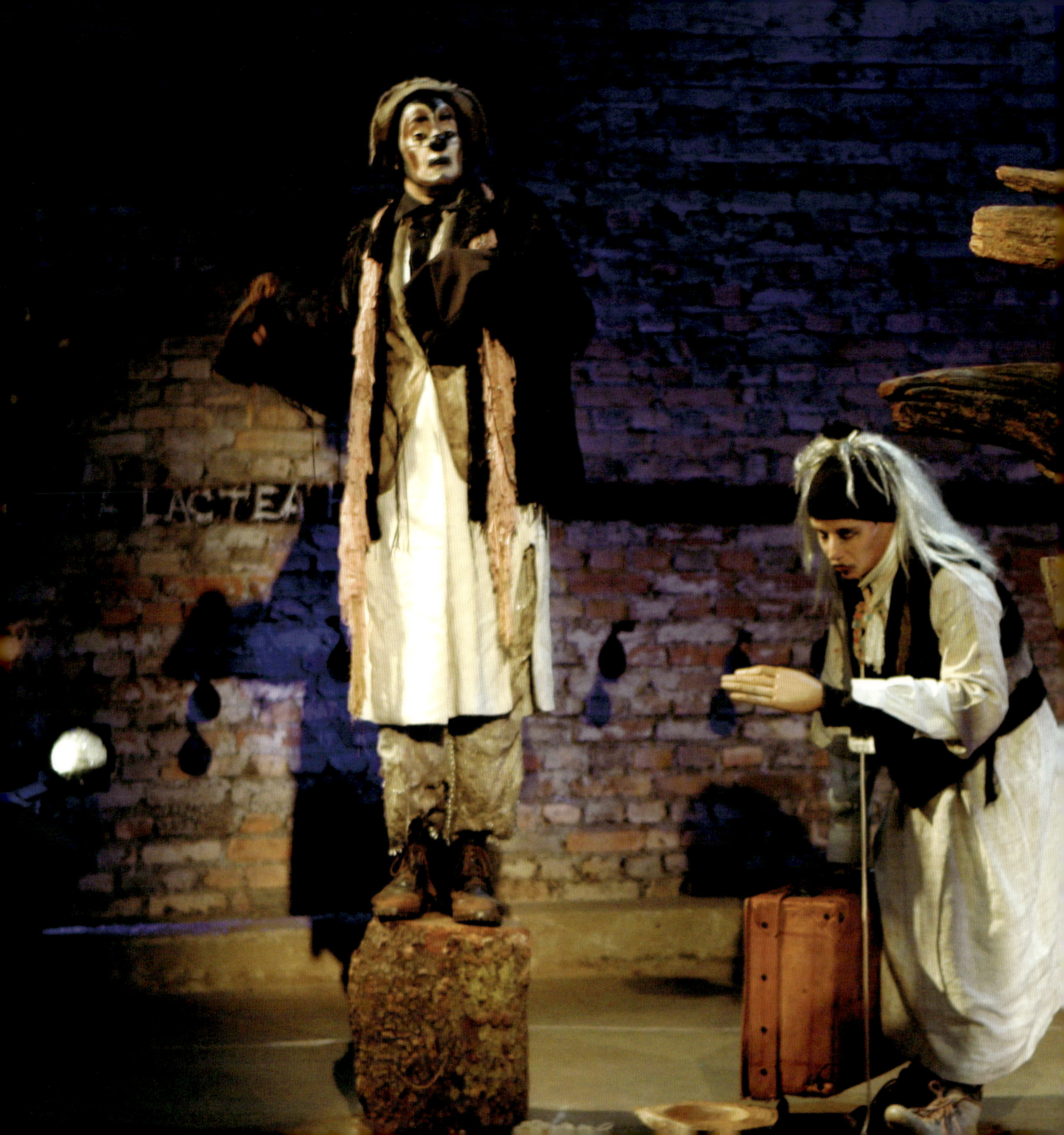
LACTEA

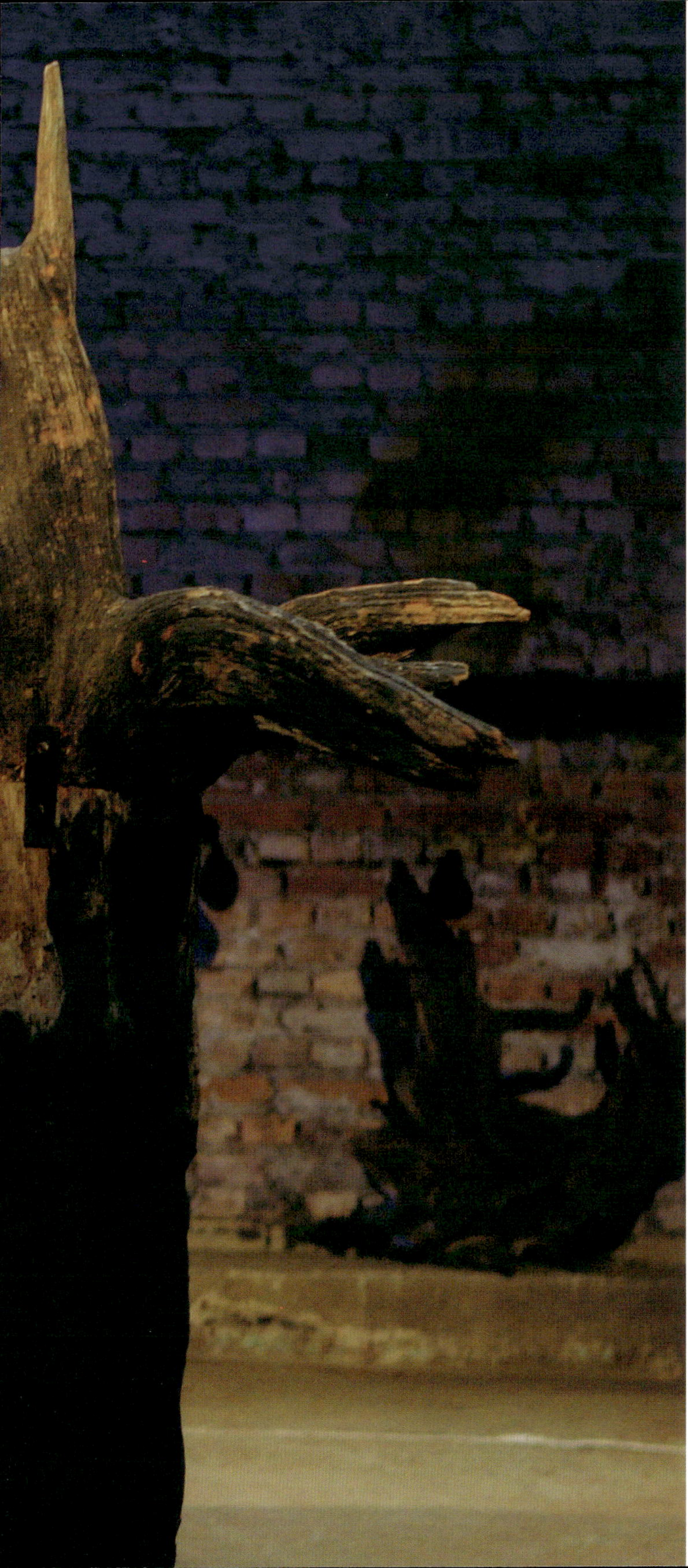

LEONCE E LENA

2006

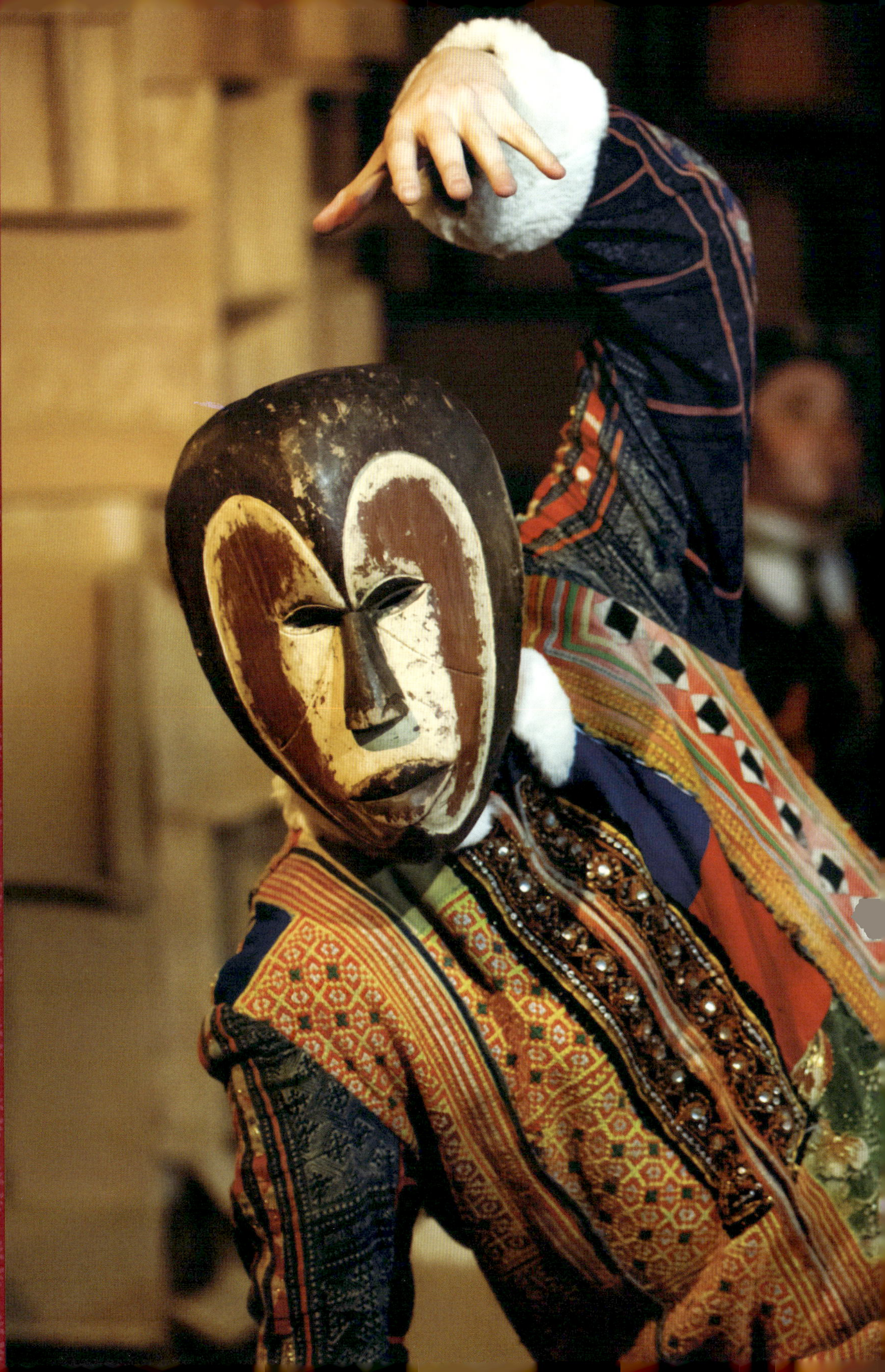

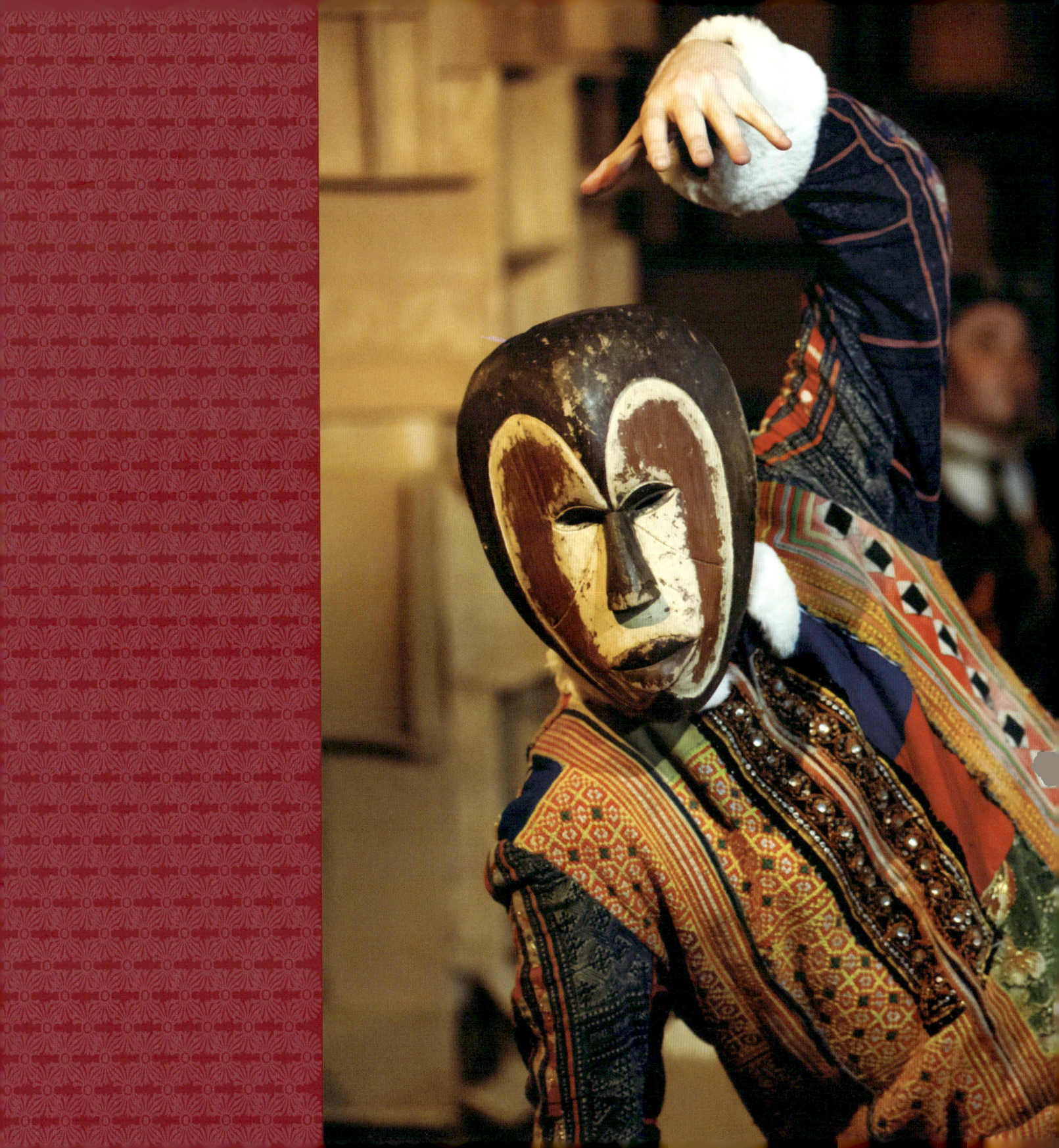

" Depois de *Esperando Godot*, a unidade do Sesc Belenzinho seria desativada para uma grande reforma. Uma unidade provisória foi criada em um prédio de escritórios da avenida Paulista adaptado para abrigar alguns projetos. O próprio *Godot* fez uma temporada nesse novo Sesc Avenida Paulista. Sugeri então à gerente Elisa Maria Americano Saintive fazermos ali, em seguida, *Leonce e Lena*, de Georg Büchner (1813-1837). Como pertence à fase final do romantismo alemão, Büchner praticou muita ironia e até deboche com o espírito poético de seu tempo, e isso me interessava. Montamos elenco na base de audições, ou seja, acabei trabalhando com muita gente nova. Era um elenco numeroso, que cantava muito bem e tinha grande capacidade de improvisação. Decidimos que a trilha seria composta de modas de viola e músicas de raízes. O príncipe entediado e seu bobo da corte, por exemplo, entravam cantando 'Estrada da vida', de Milionário e José Rico, o que me era muito caro e subjetivo. Como havia ainda muito espaço desocupado no prédio da Paulista, Elisa Saintive nos concedeu praticamente um andar inteiro para os ensaios, possibilitando-nos trazer mais uma vez todo o ateliê para perto da equipe, o que para mim tornou-se fundamental. Para marcar a transitoriedade daquele espaço que nos foi concedido de forma tão generosa, a cenografia de J.C. Serroni era toda de papelão, incluindo as cadeiras da plateia. Foi uma ideia genial e até hoje muito comentada. Serroni ia fazendo os módulos de papel e nos entregando aos poucos, eu esperava a chegada para criar as cenas com o elenco. No final, unimos tudo e deu muito certo. Havia, claro, uma maquete da cenografia completa, para termos uma ideia do resultado final e de como seriam as movimentações do elenco pelo espaço. Foi um jeito diferente de trabalhar, a partir da cenografia, o que se revelou desafiador e revigorante na criação. "

::::::::::::::::
estreia **5 DE AGOSTO DE 2006** · **SESC AVENIDA PAULISTA** · **SÃO PAULO** texto **GEORG BÜCHNER** tradução **CHRISTINE RÖHRIG** direção **GABRIEL VILLELA** assistência de direção **GUSTAVO WABNER** e **MARCELLO BOFFAT** direção de movimento **RICARDO RIZZO** espaço cênico **J.C. SERRONI** imagem de telão **FARNESE DE ANDRADE** figurino **GABRIEL VILLELA** assistência de figurino **MARIA DO CARMO SOARES** costura-mestra **CLEIDE MEZZACAPA HISSA** desenho de luz **DOMINGOS QUINTILIANO** objetos de arte **MÁRCIO VINICIUS** assistência **ARI GOMES** direção musical **BABAYA** preparação vocal **MARCELLO BOFFAT** camareira **MARLENE COLLÉ** elenco **ADRIANO SUTO, ANA CAROLINA GODOY, ANDO CAMARGO, BRUNO ELISABETSKY, CARLOS MORELLI, LEO DINIZ** [ator convidado]**, LUCIANA CARNIELI, LUIZ PÄETOW, NÁBIA VILLELA** [atriz convidada]**, PRISCILLA CARVALHO, RODRIGO FREGNAN** e **SÉRGIO MÓDENA** direção de produção **CLAUDIO FONTANA** produção executiva **CACÁ TOLEDO** produção **BF PRODUÇÕES** realização **SESC SÃO PAULO**
················
imagens **JOÃO CALDAS Fº**

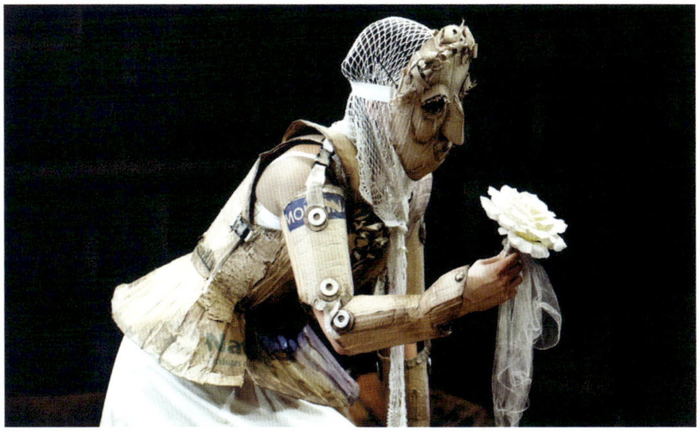

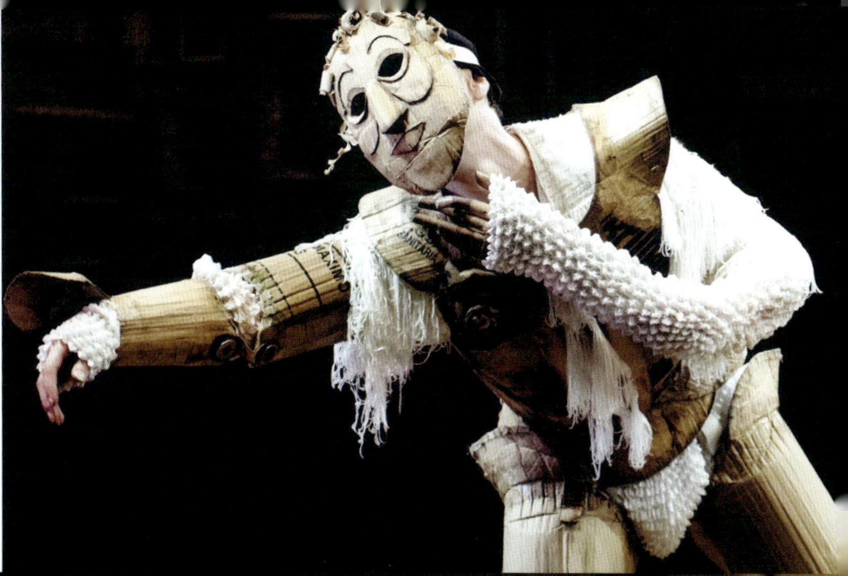

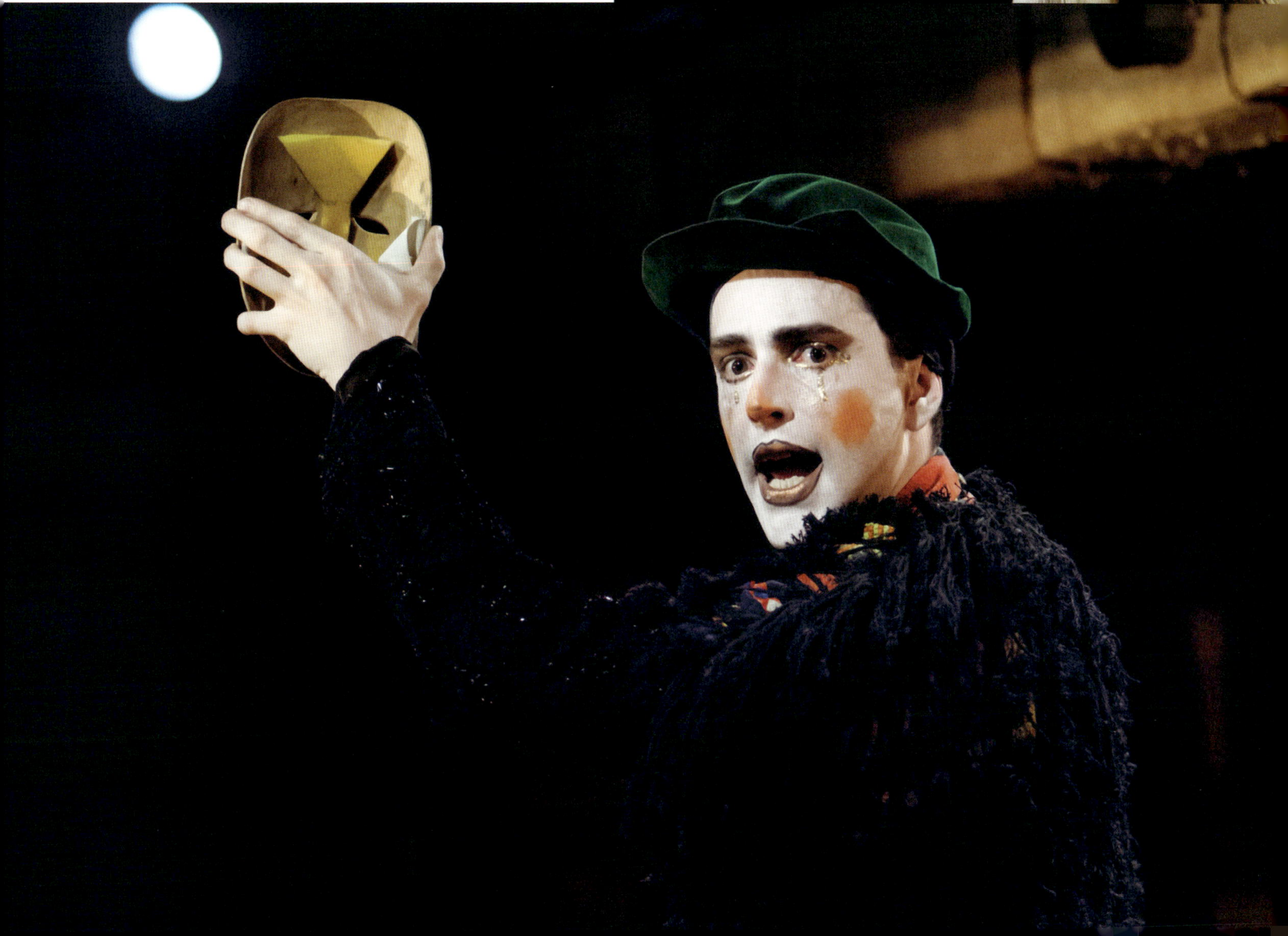

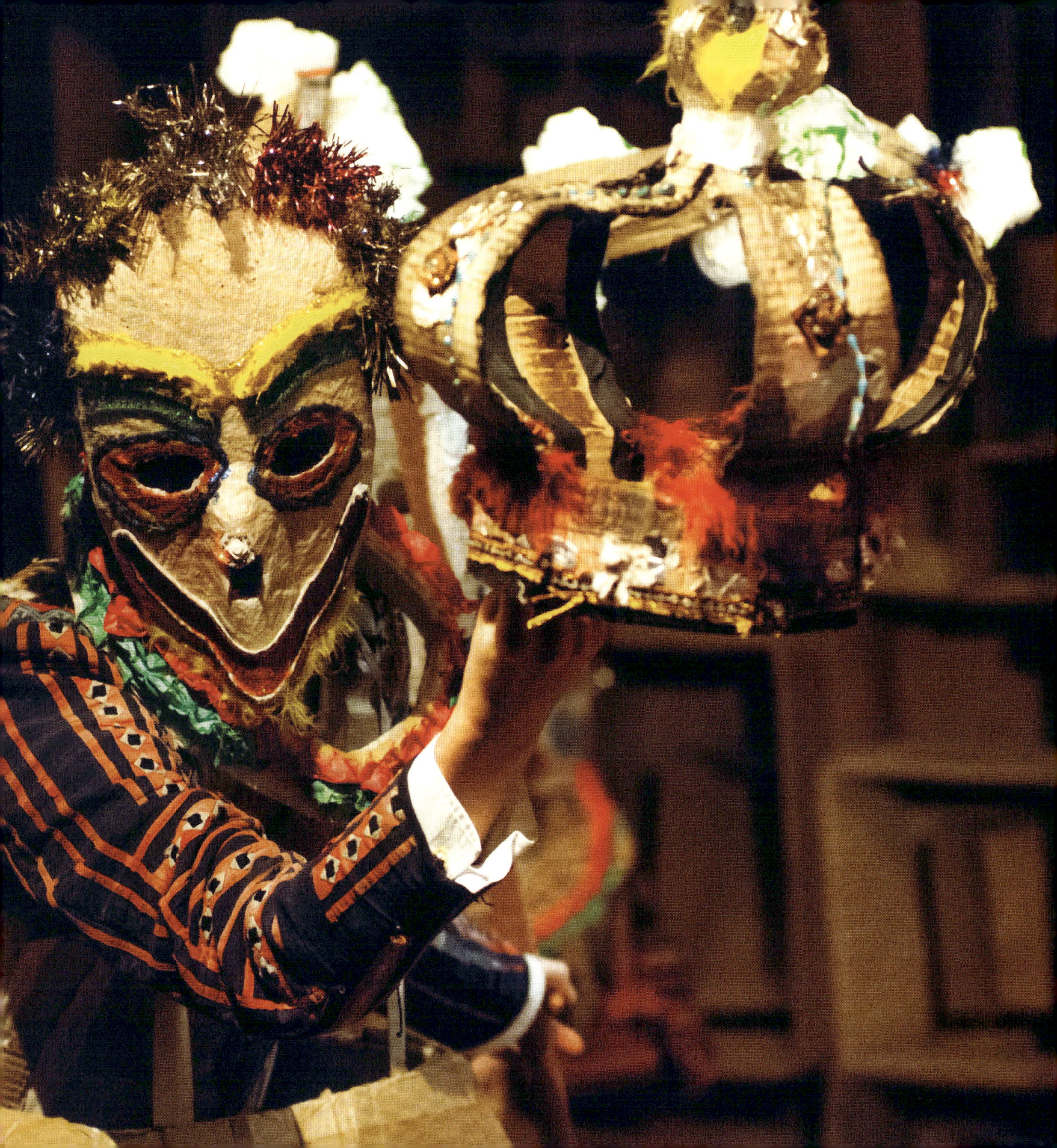

SALMO 91

2007

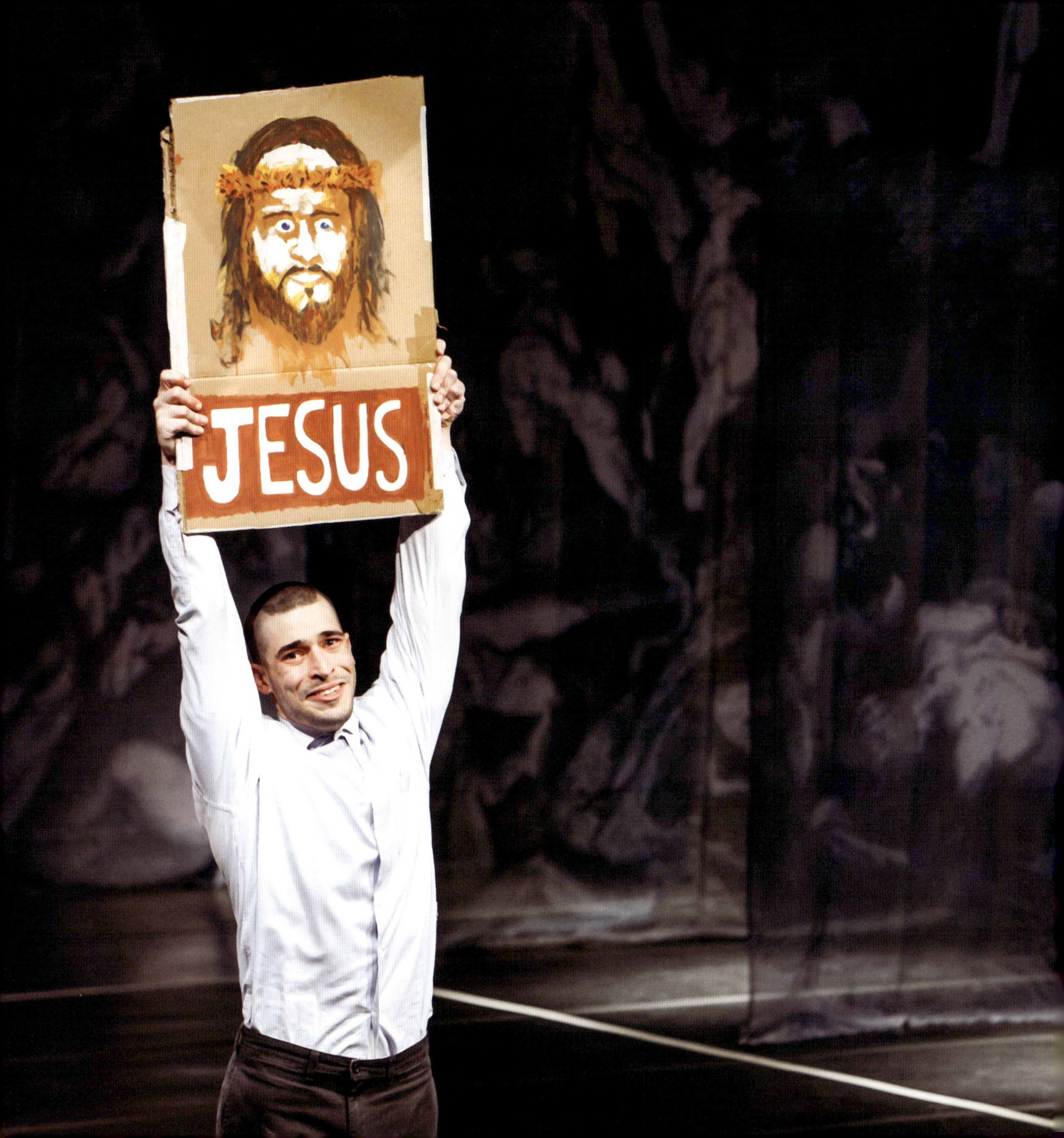
JESUS

> Foi inédito, no mínimo inusitado em minha carreira, dirigir um espetáculo assim tão calcado em um acontecimento real, o chamado 'massacre do Carandiru' — evento vergonhoso para nossa sociedade, uma chaga que não cicatriza. A responsabilidade social dessa tragédia não pode ser esquecida. Talvez tenha sido também a peça mais dolorida de fazer. O tema era hediondo. Minha cabeça de diretor funciona melhor quando lida com a imaginação. Tomei um cuidado danado para não soltar minha fantasia em cima de algo real e transtornar aquela realidade, ainda mais tendo um texto baseado em um *best-seller* com características de crônica jornalística, como é *Estação Carandiru*, de Drauzio Varella. O autor, Dib Carneiro Neto, teve a sacada de transformar o que estava *junto e misturado* no livro em dez monólogos de aflição e dor, um desafio muito grande para qualquer diretor, pois, convenhamos, se um monólogo já é difícil, imagine dez. O resultado foi um dos espetáculos mais enxutos que já fiz como diretor. Preciso considerar aqui que essa peça deu-me de presente a parceria contínua com esse dramaturgo tão querido, tão talentoso, tão amigo, que até hoje frequenta nossos ensaios, administra a dramaturgia e está sempre perto das realizações teatrais que fazemos. A presença de um autor em nossas vidas enche-nos de reflexões, questionamentos e ponderações — um luxo. A parceria com o Sesc São Paulo, que nos abrigou de forma sensível na unidade do Sesc Santana, vizinha do ex-presídio do Carandiru, lugar onde tudo aconteceu e no qual os moradores das redondezas ainda traziam tudo muito vivo na memória, foi também muito bacana. Pulsava em todos os personagens um forte desejo de vida, um certo prazer pela humanidade. Viviam de forma trancafiada, mas jamais esperavam um fim trágico coletivo como foi o deles. Eram energias complicadas, era preciso rezar um pouco todo dia, antes de começar a peça. É claro que, por trás de um massacre desse, há energias míticas ancestrais arquetípicas muito presentes. A cenografia foi a mais sisuda e limpa que já fiz. Havia plotagens discretas, em preto e branco e em voal sintético, mostrando ilustrações de Gustave Doré (1832-1883) para *A divina comédia*, como o desenho de Caronte conduzindo seu barco para o inferno. Eram panos suspensos na cenografia, misturando corpos torneados barrocos em direção ao inferno. Aliás, o espetáculo era bem barroco, naqueles relatos todos jorrava e transbordava o sangue da humanidade. O elenco era um primor, com cinco atores que se entregavam muito. Foi um dos momentos de minha carreira em que mais amei o teatro na vida. Não posso deixar de expressar aqui minha admiração pelo processo criativo do ator Pascoal da Conceição, diferente de tudo o que conheci na vida. É um ator-poeta. Ele anda com um caderno de anotações que vai preenchendo de recortes de jornais, relacionados ao tema da peça. Além disso, vai reescrevendo ali a peça em estrutura de versos, para valorizar o ritmo das palavras, como se ele precisasse do filtro da poesia para falar o texto, um sistema particular dele que eleva muito a qualidade de sua atuação. Tudo o que ele fala tem cadência e poesia."

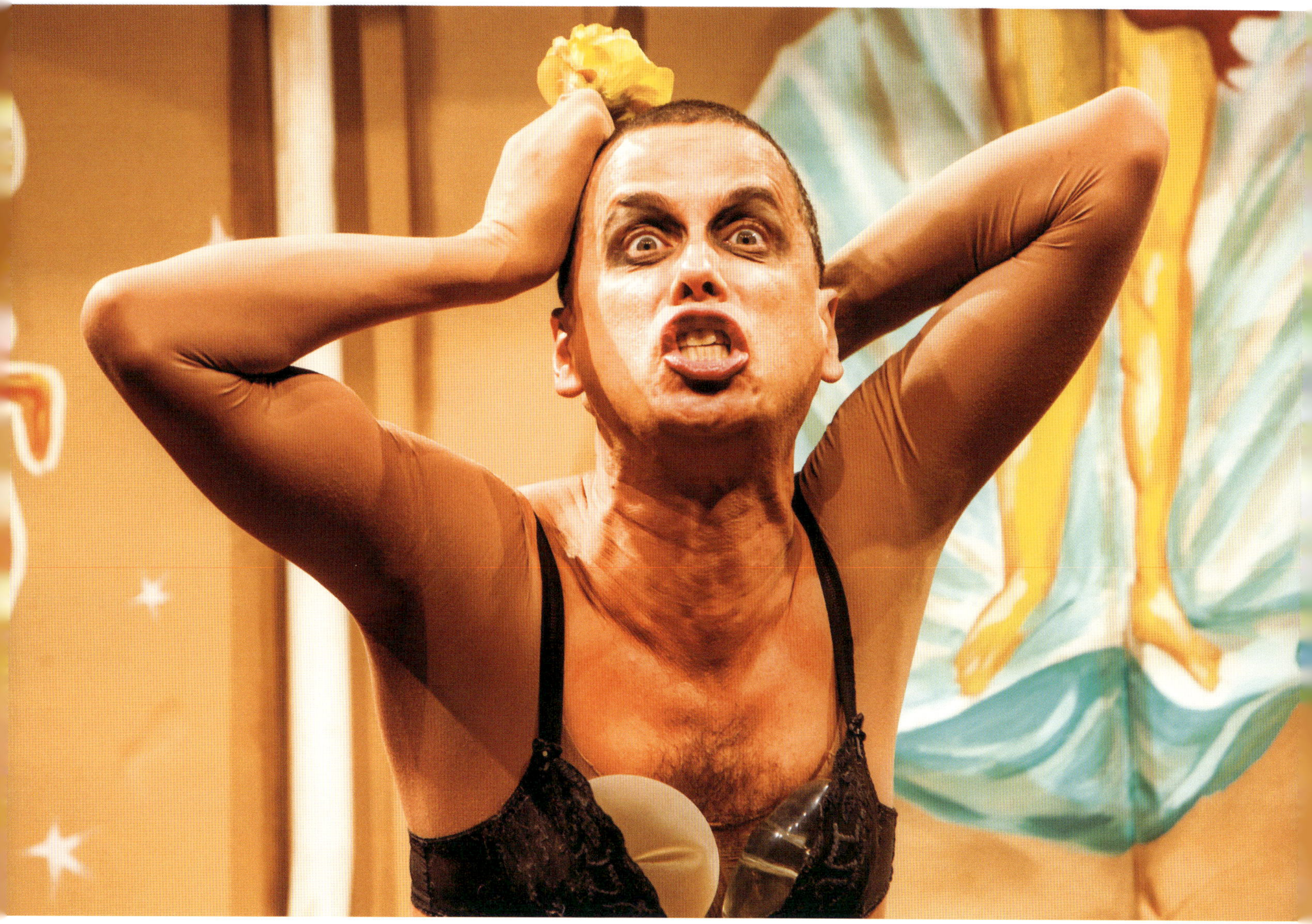

::::::::::::::::::::
estreia **6 DE JULHO DE 2007 · SESC SANTANA · SÃO PAULO** direção, cenografia e figurino **GABRIEL VILLELA** texto **DIB CARNEIRO NETO** [baseado em Estação Carandiru, de Drauzio Varella] assistência de direção **CACÁ TOLEDO** e **GUSTAVO WABNER** cenotécnica **MÁRCIO VINICIUS** pintura em papelão **PEDRO HENRIQUE MOUTINHO** costura **CLEIDE MEZZACAPA HISSA** iluminação **DOMINGOS QUINTILIANO** sonoplastia **TUNICA** elenco **ANDO CAMARGO, PASCOAL DA CONCEIÇÃO, PEDRO HENRIQUE MOUTINHO, RODOLFO VAZ** [ator convidado] e **RODRIGO FREGNAN** direção de produção **CLAUDIO FONTANA** produção executiva **RENATA ALVIM** assistência de produção **ELISA FARIA** produção **BF PRODUÇÕES ARTÍSTICAS** realização **SESC SÃO PAULO**
::::::::::::::::
imagens **JOÃO CALDAS Fº**

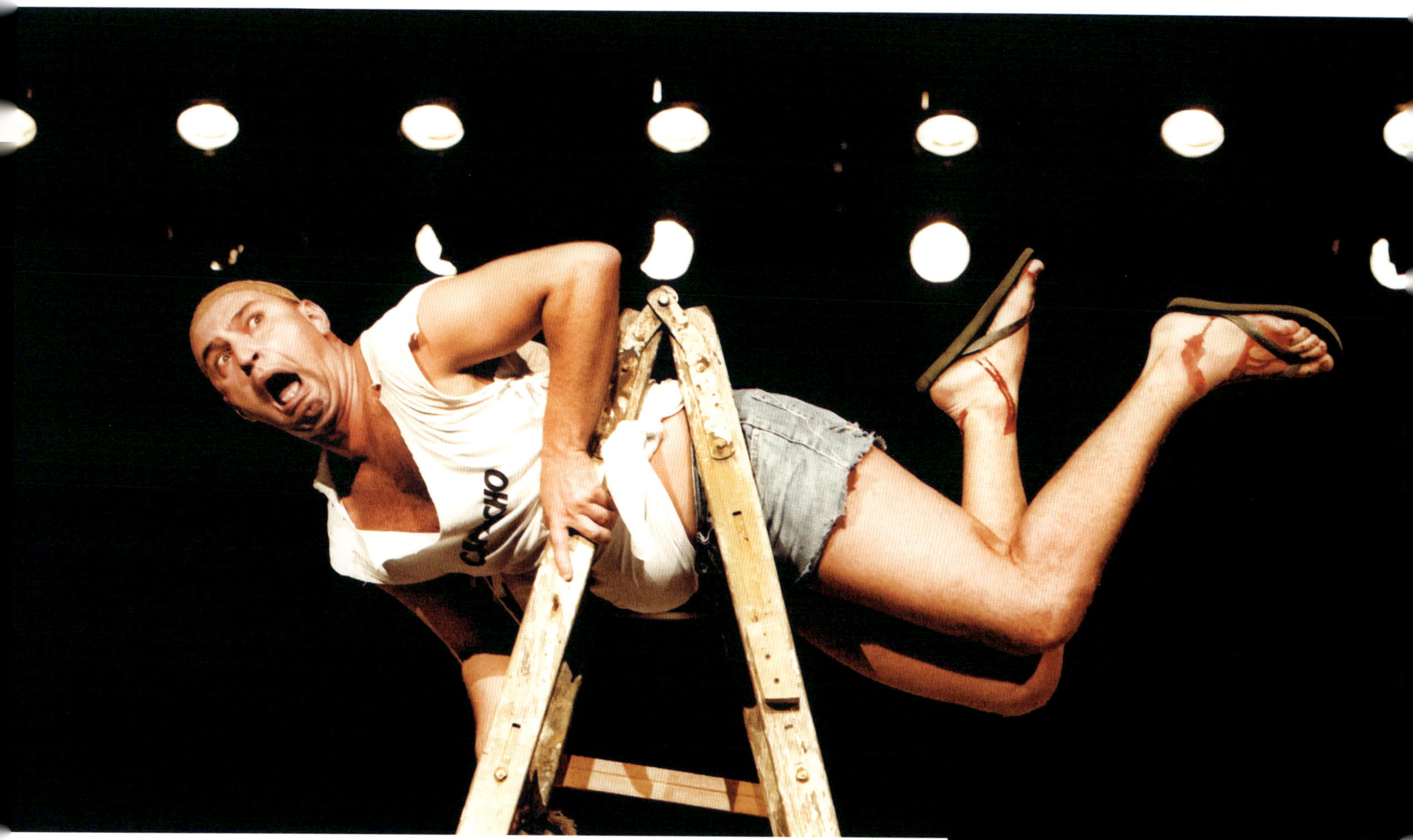
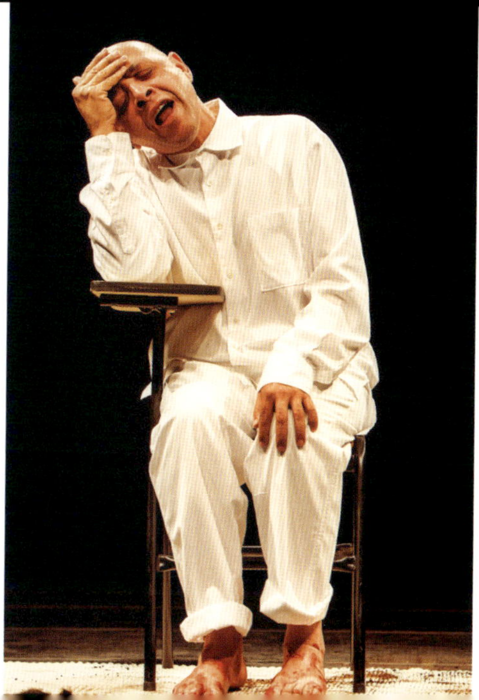

CALÍGULA

2008

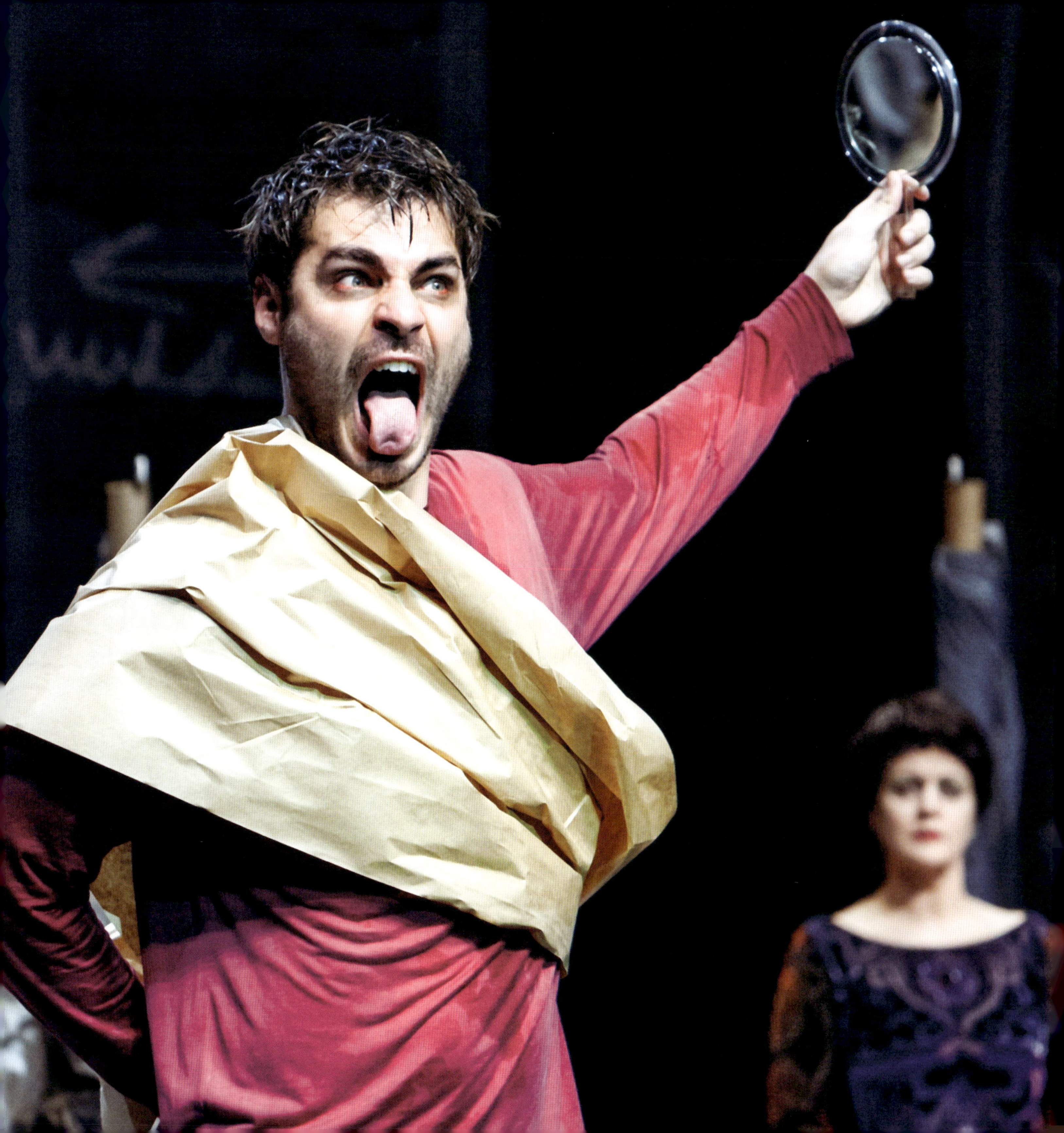

" Foi na universidade que caí de amores pelo pensamento e pela obra de Albert Camus (1913-1960). No meu curso de teatro na USP, houve um ano em que eu quis apresentar como trabalho de direção uma montagem de *Calígula* na qual centenas de ratos de verdade *contracenariam* com os atores. Consegui até que um dos laboratórios de pesquisa da Cidade Universitária me emprestasse os animais vivos, mas não houve jeito: a direção do curso não me autorizou. Acabei entregando apenas um projeto escrito, detalhando como seria a montagem. O personagem Calígula, contudo, nunca saiu dos meus planos. E ele é tão absoluto, tão libidinoso, tão cheio de pulsões de vida e de morte, que você tem de procurar o ator com o físico certo. Thiago Lacerda tinha a idade exata do personagem e uma fúria interna que explodia a obra para o lado não realista, exatamente como eu gosto. Thiago é forte. Entretanto, a dificuldade veio da falta de patrocínio. Ao mencionar o nome Calígula, as empresas fugiam, sempre tendo como referência o filme de 1979 escrito por Gore Vidal a pedido da revista *Penthouse*, que criou um estigma de pornografia e agressividade. A peça de Camus, por outro lado, não tem nada a ver com o roteiro desse filme, mas ninguém queria entender isso, até que fomos bater à porta do Sesc São Paulo e tivemos total apoio de Danilo Santos de Miranda. O Sesc honra essa função social de colocar em cena o que os outros não querem, seja por preconceito ou por outras limitações. Ganhamos de Danilo a sala da unidade Pinheiros, o Teatro Paulo Autran. O elenco era muito querido, todos já haviam trabalhado comigo antes, menos o Thiago, e só havia uma mulher em cena, Magali Biff, de presença sempre impactante. Eu queria que a trilha fosse desconstruindo o personagem, ou seja, que a música começasse organizando tudo e saísse da ordem em direção ao caos. Escolhi mais uma vez Goran Bregović, com canções de *A rainha Margot*. Ao final, entrava a gravação antológica de Cássia Eller cantando '*Non, je ne regrette rien*', que combinava com a última fala de Calígula antes de morrer: 'Eu ainda estou vivo'. Destaco também o magnífico cenário de J.C. Serroni, que, entre outras coisas, criou uma deslumbrante lua negra, um eclipse. "

estreia **28 DE NOVEMBRO DE 2008** · **SESC PINHEIROS [Teatro Paulo Autran]** · **SÃO PAULO** texto **ALBERT CAMUS** tradução **DIB CARNEIRO NETO** direção **GABRIEL VILLELA** assistência de direção **CACÁ TOLEDO** e **CÉSAR AUGUSTO** direção de movimento **RICARDO RIZZO** cenografia **J.C. SERRONI** cenotécnica **MÁRIO MÁRCIO** contrarregragem e operação de máquina **ALEXANDER PEIXOTO** figurino **GABRIEL VILLELA** e **MARIA DO CARMO SOARES** adereços **MÁRCIO VINICIUS** costura **CLEIDE MEZZACAPA HISSA** iluminação **DOMINGOS QUINTILIANO** operação de luz **MÁRCIO LIMA** trilha sonora **CACÁ TOLEDO** e **DANIEL MAIA** operação de som **MARCELO VIOLLA** preparação corporal **ROSELY FIORELLI** camareira **MARLENE COLLÉ** elenco **ANDO CAMARGO, JORGE EMIL, MAGALI BIFF, PASCOAL DA CONCEIÇÃO, PEDRO HENRIQUE MOUTINHO, RODRIGO FREGNAN** e **THIAGO LACERDA** elenco da segunda temporada [Teatro Vivo] e viagens **CÉSAR AUGUSTO, CLAUDIO FONTANA, HÉLIO SOUTO JR., MAGALI BIFF, PEDRO HENRIQUE MOUTINHO, ROGÉRIO ROMERA** e **THIAGO LACERDA** administração e produção executiva **FRANCISCO MARQUES** direção de produção **CLAUDIO FONTANA** produção **BF PRODUÇÕES ARTÍSTICAS** realização **SESC SÃO PAULO**

imagens **ISABEL D'ELIA, JOÃO CALDAS Fº** e **KLAUS DUTRA**

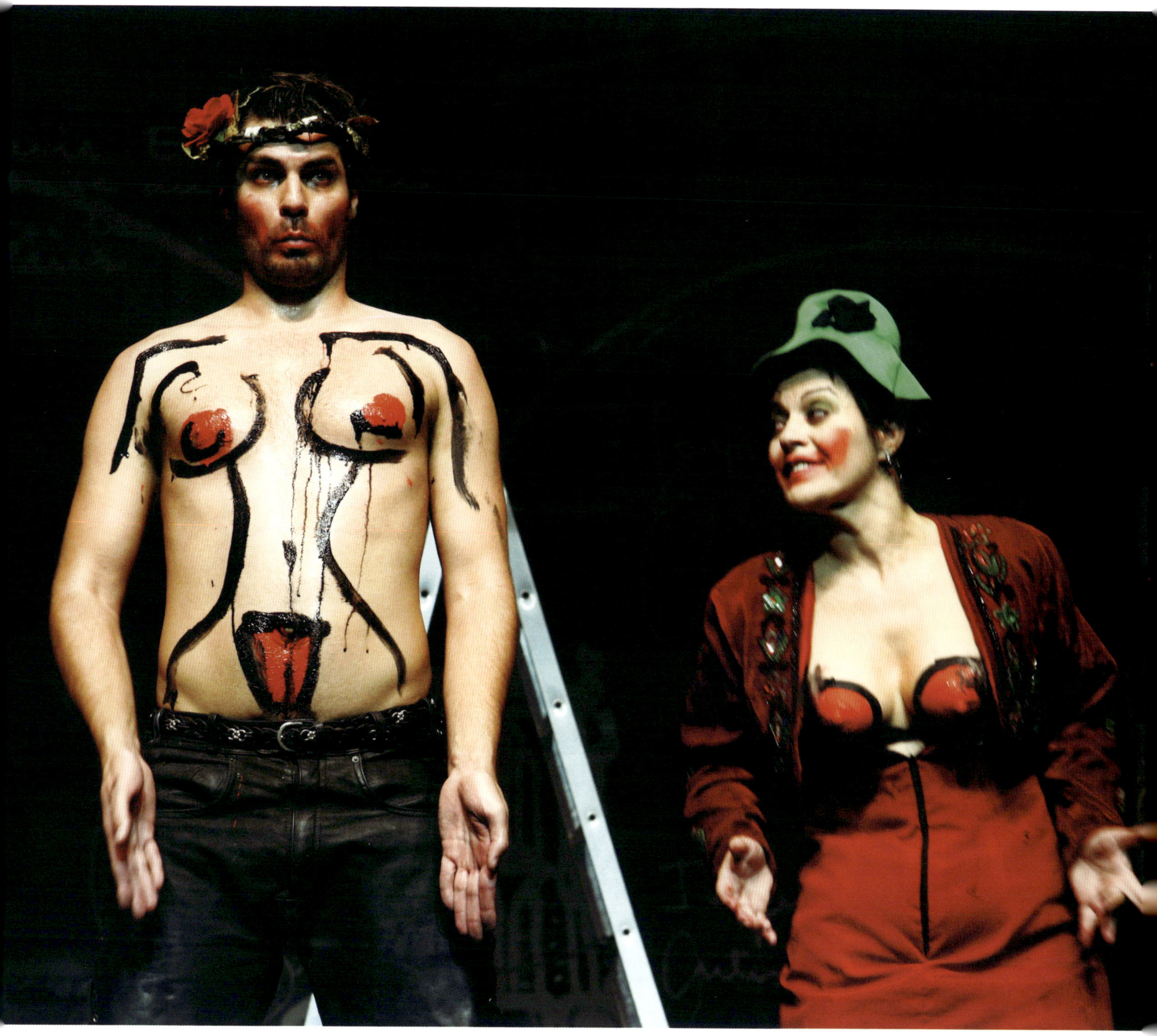

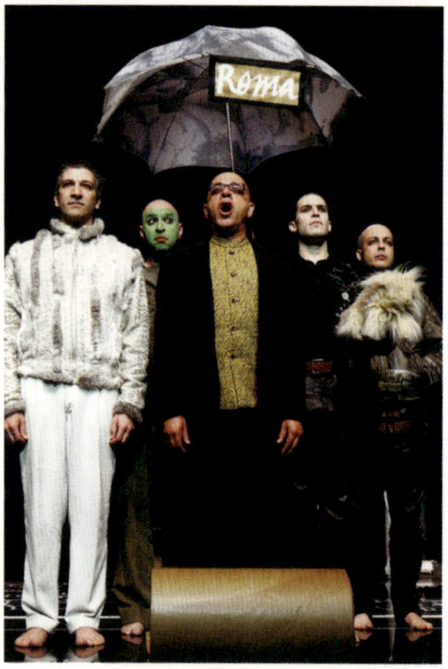
Roma

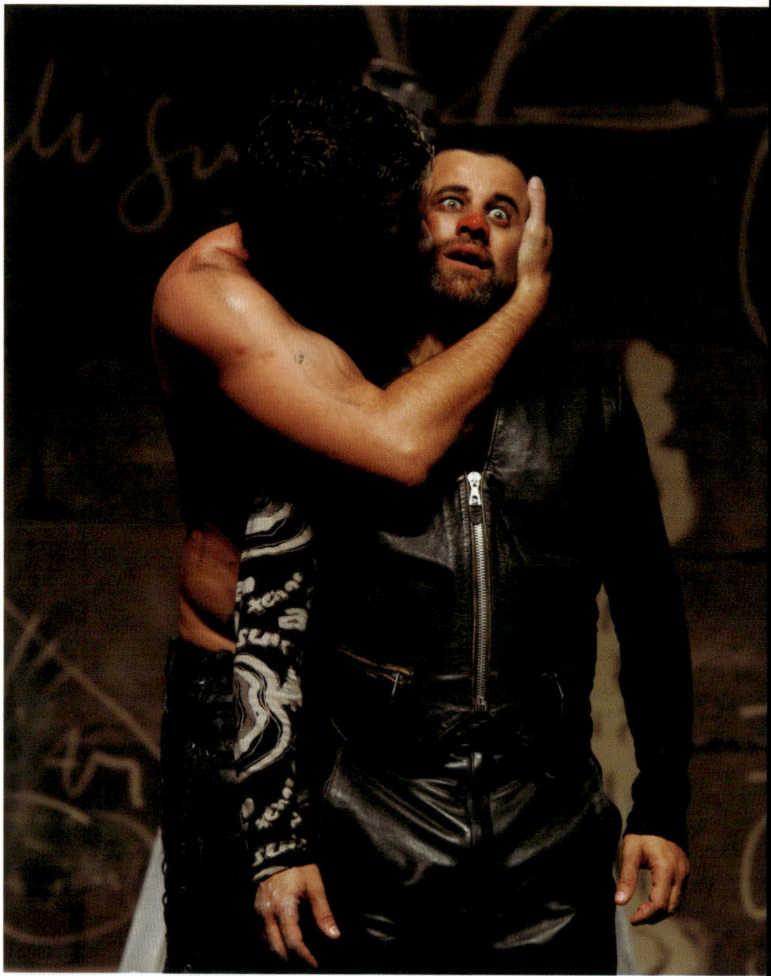

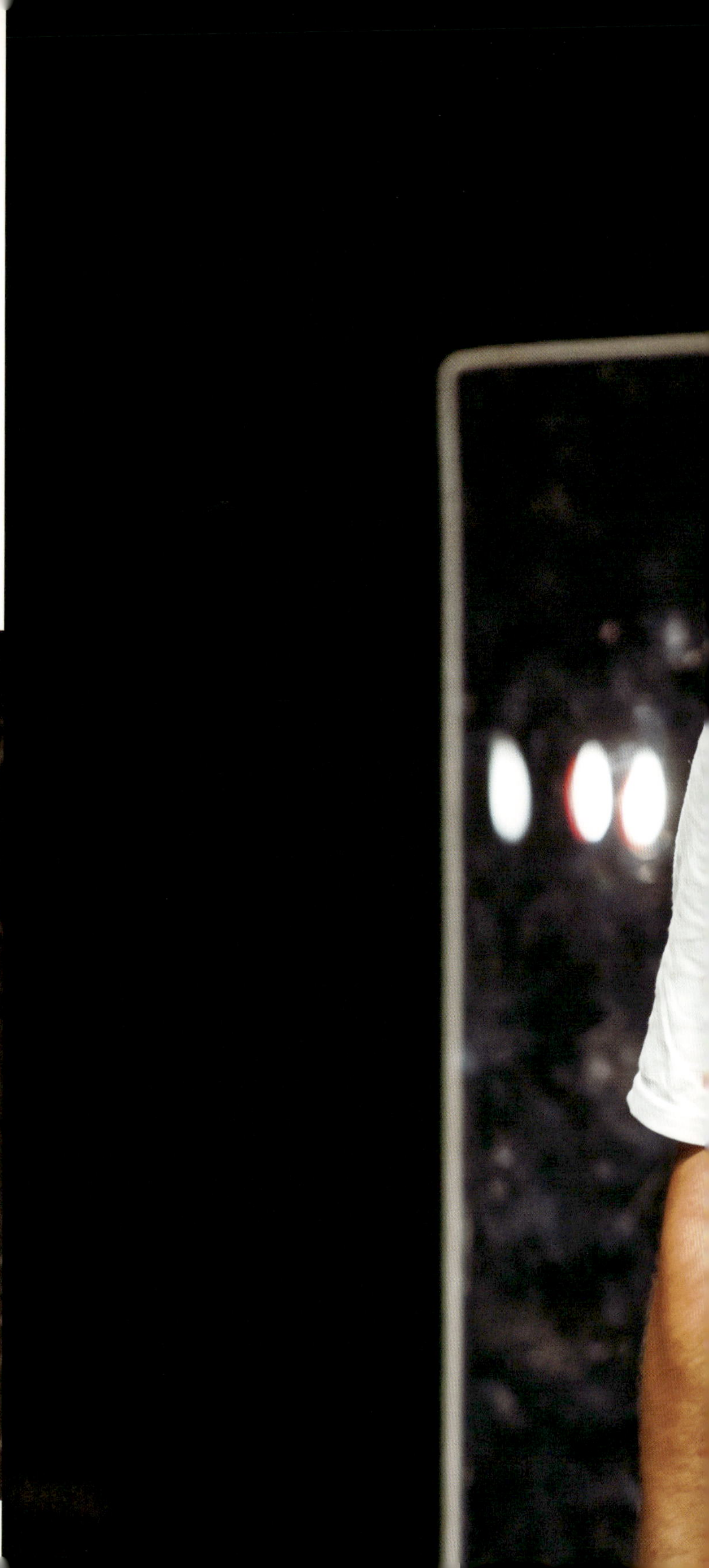

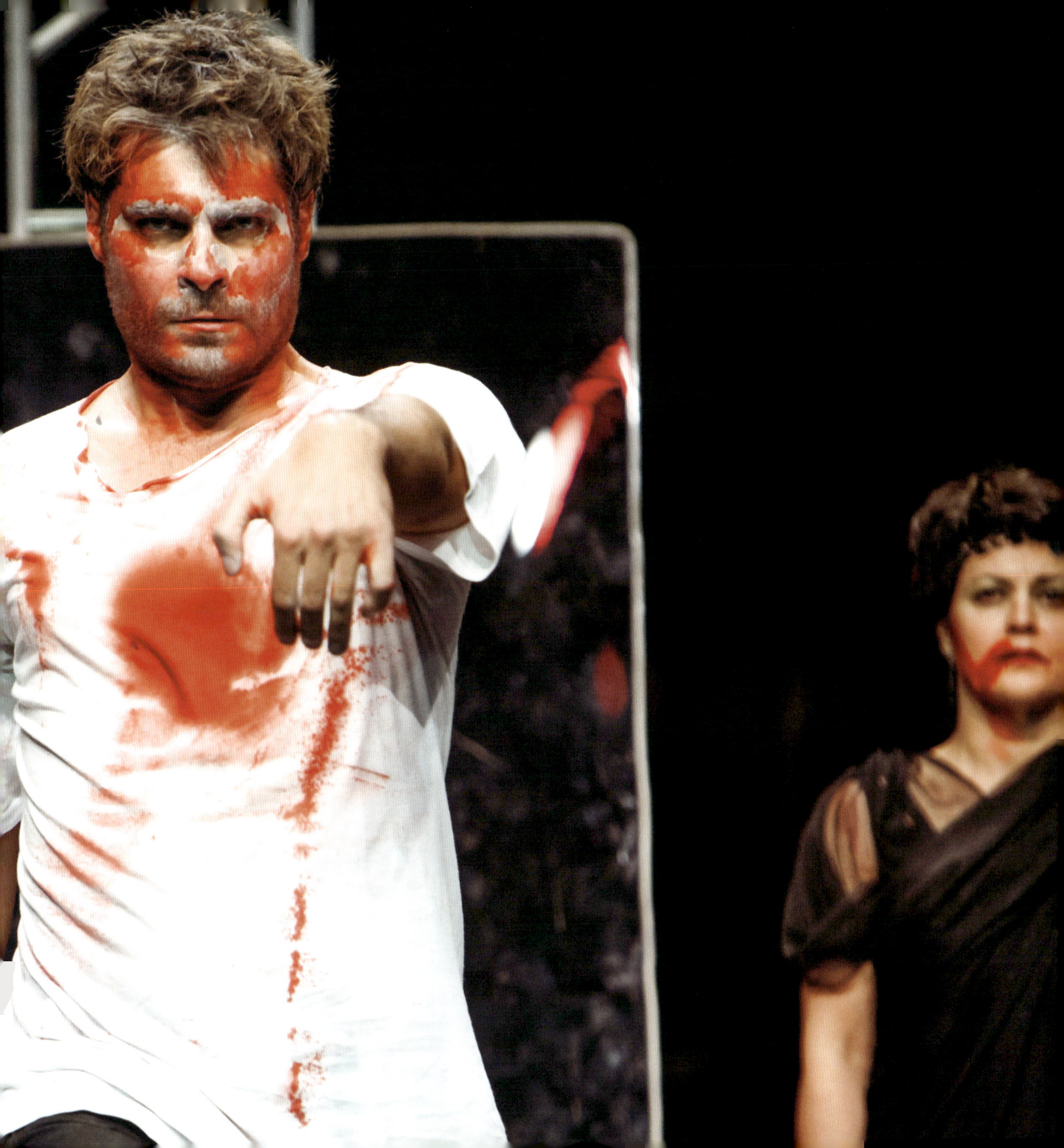

VESTIDO DE NOIVA

2009

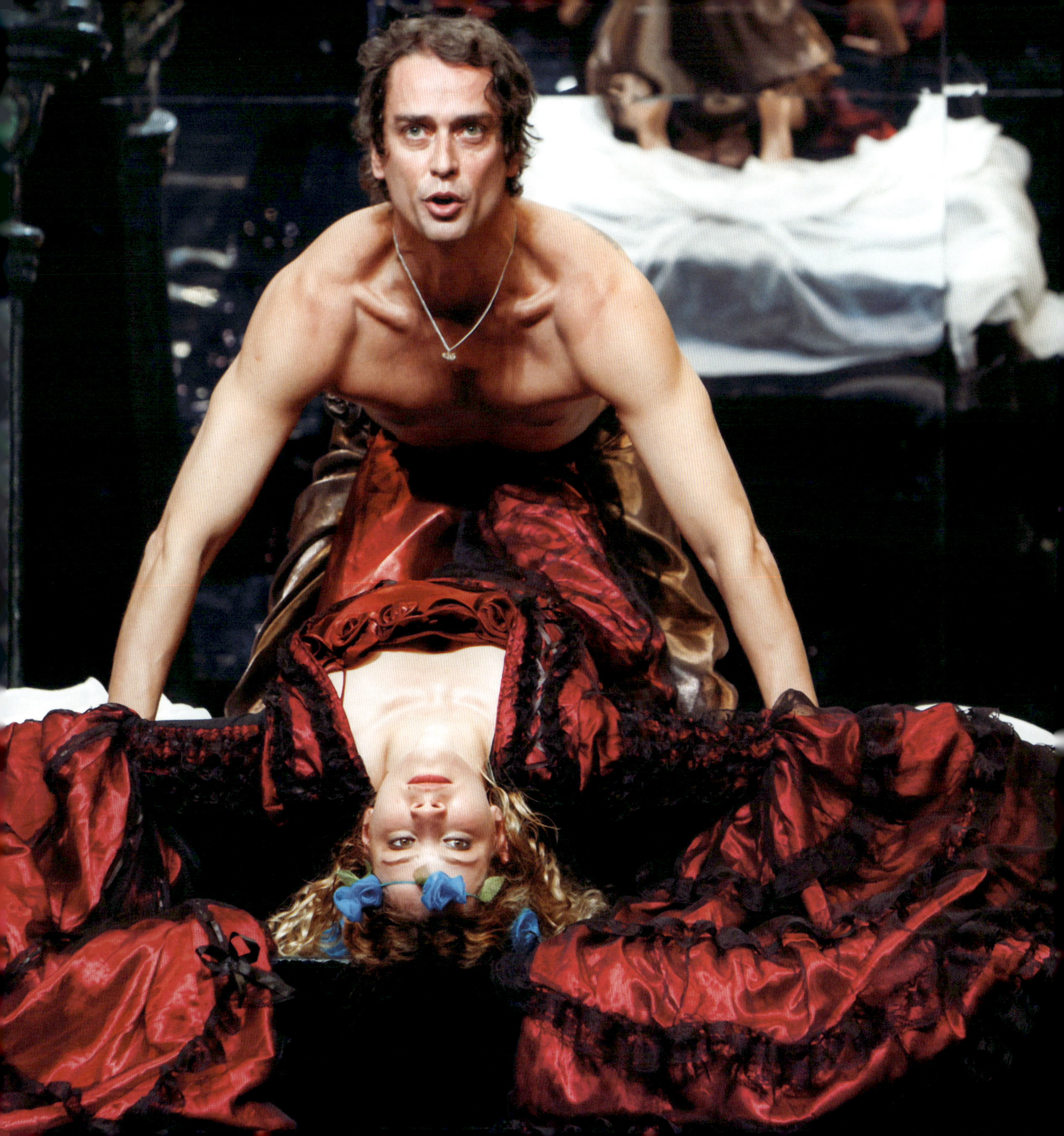

> Foi outra farra, uma delícia, um espetáculo muito divertido e intrigante para os olhos de todos nós, porque o elenco era inspirado. Além do humor do texto, havia o dos atores, como Maria do Carmo Soares, Cacá Toledo e Rodrigo Fregnan, que faziam máscaras e vozes incríveis. Eram coadjuvantes bem brincalhões, irônicos e debochados. Essa obra antológica de Nelson Rodrigues é muito generosa com os atores, por trabalhar em três planos de linguagem e romper com a estrutura do teatro realista, permitindo aos elencos uma liberdade grande de criação. Optamos por um espetáculo mais narrativo, menos melodramático. Os vestidos de noiva, apesar da base de cetim francês, tinham por cima invólucros de papel-bolha. Usamos muitas bobinas como se o papel-bolha *empacotasse* as duas irmãs (Leandra Leal e Vera Zimmermann). Os figurinos tinham cores mórbidas e um *design* brega que me interessava. Luciana Carnieli, como madame Clessi, glamourizou a personagem, dando a ela o hálito necessário de cortesã do passado. Apostei também na promiscuidade dos três planos, mas hoje, ao pensar sobre o espetáculo, tenho dúvidas se consegui o que queria. Entendi que, diante da evolução de linguagem já atingida pelo teatro contemporâneo, seria desnecessário dividir as cenas entre memória, alucinação e realidade, como aconteceu na revolucionária montagem inaugural. Preferi misturar tudo à minha maneira, sabendo que isso também já tinha sido feito antes por outros diretores. J.C. Serroni fez um cenário todo em espelhos funestos, jogando com o negro e o fumê, o côncavo e o convexo, ou seja, todas as cenas ficavam reproduzidas nos espelhos de forma distorcida, expressionista, indefinida, *com um pouco de baba*, como diria o próprio Nelson. Na trilha, usamos Cartola ('O mundo é um moinho') e Lamartine Babo ('Perfídia'), com Marcello Antony fazendo ar de canastrão e dedilhando um violão quebrado sem cordas. A diretora de movimentos, Rosely Fiorelli, trabalhou com o elenco todo um estado de contradança, mas sem propriamente dançar. Essa coordenação de corpos ficou linda. Leandra Leal fez uma protagonista singela, frágil, similar a uma andorinha abatida em pleno voo."

estreia **9 DE MAIO DE 2009** · **TEATRO VIVO** · **SÃO PAULO** texto **NELSON RODRIGUES** direção **GABRIEL VILLELA** assistência de direção **CÉSAR AUGUSTO** e **IVAN ANDRADE** direção de movimento **ROSELY FIORELLI** cenografia **J.C. SERRONI** chefia de palco **ALEXANDER PEIXOTO** figurino **GABRIEL VILLELA** costura **CLEIDE MEZZACAPA** iluminação **DOMINGOS QUINTILIANO** operação de luz **LUIZ RICOBOM** direção musical e música original **DANIEL MAIA** voz **NÁBIA VILLELA** violão **BRUNO ELIZABETSKY** operação de som **ALEXANDRE MUNIZ** camareiras **MARLENA COLÉ** e **MARLUCIA BEZERRA** elenco **CACÁ TOLEDO, FLAVIO TOLEZANI, HELÔ CINTRA, LEANDRA LEAL, LUCIANA CARNIELI, MARCELLO ANTONY, MARIA DO CARMO SOARES, PEDRO HENRIQUE MOUTINHO, RODRIGO FREGNAN** e **VERA ZIMMERMANN** produção executiva **RENATA ALVIM** assistência de produção **FELIPE PALHARES** e **MARLENE CONRADO** direção de produção **CLAUDIO FONTANA** realização **BF PRODUÇÕES**

imagens **JOÃO CALDAS Fº**

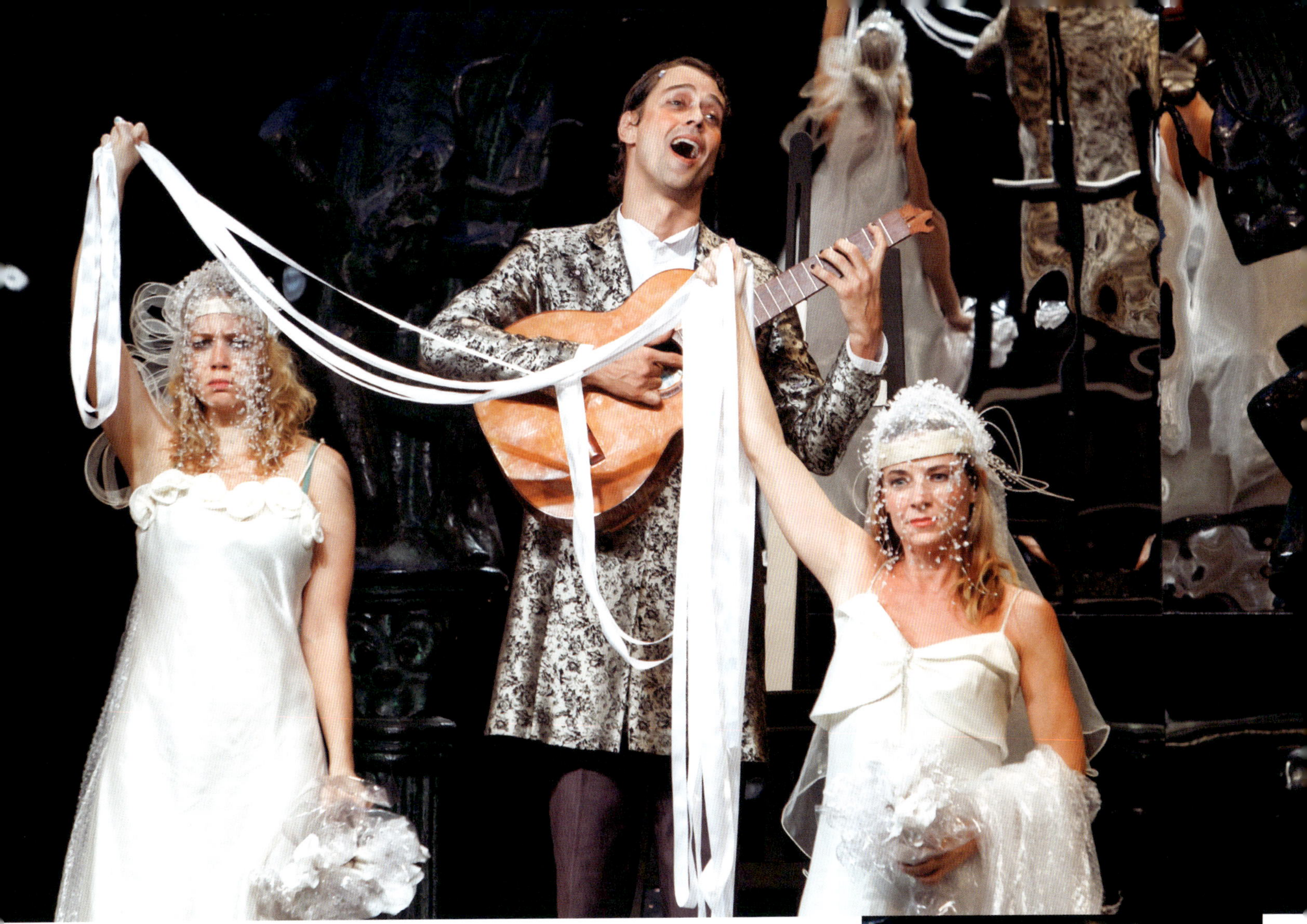

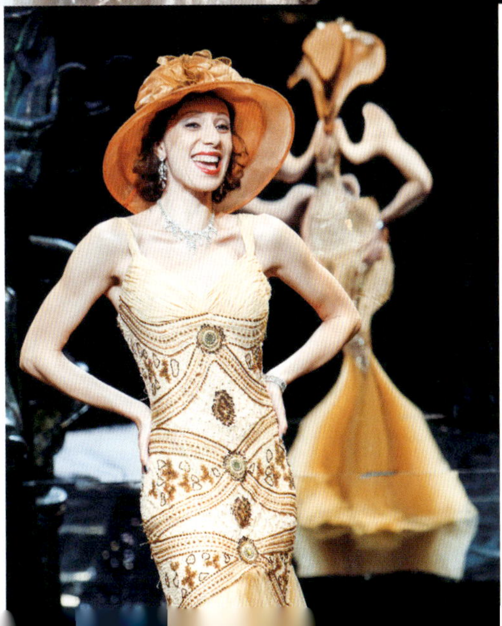

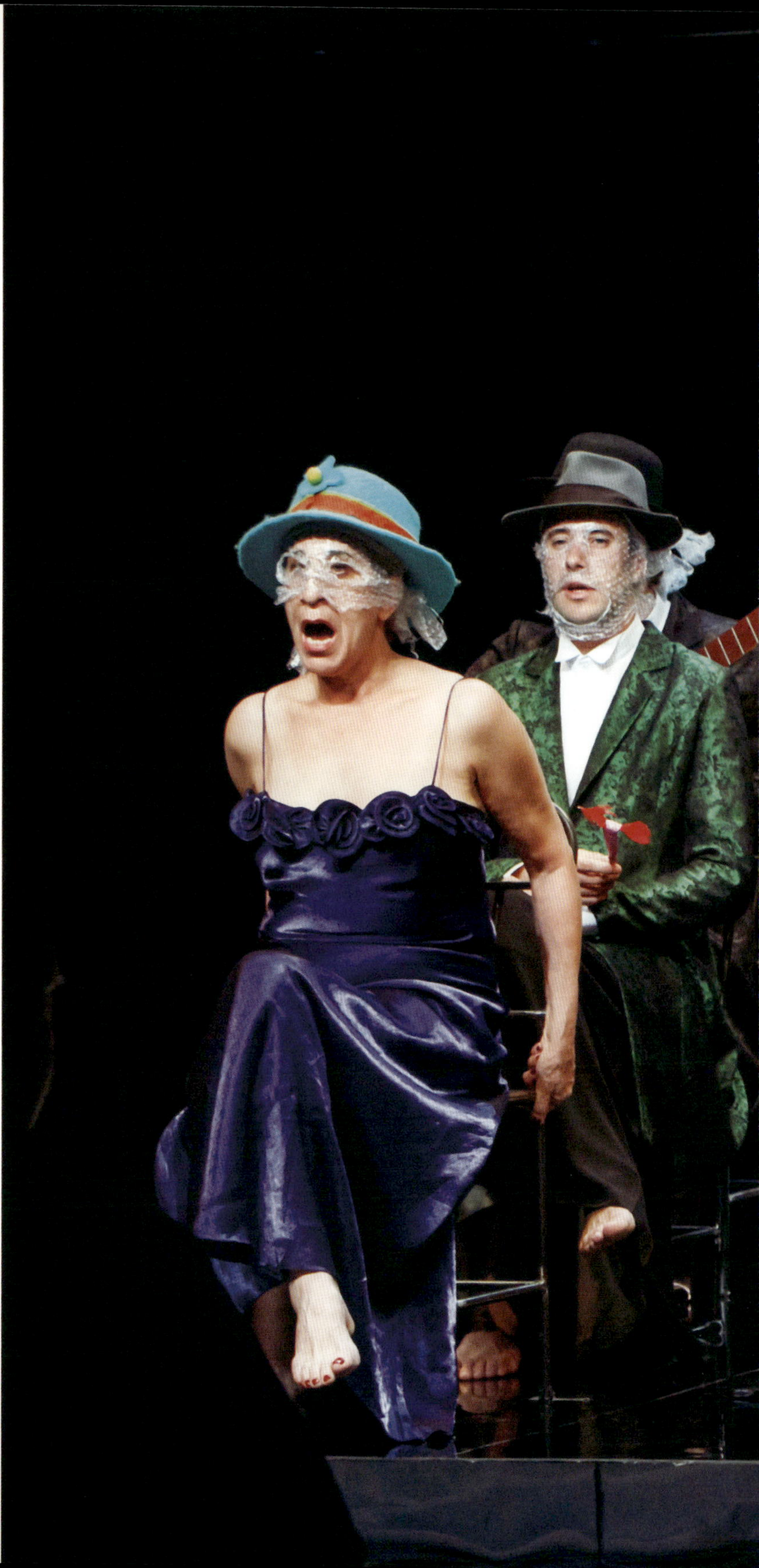

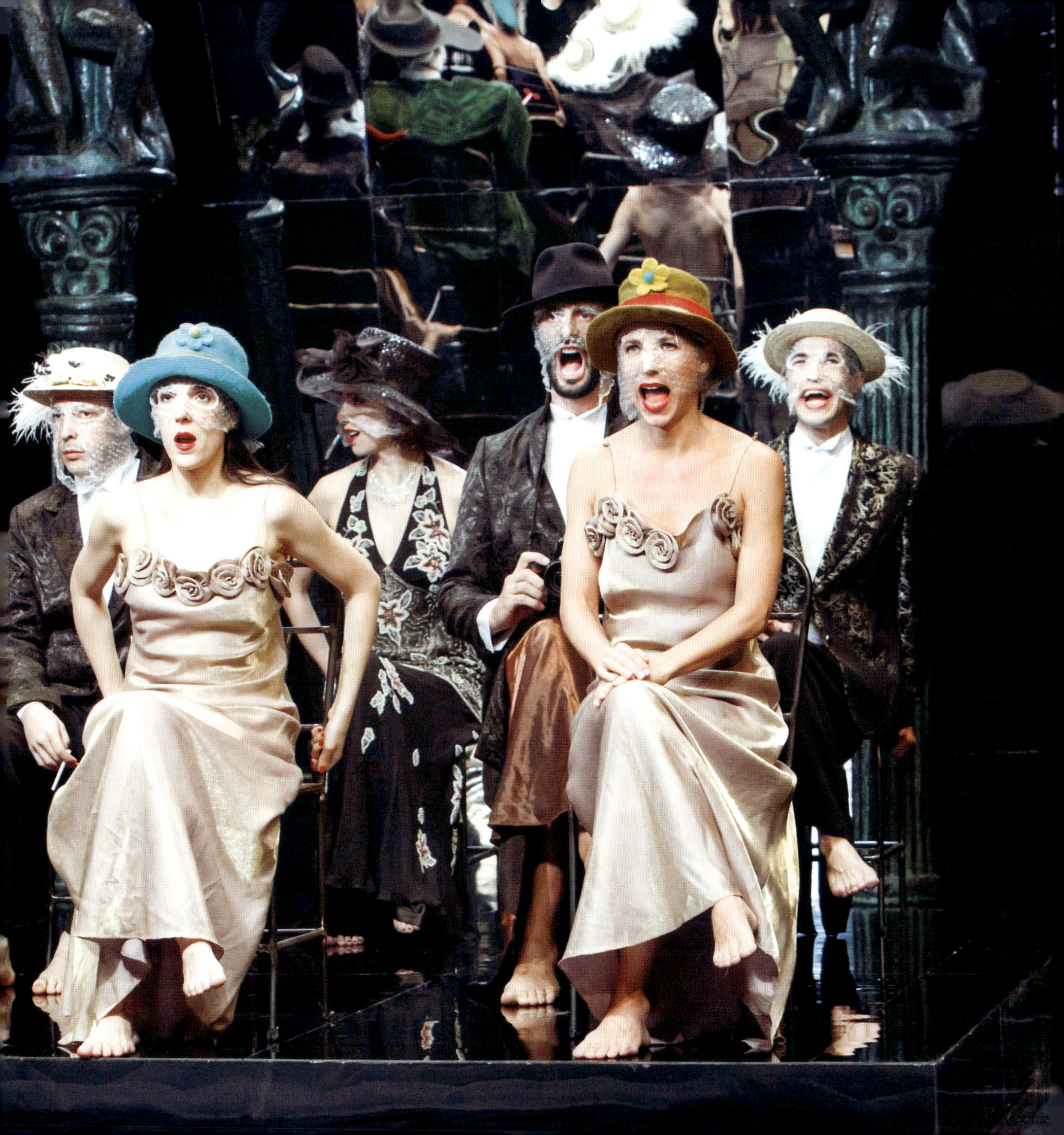

O SOLDADINHO E A BAILARINA

2010

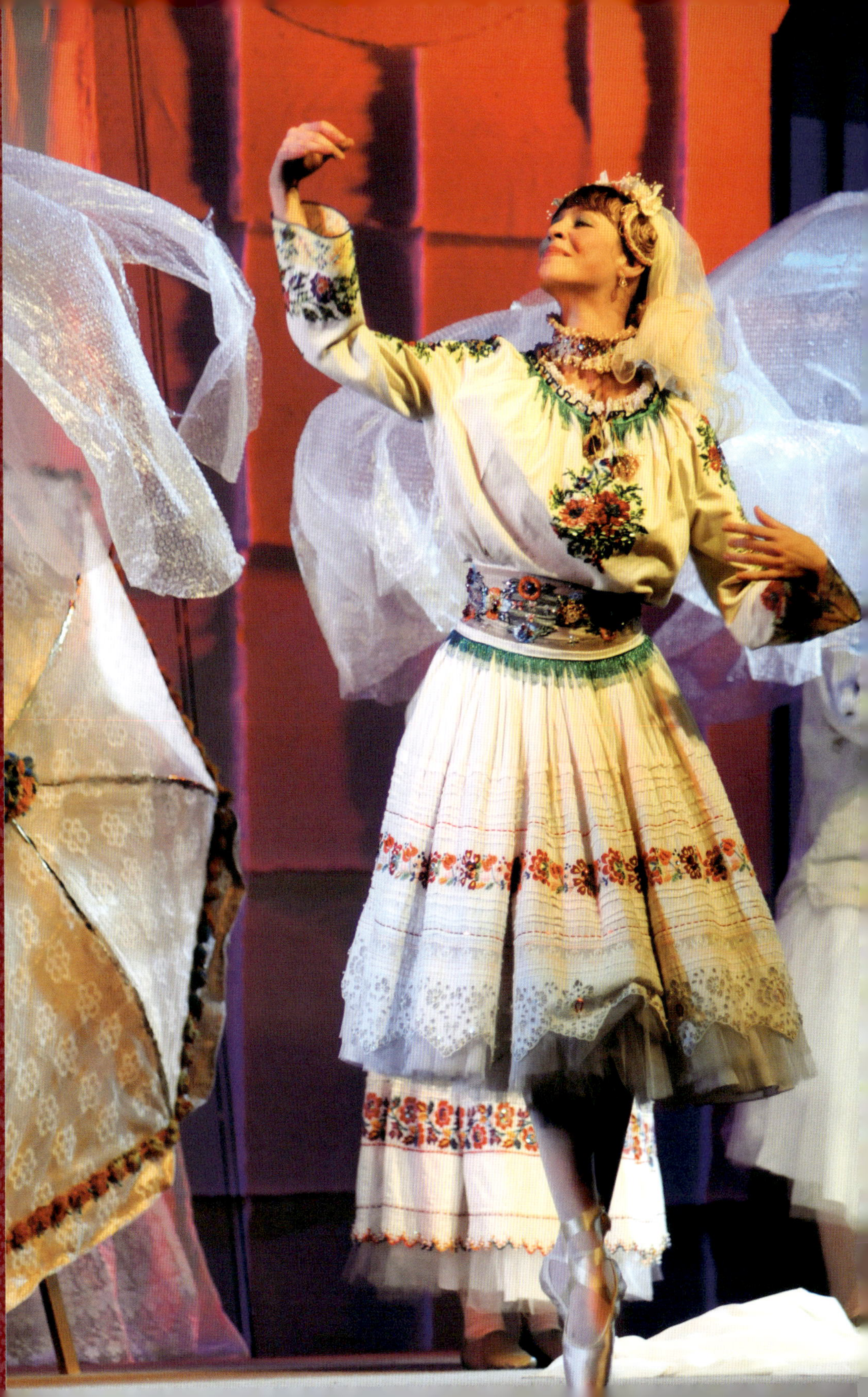

"A beleza da nossa profissão é que você faz um cálculo, os deuses fazem outro. A roda gira e de repente surge à nossa frente, com um convite irrecusável, uma Luana *princesa* Piovani, mulher talentosa, linda de morrer. Ela me levou de volta aos infantis, a mergulhar no universo fabuloso de Hans Christian Andersen (1805-1875), adaptado com graça e rigor por dois amigos queridos, Gustavo Wabner e Sergio Módena. Pudemos tirar de Luana o que ela tem de melhor — a loucura sadia, a capacidade de ser mil pessoas em uma só, uma empreendedora atrevida que vai atrás de cada detalhe e garante o combinado. Fizemos audições para escolher o elenco, e, como sempre digo, isso para mim é muito sofrido e sempre constrangedor, ainda mais no Rio de Janeiro, em que todos os atores já nascem cantando. Tivemos candidatos fortíssimos, dignos de grandes musicais, mas a nossa peça era teatro com música, e não um musical. Nesse contexto, juntei mais uma vez os mineiros da música e da voz, Babaya e Ernani Maletta, que fizeram um trabalho primoroso de adaptação do cancioneiro regional infantil, em parceria com um incrível músico e maestro carioca, Victor Pozas. A trilha saiu em CD e, de tão linda, foi indicada ao Grammy latino. Os ensaios foram em pleno verão carioca, ao qual não me adapto de jeito nenhum. Mas aguentei o calor insuportável, diante de tanto carinho e competência da equipe. Fiz novos amigos ali. A iluminação de Domingos Quintiliano foi nascendo com a cenografia, com resultados acima da média. A equipe de produção ficou bem próxima, no mesmo lugar onde ensaiávamos, o que facilitava a solução imediata das questões artísticas. Da numerosa equipe, escolho citar uma artista para representar muito bem a competência de todos, a aderecista Veluma Pereira, que brilhou nos bordados dos figurinos ao lado de minha irmã Giovanna Villela. Pablo Áscoli combinou bem em cena com Luana, e ambos compuseram os protagonistas com bastante delicadeza."

estreia **17 DE ABRIL DE 2010 · ESPAÇO TOM JOBIM · RIO DE JANEIRO** texto original **HANS CHRISTIAN ANDERSEN** livre adaptação **SERGIO MÓDENA** e **GUSTAVO WABNER** direção **GABRIEL VILLELA** assistência de direção **GUSTAVO WABNER** cenário e figurino **GABRIEL VILLELA** bordados e adereços **GIOVANNA VILLELA** e **VELUMA PEREIRA** iluminação **DOMINGOS QUINTILIANO** direção musical **VICTOR POZAS** e **ERNANI MALETTA** direção vocal **BABAYA** música **VICTOR POZAS** letras **SERGIO MÓDENA** orquestração e regência **PEDRO MILMAN** coreografia **KIKA FREIRE** elenco **ANDO CAMARGO, CAROLINA HENRIQUES, DANIEL MAIA (PARTICIPAÇÃO EM SÃO PAULO), ÉRIKA RIBA, GABRIEL MESQUITA, GERMANA GUILHERMME, JADERSON FIALHO, JANAINA AZEVEDO, LETÍCIA MEDELLA, LUANA PIOVANI, MARCELLO BOFFAT, MAURICIO SOUZA LIMA, PABLO ÁSCOLI** e **PEDRO LIMA** produção executiva **PAULA SALLES, GABRIELA MENDONÇA** e **ALINE RAPADURA** direção de produção **MARIA SIMAN** realização **LUANA PIOVANI PRODUÇÕES** e **PRIMEIRA PÁGINA PRODUÇÕES**

imagens **GUGA MELGAR**

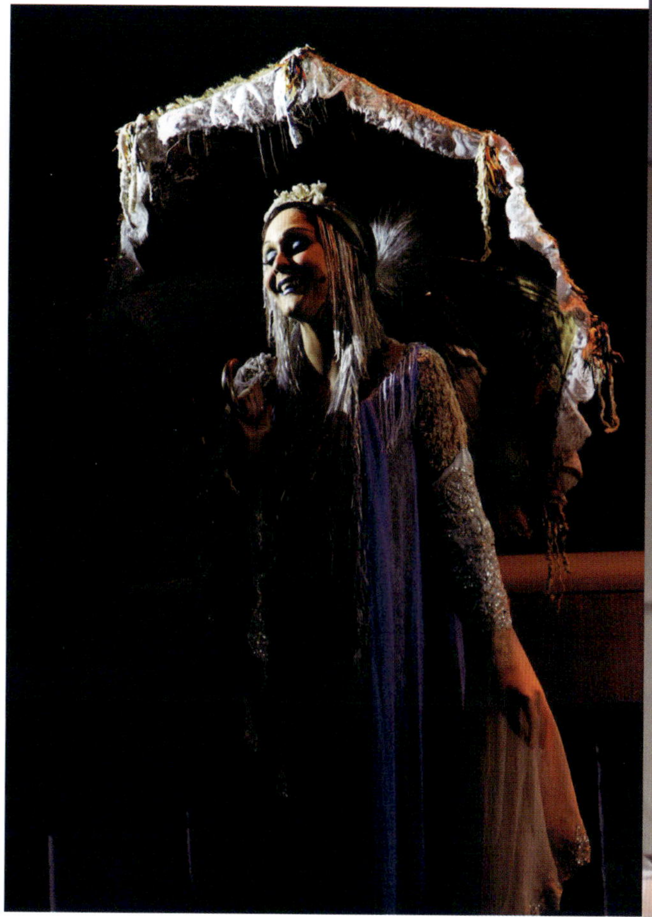

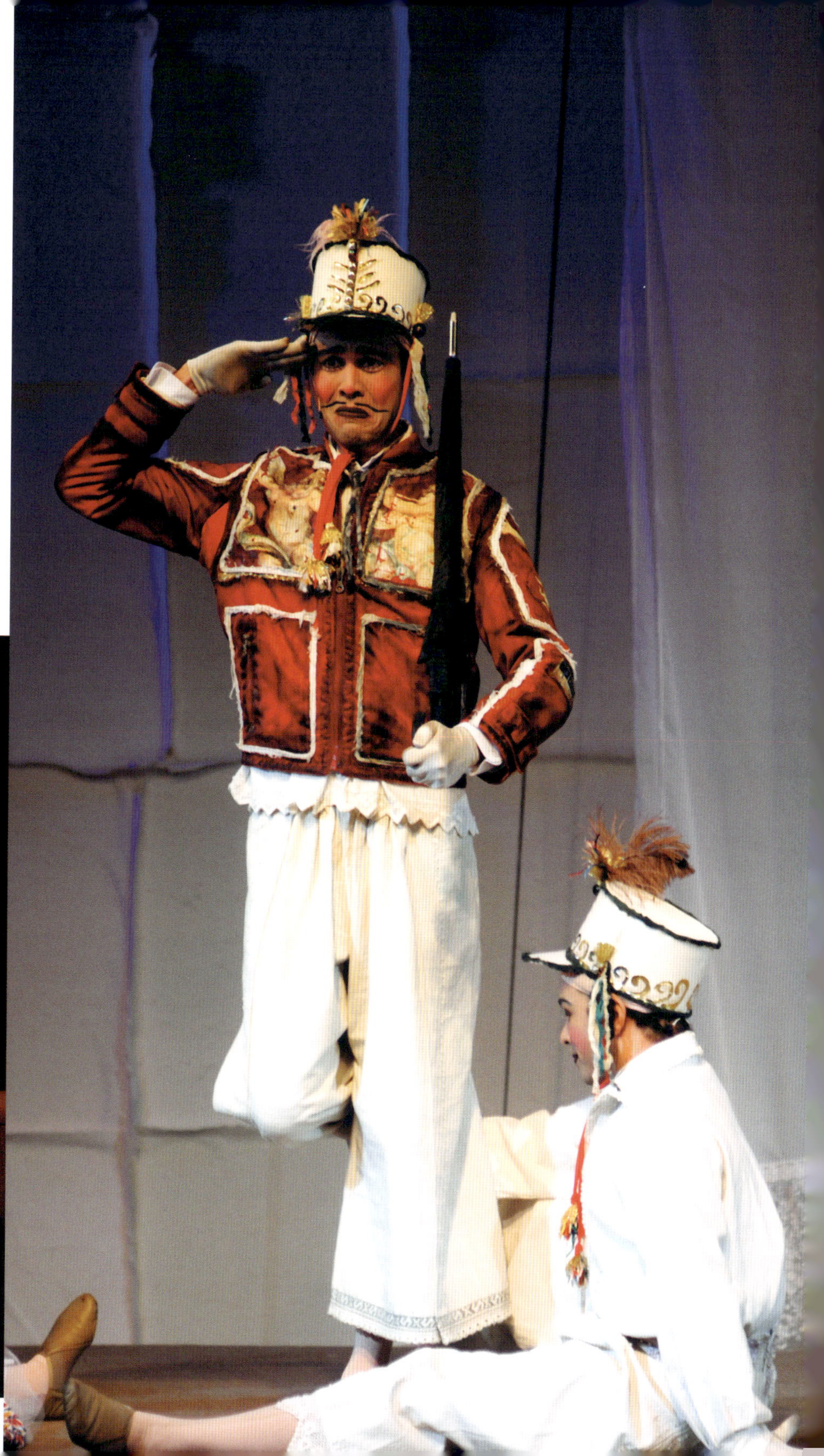

SUA INCELENÇA, RICARDO III

2010

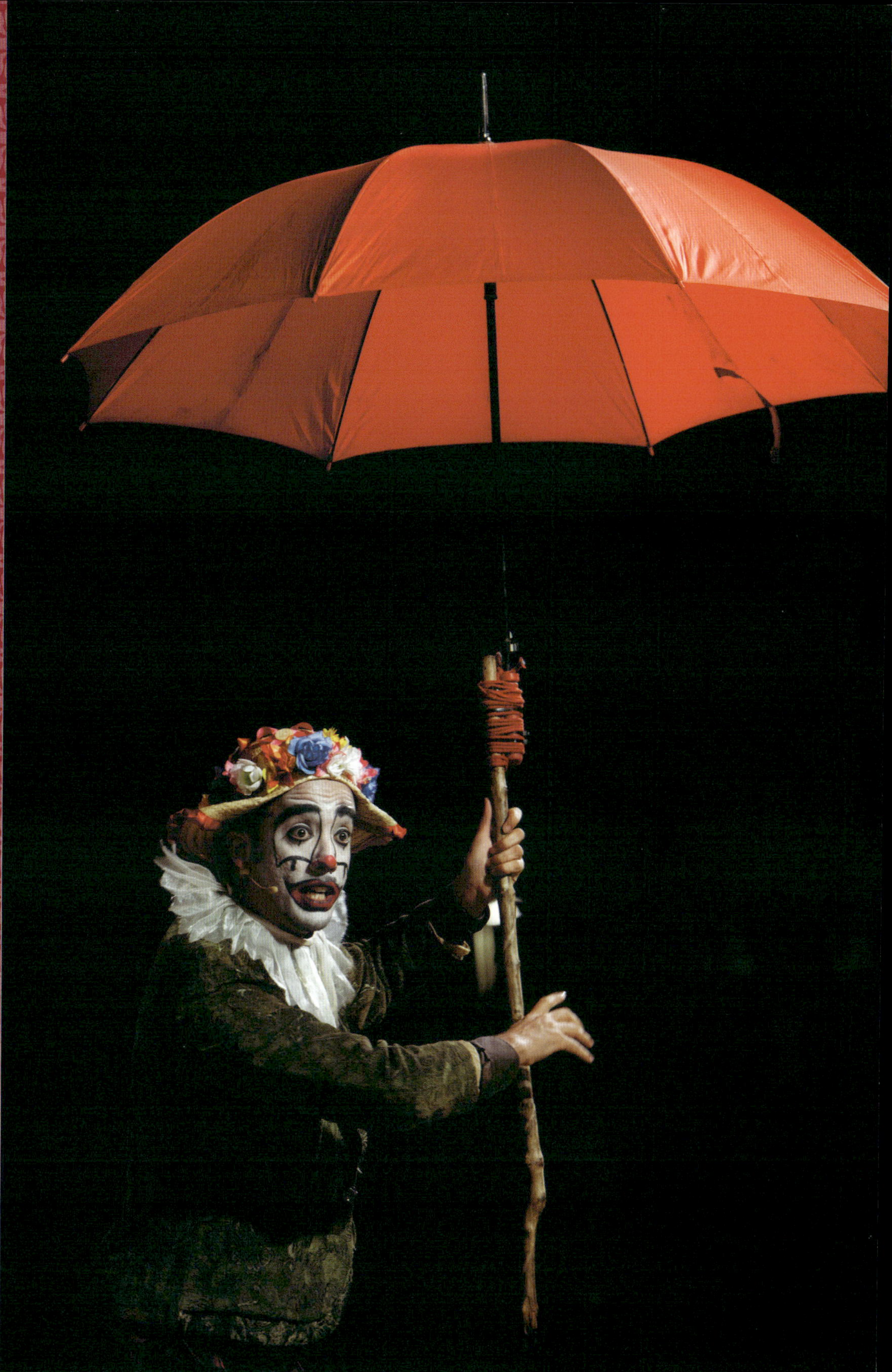

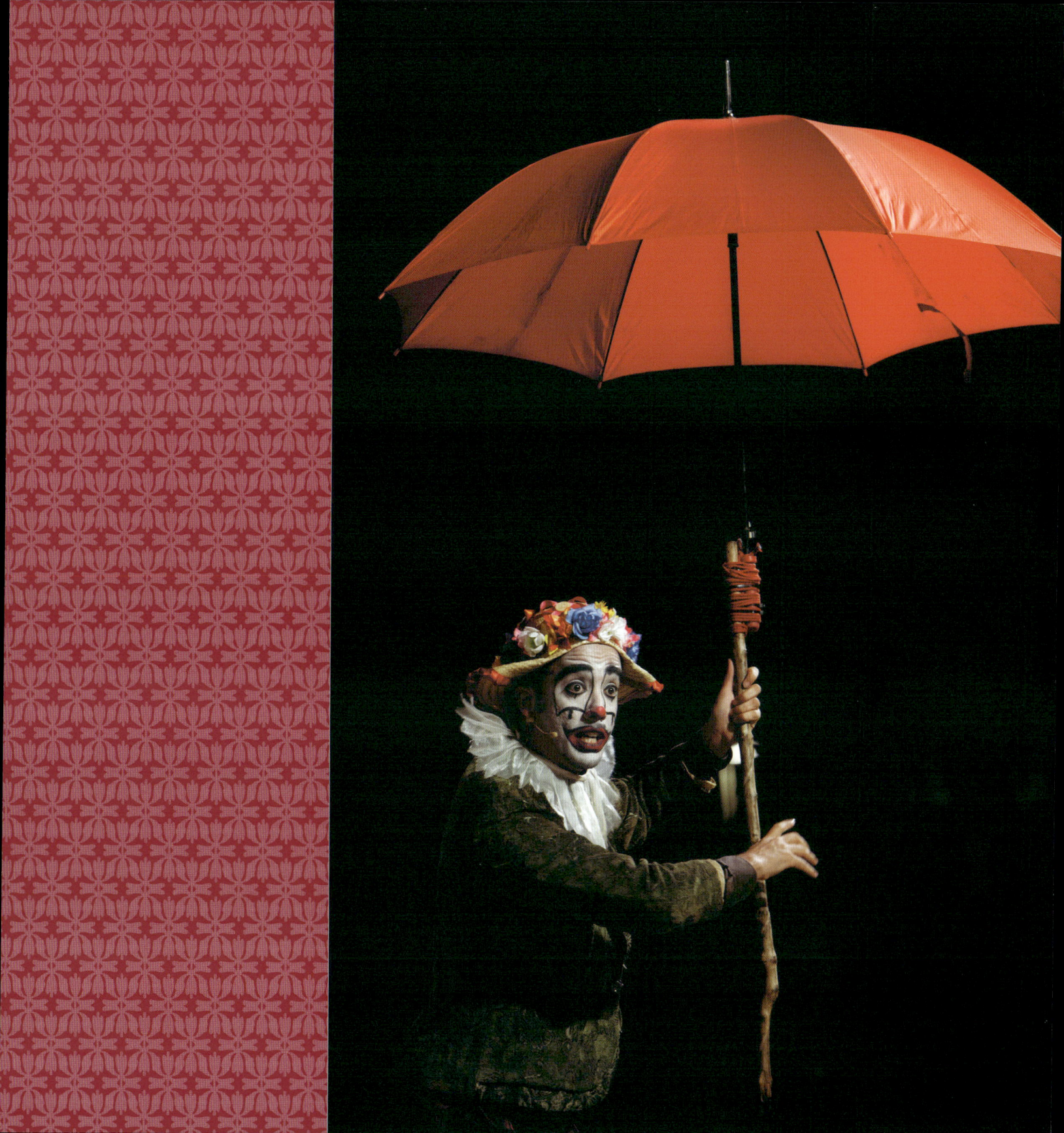

> Esse espetáculo de rua agregou, de um lado, a cultura popular nordestina muito forte; de outro, uma linguagem paródica apoiada em canções clássicas do *rock*; e, centralmente, a fábula universal criada por Shakespeare. É como eu descreveria hoje essa peça que fiz com o grupo Clowns de Shakespeare, de Natal, Rio Grande do Norte. Por causa dessa mistura que foi dando certo ao longo do processo, diria que foi a peça mais improvisada da minha vida, não por mim, mas por todos os envolvidos. As soluções surgiam nos *workshops* com o grupo e eram retrabalhadas em ensaios até virarem cenas coerentes com a linguagem de teatro de rua e circo-teatro. O assistente de direção Ivan Andrade teve muita importância nessa fase dos *workshops* e na condução das ideias dramatúrgicas de Shakespeare, presentes na adaptação proposta pela dramaturgia de Fernando Yamamoto, com a colaboração musical de Marco França. A trilha ilustra bem isso a que me refiro: havia de 'Assum preto' e 'Acauã', de Luiz Gonzaga, a 'Bohemian rhapsody', do Queen, e 'The logical song', do Supertramp. A maior representante dos romanceiros, dona Militana Salustino (1925-2010), natural do Rio Grande do Norte, também fez parte da dramaturgia e da trilha. Sua canção-repente que falava de um valentão nordestino virou uma solução dramatúrgica fundamental para o espetáculo, resolvendo em poucos minutos as diversas mortes que se sucedem no terceiro ato. Incluo *Sua Incelença, Ricardo III* na lista dos espetáculos de minha carreira que são puro músculo ou, melhor dizendo, no rol dos componentes da viga mestra que sustenta a musculatura do teatro que faço. Na primeira vez em que fui a Natal, fiquei horas no bairro do Alecrim vendo a tradicional palhaçaria de rua nas praças, nos parques, nas esquinas. Quis abrir o espetáculo assim, com um coro de máscaras de látex, remetendo a essa particularidade da cultura nordestina, mas também aos coros do teatro grego. A parte '*rock and roll*' dos figurinos veio de Praga, na República Checa, onde comprei e retrabalhei peças de Christian Audigier & Ed Hardy, grife usada por *popstars*. Já a parte regionalista teve muito a ver com o artesão potiguar Shicó do Mamulengo, que conheci nessa montagem e de quem nunca mais me separei em todas as produções seguintes. Shicó herdou de seus antepassados a arte do couro costurado. É Deus agindo pelas mãos dele. Se eu tivesse de guardar um dos figurinos para sempre, seria o do matador Tyrrel (César Ferrario), pois Shicó deitou e rolou com as palhas de bananeiras usadas nos acessórios e adereços. Na dramaturgia, Fernando Yamamoto foi fundamental para os cortes, pois entendia mais do que todos da dinastia Plantageneta e a confusa rede de parentesco que enovela as dezenas de personagens dessa tragédia. Grata surpresa foi ainda o jovem diretor de produção Rafael Telles, cheio de expedientes e soluções. Antes de estrear, fomos a Gargalheiras, Acari, interior do Rio Grande do Norte, mostrar o espetáculo inacabado ao público local, exatamente como fiz com o Grupo Galpão em Morro Vermelho, com *Romeu e Julieta*. Ver a reação de encantamento da população, virgem de teatro, tentando estabelecer relações entre suas histórias de disputas de terras e o passado do cangaço com as mortes e os assassinatos do rei Ricardo III, o javali sanguinário, foi enriquecedor para toda a equipe e uma das experiências mais emocionantes de minha trajetória.

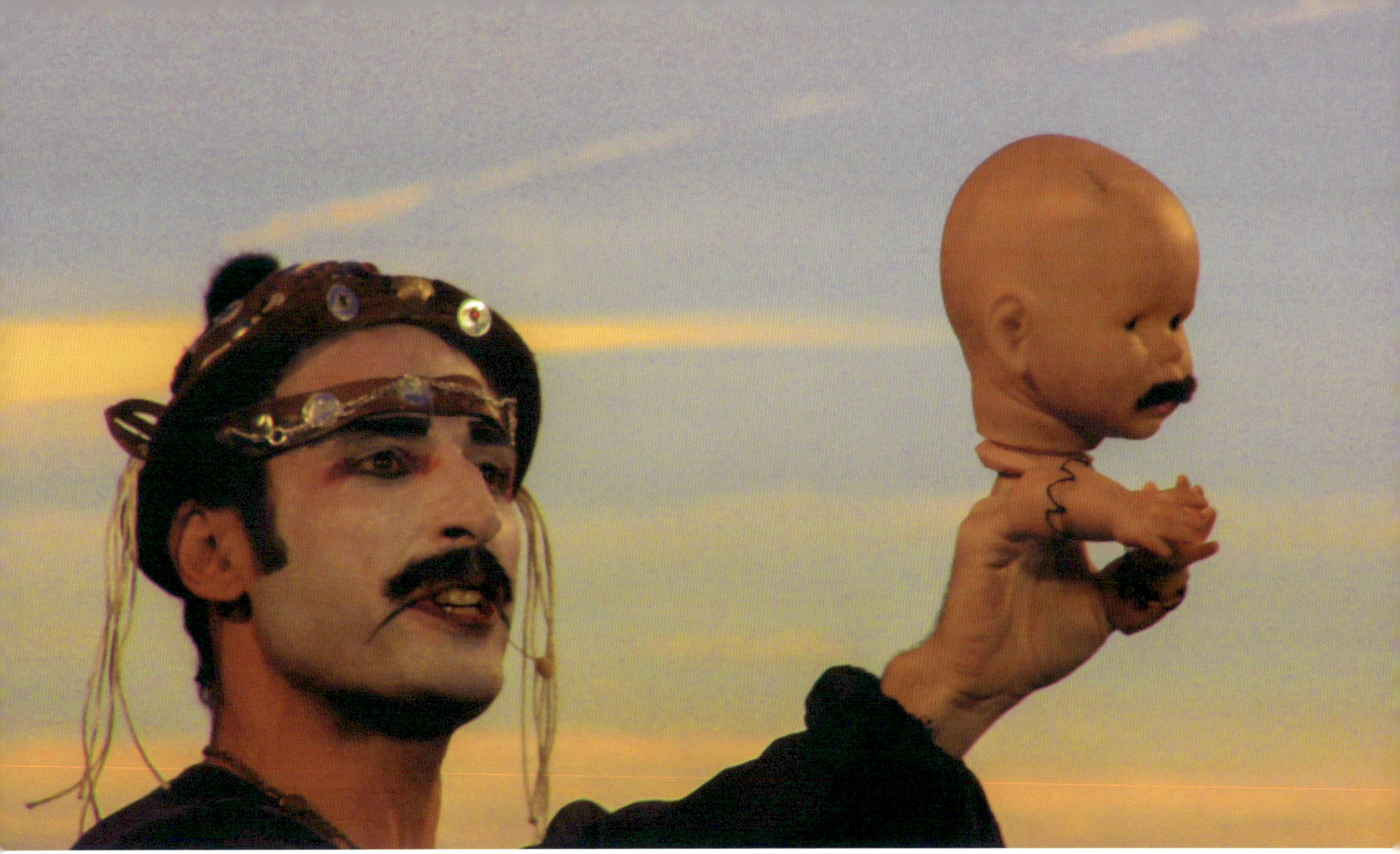

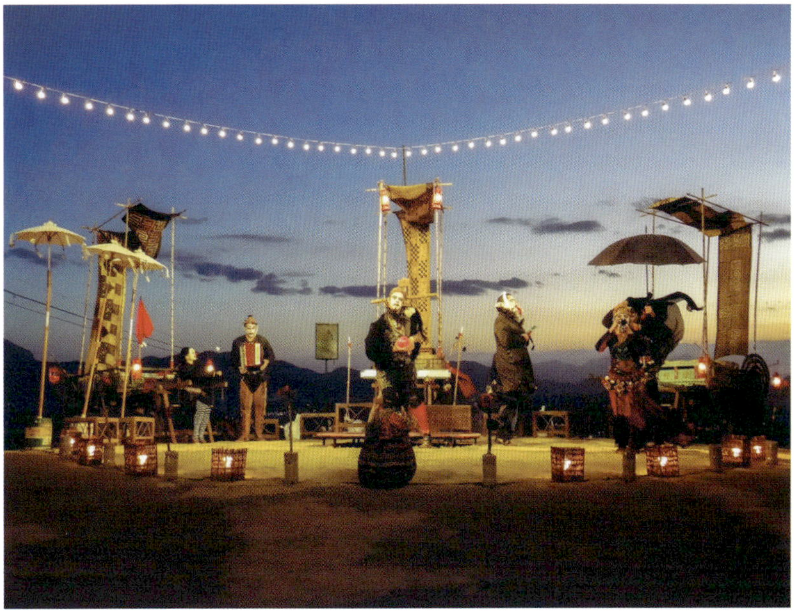

::::::::::::::::::
estreia **8 DE NOVEMBRO DE 2010** · **TERRENO DE FRENTE À SEDE DOS CLOWNS DE SHAKESPEARE** · **BAIRRO NOVA DESCOBERTA** · **NATAL** · **RIO GRANDE DO NORTE** texto original **WILLIAM SHAKESPEARE** adaptação dramatúrgica **FERNANDO YAMAMOTO** consultoria dramatúrgica **MARCOS BARBOSA** direção-geral **GABRIEL VILLELA** assistência de direção **IVAN ANDRADE** e **FERNANDO YAMAMOTO** direção de movimento **KIKA FREIRE** direção de palco **ANDERSON LIRA** cenário **RONALDO COSTA** figurino **GABRIEL VILLELA** assistência de figurino **GIOVANNA VILLELA** adereços **SHICÓ DO MAMULENGO** costura **MARIA SALES** iluminação **RONALDO COSTA** direção musical **MARCO FRANÇA, ERNANI MALETTA** e **BABAYA** arranjos vocais **ERNANI MALETTA** e **MARCO FRANÇA** arranjos instrumentais **MARCO FRANÇA** preparação vocal **BABAYA** direção vocal para texto e canto **BABAYA** música instrumental original **MARCO FRANÇA** pesquisa musical **GABRIEL VILLELA** e **O GRUPO** técnica de som **DIANO CARVALHO** secretariado **ARLINDO BEZERRA** elenco **CAMILLE CARVALHO, CÉSAR FERRARIO, DUDU GALVÃO, JOEL MONTEIRO, MARCO FRANÇA, PAULA QUEIROZ, RENATA KAISER** e **TITINA MEDEIROS** coordenação de produção **FERNANDO YAMAMOTO** assistência de produção **RENATA KAISER** produção executiva **RAFAEL TELLES**
::::::::::
imagens **ALEXANDRE NUNIS, RAFAEL TELLES** e **PABLO PINHEIRO**

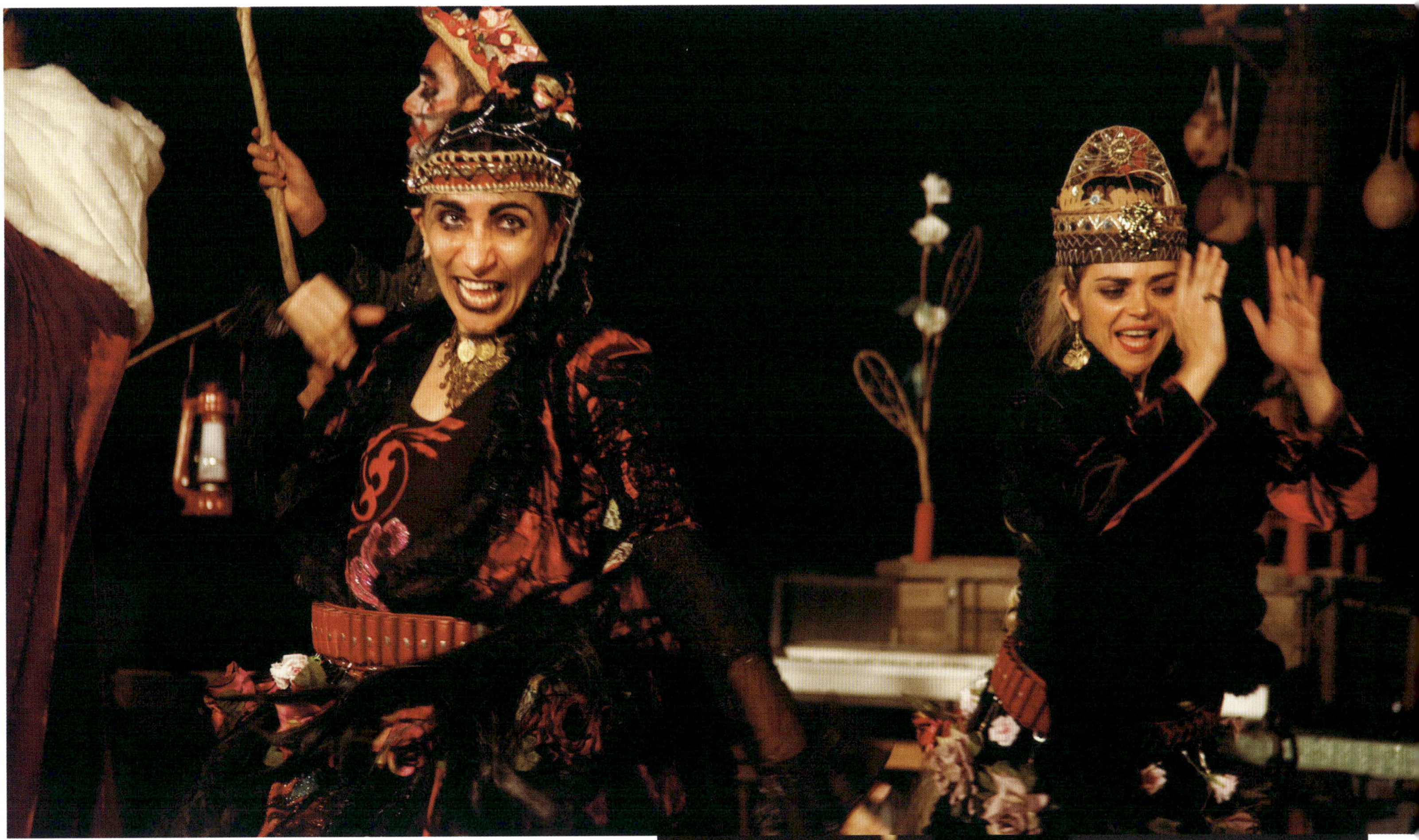

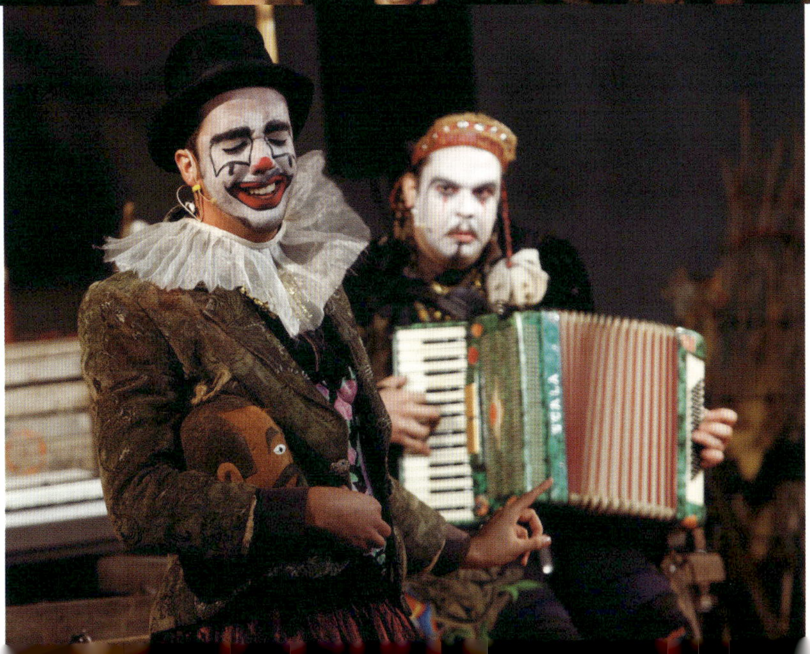

CRÔNICA DA CASA ASSASSINADA

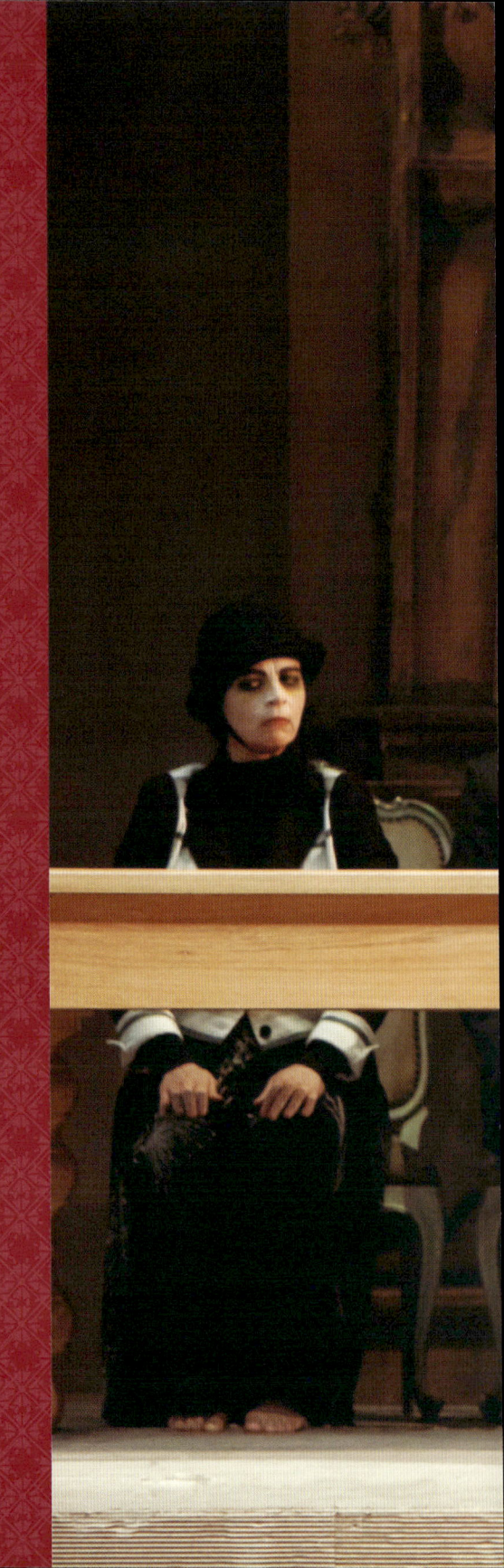

2011

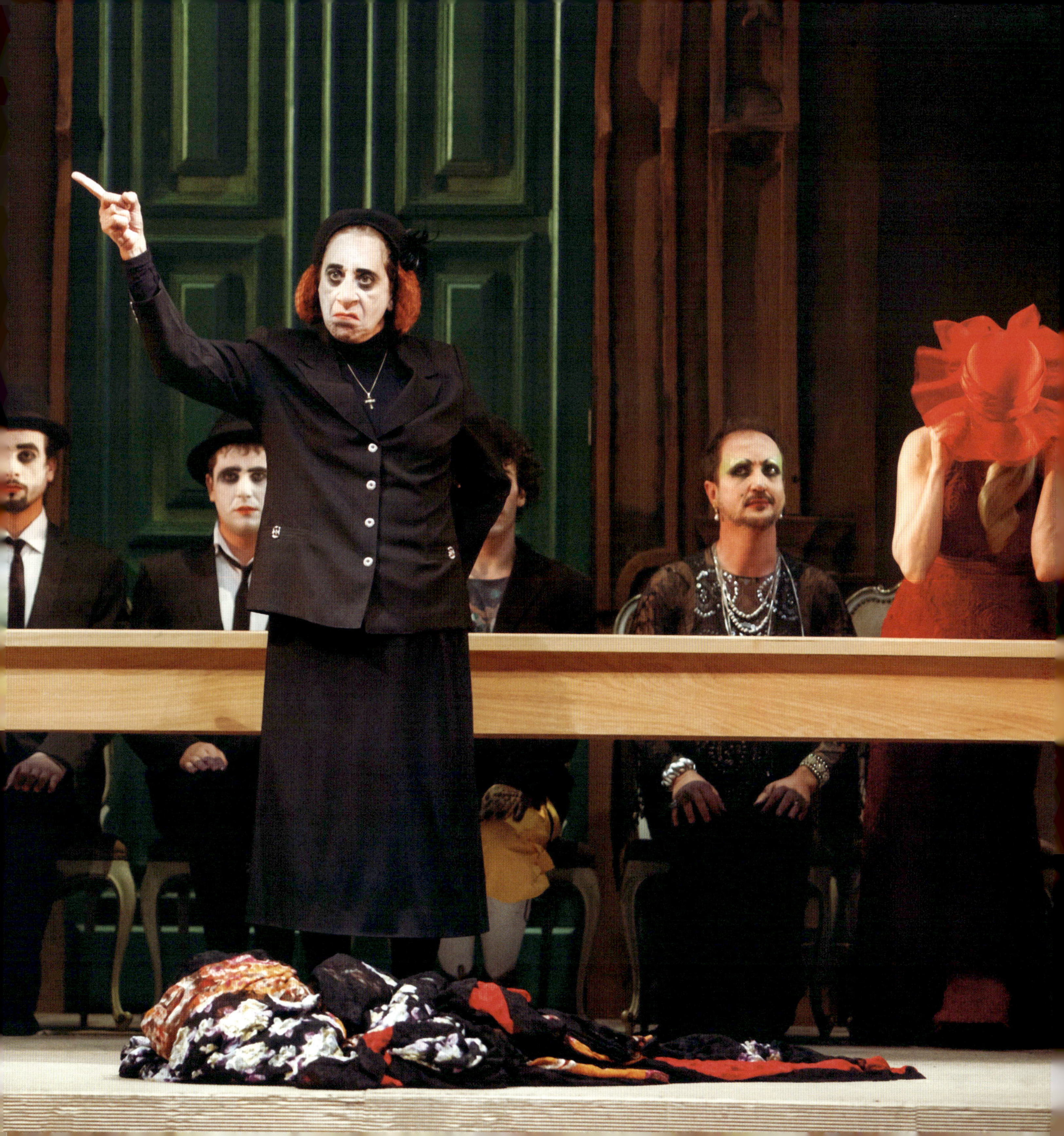

"Acho sinceramente que o escritor mineiro Lúcio Cardoso (1912-1968) produziu o romance mais belo já escrito no Brasil, sem contabilizar, claro, aqueles autores que mudaram o curso da história de nossas letras, como Guimarães Rosa e Machado de Assis. Em Lúcio, porém, nunca vi uma abordagem tão correta e sincera da cultura interiorana e agrária de Minas Gerais. A família que ele retrata, os Meneses, faz parte de uma aristocracia rural decadente, com todas as suas aparências, os maneirismos e as loucuras. O sexo está na base de tudo. É uma fábula de volúpias e incestos. A transposição para o teatro, feita brilhantemente por Dib Carneiro Neto, realçou esse *debaixo dos panos*, típico dos mineiros, e também o caráter epistolar do texto, com fortes momentos em que os personagens desfiavam seus solilóquios. Tenho essa peça no coração justamente porque foi uma montagem que disse bastante sobre o povo de Minas, sem ser autorreferencial. Pude falar de Minas por meio de um romance importantíssimo. Inspirei-me bastante em *Álbum de família*, do Nelson Rodrigues. Os uivos noturnos são comuns nas duas obras. Também usei um pouco como referência o filme *Kaos*, dos irmãos Taviani, em que os personagens aparecem uivando para a lua. Márcio Vinicius fez um cenário expressivo que falava tanto quanto o texto. Havia um grande portal inspirado na igreja de São Francisco de Assis, de Aleijadinho, e uma mesa de jantar monumental, em que os personagens, feito Sísifos, punham e tiravam as louças o tempo todo, repetidamente. 'Ontem mataram um porco', dizia a personagem de Maria do Carmo Soares, empregada da casa — frase que para mim é síntese do livro, da peça, do modo de vida daquela família e de todo o povo mineiro. Voltei a trabalhar com Xuxa Lopes, a protagonista Nina, que representava a beleza e a liberdade das brasileiras da zona sul carioca; com Letícia Teixeira, no papel de Ana, mulher das trevas, que hostilizava com inveja e rancor a cunhada carioca; e com Sergio Rufino, que fez o irmão homossexual de um jeito visceral e humanista. No final herético, quis fazer o Cristo (Hélio Souto Jr.) dar as costas para a família mineira na sala de jantar. Aí, sim, entrei com um discurso pessoal de diretor, em referência ao excesso de culpa cristã."

::::::::::::::::

estreia **3 DE JUNHO DE 2011** · **TEATRO MAISON DE FRANCE** · **RIO DE JANEIRO** e **16 DE SETEMBRO DE 2011** · **SESC VILA MARIANA** · **SÃO PAULO**
texto **DIB CARNEIRO NETO** [adaptado do romance de Lúcio Cardoso] direção **GABRIEL VILLELA** assistência de direção **CÉSAR AUGUSTO** e **IVAN ANDRADE** direção de palco **ALEX PEIXOTO** cenografia **MÁRCIO VINICIUS** assistência de cenografia **PRISCILA TAVARES** figurino **GABRIEL VILLELA** costura **CLEIDE MEZZACAPA HISSA** iluminação **DOMINGOS QUINTILIANO** sonoplastia **GABRIEL VILLELA** preparação corporal **ROSELY FIORELLI** preparação vocal **BABAYA** administração **MARTHA ALMEIDA** [Rio de Janeiro] e **FRANCISCO MARQUES** [São Paulo] camareiras **ALICE FARIAS** e **VELUMA BIANCA** [Rio de Janeiro] e **MARLENE COLLÉ** [São Paulo] elenco **CACÁ TOLEDO, FLAVIO TOLEZANI, HÉLIO SOUTO JR., LETÍCIA TEIXEIRA, MARCO FURLAN, MARIA DO CARMO SOARES, PEDRO HENRIQUE MOUTINHO, ROGÉRIO ROMERA, SERGIO RUFINO** e **XUXA LOPES** [atriz convidada] produção **CLAUDIO RANGEL** [Rio de Janeiro] e **LUIZ ALEX TASSO, ODARA CARVALHO** e **SUELI SANTIAGO** [São Paulo] direção de produção **CLAUDIO FONTANA**

....
imagens **JOÃO CALDAS Fº**

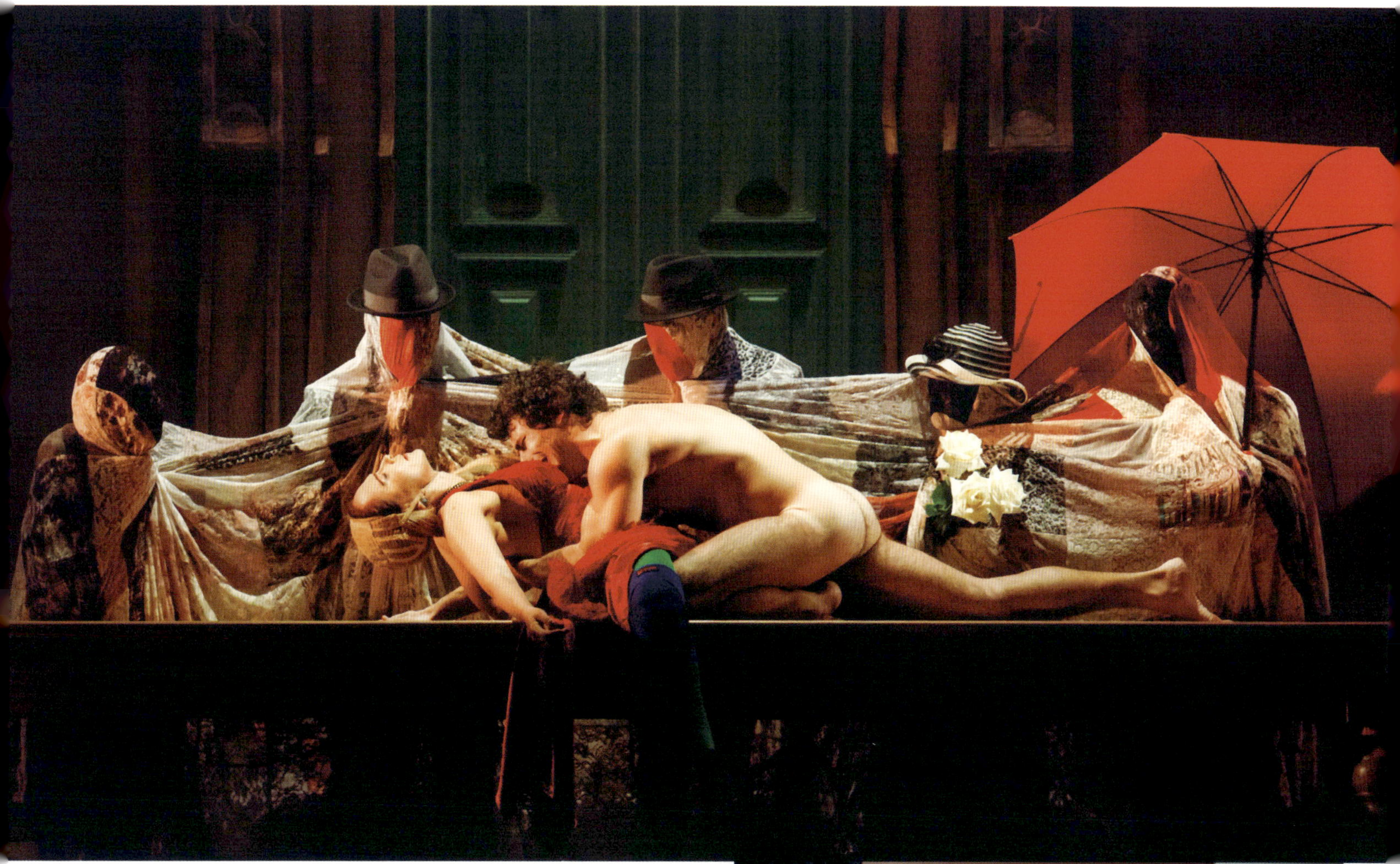

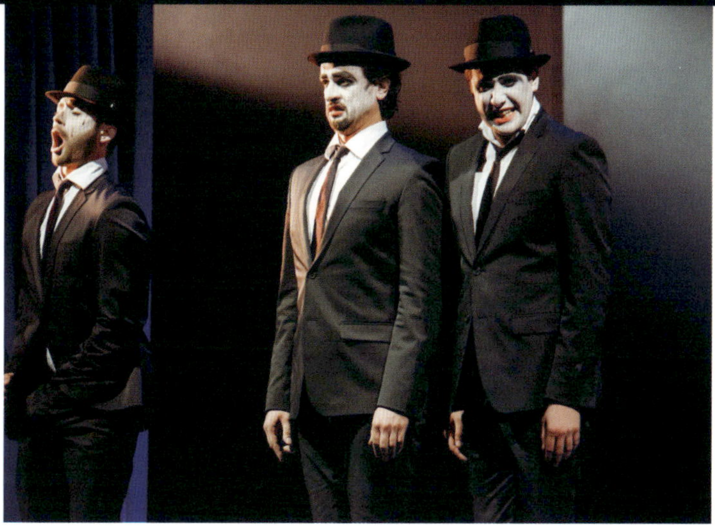

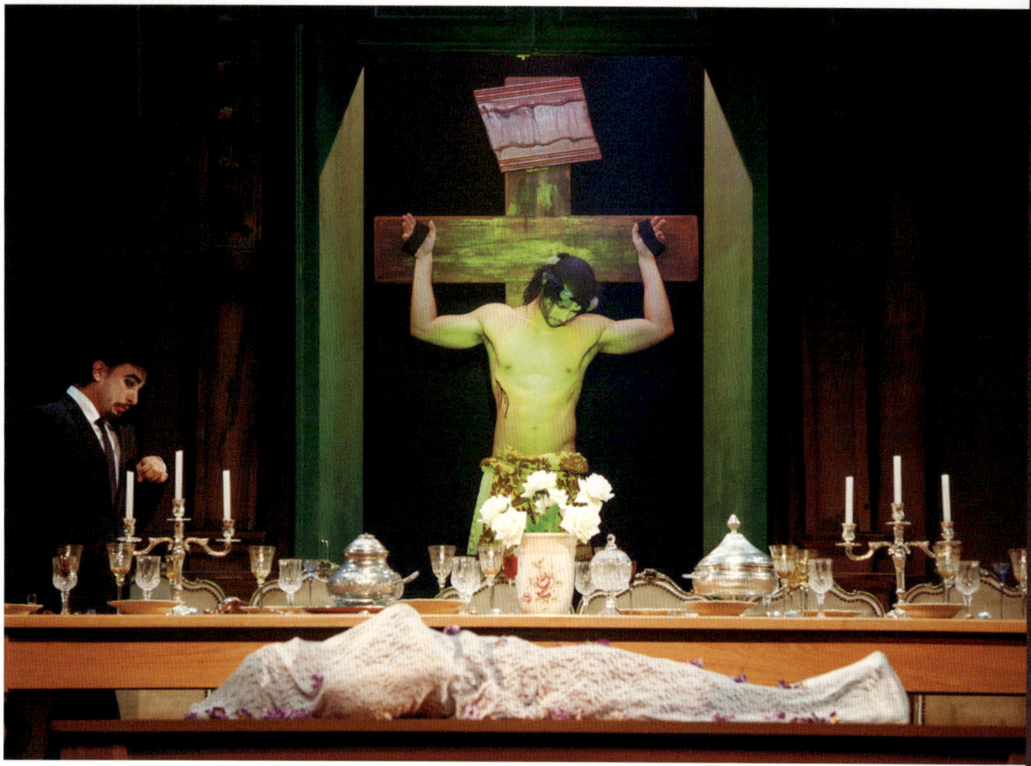

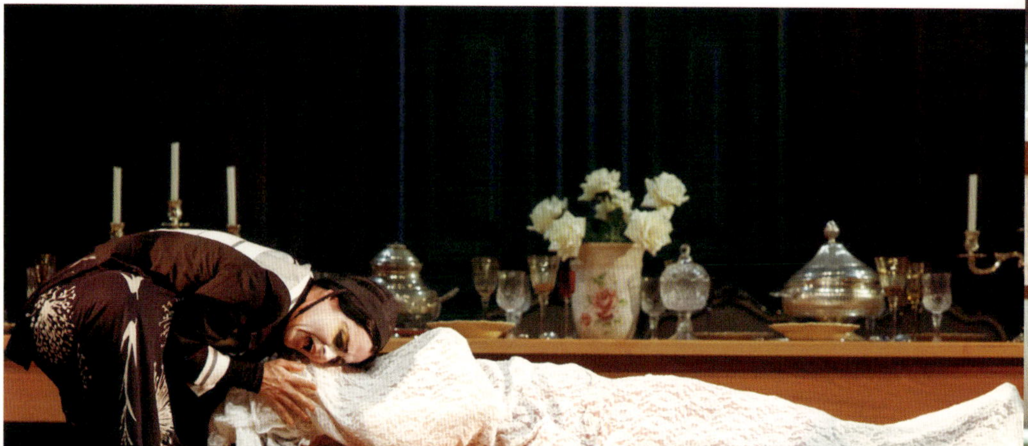

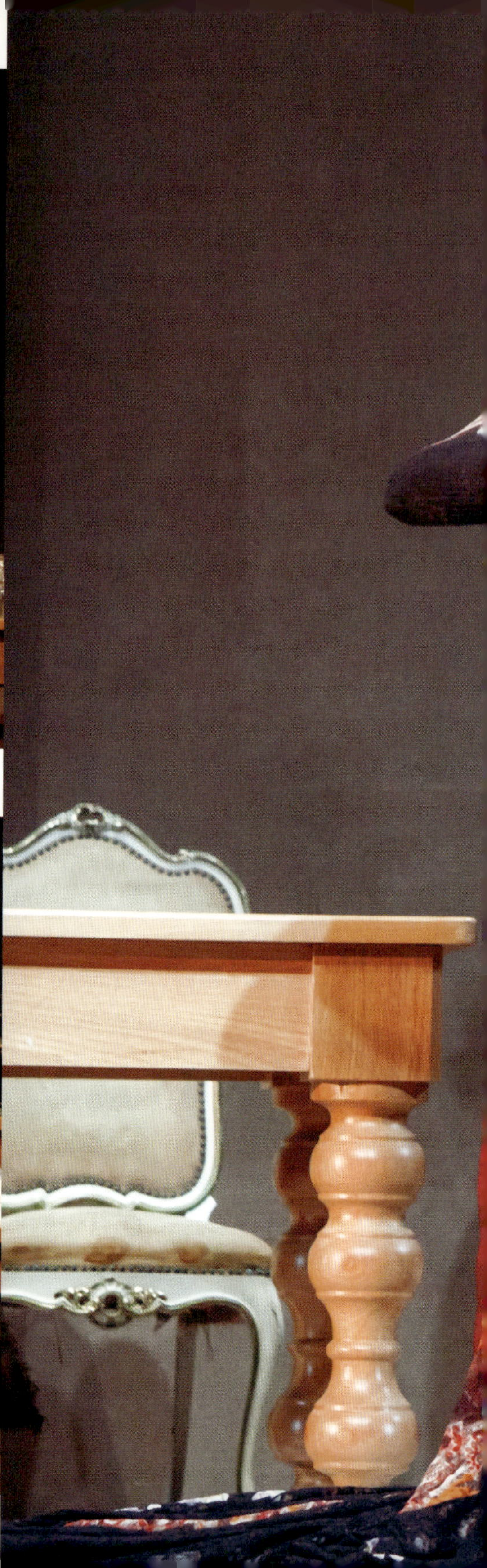

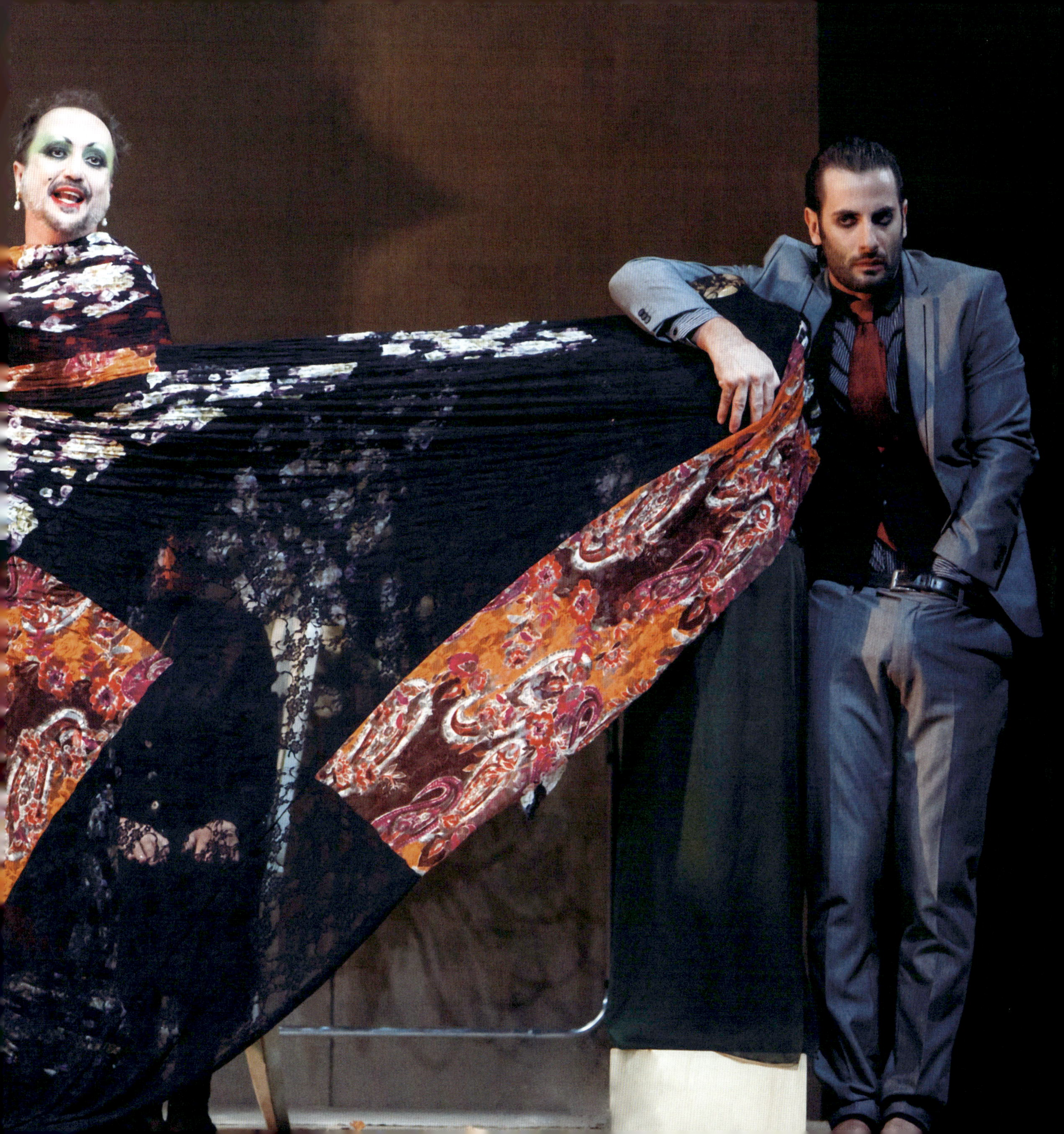

HÉCUBA

2011

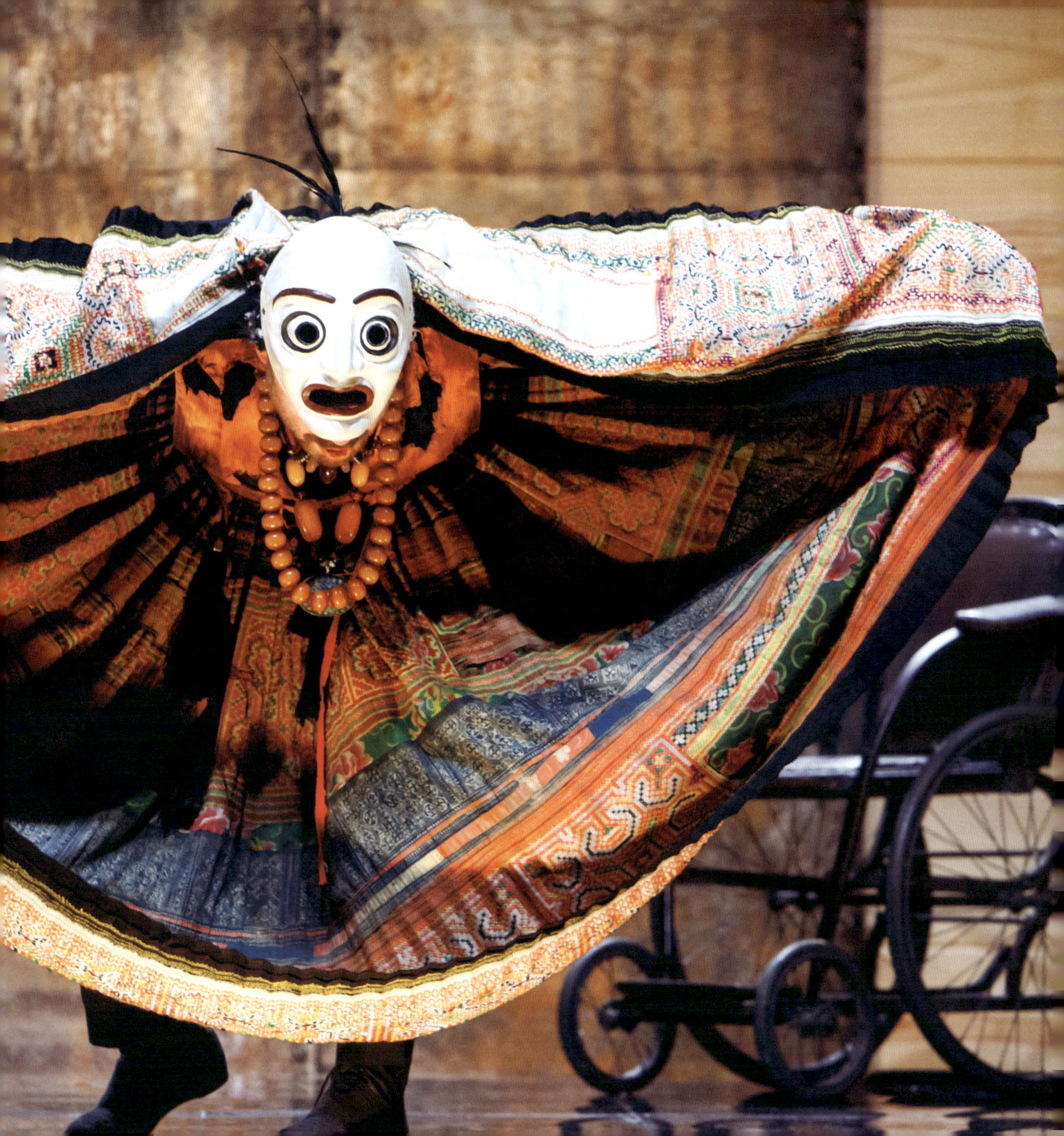

> Encenar Lúcio Cardoso atiçou-me como nunca a querer dirigir uma tragédia grega, porque todo melodrama, como *Crônica da casa assassinada*, é de muita articulação trágica, embora não consiga alcançar as convenções gregas no que concerne principalmente às unidades de espaço, tempo e ação. Aliado a isso, eu sempre tive na atriz e amiga Walderez de Barros uma interlocutora com quem eu falava dessas coisas e, sobretudo, da questão da voz no teatro trágico grego. Não tínhamos nenhum registro de como eram as vozes da época, mas apenas notícia dos artefatos usados para amplificação da voz, além das pistas que a acústica nos dá nas ruínas dos engenhosos projetos arquitetônicos de estádios e arenas do período. Hécuba é uma *mater dolorosa*. Vai perdendo os filhos e extravasando suas dores, sempre uma dor diferente para cada perda. Ela tem um rosário de dores e imprecações, pode-se dizer. Tudo combinava com a voz grave de Walderez de Barros, que nos dava uma aula magna de interpretação grega a cada apresentação. O elenco vivia uma experiência rica em que todos faziam seus personagens específicos sabendo que em seguida deveriam voltar liturgicamente para o coro. Outra dica sobre a voz nas tragédias gregas vem do formato das bocas nas máscaras de estuque e de couro que estão no Museu de Epidauro. A região da boca é sempre ampliada, para que a voz saia amplificada, forte, robusta, imensa. Então eu propus ao artista Shicó do Mamulengo que ele confeccionasse máscaras para um coro de gregos. Quando vi o resultado, fiquei maravilhado. Para os figurinos, pensei em cores, muitas cores, porque sempre vi tragédia grega feita em preto no Ocidente, embora eu tenha aprendido que havia muita cor nos ditirambos de faunos e sátiros e nas festas dionisíacas polifônicas e policromáticas. Mesclei saris religiosos dos monges de Myanmar (ex-Birmânia) com adereços de Cusco, no Peru, como as bonequinhas peruanas típicas. Na trilha, Ernani Maletta trabalhou cantos polifônicos da região dos Bálcãs. Nos movimentos, Ricardo Rizzo trouxe o corpo épico de balanço de navio, enquanto Marcello Boffat acrescentava a dança dos orixás, com toda a sinuosidade do candomblé. Fiz, assim, uma tragédia grega com muita contaminação brasileira.

::::::::::::::::
estreia **17 DE NOVEMBRO DE 2011 · TEATRO VIVO · SÃO PAULO**   texto **EURÍPIDES**   tradução **MÁRIO DA GAMA KURY**   direção, adaptação e figurino **GABRIEL VILLELA**   assistência de direção **CÉSAR AUGUSTO** e **IVAN ANDRADE**   consultoria de cultura grega **CRISTINA RODRIGUES FRANCISCATO**   direção de movimento **RICARDO RIZZO**   direção de palco **ALEX PEIXOTO**   cenografia **MÁRCIO VINICIUS**   construção de cenário **MAIS CENOGRAFIA**   maquiagem de tecido **MARIA CRISTINA MARCONI**   adereços **SHICÓ DO MAMULENGO**   adereços, bordados, apliques e *patchwork* **GIOVANNA VILLELA**   adereço de cabeça **JOSÉ ROSA**   coordenação de ateliê de costura **MARIA DO CARMO SOARES**   costura **CLEIDE MEZZACAPA HISSA**   desenho de luz **MILÓ MARTINS**   assistência e operação de luz **FERNANDO AZAMBUJA**   direção musical e arranjos vocais **ERNANI MALETTA**   preparação vocal **BABAYA**   antropologia da voz **FRANCESCA DELLA MONICA**   religião/dança dos orixás **MARCELLO BOFFAT**   camareira **MARLENE COLLÉ**   elenco **FERNANDO NEVES, FLAVIO TOLEZANI, LEO DINIZ, LUÍSA RENAUX, LUIZ ARAÚJO, MARCELLO BOFFAT, NÁBIA VILLELA, ROGÉRIO ROMERA** e **WALDEREZ DE BARROS**   produção e administração **FRANCISCO MARQUES**   direção de produção **CLAUDIO FONTANA**   assistência de produção **SUELI SANTIAGO**   realização **BF PRODUÇÕES** e **VIVO ENCENA**
....
imagens **JOÃO CALDAS Fº**

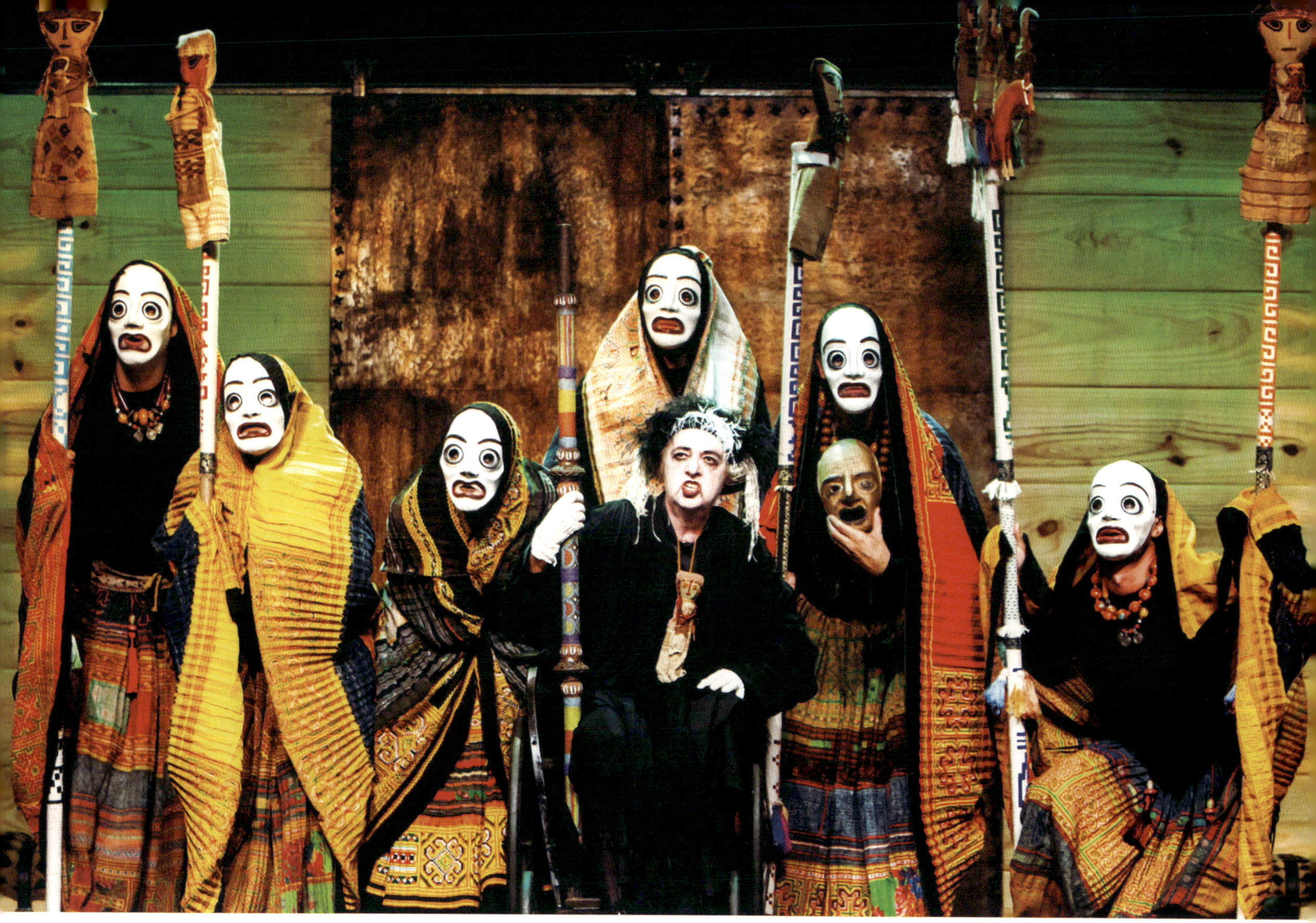

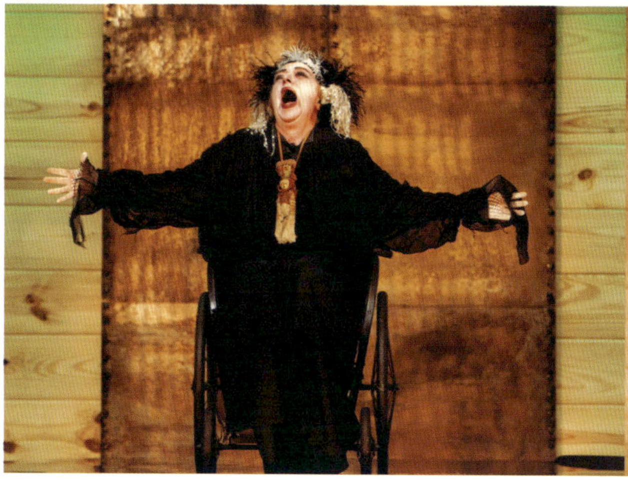

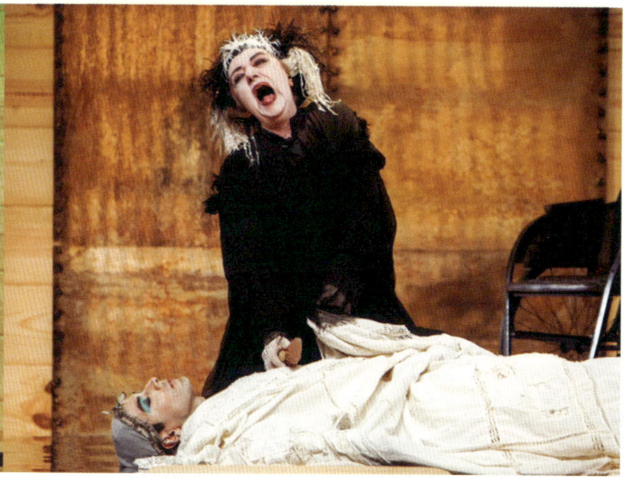

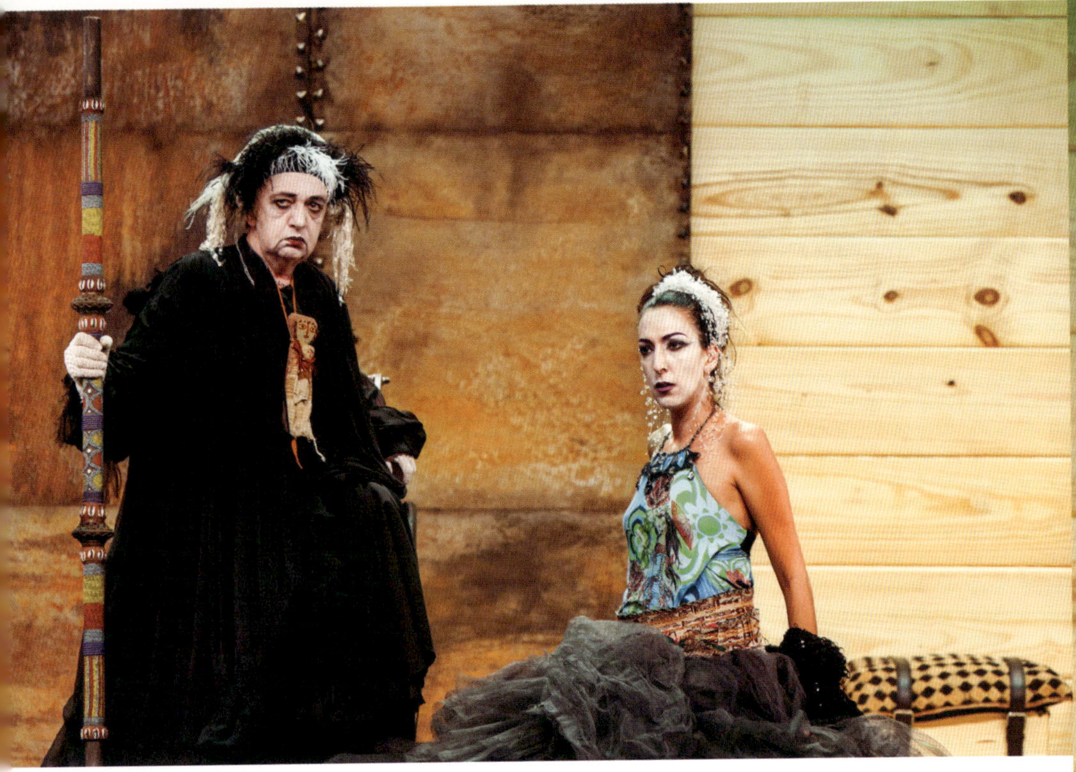

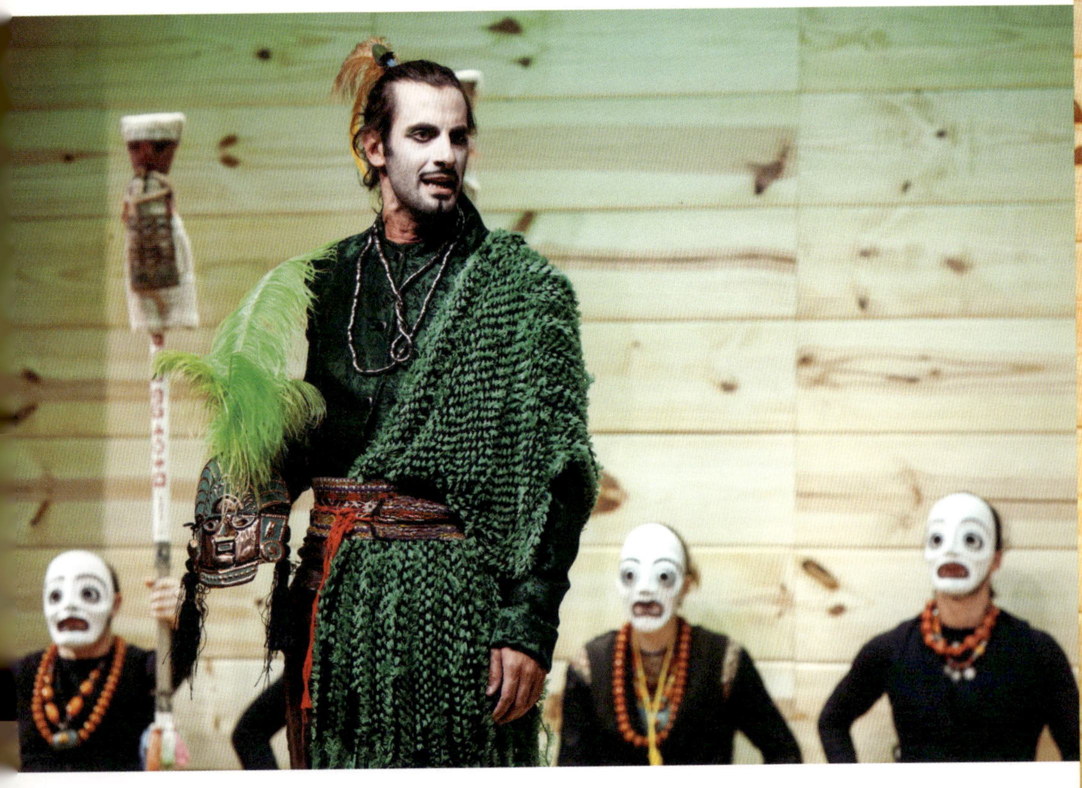

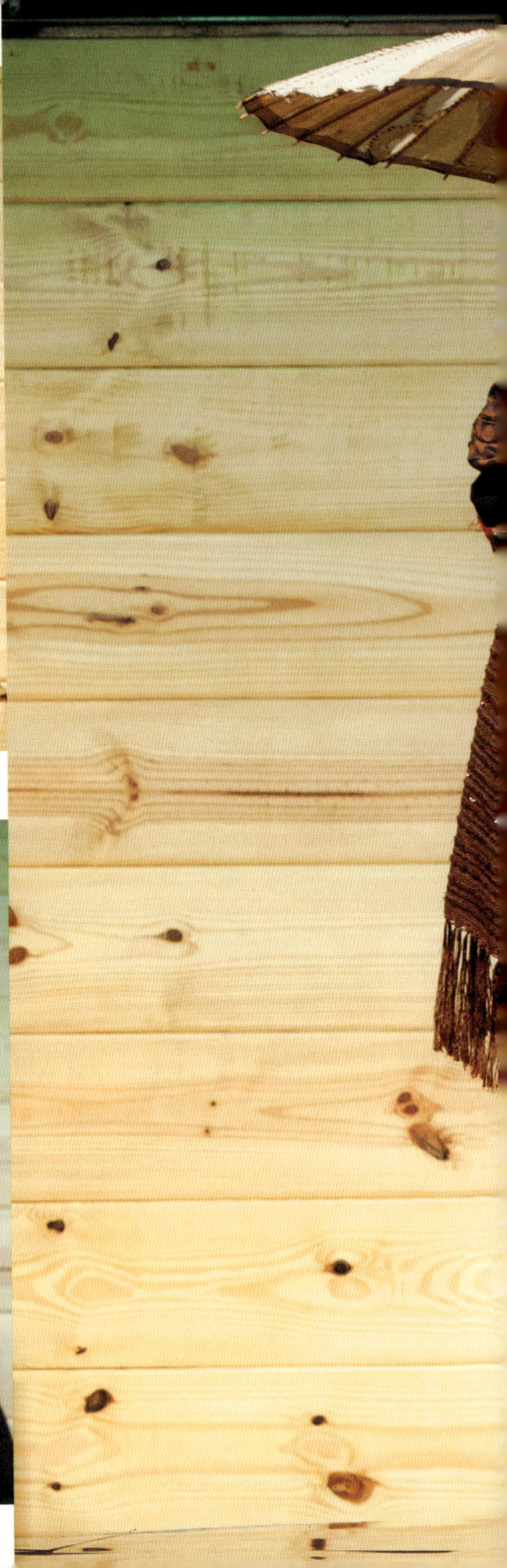

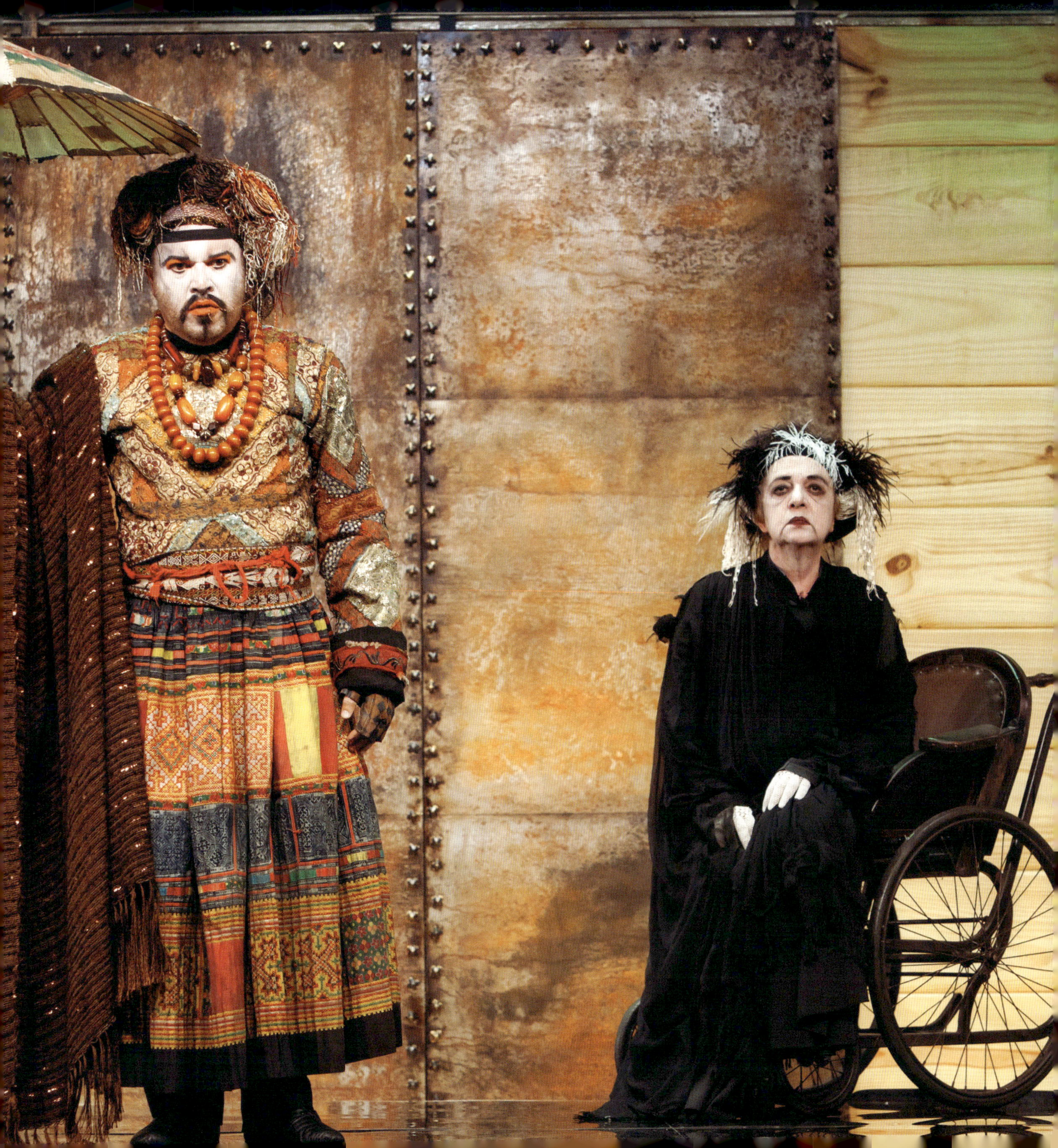

MACBETH

2012

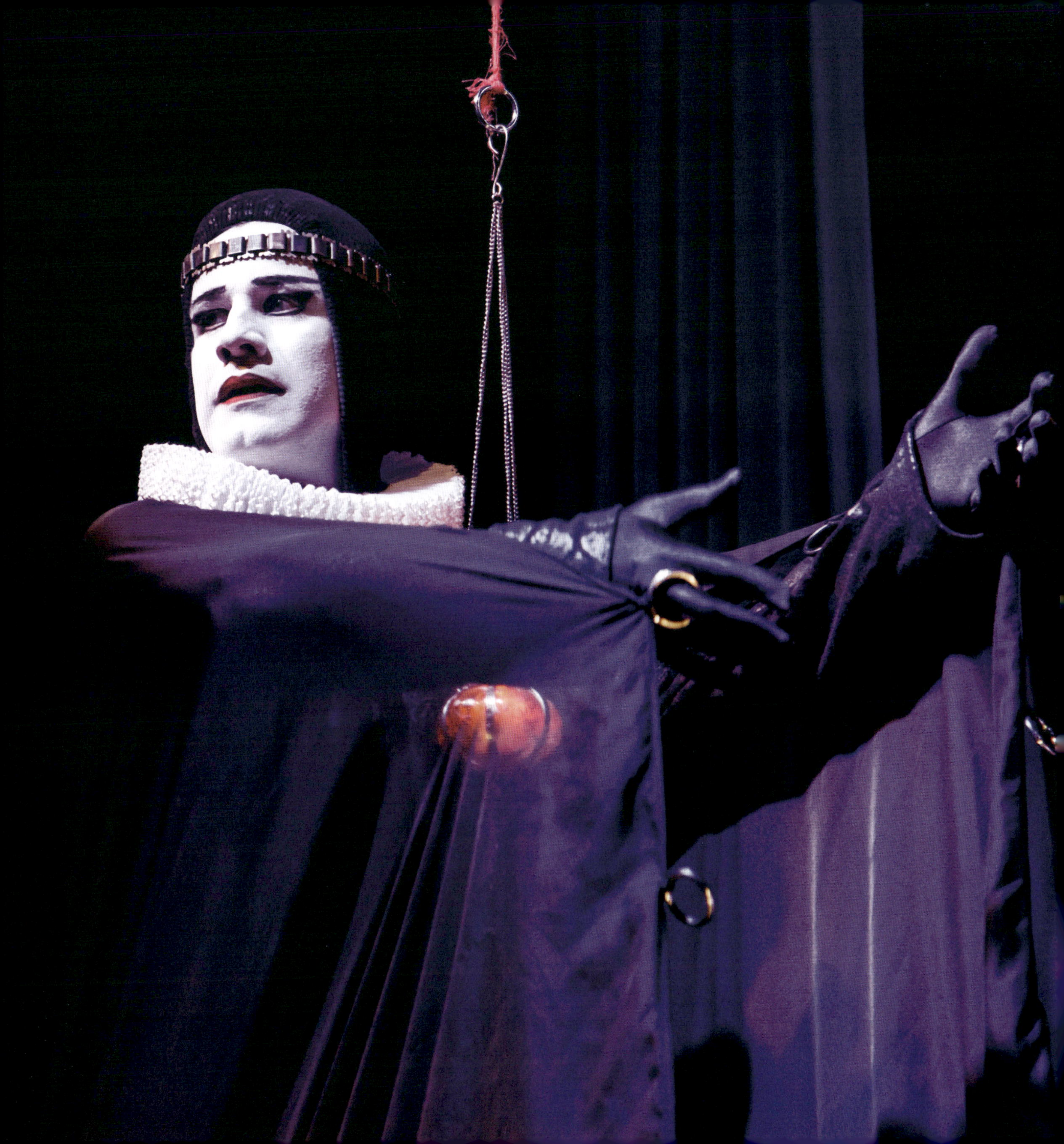

PARA MARLENE COLLÉ, IN MEMORIAM

"Avalio um ponto fraco e outro forte em minha adaptação/direção dessa tragédia sombria de Shakespeare. O ponto fraco foi que, seguindo a intuição, entrei com a tesoura em determinada parte do texto, que depois fez muita falta. Suprimi as ações na casa de Lady Macduff, amputando assim um membro importante do corpo da fábula. Lady Macduff representa, na peça, o lado da mulher submissa, fraca, portanto importante como contraponto para a mulher decidida e firme que é Lady Macbeth. Sua trama paralela precisa acontecer para dar dimensão e contraste ao fenômeno central da história. O corte enfraqueceu a adaptação, digo com franqueza. O ponto forte, a meu ver, foi o fato de que fiz tudo só com atores homens, reconstituindo assim as convenções do teatro grego e elisabetano, que não permitiam mulheres em cena. O elenco era muito bom e entendeu o jogo da força masculina em cena. Foi o que tornou a energia da *floresta que anda* bastante forte. Os corpos foram trabalhados pelo diretor de movimento, Ricardo Rizzo, como se fossem madeira andando, tudo meio duro, pedaços de pau que iam e vinham pelo palco. Lady Macbeth (Claudio Fontana) foi inspirada nas figuras shakespearianas dos filmes de Kurosawa. Era como se ela patinasse, deslizando em roupas diáfanas. Claudio é um ator que trabalha comigo desde o meu nascimento no teatro, por isso tive toda segurança em levá-lo ao travestismo como forma de explorar na personagem o que ela tem de maior: o domínio da máquina teatral. Sim, Lady Macbeth é a máquina, é quem fabrica a ação da peça. O marido recua, para, pensa, tem medo, vê fantasma, ouve vozes, ela não — determina os assassinatos, é a *dona do circo*. Marcello Antony, como Macbeth, revelou-se mais uma vez para mim um ator lúdico, curioso, com cabeça de criança e força de figura épica. É estudioso, o que primeiro decora, o que mais se dedica, disciplinadíssimo, o que adianta muito o serviço de um diretor. Na cenografia, optamos por uma proposta enxuta, mas com objetos fortes e representativos. Márcio Vinicius construiu um totem feito de três teares de pedal empilhados. As linhas, as rocas, as urdiduras, as tramas, tudo remetia à força do destino e às figuras das três bruxas videntes, que caracterizei como as parcas da mitologia grega. Eram como gralhas tricotando."

Boa noite, amor
Meu grande amor
Contigo sonharei
E a minha dor
esquecerei
Se eu souber que
o sonho teu
Foi o mesmo sonho meu
Boa noite, amor
E sonhe enfim
Pensando sempre
em mim

BOA NOITE, AMOR
Francisco Mattoso e
José Maria de Abreu

estreia **31 DE MAIO DE 2012 · TEATRO VIVO · SÃO PAULO** texto **WILLIAM SHAKESPEARE** tradução **MARCOS DAUD** colaboração **FERNANDO NUNO** direção e adaptação **GABRIEL VILLELA** assistência de direção **CÉSAR AUGUSTO, IVAN ANDRADE** e **RODRIGO AUDI** direção de texto **BABAYA** direção de cena **RODRIGO AUDI** direção de movimento **RICARDO RIZZO** direção de palco **ALEXANDER PEIXOTO** cenografia **MÁRCIO VINICIUS** figurino **GABRIEL VILLELA** e **SHICÓ DO MAMULENGO** adereço **SHICÓ DO MAMULENGO** e **VELUMA PEREIRA** apliques e *patchwork* **GIOVANNA VILLELA** coordenação do ateliê **JOSÉ ROSA** e **VELUMA PEREIRA** costura **CLEIDE MEZZACAPA HISSA** iluminação **WAGNER FREIRE** operação de luz **MARCELO VIOLLA** trilha sonora **GABRIEL VILLELA** antropologia da voz **FRANCESCA DELLA MONICA** musicalidade da cena **ERNANI MALETTA** operação de som **JOÃO DELLE PIAGGE** camareira **MARLENE COLLÉ** elenco **CARLOS MORELLI, CLAUDIO FONTANA, HELIO CICERO, JOSÉ ROSA, MARCELLO ANTONY, MARCO ANTONIO PÂMIO, MARCO FURLAN** e **ROGERIO BRITO** produção executiva **CLISSIA MORAIS** e **FRANCISCO MARQUES** direção de produção **CLAUDIO FONTANA** assistência de produção **JULIA PORTELLA** e **LUCIMARA SANTIAGO** realização **BF PRODUÇÕES** e **VIVO ENCENA**

imagens **JOÃO CALDAS Fº**

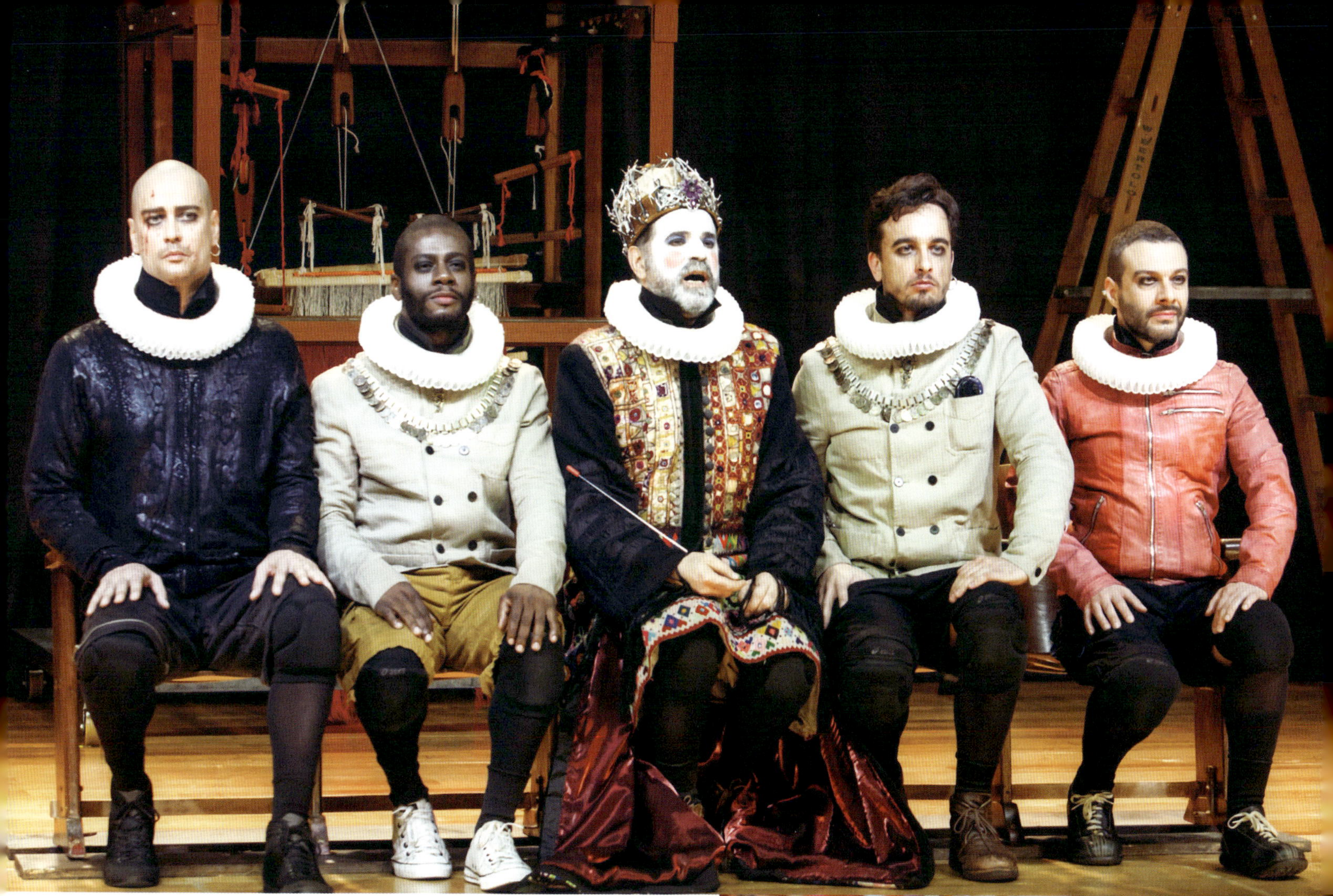

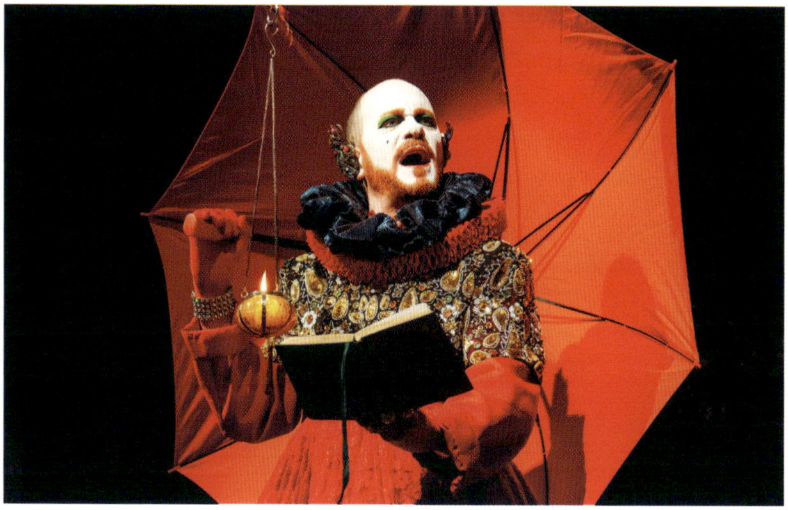

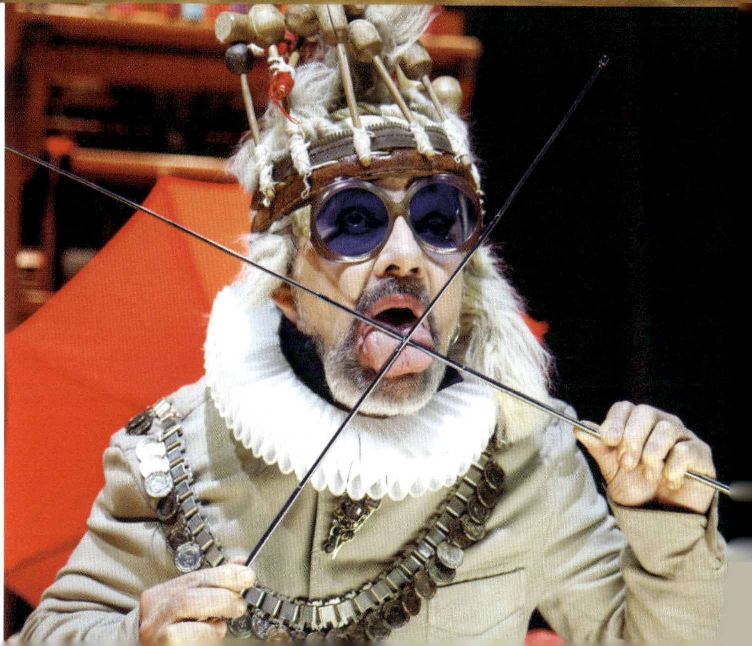

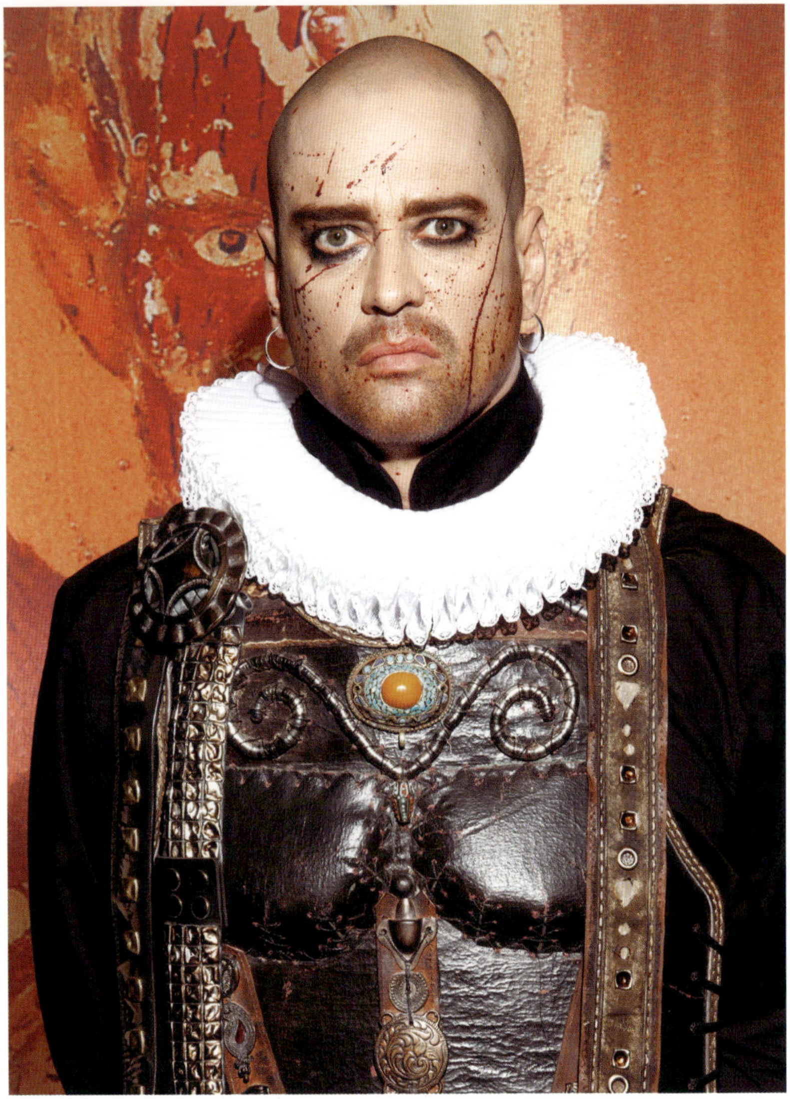

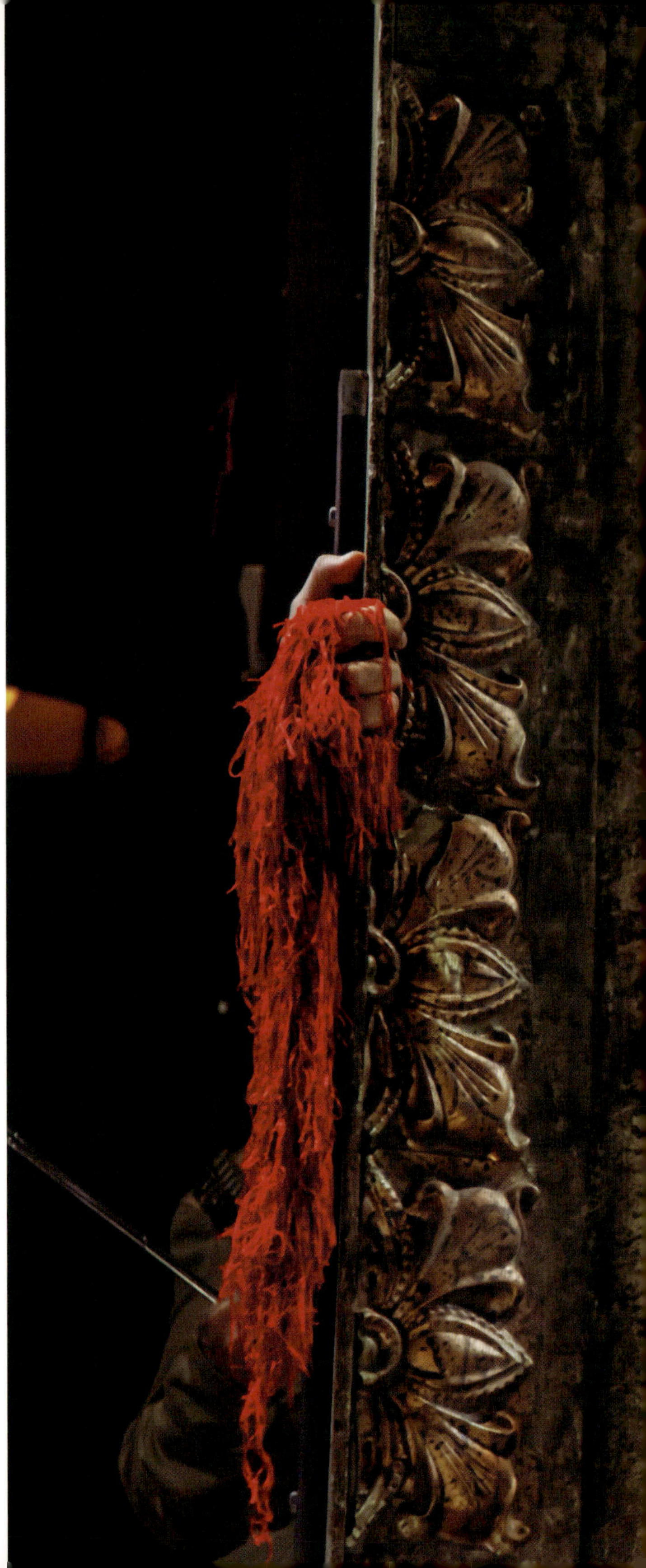

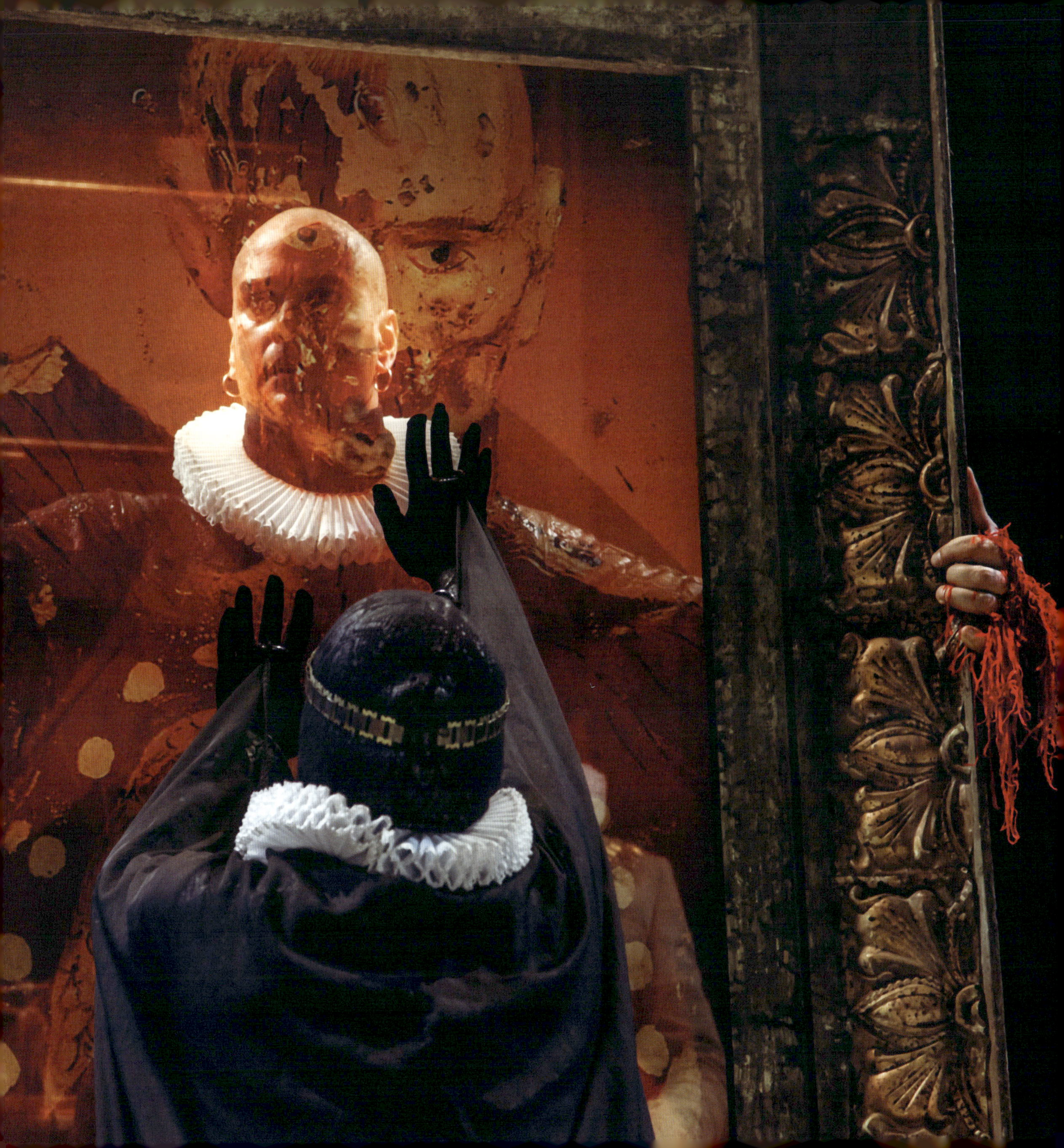

OS
GIGANTES
DA MONTANHA

2013

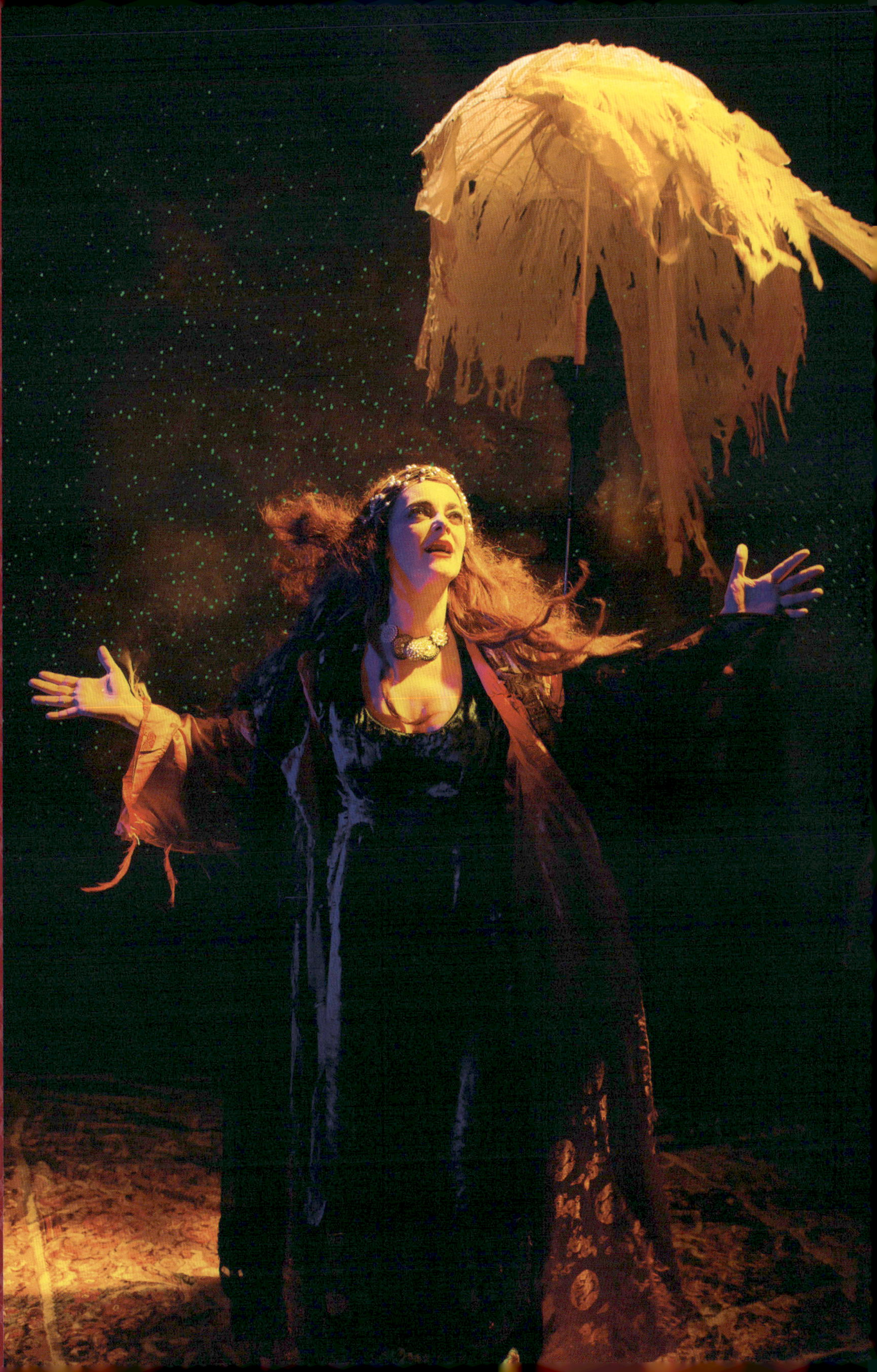

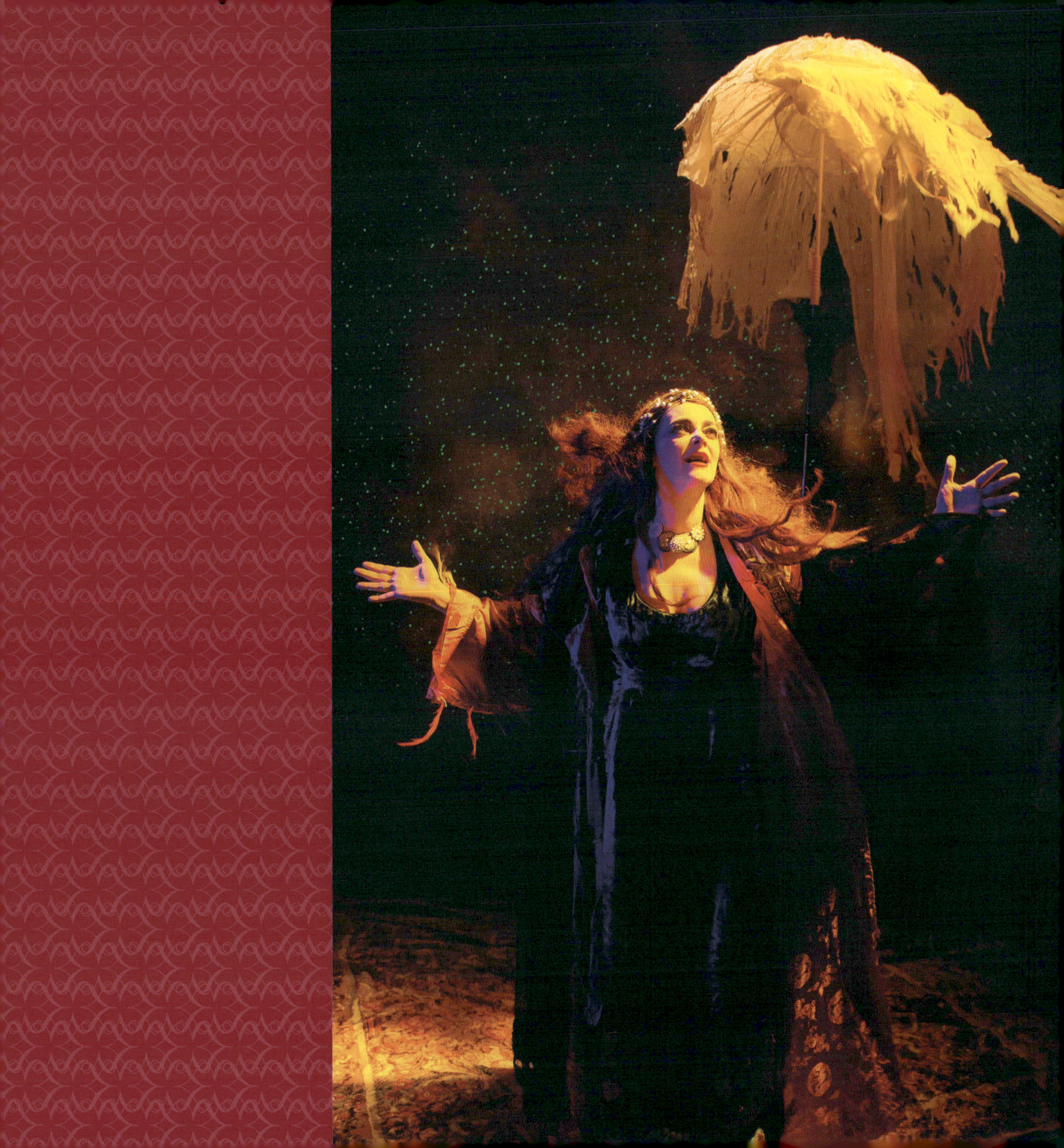

" Essa foi minha volta ao Grupo Galpão, depois de tantos anos. Trabalhamos uma reaproximação lenta e amorosa. A opção pelo texto foi parecida com o processo de escolha de *Romeu e Julieta*, ou seja, o grupo, como da outra vez, pediu-me para inicialmente indicar cinco peças. Entre as cinco, não foi demorado decidirem-se por Luigi Pirandello, pois, antes de tudo, essa última peça do autor conta a história de sobrevivência de uma companhia de teatro. Essa linha do metateatro, da metalinguagem e a ideia barroca do *grande teatro do mundo*, tudo isso está sempre orientando as minhas vontades pessoais como diretor. Quando fizemos a primeira leitura com o grupo, porém, a cara de desagrado da maioria era patente. De saída, já queriam lógica na intelecção, e isso mata a arte. Pirandello tem uma obra feita de mistério, para ser contemplada, mais do que explicada, ainda mais essa, que é uma obra inconclusa, pois ele morreu sem escrever as últimas cenas. Não deixa de ser o testamento de um dramaturgo que revolucionou o teatro. Ficou um impasse no grupo: o público do Galpão, que assiste às peças nas ruas e praças de todo o país, entenderia isso? Afinal, estudaríamos tudo até captar a compreensão necessária, mas o público chegaria ali desavisado. De minha parte, sempre entendi que não se subestima a inteligência de uma plateia, desde que a obra estabeleça com ela conexões afetivas, e assim se deu. A estreia foi absolutamente incrível, na praça do Papa, em Belo Horizonte, com um público estimado em 10 mil pessoas. Bastou começarem a cantar a primeira música, 'Il mondo', e o silêncio imperou. Um respeito lindo por um grupo no esplendor de sua carreira. O aplauso final daquela multidão foi uma cena avassaladora. Toda a temporada foi uma experiência encantatória, feita com aquilo que o Galpão tem de melhor: o poder e o talento de olhar diretamente nos olhos da plateia, oferecendo simplicidade, leveza, graça e, por isso mesmo, praticando o sublime da arte. São artistas de espírito elevado, apoiados no suporte profissional de uma equipe de produção impecável, preocupada em resolver os problemas antes mesmo de eles surgirem. Nessa peça, a parceria inaugurada em Hécuba com Francesca Della Monica, professora e antropóloga da voz, redimensionou a problemática do uso da voz do ator em espaço aberto, tornando o Galpão mais forte ainda naquilo em que o grupo já era bom. Francesca chegou para sempre em nossas vidas. "

estreia **30 DE MAIO DE 2013 · PRAÇA DO PAPA · BELO HORIZONTE** texto **LUIGI PIRANDELLO** tradução **BETI RABETTI** direção **GABRIEL VILLELA** dramaturgia **EDUARDO MOREIRA** e **GABRIEL VILLELA** assistência de direção **IVAN ANDRADE** e **MARCELO CORDEIRO** assistência de ensaios e planejamento **LYDIA DEL PICCHIA** cenografia **GABRIEL VILLELA, HELVÉCIO IZABEL** e **AMANDA GOMES** pintura do cenário **DANIEL DUCATO** e **SHICÓ DO MAMULENGO** figurino **GABRIEL VILLELA, SHICÓ DO MAMULENGO** e **JOSÉ ROSA** adereços **SHICÓ DO MAMULENGO** bordado **GIOVANNA VILLELA** costura **TAIRES SCATOLIN** e **IDALÉIA DIAS** iluminação **CHICO PELÚCIO** e **WLADIMIR MEDEIROS** antropologia da voz, direção e análise do texto **FRANCESCA DELLA MONICA** direção, arranjos e preparação musical **ERNANI MALETTA** preparação vocal e texto **BABAYA** design de som **VINÍCIUS ALVES** coordenação artística **JOSÉ ROSA** [Ateliê Arte e Magia] luthier **CARLOS DEL PICCHIA** elenco **ANTONIO EDSON, ARILDO DE BARROS, BETO FRANCO, EDUARDO MOREIRA, INÊS PEIXOTO, JÚLIO MACIEL, LUIZ ROCHA** [ator convidado]**, LYDIA DEL PICCHIA, PAULO ANDRÉ, REGINA SOUZA** [atriz convidada]**, SIMONE ORDONES** e **TEUDA BARA** produção executiva **BEATRIZ RADICCHI** direção de produção **GILMA OLIVEIRA** produção **GRUPO GALPÃO**

imagens **GUTO MUNIZ**

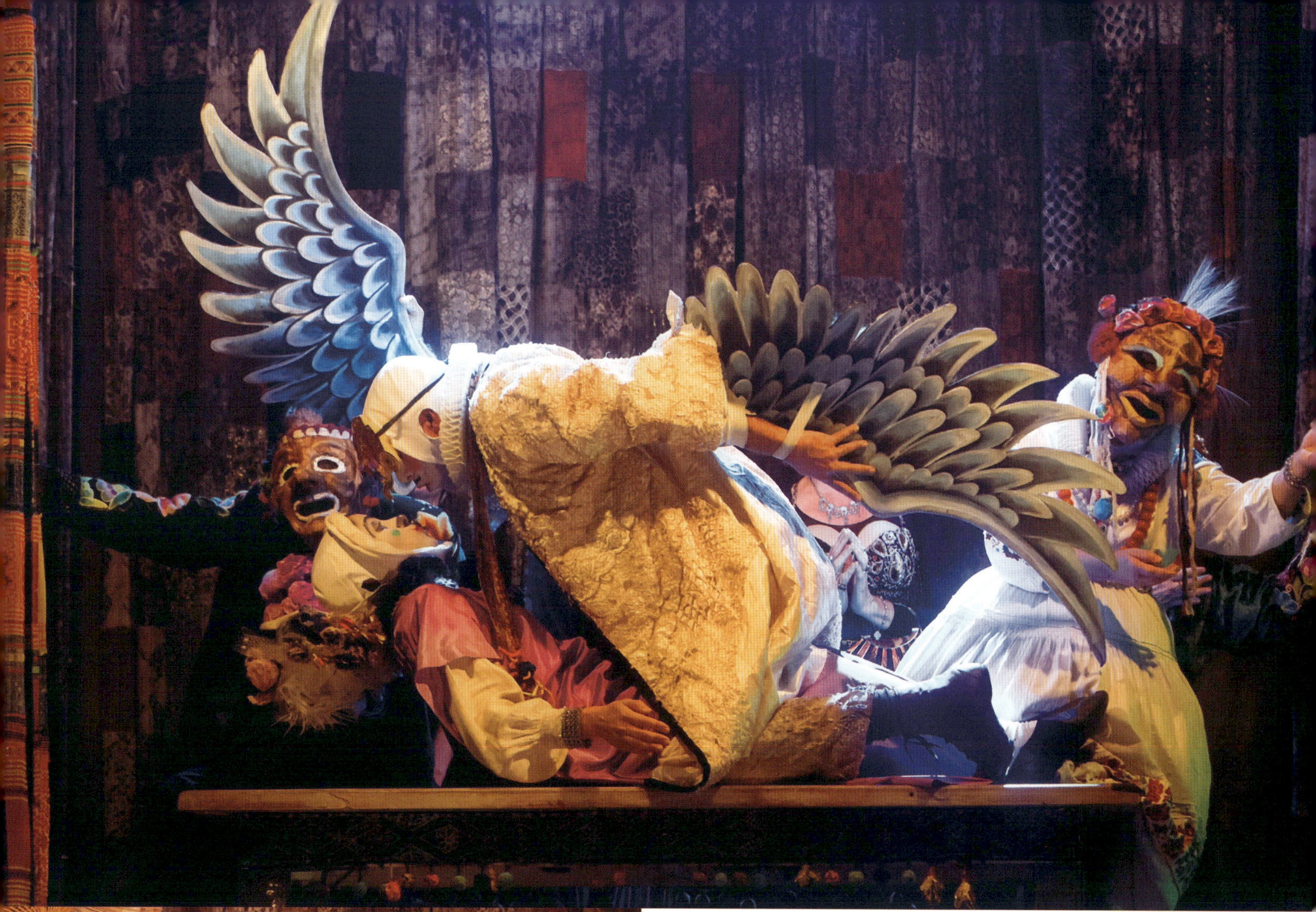

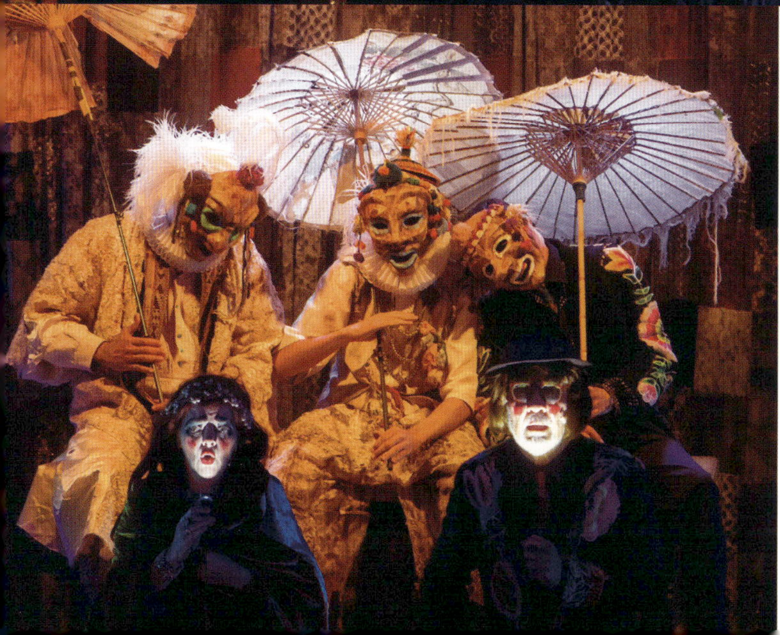

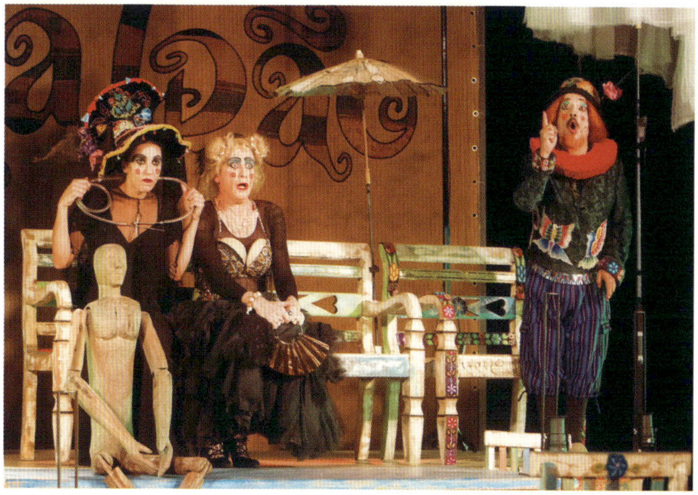

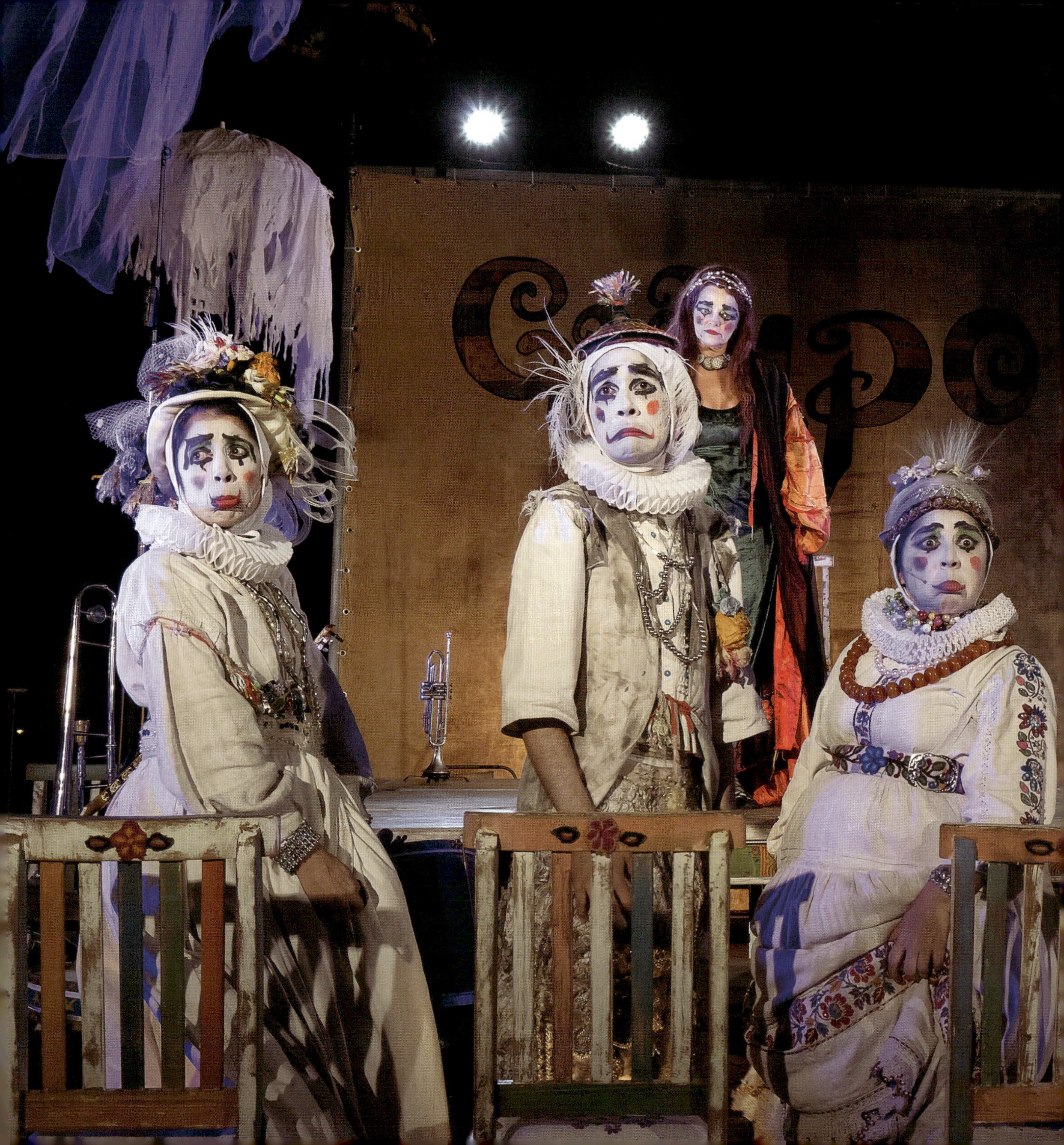

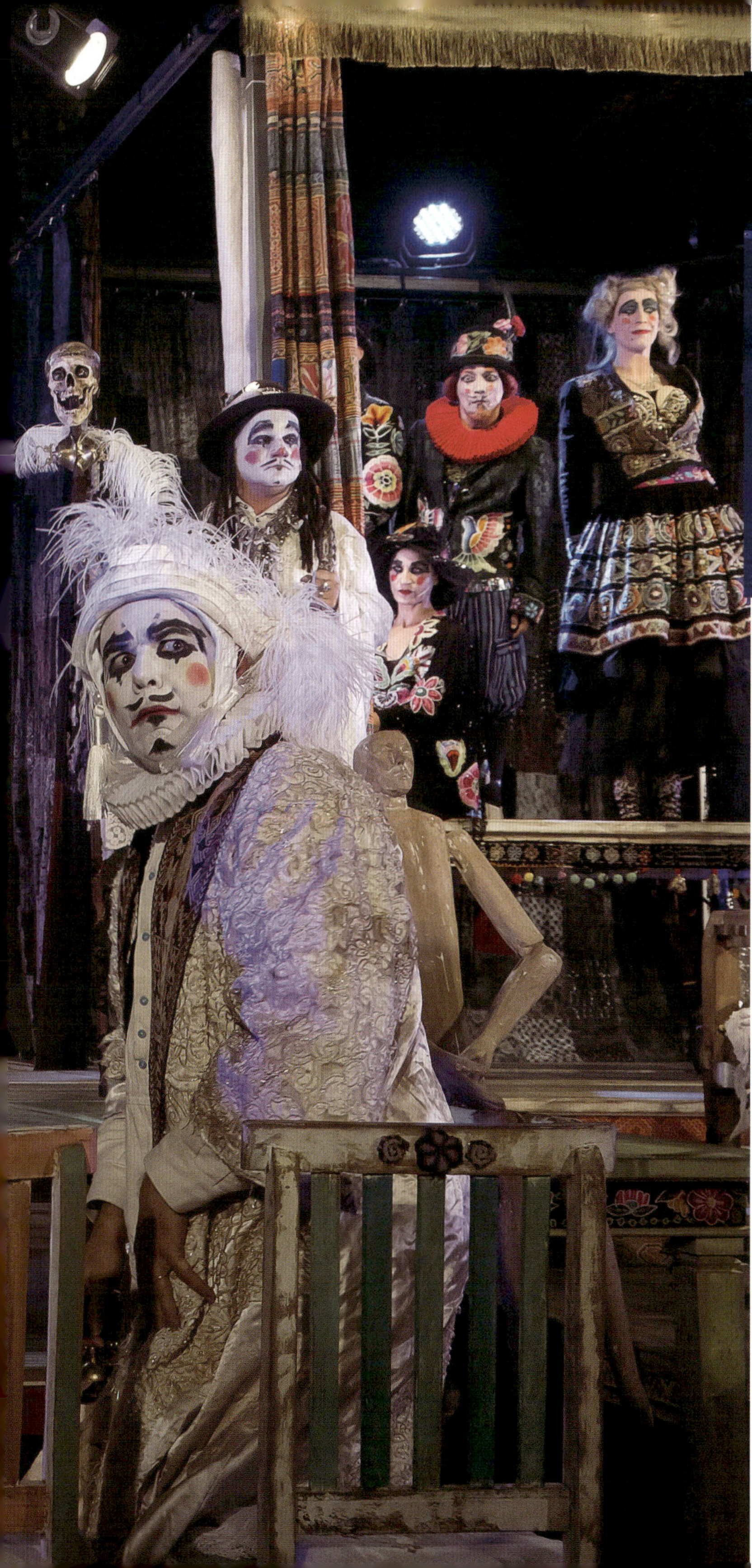
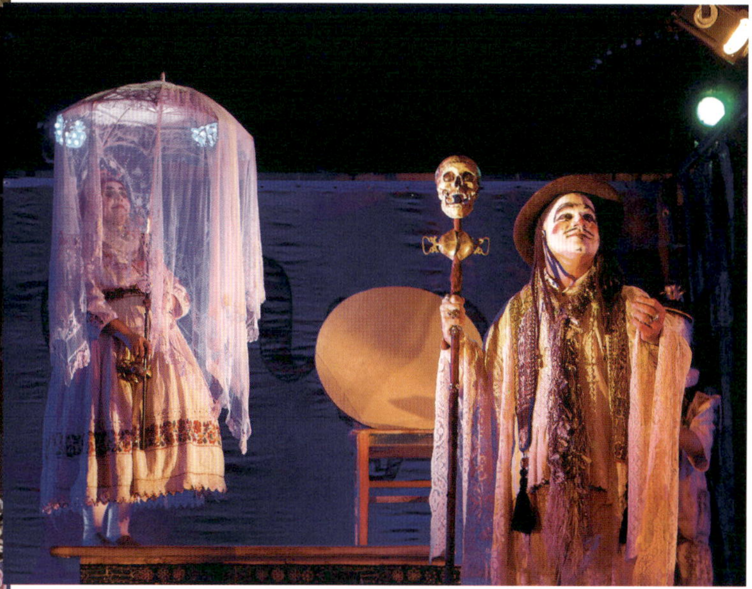
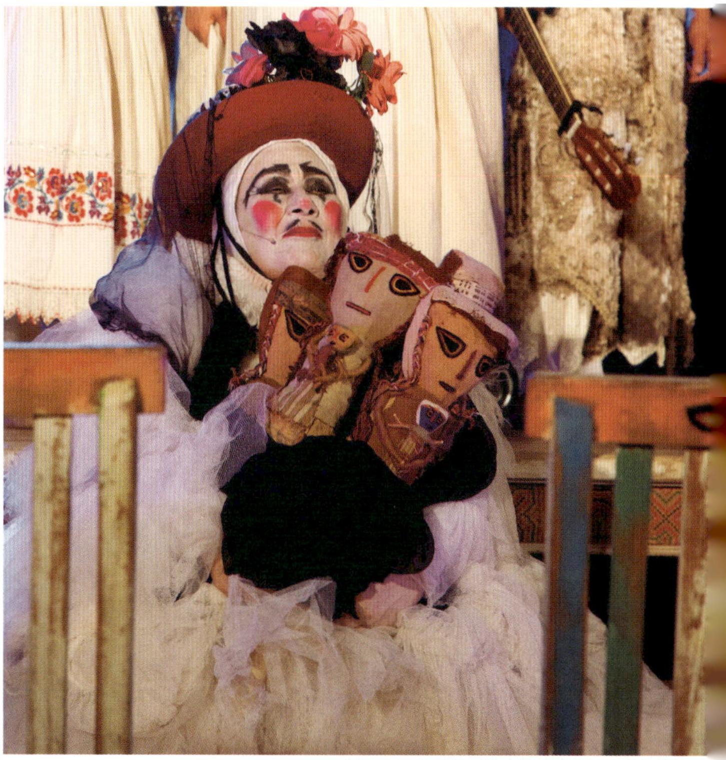

UM RÉQUIEM PARA ANTONIO

2014

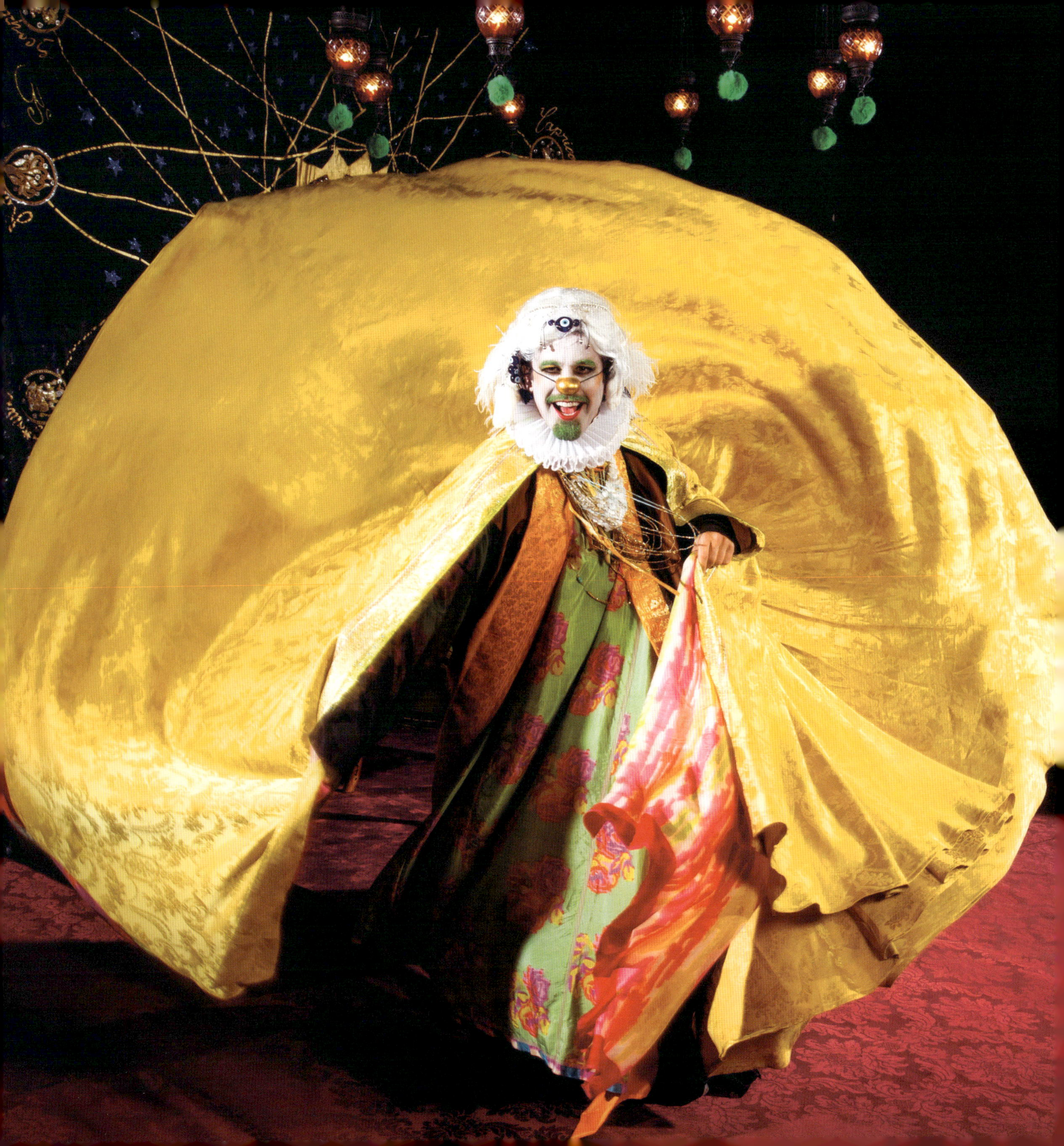

> Claudio Fontana e Elias Andreato têm parceria longa no teatro, afinidade espiritual e tendência para o malfeito brincalhão, que eu adoro. São dois atores de personalidades diferentes, mas que se completam. É muito bom quando isso acontece: os atores têm uma história em comum e podem criar um chão para os personagens da fábula, apoiando-se na segurança da parceria consolidada. Veio deles a vontade de fazer, no palco, Mozart e Salieri, com suas rixas, provocações e invejas. Na hora de começar a ensaiar, entendi que Claudio e Elias estavam muito a fim de fazer da peça uma espécie de comentário cênico sobre a relação entre eles próprios, dois amigos atores que se provocam o tempo todo, inspirados pelo espírito lúdico de Paulo Autran, com quem ambos haviam trabalhado anteriormente. Se deixar, os dois pintam e bordam, não com o texto, mas querem a farra, pois têm alma de palhaço. O melhor jeito que encontrei de levar isso para a cena foi adotar o formato de arena, encarar o picadeiro e inspirar-me nas tradicionais duplas de palhaços. A dramaturgia de Dib Carneiro Neto eclode em cenas líricas, com um verbo ácido, corrosivo às vezes, mas em outros momentos adota um coloquialismo que foi ideal para transformarmos em palhaçaria, com uma série de recursos de repertório de picadeiro. Figurinos e cenografia, por exemplo, eram muito coloridos, apoiados em uma luz com bastante foco e de cores saturadas. Mozart era mesmo uma figura desmedida. Em vez de ficar só no universo da música clássica, o que seria o esperado, a trilha também brincou com essa promiscuidade de picadeiro. Eu precisava colocar a música como personagem e criar uma relação dela com os diálogos e o andamento das cenas. A solução veio com a ideia de ter um pianista em cena (Fernando Esteves), dialogando o tempo todo com os protagonistas, e duas figuras que poderiam cantar e funcionar como aqueles anjos de picadeiro que surgem para fazer as transições de cenas (Nábia Villela e Mariana Elisabetsky). Fiquei extremamente apaixonado pelo monólogo de abertura da peça, um dos mais belos que já li em texto teatral, que considerei lítero-poético-dramático, e pela solenidade do texto final, que narrava a morte de Salieri. Era o momento de parar a brincadeira, escurecer a cena, desidratar a piada. Foi um dos finais de peça mais lindos que já consegui fazer na vida. Dib, tal qual Alexandre Pushkin no passado, esmiuçou a verve tragicômica do protagonista Mozart e de seu antagonista Salieri sem desafinar o aparelho cômico-dramático, cerne da personalidade dos dois compositores.

estreia **16 DE JANEIRO DE 2014 · TUCARENA · SÃO PAULO** texto **DIB CARNEIRO NETO** direção **GABRIEL VILLELA** assistência de direção **DANIEL MAZZAROLO e IVAN ANDRADE** direção de texto e preparação vocal **BABAYA** direção de palco **AILTON VIEIRA** cenografia **MAIS CENOGRAFIA** cenotécnica **MÁRCIO VINICIUS** figurino **GABRIEL VILLELA e JOSÉ ROSA** adereços e objetos de arte **SHICÓ DO MAMULENGO** bordado **GIOVANNA VILLELA** coordenação de ateliê **JOSÉ ROSA** costura **CLEIDE MEZZACAPA HISSA** iluminação **WAGNER FREIRE** operação de luz **CLEBER ELI** direção musical e arranjos vocais **MIGUEL BRIAMONTE** trilha sonora **FRANCESCA DELLA MONICA e BABAYA** antropologia da voz **FRANCESCA DELLA MONICA** camareira **ANA LÚCIA LAURINO** copa **LUCIANA SANTOS** elenco **CLAUDIO FONTANA, ELIAS ANDREATO, FERNANDO ESTEVES, MARIANA ELISABETSKY e NÁBIA VILLELA** produção executiva **CLISSIA MORAIS e FRANCISCO MARQUES** administração **FRANCISCO MARQUES** direção de produção **CLAUDIO FONTANA** realização **BF PRODUÇÕES**

imagens **JOÃO CALDAS Fº**

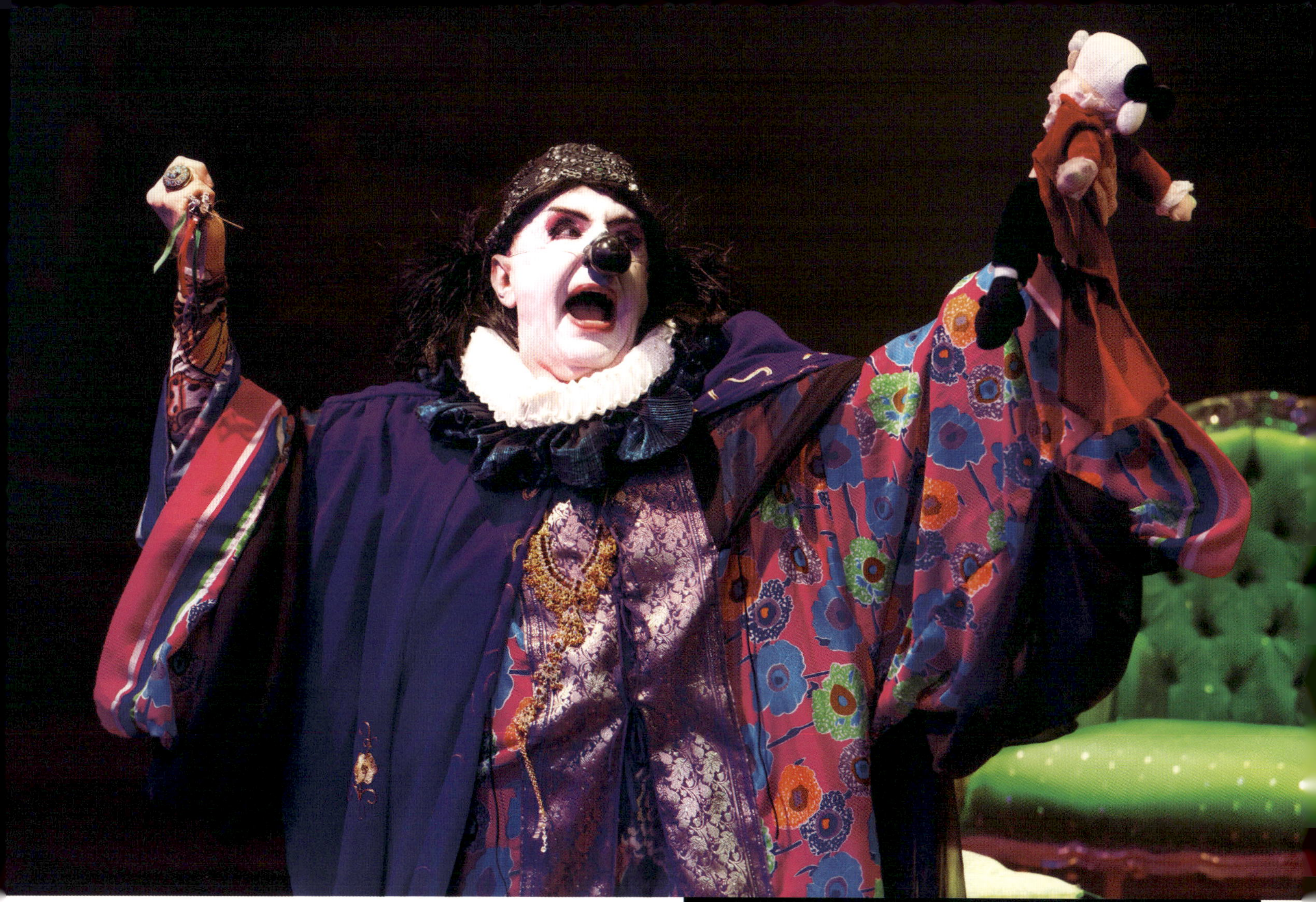
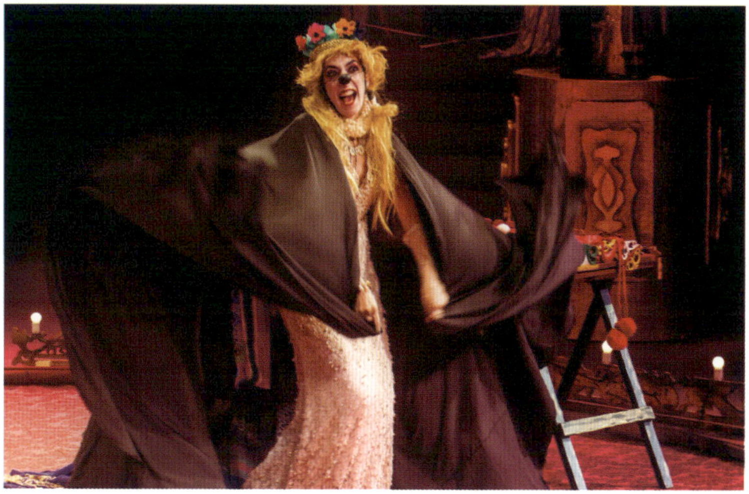
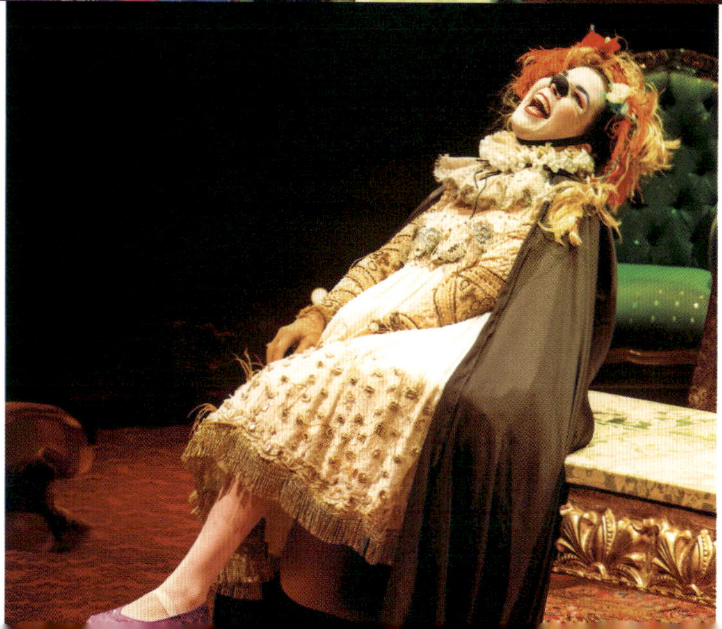

MANIA DE EXPLICAÇÃO

2014

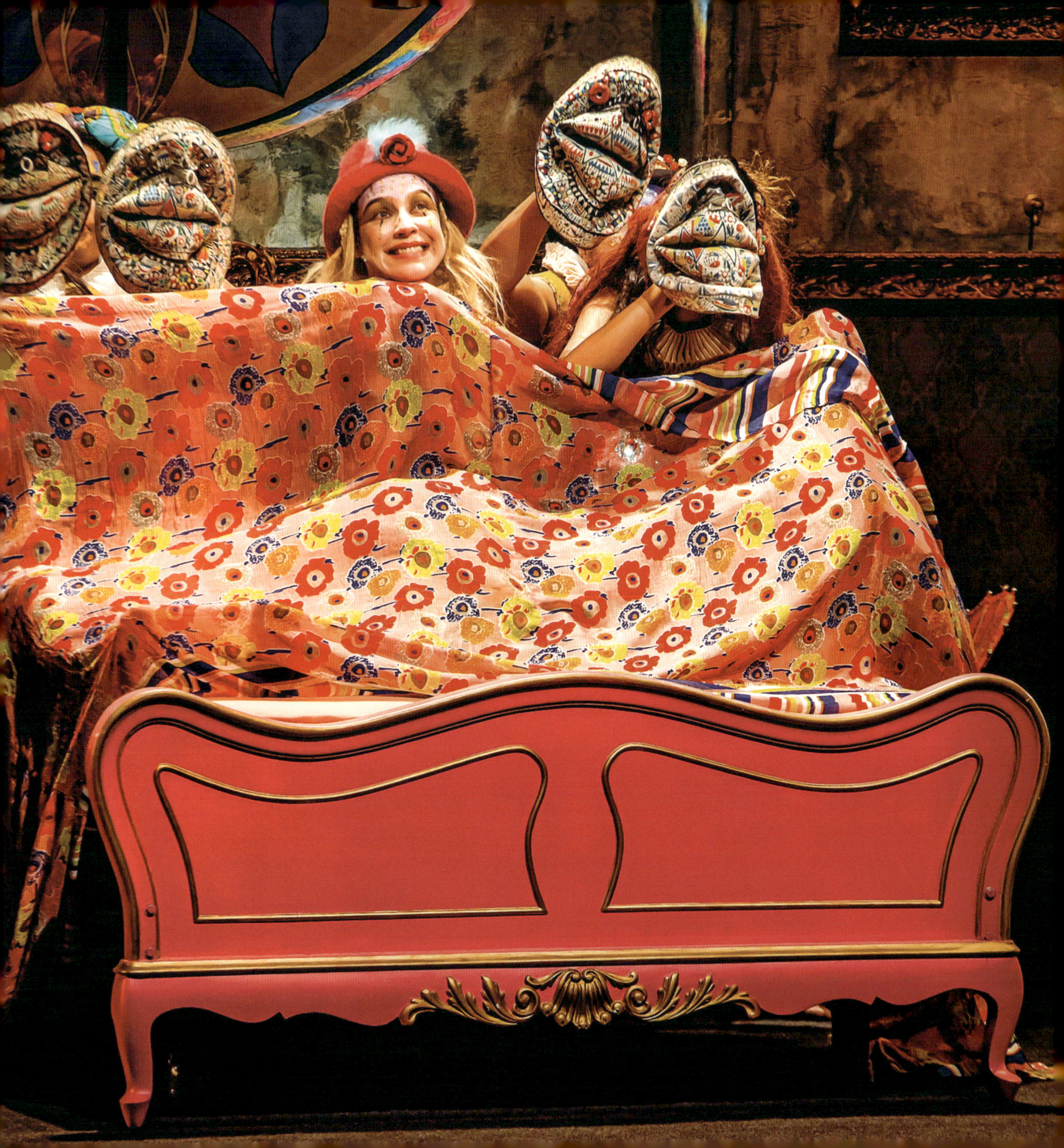

"Quando cheguei à primeira reunião, a visão de Luana Piovani e Adriana Falcão, juntas à mesa, cativou-me de imediato. Eram duas belas mulheres de Avalon. Adriana, dramaturga e autora do livro premiado que deu origem à peça, é uma espécie de bruxa: ela flui, desmancha-se, a ponto de eu me perguntar se é vertebrada. E Luana, que fez a personagem central, a perguntadeira menina Isabel, está sempre radiante. Havia acabado de ser mãe. Desfrutávamos ainda da presença importante do adaptador do livro, Luiz Estellita Lins, que foi muito feliz ao criar uma fábula em torno das perguntas e dos pedidos de explicação da menina protagonista. O trabalho rendeu uma história movimentada, e isso permitiu a criação de cenas encantatórias não só para os olhos das crianças como de seus pais. Foi muito a partir das especificidades dessa dramaturgia que nasceu a motivação cenográfica para o quarto desproporcional de Isabel, de paredes altas, cama gigantesca, janela enorme. Tudo foi aumentado pelo cenógrafo Márcio Vinicius para que os atores parecessem crianças, estabelecendo uma ilusão de estaturas. A 'viagem' daquela menina em busca de autoconhecimento permitiu a realização de cenas muito plásticas e fantasiosas, por exemplo, quando os elementos da natureza começam a falar com ela, como a terra e o vento. A criançada enlouquecia, motivada pelo talento dos atores. Não é qualquer ator que faz bem teatro infantil, não. Precisa saber ser muito inventivo e não ter limites. Naquele verão carioca infernal, a dinâmica dos ensaios foi bem puxada. Todo dia havia aulas de canto, voz e dança, a cargo de Ernani Maletta, Babaya e Kika Freire. Depois disso, ainda criávamos as cenas, a partir dos exercícios feitos com esses profissionais. O elenco esmerou-se e dedicou-se muito. Era comum crianças voltarem para ver a peça pela segunda, terceira vez, fantasiadas com roupas parecidas com os figurinos dos personagens. Na trilha, optamos pelos sucessos de Raul Seixas, que combinaram muito com o pique *rock and roll* daquela menina danada que queria descobrir o sentido do amor e os segredos da vida."

estreia **5 DE ABRIL DE 2014 · TEATRO TOM JOBIM · RIO DE JANEIRO** texto **ADRIANA FALCÃO** e **LUIZ ESTELLITA LINS** direção **GABRIEL VILLELA** assistência de direção **IVAN ANDRADE** direção de cena e palco e produção de ensaios **ALINE RAPADURA** direção de movimento **KIKA FREIRE** cenografia e figurino **GABRIEL VILLELA** visagismo **ANDRÉ VITAL** adereço de cenário e figurino **JOSÉ ROSA** e **SHICÓ DO MAMULENGO** cenotécnica **MAIS CENOGRAFIA** contrarregragem **EDILSON RISOLETA** e **JOÃO PAULO DA MATA** bordado **GIOVANNA VILLELA** costura **ROSÂNGELA DE OLIVEIRA** design de luz **PAULO CESAR MEDEIROS** operação de luz **JOSÉ DE ALCÂNTARA** direção musical **ERNANI MALETTA** canções **RAUL SEIXAS** execução de trilha sonora **RAFAEL LANGONI** preparação vocal **BABAYA** operação de som **FERNANDO CUNHA** produção executiva **FELIPE MUSSEL** coordenação de produção **FERNANDO DUARTE** administração financeira **KARIME KHAWAJA** elenco da montagem carioca **DIOGO ALMEIDA, FELIPE BRUM, JANAINA AZEVEDO, LETÍCIA MEDELLA, LUANA PIOVANI** e **PABLO ÁSCOLI** direção de produção **CÁSSIA VILASBÔAS** produção **NOVE PRODUÇÕES CULTURAIS** realização **LUANA PIOVANI PRODUÇÕES ARTÍSTICAS**

imagens **CAIO GALLUCCI**

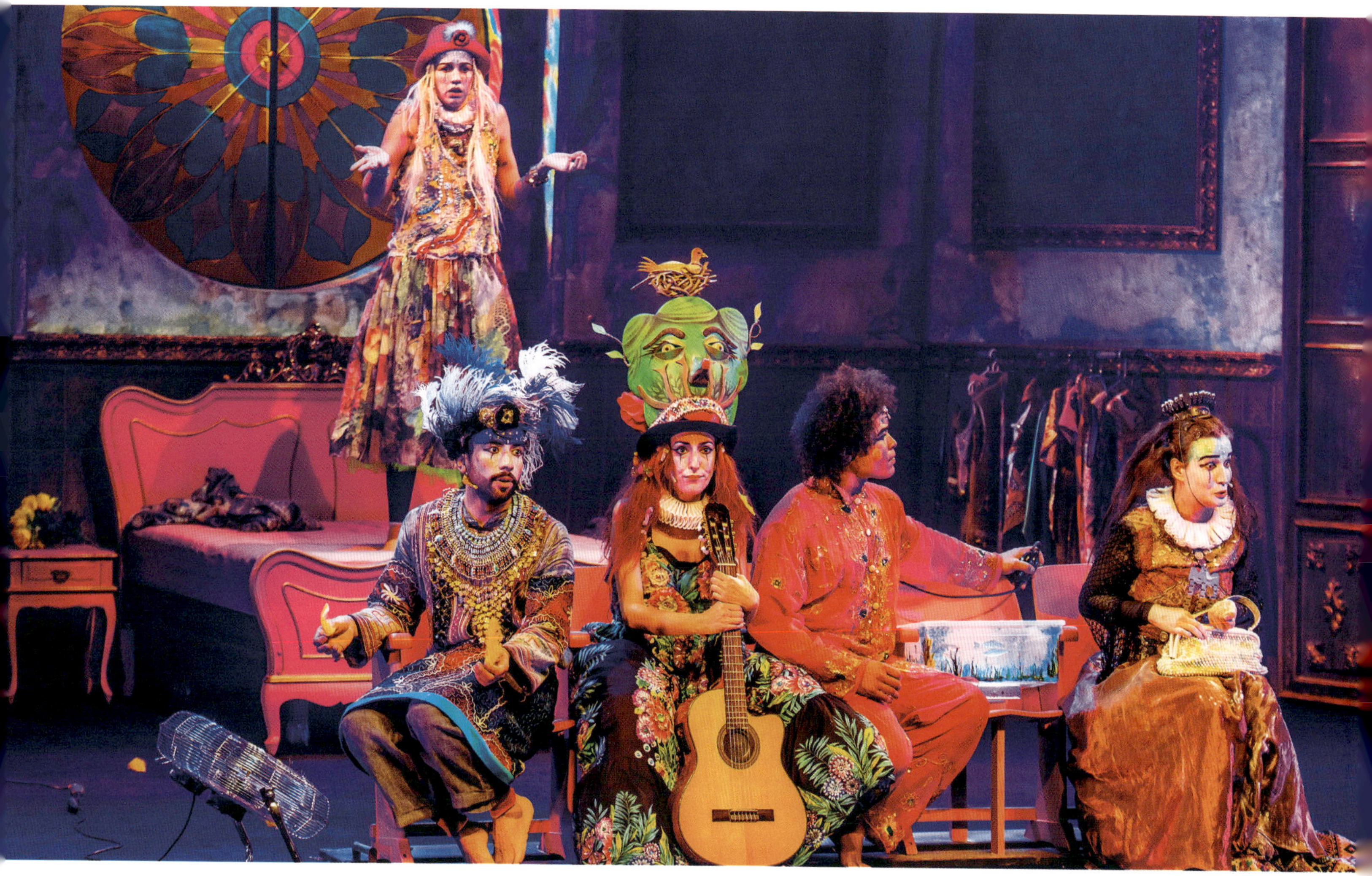

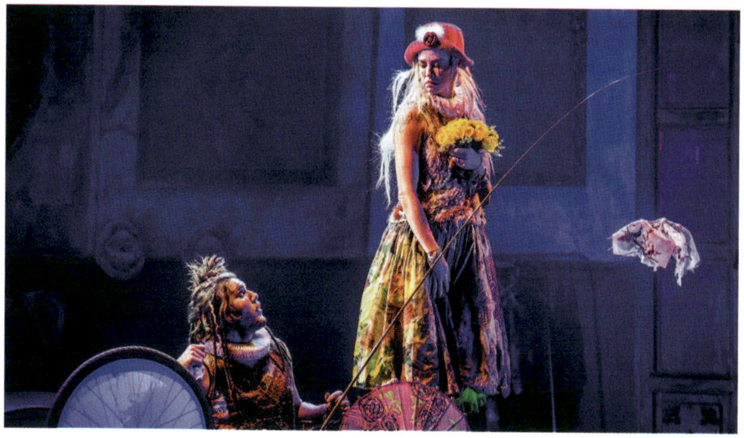

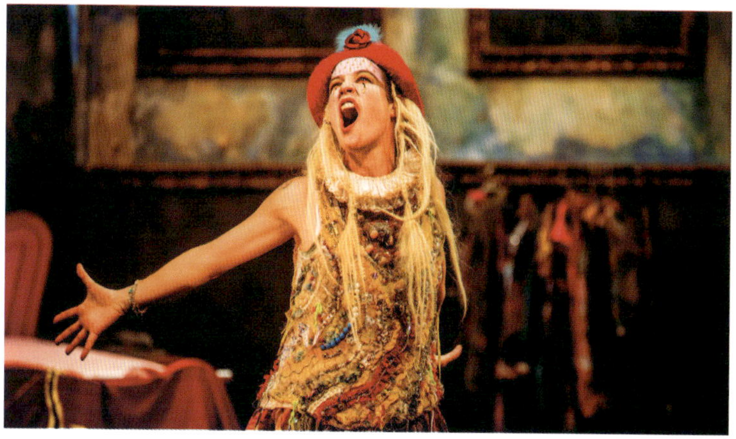

A
TEMPESTADE

2015

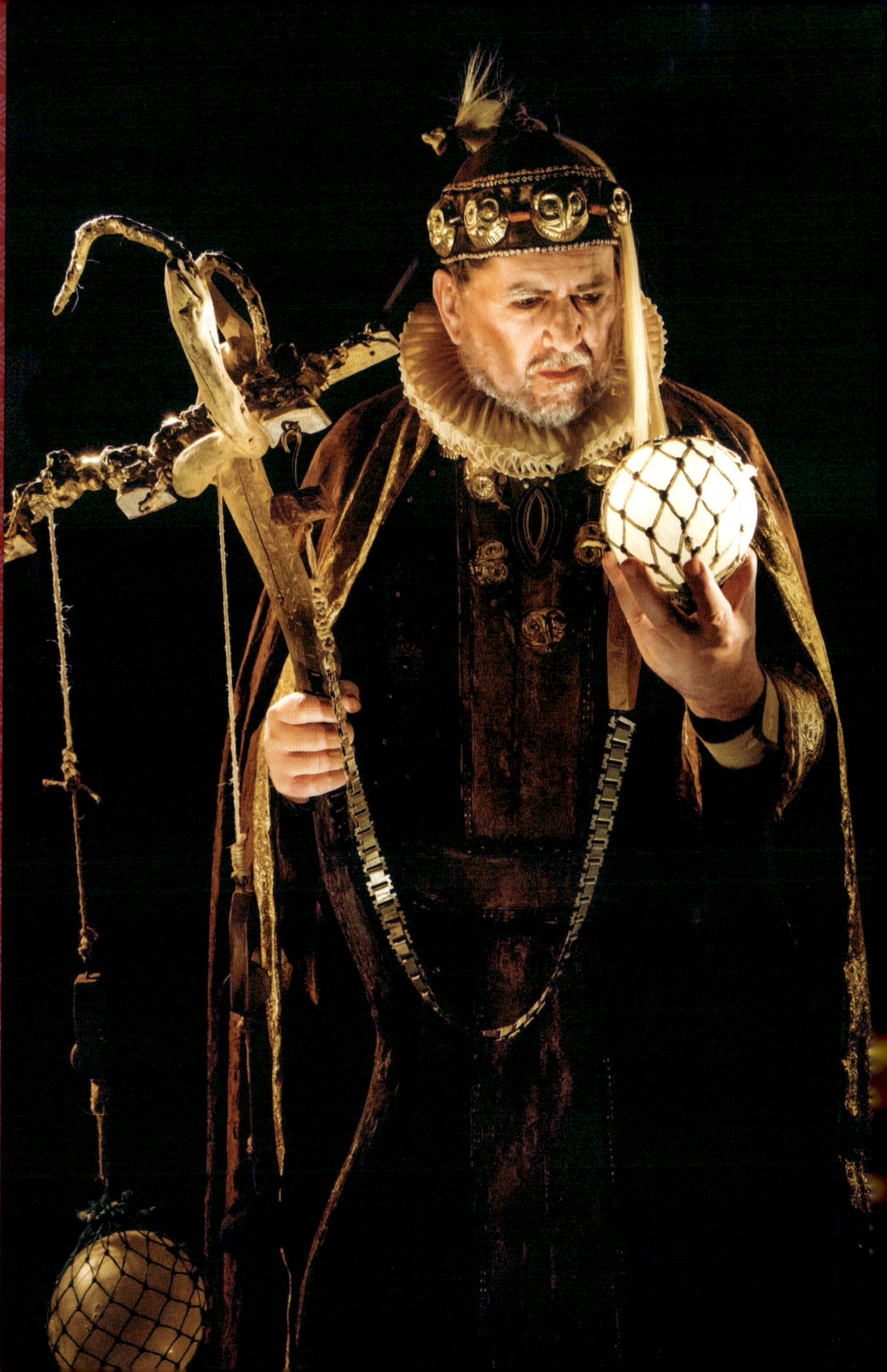

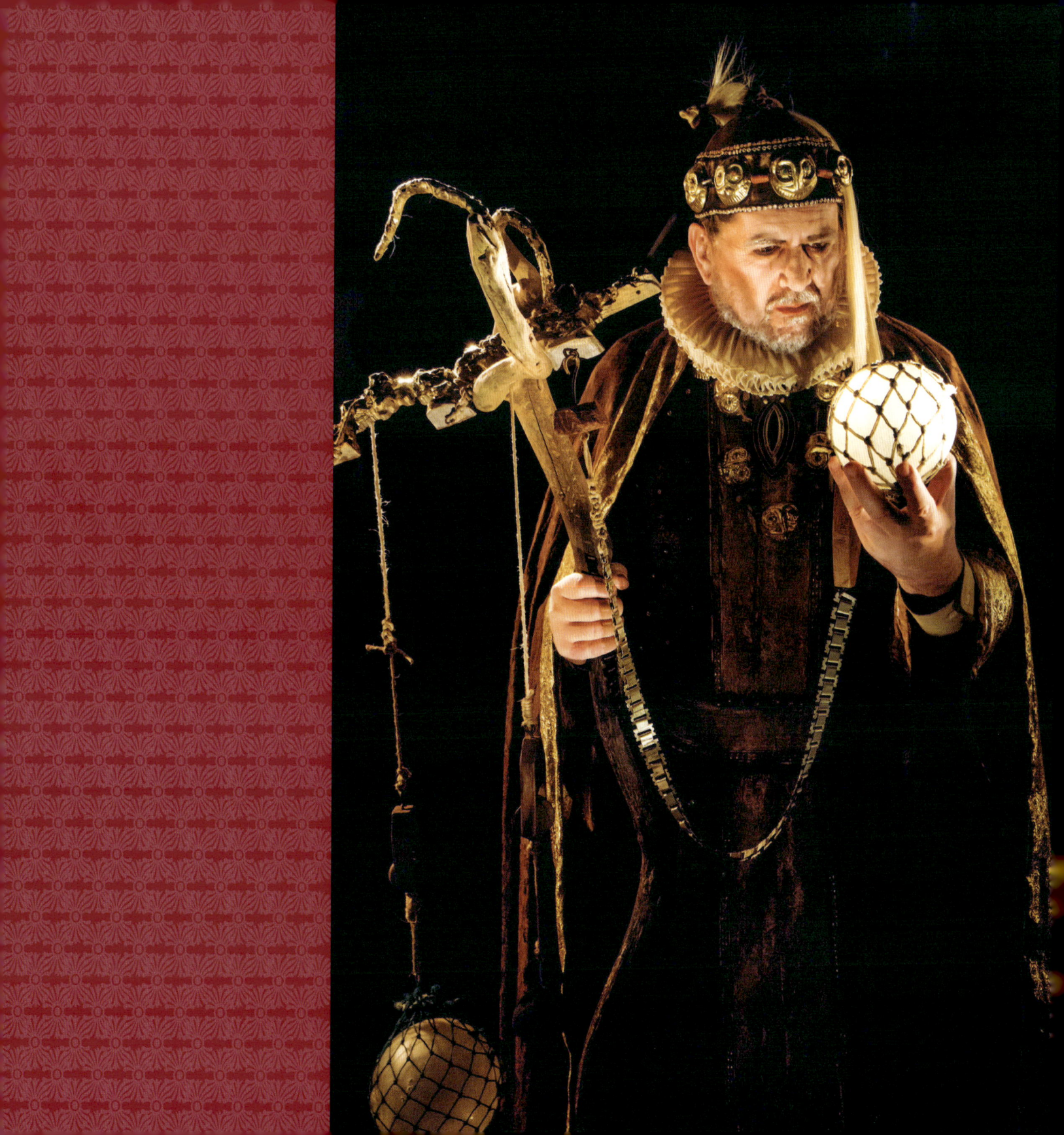

"Sou maluco pelo texto de *A tempestade*, última peça escrita por Shakespeare, desde meu tempo de faculdade de teatro na USP. Fiz um trabalho sobre os espíritos da natureza, os personagens elementais dessa peça e de *Sonho de uma noite de verão* para o professor Campelo Neto. Tenho um fascínio por últimas peças da carreira dos dramaturgos. Foi assim meu interesse por *Os gigantes da montanha*, de Pirandello. É como se os autores geniais deixassem nessas obras os seus testamentos artísticos. Quase fiz *A tempestade* com o Grupo Galpão, depois de *Romeu e Julieta*, mas acabamos seguindo por outros caminhos naquela época. Depois de *Um réquiem para Antonio* e do infantil *Mania de explicação*, de autores contemporâneos, eu decidi voltar aos clássicos. Essa alternância é saudável, porque é no clássico que você consegue atingir melhor o estado de reflexão sobre os dias atuais, por mais paradoxal que isso possa parecer. Porque, já distanciados do momento histórico em que foram escritos, esses textos aceitam os paralelismos com os problemas de nosso tempo. Os maiores conflitos retratados na obra de Shakespeare sempre estão relacionados às coroas, às disputas pelo poder, à usurpação do trono... Em *A tempestade*, todavia, entra um expediente que a gente chama, em teatro, de moralidade. Uma série de valores morais levam o personagem central, Próspero, a dar uma guinada na trama de um jeito que não acontece nas peças trágicas do bardo. Aqui, substitui-se a vingança pelo perdão. Celso Frateschi, referência ética e estética para o teatro contemporâneo brasileiro, trouxe sua experiência para o nosso dia a dia, confeccionando um Próspero por vezes reflexivo, outras vezes brincalhão, mas o tempo todo misterioso. Toda tragédia shakespeariana parte da ordem para o caos. Essa é o contrário: sai do caos de uma tempestade para a ordem recomposta a partir de reflexões e retomadas dos valores humanos. Naquela ilha imaginária, há um jogo de antíteses, contrastes, e de teatro dentro do teatro, ou seja, é de novo *o grande teatro do mundo* — e isso, para mim, é um pulinho para o barroco. Com a história de Mozart e Salieri e, antes, a experiência com o Pirandello do Galpão, eu fiquei muito ligado a fontes europeias de inspiração. Precisava então voltar a Minas Gerais outra vez. Não posso ficar muito tempo longe artisticamente de minhas raízes; não que eu precise explicitamente citar Minas em minhas peças o tempo todo, não é isso. Em *A tempestade*, por exemplo, voltei à monocromia do barro, com pouca variação de cores; todos os objetos em cena, como potes e outros artefatos, são como pedaços recolhidos de um grande naufrágio em Minas. A trilha sonora escolhida por Babaya, profissional que foi, é e será sempre a nossa estrela-guia da voz e a nossa rainha-mãe da cantoria, fala o tempo todo dos nossos rios, canções que remetem à água e às populações ribeirinhas com suas experiências de fé. Marco França e Dagoberto Feliz introduziram instrumentos eruditos nos arranjos populares. Minas não tem mar, mas é um Estado aquoso também, basta lembrar de tantos mananciais na Serra da Mantiqueira. Isso deu consistência à nossa adaptação. Os atores falam e cantam com a boca no barro, trabalho de espacialização da voz tão bem encaminhado por Francesca Della Monica e executado com êxito pelos onze intérpretes. Os potes de água, como na Grécia, são instrumentos de amplificação da voz. É como um ateliê renascentista: você põe o material todo lá à disposição dos atores na

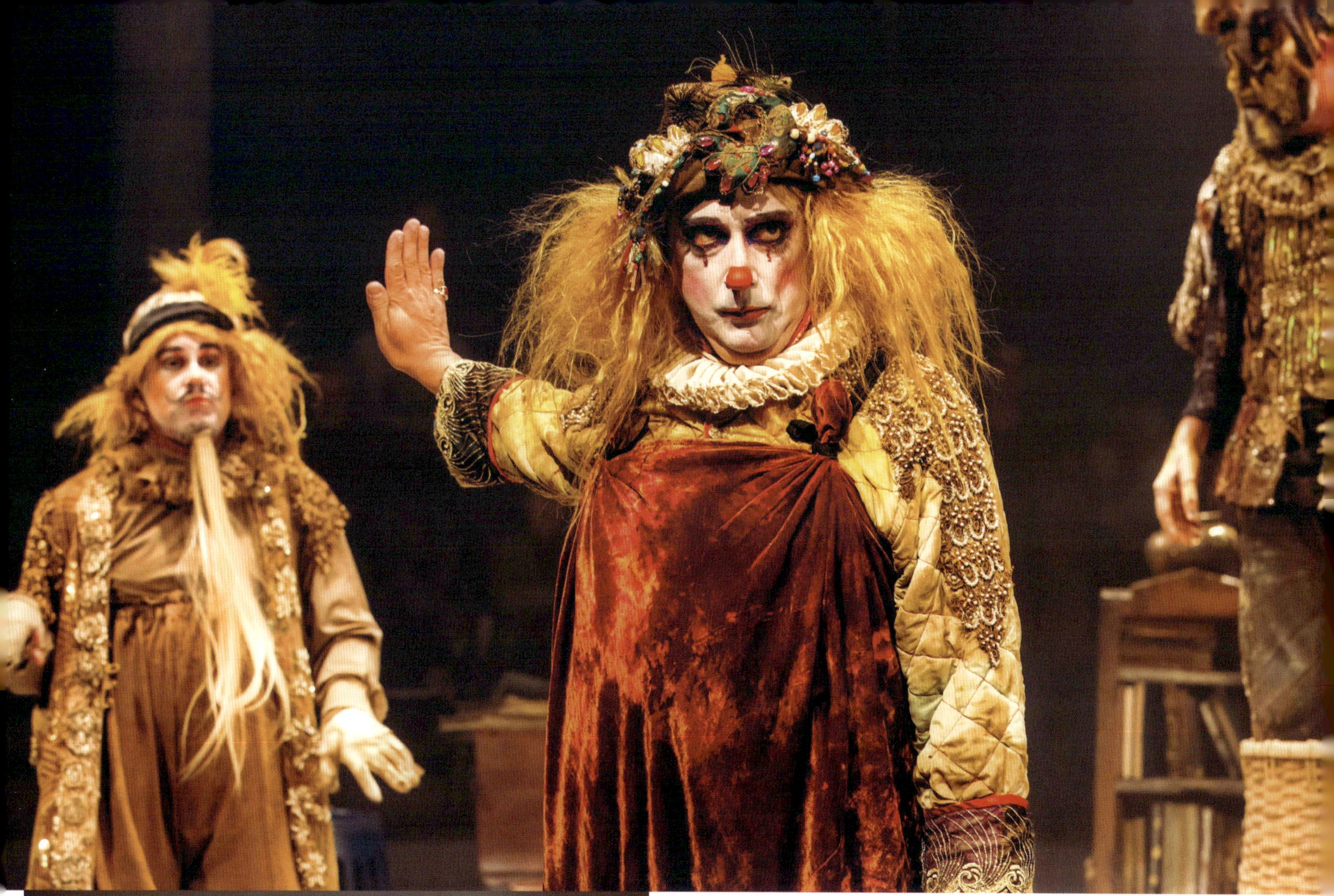
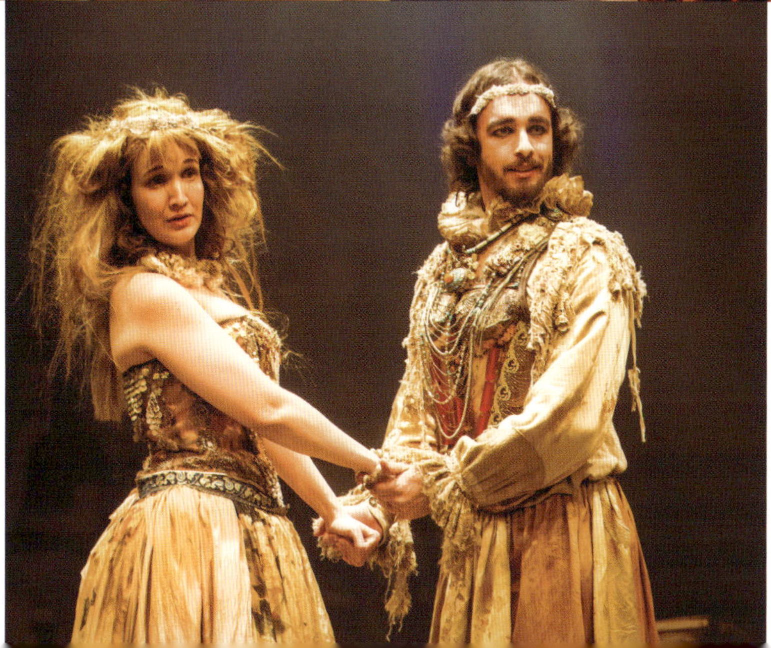
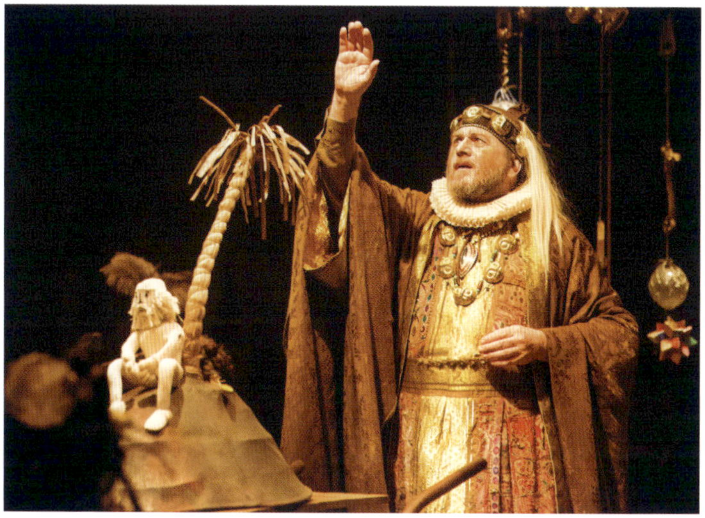

sala de ensaios e, assim, vão surgindo as cenas, as dinâmicas. É um procedimento sempre frutífero. Trabalhar dessa forma renova muito a alma do ator. Não posso deixar de mencionar quanto o elenco de *A tempestade* foi sempre presente, interessado, com uma envolvente massa crítica e com bastante vontade e capacidade de reflexão sobre a arte. Os assistentes Cacá Toledo e Ivan Andrade atuaram diretamente na criação das cenas. Enquanto eu ficava no geral, coordenando o material poético, ambos seguraram muito bem o lado operacional e, depois da estreia, a manutenção desse espetáculo que sempre oferece algo de muito misterioso a explorar, algo que a gente sente e tenta tatear, mas não detecta, não acessa, porque nos escapa. Há um conteúdo mágico impresso na escrita desse texto, uma bruxaria que temos de manter, preservar, proteger, mas sem querer ficar o tempo todo compreendendo. A humanidade ainda não está preparada para entender por inteiro as revelações propostas nessa trama. São as forças imponderáveis de nosso ofício, energias e potências internas que simplesmente explodem, cheias de som e fúria, significando muita coisa."

estreia **21 DE AGOSTO DE 2015 · TUCARENA · SÃO PAULO**   texto **WILLIAM SHAKESPEARE**   tradução **MARCOS DAUD**   direção **GABRIEL VILLELA**   assistência de direção **CACÁ TOLEDO** e **IVAN ANDRADE**   direção de palco **ALEXANDER PEIXOTO**   direção de movimento **RICARDO RIZZO**   cenografia **GABRIEL VILLELA** e **MÁRCIO VINICIUS**   cenotécnica **MÁRCIO VINICIUS**   construção de cenário **MAIS CENOGRAFIA**   pintura de telão **CARLOS HENRIQUE DA CRUZ**   maquiagem **CLAUDINEI HIDALGO**   assistência de maquiagem **PATRÍCIA BARBOSA** e **GIL OLIVEIRA**   figurino **GABRIEL VILLELA** e **JOSÉ ROSA**   adereços e objetos de arte **SHICÓ DO MAMULENGO**   bordado **GIOVANNA VILLELA**   costura **CLEIDE MEZZACAPA HISSA** e **ZILDA PERES**   iluminação **WAGNER FREIRE**   assistência de iluminação **ALESSANDRA MARQUES**   operação de luz **CLEBER ELI**   direção musical **BABAYA** e **MARCO FRANÇA**   especialização e antropologia da voz **FRANCESCA DELLA MONICA**   preparação vocal e arranjos vocais **BABAYA**   arranjos instrumentais **MARCO FRANÇA**   coordenação de ateliê **JOSÉ ROSA**   camareiras **ANA LÚCIA LAURINO** e **MARA SANTIAGO**   elenco **CELSO FRATESCHI, CHICO CARVALHO, DAGOBERTO FELIZ, FELIPE BRUM, HELIO CICERO, LEONARDO VENTURA, LETÍCIA MEDELLA, MARCO FURLAN, RODRIGO AUDI, ROGÉRIO ROMERA** e **ROMIS FERREIRA**   produção executiva **FRANCISCO MARQUES**   direção de produção **CLAUDIO FONTANA**   realização **BF PRODUÇÕES ARTÍSTICAS**

imagens **JOÃO CALDAS Fº**

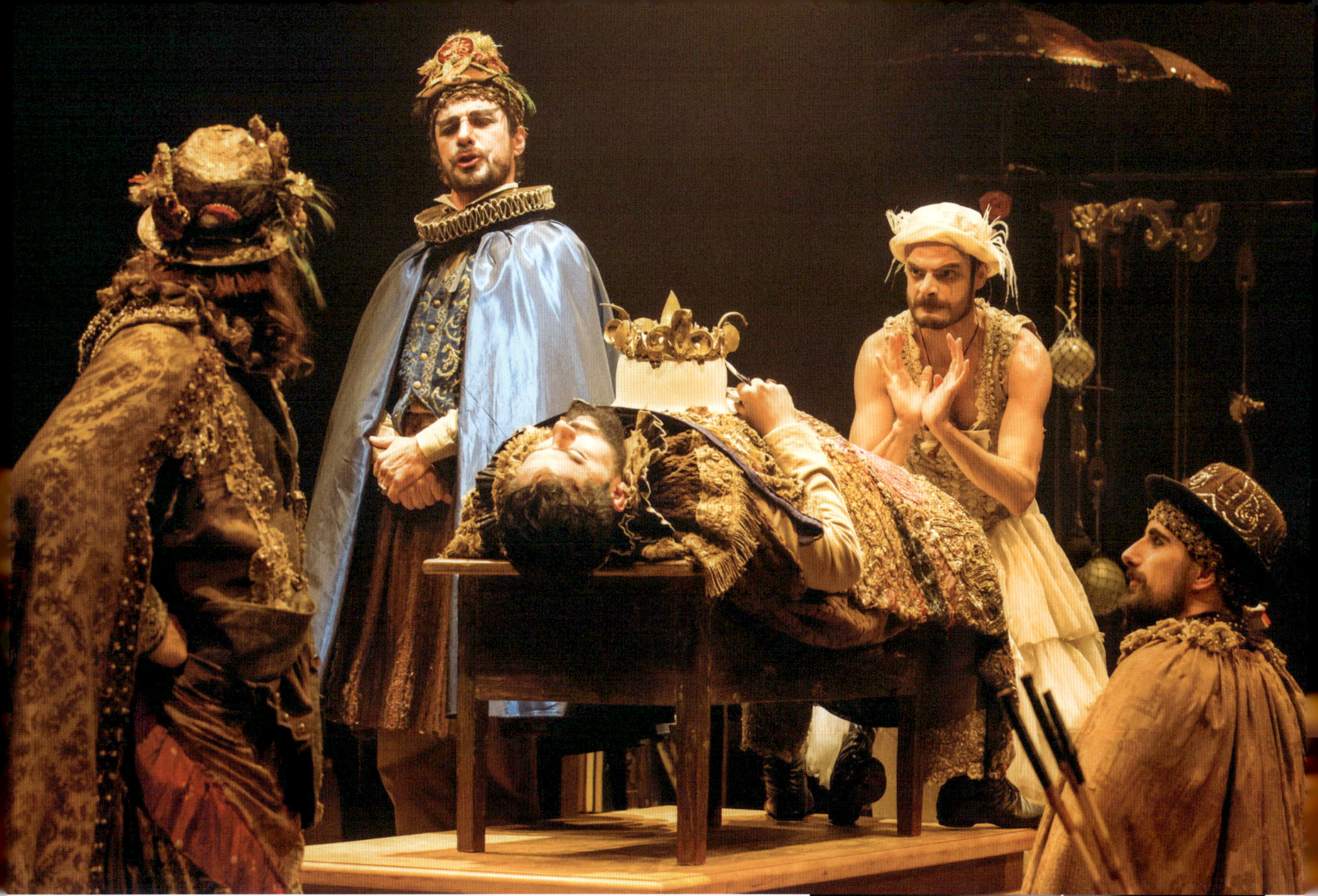

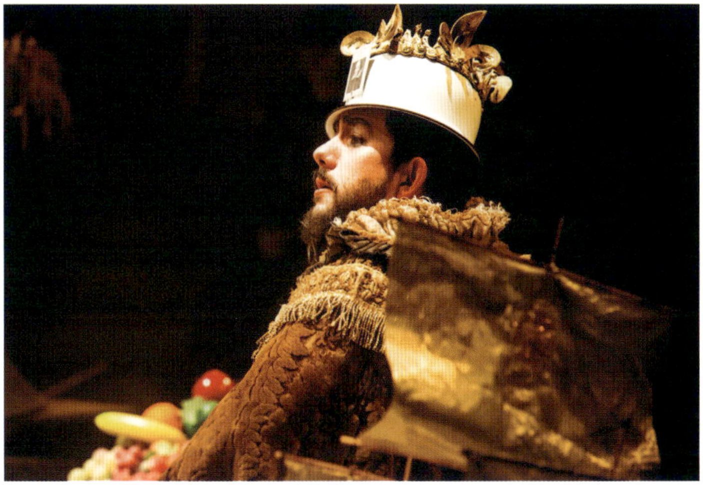

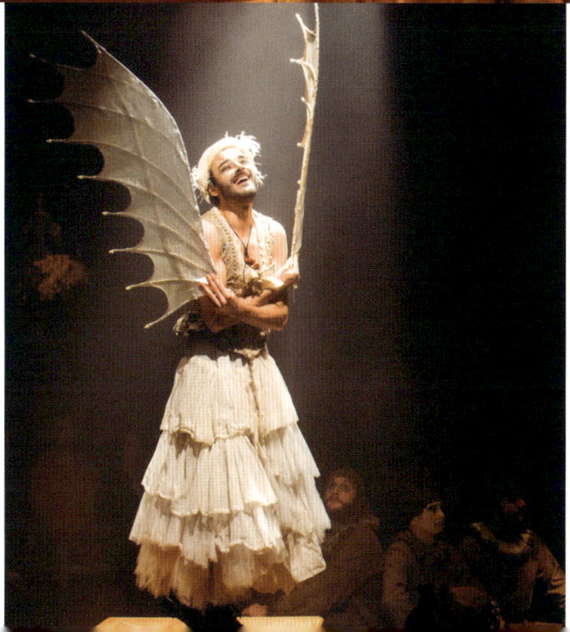

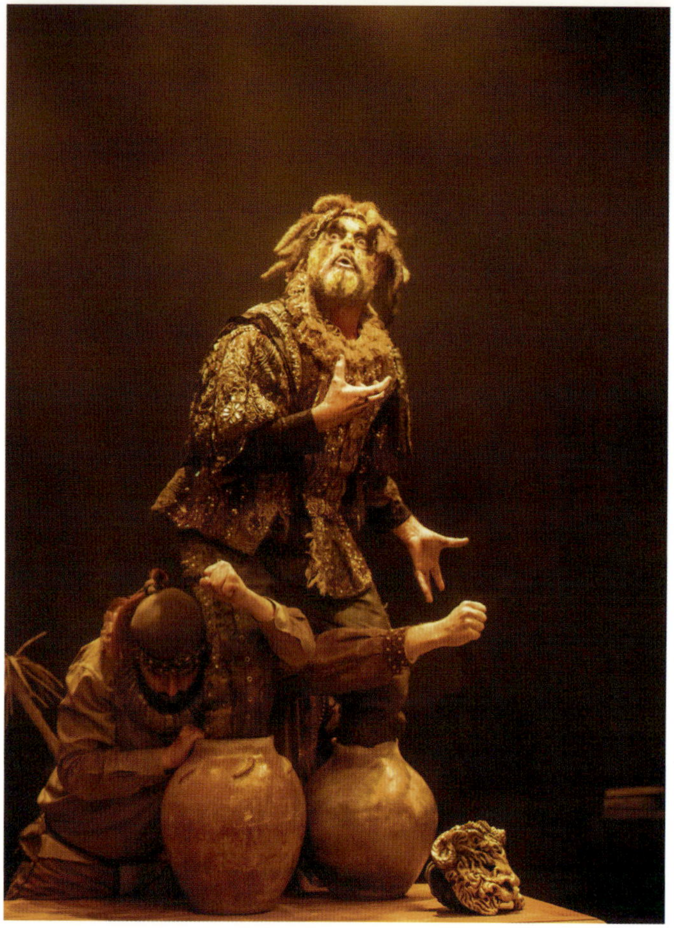

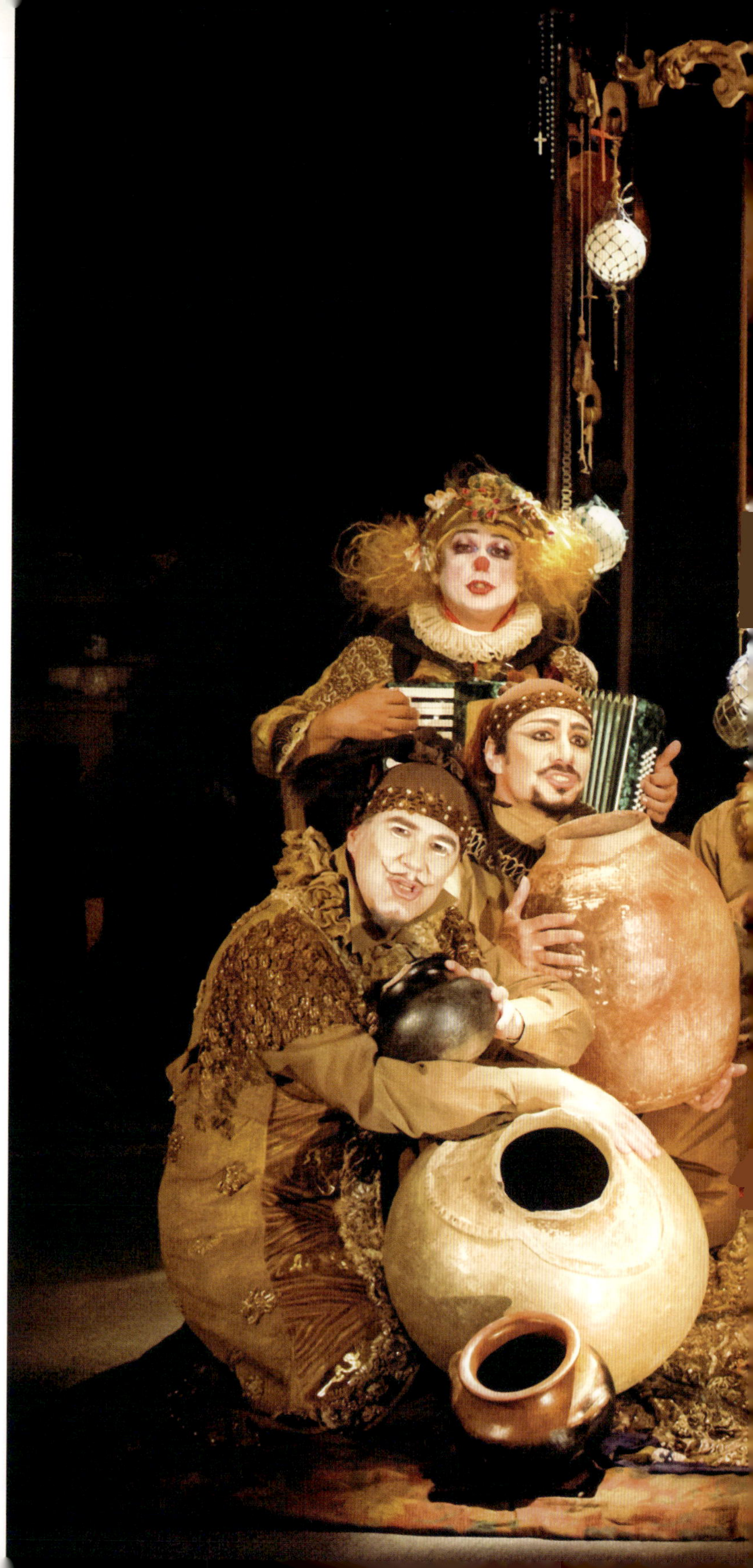

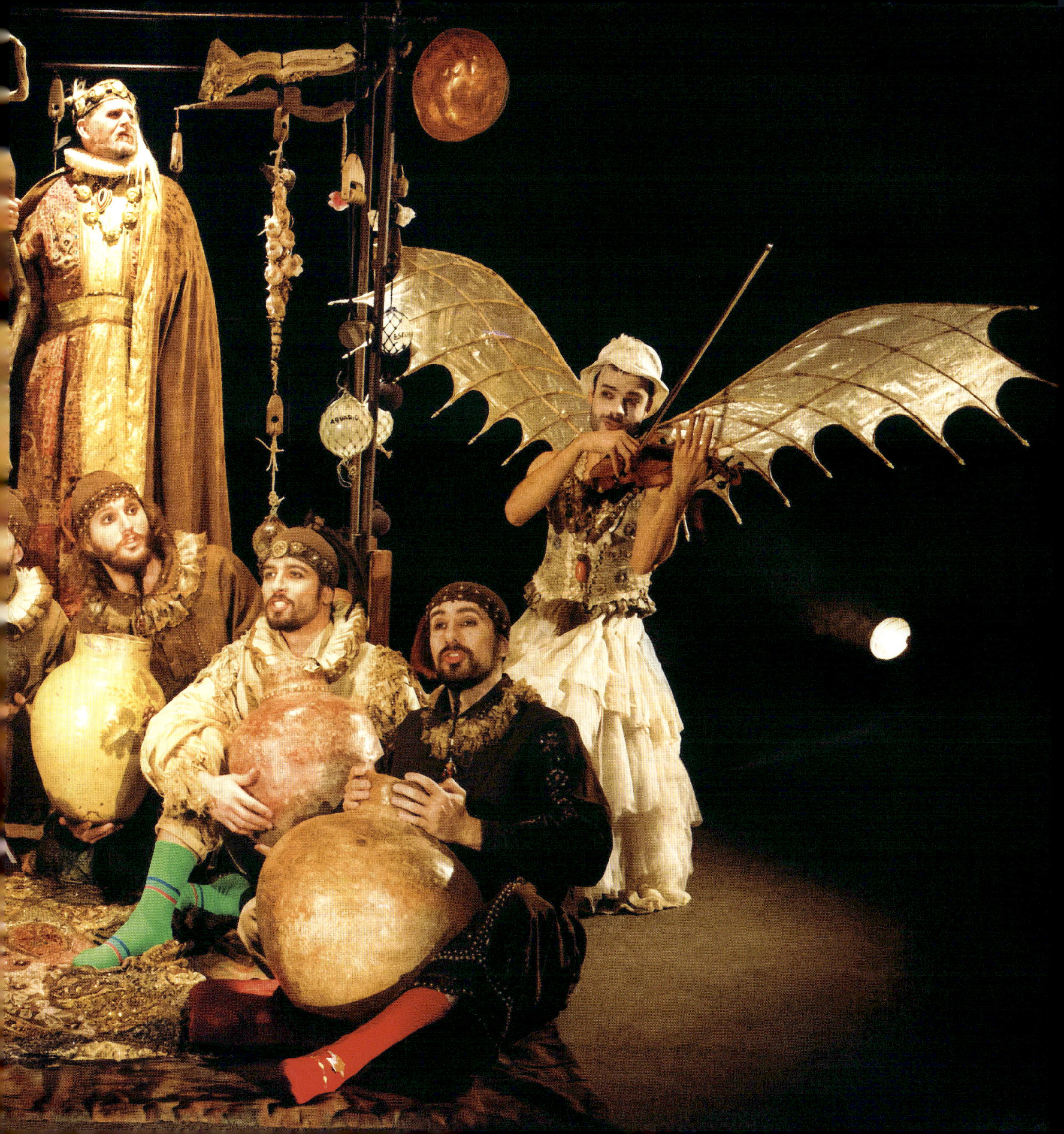

RAINHAS DO ORINOCO

2016

MARIS

" Em minha carreira, sempre gostei de praticar a alternância entre a montagem de um texto clássico e uma criação contemporânea. Isso explica sair de *A tempestade*, de Shakespeare, e em seguida mergulhar no universo do mexicano Emilio Carballido (1925--2008), com suas *Rainhas do Orinoco*. Sem contar que eu tinha planos de voltar à parceria com a grande atriz e amiga Walderez de Barros. Queríamos desta vez falar de pessoas comuns e anônimas. Carballido escreveu essa fábula linda sobre duas figuras que aparentemente são de uma desimportância total. No entanto, sua escrita poética, com fortes raízes fincadas na tradição literária latina do realismo mágico, acabou por traçar o perfil desalentado, triste, e ao mesmo tempo pleno de amor, ternura e humanismo, de duas personagens desamparadas pela realidade latino-americana. Como encenador, atuei ainda sob forte impacto da recente tragédia ambiental na bacia do rio Doce, de proporções planetárias. Tal fato já havia me mobilizado muito em *A tempestade* — sem querer fazer disso uma bandeira, mas tocando as pessoas pela via da sensibilidade musical. *Rainhas do Orinoco* me possibilitou prosseguir nessa linha de falar de água, pois, a meu ver, é um *drama anfíbio*. A solidão que envolve as duas amigas, no barco à deriva, é do tamanho da América Latina. Para contracenar com Walderez, recrutei Luciana Carnieli, rigorosa, disciplinada, jovem herdeira dos tempos de comédia de atores como Grande Otelo, Dercy Gonçalves e Marília Pêra. Dagoberto Feliz, com pegada bem *clownesca*, cantava e declamava, além de personificar com leveza o papel da morte que ronda o segundo ato. A pesquisa para a trilha sonora — apoiada no repertório da dupla Cascatinha e Inhana — foi, sobretudo, de Babaya, minha parceira indissociável. Para os figurinos, fiz uma viagem de pesquisa para a Cidade do México na semana do Dia dos Mortos. Queria me aprofundar nas cores do universo autoral de Carballido. Mais uma vez tive parceiros incríveis, como José Rosa, que criou dezenas de flores de crepom italiano trabalhado com ouro de restauração, e Shicó do Mamulengo, que pintou uma impactante boca de cena, inspirada na arte *naïf* equatorial. A floresta equatorial tem uma exuberância que chega a ser um delírio. Para realçá-la, contei com dois grandes profissionais ligados à ópera: William Pereira, na cenografia, e Caetano Vilela, no desenho de luz. Expliquei a eles que se tratava de uma estética de ópera dentro de uma casca de noz, o palco do Teatro Vivo. Deu muito certo. As partes do texto que se referem ao universo dos artistas mambembes fizeram muito sucesso com a classe teatral paulistana, desde as pré-estreias. O público comum, por sua vez, divertia-se muito com o vocabulário chulo das duas personagens, incluindo um repertório vasto de palavrões. "

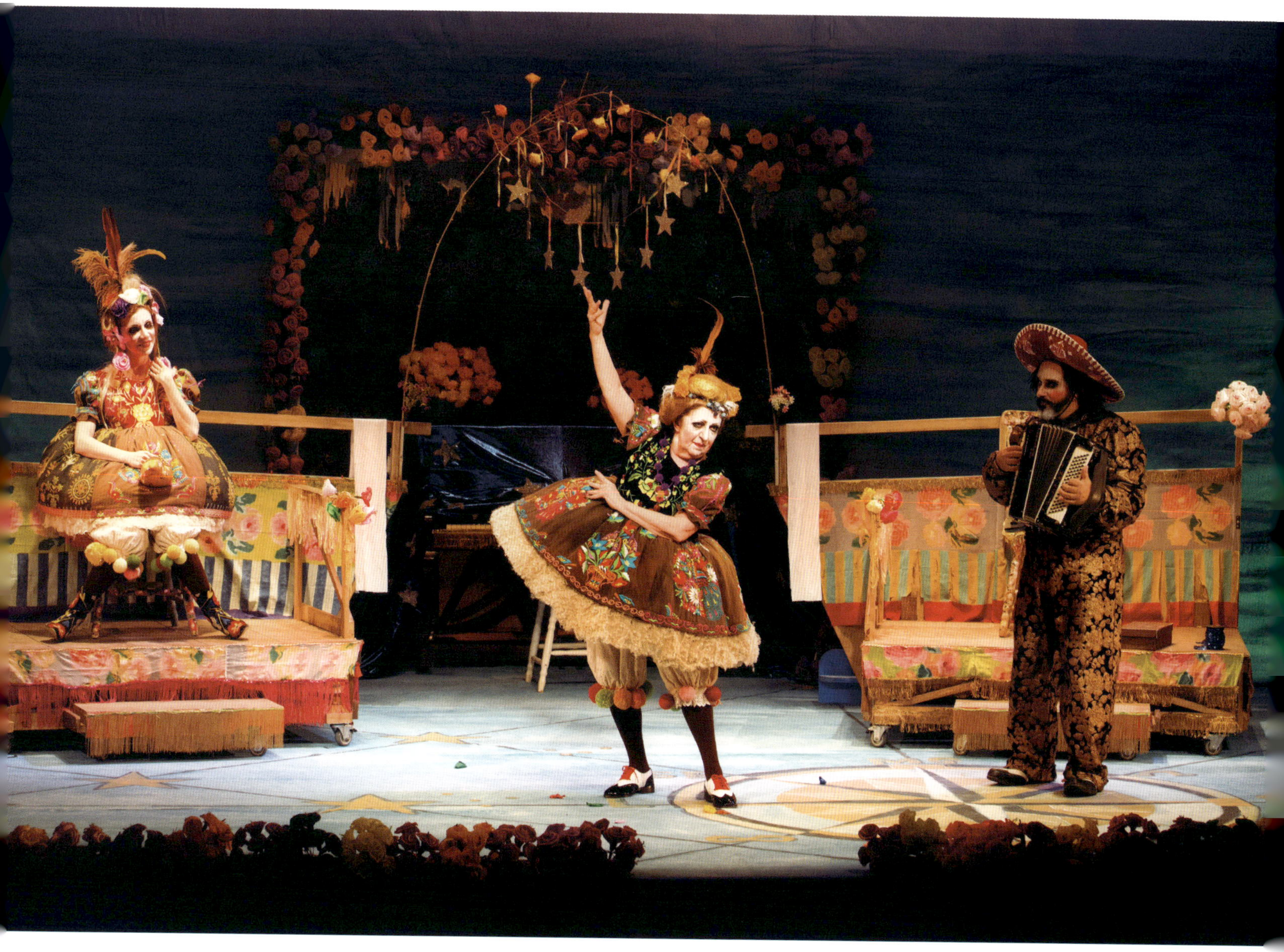

....
estreia 13 DE MAIO DE 2016 · TEATRO VIVO · SÃO PAULO texto **EMILIO CARBALLIDO** tradução **HUGO DE VILLAVICENZIO** direção e figurinos **GABRIEL VILLELA** assistência de direção **DANIEL MAZZAROLO e IVAN ANDRADE** direção de palco **CLAUDIO NUNES PINHEIRO** cenografia **WILLIAM PEREIRA** adereços e objetos de arte **SHICÓ DO MAMULENGO** coordenação de arte do ateliê **JOSÉ ROSA** camareira **ANA LUCIA LAURINO** iluminação **CAETANO VILELA** operação de luz **CLAUDIA URBANISKI** direção musical e de textos **BABAYA** trilha sonora **BABAYA e DAGOBERTO FELIZ** arranjos instrumentais **DAGOBERTO FELIZ** copeira **MARA SANTIAGO** elenco **DAGOBERTO FELIZ, LUCIANA CARNIELI e WALDEREZ DE BARROS** produção executiva e administração **LUIZ ALEX TASSO** direção de produção **CLAUDIO FONTANA**
....
imagens **JOÃO CALDAS Fº**

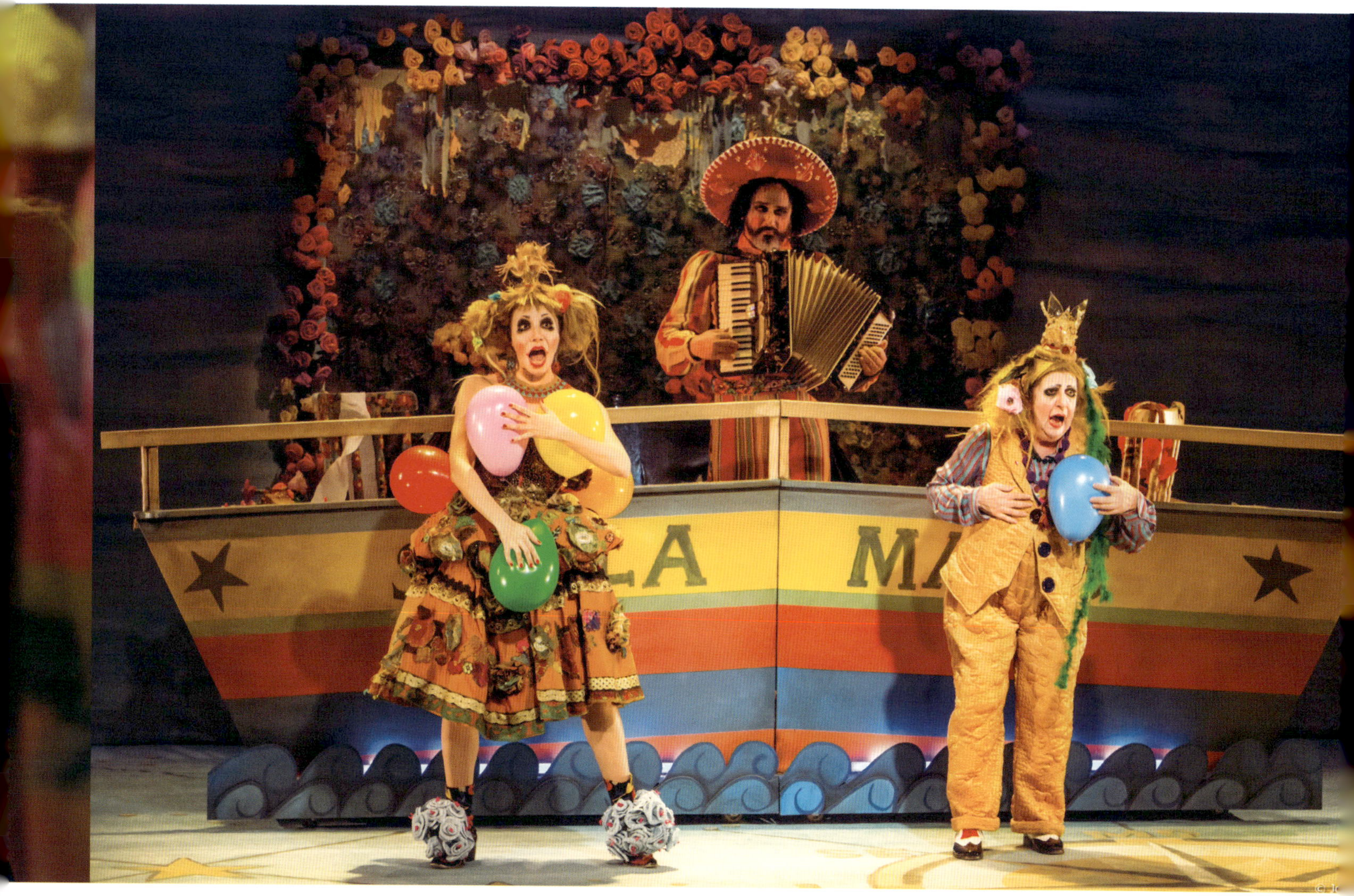

SHOWS E ÓPERAS

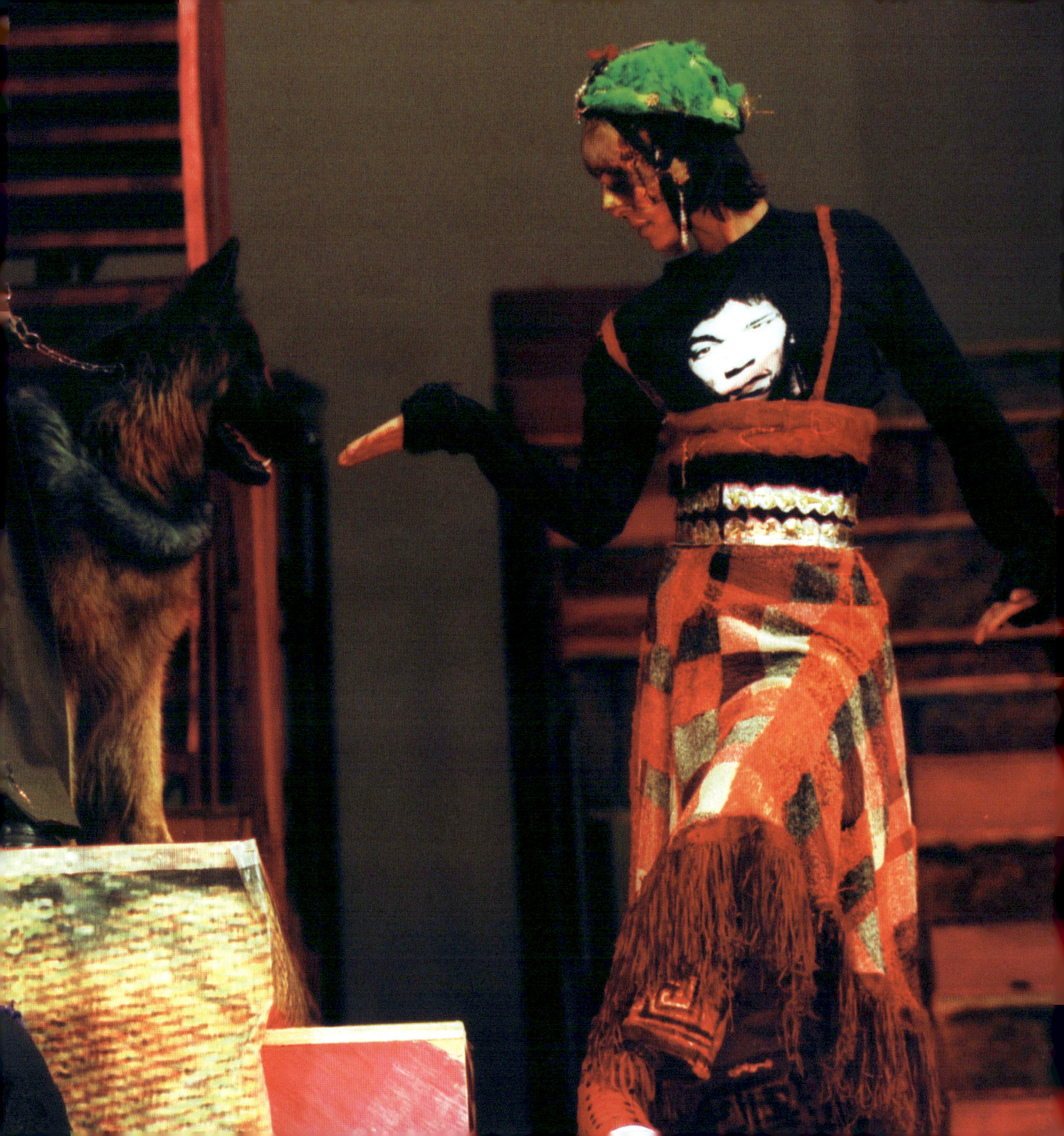

> "A música foi e será sempre vital em minha carreira artística. Olho um quadro e penso em música. Leio um livro e penso em música. Olho para a natureza e ouço música. Além de trabalhar com tanta gente maravilhosa do teatro, tive ainda o privilégio de ser convidado para dirigir alguns *shows* e, assim, *diplomar-me* em outra turma: a da MPB. O que esperavam de mim, como diretor de teatro, falando de uma maneira geral, era que eu estabelecesse com eles, astros da nossa música popular, um diálogo artístico que resultasse no aprimoramento cênico do roteiro musical previamente estabelecido. Esse roteiro tinha de dar conta de instaurar climas, estabelecer temperaturas, definir marcações, para que o *engate* de uma canção na outra tivesse o mínimo de sustentação artística e coerência cênica.

Maria Bethânia, abelha-rainha, foi a primeira, em março de 1994. O *show* foi pautado no disco que ela fez em homenagem a Roberto Carlos, *As canções que você fez pra mim*. Trabalhar com Bethânia é trabalhar com teatro. Ela pisa no palco e vira atriz, de uma forma como eu nunca havia visto em nenhuma cantora. É uma intérprete bordada por mãos de ourives. É rigorosa com tudo em cena. Segue religiosamente as marcações de palco estabelecidas. Até a sua relação com a luz do *show* é toda pensada com detalhes. Quando entra em cena, já não se sabe mais quem ela é, vira um gigante misterioso, e o evento que se sucede diante de nossos olhos nunca é menos do que uma aula magna de interpretação.

Em julho de 1997, foi a vez de Milton Nascimento e seu *Tambores de Minas*, um luxo só. No dia em que recebi o convite para dirigi-lo, senti-me mais mineiro do que nunca, entrando em um rito de fé. Trabalhar com ele é viver constantemente uma síndrome de Stendhal: um estado de contemplação que paralisa nossos ossos e toda a musculatura, diante de tanta beleza. Dirigir o Milton é conviver com essas paralisias estéticas. Ele terminava o ensaio e vinha me perguntar: 'Tá bom?'. Imagina, pedi para ele parar de fazer isso comigo. Eu ficava lá quase me rasgando, morrendo de saudades da aurora da minha vida, da minha infância querida lá no sul de Minas, e ele vinha me perguntar se estava bom?! O Milton não é deste mundo. Já dizia Elis Regina: Milton é a voz de Deus na Terra. É uma pessoa daquele tipo de que você se aproxima até determinado ponto, depois disso não consegue mais acessá-la, porque há um mistério intransponível.

No ano seguinte, em abril de 1998, a produção de uma jovem Ivete Sangalo procurou-me para dirigi-la em um *show* solo, fechado para formadores de opinião e patrocinadores, pois ela estava partindo para uma carreira fora da Banda Eva. Encontrei uma menina linda, encantadora, inteligente, esperta, carinhosa, afetuosa, afinadíssima — esse tanto de adjetivos e muitos mais. Como diretor, não pude deixar de observar que sua dinâmica de palco era a de uma festa de carnaval. Ela já era a dona do *sai do chão*, uma estrela construída pelos mistérios gozosos da Bahia. Não adiantava querer mexer nisso, mesmo levando em conta que o roteiro daquele *show*, *Ivete Sangalo solo*, não tinha axé, só clássicos da MPB.

Já os mistérios dolorosos de Minas produziram três forças percussivas impressionantes, Santone Lobato, Sérgio Pererê e Geovanne Sassá, os integrantes do grupo étnico afro-mineiro Tambolelê. Dirigi, em janeiro de 2002, em Belo Horizonte, seu *show Kianda*. Pererê primava pelas composições e dançava como ninguém, Santone reinava com o som contagiante de seus

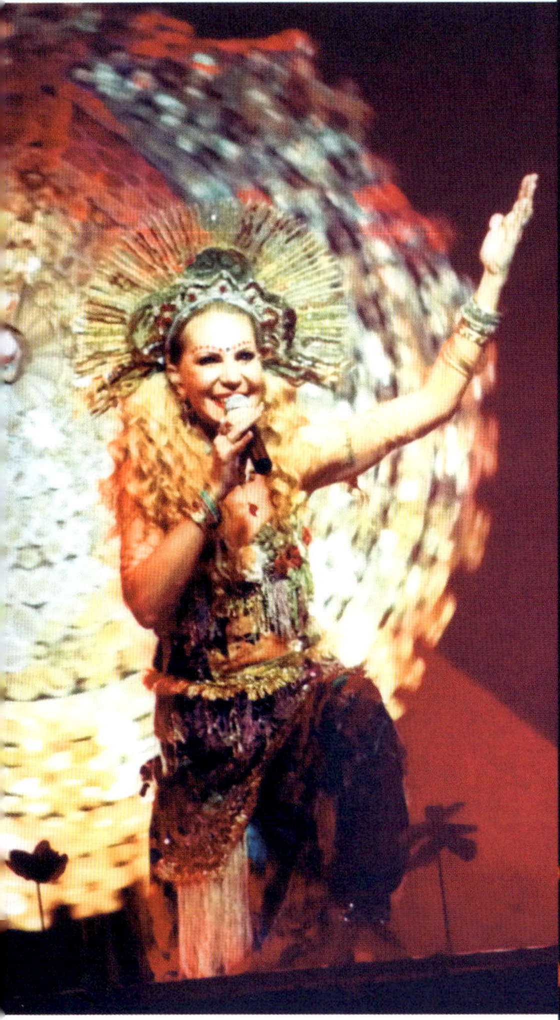

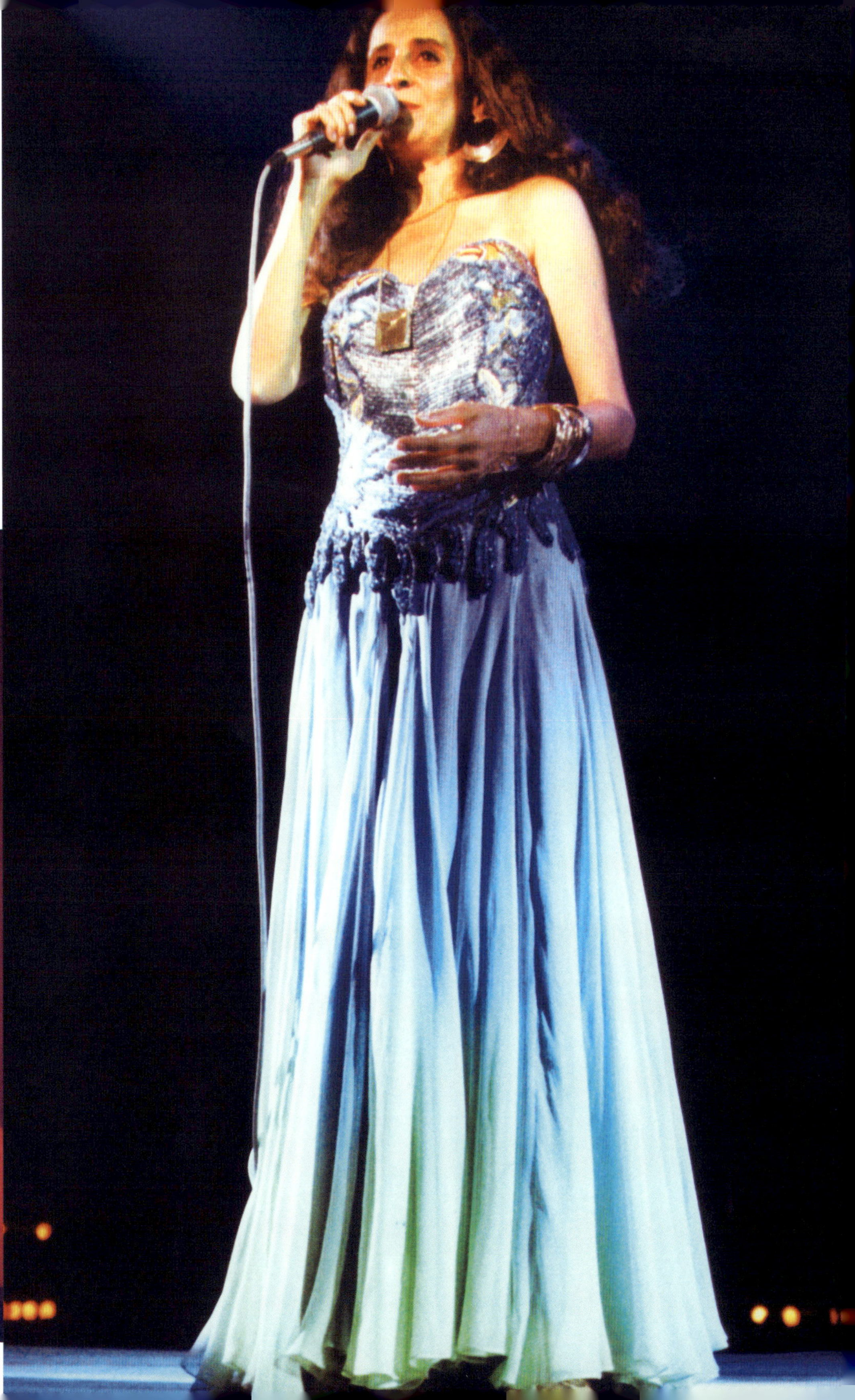

tambores e Sassá era uma festança na voz. Fiquei fascinado com o grupo que se preocupava com a liturgia do canto de seus antepassados negros. São os três reis magos da minha carreira.

Depois dos reis, veio ela, a madona do sertão: Elba Ramalho. Dirigi-a em junho de 2002, no *show Elba canta Luiz*, com repertório básico de baiões do Gonzagão. Fizemos um forrozão bem dançante. Elba tem uma energia invejável, tão linda, tão brasileira e emocionante. Parecia uma garotinha pulando no palco. Era muita combustão. Ao mesmo tempo, por ter atuado no teatro como atriz, sabia encarnar uma personagem de si mesma como ninguém. Fincava suas sólidas estacas de intérprete no palco, e o público era todo dela. Nos números em que chamava alguns homens da plateia para dançar, se algum tentava ousar e avançar o sinal, ela ousava mais ainda, desconcertando-o, afinal sabia se movimentar no palco e surpreendia todos com uma segurança invejável de atriz.

Além de MPB, também fiz duas incursões pelo universo da ópera, ambas no Teatro Municipal de São Paulo, mas, claro, como diretor cênico. Uma delas foi *Gianni Schicchi*, de Puccini, em novembro de 1992, que fazia parte de um tríptico com outros dois diretores convidados, Jorge Takla e Bia Lessa. *Gianni Schicchi*, como as outras duas óperas, teve cenografia assinada pelo arquiteto Paulo Mendes da Rocha. Os figurinos de Domingos Fuschini também eram deslumbrantes. Privilegiamos o clima de festa e alegria de uma Florença idealizada pelos protagonistas. Bem mais tarde, em agosto de 2004, assinei a polêmica direção cênica de *Don Carlo*, de Verdi. Havia uma crise política e orçamentária envolvendo os corpos estáveis do Municipal, de tal modo que convivi com mais problemas ali do que gostaria. O saldo artístico foi que não agradei a crítica especializada. Dessa vez, o cenário foi de J.C. Serroni. A sensação que a música dava-me ali era a de uma ferocidade animalesca, por isso coloquei dez cães adestrados da Polícia Militar em cena. Não agradei. **"**

MARIA BETHÂNIA ··· AS CANÇÕES QUE VOCÊ FEZ PRA MIM estreia 24 DE MARÇO DE 1994 · CANECÃO · RIO DE JANEIRO
MILTON NASCIMENTO ··· TAMBORES DE MINAS estreia 17 DE JULHO DE 1997 · TOM BRASIL · SÃO PAULO
IVETE SANGALO ··· IVETE SANGALO SOLO estreia 2 DE ABRIL DE 1998 · SALVADOR · BAHIA
GRUPO TAMBOLELÊ ··· KIANDA estreia JANEIRO DE 2002 · PALÁCIO DAS ARTES · BELO HORIZONTE · MINAS GERAIS
ELBA RAMALHO ··· ELBA CANTA LUIZ estreia JUNHO DE 2002 · CARUARU · PERNAMBUCO
ÓPERA GIANNI SCHICCHI, DE PUCCINI estreia NOVEMBRO DE 1992 · TEATRO MUNICIPAL DE SÃO PAULO
ÓPERA DON CARLO, DE VERDI estreia AGOSTO DE 2004 · TEATRO MUNICIPAL DE SÃO PAULO

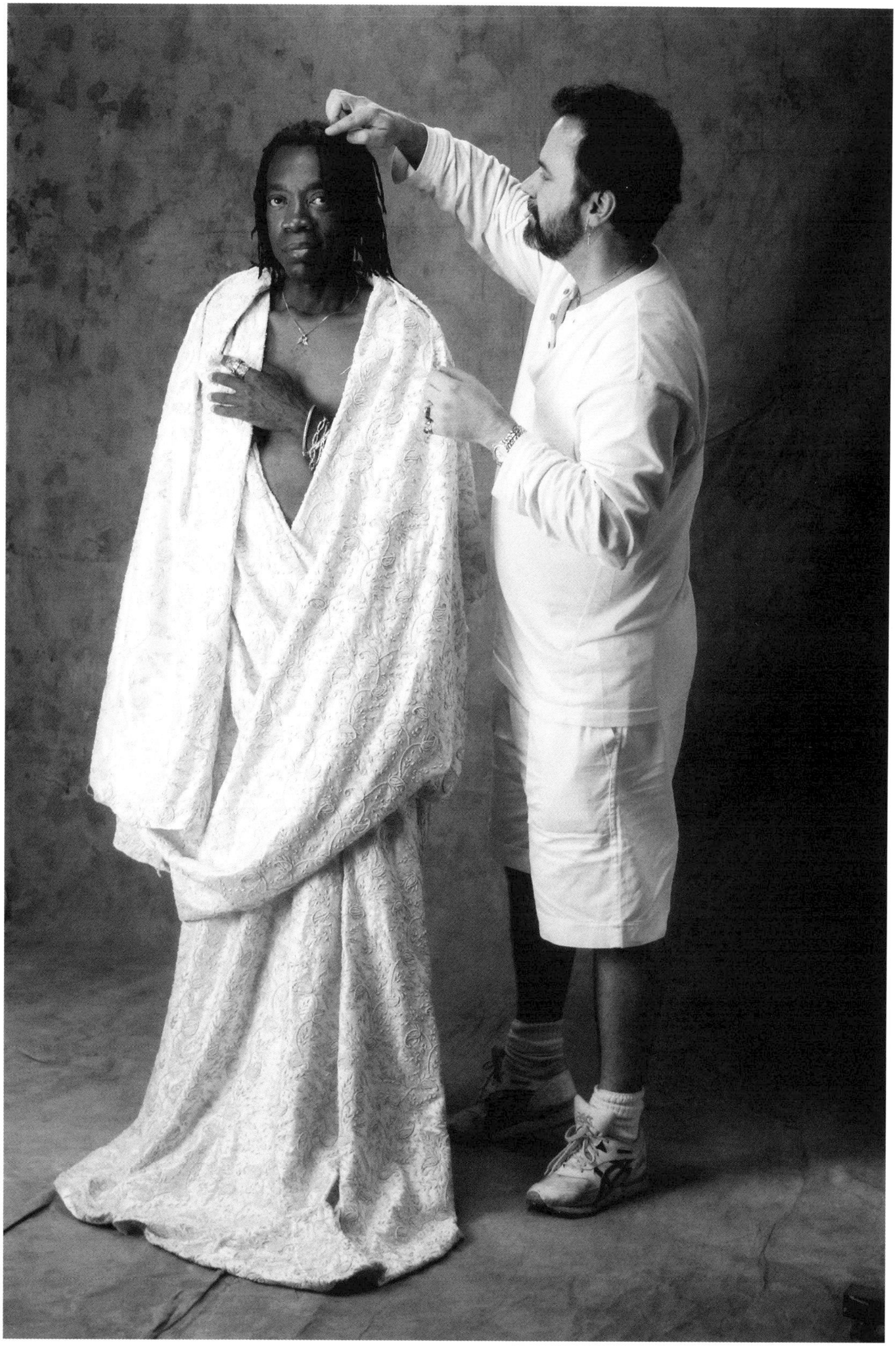

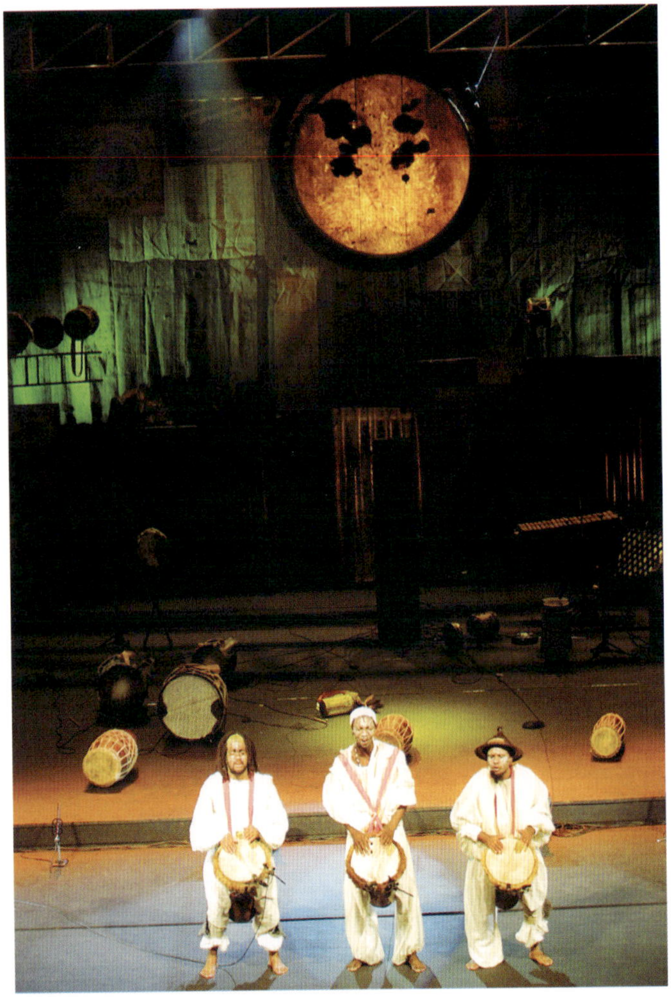

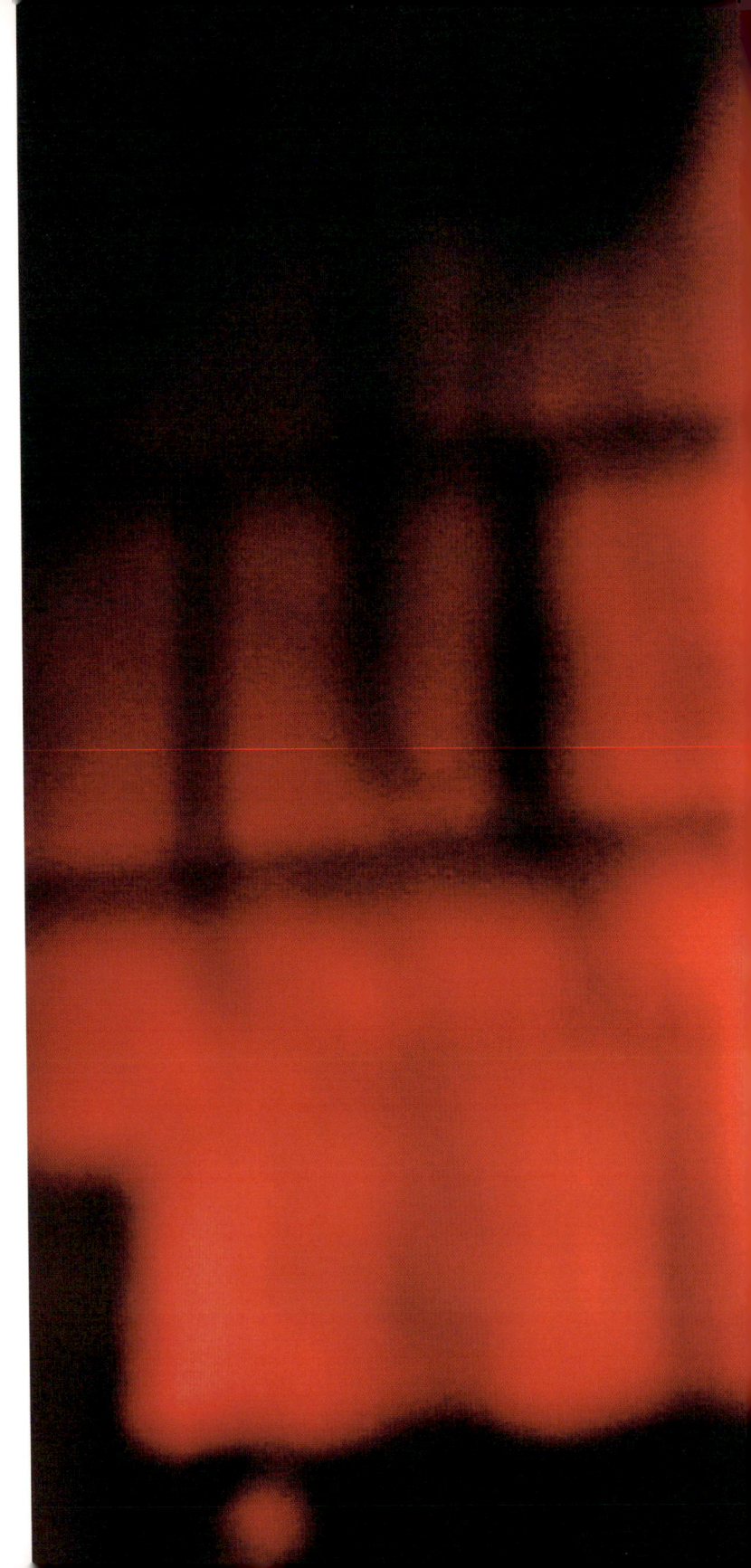

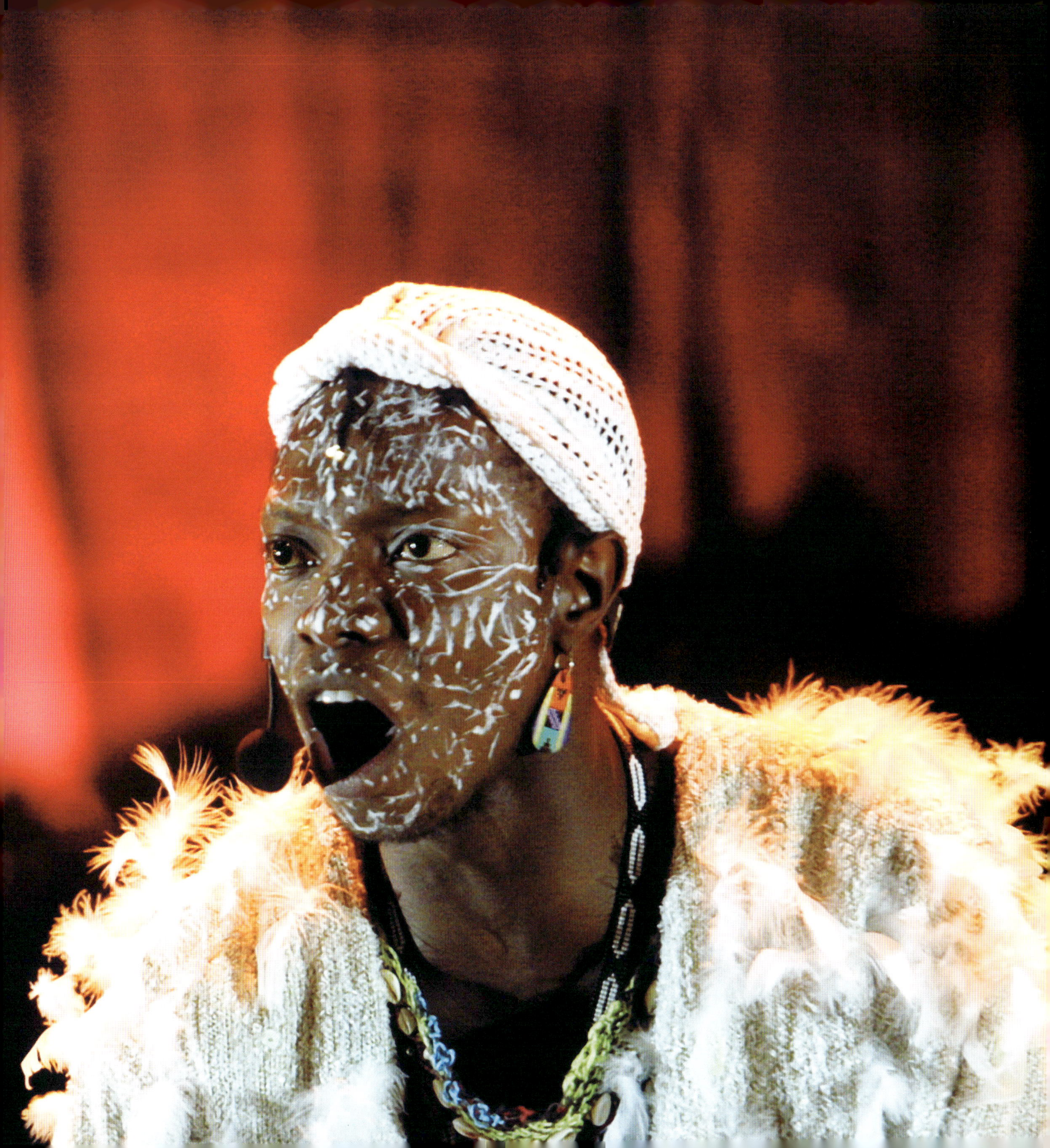

EPÍLOGO

"Cada vez sei menos o que é o teatro, do que ele trata, e menos também sobre o universo misterioso dos atores. O mundo ficou feio demais, a humanidade está doida, o fluxo migratório no planeta está intenso, o Mediterrâneo virou um cemitério aquático, irmão mata irmão. Contra essa feiura, só a poesia das palavras. Faço teatro por uma curiosidade incalculável sobre o homem. Sinto como se todas essas peças que eu fiz até hoje fossem nada mais do que a organização sistemática de um repertório de temas sagrados que me são muito caros, os quais de alguma maneira tento entender. É como se, juntas, todas essas peças procurassem compor um evangelho repleto de boas-novas para a humanidade. Vejo hoje, depois de fazer todo esse balanço de minha carreira, quanto o teatro brasileiro está forte. Com todos os problemas que enfrenta, ele deveria estar mais combalido pela paisagem geral do planeta, no entanto dá sinais de vitalidade, com novos dramaturgos querendo produzir muito e, sobretudo, com um elenco volumoso de atores, cada vez mais aplicados. Estudei os métodos tradicionais de interpretação, mas não tenho métodos, ou melhor, tenho: o *rebolation*, em que me inspiram Dercy Gonçalves, Grande Otelo, Oscarito e o circo-teatro. É assim que tento fazer de minha vida essa farra teatral que veio desembocar, hoje, neste livro. É o meu jeito de me divertir. Preciso deixar registrado também que, conforme os anos vão se passando, mais eu sinto a importância de ter bons ajudantes, parceiros competentes. Por isso, é importante que eu faça aqui um agradecimento a todas as dezenas de assistentes de direção que tive até hoje em minha carreira. Homenageio a todos eles na figura dos dois profissionais que têm sido muito preciosos em meus trabalhos mais recentes: Cacá Toledo e Ivan Andrade. E agora, como magnificamente escreveu Guimarães Rosa, nas linhas finais de *Grande sertão: veredas*: 'O senhor vê. Contei tudo. Para a velhice vou, com ordem e trabalho. Sei de mim? Cumpro. [...] Amigos somos. Nonada. O diabo não há! É o que eu digo, se for... Existe é homem humano. Travessia'."

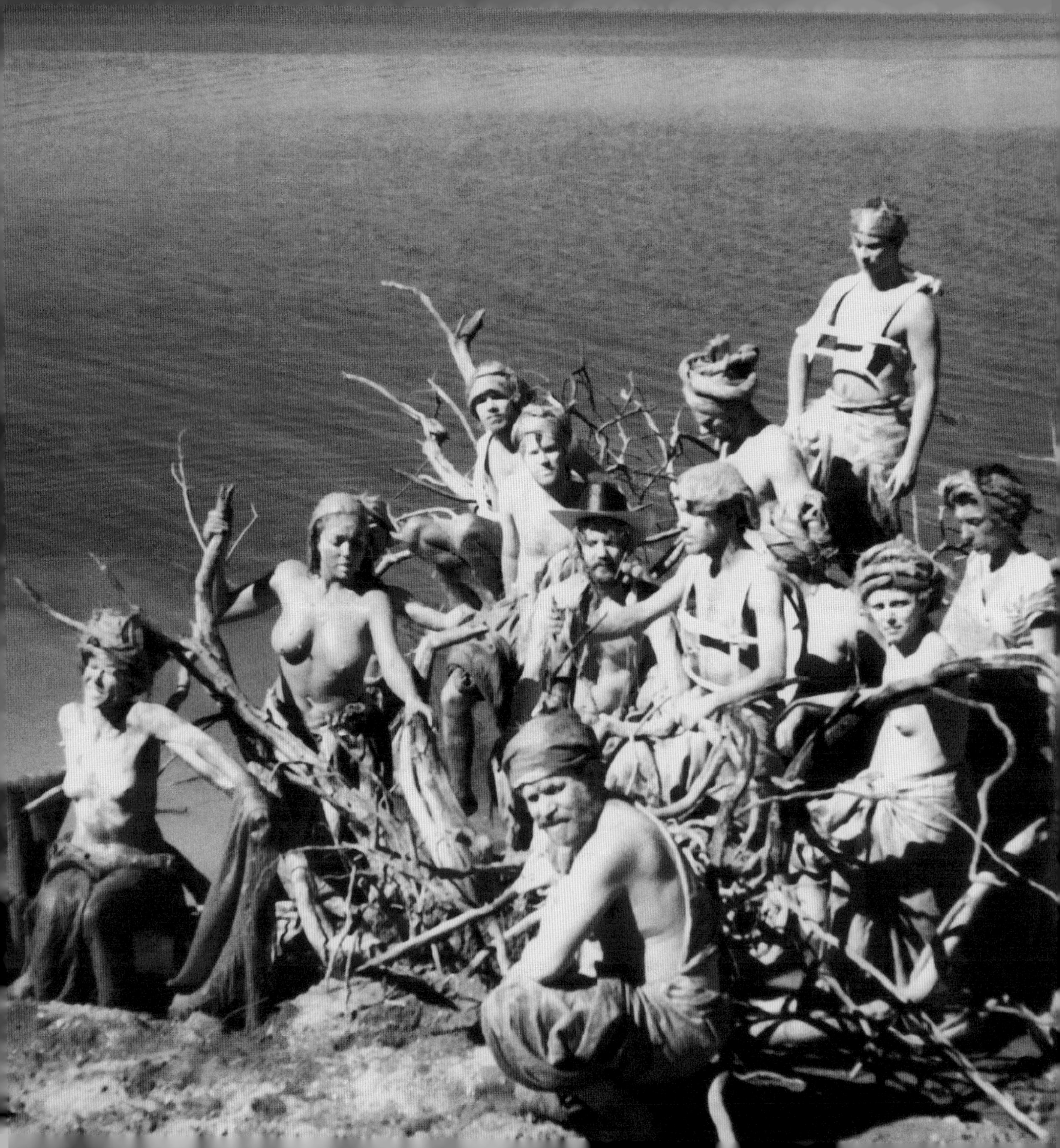

A DRAMATURGIA DA PAIXÃO

Eduardo Moreira

Em um tempo cada vez mais pressionado e comprimido por resultados imediatos e por encontros e trabalhos fortuitos e circunstanciais, certas alianças e parcerias artísticas me fazem pensar na permanência de um outro lugar, de um tempo de convergência de almas gêmeas, de grupos de pessoas que compartilham experiências de tantos anos e de tamanha intensidade que se tornam significativas e determinantes, um milagre fugidio que só o teatro é capaz de proporcionar. O milagre da construção artesanal urdida pelos encontros e pela obsessiva permanência de um objetivo comum faz da arte do teatro esse lugar único, especial, intangível e, cada vez mais, absolutamente necessário nos dias de hoje, algo que se desvanece no momento efêmero do aqui e do agora e que nunca mais poderá ser reproduzido, mas que, paradoxalmente, resiste ao tempo. A parceria artística do Grupo Galpão com o diretor Gabriel Villela é um exemplo disso.

Lembro-me do nosso primeiro encontro. Deu-se de uma forma mágica. O ano era 1985, e o Galpão passava por uma de suas maiores crises. Vivíamos os tropeços de um processo confuso de direção coletiva, em que os papéis eram pouco precisos, faltando uma visão de fora que desse rumos ao grupo.

Quando da nossa participação em uma oficina sobre criação teatral que integrava a programação do Festival de Inverno da Universidade Federal de Minas Gerais (UFMG), ministrada por Ulysses Cruz, que na época dirigia o grupo Boi Voador, de São Paulo, tivemos a oportunidade de conversar muito sobre a crise que vivíamos. Numa manhã da última semana de trabalho, o diretor havia nos convidado para um café da manhã. Na ocasião, disse-nos que havia pensado muito sobre nossa situação, lembrando-se de um jovem diretor que concluíra seus estudos na ECA-USP. Prevendo nele potencial para logo despontar entre os grandes nomes do cenário teatral brasileiro, recomendava-o como uma direção para superarmos o impasse que enfrentávamos.

À noite, na oficina, Ulysses teve um sobressalto e começou a gritar: "É ele! É ele!". Sem nenhuma explicação ou combinação prévia, entrava na sala de ensaio o jovem diretor, que era nem mais nem menos o próprio Gabriel Villela. De férias, ele havia decidido visitar algumas cidades históricas de Minas e de passagem por São João del-Rei ficou sabendo que o Ulysses estava por ali ministrando uma oficina no festival da UFMG e resolveu procurá-lo para deixar o seu abraço.

Depois desse primeiro encontro inusitado, encontramo-nos, sem grandes consequências, numa apresentação de rua do Galpão com o espetáculo *A comédia da esposa muda*, no festival de São José do Rio Preto, em São Paulo. O ano era 1989, e ali nos falamos rapidamente, sem ao menos termos tempo de comentar a sugestão de parceria, festivamente proposta pelo Ulysses, nosso amigo comum.

Dois anos mais tarde, em 1991, nos encontramos novamente, dessa vez no Rio de Janeiro. Na época, as coisas ainda eram bem mais simples e circulávamos com nossa Veraneio 1974 pelas ruas da cidade. O intrépido veículo carregava, além dos seis, sete atores, todo o cenário e os figurinos das duas peças de rua. Era a nossa carroça ambulante, que transportava o nosso circo para onde fosse possível fazer apresentações.

Foi numa dessas apresentações, precisamente na Casa de Cultura Laura Alvim, na avenida Vieira Souto, em Ipanema, que Gabriel apareceu para nos ver. Mineiramente, ele se colocou mais ao fundo da plateia. Assistiu a todo o espetáculo de pé e depois veio falar conosco com muita discrição e simplicidade. Dois dias depois, nos encontramos numa cantina italiana ao lado do Copacabana Palace e ali tratamos abertamente da possibilidade e dos desejos mútuos de fazermos um trabalho conjunto. Sua primeira proposta era de montarmos uma Paixão de Cristo para a rua, um velho projeto que ele vinha acalentando havia um bom tempo.

Depois da temporada carioca, desmontamos nosso circo e partimos para São Paulo a fim de assistir à celebradíssima temporada da versão dirigida pelo Gabriel de *Vem buscar-me que ainda sou teu*, de Carlos Alberto Soffredini, no Teatro Sérgio Cardoso. A essa altura, a Pauliceia já havia se rendido totalmente aos encantos e à magia do teatro popular e do circo-teatro elaborados pelas mãos mágicas do nosso diretor. O trabalho, de fato deslumbrante, só nos deixou mais firmes e convictos de que nossa parceria precisava se concretizar de qualquer maneira. Foi quando Gabriel nos surpreendeu com uma proposta que nos soou, no mínimo, inusitada: ele já não tinha tanta certeza sobre a Paixão de Cristo e também não sabia mais exatamente qual espetáculo gostaria de montar conosco. A única certeza que lhe sobrara era de que desejava fazer uma peça que tivesse como cenário a nossa Veraneio vinho, ano 1974.

Depois de mais alguns encontros e passado o susto da curiosa proposta, chegamos à combinação de criarmos cinco cenas ou *workshops* baseados em quatro temas sugeridos pelo Gabriel — o teatro musical brasileiro, os contos de *Primeiras estórias*, de Guimarães Rosa, a peça *O grande teatro do mundo*, de Calderón de la Barca, e o poema "Morte e vida severina", de João Cabral de Melo Neto. O quinto tema, sugestão minha e do Galpão, foi *Romeu e Julieta*, de Shakespeare. Ficou decidido então que, nas próximas cinco semanas, montaríamos cinco cenas de no máximo quinze ou vinte minutos, baseadas nos cinco temas levantados.

Cinco semanas depois, Gabriel entrava na sede do Galpão, no bairro Sagrada Família, em Belo Horizonte, para assistir às cinco cenas montadas com direções dos próprios atores do grupo. Nasceu daí a decisão de o grupo montar *Romeu e Julieta*. Começava também uma profunda transformação que modificaria completamente o nosso fazer artístico e, especialmente, o local e o ambiente de trabalho. A primeira medida foi substituir o coador de café pela cafeteira elétrica. Gabriel também transformou o mezanino do nosso espaço num ateliê de figurinos. Agora, além de um acervo de roupas, ali se faziam tingimentos, costuras, bordados, numa usina permanente de criação e de transformação de figurinos que antecediam o levantamento das cenas e da dramaturgia da peça.

A história, um pouco comprida, que descreve nossas primeiras idas e vindas, de uma parceria artística que viria a virar de cabeça para baixo o horizonte artístico e de produção e organização do teatro do Galpão, e marcar o teatro brasileiro, mostra uma das características mais marcantes do olhar teatral do Gabriel: pensar, antes de mais nada, no chão em que o ator pisa. É curioso perceber como o impulso inicial do seu trabalho sempre foi por transformar todo o ambiente em que se produzia o nosso ofício. Foi assim nos três espetáculos que montamos juntos. Além de trazer seu acervo de panos, figurinos e objetos de cena, Gabriel sempre produziu verdadeiras instalações cênicas que ajudam e estimulam a imaginação criativa dos atores e do coletivo.

Em *Romeu e Julieta*, por exemplo, antes de saber que peça exatamente fazer, Gabriel queria encontrar um lugar que pudesse elevar a encenação, ao mesmo tempo que imprimia o ar mambembe e nômade dos ancestrais comediantes que sempre vagaram pelo mundo. Nada melhor para exprimir isso do que utilizar a nossa própria *carroça* mambembe, a Veraneio. O nosso meio de transporte da lida cotidiana era, assim, alçado à condição de objeto artístico. A vida imita a arte, e a arte recria a vida, para sorte e redenção nossa e do público.

Diretor profundamente intuitivo, que desenha cenas com mãos mágicas, Gabriel sempre trabalhou com arroubos criativos. Além do cenário, sempre pensado como o chão e o lugar a ser habitado pelos atores, também os figurinos, a roupa que veste e povoa os corpos dos atores, são pensados como dramaturgia da peça e da montagem.

Lembro quando, no início do processo de leituras do texto de *Romeu e Julieta*, num momento em que a divisão de papéis tinha acabado de ser esboçada, o final do ensaio foi antecipado. Ainda corríamos atrás de um esboço de marcação pelo espaço, com o texto na mão, e o Gabriel chamou por mim e a Wandinha, os dois protagonistas. Recolhendo uma porção de figurinos, pedaços de panos e retalhos, num piscar de olhos, começou a montar Romeu e Julieta nos nossos corpos. Aquela composição, criada num impulso criativo delirante, permaneceu com poucos retoques até a estreia do espetáculo. A leveza dos tecidos perolados e diáfanos dos dois amantes se contrapunha aos figurinos de cores fortes dos outros personagens, acentuando assim a dicotomia de interpretação dos dois polos da peça. De um lado, Romeu e Julieta ficavam num registro de drama, enquanto os outros personagens eram marcados pelo tom cômico.

Toda a sua profunda intuição teatral sempre foi cercada, em todas as suas montagens, de uma sólida e profunda preparação teórica, que funciona como uma bússola para o delírio e o fervor de suas criativas mãos. Dessa forma, os nossos processos de montagem foram antecedidos por longas e intensas preparações sobre o universo da obra e suas conexões históricas, sociais e filosóficas. A teoria e a técnica sempre andaram juntas na sua elaboração cênica, ainda que, nos momentos mais cruciais, prevalecesse a magia e a paixão. Para ele e os seus atores, o estudo teórico sempre funcionou como uma preparação do terreno a ser cultivado. Todas as nossas montagens foram invariavelmente precedidas por palestras e encontros com teóricos e especialistas, sedimentando o caminho a ser percorrido pelos atores.

Não foi à toa que os nossos trabalhos para a montagem de *Romeu e Julieta* foram abertos com uma aula peripatética nas ruas barrocas de Ouro Preto, a joia máxima da arte colonial brasileira. O grande amigo e companheiro de muitas epopeias, filósofo, arquiteto e poeta Carlos Antonio Brandão, Cacá Brandão, foi o escolhido. Sua missão era nos introduzir e povoar com o universo maneirista da obra de Shakespeare, ligando-a às dicotomias de claro/escuro do barroco, num mergulho que chegasse à essência desse maneirismo popular e secreto nascido nos confins das Minas Gerais.

A tarefa ainda era acrescida pelo estudo da prosódia de *Grande sertão: veredas*, obra de Guimarães Rosa. Gabriel tinha a intuição clara de fazer um *Romeu e Julieta* voltado para o interior do Brasil, com gosto popular de goiabada com queijo, e que tivesse uma espécie de narrador, um Shakespeare que falasse em versos, construído a partir da prosódia rosiana, criada da mescla da linguagem oral e da escrita, que, internamente, no processo de construção do espetáculo, passamos a chamar de *sertanês*. Coerente com a dicotomia da linguagem do barroco, Gabriel propunha-nos uma montagem que combinava o clássico com o popular, a rua com o palco, o universal com o regional.

Diante de uma crise de criação, impulsionada em grande medida pela necessidade de encontrar uma dimensão telúrica e cosmogônica para a encenação, Gabriel não teve dúvidas de propor uma reviravolta em todos os procedimentos de ensaio. Foi quando abandonamos a sala fechada da sede do Galpão e montamos nosso cenário no meio da praça de chão batido da pequena e escondida vila colonial de Morro Vermelho, no distrito de Caeté, distante setenta quilômetros de Belo Horizonte, região que foi cenário do conflito entre paulistas e portugueses na chamada Guerra dos Emboabas.

A reviravolta era fundamental para podermos alcançar o céu estrelado, a lua, o sol, o chão de minério, o interior profundo de um Brasil habitado por trabalhadores rurais ligados à terra. Foi a partir da instalação do cenário no espaço aberto de Morro Vermelho que ficou decidido que a luz teria que exercer um papel fundamental dentro da estrutura do espetáculo: a peça deveria começar às 16h para que a cena da morte de Mercúcio e a posterior despedida dos dois amantes — uma virada no desenho trágico da peça — coincidisse com o início da mudança de luz do pôr do sol. Os ensaios ao ar livre, diante da imensidão do céu aberto, revelaram-nos a dimensão do teatro-paisagem, do homem-mundo, que, a partir dali, redefiniriam completamente nossa forma de dizer os textos. Foi o momento em que percebemos que nossas falas deveriam direcionar o olhar da plateia para o infinito do horizonte, buscando a partir disso a transcendência e o caráter telúrico do texto. A frequência do espaço teatral grego passou a ser a nossa referência.

Depois de quase dez dias de ensaios a céu aberto em Morro Vermelho, as crianças já percorriam as ruas do vilarejo cantando as músicas e falando os textos da peça. Aliás, outro elemento fundamental da construção da dramaturgia no processo de trabalho de Gabriel é a presença da música. No caso de *Romeu e Julieta*, as atmosferas de passagens essenciais da peça eram previamente construídas como momentos musicais.

Assim, a entrada de Romeu em cena era feita com a canção "Lua branca", de Chiquinha Gonzaga, a cena do casamento de Romeu e Julieta ilustrada por "Amo-te muito", de João Chaves, e a despedida do casal e o exílio de Romeu eram marcados por "A última estrofe", de Cândido das Neves. Gabriel sempre nos dizia que a música entra em cena num momento em que as palavras já não dão conta da intensidade dramática a que estão expostos os personagens. Quando os sentimentos e as emoções já não cabem nas palavras a serem ditas, os atores precisam cantar. Nesse sentido, a música não é algo ilustrativo, mas uma espécie de transbordamento de algo que já não cabe em si mesmo, uma catarse, uma explosão.

É bom lembrar que outra inovação fundamental na estética do teatro de rua do Galpão, introduzida por Gabriel, foi a utilização dos microfones sem fio. Mesmo num momento particularmente difícil da montagem de *Romeu e Julieta*, em que nos víamos cheios de dívidas e sem nenhuma expectativa de qualquer patrocínio, Gabriel exigiu que os comprássemos. Até então fazíamos um teatro de rua que tinha uso muito restrito da palavra, uma vez que tínhamos de gritar pela falta de um aparato técnico que nos desse suporte num ambiente tão desfavorável como o espaço aberto da rua.

Romeu e Julieta teve um enorme sucesso, que se estenderia, com algumas interrupções, por mais de dez anos. Cumpriu temporadas memoráveis em locais como a Plaza Mayor, em Madri, em várias cidades da Alemanha Oriental, assim como fez turnês pelo interior da Venezuela, da Colômbia e por boa parte do interior profundo do Brasil.

Entre tantas viagens e aventuras, não posso deixar de citar a experiência inesquecível que nos aconteceu em Maturín, no interior da Venezuela. Quando estávamos na cena em que a ama comunica a Julieta a morte de seu primo Teobaldo e o consequente exílio de Romeu, despencou uma chuva equatorial avassaladora na cidade, o que nos obrigou a interromper o espetáculo. Os atores e o público tiveram de se refugiar num coreto da praça. Passado o temporal e o susto, explicamos ao público que seria impossível retomar o espetáculo, uma vez que os figurinos, o cenário e o equipamento de som estavam encharcados e inviáveis de serem utilizados. O público simplesmente não aceitou os argumentos e não arredava pé, querendo de todas as maneiras que chegássemos ao fim da história e da peça. Não nos sobrou outra alternativa senão encenar o restante do espetáculo dentro do minúsculo espaço interno do coreto sem cenário e nenhum recurso técnico. Ao final, o público e os atores choravam juntos num desses milagres que só o encontro vivo do teatro é capaz de produzir.

Além de todas essas extraordinárias experiências, não posso deixar de citar também o grande êxito que o espetáculo alcançou em duas semanas de temporada no Shakespeare's Globe Theatre, em Londres, em 2000. Os ingleses, sempre reverentes a Shakespeare e sua obra, no começo um pouco desconfiados, acabavam por se dobrar às infidelidades e aos atrevimentos propostos pela montagem. O final era sempre aplaudido delirantemente, com o público nos agradecendo pelo fato de termos resgatado a verdadeira característica popular do teatro do bardo. No seu discurso de despedida em nossa última apresentação da temporada no Globe, o diretor artístico do teatro, o ator Mark Rylance, dizia que foi preciso que um grupo brasileiro viesse a Londres e despertasse os ingleses para a verdadeira índole popular do teatro de Shakespeare.

Quase dois anos depois da estreia de *Romeu e Julieta* no adro da igreja de São Francisco, em Ouro Preto (MG), Galpão e Gabriel Villela faziam sua segunda parceria com o espetáculo *A rua da amargura: 14 passos lacrimosos da vida de Jesus*, drama circense baseado em *O mártir do calvário*, do autor carioca, de ascendência portuguesa, Eduardo Garrido.

A primeira leitura do texto *O mártir do calvário* nos deixou atônitos. Era difícil, para não dizer incompreensível, aquele português estranhamente rebuscado, povoado por mesóclises e um palavreado de qualidade duvidosa. O primeiro impulso proposto por Gabriel foi a releitura da peça, contextualizando-a dentro de uma tribo de índios que, catequizados pelos jesuítas, eram ensaiados para montar a *Paixão de Cristo*. Eles seriam como fantoches que reproduziriam as falas e a peça sem entenderem direito o sentido de tudo aquilo.

O primeiro passo para a elaboração da ideia foi um mergulho teórico na obra e o teatro catequizador e pedagógico do padre Anchieta. Cacá Brandão elaborou toda uma pesquisa sobre o teatro jesuítico, que foi repassada e discutida com os atores. Coincidentemente, nossos primeiros estudos sobre Anchieta e o teatro jesuíta aconteceram em Carmo do Rio Claro, cidade natal de Gabriel, onde apresentávamos pela primeira vez nosso *Romeu e Julieta* na rua. Foi ali, em meio a doces, teares, cachaça e muita carne de porco que ensaiamos nossos primeiros passos para montar a *Paixão de Cristo*.

Paralelamente a isso, desenvolveram-se oficina e pesquisa sobre o universo e os tipos do circo-teatro, ministradas pela dona Bila, mãe do ator Fernando Neves, integrante do circo-teatro Aretuza, que, por muitos anos, sempre levava à cena *O mártir do calvário* durante os dias da Semana Santa. Ela sabia as falas de todos os personagens de cor e salteado. Foi interessante perceber como o circo-teatro se estabelecia como uma transmissão oral, que passava de família em família, dentro da tradição típica daquele universo.

Quando tudo parecia caminhar nos trilhos, rumo a uma adaptação radical do texto, houve o acidente e a trágica perda da Wanda, uma das fundadoras e integrante fundamental da estrutura do grupo. Os ensaios sofreram uma paralisação de mais de um mês, e a adaptação do texto foi deixada de lado. Estivemos diante de um profundo impasse, confrontados diretamente com a fragilidade do ato e da criação teatral. Num piscar de olhos, tudo parecia ter se desmoronado. Wanda, além de ser minha esposa, era mãe do meu filho João. Um período de luto se impôs, e eu acabei passando um mês na Espanha, enquanto o grupo heroicamente tentava seguir em frente, recolhendo os cacos do que havia sobrado de nós. O momento extremamente difícil coincidiu com nossa parceria e compromisso de estrear o novo espetáculo no CCBB, no Rio de Janeiro. Gabriel reuniu todas as suas forças para conseguir conduzir, com mãos de ferro, aquele grupo de atores enfraquecido e sem rumo. Foi a sua direção de criação mais vertical com o Galpão. Quatro meses depois do acidente, estávamos estreando o espetáculo.

Diante das dificuldades, os rumos tiveram que ser reavaliados e, em vez de uma leitura mais radical, chegamos a uma versão mais próxima do texto original, construída em duas partes: a primeira, contando o nascimento de Jesus, que era composta como uma estrutura musical baseada na Folia de Reis da região de Carmo do Rio Claro, e a segunda, que era o texto do Eduardo Garrido. A primeira seria encenada na parte exterior do teatro, e a segunda, no palco. Para a dramaturgia da adaptação do texto, foi convidado Arildo de Barros, que, além de ter prestado a assistência de direção em *Romeu e Julieta*, integrou-se ao elenco da peça em *A rua da amargura*.

Dentro de preceitos semelhantes, cabia a Gabriel e ao grupo a tarefa de encontrar o chão em que os atores pisariam e a cara que teria o espetáculo. O primeiro passo foi a elaboração de *workshops* para o elenco testar possíveis materiais a serem utilizados tanto no cenário como no figurino. Foram construídas instalações cenográficas em que eram utilizados materiais como palhas, buchas, pedras, tecidos de tear, folhas de palmeiras e madeiras. A pesquisa sobre os figurinos e os objetos de cena ajudava-nos a buscar o caminho da dramaturgia, que se desenvolvia e se consolidava a partir da seleção de músicas que iam do cancioneiro popular religioso como a Folia de Reis até temas clássicos como o "Aleluia" de Handel. Foi o momento em que se agregou ao trabalho desenvolvido por Babaya e Fernando Muzzi o canto coral do maestro Ernani Maletta, que introduziu no repertório musical do Galpão o canto polifônico.

A montagem apostava numa iconoclastia absoluta, num mergulho no mundo do circo-teatro, em que tudo é absorvido e processado sem grandes elaborações, num mosaico de estilos, em que as mais diversas influências se misturam e se transformam, numa miscelânea de apropriações e recriações sem maiores pudores — tudo a ver com a linguagem do teatro de Gabriel, que nunca teve grandes dilemas em misturar música de seresta com teatro elisabetano, *spaghetti* italiano com cantilenas religiosas de Minas Gerais, Folia de Reis com Mutantes, ópera com canções populares do Festival de San Remo.

Mesmo com o desenvolvimento de todos esses elementos, faltava ainda a definição do chão em que pisariam os atores. Foi quando a imagem das areias do deserto da Palestina, por onde caminhou Jesus, deu a Gabriel o *insight* de revestir o piso de todo o palco com uma espuma de aproximadamente vinte centímetros de altura. Caminhar sobre as espumas reproduzia no corpo dos atores o tônus da locomoção dos corpos no caminhar sobre as areias do deserto, o que instalava automaticamente a teatralidade no jogo da cena. Estava ali finalmente estabelecido o nosso chão.

A rua da amargura foi outro espetáculo de grande sucesso, apresentado de forma ininterrupta por quase dez anos, em várias partes do mundo e por quase todo o Brasil. Lembro-me de um caso pitoresco envolvendo a excursão que fizemos ao Festival Internacional das Artes de Costa Rica e o Festival Internacional de Teatro de Bogotá. Havia um acordo entre os dois festivais, de modo que a carga da peça passava por Bogotá a caminho de San José da Costa Rica, basicamente composta de figurinos, santos e objetos de cera. Ao passar por Bogotá, a polícia resolveu desconfiar de que aquela carga de caráter aparentemente religioso, na verdade, escondia um carregamento de drogas. O resultado foi que a fiscalização abriu e quebrou todos os objetos que faziam parte do nosso cenário. Como não conseguiram encontrar o que procuravam, devolveram os estilhaços do que sobrara para dentro dos baús. No dia da nossa estreia no festival de San José, quando fomos abrir os baús, ficamos desesperados. O que fazer? A solução foi percorrer os mercados e as lojas religiosas da cidade. Ao final do dia, com a solidariedade e a ajuda da direção do festival, tínhamos um novo cenário composto com santos adorados tipicamente pelo povo da Costa Rica.

Passado certo tempo, tanto para Gabriel como para o Galpão houve a necessidade de buscar outros rumos e novos riscos. Como o Galpão é um grupo que sempre trabalhou com repertório de espetáculos de longa duração em cartaz e com grande número de apresentações, e os dois espetáculos dirigidos por Gabriel alcançaram bastante sucesso, a identificação do grupo com o processo criativo do diretor e vice-versa era tamanha que o público já nos tratava como *o grupo do Gabriel Villela* e Gabriel como *o diretor do Galpão*. Os dois resultados de nossa parceria foram tão marcantes e de tal forma reconhecidos que havia uma espécie de pressão pela repetição, quando nossa mútua inquietude artística indicava ser preciso então romper os laços em busca de outros lugares, outras fontes de amadurecimento. E tivemos coragem para isso. O casamento se desfez com alguns traumas, mas nada que não nos mantivesse em constante parceria e troca artística. Nossos reencontros se faziam sempre com generosas conversas sobre o que vínhamos fazendo e os rumos de nossos processos de criação de espetáculos e, como não poderia deixar de ser, acabavam desembocando em planos e mais planos sobre possíveis montagens e novos trabalhos juntos. O que eram longas e animadas conversas voltou a ser realidade quase vinte anos depois da estreia de *A rua da amargura*. O ano era 2012, o Galpão comemorava seus trinta anos de existência e acabávamos de ser convidados para participar das Olimpíadas Culturais de Londres, com nova temporada da nossa versão de *Romeu e Julieta*, no Shakespeare's Globe Theatre. O reencontro foi o balão de ensaio para o que viria a ser nossa terceira parceria — *Os gigantes da montanha*, última peça escrita por Luigi Pirandello, outro velho sonho de Gabriel.

A releitura do clássico escrito por vários anos por Pirandello e não finalizado até a sua morte, em 1936, teve como ponto de partida a seleção de repertório de músicas italianas, com especial ênfase para as canções dos festivais de San Remo, que fizeram grande alarde na década de 1960. A música popular italiana era a chave proposta por Gabriel para encontrarmos o espírito de uma releitura da peça, que se propunha a ser essencialmente popular e de rua. O caráter melodramático das letras e melodias já criava uma ponte com aquilo que Gabriel imaginava ser a cara da montagem.

Os desafios não seriam poucos. A peça, em que Pirandello retrata o encontro de uma companhia teatral decadente com uma vila do mago Cotrone, dominada pela magia e completamente isolada do mundo dos homens, tem vários níveis de narrativa e está profundamente marcada pelo surrealismo e um mergulho poético radical proposto pelo autor. Nada muito fácil para um espetáculo a ser apresentado no espaço da rua, onde normalmente prevalece uma linguagem de comunicação rápida, direta e sem maiores devaneios.

No original de Pirandello as interlocuções das falas dos personagens se cruzam, em um mosaico complexo de intenções e de relações que exigem atenção especial para se compreenderem o enredo e a trama. Há no texto uma multiplicidade de histórias que se embaralham e se interpenetram, tornando a dramaturgia essencialmente polifônica. Na opção proposta por Gabriel, o elo mais direto da peça com o universo da rua estabeleceu-se automaticamente pela música. Com sua linguagem altamente sensitiva, a música toca no coração das pessoas. Assim, já na abertura, a canção italiana "Il mondo" trazia a emoção do espectador diretamente para dentro do espetáculo. O percurso musical prosseguia pontuando não só as atmosferas de momento da peça, mas também apresentando e definindo seus personagens principais, como Ilse, Cotrone, o Conde, Spizzi e outros.

Nesse sentido, podemos dizer que tanto *Os gigantes da montanha* como *Romeu e Julieta* e *A rua da amargura* são, em sua essência, espetáculos musicais, em que a atmosfera e os personagens estão desenhados e definidos pela presença da música. Nessa transfiguração de textos clássicos para o espectador diversificado da rua, Gabriel criou com o Galpão uma dramaturgia inusitada que processa clássicos sob a ótica da cultura popular, tudo isso numa apropriação em que a música ocupa lugar de destaque.

A montagem dos figurinos e do espaço cênico a ser povoado pelos atores foi o passo seguinte e quase simultâneo à escolha do repertório musical. Mais uma vez, os duzentos metros quadrados da sala de ensaio do Galpão foram invadidos por uma quantidade enorme de tecidos, objetos de cena e várias mesas antigas em estilo colonial mineiro, dispostas aleatoriamente pelo espaço, esperando que o desenrolar do trabalho encontrasse o palco em que se desenvolveria a peça. Como crianças diante de um jogo de lego, tínhamos diante de nós enormes peças de mesas a serem manipuladas a nosso serviço. O objetivo era elevar a encenação, criando diferentes níveis, suspendendo o espaço da ação cênica e formando ambientes e nichos para o cenário da peça.

Paralelamente ao estudo do texto, à discussão sobre a simbologia de cada personagem, às intenções das falas e à busca da clareza de cada cena dentro do todo da peça, o ator tinha como tarefa desenvolver um improviso ou um *workshop* em que apresentaria seu personagem por meio de um monólogo, uma música e a exploração de três possíveis espaços criados com a disposição de mesas — um espaço de palco italiano, outro de estrutura próxima ao teatro elisabetano e um terceiro que era uma arena mais próxima da *roda* formada pelo teatro de rua. Cada personagem deveria ser apresentado percorrendo as três disposições de espaço. O exercício buscava dar subsídios à direção para perceber como a interpretação e o jogo do ator com a plateia se alteravam nesses espaços.

A elaboração desses *workshops*, em que os atores apresentavam uma versão pessoal de seus respectivos personagens, deu ao trabalho um componente profundamente autoral também por parte de cada ator. O processo de criação desenvolvido por Gabriel sempre buscou e estimulou esse tipo de exercício de troca, ainda que sua mão de encenador seja bem precisa e definida. Momentos marcantes dessa abertura de espaço para a criação por parte dos atores também se deram em outras montagens. Por exemplo, *Romeu e Julieta* não só foi uma peça escolhida a partir de exercícios montados pelos próprios atores, como também teve cenas, como a abertura da peça, com a guerra entre os Montecchios e os Capuletos, que foram praticamente concebidas a partir da proposta de cenas criadas pelos atores.

Com o decorrer da montagem de *Os gigantes da montanha*, o grande desafio foi limpar todos os gestos, criando os corpos de forma mais frontal e estática, numa composição de extrema limpeza, em que, necessariamente, o foco recaía sobre as palavras que eram ditas pelos atores. A idade e o passar dos anos nos aproximavam cada vez mais de um teatro de texto. Se *Romeu e Julieta* foi um espetáculo extremamente febril e esfuziante de movimentos, a peça *Os gigantes da montanha* trazia a imposição da imagem estática que se destacava pela imponência das composições elaboradas pelos atores e seus figurinos e maquiagens, como se a precipitação e o estado febril do amor dos amantes de Verona fossem substituídos pela filosofia contemplativa e resignada da vila do mago Cotrone de Pirandello.

A estreia em Belo Horizonte registrou um dos acontecimentos teatrais mais significativos da história do Galpão e do teatro brasileiro: em seis apresentações realizadas na praça do Papa e no Parque Ecológico da Pampulha, tivemos um público estimado de 44 mil espectadores. Só na última apresentação, tivemos o registro inédito da presença de 12 mil espectadores à beira da lagoa da Pampulha.

O processo de criação e o resultado final dessa nossa terceira parceria também ilustram bem como Gabriel sempre impôs uma leitura autoral em suas direções, buscando ressignificar os textos clássicos, numa perspectiva da cultura popular tanto universal como brasileira e mineira. O espírito da carnavalização e da utilização da alegoria dialoga, subverte-se e mistura-se aos cânones clássicos, criando um choque e uma tensão que se revelam em algo profundamente crítico e brasileiro. Irmãos de sangue artístico, Gabriel e o Galpão se alinham na proposta de fundir clássico com popular, rua com palco, universalidade com brasilidade, numa miscelânea que faz parte da nossa raiz vira-lata de brasileiros, heróis e criadores sem caráter.

Falar do trabalho e da cooperação de Gabriel com os atores, para mim, será sempre o lugar de uma relação sem limites, que extrapola as bordas do ofício e invade a vida com paixão desmesurada. Nosso trabalho nos fez parceiros da vida, almas gêmeas. Grande amigo, companheiro e guia de momentos emocionantes, felizes, trágicos e de brigas históricas, nossa irmandade artística segue em frente por mais de 25 anos — bodas de prata nessa caminhada mambembe cheia de sobressaltos, sustos, alegrias e paixão, muita paixão, sempre. Evoé, *cumpadre*!

QUANDO HÁ MÉTODO NA LOUCURA

Walderez de Barros

Hay que enloquecer, pero sin perder el rigor.

Primeiro dia de ensaio de *A ponte e a água de piscina*, texto de Alcides Nogueira. Meu primeiro dia de encontro profissional com Gabriel Villela. Chego temerosa, trêmula, já tinha ouvido falar tantas coisas a respeito dele como diretor exigente, bravo, não sabia bem o que esperar. Minhas expectativas eram de que nada seguiria um curso muito normal, estava preparada para enfrentar alguma coisa muito louca, alguma coisa do gênero *laboratório de minhoca* — todo mundo rastejando pelo chão —, que alguns diretores modernos gostam de experimentar. Afinal, eu ainda não conhecia Gabriel Villela, era apenas uma admiradora do seu trabalho; todas as peças que eu havia visto dirigidas por ele eram puro encantamento. Naquele momento, e ainda agora, ser dirigida por Gabriel Villela era o sonho de muitas atrizes e muitos atores. Ele era, e é, o grande mestre das rupturas do convencional. Desde aquele primeiro dia e até agora posso afirmar que Gabriel me surpreende sempre.

E a grande surpresa naquele dia foi saber que o figurino da minha personagem já estava praticamente pronto, faltando apenas as sutilezas dos detalhes que seriam acrescentados incansavelmente durante os ensaios. Geralmente, o máximo que conhecemos dos figurinos são esboços, que vão sendo executados pelas costureiras e aderecistas num universo paralelo, enquanto nós, atores e atrizes, estamos ensaiando e dando vida às personagens. Na maioria dos casos, as roupas e os adereços ficam prontos pouquíssimo tempo antes da estreia. Já fiz espetáculo em que as roupas (e eram de época!) da minha personagem chegaram na hora da estreia.

Já saber, desde o primeiro dia de ensaio, como a personagem estará vestida faz com que a interpretação flua de maneira diferente, considerando que a roupa e os adereços são a pele da personagem. Mas com Gabriel nada é fixo, imutável, tudo está intimamente interligado. Saber, desde o início dos ensaios, que a personagem usará um véu ou um bastão, ou uma máscara, é determinante para a interpretação. Da mesma maneira, qualquer descoberta do ponto de vista da interpretação pode interferir no uso da roupa ou dos adereços.

Gabriel costuma dizer que é, antes de tudo, um figurinista. Evidentemente, isso é simplificar demais seu processo criativo, porque o que ele faz nunca é apenas uma roupa adequada ou esteticamente planejada. Na criação do figurino e dos adereços já está implícita sua visão do espetáculo e, mais ainda, ali estão, além da pele, também a alma da personagem.

Outra surpresa daquele primeiro dia, que se repete em todos os primeiros dias de ensaio dele, é o que chamamos de *trabalho de mesa*. No começo dos ensaios de uma peça, geralmente (nem sempre) a direção, o elenco, a equipe de criação ficam reunidos sentados em torno de uma mesa, lendo a peça, conversando, trocando ideias. Pois bem, o *trabalho de mesa* do diretor Gabriel Villela é dos mais estimulantes, a começar por sua gentileza, por aquela mineirice da fala mansa e adocicada, e principalmente por sua capacidade de ouvir todos com o mesmo interesse. Todos que estão ali, inclusive os técnicos, têm também direito a opinar, a discordar. Todos têm alguma coisa a acrescentar no processo criativo. Claro que só enquanto estão ali, nesse período aberto a discussões. Gabriel sempre tem um vasto material para mostrar à equipe — são livros, imagens, músicas que são compartilhados e que ajudam a criar a atmosfera do espetáculo, estimulam os sentidos, indicam caminhos. Isso geralmente é feito por alguns diretores, mas eu diria que com Gabriel é determinante. Ele pesquisa, lê muito, estuda o autor, sua dramaturgia, sua época, e compartilha.

Outra surpresa do primeiro encontro: as afinidades das mesmas origens caipiras. Sou de Ribeirão Preto, e minhas primeiras referências de teatro são do circo-teatro. Ainda me lembro, por exemplo, de uma montagem de *Sansão e Dalila*, com direito a colunas gregas de papelão sendo derrubadas pelo protagonista. É claro que eu já havia visto *A rua da amargura*, a Paixão de Cristo dirigida por Gabriel com o Grupo Galpão, sabia das referências ao melodrama circense. E agora lá estava eu, *brincando* de representar, usando os recursos do circo-teatro.

Considero o Gabriel responsável pelo meu renascimento como atriz, pois ele me reapresentou o prazer do fazer teatral, do jogo, da brincadeira, fez-me ultrapassar meus limites, sem qualquer rede de segurança. Não é por acaso que atrizes e atores almejam trabalhar com ele. Lembro-me de Regina Duarte em *A vida é sonho*, rompendo todos os paradigmas, comovente e desamparada em cena pelas mãos encantadas de Gabriel, com o amor que ele tem por seus intérpretes.

Cada peça, cada espetáculo impõe de certa forma um tipo de ensaio diferente. As características do diretor e da equipe que com ele trabalha são as mesmas, porém adquirem coloridos específicos, dependendo da peça. Em *A ponte e a água de piscina*, por exemplo, talvez pela própria linguagem cênica do melodrama circense, tanto os ensaios quanto os espetáculos, especialmente durante a temporada, tinham esse clima de brincadeira, alimentado pelo próprio Gabriel. Não raro, entre uma cena e outra, na coxia, eu recebia recados dele trazidos pelo assistente pedindo-me para acrescentar uma piada ou tomar um gole de vodca para descontrair porque eu estava pensando muito, precisava enlouquecer mais. Sim, para acessar o universo de Gabriel Villela faz-se necessário não pensar muito, um pouco de loucura é fundamental.

Mas, é bom esclarecer: brincar, enlouquecer, não pensar, não significa perder o rigor. Rigor/rito é também fundamental nos espetáculos de Gabriel. Cada vez mais a postura cênica, os gestos, a voz devem manter rigorosamente o combinado nos ensaios. Enlouquecer, mas dentro de limites rigorosos. *Hay que enloquecer pero sin perder el rigor...*

Exemplificando o que eu disse a respeito das diferenças entre um e outro ensaio, vale falar um pouco sobre *Fausto zero*, de Goethe, outro trabalho meu sob direção de Gabriel Villela. O mito de Fausto sempre me interessou. Desde minha juventude, lia, relia, decorava o *Primeiro Fausto* de Fernando Pessoa. Depois, lia com entusiasmo o *Fausto* de Marlowe. E, sempre, Goethe. Para Gabriel, Goethe é um dos fantasmas amigos que, ao lado de Shakespeare, o acompanham desde sempre. Conversávamos a respeito da vontade de encenar esse mito, e Gabriel compartilhava uma preferência pelo *Urfaust*, o *Fausto zero* de Goethe. Aliás, foi ele que me apresentou a esse Primeiro Fausto, eu não o conhecia. Então, decidimos partir para a ação. Não tínhamos patrocínio, nenhuma grana. Eu cheguei a cogitar fazer um empréstimo no banco, no que fui veementemente impedida por Claudio Fontana e por Gabriel. Resolvemos passar o pires em alguns lugares. Conseguindo uma graninha básica, juntamos o pessoal da nossa tribo, que concordou em entrar na empreitada, trabalhando praticamente de graça, ganhando apenas uma eventual porcentagem da bilheteria. Começamos, então, a ensaiar.

Fausto zero é uma peça fragmentada, e os ensaios de certa forma seguiram essa característica, pois buscávamos alguma outra coisa não explicitada no texto e ainda não muito clara para nós. Os ensaios eram iguais aos outros de Gabriel? Sim, iguais porém diferentes, como ensina esse grande paradoxo. O trabalho de mesa foi profundo, enriquecedor, haja vista a enorme quantidade de material que tínhamos à disposição sobre Goethe. Além disso, como faz em todo trabalho, Gabriel sempre convida pessoas mestras no assunto ou no autor da peça para falar a respeito, ministrar um *workshop*, discutir, tirar dúvidas. Nossa mestra foi a tradutora do texto Christine Höhrig. Igualmente, parte do figurino que eu usaria como Fausto já estava pronta no primeiro dia de ensaio. Também levei algumas coisas do meu baú pessoal, chapéus, vestidos, o que pudesse servir para o espetáculo. Um terno de linho roxo do meu filho, devidamente cortado e envelhecido por Gabriel, tornou-se outra roupa do Fausto, completada por uma camisa branca que eu usara em outra peça. O que surgia nos ensaios era logo incorporado, sem um plano definido, não era um processo linear, como o próprio texto não o era.

E foi então que presenciei pela primeira, e não única, vez um assombroso surto criativo de Gabriel. Cheguei para ensaiar e o encontrei com o Márcio Vinicius, criador dos objetos cênicos e da cenografia, ambos tentando equilibrar uma casinha de madeira, que representava o teatro, numa cadeira colocada embaixo. Gabriel concentrado, olhos brilhando, nervoso, irritado, dava ordens sem explicar o que estava pretendendo, sem ninguém entender nada. Mandou que eu entrasse no teatrinho, sentasse na cadeira e falasse o monólogo inicial da peça. Ah, sim, esqueci-me de dizer que, antes disso, ele me colocou uma meia máscara neutra no rosto e um chapeuzinho verde na cabeça, e só faltou plagiar Michelangelo e me ordenar: *Parla!* Mas a intenção era essa. Eu, atônita, só consegui dizer: "Mas eu não sei o monólogo de cor", e ele berrou: "Então leia!". Mas como, Deus do céu, se eu precisava de óculos, estava de máscara dentro de uma casinha de madeira, quase sem poder me mexer e com uma quase incontrolável vontade de chorar. Mesmo assim, fui dizendo algumas falas do texto de que me lembrava e, apesar de todo o incômodo, percebi que alguma coisa muito forte acontecia. As outras pessoas presentes estavam emocionadas, Gabriel estava exultante. Foi assim que o Fausto nasceu. A partir daquele genial, e amedrontador, surto criativo do Gabriel, parece que todas as peças se encaixaram, os fragmentos do texto se juntaram, porque havíamos, ou melhor, Gabriel havia descoberto o símbolo que continha todas as partes.

Quem assistiu ao espetáculo jamais poderá esquecer aquela imagem pungente. Ah, sim, esqueci-me de falar de um outro detalhe: a mãozinha articulada de madeira que Gabriel me deu um dia, dizendo simplesmente: "Use!". Ele havia visto a mãozinha em cima da mesa de uma assistente de cenografia e resolveu incorporar ao Fausto, e eu usei. O mais espantoso para mim foi que nunca ninguém, durante toda a temporada, comentou o fato de o Fausto ter aquela mão. Era um toque de estranheza perfeitamente adequado ao personagem. Intuições de Gabriel...

Apesar do processo um tanto caótico de ensaios, a brincadeira, o jogo, o lúdico continuavam presentes. Faz de conta... Se preciso mostrar o pacto de sangue entre Fausto e Mefistófeles, basta alinhavar todos os dias antes do espetáculo, no punho da camisa que eu uso, um fio de lã vermelha, que será magicamente puxado em cena e mostrado ao público. O simulacro se torna o real, todos sabem que aquilo é sangue! Se uma cena se passa debaixo de uma árvore, basta um ator subir na mesa, segurar algumas folhas e uma atriz explicar ao público que ele é uma árvore, e ele será uma árvore! Imaginai...

Fausto zero era um espetáculo de rupturas, de desconstrução, para usar um conceito comum na época, e mais uma vez Gabriel foi extremamente fiel ao texto, apoiando-se em sua estrutura fragmentada. Numa entrevista por ocasião da estreia da peça, Gabriel avaliou: "Toda a ruptura de linguagem presente na obra de Heiner Müller tem como fonte *Fausto zero*. Esse texto é uma grande súmula, o extrato concentrado de um gênio". Posso dizer o mesmo da direção de Gabriel, que durante o tempo todo dos ensaios tinha presentes essas referências eruditas, sabia (como sempre) o que estava pretendendo e entendia como ninguém o texto e a filosofia de Goethe, respeitando sua palavra, o verbo. Nunca é demais lembrar que Gabriel cursou a ECA-USP. Tem, portanto, uma formação erudita. O diferencial é que essa erudição, na sua obra, tem o mesmo peso do circo-teatro, das festas populares, das bordadeiras, dos artesãos, do tão comentado barroco mineiro presente nos seus espetáculos. São suas origens? Não apenas, porque ele nunca saiu de lá, ainda está em Carmo do Rio Claro, e cada vez mais.

"E no princípio era o Verbo", diz Fausto, e reafirma Gabriel, reverenciando os grandes autores de teatro. Evidentemente, esse interesse pelos grandes autores o levaria aos gregos, sem negligenciar o interesse permanente pela inesgotável obra de Shakespeare.

Hécuba, tragédia grega de Eurípides, foi outro trabalho meu dirigido por Gabriel Villela. Um presente dos deuses, muito sonhado. Os ensaios de *Hécuba* aconteceram num lugar onde ele já vinha trabalhando, um enorme galpão onde ficam concentrados todos os criadores do espetáculo; literalmente, uma oficina, ou seja, um lugar de ofícios, de artesãos: o figurinista Gabriel, o cenógrafo, o aderecista, as costureiras, as bordadeiras, as assistentes, os técnicos, os preparadores de corpo, voz, canto, e os atores e as atrizes, todos exercendo seus ofícios; um lugar onde se pode exercer o teatro na sua mais apropriada definição: uma arte coletiva. Todos são importantes, têm o direito e o dever de sentar-se à grande mesa montada para as primeiras leituras, os estudos, as discussões sobre a obra. Por ali também passam as pessoas convidadas para ministrar palestras ou *workshops*. Em *Hécuba*, tivemos a mestra Cristina Rodrigues Franciscato para nos orientar.

Os ensaios de *Hécuba*, talvez pelo fato de ser uma tragédia grega, adquiriram uma atmosfera de maior seriedade. O lúdico permanece sempre, afinal é um espetáculo de Gabriel Villela. Os objetos são sempre simbólicos, nada é apenas *décor*, como é o caso de uma bonequinha de pano trazida por ele do Peru assim como outros adereços de cena, que desde os primeiros ensaios ficou pendurada no meu pescoço e representava minha filha.

Gabriel sempre se cerca de pessoas competentes e, por isso mesmo, delega funções, embora, como um feitor, fiscalize cada atividade. Em *Hécuba*, seus assistentes de direção, César Augusto e Ivan Andrade, tinham autoridade para conduzir os ensaios quando ele não aparecia. Ele tem o hábito de não aparecer por um, dois, três ou mais dias, e então, com os assistentes, ensaiávamos, criávamos cenas novas, resolvíamos dificuldades. Quando ele aparecia, como crianças orgulhosas, mostrávamos o que tínhamos feito. Oh, horror! Horror! Horror! Estava tudo errado! Ele nos mostrava enfaticamente, para não dizer que gritava, possuído por aquela ira não muito santa, como tinha que ser, o tom exato, o gesto forte, a ruptura, o não convencional. A vontade era de chorar, ir embora para sempre, mas ficávamos porque sua raiva acaba se transformando num surto criativo. Mas que ninguém se apegasse àquelas formas, pois no dia seguinte tudo poderia mudar em função de novas descobertas. Ensaiar com Gabriel é um exercício de desapego e de entrega, é estar sempre aberto a mudanças, afinal a criatividade dele não tem limites, é inesgotável.

Os figurinos do coro em *Hécuba* eram de cores vibrantes, saias e adereços que Gabriel tinha trazido de sua viagem ao Peru. Esse é um hábito que ele adquiriu nas suas viagens constantes: descobrir roupas e objetos que usará no seu próximo espetáculo. Vivi com ele uma experiência desse tipo. Fizemos algumas viagens juntos e numa delas estávamos em Budapeste batendo perna pelas ruas. Entramos numa vilazinha e eis que Gabriel descobre uma lojinha de um senhor que vendia roupas de camponeses russos. Obviamente, ele enlouqueceu. Era puro artesanato, bordados feitos à mão, saias, coletes, camisas. Ele queria comprar tudo. Uma fortuna! Foi uma longa negociação, eu e Claudio Fontana tentando trazê-lo de volta à realidade, sem sucesso. Ele comprou muita coisa e ainda voltou lá no dia seguinte para comprar mais, ou seja, eram quilos e quilos de roupa, um volume gigantesco. No aeroporto, a surpresa: excesso de bagagem, e, mais que isso, havia um limite de peso para as malas, porque o avião era pequeno e o voo estava lotado. Então, no chão do aeroporto, em frente ao balcão de *check-in*, fomos esvaziando a mala de Gabriel. Carregamos nos braços aquele monte de figurino, e ele jogou no lixo muitas de suas roupas pessoais para chegar no limite de peso permitido. Mas as roupas de teatro embarcaram, sãs e salvas.

Hécuba era um espetáculo com uma marca muito característica de Gabriel: a máscara, que, aliás, ele diz que eu nunca aprendi a usar... Todo o coro usava máscaras confeccionadas por Shicó do Mamulengo, um artesão incorporado à sua equipe. E, sob as máscaras, tínhamos a maquiagem expressiva, muitas vezes *clownesca*, criada por Gabriel. Desde nosso primeiro trabalho, Gabriel cria a minha maquiagem e a de todo o elenco. No dia das primeiras fotos, ele elabora a maquiagem de todos. Na estreia é ele que sempre faz minha maquiagem, ainda que criticando minha inépcia. Jamais consegui reproduzir, ele é perfeito nos traços e nas cores.

Outra marca característica em *Hécuba* foram as músicas. A música, aliás, é um elemento fundamental no processo criativo de Gabriel. Eu diria mais: a voz é fundamental. Gabriel com certeza concorda com Bibi Ferreira quando ela enfatiza: Teatro é voz! Não por acaso, Gabriel desde sempre trabalha com Babaya, mestra com louvor na preparação vocal, e com Ernani Maletta, maestro dos cantos corais. Foi ele que fez os arranjos vocais de *Hécuba*, baseados em trilha do sérvio Goran Bregović e cantados *a cappella* pelo coro. Em *Hécuba* também foi incorporada à excelência desse time a competência de Francesca Della Monica, antropóloga da voz. Desde sempre também Gabriel trabalha com Ricardo Rizzo na direção de movimentos, porque falar bem, ter a voz bem preparada, pressupõe saber colocar-se e movimentar-se no palco. Além das máscaras, tínhamos também bastão, escudos, saias que se transformavam em capas, dançavam, entravam em cena e saíam — com o elenco cantando *a cappella* músicas dificílimas, um deslumbramento.

Desde nosso primeiro trabalho, acostumei-me a ver Gabriel na plateia, assistindo ao espetáculo sentado no meio do público, reagindo como um espectador comum, rindo muito, de maneira inconfundível, quando era o caso, ou então na coxia ou nos camarins durante o espetáculo. Muitas vezes ele fica num canto da coxia ouvindo a peça e percebe se a cena foi boa ou não só pelas vozes. Em *Hécuba*, eu saía de cena quase no final do espetáculo e às vezes o encontrava sentado numa cadeira atrás do cenário, vibrando se a cena tivesse sido forte como deveria ser. São esses gestos amorosos que me fazem considerar um privilégio trabalhar com Gabriel Villela. Ele ama o teatro. E ama seus intérpretes. Só posso agradecer.

NINGUÉM ENCENA O CIRCO COM TANTA INSPIRAÇÃO E VERDADE

Fernando Neves

Quando diziam que ele era doido por deixar gente estranha e atores mambembes acamparem nos arredores, respondia: "A alegria precisa de pousada. Não se deve espaventar os querubins".
José Antonio Abreu de Oliveira falando de seu avô

Quando recebi o *e-mail* de Dib Carneiro Neto convidando-me para falar do circo-teatro na obra de Gabriel Villela, levei um susto. Acalmei-me um pouco quando mais para adiante Dib dizia que ficaria feliz se eu aceitasse embarcar com ele e Rodrigo Audi numa *aventura amorosa*. Nada mais circo-teatro do que *embarcar em aventura amorosa*, porque foi com esse espírito que este se formou: vivendo levianamente de amores possíveis e impossíveis é que passava pelas praças — pela família e pelo ofício, chegava pensando na partida e partia deixando os amores que despertava.

Nasci no camarim de um circo, filho de pai e mãe circenses e de famílias circenses, e conduzo hoje a pesquisa iniciada em 2003 sobre o universo do circo-teatro junto aos Fofos Encenam, companhia à qual pertenço. Por isso sei que o circo é feito de magia e amor, o mesmo que sinto pelo amigo Gabriel Villela e sua obra mágica.

Conheci Gabriel em 1984, quando ele fazia preparação de atores em um espetáculo chamado *Minha nossa*, de Carlos Alberto Soffredini e produção do Grupo de Teatro Mambembe. Ali presenciei um grande encontro: Gabriel, Soffredini e Irineu Chamiso. Para mim, esses dois grandes artistas, vozes poderosas que ecoam até hoje em nossos ouvidos, despertaram em Gabriel sensações e formas que ele já vinha rascunhando havia muito tempo. Soffredini, grande autor e pesquisador do circo-teatro, e Irineu, cenógrafo e figurinista, um lorde em forma de artista, não tiveram dúvidas da capacidade do jovem estudante de artes cênicas da USP, e houve uma aproximação, como se diz hoje, *do bem*, para o começo de um refinamento artístico. Que Deus tenha ambos em um lugar de luz.

Ainda sobre *Minha nossa,* mais uma recordação, e esta tem a ver com o trabalho que Gabriel fez com a atriz Maria do Carmo Soares, que interpretava a Louca. Lembro do comentário do ator Genésio de Barros — "Este Gabriel tem talento, vai ser um grande diretor. Olha o que ele está fazendo com a Maria do Carmo!" —, que me levou a atentar para um encaminhamento nada realista por Gabriel para a composição de gestos, voz, corpo, uma partitura precisa que me era familiar. Pensei: "Do jeito que faziam no circo!". Mas como circo para mim naquela época ainda era coisa só de família, repudiei: "Isso é teatro!". Sim, teatro em que o povo é o tema elaborado para o seu próprio entendimento e deleite, teatro com forte influência histórica do artista plebeu que veio da *commedia dell'arte*, passou pelas feiras, *boulevards*, teatro de revista, circo-teatro, chegou ao Brasil em meados do século XIX e aqui, olhando para o povo, forjou a sua máscara e se colocou em cena com as suas tristezas e alegrias. Havia tudo isso naquela brilhante composição da personagem a Louca.

Nesses 31 anos, relembrando essa trajetória brilhante na qual vida e arte se confundem, fica difícil elaborar sem emoção um roteiro para falar de uma obra tão vasta e original. O currículo de Gabriel é um calendário que não precisa de datas para que eu saiba o ano e os acontecimentos; cada espetáculo traz lembranças, as mais diversas, da minha vida no circo e fora dele. A imagem que tenho desse artista ímpar é a de um trem-circo-mineiro, com muitos vagões, no qual cada autor ocupa um vagão de acordo com a sua classe; os de primeira estarão na de primeira, os de segunda na de segunda, e assim por diante. A diferença é que todos recebem tratamento de primeira. Meu Deus, que serviço de primeira é esse? Será que podemos mesmo fornecer as mesmas roupas brancas, pratos, trilha musical, luz, para Shakespeare, Eurípides, Max Miller, Pirandello, Nelson Rodrigues, H. C. Andersen, Chico Buarque, Goethe, Heiner Müller, Samuel Beckett, A. Camus, Dib Carneiro, João Cabral de Melo Neto, Fernando Arrabal, Eduardo Garrido, Luís Alberto de Abreu, C. A. Soffredini, Oskar Panizza, Arthur Azevedo, F. Schiller, Calderón de la Barca, Raymond Queneau? Que trem é esse? Tudo igual para todos? Sim; nesse trem, sim. O condutor sabe a classe de cada um, não está equivocado, e tem habilidade e coerência para fazer com que todos tenham uma viagem maravilhosa.

Essa imagem do trem é forte quando pensamos em circo. São idas e vindas, praças diferentes, algumas mais conservadoras, outras menos; algumas religiosas, outras carentes de informação... A chegada de um circo em uma praça é, como diz Regina Horta Duarte, "um acontecimento peculiar, desencadeador das mais diversas consequências. Uma invasão dionisíaca. Chegavam como deuses pagãos, fascinantes e terríveis. Transformavam o cotidiano das cidades, instaurando linhas de fuga, detonando desejos, fragmentando identidades e oferecendo caminhos e possibilidades imprevisíveis e perigosas"[1]. Por ser um estudo sobre

---

1. Regina Horta Duarte *apud* Marco Camarotti, *O palco no picadeiro: na trilha do circo--teatro*, v. 9, Coleção Malungo, Recife: Prefeitura do Recife; Secretaria de Cultura; Fundação de Cultura Cidade, 2004, p. 44.

os espetáculos de circo e teatro ambulante nas Minas Gerais do século XIX, a autora usa o verbo no passado, mas podemos conjugá-lo no presente, porque o impacto ainda é o mesmo: o circo é eclético, quer agradar e agrada, mas provoca uma sensação de não sei quê. Podemos dizer então que os espetáculos de Gabriel são como "O circo chegou!".

Em 1988 eu era jurado da Comissão de Seleção do 12º Festival de Teatro Sesc Anchieta, com Carlos Lupinaci e Ricardo da Silva Barbosa, quando Gabriel participou com a montagem de *A falecida*, de Nelson Rodrigues, produção do Clube Pinheiros. Com a identidade e a paixão nacional do universo rodriguiano expostas pelo cenário, misto de mesa de sinuca com campo de futebol onde os personagens disputam uma partida sinistra e patética, os atores se guiavam na encenação pelo viés melodramático assinalado por Jacques Lecoq, não para "um estilo de interpretação, mas, sim, descobrir e ressaltar aspectos específicos da natureza humana"[2]. Era um *espetáculo total*, nos moldes da linha de melodrama caracterizada por Peter Brook: "uma estética do admirável, preenchendo pela surpresa, pelo encantamento, os espaços da emoção e da imaginação de seu público"[3].

Gabriel remontou em 1994 *A falecida* com atores já consagrados, e o bonito foi ver que a essência e o poder da primeira montagem não se perderam, provando que o estabelecido pela composição permite que o ator, dentro desse limite, seja extremamente criativo sem nunca ultrapassar suas fronteiras, para não invadir outro nicho e desequilibrar o painel humano traçado pelo nosso artista.

Coube aqui o registro dessa montagem de *A falecida* no Clube Pinheiros por um bom motivo: o talento de Gabriel vaticinado por Genésio de Barros em 1984 agora se concretizara, com larga margem, para não restar dúvidas, rendendo-lhe, vale dizer, o prêmio de melhor direção no Festival de Teatro do Sesc.

A estreia profissional, com galharufa e tudo, dada, acho eu, por um anjo que trouxe um bilhete com informações valiosas, foi em 1989 com *Você vai ver o que você vai ver*, de Raymond Queneau. Lembro-me de Gabriel indo para uma oficina para serrar um ônibus! Quanta determinação de um jovem estreante para servir a um elenco bom de comédia e contar uma mesma história várias vezes de maneiras diferentes.

O espetáculo inicia uma prática que se repetirá em muitos espetáculos, que é a presença flagrante do palhaço, nem sempre com o nariz vermelho, como o identificamos comumente,

---

2. Jacques Lecoq, *O corpo poético: uma pedagogia da criação teatral*, São Paulo: Edições Sesc São Paulo; Editora Senac São Paulo, 2010, p. 166.
3. Jean-Marie Thomasseau, *O melodrama*, tradução de Claudia Braga e Jacqueline Penjon, São Paulo: Perspectiva, 2005, p. 7.

e cumprindo não só a função cômica, mas muitas vezes a atuação dramática. No circo temos palhaços com características e funções peculiares. O *clown*, palhaço branco, de macacão colorido e esnobe, está lá para encorajar, ridicularizar e também fazer escada para o *tony* excêntrico, que no caso corresponde ao personagem Augusto. Este usa sapato enorme, terno escuro, manequim três vezes maior que o seu tamanho, colarinho branco, largo e enorme, geralmente com uma bengala muito grossa e desajeitada, é mais ingênuo e pobre, apanha sempre, mas é muito cativante e sempre está preparado para sair das situações difíceis que o outro lhe impõe. Essa é a dupla cômica, estrela de qualquer companhia. Existe ainda a figura do *tony de soirée*, que preenche os espaços entre os números, contribuindo para que o ritmo do espetáculo não caia. Seus números são menores, barulhentos e contagiantes, com saltos, quedas, sopapos. Os *tonies de soirée* estão no primeiro degrau da escada artística circense.

É relevante apresentar essas informações sobre os palhaços porque Gabriel impregna os personagens dessas características, sem que eles percam suas identidades. Temos então o personagem com linhas bem definidas, com alma de palhaço, cumprindo marcas e funções intrínsecas a esse universo: às vezes, um na função de escada, outro arrematando a piada, e outros como coro de *tonies de soirée*, e as cenas são resolvidas como *entrada* ou *esquetes*, o que caracteriza os números do *clown* e do *tony*.

Muito próximo da forma circense de *Você vai ver o que você vai ver* está *Replay*, de Max Miller. Dois espetáculos forjados no picadeiro, sendo o primeiro de dramaturgia mais bem-acabada, que permitiu que Gabriel fizesse um exercício de estilo. *Replay* estava mais para a parte de variedades, um *show*: atores com maquiagens e narizes de palhaço, macacões de *clowns*, projeções de imagens, avançada tecnologia de som e diversos recursos multimídia, espetáculo com acabamento muito à frente de seu tempo. O texto foi um bom pretexto para que toda equipe criasse um espetáculo mais autoral, mas, claro, sob a batuta de Gabriel.

Não seguindo uma ordem cronológica, este texto é conduzido por assuntos, lembranças, encontros, sempre para lugares de muita emoção, como aquele que me proporcionou *Vem buscar-me que ainda sou teu*, de C. A. Soffredini. Baseada na música *Coração materno*, de Vicente Celestino, a peça conta a história do campônio que mata e arranca o coração de sua mãe para entregar à sua musa como prova de amor. Esse dramalhão foi o ponto de partida para que Soffredini escrevesse uma obra definitiva, que conta o circo brasileiro, a verdadeira alma do artista circense. O espetáculo dirigido por Gabriel é um relato, um mergulho profundo no cotidiano do circo. Eu, que nasci e fui criado em um circo, pude fazer uma regressão assistindo ao espetáculo. Ali estava projetada, estampada, uma vida, um pensamento, um modo de ser, de trabalhar, de amar; paixões, ódios, encontros, desencontros, tudo o que eu conhecia muito bem. Eu nunca vi ninguém falar do circo com tanta inspiração e verdade. Assisti a um ensaio ao lado de Soffredini, só nós dois na plateia do Sesc Anchieta, e ele chorou muito, balbuciando algumas palavras; não estava conversando comigo, não era isso, simplesmente precisava falar.

Nos espetáculos de rua *Romeu e Julieta* e *Sua Incelença, Ricardo III*, o primeiro com o Grupo Galpão e o segundo com os Clowns de Shakespeare, baseados nas duas tragédias de Shakespeare, o humor predomina com diferentes nuances, do mais recatado dos mineiros ao do escracho nordestino. Gabriel tem a cabeça melodramática, sabe que é preciso amenizar a trajetória com o riso para humanizar, preparar o público para a emoção final, cumprindo o que Regina H. Duarte analisa acerca do *niais* cômico: "com seus comentários triviais, ordinários, baixos e, por que não dizer, grotescos", relativiza tudo, fazendo com que o riso rebaixe "a virtude excessiva dos heróis e a maldade sem fim do vilão, o exagero das frases, a seriedade das ações e o clima de dramalhão"[4]. Gabriel, contudo, mais do que isso, preserva seus heróis, de modo que o espetáculo caminha para o desfecho trágico, caso contrário viraria tudo uma palhaçada sem propósito como se o intuito fosse fazer paródia. Em *Romeu e Julieta*, principalmente, montagem que foi extremamente reverenciada pelos ingleses, enquanto o elenco está no registro cômico, os atores que fazem os protagonistas estão no dramático. Em *Sua Incelença, Ricardo III*, isso está um pouco amenizado, porque o protagonista por ser um déspota leva algumas tintas mais fortes, mas assim mesmo ele também está em outro registro.

A música é um elemento muito forte e presente em todos os espetáculos circenses, tanto na primeira parte, de variedades, como na segunda, de teatro. Todo circo tinha uma banda para marcar os números da parte de variedades, fazendo o tema do número, os ruídos incidentais e o famoso rufar dos tambores para os momentos de suspense, assim como a abertura e o encerramento dos espetáculos e especialmente a trilha das comédias. O melodrama geralmente era pontuado por músicas gravadas, antigos LPs que rodavam em vitrolas. O repertório era eclético: valsas, sambas, boleros, dobrados e clássicos de épocas diversas conviviam no mesmo espetáculo, não havendo unidade de estilo ou de autoria. O importante é que fossem canções conhecidas do grande público, e nesse quesito reinavam absolutas as trilhas das grandes produções cinematográficas americanas. Na minha família, quando alguém se esquecia de alguma peça, outro cantarolava a melodia tema e na mesma hora o esquecido se lembrava da sua fala. Mas "Que será?", "Jalousie", "Comanchero", "Mambo Jambo", "La cumparsita" e "Aquarela do Brasil" não podiam faltar, como aponta Roberto Ruiz em seu *Hoje tem espetáculo?*[5].

---

4. Regina Horta Duarte *apud* Marco Camarotti, *O palco no picadeiro: na trilha do circo-teatro, op. cit.*, p. 83.
5. Roberto Ruiz, *Hoje tem espetáculo?: as origens do circo no Brasil*, Rio de Janeiro: Instituto Nacional de Artes Cênicas, 1987, p. 11.

A música servia de tema para os personagens, criava suspense, clima para a cena, prolongava-se no silêncio revelando o interior do personagem, expressiva e descritiva ao mesmo tempo.

Esse é o elemento cênico que mais aproxima o circo da obra de Gabriel, não sei se pela emoção que desperta, mas é tão importante para seu teatro quanto o é para o circo. Seus espetáculos são sempre referência de qualidade musical, tendo também seus clássicos: "Bela ciao", "Flor minha flor" e a trilha do Goran Bregović para o filme de Emir Kusturica estão sempre presentes nas suas montagens e são usadas como no circo. Para Gabriel tudo parte da música, ela é a fonte de inspiração para a construção da cena. Babaya, Ernani Maletta e Francesca Della Monica são os competentes profissionais que concretizam suas idealizações musicais nos arranjos e na preparação vocal dos atores.

Lembro-me de que no Pavilhão de minha família[6] sempre houve capricho e atenção muito especial com o figurino, peça importante no universo da composição do personagem. O maior camarim era o dos adereços e figurinos, o qual chamávamos *guarda-roupa*. Cada artista tinha sua especialidade extra: alfaiataria, macacões, camisas, bordados etc., tudo feito por gente da companhia.

Os atores que não fazem parte de uma companhia carregam suas malas-cabine (malas com rodinhas, espelhos, compartimentos, luz, que servem como minicamarim e lugar para levar figurinos, adereços e maquiagens necessários para o espetáculo do dia), porque quando contratados podem de prontidão levar o figurino adequado à peça que será representada. Não existe nesse universo um figurinista. O próprio ator, de acordo com seu tipo, sabe a linha do personagem e como vesti-lo. Chamamos esse ator *profissional do seu tipo*. É claro que o ator de hoje tem outra formação e precisa, sim, de figurinista, diretor; enfim, somos mais conduzidos.

Já fiz várias produções com o Gabriel, e quando você chega para o primeiro dia de ensaio já tem uma arara para cada ator, com todos os figurinos e adereços prontos. Dois ou três meses antes dos ensaios, ele parte com a equipe para o seu sítio, onde tem seu ateliê. Em se tratando de Gabriel, tudo é muito: muito tecido, muitas pedras, linhas, penas, cores... tudo de extremo bom gosto. Aí começa a construção do que vai ser representado: tudo é feito para aquele ator, com muito rigor. Os figurinos parecem esculturas, tamanha a riqueza de detalhes. Quando o ator olha para o figurino entende o que Gabriel quer; é meio caminho andado. Na composição só existe uma chance para acertar, não há tempo para que o personagem vá se revelando aos poucos, o público tem de identificá-lo na entrada, senão a história não pode ser contada.

---

6. O nosso circo com o tempo perdeu a lona, o picadeiro, e ganhou palco italiano e paredes de zinco, passando a se chamar Pavilhão.

Além desse lado mais técnico na concepção do figurino, temos a qualidade estética e de acabamento: caimento impecável, leveza, capas que fazem o ator flutuar, sobreposições, composição cromática, tudo para transformar a sala de espetáculo, como diz Jean-Marie Thomasseau, "num local de comunhão, numa ilusão teatral completa, que beira a fascinação"[7]. Depois Gabriel desconstrói tudo.

Nas montagens de *O concílio do amor*, de Oscar Panizza, *A vida é sonho*, de Calderón de La Barca, *Torre de Babel*, de Fernando Arrabal, *Mary Stuart*, de Friedrich Schiller, *Gota d'água*, de Chico Buarque e Paulo Pontes, e *Gigantes da montanha*, de Luigi Pirandello — apesar de serem espetáculos de atores e de épocas diferentes, de falarem coisas diversas e de receberem da direção um tratamento específico de acordo com suas características —, existe um circo que está mais na ilusão e na magia, que está no lugar mais fascinante que é o risco: "O povo vem no circo pelo risco, para se lembrar que pode morrer de uma hora para outra", como diz a Dona do Circo em *Maria do Caritó*, de Newton Moreno. Esse é também o circo da metamorfose, que eu não reconhecia quando era adolescente, mas que estava lá nas obras dos geniais Jérôme Savary (criador do Grand Magic Circus) e Victor Garcia.

Esse circo potente influencia encenadores maravilhosos como Gabriel, que soube substituir elementos e conceitos já vistos, trazendo-os para um novo plano. Seu filtro muda o rumo de tudo, vida contada e sentida; uma nova estética nasce dos seus olhos. Por isso tudo é tão paradoxal, desconstruído, polifônico, arquetípico, antropofágico... São muitos esse Gabriel!

Mary Stuart, por ser uma obra romântica, fala mais ao coração na concepção de Gabriel. Diferentemente de outras montagens em que o circo pede mais emoção e sensação de medo, do risco, essa peça está em um lugar imaginoso e de muita poesia, semelhante a outras obras como *O concílio do amor*, tragédia satírica e grotesca que traz a religiosidade do circo pelo olhar da culpa e da punição, num ritual que mostra a civilização em beco sem saída, impregnada da peste; *Torre de Babel*, que é o circo do pânico, o medo de se despencar a qualquer momento, o teatro de crueldade, do absurdo, do *não sei se é pra rir ou pra chorar*, teatro do rito encantatório; *Os gigantes da montanha*, pois Galpão na rua sempre é circo entre a fábula e a realidade, nesse teatro como fim de si mesmo; *Gota d'água*, que é a própria antropofagia circense: está no morro e na Grécia, feitiçaria com cara de macumba, corpo do malandro de revista que também tem um jeitão grego, aproveita tudo, mastiga e coloca em cena com a maior *cara de que tudo está normal*.

A encenação de *Hécuba*, de Eurípides, tinha uma força descomunal. A música, cantada em quatro vozes por um coro preparado coreograficamente nas danças sagradas do candomblé,

---

[7]. Jean-Marie Thomasseau, *O melodrama*, op. cit., p. 139.

envolvia e trazia a plateia para a violência e crueza da cena. E ainda tinha a Walderez de Barros: trágica, brechtiana. Na cena em que estava com o filho Polidoro morto em seus braços, trazia a dor da mãe que perde o filho e a lucidez da cidadã, dizendo um texto sobre a ética. Essa cena era representada bem na frente, muito próximo da plateia. Numa noite, enquanto Walderez a interpretava, uma moça mandava mensagens pelo celular. Terminado o espetáculo, depois dos aplausos, educadamente Walderez desabafou: "Por favor, não mandem mensagens pelo celular, a cena é dramática, mas não estou tomada, vejo tudo que está acontecendo", tal e qual minhas tias, que entre lágrimas, às vezes, paravam a cena para dar bronca em algum espectador mais afoito, retomando logo em seguida a cena, como se nada houvesse acontecido.

Que delícia assistir à *Ópera do malandro* por mais de dez vezes. Aquilo, sim, era uma farra cênica. É difícil ver tanto ator bom em cena, jogando com precisão na comédia e no drama e todos cantando muito bem. A *Ópera do malandro* é uma adaptação feita por Chico Buarque da *Ópera dos três vinténs*, de Bertolt Brecht, que por sua vez é uma adaptação da *Ópera dos mendigos*, de John Gay. Esse espetáculo criativo e requintado, que qualifica o musical brasileiro como entretenimento de primeira linha, tem origem na ópera, passa pelo cabaré e, para se abrasileirar, mergulha na burleta e no teatro de revista.

A única peça arrancada do acervo de minha tia Antonieta foi *O mártir do calvário*, de Eduardo Garrido. A dona da proeza foi minha mãe, que conseguiu o feito com ameaça à irmã: "Se você não der a peça para o amigo do meu filho, não venho mais aqui". Até então, daquela casa não saía nada! Minha tia guardava fotos, programas, jornais, textos; tinha tudo sobre teatro de revista, circo-teatro e teatro de comédia: sessenta anos de história. A empreitada valeu a pena, porque esse original de 1902 foi a única coisa salva de todo esse zelo da tia Antonieta, o resto a nora dela botou no lixo. Graças a Deus, então, o maior clássico do circo-teatro está em boas mãos.

Na Semana Santa, todos os circos tinham casa lotada com o espetáculo sobre a vida de Cristo. A montagem era igual em todas as companhias, ninguém ousava mudar nada. No entanto, o espetáculo que Gabriel criou com o Galpão, *A rua da amargura*, deu vida a todo o material histórico que estava com a minha tia e que iria para o lixo. Ele passou a limpo toda aquela história, e o que era bastidor, o que ríamos escondido do público, estava lá em cena; por exemplo, a história famosa de uma contorcionista que foi *pegar cachê* (como dizemos do pagamento a alguém que presta serviço no circo) em uma companhia, fazendo a Samaritana. Levou seu figurino como de costume, e o improvável aconteceu: na deixa dada, ela entrou cantando; quando o ator que fazia o Cristo olhou para ela, começou a rir desbragadamente porque ela estava vestida de odalisca! A cena seguiu a trancos e barrancos, e na hora do *deixai-me os pés beijar*, em vez de se ajoelhar para beijar o pé de Cristo, ela abriu um espacate! Acabou a cena ali.

Na montagem de Gabriel, a Samaritana também entrou errada. Tudo foi desconstruído, subvertido, não para causar efeito, mostrar criatividade por exibicionismo, mas sim como um processo natural da arte: desconstruo o que conheço para criar novamente, levar conhecimento, encantar. Se espremêssemos aquele espetáculo, sairiam de lá décadas de história do teatro no Brasil, conceitos, histórias de vidas, de famílias que se aventuravam para criar o circo no nosso país. Teríamos bolo decorado, e com muito recheio. Que bela Jerusalém saía daquela malinha! O enforcamento do Judas, humor profano, toda uma Sapucaí montada para a passagem sagrada e dolorosa de Cristo.

Qualquer família circense tem muitos acontecimentos para contar do trabalho com *O mártir do calvário*, dos mais engraçados — Judas bêbado, cruz quebrando ao ser levantada, banco quebrado e apóstolos no chão, sal no vinho — a alguns muito tristes, como o que aconteceu com o Galpão durante esse processo de montagem. Em 21 de abril de 1994, Beto, Teuda e Wandinha, atores do grupo, e minha mãe voltavam de Ouro Preto para Belo Horizonte após esse trabalho, quando sofreram um acidente que vitimou fatalmente a querida atriz Wanda Fernandes (a Wandinha). Toco nesse assunto tão triste porque quero homenageá-la, uma luz nas nossas lembranças. No circo é assim, vivem-se todas as emoções, nada é escamoteado.

E, agora, um último e curto relato, que diz muito sobre como se dá a garimpagem de panos para os figurinos de Gabriel Villela e, ao mesmo tempo, é uma maravilhosa anedota real sobre como é visto, até hoje, o nosso ofício no teatro.

Gabriel procurava, com Luciana Buarque, assistente de figurino, colchas de fuxico para fazer o figurino do espetáculo *A guerra santa*, poema dramático de Luís Alberto de Abreu. Depois de muita caminhada e entra e sai de muitas casas, e muitas colchas compradas, entramos na casa de dona Maria do Cabo Verde, de Carmo do Rio Claro, Minas Gerais, terra do Gabriel. Fiquei sentado na sala, e eles foram para o quarto. Eu não os via, só os ouvia:

Gabriel: — Dona Maria, que maravilha!

Luciana: — É mesmo, suas colchas são maravilhosas.

Gabriel: — Vou comprar todas.

Dona Maria: — Uai Bié, pra que cê qué tanta colcha, bem?

Gabriel: — Para o teatro.

(Pausa — só ouço gaveta fechando)

Gabriel: — Uai, dona Maria, que houve? A senhora não quer me vender as colchas?

Dona Maria: — Teatro??!!! Encrenca!

Gabriel, muito obrigado por me fazer entender, com o seu trabalho impregnado, metamorfoseado em todos os elementos e conceitos de cena pelo circo, que o que minha família fazia era arte.

O FIGURINO DE GABRIEL VILLELA: DRAMATURGIA E POÉTICAS TÊXTEIS

Fausto Viana e Rosane Muniz

> O figurino é sempre a primeira coisa que me vem à mente quando leio um texto. E penso que a hegemonia do sentido da visão sobre os outros sentidos não é privilégio ou pecado meu. Desde o século V a.C. há relatos e constatações de filósofos citando o poder do sentido da visão sobre os outros sentidos. Há uma clara defasagem entre ouvir e olhar.
> Gabriel Villela

Ele diz que não tem o dom para escrever nem uma linha, mas transforma em poesia tudo o que toca. Suas ideias materializam-se formando imagens que transitam entre o sagrado e o profano, de tempos remotos ao presente, transformando-se em atemporais.

Escrever sobre o trabalho de criação de figurinos de Gabriel Villela significa revelar um artista apaixonado pelo traje de cena. Ele declara: "O que me estimula é ficar no ateliê brincando com essas coisas, mas não me considero o figurinista. As roupas têm um gerenciamento que é de diretor, não de figurinista"[1]. É dessa mistura que surge a força que seus trajes têm em cena, pois o processo criativo de Villela é contemporâneo desde o início.

Muito já foi dito e refletido sobre suas criações no campo da indumentária — inclusive por nós — em revistas, jornais, catálogos, livros e trabalhos acadêmicos. É impossível evitar, dessa forma, autocitações, afinal não há como negar que suas produções são sempre objeto da nossa curiosidade. "O que vem por aí desta vez?" é o que nos perguntamos sempre que ele anuncia um novo espetáculo. Não que o texto aqui pretenda ser autobajulador ou panfletário, mas sua trajetória, muitas frases e reflexões que marcam sua relação com o traje merecem registro aqui neste *Imaginai!*

---

1. Gabriel Villela *apud* Fausto Viana; Rosane Muniz; Dalmir Rogério Pereira, "As delicadas tramas de Gabriel Villela", *in*: Fausto Viana; Rosane Muniz (org.), *Diário das escolas: cenografia*, v. 1, Rio de Janeiro: Funarte, 2011, p. 80.

E EIS QUE COMEÇA UMA HISTÓRIA...

Tudo começou na cidade em que nasceu, Carmo do Rio Claro, Minas Gerais, um local que vive da produção agrária, mas inserido na cultura dos teares de pedal, das fibras de algodão, da lã de carneiro, das tinturas naturais, das formas primitivas de tramas e muito mais. Sabe-se lá em que panos enrolaram Gabriel Villela para que mais tarde viesse a fazer tantas artes com os mais variados têxteis e outros tipos de materiais!

> Minhas primeiras noções de textura e de tecido vêm das lembranças de minha tia Zilda, que era modista. Ela costurava num ateliê grande, que ficava em um casarão de tábuas corridas, e uma vez por semana ela me dava um dinheirinho para catar os alfinetes que caíam na greta das tábuas e para fazer uma faxina nos tecidos, separando-os por cores etc. Quando ela ia provar as roupas nas clientes, eu era obrigado a sair do ateliê e ficava folheando as revistas de moda e modelagem *Burda*, que havia na casa[2].

Gabriel Villela confirma a cultura interiorana como fonte primordial. Observar as ovelhas para tosquiar, mantidas pelo avô na fazenda do seu pai, reforçou o gosto pelos têxteis. Mas um fato foi determinante: quando sua mãe começou a bordar vestidos e enxovais de noiva para ajudar a família a passar por uma crise.

> Ela tinha esse talento espontâneo e se especializou: era da agulha, do ponto *richelieu*, ponto sombra, ponto paris, ponto *ajours*, bordado matizado... Cada filho pegava um lado da roupa para ajudá-la a bordar e muitas vezes sentávamos todos em volta de uma saia de noiva. Eu fazia os cortes nas bordas dos caseados, minhas irmãs faziam o caseado e mamãe aplicava o desenho. Sou de uma família muito exigente e, por eu ter só uns seis ou sete anos, meu maior medo era encostar o bordado no chão e apanhar. Mas essa experiência me deu a oportunidade de conhecer um bordado do lado avesso, e acho isso fundamental para um figurinista[3].

"MINAS É UMA PÉSSIMA MÃE E UMA EXCELENTE MADRASTA"

Esse *medo de apanhar* já traz a *carga dramática* do homem de teatro que viria a se tornar. É como outra declaração intensa que faz sobre sua origem mineira: "Sou amigo e inimigo ao

---

2. Gabriel Villela apud Rosane Muniz, *Vestindo os nus: o figurino em cena*, Rio de Janeiro: Senac, 2004, p. 185.
3. *Ibidem*.

mesmo tempo (de Minas). Eu sou, na verdade, um expatriado. [...] Minas é uma péssima mãe e uma excelente madrasta. [...]. Uma terra de culpa, de muita culpa"[4]. Reflexões que surgiram em entrevista sobre a montagem de *Crônica da casa assassinada* (2013), quando ainda ampliou afirmações para o país como um todo: "Na nossa cultura faz-se tudo muito benfeito, mas por baixo dos panos. Inclusive sexo". Exagero? Não importa. Villela é intenso *per se*. Mas voltemos a Minas.

Desde seus primeiros trabalhos, já se aventurou. Além de dirigir, criou os figurinos para o seu grupo de teatro com roupas e materiais garimpados por ele e seus amigos; catavam bordados, retalhos, pedaços de pano e sobras de teares das casas da cidade, o que deu o nome ao grupo: Raízes. Tinham um centro de artesanato e de reciclagem na escola, então já faziam experimentações para obter tinturas com raiz de cebolas, entre outros corantes naturais. Montaram os espetáculos *Morte e vida severina*, *Gota d'água* e *Calabar*.

Quando vim para São Paulo, fui direto para a USP e foi um choque! Porque cheguei lá e entrei com essa metodologia bem artesanal. E ainda peguei o Campello Neto na grade. Ele queria me matar! Porque eu fazia bem o negócio, ele amava, mas era muito fora do padrão da época[5].

PROVOCAÇÕES DA ACADEMIA

Quando veio para São Paulo cursar direção teatral na ECA-USP, conheceu o professor e cenógrafo Campello Neto, que, aliás, seria incapaz de *matar* quem quer que fosse. Mas a formação clássica do professor — que fez estágio na Cinecittá em Roma e era ardoroso admirador dos trajes dos filmes de Luchino Visconti — não deve ter permitido que absorvesse rapidamente propostas de trabalho tão referenciadas na cultura popular brasileira, como as de Villela. Foi uma fase turbulenta, mas definitiva para que o embasamento poético de Villela em suas raízes continuasse intenso e sempre presente ao longo de sua carreira. Foi ali na USP, a partir do estímulo e da provocação de alguns de seus professores, que percebeu como sua formação em Minas Gerais era a base para todo o seu processo criativo, precisando, assim, ser reafirmada, nunca negada!

---

4. *Entrelinhas*, São Paulo, TV Cultura, 5 out. de 2011. Disponível em: <www.nucleodevideosp.cmais.com.br/minas-e-uma-pessima-mae-e-uma-excelente-madrasta-ressalta-gabriel-villela>. Acesso em: set. 2015.
5. Gabriel Villela *apud* Fausto Viana; Rosane Muniz; Dalmir Rogério Pereira, "As delicadas tramas de Gabriel Villela", *op. cit.*, p. 75.

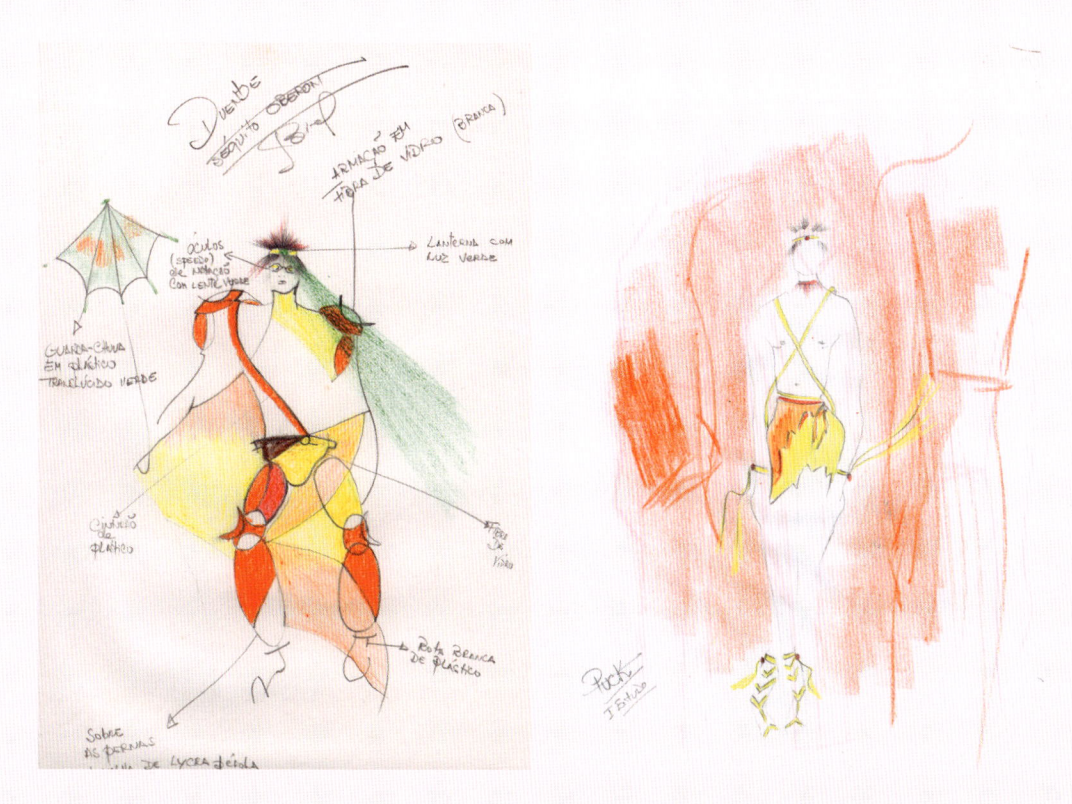

Fig. 1: proposta para "Duende — séquito de Oberom"   Fig. 2: proposta para "Puck — 1º estudo"

Fomos à caça de um registro desse período e encontramos raros desenhos do então aluno Antonio Gabriel Santana Villela, enquanto cursava o quarto semestre da graduação. Os croquis estão lá, no Arquivo Campello Neto, que faz parte do Centro de Documentação Teatral (CDT) da ECA-USP[6]. Assinando com o nome artístico Biel, o aluno criou figurinos para a montagem *Sonho de uma noite de verão*. Pouquíssimos são os desenhos de figurino reali-

---

6. Os desenhos, inéditos e devidamente autorizados para esta publicação, fazem parte do acervo do CDT da USP, formado pelo Laboratório de Informação e Memória do Departamento de Artes Cênicas (LIM/CAC) da Escola de Comunicações e Artes (ECA/USP), coordenado pela professora doutora Elizabeth Ribeiro Azevedo, e pelo Núcleo de Pesquisa Traje de Cena (NT), coordenado pelo professor doutor Fausto Viana. Em comum, os dois mantêm uma base de dados integrada, o site do CDT (www2.eca.usp.br/cdt) e ações de conservação.

zados por ele, que prefere construir as roupas direto no manequim e no corpo do ator. Mas, para nossa sorte, esse registro permanece histórico e possibilita revelar como, em plenos anos 1980, sua força motriz já se fazia presente, dando mostras do trabalho que viria a fazer anos depois.

Entre o que nos chama a atenção, está sua escolha para os materiais do traje do duende (figura 1): a sombrinha/guarda-chuva, tão frequente em seus trabalhos, já está lá, dessa vez em plástico translúcido verde; os óculos de natação com lente verde; na cabeça, uma lanterna com luz também verde; nas costas, uma armação em fibra de vidro branca, mesmo material sugerido para o calção; o cinturão; as botas brancas de plástico; e por último, sobre as pernas, uma malha de *lycra* pérola.

Passando à vestimenta do Puck, se no primeiro estudo (figura 2) tem uma sandália de amarrar nas pernas, no segundo estudo (figura 3), aparece de patins! Mas o ponto mais interessante é o que a fada da figura 4 veste na cabeça: uma tiara, adereço tradicional em montagens de *Sonhos*. Porém, sai dela a anotação: "O que não deve ser feito. Fugir da convenção!". O registro muito provavelmente vem de observação feita por seu professor e por seus colegas. O futuro mostraria que ele segue à risca a fuga das convenções.

O curso da ECA fez com que Gabriel se confrontasse também com o que de mais contemporâneo e *avant-garde* havia na Europa, provocando-lhe, consequentemente, reflexões sobre aquilo que ele trazia como suas próprias raízes culturais — mineiras, mas brasileiras acima de tudo. José Eduardo Vendramini, professor de direção teatral, fez-lhe um alerta:

> Presta atenção. Há três coisas aí que sustentam o teu trabalho: a arte popular, de rua; o caráter religioso, com as procissões, festas populares, envolvendo também a arte do reisado; e o circo-teatro, que era o único teatro que mesmo a nossa geração de cinquenta anos só tinha visto em Minas Gerais na infância, quando vinha da roça para a cidade e o circo se instalava na chácara do meu avô. Foi quando a Academia me deu instrumentos para transformar isso em matéria-prima de trabalho[7].

Foram anos determinantes para que a vergonha de suas raízes, frente ao teatro europeu ao qual era apresentado, fosse, aos poucos, se dispersando: "[...] tive pessoas de espíritos, virtudes e pensamentos muito nobres que libertaram o meu espírito para acreditar na vocação que

---

7. Gabriel Vilella *apud* Fausto Viana; Rosane Muniz; Dalmir Rogério Pereira, "As delicadas tramas de Gabriel Villela", *op. cit.*, p. 77-78.

Fig. 3: proposta para "Puck — 2º estudo"   Fig. 4: proposta para "Uma fada — 1º estudo"

eu tinha e, ao mesmo tempo, não aplicar nenhum valor a isso"⁸. Ainda enquanto estudante, foi ser assistente de direção de Carlos Alberto Soffredini, em *Minha nossa*, mas acabou atuando mais como assistente de figurino de Irineu Chamiso Jr. "Ele, na minha primeira montagem em São Paulo, me perguntou por que eu iria chamar alguém para fazer o figurino e sugeriu que eu mesmo o fizesse. Ambos eram homens de muita virtude, incorruptíveis, gênios."⁹ Mais tarde, surgiria outro importante artista em sua vida: Romero de Andrade Lima, entre os mentores que o foram guiando para releituras, descontextualizações e recontextualizações, que deram a base de seu trabalho até hoje.

Entretanto, por mais que viaje e trabalhe nas grandes cidades, que muito garimpe estrada afora, ainda é em Carmo do Rio Claro, no sítio onde montou seu ateliê, que reabastece

---

8. *Idem apud* Rosane Muniz, *Vestindo os nus: o figurino em cena*, op. cit., p. 188.
9. *Ibidem*.

suas energias criativas. É de onde tudo surge, nascido não só das raízes, mas do que leva, traz e transforma na troca com seus pares e parceiros, como a costureira Cleide Mezzacapa Hissa, o aderecista Shicó do Mamulengo ou o baiano José Rosa, que se dedica aos bordados e acabamentos com Giovanna Villela.

No teatro de grupo, na universidade, e também no início da vida profissional, o diretor de teatro já vem com o cenógrafo e o figurinista. A atriz Rosi Campos estava saindo do grupo Ornitorrinco e ia montar o espetáculo *Você vai ver o que você vai ver* (1989), uma produção do Circo Grafitti, que viria a ser o primeiro trabalho profissional de Villela. A proposta itinerante que ele sugere, define, ao mesmo tempo, os caminhos do espaço e a visualidade da cena: "[...] uma linguagem ambulante, popular, de rua. Aí a gente reciclou um ônibus velho, para que ele ficasse mais velho ainda, com uma indumentária 'catada' na rua"[10]. Essa também é a única vez em que ele viria a assinar como roteirista. Mas o que viria a ser mais determinante do que os 17 prêmios que a peça recebeu foi um encontro proporcionado por esse espetáculo. No ano anterior à estreia em São Paulo, o Circo Grafitti viajou para o Festival de Teatro Amador de São José do Rio Preto, onde Villela assistiu à peça *A comédia da esposa muda*, que marca o retorno do Grupo Galpão à rua, em um espetáculo alegre e contagiante. É fato que ele já havia se encontrado com o grupo no Festival de Inverno de São João del-Rei, em 1986, mas foi no interior de São Paulo que se despertou para a incrível parceria que viria a acontecer somente depois de três anos: "Quando vi o Grupo Galpão na rua, pensei: 'Este é o meu barco!'. Uma experiência e uma linguagem vivas — eles tinham a tia Olímpia[11] no sangue! Enquanto isso, em mim, essas referências estavam engessadas, blindadas pelas minhas memórias"[12].

NOVOS PROCEDIMENTOS COMEÇAM A SE FIRMAR

Até acontecer o reencontro com o Galpão, Villela monta quatro espetáculos, período em que firma novos procedimentos na criação de seus trajes. *O concílio do amor* (1989) marca seu

---

10. Gabriel Villela *apud* Fausto Viana; Rosane Muniz; Dalmir Rogério Pereira, "As delicadas tramas de Gabriel Villela", *op. cit.*, p. 77.
11. Tia Olímpia era uma figura popular em Ouro Preto nos anos 1970 que vivia pelas ruas com trajes espalhafatosos que ela mesma moldava a partir de peças conseguidas com turistas, normalmente estrangeiros. Impressionava Villela a forma como ela transformava o que obtinha, alterando as peças, bordando motivos, colocando laços. Ele a via como uma espécie de Bispo do Rosário em versão feminina, ainda que ela não tenha tido uma produção artística consistente como a do Bispo.
12. Gabriel Villela *apud* Fausto Viana; Rosane Muniz; Dalmir Rogério Pereira, "As delicadas tramas de Gabriel Villela", *op. cit.*, p. 77.

retorno a Minas na criação dos figurinos. Nesse trabalho ele usa várias roupas reaproveitadas e transformadas, inclusive do armário de sua mãe, aplica filetinhos de ouro nas tiaras fazendo com que sobressaiam na luz, um detalhe que busca até hoje para provocar sensações e deslumbre às cenas. "Foi onde comecei a articular um pensamento de arte popular, com o olhar do ator voltado diretamente para o espectador. [...] Ainda que tivesse de contar a história mais trágica do mundo, que fosse dançada e cantada, como se fosse um estado de celebração."[13]

Logo a cultura popular brasileira chega forte! É quando acontece a parceria entre sua referência mineira com a do Movimento Armorial, trazido por Romero de Andrade Lima para a concepção de *Vem buscar-me que ainda sou teu* (1990). O figurino foi feito a quatro mãos, mas com pulso firme de Villela, que cria os trajes já a partir da leitura de mesa, visualizando todo o elenco, e não só o protagonista. A emoção e a alegria *clownescas* envolvem o público, que se deslumbra com bordados e nuances, revelando quão rápido os *gessos* e as *blindagens* do mineiro viriam a se romper!

Finalmente chega a parceria com o Grupo Galpão em *Romeu e Julieta* (1992). Ela marca literalmente sua volta para Minas Gerais, onde ensaiam por cerca de um ano, inclusive em Morro Vermelho, uma pequena comunidade agrária. "Havia muito pouco dinheiro para fazer o figurino. Então, para criar pigmento para as roupas, por exemplo, arrancávamos reboco das casas do interior. Era o que tínhamos à disposição."[14]

Os trajes foram garimpados no acervo do grupo e transformados. Já vem daí a brincadeira lúdica que cria em cima do conceito popular de transformar um objeto em outro. Quem assina os figurinos é a pernambucana Luciana Buarque, mas sempre ao lado de Villela, que constrói os trajes no corpo dos atores, procedimento que permanece até hoje. Criar com o Grupo Galpão foi determinante para o seu modo de produção de figurinos e essa pode ser considerada a parceria mais significativa em termos de criação de trajes de sua carreira. "O figurino do Gabriel é dramaturgia. Como ele trabalha muito em cima dos arquétipos, as roupas são carregadas de significados. Dizem muita coisa da personagem, ao mesmo tempo que escondem, revelam, provocam mistérios"[15], conta Paulo André, ator do grupo.

Mas a parceria com o Galpão não foi tão simples quanto parece. Em relação aos trajes, por exemplo, houve muita resistência dos atores para a proposta de Villela de que eles usassem saias. Como eram todos heterossexuais, casados e com filhos pequenos, traziam

---

13. *Ibidem*, p. 78.
14. *Ibidem*.
15. Paulo André *apud* Carolina Braga, "As cores do mundo", *Estado de Minas*, EM Cultura, Belo Horizonte, 17 abr. 2013.

uma visão machista difícil de desconstruir. Questionar gêneros sexuais na interpretação, provocar jogos de sensualidade entre trajes masculinos e femininos são características que seguem com Villela. Apareceram mais uma vez em *Vestido de noiva*, *Macbeth* e tantos mais.

Os trajes de *Romeu e Julieta*, construídos com minúcias, em sucessões de delicadezas, trazem uma ancestralidade que remete não só aos primórdios de Minas Gerais e sua gente. Não é apenas um reflexo dos bordados feitos em família ou das tradições passadas de pai e mãe para filhos. Todos os trajes — as botinas, os paletós modificados com lixa e reboco, os *exageros* dos meiões de futebol, o vestido de Julieta bordado com pérolas... — parecem contar histórias comuns a toda a humanidade. É plena a conexão entre eles e as máscaras criadas com maquiagem, os fitilhos nos cabelos e os adereços que ganham vida e movimento, como segunda pele dos atores, algumas vezes até mesmo em cima de pernas de pau tocando um instrumento musical. Aliás, o diálogo dos trajes é também com a música, articulando memória afetiva, carinho familiar, amores, amigos... ritos que se repetem de geração em geração.

A carreira da peça é longa e bem-sucedida, passando por muitos países, inclusive a Inglaterra. No Globe Theatre (Londres), em 2000, o espetáculo fascinou a atriz Vanessa Redgrave, que também estava em cena no festival interpretando Próspero em *A tempestade*. Villela conta que a atriz britânica "falava que tinha vontade de vestir as roupas dos nossos atores, porque sentia que o inglês não sabia mais fazer uma roupa absolutamente teatral, de traços fanfarrões, de festa, como a que vestia o Grupo Galpão"[16]. A grande questão apresentada por Redgrave era quanto aos ingleses conseguirem reconstruir até os tecidos usados por Shakespeare e seus atores, mas não conseguirem resgatar aquele espírito lúdico, livre, de se fazer teatro.

No Brasil, foram muitas as críticas que também louvavam a encenação e detalhavam características da peça. Alberto Guzik escreveu:

> O mineiro Gabriel Villela mergulhou em suas memórias de infância. Buscou músicas de procissões e serenatas para compor a trilha sonora e encomendou a Luciana Buarque figurinos recriados a partir de velhas roupas de teatro. Usou vários elementos circenses para definir a estética do trabalho. Os atores se apresentam sobre pernas de pau ou caminham como se fossem equilibristas sobre a corda bamba. Esse *Romeu e Julieta*, interpretado com graça e arrebatamento pelo Grupo Galpão, ganha a plena dimensão quando apresentado na rua[17].

---

16. Gabriel Villela *apud* Rosane Muniz, *Vestindo os nus: o figurino em cena*, op. cit., p. 190.
17. Alberto Guzik, "Romeu e Julieta na montagem apaixonante do Grupo Galpão", *Jornal da Tarde*, São Paulo, 1 fev. 1994, p. 12.

UM PEQUENO INTERREGNO: NOTAS SOBRE O BARROCO E O QUE EMOLDURA A CENA DE VILLELA

> Por isso é tão terrível ver o sangue da gente derramado pelo chão. Uma fonte que corre um minuto e que, para nós, custou anos. Quando cheguei para ver meu filho, estava caído no meio da rua. Molhei minhas mãos no sangue e me lambi com a língua. Porque ele era meu. Você não sabe o que é isso. Guardaria a terra encharcada pelo sangue em uma custódia de cristal e topázios.
>
> **Federico García Lorca**

Se a princípio a qualificação do trabalho de Gabriel Villela como barroco era para categorizá-lo, parece ter se transformado em classificação pejorativa, a julgar sua obra em lugar-comum. Há, sim, o resgate de elementos da memória mineira, das festividades de rua, das procissões e celebrações católicas. Inspirações vêm dos trajes cotidianos de personagens míticas ou folclóricas de Minas. Aleijadinho é trazido à tona, com um barroco que é genial justamente por sua simplicidade, quando comparado ao barroco produzido nas cortes imperiais europeias, a exemplo da Casa Imperial Austríaca, das igrejas e dos palácios nos quais o excesso chega a impedir que se observe a obra diretamente.

Ainda que emoldurados por um pórtico que remete à igreja de São Francisco de Assis de Ouro Preto, cujo projeto é atribuído a Aleijadinho, os trajes de *Crônica da casa assassinada* são de um excesso contido, salvo duas exceções: o traje de Cristo, que aos poucos vira as costas para a família, e o traje do irmão, que sai do quarto após vinte anos com as roupas da mãe. Há uma curiosidade: a colcha de retalhos que é manto ou mortalha, dependendo da ação, *esconde* o que se faz por baixo dos panos.

Villela cria a partir de um barroco rebuscado, expressivo, dramático. E, para desespero dos que desejam categorizar sua obra, é um barroco menos brasileiro e mais da América espanhola, em que as estátuas não choram só sangue, como as nossas, choram rubis e topázios.

> É preciso lembrar que isso aqui não é cenário e figurino somente. É concepção, e ela envolve todos os gêneros artísticos. Por mais que você tenha que traduzir em nomenclatura — que ora se chama cenografia, ora figurino —, na verdade é só uma parte estrutural das artes cênicas, que prevê como resultado o homem, a palavra e o ator[18].

Cada elemento disposto por Villela em cena tem uma força dramatúrgica e uma história particular. Alguns deles se repetem, mas voltam com funções diferentes, reais ou metafó-

---

18. Gabriel Villela *apud* Carolina Braga, "As cores do mundo", *op. cit.*

ricas. Um deles é a sombrinha. Esse objeto que cobria divindades e realezas em eventos de grande significado espiritual, que é muito usado como proteção contra as intempéries do tempo, podendo servir ainda como elegante acessório feminino, na obra de Villela remete às festas populares e ao circo, surge emoldurando personagens ou cenas. Podemos lembrar das sobrinhas de Villela como suporte de equilíbrio na corda bamba de *Romeu e Julieta* no alto da veraneio; com Caifaz na cena do Sinédrio em *A rua da amargura*; espalhadas pelo palco em *Gigantes da montanha*. Como a palavra, que deriva de *sombra*, do latim *umbra*, em cena, as sombrinhas de Villela ainda podem revelar *sombras* da personagem e muito mais! Quando, coloridas, apoiam as bruxas ao levarem *Macbeth* para o caminho das sombras, enquanto uma grande e vermelha dá destaque ao narrador (aliás, a mesma que traz a dor e a cor de sangue nas mãos de Nina, em *Crônica da casa assassinada*). Podem ser vistas ainda no coro de Calígula, direcionando-o para Roma; como representação poética em *O soldadinho e a bailarina*. Em *Mania de explicação* vestem a cena em estilo japonês, fazendo sonhar. Enfim, elas sempre voltam — do universo circense de *Sua Incelença, Ricardo III* à tragédia de *Hécuba* ou assumindo os mais diferentes significados na turbulência das ondas de *A tempestade*. Quem bem resumiu o uso das sombrinhas por Villela foi Shicó do Mamulengo: "Se um espetáculo de Gabriel não tiver sombrinha, é porque ele está mais doido"[19].

O(S) ATELIÊ(S) DE GABRIEL VILLELA

Foi na montagem de *Romeu e Julieta* que Villela encontrou e se apaixonou de vez pelo procedimento que o acompanha até hoje na construção de seus figurinos. Desde então, começou a formar seu acervo em um barracão que montou em Minas, onde coleções de trajes, tecidos e adereços são completamente modificados a cada processo. Mesmo que alguns deles voltem ocasionalmente "iguais mas diferentes", em outro espetáculo.

> Não acredito em mim fazendo um trabalho cujo figurino seja encomendado sei lá onde, com um cenário que vem de não sei onde fica, um adereço que chega de outro lugar, e tudo isso às vésperas da estreia. Não dou conta! Gosto do reciclado, por isso transfiro, bordo, retrabalho, jogo para outro espetáculo. Essa dinâmica, que é da arte popular, e que faz com que cada material, pela necessidade, a todo instante se torne outra coisa qualquer[20].

---

19. *Ibidem*.
20. Gabriel Villela *apud* Fausto Viana; Rosane Muniz; Dalmir Rogério Pereira, "As delicadas tramas de Gabriel Villela", *op. cit.*, p. 78.

É por esse motivo que, quando aceita fazer parte de uma produção, ao ser convidado, já explicita logo a necessidade de trazer de Minas a estrutura de seu ateliê. "Acerto com a produção primeiro. Aí, trago uma parte do ateliê, abro, construo a roupa e a entrego pronta. Depois, junto tudo, ponho nas malas e levo de volta para Minas."[21]

Como se trata de um espaço de criação, no ateliê é fundamental sua equipe; afinal, ali as ideias são livres para ganhar vida. "Ele é exigente, no bom sentido, quer as coisas benfeitas. E dá espaço para a gente criar um pouco, fazer propostas e mostrar para ele"[22], conta José Rosa sobre a relação de trabalho. Villela diz que o ateliê é multiuso e composto por um conjunto de materiais que servem à fábula.

Na análise da dramaturga Maria Adelaide Amaral, Gabriel Villela "não escreve, mas diz poesia pura"[23]. Nós concordamos e por esse motivo terminamos nosso texto com uma frase que só poderia vir dele: "Se o figurinista foi fundamental para Deus, imagina para o teatro. Se foi para o Vaticano, imagina para o palco"[24].

---

21. *Ibidem*, p. 79.
22. José Rosa *apud* Carolina Braga, "As cores do mundo", *op. cit.*
23. Programa *Sem Censura*, Rio de Janeiro, TV Brasil, 8 out. 2012. Disponível em: <http://tvbrasil.ebc.com.br/semcensura/episodio/maria-adelaide-amaral-e-gabriel-vilela>.
24. Gabriel Villela *apud* Rosane Muniz, *Vestindo os nus: o figurino em cena*, *op. cit.*, p. 201.

UM MUNDO DE POSSIBILIDADES NO UNIVERSO DA VOZ

Babaya

Em 1992, na montagem de *Romeu e Julieta* com o Grupo Galpão, a música nos uniu. Depois, em 1994, também com o Galpão, desenvolvemos para *A rua da amargura* o trabalho de direção de texto. Até então, meu trabalho se resumia a preparação vocal e ensaios musicais. Gabriel Villela abre, então, para mim um mundo de possibilidades no universo da voz. Cada montagem exige-me novas pesquisas e técnicas que atendam ao imaginário desse genial criador, que sempre se supera, se reinventa. Está sempre à frente do seu tempo, mas nunca perde suas raízes interioranas, que permeiam sua sensibilidade na delicadeza das canções, no colorido das vozes harmonizadas e recheadas de timbres, vibratos e duetos, lembrando antigas serenatas ou procissões, tudo ao mesmo tempo simples e extremamente sofisticado. Eu entendo desse universo, porque temos, eu e ele, as mesmas origens.

A música sempre influenciou a criação do artista Gabriel, dono de uma percepção musical incrível e memória de dar inveja: sabe todas as letras de cor. Então, quando começa a montagem, geralmente na tranquilidade do seu sítio, ele nos convoca para uma cantoria. Já tem tudo na cabeça: arranjos, instrumental, duetos, solos, coro etc. Ele adora vozes fortes, épicas, com muitos vibratos, mas também vozes que soem com delicadeza e poesia. Outra característica encantadora de Gabriel é introduzir sempre em suas peças músicas do cancioneiro popular que remetem à pureza, ao sentimento e à memória de um povo — seja de qualquer parte do mundo. Sem pudor, ele é capaz de colocar o *rock* de Raul Seixas num musical infantojuvenil, como fez em 2014 na peça *Mania de explicação*, ou montar um Shakespeare todinho com cantigas de roda que falam de mar e de rio, como na recente *A tempestade* (2015). E isso tudo soa com muita coerência, porque tem poesia e sentido dramatúrgico.

Minha forma de trabalhar a técnica vocal sempre foi muito lúdica e cheia de acessórios, que, se a princípio parecem brinquedos de criança, têm fundamentos bastante sérios. Os resultados positivos são sempre imediatos. Uso com os atores, por exemplo, um cachimbinho, espécie de brinquedo de criança que vibra uma bolinha, para trabalhar o fôlego e o apoio diafragmático. Há também um tubo de silicone adaptado a uma garrafinha PET contendo dois terços de água. Ao soprarmos, esse mecanismo simples faz uma profunda massagem nas pregas vocais, produzindo uma voz leve. Utilizo ainda palitinhos de pirulito que, na hora do sopro, impedem a passagem do ar e promovem um abaixamento da laringe, ampliando as áreas de ressonância; rolhas entre os dentes incisivos, para melhorar a articulação; baldes, para melhorar a projeção com o mínimo de esforço. Assim, misturo o lúdico com a dramaturgia.

Na sala de ensaio, a palavra é trabalhada com o mesmo cuidado. Por meio de vasta teoria sobre recursos expressivos, eu contribuo para que os atores tenham maior compreensão do texto, do que dizem e como dizem, de acordo com a estética proposta por Gabriel a cada montagem. Para implantar e realizar esse meu trabalho de direção de texto, primeiro procuro entender o que a direção propõe dentro da sua estética dramatúrgica, depois detectar quais os problemas a serem resolvidos e por onde posso caminhar. Preciso conhecer também os atores, suas capacidades, suas limitações vocais e seu entendimento do texto. Acredito que as dificuldades muitas vezes aparecem por falta de consciência sobre a própria voz e por limitações interpretativas. A voz humana apresenta inúmeras alterações que dependem de fatores emocionais, situações e contextos que causam impactos ou mudanças nas relações com o outro e com o mundo. Para compreender esse universo, utilizo um estudo sobre o conhecimento dos ajustes vocais adequados para as variações de timbres (qualidade da voz), altura (modulação), intensidade, velocidade (ritmo, métrica, pausas), respiração, articulação, ressonância e inflexão. Além do autoconhecimento e do domínio da voz, esse estudo proporciona ao ator e cantor o controle de sua expressividade e do efeito causado no ouvinte. Os temas abordados são: exercícios de ajustes vocais (aquecimento, relaxamento e tonicidade da musculatura da laringe); principais tipos de voz; impressões transmitidas pelos tipos de voz; variações da voz; gráficos de inflexões; aplicação, avaliação e experimentação do estudo.

De um total de 167 atrações diferentes nas quais trabalhei em toda a minha vida, até o presente momento eu completo, ao lado de Gabriel Villela, 30 espetáculos trabalhando as vozes dos atores, cuidando da saúde vocal, dando formas, propondo interpretações, fazendo uma história no teatro. Para ilustrar melhor esse período, selecionei dos meus caderninhos de apontamentos algumas histórias ocorridas ao longo dos anos todos de parceria. Foram muitas horas de pura beleza, momentos mágicos, angústias, alegrias, tensões, reconhecimentos, coração agradecido, parceria, fidelidade, aprendizado, amizade, muito amor e tantas outras emoções que fazem parte do processo criativo.

Era ensaio de *Romeu e Julieta* em 1991. Chego e encontro Gabriel aos berros com o grupo. Entrei em pânico e pensei: "Meu Deus, que homem bravo! Se ele gritar comigo desse jeito, eu morro!". Pensei em arranjar uma desculpa e afastar-me da montagem. Dias depois, numa festa, encontrei um amigo que me contou que Gabriel era da cidade de Carmo do Rio Claro, vizinha da minha terra natal, Cássia. No ensaio seguinte, aproximei-me timidamente dele e perguntei: "De onde você é? Do Carmo? Pois eu sou de Cássia". Pronto, uma porta se abriu e revelou a origem da nossa sintonia musical. Ele me disse que admirava o povo de Cássia pela *cantoria*. Conversamos longamente até terminar o ensaio, choramos, rimos e ficamos amigos para sempre, e ele nunca ficou bravo comigo!

Na estreia da peça, em Ouro Preto, chovia, ventava e fazia frio. Todos estávamos em estado de muita tensão, mas Gabriel tentava nos acalmar dizendo com sabedoria: "É assim mesmo. Teatro na rua tem de conviver com a natureza". Os figurinos leves não protegiam os atores da chuva e do frio. Todos tremiam muito. Então, introduzi, no meu aquecimento vocal, intuitivamente, várias dinâmicas que pudessem aquecer os músculos da respiração, tais como: soprar o ar usando as consoantes *s*, *x* e *f*, movimentando os braços para cima, para os lados, dando pulinhos e soprando o cachimbinho para dar mais apoio na emissão da voz. Ainda não era o suficiente, porque o frio continuava tomando conta de todos. Então apelei para um bom exercício de polichinelo, e em seguida mais sopro com o cachimbinho e *sss*, *xxx*, *fff*, intercalando com vibração de língua e lábios (*trr* e *brr*), e depois *spu*, *spu*, *spu*, encolhendo o umbigo em pequenos impulsos. Começou a dar resultado. Eles se sentiram mais aquecidos, graças a Deus! Começava assim, no susto e na chuva, de forma totalmente empírica, a minha pesquisa sobre a importância da resistência corporal e vocal, aspecto que passou a embasar o meu trabalho de preparadora para cantores e atores. Confesso que contei também com a ajuda de uma *dosezinha* de conhaque! A estreia foi emocionante.

Foram muitas e muitas viagens com esse espetáculo que marcou época, mas nunca irei me esquecer de quando o Grupo Galpão apresentou *Romeu e Julieta* no Festival Internacional de Teatro de Manizales (Colômbia). Lá fomos todos nós. O local de ensaio era longe e teríamos de pegar uma condução, mas o que a produção consegue é simplesmente um caminhãozinho de transportar porcos, com a carroceria de mais ou menos três por dois metros, onde teriam de se acomodar onze atores, equipe de som e luz, produção, Gabriel e eu. Fomos praticamente *amontoados* em direção a uma escola para ensaiarmos as músicas e algumas cenas. Quando chegamos ao local de ensaio, Gabriel comentou: "Depois dessa experiência, nunca mais serei o mesmo".

Montagem de *A rua da amargura*, fim de abril de 1994. Primeiro dia de ensaio. Na sede do Galpão, em Belo Horizonte, recebo a notícia do terrível acidente de carro com alguns integrantes do elenco. Começa nossa saga de orações e vigília, mas infelizmente Wandinha (Wanda Fernandes) não sobrevive. Nas aulas com o grupo, tento com todas as forças não chorar, mas não consigo. Eu a adorava! Gabriel pede para que eu seja forte, lembrando-me que o grupo precisava da nossa força para prosseguir, que tínhamos uma meta a cumprir. Começam os ensaios. Gabriel pede que eles aprendam a cantar "Panis angelicus" e "Adeste fidelis", a quatro vozes. Peço, então, ao maestro Ernani Maletta que me ajude na empreitada. Entre outras habilidades, ele já era um grande arranjador de coro, e o grupo o recebe com carinho e entusiasmo. A parte musical do Grupo Galpão fica, então, aos cuidados de Fernando Muzzi nos arranjos instrumentais, Ernani Maletta nos arranjos vocais e eu na preparação vocal dos atores. Este trio continuou por muitos anos cuidando da música em várias peças dirigidas por Gabriel Villela.

    E a vida tinha de continuar. Entre ensaios das músicas, escolhas de timbres, projeções, respiração e resistência corporal adequados às interpretações, Gabriel pede para que eu trabalhe especialmente com Eduardo Moreira (que era o marido da Wandinha). Seria preciso mexer em sua voz falada, não a cantada, dando ênfase aos registros graves. Sendo Eduardo um tenor, tinha mais facilidade com os registros médios e agudos, faltando-lhe modulação e projeção, e ele se esforçou muito mesmo para isso. É um exemplo de ator que se dedica e consegue os resultados esperados, não importando as adversidades. Assim, passo a passo, conseguimos dar mais modulação e veracidade à sua interpretação. Usei meus conhecimentos de voz cantada, que modula entre graves, médios e agudos, e os apliquei na voz falada, juntamente com a intensidade, o ritmo e os timbres. Foi assim que me dei conta de que ali inaugurava meu trabalho de direção de texto.

    No ano seguinte, em 1995, foi a primeira vez que nosso trio (eu, Ernani e Muzzi) saímos de Belo Horizonte para atuar em uma produção teatral paulistana de Gabriel Villela. Era o musical *O mambembe*. Dos três, eu sou a mais tímida e medrosa para enfrentar um elenco de atores tão fortes, talentosos e experientes. Quase desisti, quis recuar, mas Gabriel encorajou-me — e eu entendi que ele precisava de mim não só profissionalmente, mas como amiga para um *dedo de prosa*, um *cafuné* nas horas em que batia o cansaço. Eu entendo sua linguagem, sei aonde ele quer chegar, e isso o conforta. Então, por ele, crio forças e enfrento meus medos.

    Montagem da peça *Mary Stuart*, em São Paulo, 1995. No texto do embate entre duas rainhas, as protagonistas Renata Sorrah e Xuxa Lopes ensaiavam quase gritando e falando com muito esforço. Uma possível rouquidão das duas atrizes nos ameaçava. Gabriel pede outra textura na voz. Então, tive a ideia de usar um balde diante do rosto de cada uma, enquanto diziam o texto. O resultado foi surpreendente. A emissão da voz ficou perfeita e bem projetada, com boa sonoridade. Gabriel, feliz, veio me dizer que eu havia feito *bruxaria*. As vozes de ambas ficaram assim protegidas, e nunca mais me separei do balde para os meus trabalhos de voz, seja cantada ou falada. Quando Gabriel quer delicadeza na interpretação, ele pede que os atores usem o balde milagroso! Na verdade, o que acontece é que, com o balde, escutamos com mais intensidade a nossa voz e isso reduz o esforço da emissão, fazendo com que a voz saia com brilho mais harmônico e com total clareza.

    Ventania, Rio de Janeiro, 1996. Uma das encenações mais lindas da carreira de Gabriel, a meu ver. Trabalhei com os atores técnicas de aquecimento vocal, dinâmicas de interpretação de texto e ensaios das músicas que eles cantavam em cena. Tivemos momentos emocionantes e descobertas incríveis sobre outras possibilidades vocais que surgiram durante os ensaios. Vozes que o elenco nunca tinha usado, formas e expressões que evidenciavam a palavra, timbres interessantes e projeções corretas tornaram o texto ainda mais claro e expressivo. Foi nessa montagem que conheci Chico Buarque, que foi assistir à filha na estreia (Silvia Buarque integrava o elenco) e agradeceu-me por vê-la cantando "Let it be" na cena final da peça, linda, expressiva e com muita emoção. Até isso devo ao Gabriel: ter conhecido o Chico!

Veio então o show *Tambores de Minas,* de Milton Nascimento, no Rio, em 1997. Para dividir a cena com Milton, o diretor Gabriel convidou nove artistas entre acrobatas, atores e cantores. A ideia inicial era que eles dançassem, tocassem tambores, fizessem saltos acrobáticos e... também *cantassem*. Tínhamos quatro atores que cantavam e cinco acrobatas que não cantavam. Até aí tudo bem, porque estes fariam coro nas músicas. O primeiro ensaio foi feito na sala da casa de Milton, que ficou no seu quarto ouvindo tudo de lá. Quando os meninos cantaram a primeira música, foi um desastre! Milton contou-me que teve vontade de chorar e desistir. Até os próprios artistas pensaram em desistir. Mas fui persistente, Gabriel esperava isso de mim, e eu não podia decepcioná-lo. Foi um trabalho árduo e intenso, exigindo de todos muita dedicação, muitos ensaios, muitas repetições. Os rapazes, enfim, brilharam. Ganhei de novo o título de *bruxa*, desta vez dado por Milton Nascimento.

Em 1997 montamos a peça *Morte e vida severina*. Nunca vi Gabriel tão criativo, um turbilhão de ideias. Por cinco vezes ele modificou o cenário e o figurino; uma loucura. Os ensaios foram em sua cidade natal, Carmo do Rio Claro, mais precisamente no seu sítio, o Esquentalho. Ficávamos hospedados numa pensão na cidade, e uma van nos levava para o sítio. Imaginem o que significou para aquela cidade pequena ter dezesseis atores hospedados por quase três meses. Rebuliço total. Gabriel pediu para que eu trabalhasse, além da técnica vocal, a força e delicadeza nas vozes dos atores e também que intensificasse os vibratos que ele tanto adora. Muitas vezes, trabalhei a resistência corporal e respiratória dos atores no meio do milharal, entre galinhas, vacas e cachorros. Foi um processo inusitado.

Trabalhar em Portugal foi bem curioso também. Em 2003, Gabriel, Ernani Maletta e eu partimos para uma aventura na cidade do Porto para montarmos lá o musical *Os saltimbancos,* com atores locais. Testes foram feitos, e selecionamos um grupo de jovens atores que cantava, dançava e interpretava lindamente. Ficamos 75 dias na sede da famosa companhia de teatro Seiva Trupe, em pleno inverno europeu, com chuva e neve. Já nas primeiras leituras, começamos a lidar com as diferenças na oralidade, em relação a sotaque, claro, mas também quanto ao próprio entendimento da língua. Tive então de fazer várias modificações nos meus exercícios de articulação para que se adequassem à dicção da língua portuguesa praticada em Portugal. Foi um aprendizado muito importante.

É interessante registrar aqui outros exemplos dos pedidos que Gabriel Villela me faz a respeito da voz dos seus elencos. No caso do grupo potiguar Clowns de Shakespeare, de

Natal (RN), com o qual fizemos *Sua Incelença, Ricardo III*, encontro nos meus caderninhos as anotações dos ensaios de 2008, também ocorridos no sítio de Gabriel. Após a primeira leitura de mesa, ele me chamou em um canto, foi me falando de suas impressões a respeito de cada ator, um por um, e eu fui anotando. Sobre Marco França, o protagonista, ele apontou: a emoção está clara, e a expressão, exagerada, muito melodiosa e com muita força no início das palavras, usa uma aspereza interessante na voz. Para Renata Kaiser, Gabriel pediu para diminuir a inflexão exagerada, dar mais velocidade às palavras e tirar a nasalidade. Quanto a César Ferrario, observou ser declamativo e repetitivo, faltando-lhe *contar a história* a um interlocutor e falar com mais intenção e menos maneirismos, potencializar mais seu registro grave. Sobre Rogério Ferraz, Gabriel gostou da sua inflexão mais linear, mas via nele um pouco de afetação e muita força no pescoço para pronunciar as palavras. Com relação a Carol Cantídio, embora lhe faltasse controle de respiração e fôlego nos finais de frases, Gabriel a achava expressiva, gostava do seu registro médio. De Nara Kelly ele aprovava a forma de se expressar com a voz dura, pesada, visceral, pedindo para diminuir o *arranhado* e tornar a voz um pouco mais cristalina. Em Titina Medeiros julgava necessário ter maior linearidade na fala. No entanto, ela gritava de forma controlada, e ele gostava. Aparecia a prosódia da sua origem nordestina, o que ele quis aproveitar. Anotei também que Gabriel me pediu para trabalhar os timbres vocais de todos e ampliar a projeção. Resultado: foram duas semanas intensas de trabalho com aquecimentos vocais e corporais, ensaios de músicas, *performances*, estudo de textos e implantação teórica dos meus estudos sobre recursos expressivos para interpretação de texto.

Na peça *Macbeth*, em 2012, fiz o trabalho de voz do ator Claudio Fontana, que, na minha opinião, foi um dos resultados mais primorosos, delicados e expressivos em toda a minha carreira. Ele representava o papel feminino da Lady Macbeth. Nas primeiras leituras de texto, Fontana experimentou falar no registro do falsete, mas não ficou satisfeito com o resultado. Então propus inicialmente trabalharmos sua fala sem nenhuma forma interpretativa predeterminada. Pesquisamos os timbres vocais, a intensidade da projeção e o ritmo da palavra. Junto a esses detalhes, observei que ele caminhava quase deslizando pelo palco, como uma gueixa, com uma capa de tecido leve que flutuava. Foi daí que veio a minha inspiração para que ele falasse no tom agudo, mas sem passar para o falsete, quase sem modulações e variando a intensidade entre médio e suave. Sua interpretação foi perfeita. Enquanto seus movimentos eram leves e graciosos, sua voz era dura, maquiavélica e fria, representando uma personagem de caráter dominador, mas também angustiada e sofrida. Além disso, Gabriel pediu a ele que falasse usando a narrativa épica, sem perder a naturalidade e o diálogo com o interlocutor, assim como os outros atores do elenco. Então, o que conseguimos foi surpreendente.

Em 2014, com *Um réquiem para Antonio*, mais uma vez trabalho a voz dos atores Claudio Fontana e Elias Andreato. Ambos propõem vozes diferentes e ousadas. Elias é um *clown* que usa um timbre metálico e anasalado, Claudio tem três personagens e uma voz diferente para cada um: um *clown* na forma de boneco de manipulação, um *clown* como personagem imaginário, e, no final, essas vozes se desfazem e o personagem se torna real. Tivemos um trabalho primoroso de dois grandes atores. Além do texto, cuidei da saúde vocal de todo o elenco. Foi nessa peça que, pela primeira vez, introduzi no teatro a técnica de exercícios semiocluídos, por meio de um tubo de silicone introduzido em garrafinha PET com dois terços de água, associados aos exercícios de vibração. Foi um sucesso, todos ganharam leveza na emissão da voz, ampliando a projeção, e a saúde da voz estava garantida.

TODAS AS DIMENSÕES
DE UM GIGANTE RENASCENTISTA

Francesca Della Monica

Entre o mês de dezembro e o mês de janeiro,
homens-meninos nascem do coração das árvores.
Eles têm flores nas mãos, pois os seus braços são ramos,
e aprendem a voar antes de andar.
Penduram os trapézios na lona azul que se chama céu,
onde começam a desenhar suas próprias cenas.
Se acostumam à grandeza antes de encontrar as angústias do mundo
e, por isso, quando descem da árvore,
já sabem que as raízes chegam no fundo da terra.
Já conhecem o Paraíso e o Inferno
e nunca acreditam no Purgatório dos mortais.
Mas antes de descer lá de cima,
aprenderam como a primavera costura os figurinos,
como o verão desnuda a beleza dos corpos.
Aprenderam o cio e as abstinências da natureza.
Conheceram a maravilhosa irregularidade dos ciclos,
a generosidade, os excessos, os silêncios...
o império majestoso dos sentidos!

Uma metáfora que sempre utilizo em minhas aulas de voz é aquela que fala da *outra margem do rio*, entendida como lugar da espacialização da voz do ator. A voz, como gesto de fundação e de relação, tem em si um movimento *fluvial*, que atravessa o plano solipsístico e alcança a margem na qual consegue entregar a palavra nas mãos dos outros. Já antes de começar a dizer, a dar, a cantar, a gritar, a sussurrar, o corpo do ator mede a distância, engloba as alteridades, estabelece a trajetória e a condução do gesto. Isso é tudo aquilo que deve acontecer antes do *ataque* vocal, e é por isso que cada emissão nos fala de alturas, de intensidades, de timbres, mas também de espaços, de proxêmicas, de inclusões ou de exclusões.

Mas alcançar a outra margem significa também sair do espaço da história, do realismo, do psicologismo, para entrar no espaço do mito, do símbolo, da poesia e da psique. Isso acontece quando a verbalidade cede o primado à extraverbalidade, quando o *como se diz* se torna mais importante do que *o que icasticamente se diz* e quando o recinto gestual multiplica a sua amplitude e a dimensão do mito pode encontrar a sua representação.

Um percurso de anos de pesquisa e de vida em teatro me permitiu refundar os parâmetros da música e da voz, ressignificando-os para entendê-los de verdade. O teatro em que habita minha voz, como eu a entendo, sempre foi um espaço de poesia, de alusões, de curtos-circuitos líricos e de encontros entre as artes: o lugar onde a erudição se transforma em conhecimento e vida. Minha cidade é Florença, o ninho do Renascimento, ponto de encontro de um espaço e um tempo mítico. Se você morar em Florença, a filosofia da Renascença entra na veia, falava meu professor na universidade. E, para falar a verdade, essa dimensão de unidade do conhecimento, de arte total, de não separação entre arte e vida, corre mesmo no meu sangue. Encontrei-a na outra margem do oceano e no teatro de Gabriel Villela.

Uma obra de geografia, arqueologia e geologia é o meu ofício nas montagens de Gabriel. É desbravar com os atores as camadas de significados do texto, as métricas ocultas e as explícitas, os símbolos, os arquétipos escondidos nas palavras, as estruturas das frases, as dinâmicas musicais, a dança das imagens, do pensamento e da música que acontece entre as partes que vão compondo as proposições. Ou seja, é abrir um caminho dramatúrgico para que as vozes possam fluir e se alimentar com as memórias, as experiências, as referências vivenciadas pelos corpos, pelas almas e pelos intelectos dos atores. Mais uma vez, trata-se da unificação e da síntese entre dimensões, faculdades e disciplinas, como os renascentistas nos ensinam.

O ateliê de Gabriel Villela é, já por si, uma obra de teatro total. Sua dramaturgia é um percurso de vida cujos fios, mais ou menos sutis, são os tantos discursos deixados em suspenso da tradição.

Penso nesse originalíssimo artista e no seu jeito de antepor, antes de iniciar os ensaios de um espetáculo, a *fábrica* — no sentido renascentista do termo — do ateliê no qual serão paridas as formas corporais de personagens e ambientes. É como chocar um ovo cósmico. O germe de todos os fenômenos e do universo inteiro se encontra ali. A casca do ovo representa os confins do espaço mundo. O germe ocluso dentro do ovo é símbolo do dinamismo inexaurível da vida *in natura*. É um ateliê de conhecimentos refinados e de sábia manufatura, não repetitivos e sujeitos à surpresa pela inefável criação artística.

Gabriel, como o filho do fabricante de sinos de *Andrei Rublev*[1], é herdeiro de uma sabedoria antiga que se revela, quase inesperada, somente no último instante do processo criativo,

---

1. Filme histórico soviético, realizado em 1966 por Andrei Tarkovski.

sempre insidioso, mas inexoravelmente coroado do som do sino, do gemido e das lágrimas da poesia e do despertar da palavra do artista depois do longo silêncio claustral que antecipa o nascimento de um objeto de arte.

De forma similar à composição urbanística de uma cidade histórica está o processo estratigráfico ao qual Gabriel Villela dá vida na criação da indumentária dos personagens teatrais. Com talento demiúrgico, transforma o próprio corpo do ator em uma cenografia, em um fruto alquímico nascido da convergência de recordações táteis, olfativas, visíveis, papilares, oníricas, poéticas. Há um destilado de iconografias obtidas pela tradição autóctone e pelos encontros com a arte universal, popular e culta. Similar a uma paisagem urbana, a paisagem/corpo do ator é ponto de encontro de extremos, de periferias e de centros; recolhe e resolve em si o conflito entre o belo e o feio, entre concordância e dissonância, entre silêncio e rumor. Restitui ao mundo as antíteses da vida, dinamizando-as poeticamente com a febre da arte. Surge assim um caminho dramatúrgico que reescreve e traduz a obra do autor. O corpo do ator se eleva a uma glória tri/quadri/decadimensional, pronto para poder dar conta da complexidade e da multiplicidade da alma e do cosmo, pronto para ser *um, nenhum* e *cem mil*.

A ação compositiva de Gabriel Villela é rápida, fenomênica, febril; similar à *action painting* de Jackson Pollock. Sua gestualidade ao compor uma indumentária é coreográfica, essencial, cirúrgica; o olho distribui febrilmente no palco corpóreo do ator cores, formas, texturas; contamina culturas, linguagens, imagens. Cada figurino de Gabriel tem um cheiro, um sabor, uma temperatura, um gosto. É enfim uma alcova onde os corpos do diretor e do ator se encontram e se amam.

ARTÍFICE DO VISUAL DRAMÁTICO

Macksen Luiz

No início da década de 1990, uma geração de diretores teatrais surgia como um grupo de encenadores que ganhava predominância na cena com gramática própria e sintaxe pessoal. Entre os nomes que emergiam da diversidade de rumos criadores e da concentração de individualidades expressivas, Gabriel Villela trazia marcas que apontavam para uma geografia de contornos regionais, transportada da mística popular para a pulsação contemporânea. O tempo das lembranças que fundamenta o rendilhado no palco se expandia no espaço como uma roca que fia a linguagem, esgarçando o passado memorialista até o presente ritualizado, numa interseção de retalhos melancólicos nos rasgos do tecido dramático.

A construção dessa máquina cênica, poderosamente visual e sempre poética, alicerça-se na nativa cidade mineira de Carmo do Rio Claro, de onde Gabriel extrai os elementos básicos de sua artesania imagística, carregada dos lamentos de procissões, do colorido de festas populares, das representações de picadeiros mambembes e dos sentimentos emparedados pelas montanhas. A formalização de uma estética sustentada por esse pequeno feudo de tradições esmaecidas e celebrações que se apagam revigora e rompe os limites da reminiscência passadista e da evocação saudosista, para transpor, com rascante percepção afetiva, a alma interiorana.

A esse universo, ingênuo de raiz e condenado à impermanência, incorpora-se uma liturgia teatral que ressignifica signos e revisa símbolos. A aldeia natal é uma área artística explorada como um campo adubado de memórias, regado a furtivas lágrimas e com cheiro de terra que se instala no repertório de dramas e tragédias universais. Os meios de apropriação são filtrados pelas lembranças de imagens, fortemente iluminadas pelos traços dos afetos e sombreadas pelas máscaras de barro de que são feitos os conflitos humanos.

A explosão visual do teatro de Gabriel Villela está na refração da luz de velas dos altares ou na ribalta dos dramas das arenas de circo, nas alegorias de uma religiosidade que reverbera trevas medievais ou em palhaços que subvertem a sisudez do clássico sem roubar-lhe a alma. A ilusão ganha contornos barrocos, e o lirismo, borrões satíricos, desvendando vilanias, expondo verdades. A poeira do tempo, que muitas vezes cobre os rostos dos atores e envelhece a idade dos figurinos, é, igualmente, matéria para apressar nuvens e marcar a passagem pelo imponderável dos atos humanos. Objetos do cotidiano transmutam-se em peças oníricas — tecidos, descoloridos pelo uso, em mares e mortalhas; ossos, caixões, gaiolas e cestos, em árido sertão de seculares injustiças; e panos de chita, iluminuras orientais, espelhos e portais reciclados, em revelação da nudez.

Os sons que envolvem essa poderosa iconografia teatral são surpreendentes pela diversidade de suas referências. Das ladainhas ao cantochão, do repertório de cantores do antigo rádio aos sambas-enredo, das sonoridades em línguas secretas à ingenuidade de refrões populares, dos aboios à ópera, a música desempenha, para além de comentar a ação, papel essencial na construção da própria cena.

A teatralidade de Gabriel Villela adota todos esses signos não como exteriorizações de uma dramática com prevalência na visualidade, e sim como retratos que se constituem como linguagem original, de coerente unidade estética, extraída de configurações narrativas variadas. O semblante poético dessa potência ilustrativa é a fotografia testemunhal de um sentimento do mundo. No exercício da imagística místico-mineira, o material dramatúrgico amolda-se, às vezes de modo distanciado de outras em aderente identificação, às obsessões do diretor. Ainda que indissociáveis, palavra e imagem, arrebatamento e refinamento, há espaço para dissonâncias provocativas e liberdade para amoldar e condensar o texto às fantasias formais. A cada montagem se adensa essa linguagem identitária de um balaio cultural, no qual estão ardentes emoções difusas e miragens encantatórias.

A ARQUITETURA DE ALGUMAS ENCENAÇÕES

VEM BUSCAR-ME QUE AINDA SOU TEU [1990]

O espetáculo que Gabriel dirigiu aos 31 anos, que ao lado de *Você vai ver o que você vai ver* e *O concílio do amor* compõe o trio de suas primeiras montagens profissionais, já revela rigor construtivo e projeção poética, sugerindo o religioso, o popular e o *kitsch* como linguagens exploratórias da arte da representação. O melodrama de circo-teatro é explorado na sua emoção ingênua, com os atores vestidos em mortalhas para o réquiem encantatório de um universo em estado agônico.

A VIDA É SONHO [1991 E 1998]

Se, na primeira versão, o elenco era totalmente feminino e a imagística religiosa tinha expressão processional, na segunda apenas atores estavam em cena e o onírico ilustrava a *essência de um sonho*. Em 1991, a direção estava mais ligada à estética que iniciava a sua consolidação e, em 1998, acrescentava variantes culturais, como música iugoslava entre aboios, cenografia de feira medieval e figurinos de tecidos orientais, elementos que permaneceriam ao longo da carreira do encenador.

ROMEU E JULIETA [1992]
Nesse espetáculo que redimensiona o teatro de rua como espaço da festa, transformado em palco de grande teatro, uma caminhonete abriga com intensa comunicabilidade o amor frustrado dos jovens de Verona com a mesma força e integridade da origem elisabetana. Atores, como bufões de um trágico desfecho, evocam com cara pintada e nariz postiço a poética de um circo ao ar livre, em refinado exercício de apelo popular.

A GUERRA SANTA [1993]
Expandindo referências da cultura popular [festas religiosas, cavalhada], retrabalhadas em movimento de procissão e coloridas por desenho alegórico, o poema dramático é traduzido no palco como percurso onírico. A celebração da fé interiorana manifesta-se nos cânticos, na ingenuidade da liturgia e na melancolia das canções, superpondo metáforas que remetem à *Divina comédia* de Dante e às contradições da vida social e política brasileiras, seguindo os dramas dos velhos pavilhões de circo.

A FALECIDA [1994]
Acentuando aspectos cariocas da tragicomédia de Nelson Rodrigues, o espetáculo utiliza signos da cultura da cidade — futebol, dança e bilhar — integrados ao ritualismo e às formas processionais. Em tons melodramáticos e sob base cenográfica/coreográfica, a voz de Elis Regina e tacos de bilhar que se transformam em castiçais, a montagem transmuta-se em espaço de jogo, um campo de futebol de emoções suburbanas, e expõe a humanidade periférica à banalidade de seus sentimentos.

A RUA DA AMARGURA [1994]
Baseado em drama religioso, apropria-se do circo-teatro como linguagem passível de ser recriada não como registro nostálgico, mas uma forma de explorar uma linguagem sem passadismo, como tentativa de reavaliação. Como poesia em estado bruto, incorporam-se, aos passos lacrimosos da vida de Jesus, lembranças da cultura mineira em suas manifestações mais teatrais. Em ambientação e ritualização barrocas é projetada sob lona a ingenuidade da fé popular e do teatro melodramático.

MARY STUART [1996]
Hierática e áspera, a transposição cênica do texto de Friedrich Schiller confronta duas rainhas em torno da legitimidade do poder, projetando com maior intensidade os sentimentos que estão na motivação de suas ações políticas. Com a solenidade do rito, o rigor formal e a estética rude, equilibram-se romantismo e expressionismo em simbólico portal que domina o palco. Imagens de dramaticidade poética, iluminação de fina sintonia e música solene emprestam força ao antagonismo das intérpretes em cena nesse espetáculo.

O SONHO [1996]

Seguindo a narrativa desconstruída de Strindberg, o espetáculo obedece à lógica do sonho, com movimentos que expressam multiculturalidade. O espaço cênico é ocupado por citações africanas, contrabalançadas por insinuações orientais, que se misturam a sinais de brasilidade popular. Signos cristãos confundem-se com traços da contemporaneidade, num caldeirão narrativo que ferve em alta temperatura poética em fragmentos com efeito de sonhos.

VENTANIA [1996]

Um melancólico clima mineiro da produção ficcional de José Vicente, autor de *Hoje é dia de rock* no qual o texto de Alcides Nogueira é baseado, fabula sobre o tempo e a memória para reconstituir caminhos de desejos recônditos. O aspecto paroquial da representação religiosa é envolvido pela festa de quermesse, sublinhando o resgate de um mundo de ilusões. A beleza tosca das manifestações populares é reproduzida com a força de uma estética ilusionista e nostálgica.

MORTE E VIDA SEVERINA [1997]

Um mergulho na poética de João Cabral de Melo Neto com imagens retiradas de um mundo mítico — a terra como representação da vida e da morte, a mãe que gera e a que devolve a vida à terra — e de signos de uma estética múltipla — misturam-se caixões, ossos e mortalhas inspirados em dramática de cores populares. Ascética em sua exuberância visual, a montagem utiliza imagens de Sebastião Salgado, trilha original de Chico Buarque e músicas do repertório nordestino.

SALMO 91 [2007]

Os contundentes depoimentos de vítimas do massacre do Carandiru são expostos por cinco atores com citações bíblicas e rituais religiosos, permeados por referências futebolísticas. Numa atmosfera de pungente finitude, sem maiores artifícios cênicos, a realidade evidencia-se na crueza de uma humanidade em estado terminal e na iminência da eclosão do horror. Despojado e sem artifícios, o espetáculo confronta a indignidade com o poético e a revolta com a crueldade da miséria da existência.

CALÍGULA [2008]

O imperador romano como metáfora camusiana da impossibilidade do absoluto e representante de forças destrutivas do poder encontra correspondência com o nosso tempo em montagem alegórica de inescapável barroquismo visual e algum distanciamento crítico. Com rascante beleza, borrada por ilações satíricas, aparecem mascarados aqueles que se submetem ao tirano, transformados em palhaços para reforçar a mentira do teatro, ou em bonecos quando se pretende confundi-los com objetos vivos.

VESTIDO DE NOIVA [2009]

As estampas do diretor integram-se às obsessões do autor em delírios da dança de vida e morte, orquestrada por musicalidade de ciúme e traição. Em procura etérea de capturar o imponderável do estado comatoso, o figurino converge o masculino e o feminino para uma figura única, que transmuda em véus, nuvens e máscaras os impulsos dos personagens, estabelecendo atmosfera ambígua e decadentista. Os atores movimentam-se como dançarinos de gestos dissimulados e anjos caídos.

SUA INCELENÇA, RICARDO III [2010]

Em picadeiro poeticamente mambembe transcorre a tragédia de um Ricardo circense-nordestino, que transcreve a vilania do personagem shakespeariano na explícita linguagem *clownesca*. As máscaras e a música, as pantomimas dos palhaços e a ourivesaria da estética sertaneja desestruturam o ritualismo do teatro clássico e o sombrio elisabetano, utilizadas como interpostas narrativas em confirmação de um formalismo encantatório.

CRÔNICA DA CASA ASSASSINADA [2011]

A atmosfera épica-trágica-melodramática da família mineira num enredo de enigmas e pulsões pecaminosas é traduzida pelo barroquismo de uma mesa que se faz de cama para variados desejos e de altar para ceia sexual. Trechos de óperas, boleros e cânticos religiosos são ouvidos no culto à putrefação do prazer. O material literário provoca, por identidade e referências, integração da linguagem romanesca com a teatralidade pela mineiridade comum.

HÉCUBA [2011]

A visualidade impõe-se na adaptação concisa da tragédia como uma apropriação de maior esteticismo e menor rigor dramático. A riqueza do figurino, a beleza das máscaras e o colorido dos tecidos destacam-se na construção dos personagens como imagens e figuras de contornos orientalizados, que traçam um quadro em paralelo à potencialidade da palavra. A teatralidade concentrada nessa base visual deixa esmaecida a voz trágica e a força da vingança da mãe, submetida aos desígnios do poder.

MACBETH [2012]

Na mesma linha de interpor as convenções do trágico ao exercício de amoldar o texto a um tempo narrativo menos rígido e ao espaço expandido para as imagens, a trama da usurpação do poder é condensada e reduzida à dimensão dramática. A montagem investe no coloquialismo e na comunicabilidade em detrimento da complexidade das questões do entrecho. Figurino colorido, maquiagem fortemente desenhada e utilização inusitada de objetos compõem o quadro cênico em contraste com a aspereza da palavra.

UM TEATRO FEITO DE
TRAVELLINGS E PLANOS-SEQUÊNCIA

Luiz Carlos Merten

Gabriel Villela declarou certa vez que teatro é Dioniso, que é um deus agrário, e por isso ele sempre ou cada vez mais se sente ligado à terra. Por terra, quer dizer suas origens mineiras, em Carmo do Rio Claro. Como encenador, Gabriel ganhou o mundo, radicou-se em São Paulo, mas mantém um sítio nas Gerais, para onde volta em busca de energia. Nesse sentido, lembra um pouco certas personagens de Federico Fellini, como Gelsomina, de *A estrada da vida*, e Cabíria, ambas interpretadas por Giulietta Masina. Nas ficções de Fellini, em momentos de dor e desespero, quando tudo parece perdido, não apenas estas, mas também Zampano (Anthony Quinn) no mesmo *A estrada da vida* e Marcello (Mastroianni), frente ao mar, no desfecho de *A doce vida*, caem ao solo, tocam o chão e reerguem-se com as forças renovadas.

Tenho tido o privilégio de acompanhar o processo criativo de Gabriel Villela, sobretudo nos últimos dez anos. Foi uma década prodigiosa, em que vi a remontagem de *Romeu e Julieta* e resgatei, em vídeo, *A rua da amargura*. Gabriel cultiva o circo, como Fellini cultivava os palhaços, e ama o melodrama, como Luchino Visconti. Tudo se mistura no imaginário de Gabriel Villela, a alta cultura tanto quanto a cultura popular. E não será esse o segredo da (pós) modernidade, como Peter Jackson mostrou em sua adaptação da saga erudita de J. R. R. Tolkien, *O senhor dos anéis*? Como crítico de cinema, tenho sempre a tendência de buscar, nos filmes, as cenas definidoras. Existe nos maiores diretores essa tendência de criar um conceito, o que muitas vezes permite, senão sempre, a partir de uma cena, montar o quadro que revela o todo. No teatro, acho mais difícil falar em *cenas*, mas não impossível. O teatro de Gabriel Villela alimenta-se de influências clássicas, tanto de Shakespeare como de Calderón de la Barca, de Mozart como de... Edith Piaf, de Akira Kurosawa como de Sergei Paradjanov.

O cinéfilo sabe, o cinéfilo lembra-se. Em *Ran*, a reinvenção de *Rei Lear* por Kurosawa, os deslocamentos de Lady Kaede são extremamente delicados e elegantes. Antes que ela entre no quadro, um som a precede: o farfalhar da seda de seus quimonos. Lady Kaede é uma boneca, mas uma mortal. Kurosawa superpõe *Macbeth* em *Ran* e faz dela uma espécie de *lady* que vai insuflar o desejo de poder do marido. Lady Kaede, vale lembrar, foi a segunda Lady Macbeth de Kurosawa, que, nos anos 1950, já fizera uma livre adaptação da peça — tão livre que nem ele nem seu roteirista se deram ao trabalho de reler Shakespeare. A primeira Lady Macbeth de Kurosawa, em *Trono manchado de sangue*, era interpretada por Isuzu Yamada. A máscara facial, a maneira de sentar-se, de andar, o jeito peculiar de fazer o tamanco deslizar, tudo vinha do nô, o drama tradicional japonês. No seu *Macbeth*, Gabriel não apenas bebeu no teatro nô e em Kurosawa como voltou à origem do teatro elisabetano, quando homens se vestiam de mulheres para representar as personagens femininas.

Fez de Claudio Fontana a sua Lady Macbeth a se movimentar no cenário em movimentos graciosos de gueixa. Não dá para ouvir o som da seda, mas, pegando o espectador pelo olho e fazendo com que ele siga o movimento hipnótico do ator, Gabriel cria o que não deixa de ser um *travelling*, que desde Jean-Luc Godard, sabemos, é uma questão de moral — ou será a moral uma questão de *travelling*? Essa é uma interessante reflexão para o Brasil contemporâneo, e outra mais interessante ainda é a interseção do teatro clássico japonês com a mineirice de Gabriel, que gosta tanto de se definir como *caipira*. Deve ser o caipira mais sofisticado do mundo. E esse casamento do barroco com o orientalismo está longe de ser original ou invenção dele. Nas esculturas mineiras, até no Aleijadinho, os olhos das estátuas são amendoados. E, em Sabará, a capela do Ó é representação não de uma *japonesice*, mas de uma *chinesice* sonhada e criada em Minas. Só para situar no tempo e no espaço, esse orientalismo remonta ao tempo da colonização, quando Portugal, simultaneamente, possuía um enclave em Macau e as influências orientais circulavam em todo o império português.

Gabriel ama Shakespeare e Nelson Rodrigues (os eloquentes tacos de sinuca em *A falecida*, o ousado cenário negro de *Vestido de noiva*) com a mesma intensidade. Em várias peças, o bardo intima o público a entrar em seu *Imaginai!* Críticos que já passaram e sumiram até chamaram o diretor de superficial e leviano, mas Gabriel, que permanece, mostra-nos não ser verdade. Gabriel Villela é essa raridade — um grande encenador que também é autor, que pensa o teatro como as peças que monta. E é barroco o tempo todo. Sempre houve Barbara Heliodora, mas o que sei de Shakespeare eu aprendi com Otto Maria Carpeaux em sua monumental *História da literatura ocidental*. Carpeaux mata a charada quando observa que o espírito da Renascença em Shakespeare, predominante em *Romeu e Julieta*, começa a se esvanecer em *Júlio César*. Nessa (r)evolução, a peça de transição é *Hamlet*. "To be or not to be" entrou para a história assim como o lamento de Hécuba, que Gabriel encenou com Walderez de Barros.

Ser ou não é a questão que tudo engloba, mas Carpeaux sustenta que o pensamento em *Hamlet* é menos profundo do que parece, é incoerente. Carpeaux garante que é caso único na literatura dramática universal a combinação de um assunto filosófico com os mais irresistíveis, quase melodramáticos, recursos cênicos. Um desses efeitos é o palco no palco, tipicamente barroco. O duplo *plot* serve para um desengano trágico. É mais ou menos como filtrar Shakespeare por Calderón, de quem Gabriel montou *A vida é sonho*, com a então, e ainda, namoradinha do Brasil, Regina Duarte. É curioso como, amando o melodrama e o circo, e fazendo, volta e meia, espetáculos de rua — *Sua Incelença, Ricardo III*, *Os gigantes da montanha* —, Gabriel seja tão impregnado pela atmosfera noturna, que também é característica do melhor Shakespeare.

Muito se fala no barroquismo de Gabriel como herança mineira, como se o tivesse absorvido na sacristia da igreja de Carmo, mas isso é empobrecê-lo. O barroco de Luchino Visconti potencializa o melodrama pela tragédia (grega), e o de Federico Fellini incorpora ao circo o ritual do cristianismo. O conceito barroco do mundo que anima Gabriel é o mesmo que levou Shakespeare à sua original concepção da história. Ambos precisaram repensar a filosofia aristotélica. A *Poética* faz uma distinção tão nítida entre história, que é verdade, e poesia, que é ficção, que Carpeaux vê nisso o motivo pelo qual a literatura barroca parece impedida de abordar assuntos históricos. Shakespeare subverte a maior das histórias: *Henrique IV* — a tragédia política do rei que usurpou o trono entrelaça-se com a comédia de Falstaff e dos companheiros de taverna, e entre os dois espaços, o palácio e o *pub*, está o príncipe de Gales, gozando de sua juventude e revelando o aspecto mais nobre da alma do rei. Gabriel não precisa de Shakespeare para fazer essa passagem e repensar o barroco. É o mesmo conceito que anima sua versão da *Crônica da casa assassinada*, de Lúcio Cardoso, e o *Calígula* de Albert Camus, e em ambos os casos o texto é de Dib Carneiro, que adaptou Lúcio e traduziu Camus.

Dib tem sido um fiel escudeiro de Gabriel. Em sua premiada peça *Salmo 91*, adaptada de *Estação Carandiru*, de Drauzio Varella, o barroco já é intrínseco ao espírito do texto, e não apenas como recurso cênico do diretor. *Salmo 91* transforma a experiência do presídio numa série de dez monólogos que dão voz aos detentos para que exponham seus particulares conceitos de ética. De novo, o cinema no teatro de Gabriel. Se, em seu *Macbeth*, ele criou verdadeiros *travellings* no palco, em *Salmo 91* criou planos-sequência. Cada cena/monólogo, tratado isoladamente, visava a uma unidade de tom. Dadá é o narrador, aquele que concentra o sentido da narração e do salmo 91 como título e epígrafe — "Mil cairão...". Esse é o fecho, e até lá acompanhamos o Veio Valdo, Zizi, Charuto, Véronique etc. Para a travesti, Gabriel teve um *insight* que bastaria, por si só, para provar sua genialidade como encenador. Fez com que o ator — Rodolfo Vaz, que ganhou os principais prêmios do ano — se mimetizasse dublando "Índia", de Gal Costa, sentado numa privada. O som vai caindo de rotação e Véronique transforma-se em personagem tragicômica, esvaindo-se aos olhos do público, numa incrível contribuição da direção ao texto. Foi um casamento brilhante, que introduz outro dado essencial nessa fascinante *equação* Gabriel Villela.

Todo ator brasileiro devia passar uma temporada na (informal) escola de dicção de Gabriel. Hoje em dia, atores sobem ao palco com *borboletas* ou qualquer outro nome que se dê aos microfones de lapela. Com Gabriel, exceções feitas em espetáculos de rua, não tem disso não, o ator tem de projetar a voz para toda a plateia. Para isso, o diretor tem contado com colaborações valiosas — a mineira Babaya e a italiana Francesca Della Monica —, que relatam neste livro como se opera esse milagre da voz nas montagens de Gabriel. Ele pega atores globais, despe-os do naturalismo e, de repente, você tem um Marcello Antony (interpretando Macbeth) e um Thiago Lacerda (Calígula) dizendo os textos de uma forma que surpreenderia os próprios autores. Mas o que isso tem a ver com cinema, tema deste texto? Vejamos: pouca gente ainda cita Joseph L. Mankiewicz, quando deveria citar. Mais do que shakespeariano, Mankiewicz foi elisabetano, adaptou Shakespeare (*Júlio César*, *Cleópatra*) como Ben Jonson (*Volpone*, *Charada em Veneza*). Em Mankiewicz, toda tragédia passa pela palavra, e a *mise-en-scène* elabora-se no dinamismo dos diálogos. Poderia ser dos monólogos. Assim como Mankiewicz, Gabriel trabalha a palavra nos *planos-sequência* de *Salmo 91*, tira-a do papel e faz com que reverbere na sala.

Suas maiores realizações recentes provavelmente foram *Salmo 91*, *Calígula* e *Hécuba*. Thiago Lacerda e Walderez de Barros deveriam ter ganhado todos os prêmios do ano, mas não ganharam. Por preconceito ou o quê? Poderiam dizer, como Norma Desmond (Gloria Swanson, em *Crepúsculo dos deuses*), que os prêmios estão ficando menores.

Luchino Visconti dizia de sua adaptação de *O estrangeiro* que teria de *atualizar* Albert Camus para ser fiel a ele, o que não ficou bem entendido pela viúva do escritor, que não encampou a proposta do cineasta. Gabriel toma liberdades com a letra do texto, mas também tem essa preocupação de ser-lhe fiel. Faz de Calígula, o pornógrafo de Tinto Brass, um Cristo profano — mas Camus, no texto, faz-lhe dizer: "Não há Deus" — e muito cinematográfico, com aquela câmera imaginária que se transforma no olho do espectador. Thiago Lacerda foi Cristo na encenação da Paixão em Nova Jerusalém. Pode-se imaginar o que seria a apoteose do seu Calígula numa encenação de rua, pois Gabriel ama o teatro *indoors* como o *outdoors*. Com o grupo mineiro Galpão, ele deu vida a *Os gigantes da montanha*, derradeiro texto de Luigi Pirandello, num espetáculo de rua. Assisti a várias representações da peça, inclusive a uma numa noite fria de inverno em São João del-Rei e outra numa noite mais quente, na praça Roosevelt, em São Paulo. Em ambas, o público reagia com êxtase, prova de que Gabriel venceu seu desafio. Como ele próprio declarou, a meta era popularizar o texto de Pirandello, de forma que todos o entendessem. Lembrando novamente do trabalho de Peter Jackson, popularizar não é descer ao nível do popularesco, o que diz respeito também ao desempenho de Gabriel em *Os gigantes da montanha*. Villela costuma avaliar nessa peça a existência de uma linguagem não linear, pois há avanços do realismo e do naturalismo, criando um surrealismo lírico. É um texto cujo tema é a vitória da arte e da poesia sobre a morte. Na afirmação da vida há um sentimento de morte — são indissociáveis. A direção que faz de Cotrone nessa montagem — personagem que vislumbra o fascismo — sempre me leva a imaginar como Gabriel seria do mesmo modo bem-sucedido na montagem de *Júlio César*. Ninguém como ele saberia superpor à tragédia do político assassinado a do republicano vencido e desiludido. Pergunto-me como seria ouvir o célebre discurso de Marco Antônio regido por Gabriel e Francesca, qual seria a voz eleita para dizê-lo.

De volta aos *Gigantes da montanha* e ao teatro de rua, a trilha (Babaya, sempre) é decisiva: "Bella ciao" e "Ciao amore", tocadas e cantadas ao vivo pelo Grupo Galpão, agregam-se ao universo de fábula; e a presença de palhaços não apenas se renova como eterniza. Gabriel e seus palhaços... Podemos observar muito cinema nessa encenação; há toda uma parte de revelação do *plot* que ocorre por trás de um lençol, uma tela branca, como nas lanternas mágicas.

Com o grupo de Natal Clowns de Shakespeare, ele voltou à rua na encenação de *Sua Incelença, Ricardo III*. Reencenou a peça com palhaços — é claro — e bonecos, no velho e sempre novo recurso do teatro de fantoches. A peça é dominada pela figura grandiosa do rei assassino. Carpeaux afirma, por isso, que ela quase alcança a unidade do teatro clássico francês de Corneille e Racine. A cena do assassinato das crianças, com bonecos, é simples e engenhosa, mas é bom desconfiar da *simplicidade*, pois nos grandes artistas ela é produto da mais complexa elaboração. Nós, o respeitável público, agradecemos aos Clowns — de Gabriel e de Shakespeare.

Para um shakespeariano tão apaixonado, só pode ter sido a glória fazer "Galpão on Avon" — Stratford-upon-Avon (terra natal de Shakespeare) — e também levar ao Globe Theatre, em Londres, o templo do bardo, *Romeu e Julieta*, sendo convidado para novamente apresentar a peça. Tudo é mais em *Romeu e Julieta*, a peça mais mediterrânea e popular de Shakespeare, a mais famosa tragédia de amor de todos os tempos. Naturalmente, o público, principalmente o de rua, quer ver Romeu e sua Julieta, e se há uma coisa que Gabriel Villela tem para conquistá-lo é o *timing* do humor, mesmo dentro da tragédia. O espectador que assiste ao *Romeu e Julieta* de Gabriel é brindado com o realismo da aia, que Otto Maria Carpeaux dizia fazer lembrar *La Celestina*, de Fernando de Rojas, ou a sabedoria renascentista do frei. Teuda Bara, como de costume, é gloriosa, eleva sua *nurse*, na tradição da *commedia dell'arte*, acima de qualquer outra representação da personagem.

Muito já se falou de Shakespeare neste texto, mas e Sergei Paradjanov e sua *outrageous imagination*[1]? Para falar de Paradjanov e do diálogo do diretor brasileiro com sua obra, é preciso voltar a Shakespeare. Mas antes compartilho uma experiência que conecta Gabriel

---

1. Anos após a morte de Paradjanov, em 1990, houve uma retrospectiva de seus filmes em Londres, e o crítico do *The Guardian* celebrou o que definiu como a *outrageous imagination* (imaginação ultrajante) do grande cineasta.

ao russo georgiano que foi sempre sua admiração profunda. Imaginai! Numa recente viagem à Itália, visitei, em Assis, uma exposição de fotos para lembrar a Armênia e o genocídio. As muitas capelas bizantinas com seus interiores tão coloridos, dourados e rendilhados, inadvertidamente, poderiam ter sido confundidas e fotografadas no interior de Minas. Paradjanov, barroco como Gabriel?

Sergei foi muito marcado por uma mãe criativa que transformava sua casa, e o próprio corpo, em territórios de experimentação. "Mamãe transformou a casa num Natal permanente e adorava vestir-se feericamente como uma árvore." Não se pode atribuir à mãe a homossexualidade confessa e assumida de Paradjanov, mas seu gosto pelos tecidos, pelos brocados, pelos ícones, com certeza, sim. Sergei foi sempre motivo de escândalo numa União Soviética conservadora. Em 1947, com 23 anos, é preso pela primeira vez, por manter relações homossexuais com um oficial da KGB, o que é interdito e *decadente* na Geórgia comunista. Mais tarde, Paradjanov será preso de novo, sob acusação de tráfico de ícones. Embora mais velho, dizia ser seu mentor Andrei Tarkovski. No começo dos anos 1960, ao ver *A infância de Ivan*, do diretor russo, renegou o cinema que já vinha fazendo. E, quando assistiu a *Andrei Rublev*, encontrou-se no tom e no visual com que Tarkovski contava a história do pintor de ícones e iluminuras do século XIV.

Se o *estalo* de Paradjanov foi *Andrei Rublev*, o de Gabriel foi *A cor da romã*, filme que aborda a vida, a arte e as ideias avançadas de Harutyun Sayatyan, trovador armênio do século XVIII que se tornou conhecido como Sayat Nova. Paradjanov propõe uma abordagem lírica do poeta, da infância até a morte, num mosteiro. Cerca-o de livros que, abertos, desvendam um mundo de cor, texturas e tessituras. Pode-se imaginar, sempre a imaginação, o efeito que o filme teve no jovem Gabriel. Suas primeiras montagens foram *paradjanovianas*. Ele enchia o palco de livros e os recriava visualmente como o russo. *A cor da romã* não é um filme de narrativa, desenvolve-se por meio de quadros, verdadeiros *tableaux vivants*, que vão recriando os poemas e ilustrando passagens da vida de Sayat Nova. Paradjanov fez outros filmes em que colocou na tela a ultrajante imaginação que tanto seduzia os críticos. E por que seduzia? Porque ela situava seu cinema nos antípodas do realismo soviético, que, mesmo após a morte do companheiro Stálin, seguia sendo uma camisa de força a estrangular os novos autores soviéticos.

Tarkovski, Paradjanov, Andrei Konchalovski, todos tiveram problemas com as autoridades do regime comunista. Paradjanov chegou a ser proibido de filmar por cinco anos, mas filmava — sem câmera — na cadeia. E tinha, veja a coincidência, uma veia shakespeariana. *Cavalos de fogo* transpõe a fábula — essa palavra que tanto seduz Gabriel — de *Romeu e Julieta* para os Cárpatos. Na abordagem de Paradjanov, Marichka (sua Julieta) morre cedo, num acidente. Mas a vida continua, e Ivan (Romeu) se casa com outra, que tem um caso com o feiticeiro da aldeia. Ivan, infeliz, está sempre procurando a morte, na expectativa de juntar-se à amada. Paradjanov cria movimentos espetaculares de câmera, recorre a ângulos bizarros.

Até hoje os críticos se interrogam como ele filmou a cena da barcaça formada por troncos para a travessia do rio. Em cenas como essa, em quadros como os que contam a história de Sayat Nova, Paradjanov cria uma estética de sonho. Faz com que a vida seja sonho, o que Gabriel também fez com Calderón de la Barca.

Paradjanov pensava dramaticamente a cor — aí, sim, se fazia presente a influência da mãe — para criar os figurinos, os cenários. Gabriel, que também não abre mão de criar o figurino de suas peças e usa minimamente a cenografia, consegue ser ultrajante como o imaginativo Paradjanov, se lembrarmos o tear que domina a concepção visual de *Macbeth* e termina por envolver o personagem de Marcello Antony, o crucifixo e a mesa de jantar presentes em *Crônica da casa assassinada*. No final, até Cristo dá as costas para aquela família amaldiçoada e incestuosa. A imagem emblemática de *A cor da romã* mostra a atriz Sofiko Chiaureli como Sayat Nova, considerado por muita gente o homem mais belo do mundo. Sofiko olha para a câmera paramentada de trovador e carrega uma galinha branca no braço direito. Mais tarde, na cena da morte, no mosteiro, as galinhas o cercam, cacarejam, voam sobre ele, que morre numa chuva de penas. E antes disso, Sofiko duplica-se em cena para fazer Sayat Nova e seu amante, numa cena poética sob medida para desmontar os inimigos do casamento gay. Mais que a união do poeta e do amante, Paradjanov celebra a união de ambos com Deus na poesia mística. O regime soviético tentou silenciar Paradjanov, mas ele nunca deixou de ousar. Além da homossexualidade de Sayat Nova e dos nus frontais que fazia de seus atores e atrizes, filmar a morte de um poeta nacional entre galinhas é levar a ousadia ao limite da provocação. A empreitada seria pueril, não fosse a densidade do pensamento e das escolhas estéticas (e mortais), como no teatro, a arte de Gabriel.

A trilha deste texto, se houvesse uma, poderia ser uma súmula das partituras que Goran Bregović criou para os filmes de Emir Kusturica, outro barroco que apaixona Gabriel, o qual conheceu por meio de Hector Babenco. Em Cannes, Babenco se aproximara de Kusturica, que lhe deu uma fita cassete (naquele tempo) com a gravação de suas trilhas. Gabriel tomou-se de amores por Kusturica, por Bregović, mas na verdade é a trilha do compositor para outro grande diretor — Patrice Chéreau, de *A rainha Margot* — que ele usou lindamente em *Calígula* e outras montagens. Talvez seja uma sorte dos diretores brasileiros de cinema Gabriel Villela nunca ter encarado de verdade o desafio de fazer um filme mítico instalado em seu imaginário. Há décadas ele chegou a iniciar algumas conversas para fazer *Lágrimas de um guarda-chuva*, do mineiro Eid Ribeiro. Não foram adiante. Ele é, e pelo visto continuará sendo, um homem de teatro, por mais que o cinema volta e meia invada seu território de criação. Provocado, costuma dizer que permanece com o teatro porque é uma mídia maior e mais permanente que o cinema. Maior, Gabriel? Responde ele com uma de suas frases favoritas: "Teatro a gente faz até no escuro. Tira o cinema da tomada, para ver o que acontece".

créditos das imagens

orelha 1: Claudio Fontana e Laura Cardoso [LENISE PINHEIRO]
orelha 2: Claudio Fontana e Umberto Magnani [LENISE PINHEIRO]
p. 5: Gabriel Villela [VANIA TOLEDO]
p. 10: [DIB CARNEIRO NETO]
p. 15: [DIB CARNEIRO NETO]
p. 16: [DIB CARNEIRO NETO]
p. 21: Caru Camargo e Romis Ferreira [LENISE PINHEIRO]
p. 23: *acima*: Caru Camargo, Gérson de Abreu, Helen Helene e Zezeh Barbosa; *abaixo*: Caru Camargo, Gérson de Abreu, Helen Helene, Romis Ferreira e Zezeh Barbosa [LENISE PINHEIRO]
p. 25: Alexa Leirner e David Taiyu [LENISE PINHEIRO]
p. 27: *acima*: David Taiyu e João Fonseca; Charles Möeller e Jairo Mattos; *abaixo*: Alexa Leirner, João Fonseca e Luis Rossi [LENISE PINHEIRO]
p. 31: Ruth Escobar [VANIA TOLEDO]
p. 33: Alvaro Gomes (Alvinho), Claudio Fontana e Laura Cardoso [LENISE PINHEIRO]
p. 35: Alvaro Gomes e Laura Cardoso (Alvinho) [LENISE PINHEIRO]
p. 36-7: Xuxa Lopes; Alvaro Gomes (Alvinho), Claudio Fontana, Dagoberto Feliz, Laura Cardoso, Paulo Ivo e Roseli Silva [LENISE PINHEIRO]
p. 39 Nábia Villela e Silvio Kaviski [SILVIO POZATTO]
p. 41: *acima*: Ileana Kwasinski e Regina Duarte [LENISE PINHEIRO]; *abaixo*: Silvio Kaviski; Mauricio Souza Lima e Silvio Kaviski [SILVIO POZATTO]
p. 42: Regina Duarte [LENISE PINHEIRO]
p. 43: Ileana Kwasinski e Mariana Muniz [LENISE PINHEIRO]
p. 44-5: Fernanda Vianna [GUTO MUNIZ]
p. 47: *acima*: Antonio Edson, Beto Franco, Eduardo Moreira, Inês Peixoto, Julio Maciel, Lydia Del Picchia, Paulo André e Teuda Bara [GUTO MUNIZ]; *abaixo*: Antonio Edson, Beto Franco, Eduardo Moreira, Fernanda Vianna, Inês Peixoto, Julio Maciel, Lydia Del Picchia, Paulo André, Rodolfo Vaz e Teuda Bara [ELLIE KURTTZ]; Wanda Fernandes [GUTO MUNIZ]
p. 49: *acima*: Teuda Bara [ALEXANDRE NUNIS]; *abaixo*: Rodolfo Vaz [GUSTAVO CAMPOS]; Eduardo Moreira; Eduardo Moreira e Fernanda Vianna [GUTO MUNIZ]
p. 50-1: Maria do Carmo Soares [LENISE PINHEIRO]
p. 53: Claudio Fontana e Umberto Magnani [LENISE PINHEIRO]
p. 54-5: Cris Guiçá, Jaqueline Momesso, Lúcia Barroso, Lulu Pavarin e Vera Mancini [LENISE PINHEIRO]
p. 57: Marcello Escorel e Maria Padilha [GUGA MELGAR]
p. 59: *acima*: Maria Padilha; *abaixo*: Edson Fieschi, Lourival Prudêncio, Maria Padilha e Sergio Mastropasqua [GUGA MELGAR]
p. 60-1: Beto Franco e Teuda Bara [GUTO MUNIZ]
p. 63: *acima*: Julio Maciel, Lydia Del Picchia e Teuda Bara; *abaixo*: Eduardo Moreira e Fernanda Vianna; Paulo André e Rodolfo Vaz [GUTO MUNIZ]
p. 64: Antonio Edson e Inês Peixoto [GUTO MUNIZ]
p. 65: *acima*: Beto Franco, Eduardo Moreira, Lydia Del Picchia, Paulo André e Rodolfo Vaz; *abaixo*: Eduardo Moreira; Arildo de Barros, Beto Franco, Eduardo Moreira, Julio Maciel, Lydia Del Picchia, Paulo André e Rodolfo Vaz [GUTO MUNIZ]
p. 66-7: Marieta Severo [GUGA MELGAR]
p. 69: *esquerda*: Marieta Severo [PAULA JOHAS | Agência O Globo]; *direita*: Marieta Severo [GUGA MELGAR]

p. 71: Renata Sorrah [LENISE PINHEIRO]
p. 73: Marcos Oliveira e Xuxa Lopes [LENISE PINHEIRO]
p. 74-5: Alexandre Schumacher, Fernando Neves, Marcello Boffat, Renata Sorrah e Xuxa Lopes; Claudio Fontana [LENISE PINHEIRO]
p. 76-7: Fabio Saltini [Acervo do Núcleo de Memória Cultural do SESI-SP | LENISE PINHEIRO]
p. 79: *acima*: Eliana César, Maria do Carmo Soares, Rita Martins Tragtenberg, Roseli Silva e Sergio Rufino; *abaixo*: Fabio Saltini e Walter Breda [Acervo do Núcleo de Memória Cultural do SESI-SP | LENISE PINHEIRO]
p. 81: André Actis, Fafá Menezes e Sue Ribeiro [ISABEL GOUVÊA]
p. 83: *acima*: Aldri Anunciação, Alex Maia e Fafá Menezes; *abaixo*: Fafá Menezes e Jorge Martins [ISABEL GOUVÊA]
p. 85: Alexandre Schumacher e Silvia Buarque [GUGA MELGAR]
p. 87: Alexandre Schumacher e Silvia Buarque [FERNANDO QUEVEDO | Agência O Globo]
p. 88-9: *esquerda*: David Taiyu, Eriberto Leão, Lourival Prudêncio, Malu Valle, Rogério Romera e Silvia Buarque; *direita*: David Taiyu, Eriberto Leão, Malu Valle, Rogério Romera e Silvia Buarque [GUGA MELGAR]
p. 91: Fabiana Ferreira, Fabio Tavares, Jana Mundana, Jeanine Rhinow, Marino Jr., Mauricio Vogue, Monika Keller e Ranieri Gonzalez [ROBERTO REITENBACH]
p. 93: Fabio Tavares, Jana Mundana, Jeanine Rhinow, Marino Jr., Mauricio Vogue e Ranieri Gonzalez [ROBERTO REITENBACH]
p. 95: Áldice Lopes [MARCO ANTÔNIO GAMBÔA]
p. 97: Cleide Queiroz [MARCO ANTÔNIO GAMBÔA]
p. 99: Nábia Villela [MARCO ANTÔNIO GAMBÔA]
p. 101: Eriberto Leão [MARCO ANTÔNIO GAMBÔA]
p. 102-3: Eriberto Leão, Jaques Molina, Jeff Molina, Johnny Monster e Nábia Villela [MARCO ANTÔNIO GAMBÔA]
p. 105: Maria do Carmo Soares [LENISE PINHEIRO]
p. 107: Claudio Fontana, Fernando Neves, Leopoldo Pacheco, Marcello Boffat, Maria do Carmo Soares, Mateus Carrieri, Raul Gazolla e Vera Zimmermann [LENISE PINHEIRO]
p. 108-9: Leopoldo Pacheco e Vera Zimmermann [LENISE PINHEIRO]
p. 111: Daniel Maia e Vera Mancini [LENISE PINHEIRO]
p. 113: Leo Diniz e Marcelo Varzea [LENISE PINHEIRO]
p. 114-5: *esquerda*: Sergio Rufino; *direita*: Marcello Boffat e Roberto Rocha [LENISE PINHEIRO]
p. 116-7: retratados não identificáveis [ANTONIO ALVES]
p. 119: Chiris Gomes, Cláudia Valle, Daniel Maia, Eduardo Silva, Leo Diniz, Nábia Villela, Vera Zimmermann e Wagner Miranda [PAOLA PRADO]
p. 121: Daniel Maia [GAL OPPIDO]
p. 123: Cleide Queiroz [LENISE PINHEIRO]
p. 125: *acima*: retratado não identificável; *abaixo*: Jorge Emil [PAOLA PRADO]
p. 126-7: retratados não identificáveis [PAOLA PRADO]
p. 129: Lair Assis e Lina Lapertosa [PAULO LACERDA]
p. 131: Jacqueline Gimenes [PAULO LACERDA]
p. 133: Cristiano Reis, Eder Braz, Rodrigo Giése e Soter Xavier [PAULO LACERDA]
p. 135: Claudio Fontana, Vera Zimmermann e Walderez de Barros [LENISE PINHEIRO]
p. 137: *acima*: Claudio Fontana e Vera Zimmermann; *abaixo*: Claudio Fontana; Nábia Villela [LENISE PINHEIRO]

p. 138-9: António Reis e Júlio Cardoso [MÁRCIA LESSA]
p. 141: António Reis [MÁRCIA LESSA]
p. 143: retratados não identificáveis [GIOVANNI SÉRGIO RÊGO]
p. 145: Tony Silva [GIOVANNI SÉRGIO RÊGO]
p. 147: Nicolas Röhrig e Walderez de Barros [LENISE PINHEIRO]
p. 149: *acima*: Nicolas Röhrig e Vera Zimmermann; *abaixo*: Maria do Carmo Soares e Nicolas Röhrig [LENISE PINHEIRO]
p. 150-1: Júnior Sampaio [MIGUEL FALCÃO]
p. 153: Júnior Sampaio [MIGUEL FALCÃO]
p. 154-5: Magali Biff [NILTON SILVA]
p. 157: *acima*: Bete Coelho e Magali Biff [NILTON SILVA]; *abaixo*: Bete Coelho [LENISE PINHEIRO]; Bete Coelho e Magali Biff [NILTON SILVA]
p. 158-9: Lavínia Pannunzio e Vera Zimmermann [NILTON SILVA]
p. 161: retratado não identificável [JOÃO CALDAS Fº]
p. 163: *acima*: retratado não identificável; *abaixo*: Luiz Päetow [JOÃO CALDAS Fº]
p. 164-5: retratado não identificável [JOÃO CALDAS Fº]
p. 167: Pedro Henrique Moutinho [JOÃO CALDAS Fº]
p. 169: Rodolfo Vaz [JOÃO CALDAS Fº]
p. 170: Rodrigo Fregnan [JOÃO CALDAS Fº]
p. 171: *acima*: Ando Camargo; *abaixo*: Pascoal da Conceição [JOÃO CALDAS Fº]
p. 173: Magali Biff e Thiago Lacerda [JOÃO CALDAS Fº]
p. 175: Magali Biff e Thiago Lacerda [JOÃO CALDAS Fº]
p. 176-7: *acima*: Ando Camargo, Jorge Emil, Pascoal da Conceição, Pedro Henrique Moutinho e Rodrigo Fregnan [ISABEL D'ELIA]; *abaixo*: Claudio Fontana e Thiago Lacerda [KLAUS DUTRA]; *direita*: Magali Biff e Thiago Lacerda [JOÃO CALDAS Fº]
p. 178-9: Leandra Leal e Marcello Antony [JOÃO CALDAS Fº]
p. 181: *acima*: Leandra Leal, Marcello Antony e Vera Zimmermann; *abaixo*: Luciana Carnieli [JOÃO CALDAS Fº]
p. 182-3: Cacá Toledo, Flavio Tolezani, Helô Cintra, Luciana Carnieli, Maria do Carmo Soares, Pedro Henrique Moutinho, Rodrigo Fregnan e Vera Zimmermann [JOÃO CALDAS Fº]
p. 185: Luana Piovani [GUGA MELGAR]
p. 187: *esquerda*: Janaina Azevedo; *direita*: Jaderson Fialho e Pablo Áscoli [GUGA MELGAR]
p. 189: Dudu Galvão [ALEXANDRE NUNIS]
p. 191: *acima*: César Ferrario; *abaixo*: Camille Carvalho, César Ferrario, Dudu Galvão, Joel Monteiro, Marco França e Titina Medeiros [RAFAEL TELLES]
p. 192: Camille Carvalho, César Ferrario, Diana Ramos e Marco França [ALEXANDRE NUNIS]
p. 193: *acima*: Renata Kaiser e Titina Medeiros [PABLO PINHEIRO]; *abaixo*: Dudu Galvão e Marco França [ALEXANDRE NUNIS]
p. 194-5: Cacá Toledo, Letícia Teixeira, Marco Furlan, Maria do Carmo Soares e Sergio Rufino [JOÃO CALDAS Fº]
p. 197: *acima*: Pedro Henrique Moutinho e Xuxa Lopes; *abaixo*: Cacá Toledo, Helio Souto Jr e Marco Furlan [JOÃO CALDAS Fº]
p. 198-9: *acima*: Helio Souto Jr, Marco Furlan e Xuxa Lopes; *abaixo*: Letícia Teixeira e Xuxa Lopes; *direita*: Flavio Tolezani e Sergio Rufino [JOÃO CALDAS Fº]
p. 200-1: retratado não identificável [JOÃO CALDAS Fº]
p. 203: *acima*: Walderez de Barros; *abaixo*: Walderez de Barros; Luiz Araújo e Walderez de Barros [JOÃO CALDAS Fº]

p. 204-5: *acima*: Nábia Villela e Walderez de Barros; *abaixo*: Flavio Tolezani; *direita*: Fernando Neves e Walderez de Barros [JOÃO CALDAS Fº]
p. 207: Claudio Fontana [JOÃO CALDAS Fº]
p. 209: *acima*: Helio Cicero, Marcello Antony, Marco Antônio Pâmio, Marco Furlan e Rogério Brito; *abaixo*: Carlos Morelli; José Rosa [JOÃO CALDAS Fº]
p. 210-1: Marcello Antony [JOÃO CALDAS Fº]
p. 213: Inês Peixoto [GUTO MUNIZ]
p. 215: *acima*: Beto Franco e Simone Ordones; *abaixo*: Arildo de Barros e Inês Peixoto; Antonio Edson, Paulo André e Regina Spósito (atores mascarados não identificáveis) [GUTO MUNIZ]
p. 216-7: *esquerda*: Antonio Edson, Beto Franco, Eduardo Moreira, Inês Peixoto, Luiz Rocha, Lydia Del Picchia, Paulo André, Regina Spósito e Simone Ordones; *direita/acima*: Beto Franco, Eduardo Moreira e Lydia Del Picchia; *abaixo*: Teuda Bara [GUTO MUNIZ]
p. 219: Claudio Fontana [JOÃO CALDAS Fº]
p. 221: *acima*: Elias Andreato; *abaixo*: Nábia Villela; Mariana Elisabetsky [JOÃO CALDAS Fº]
p. 222-3: Luana Piovani [CAIO GALLUCCI]
p. 225: *acima*: Diogo Almeida, Letícia Medella, Luana Piovani, Luiz Araújo e Nábia Villela; *abaixo*: Luana Piovani e Felipe Brum; Luana Piovani [CAIO GALLUCCI]
p. 227: Celso Frateschi [JOÃO CALDAS Fº]
p. 229: *acima*: Dagoberto Feliz, Helio Cicero e Romis Ferreira; *abaixo*: Letícia Medella e Marco Furlan; Celso Frateschi [JOÃO CALDAS Fº]
p. 231: *acima*: Chico Carvalho, Felipe Brum, Leonardo Ventura e Rogério Romera; *abaixo*: Leonardo Ventura; Chico Carvalho, Felipe Brum, Leonardo Ventura e Romis Ferreira [JOÃO CALDAS Fº]
p. 232-3: *esquerda*: Helio Cicero e Leonardo Ventura; *direita*: Celso Frateschi, Chico Carvalho, Dagoberto Feliz, Felipe Brum, Leonardo Ventura, Marco Furlan, Rodrigo Audi, Rogério Romera e Romis Ferreira [JOÃO CALDAS Fº]
p. 235: Walderez de Barros [JOÃO CALDAS Fº]
p. 237: Dagoberto Feliz, Luciana Carnieli e Walderez de Barros [JOÃO CALDAS Fº]
p. 238-9: Walderez de Barros [JOÃO CALDAS Fº]
p. 239: Dagoberto Feliz, Luciana Carnieli e Walderez de Barros [JOÃO CALDAS Fº]
p. 240-1: Cacá Toledo e Juliana Pikel [JEFFERSON COPPOLA | Folhapress]
p. 243: Elba Ramalho [Priscila Azul]; Maria Bethânia [RAIMUNDO VALENTIM | Estadão Conteúdo]
p. 245: Gabriel Villela e Milton Nascimento [VANIA TOLEDO]
p. 246-7: *esquerda*: Santonne Lobato, Sassa e Sérgio Pererê; *direita*: Sérgio Pererê [GUTO MUNIZ]
p. 250: Áldice Lopes, André Schmidt, Chiris Gomes, Cris Guiçá, Ernani Maletta, Fernando Neves, Guilherme Miranda, Leonardo Miranda, Nábia Villela, Ranieri Gonzalez e Vania Terra [BABAYA]

sobre os autores

DIB CARNEIRO NETO é jornalista pela Escola de Comunicações e Artes (ECA) da USP. Foi editor-chefe do *Caderno 2* do jornal *O Estado de S. Paulo* e é um dos mais ativos críticos brasileiros de teatro infantojuvenil. Como dramaturgo, ganhou em 2008 o Prêmio Shell de melhor autor por *Salmo 91*. Também já teve encenadas as peças *Adivinhe quem vem para rezar*, *Depois daquela viagem*, *Crônica da casa assassinada*, *Um réquiem para Antonio* e *Pulsões*. É autor dos livros *A hortelã e a folha de uva*, *Pecinha é a vovozinha*, *Já somos grandes* e *Dia de ganhar presente*.

RODRIGO AUDI é arquiteto e urbanista pela Faculdade de Belas Artes de São Paulo. Integrou o CPT em São Paulo, coordenado por Antunes Filho, exercendo as funções de professor e coordenador do curso de introdução ao método do ator e coordenador do Núcleo de Dramaturgia, além de atuar nos espetáculos *A pedra do reino* e *Senhora dos afogados*. Foi assistente de direção de Gabriel Villela em *Macbeth*, repetindo a parceria como ator em *A tempestade*. Docente do Célia Helena Centro de Artes e Educação desde 2015.

BABAYA é cantora e professora de técnica vocal. Lecionou na escola Música de Minas, de Milton Nascimento, e especializou-se nas áreas de preparação vocal de atores e direção musical de espetáculos. Seu trabalho é reconhecido por diretores de teatro e atores do Brasil e de países como Portugal, Itália, Uruguai e Chile. Realizou 167 espetáculos, recebendo o Prêmio Shell pela direção musical de *A tempestade*, de Gabriel Villela, diretor com o qual já colaborou em trinta montagens.

EDUARDO MOREIRA é ator, diretor e dramaturgo. Fundou em 1982 o Grupo Galpão, pelo qual dirigiu *Um Molière imaginário* e é coautor de *Nós*, além de ter escrito diversos diários das montagens. Dirigiu também espetáculos de grupos como Clowns de Shakespeare (*Muito barulho por quase nada*, de Shakespeare, e *O casamento do pequeno burguês*, de Brecht), Teatro da Cidade (*Um dia ouvi a lua*), Maria Cutia (*Como a gente gosta* e *Ópera de sabão*) e Grupontapé (*Por de dentro*), além de produções do Galpão Cine Horto.

FAUSTO VIANA é pesquisador de indumentária, moda e trajes de cena. É professor de cenografia e indumentária na Escola de Artes, Ciências e Humanidades (EACH) e na Escola de Comunicações e Artes (ECA), ambas da USP. É doutor em artes e em museologia e fez pós-doutorado em conservação de trajes e em moda. Escreveu os livros *O figurino teatral e as renovações do século XX* e *Dos cadernos de Sophia Jobim: desenhos e estudos de história da moda e da indumentária*, entre outros.

FERNANDO NEVES iniciou sua atuação no teatro em 1978 com a Companhia Dramática Piedade, Terror e Anarquia e desde 2000 faz parte da Companhia Teatral Os Fofos Encenam. Em quase quarenta anos dedicados às artes cênicas, além dos trabalhos realizados no teatro como ator, diretor e coreógrafo, fez novelas e filmes, tendo trabalhado com diretores como Carlos Alberto Soffredini, Márcio Aurélio, Francisco Medeiros e Gabriel Villela.

FRANCESCA DELLA MONICA é cantora, pedagoga e pesquisadora italiana. Conduz um estudo original sobre as diversas possibilidades da voz e da musicalidade no âmbito teatral contemporâneo, por meio de metodologia própria. É considerada uma das maiores especialistas da área na Europa, seja pelo aspecto técnico, seja pelo criativo, com sólidos conhecimentos tanto de técnicas tradicionais quanto experimentais e de vanguarda, fruto de uma formação eclética que reúne filosofia, arqueologia, música, teatro e artes visuais.

LUIZ CARLOS MERTEN é jornalista e crítico de cinema. Escreve desde os anos 1990 no *Caderno 2* do jornal *O Estado de S. Paulo* e mantém no *site* da publicação um dos *blogs* mais lidos do país sobre cinema. É autor dos livros *Cinema: um zapping de Lumière a Tarantino*, *Cinema: entre a realidade e o artifício* e *Um sonho de cinema*, entre outros.

MACKSEN LUIZ é crítico teatral do jornal *O Globo* desde 2014. Foi o único especialista em teatro do *Jornal do Brasil* entre 1982 e 2010, tornando-se o crítico mais longevo em um mesmo veículo de comunicação no Rio de Janeiro. Colaborou também para as revistas *Manchete* e *IstoÉ* e para o jornal *Opinião*. Integrou o corpo de jurados dos prêmios teatrais Molière, Mambembe, Zilka Sallaberry de Teatro Infantil, APTR, Shell e Cesgranrio. Fez parte da curadoria do Festival de Teatro de Curitiba e do Festival Recife do Teatro Nacional.

ROSANE MUNIZ é jornalista e pesquisadora. Após quinze anos como atriz, passou aos bastidores, dedicando-se à investigação de processos criativos da cenografia. Escreveu *Vestindo os nus: o figurino em cena* e organizou obras sobre o *design* da *performance*. Mestre e doutora em artes cênicas pela USP, integrou a curadoria brasileira para as Quadrienais de Praga de 2011, vencedora da Triga de Ouro de 2015. É vice-coordenadora do Grupo de Figurino da Organização Internacional de Cenógrafos, Técnicos e Arquitetos de Teatro (OISTAT).

WALDEREZ DE BARROS é atriz, com mais de cinquenta anos de profissão. Em sua consagrada trajetória, participou de alguns dos trabalhos mais contundentes e premiados do teatro brasileiro, como *Medeia*, *Electra*, *A gaivota*, *O jardim das cerejeiras*, *Madame Blavatsky*, *Abajur lilás*, *Fausto zero* e *Hécuba*. Na televisão e no cinema, teve destacadas atuações em *Beto Rockfeller*, *O rei do gado*, *Laços de família* e *Copacabana*.

ENGLISH VERSION

COLORS, TEXTURES AND PLEASURES OF AN UNINTERRUPTED SPRING
Dib Carneiro Neto

Gabriel Villela is a figure that inspires superlatives, and for good reason. His oeuvre is superlative. His trophy-laden shelves attest as much. There is no drama prize he has not snatched up. And he already is, for example, the major winner in the history of the prestigious Shell Award. Barbara Heliodora, considered the leading expert on Shakespeare in Brazil, was once asked by a publisher to rank the top ten Brazilian dramatic performances she most liked in her entire career as a critic[1]. Despite her specialty, or perhaps because of it, only a single native Shakespeare made the dreaded critic's list: the poetic and enchanting *Romeo and Juliet* directed by Gabriel Villela with Grupo Galpão.

With his strong personality, Gabriel expertly blends a certain cyclic intemperance with his sweet and authentic Minas Gerais roots. The product of this recipe is a unique, extremely personal combination, as unusual as it is sublime. Gabriel does not allow himself to forgo his accents and his prosody, delights in singing rural ballads into the early hours, and cannot stand being many weeks away from his roots – his hometown, his family, the mountains, and, of course, the chickens, many chickens, which he loves with all the telluric energy of someone who even might even know how to gaze at the skies and swoon over the moon, beautifully portrayed in several of his plays, as long as their feet are always planted on the ground sprinkled with corn meal.

Gabriel is a storyteller like no other I have met, on or off the stage. His imagination has no boundaries. He improves facts so much when reproducing them that we surrender to his fantasy. With Gabriel in the role of life's commentator, one finds it hard to believe merely in reality. Suffice to say that on the day he was born, several flying saucers were sighted hovering over his hometown, the hitherto placid Carmo do Rio Claro, in southern Minas Gerais. No wonder his favorite catchphrase is that seductive and recurring invitation in Shakespeare's plays: "Imagine!"

As a counterpoint, when creating for theater, he persistently unravels many rosaries with pragmatic lucidity and objective intelligence. He prepares thoroughly before gathering the cast for the first reading of the next play. He reads and rereads into the early hours all scripts that come his way related to the author in question, refusing all praise for doing so: he wisely proclaims that studying is no merit, but part of the craft. And he has an additional talent to choose assistants of the same dedicated and studious strain.

In his days of amateur theater militant, which lasted an entire decade, the early vocation foreshadowed the eternally mischievous and stubborn artist of his professional life. At 16, for example, as a member of Raízes, a group of 22 students from his school, in the same hometown of Carmo do Rio Claro, he shocked his teachers by tearing down, without permission, the old faded white curtains in the classroom and painting them in vivid red for the stage set of the school play *O homem do princípio ao fim* (Man from Beginning to End), by Millôr Fernandes.

He loves books. Later, during his days at the University of São Paulo (USP), a dedicated student, rather than going home after school he would spend hours reading in the library of the School of Communications and Arts (ECA), especially plays. He is a source of cult references and quotes, although he considers himself to be a hick. "I'm not a flower of courtesy," he says, quoting Shakespeare in *Romeo and Juliet*. The Christian world of abbeys and cloisters, as well as the play of contrasts between baroque esthetics and the innocent charm of circus-theater, permeate his life and work in a dazzlingly estheticizing way, to say the least. "The circus lends its delirium to my theater. I have always set up a large invisible and mythical tent over all the work I've ever done," he admits. "And what is the tent but a large chicken that embraces all of us, as if we were her chicks?"

Gabriel Villela is proud of having been branded a baroque artist early in his career, but gets annoyed when ill-prepared critics employ the term mistakenly. When directing my play *Salmo 91* (Psalm 91), for example, he had to swallow several reviews declaring that he had abandoned the baroque. That irritated him. What was that explosion of life of the cloistered on stage, contrasting with their dead feet, stained with blood, but a forceful symbolism of opposites?

When he commissioned my adaptation of the epistolary Minas Gerais novel *Crônica da casa assassinada* (Chronicle of the Murdered Home), he first encouraged me to toy extensively with the prosody of his countrymen, only to ask me later to throw it all away. With this strategy of a canny director he definitely taught me all the differences between the easy stereotypes of Minas Gerais manners and the secular profundity of the state of mind of Minas Gerais culture. "Don't even try, no-one can be Guimarães Rosa," he told me without mincing words, as should be the relationship between master and disciple. For the translation of Camus's *Caligula*, which he also commissioned me to do, he did not hesitate to suggest that I start all over because the first scenes were too colloquial, and he insisted on more elegant vocabulary and the rigors of standard language. In *Um requiem para Antonio* (A Requiem for Antonio), about the legendary rivalry between the composers Mozart and Salieri, he unceremoniously transformed my two historical characters into two magnificent clowns, complete with plastic noses and a few mischievous numbers of the most traditional slapstick.

He has afforded me the pleasure and privilege of seeing him in action, preparing his shows, many, many times. Even when I was the author, adapter or translator, he never forbade me to witness the conception of his new child. He takes advantage of the living author, rather than denying him. These frantic creative moments of his are what most move and delight me in my fruitful

---

1. Cf. Barbara Heliodora *apud* Luiz André Alzer; Mariana Claudino (org.), *Os 10 mais: 250 rankings que todo mundo deveria conhecer*, Rio de Janeiro: Agir, 2008.

interaction with the unrivaled director. When staging a new scene, he is possessed by a glow that illuminates everyone. On the following day he may decide to change everything, but at that blessed moment of materializing and embodying his ideas, not for a second does he show any sign of insecurity, which is essential in any profession.

A director of such quality always knows what he wants, from the exact color of the thread that will embroider the costume of a bit part actor to the number of characters of the *sacred* text by Euripides he will have to give up so that his dramaturgical synthesis of *Hecuba* might still portray the integrity of the Greek heroes to the last detail. And he is involved in several other tasks: closely supervising the variety of fruit and snacks for the cast during rehearsals, approving the layout of press material, negotiating purely technical issues, often arduously, with theater managers, and so on. He surrounds himself with competent people, but keeps an eye on everything, without losing focus of his artistic rigor. That is being in control of one's own work, the rest is silence.

Gabriel does not have a formalized and official theater collective, and laughs when questioned about that, since, after all, he has always known that theater is a plural word by definition, an art that admits of no other way of creation other than collective – and more than that: creating in communion, in complicity. As I said, watching him create in tune with the actors is fascinating. His arms branch out, his legs multiply, his mind thrives, his chest inflates, his eyes drip magic, his mouth exhales art.

Taking part in his ritual of creation is exactly like watching the full blossoming of a multicolored flower bed at the height of spring. Confirm it by delighting in the pictures of this book, a commendable initiative of Edições Sesc São Paulo. *You will see what you will see*: the boundless creativity of Gabriel Villela is like the pleasures of a continuous spring. It is lovely to watch it flourish. Then, in the orchard of his abundances, it is Brazilian theater that reaps the fruit. Isabel, the young protagonist of the children's play *Mania de explicação* (Explaining Mania), which he directed in 2014, used to say she "wished to invent an alarm clock that instead of waking up people, woke up dreams!" That waker of dreams already exists, Isabel: it lives in the heart of a stage director named Gabriel Villela.

"CLAY, HERE IS THY CENTER! RETURN!"
Rodrigo Audi

[...] since human understanding has wandered through many centuries over countless subjects in various ways, it comes naturally that, for anything new, an ancient work should be found that has some similarity with it.
Immanuel Kant

I witnessed part of the process of researching Emidio Luisi's photographic archive for the book on Antunes Filho's oeuvre[2] while still a member of his company, the Sesc Theater Research Center (CPT), where I worked for ten years as actor, teacher and coordinator of the interpretation and dramaturgy departments. There, albeit timidly, when I was put in charge of safeguarding and updating that collection, gathering and cataloging images, news reports and reviews published in the print media and by-products of the director's new shows, among other tasks, I had the opportunity to address my concern with preserving our art heritage, developed during my days as an architecture and urbanism student at the School of Fine Arts.

When I became Gabriel Villela's assistant director for the staging of *Macbeth*, by William Shakespeare, in 2012, immediately after leaving the CPT, Dib Carneiro Neto and I strengthened our ties, recognizing in each other the same desire to fight for preserving and establishing the memory of the oeuvre of that great artist. Our first step was to understand the format that would enable us to execute our project, since theater is an art of impermanence, an intangible cultural asset, and Gabriel-magician-metamorphosist, who exhales with the breath of constant renewal, always resorts to his original clay when pointing to the future with a new work. The destructive ambition of Lady Macbeth would be molded from same clay he used to mold the tragic tears of Hecuba, tears that were most likely molded from the same clay as the heart of Juliet, just as science tells us that we are made of dust of the first stars, of the same substance that shaped our ancestors. Gabriel Villela often sculpts his new beings out of the same material used to sculpt previous ones. What I mean is that hardly any traces of his costumes and props remain, for example, other than when we observe a Prosperous knowing that there, one day, in those same noble fabrics serving as a second skin, may have lived another great character. Villela's baroque exuberance is one of mischievous rebirth via the transformation and renovation of matter associated with something new.

But what, after all, can be preserved of an art that is ephemeral by nature? What concrete tracks does it leave along the way beyond its impermanent expression? Can those tracks, nevertheless, when gathered, studied and contemplated, enable the construction of a documental heritage that cannot be erased? Theater is the art that arises from the encounter between artist and audience, and the immaterial preservation of its manifestation resides within those that experienced it. As an entity that only manifests itself in the actual encounter in time and space, the understandable attempt to obtain a material record may partly preserve its body, but its spirit requires the encounter, which makes the work of preserving this heritage incomplete, though no less essential. Mnemosyne, the Greek goddess that preserves the arts and history, was considered one of the most powerful goddesses of her time for being the memory, the foundation of the entire civilization process. That is what justifies contributing to the maintenance of our past, of our present transformed into past with increasing speed, in order to preserve our future – a pioneering initiative in the case of Gabriel Villela's theater.

The esthetic exuberance of Gabriel's work finds in the photographic collection of some of the greatest stage photographers herein gathered the necessary support to this end. The use of photography in this book is justified, in addition to practical reasons, for being the means through which the trajectory of this artist was recorded from the very beginning, and also because this is the art form which, by evoking many different feelings, can most closely convey to readers the impact of Gabriel Villela's work on the audience: "There is no poetry without shock. Let us do that and leave the gods to do their part" – proclaims Gabriel, evoking Ferreira Gullar during one of the rehearsals of *The Tempest*. While the essential presence of the image tries to account for the unspeakable, over and above its documental role of *retaining history*, we seek the specialized words of witnesses of this oeuvre to formulate the understanding of how this artist, his language and work have become a fundamental chapter in the history of modern Brazilian theater. Explore this artist who is acknowledged as a passionate preserver of the origins of a *deep Brazil*, a phrase he likes to use and does so by making his theater the stage for the resisting and exuberant display of the multiple cultural expressions that forged us, and that forged him – expressions of our roots of which the younger generations are most certainly unaware.

---

2. Emidio Luisi; Sebastião Milaré, *Antunes Filho: poeta da cena*, São Paulo: Edições Sesc São Paulo, 2011.

VOCÊ VAI VER O QUE VOCÊ VAI VER [YOU WILL SEE WHAT YOU WILL SEE], 1989

"This first staging by Grafitti Circus marked my professional debut after ten years of amateur theater. The text was inspired by the book *Exercises in style* (1947), by French writer Raymond Queneau (1903-1976), which retells the same story 99 times, using 99 different registers and styles, suggesting at the end that readers create other versions. That was what we did, tinkering extensively with *commedia dell'arte*, German expressionism, Russian fourth wall, postmodernism, and, of course, circus-theater – the clay from which I am molded. I did not want to use the Italian stage. My aim was the street and the circus. Then I read in the newspaper about a 'graveyard' of broken-down buses of the former Municipal Collective Transport Company (CMTC). We managed to obtain a bus carcass to use in the show as a circus ring. We premiered and it was a success. We ended up in Cadiz, in Spain, and Bogota, in Colombia."

THE LOVE COUNCIL, 1989

"While *Você vai ver...* addressed the triumph of the circus ring, *The Love Council*, the following show, was a grim satire, but equally successful. We got full houses. The text, written in 1894 by German playwright Oskar Panizza (1853-1921), is a parody of the emergence of syphilis in 1495, at the court of Pope Alexander VI, or Rodrigo Borgia. The theme fit in well with the tough period of the 1980s, with the AIDS victims, when a friend was struck down every second. In the play, Jesus was anemic from donating so much blood to mankind. God learns that the Vatican has turned into a spree of sin and decides to hold a council to find a solution, summoning the Devil to participate – because sex belonged to his department. The council moves for the creation of a disease to be *installed* in the Vatican. The Devil calls the most evil of women in his opinion, Salome, and from this copulation is born a beautiful daughter, Syphilis. The last scene depicts her spreading like an epidemic, as was happening with AIDS. The pressure of a group of Catholic protesters, the so-called *Santana ladies*, was great. They would strike members of the crew with their handbags, especially protesting against the character of the Virgin Mary, portrayed as vain and authoritarian. We received anonymous threats and tightened security. The play was based on the itinerant culture of the *auto sacramental* (an allegorical religious representation), with the audience moving around between three settings – heaven, hell and the Vatican. It ran for 14 months."

RELAÇÕES PERIGOSAS [DANGEROUS RELATIONS], 1990

"At the invitation of Ruth Escobar, I directed a play that merged three texts by German playwright Heiner Müller (1929-1995): *Medea Material, Landscape with Argonauts* and *Quartet* (the latter, in turn, based on *Dangerous Liaisons*, by Choderlos de Laclos). We chose the title *Relações perigosas* (Dangerous Relations). A mythical Portuguese woman with a very active personality, not only in the theater but also in national politics, Ruth marked my life during that period. She would make fun of my Minas Gerais roots, calling me a *universal little hick*, and also laughed a lot at herself. Working with her was an adventure, but it also meant having contact with a traditional production method, rational and Cartesian. I was surprised because, for me, the theater allowed excesses and a rather higher level of poetics. For the play, I had to learn to deal a little more with the academic knowledge and canonical procedures of what is conventionally called postmodernism. Inwardly, I realized that was not my cup of tea. As a native from Minas Gerais, I had difficulties to attain the complexity of German theater. But how can one not find Heiner Müller stupendous and brilliant?"

VEM BUSCAR-ME QUE AINDA SOU TEU [COME GET ME FOR I'M STILL YOURS], 1990

"After Rosi Campos and Ruth Escobar, another great actress of the Brazilian theater with whom I had the honor and good fortune to work with was none other than Laura Cardoso. In the role of the owner of a run-down circus, what she did on stage was inexplicable, leading the audience to catharsis. *Vem buscar-me que ainda sou teu*, by Carlos Alberto Soffredini (1939-2001), was like a blast in the world – in my personal world, especially. I used an esthetic deeply rooted in Brazilian culture, combining my vision of popular street festivities, such as *reisado* and *congado*, the circus-theater culture – the only kind of theater I knew up to the age of 18 years – and also the part of the sacred liturgy still remaining in large processions. The show fit into that particular view of mine of celebrating identity. The circus melodrama, with its abuse, excessive bad taste and kitsch, was precisely what I needed at that stage in which the outlook of Brazilian theater was still excessively European, particularly German. Postmodernism did not agree with me. I was proud of my budding career, audacious, a bull on the loose, completely self-referential, and nothing held me back regarding my esthetic convictions. *Vem buscar-me...* enabled me to create a form of theater based on my truths, on my original sources from Minas Gerais. It was a significant production for many other reasons. With Claudio Fontana, who came from the amateur theater scene in the city of São Paulo, I founded Cia. Melodramática, which is still active today. In short, many joys, many memories and many loves."

LIFE IS A DREAM, 1991

"Regina Duarte looked me up to work with me in a play. I suggested *Life Is a Dream*, by Spanish playwright Pedro Calderón de la Barca (1600-1681), an author I knew well from the classes at USP. I delved deeper into his world, traveling to Salamanca, in Spain, where the author lived and studied. This is a bedside text for me. I turn to it for everything. It is a poignant prayer of pain, a strong cry of humanity based on baroque. While I had already dived headlong into profane esthetics, that is, the religious culture of the streets, outside the altar, this would be a metaphysical experience that would allow me to enter the church. We set up a baroque oratory. It was a costly production. I also came closer to Romero de Andrade, who taught me something I adopt to this day in my costume design: to dismantle and reconstruct clothing creatively. We obtained a few items of religious attire from the colonial period. Romero used bottle caps, inspired by my memories of the *folguedo de Moçambique* dance. Also I based myself on the feast of the Virgin of Macarena, in Andalusia. We bought old curtains from theaters in São Paulo, which were dyed and used for the costume design, dour and black, inspired by Velásquez's figures."

ROMEO AND JULIET, 1992 | 1995 | 2012

"Returning from the first edition of the Curitiba Festival, where we staged *Life Is a Dream*, by a happy coincidence, during the flight I sat next to actor Eduardo Moreira, from Grupo Galpão. One word led to another, and I offered to stage a street show with them. The next chosen was *Romeo and Juliet*.

The more elaborate contact with Minas Gerais baroque, i.e., with all that was part of the set of artistic activities of Minas Gerais, or, as they say there, 'the excellences of Minas Gerais,' was a radical and rewarding experience, a virtuous immersion in Minas Gerais culture during the preparation phase. We plunged enthusiastically into the world of artists Aleijadinho and Ataíde, besides engaging in an academic study of baroque thought. The final rehearsals were all held outdoors, in a square in Morro Vermelho, a hamlet close to Belo Horizonte, hitherto with no access to the theater. The inhabitants would return from work in the fields and gather around to watch the play, opining enthusiastically. We chose to create the figure of a narrator, who spoke in a vernacular typical of a Guimarães Rosa character, yet without renouncing, in the speech of other characters, Shakespeare's archaic text and Parnassian verse, in the translation by Onestaldo de Pennafort (1902, 1987). We learnt that *Romeo and Juliet* is, within the bard's vast oeuvre, a *tragedy of precipitation*, in which the characters act vertiginously the whole time, plunging into situations of instability. The language of circus was therefore perfect. We set up a beam about two meters high, and placed the cast to act up there, balancing themselves with the help of colorful parasols. We also used stilts on stage. The actors needed to organize their bodies, adapt them, balance them, while at the same time accommodating their speech in the phonatory apparatus so the articulation could be lively, pulsating, non-recitative. It was an exciting challenge for everyone, which enthralled audiences from different parts of the world. Another hallmark of the show was the group's old 1974 Veraneio station wagon, which we incorporated into the stage set. The famous of balcony scene, for example, was boldly reversed: Romeo stood on a wooden platform mounted on top of the car, while Juliet was placed beneath him, sitting behind the wheel of the Veraneio."

A GUERRA SANTA [THE HOLY WAR], 1993

"Ah, the harsh sadness of fields so devastated, of branches cut before the fruit is ripe. As much as the years dig wrinkles on our face, life is taste and death is always premature." Thus actor Claudio Fontana, in the role of the spirit of the poet Virgil, started reciting the dramatic poem by Luís Alberto de Abreu, *The Holy War*, which we staged in Rio de Janeiro, São Paulo and London, in a co-production with England commissioned by the director of the London International Festival of Theatre (LIFT). When we were at Riverside Studios, by the River Thames, this narrating character recited everything in British English. It was my first trip to England as a director, long before *Romeo and Juliet*. Abreu's magnificent text was inspired by certain dramatic passages in Dante's *The Divine Comedy*, transferring the action to a harsh and inhospitable setting in the northeastern semi-arid region of Brazil, a kind of Brazilian scourged and suffering hell. There was also something of Guimarães Rosa in his writing, as well as important references to the utopias of May 1968 in France and the period of Brazilian dictatorship. A panel with a huge faded and threadbare Brazilian flag was part of the stage set. To stage the poem, we decided to create a fable as a preamble. A Portuguese theater company comes to perform in Brazil and all the actors die of the Spanish flu. They are buried in one of those typical hamlets in Minas Gerais. Their bodies, however, start to wander, authorized and encouraged by visits from the spirits of Virgil, Dante and Beatrice, the three main characters of *The Divine Comedy*. There was a device that produced snowfall effects on stage, because when the dead *resurrected*, it snowed in Minas Gerais."

A FALECIDA [THE DECEASED WOMAN], 1994

"This production was born from a request by a theater festival in Vienna, Austria, the Wiener Festwochen, which aimed to present the work of Nelson Rodrigues (1912-1980) in a large project, including a discussion forum with names like Sábato Magaldi, Edla Van Steen, Edélcio Mostaço and the German translator of Nelson's plays, Henry Thoreau. Brazilians resident in Europe attended the forum and the performance at the G hall at Messepalast, the theater complex that houses the festival. Nelson Rodrigues's dramaturgy was highly praised by the Austrians. I cannot deny that I produced the show under the strong influence of everything I learned in the academy with Sábato Magaldi, that illustrious native of Minas Gerais, a great professor, educator, critic and storyteller, whose gift for posterity was a legendary and definitive classification of Nelson Rodrigues's complete works. The stage set was a large organ made of six hundred snooker cues, with candles burning at the tips. Nelson left no stage set directions, so, as in the first scene the characters talk about football while shooting pool, we decided to reproduce a large pool table, measuring 14 meters."

A RUA DA AMARGURA [BITTERNESS STREET], 1994

"Two years after *Romeo and Juliet*, I directed Grupo Galpão again in *A rua da amargura*. Subtitled *14 lachrymose steps in the life of Jesus*, the play was a circus drama based on *O mártir do calvário* (The Calvary Martyr) by Eduardo Garrido. Once again I reconnected with the popular esthetics of Minas Gerais. I had to deal with the resurrection of the group and of Jesus. The only subtle, poetic and delicate way I found was to use polychrome. And I resorted to the famous looms of my hometown, Carmo do Rio Claro, to obtain the same fishbone textile pattern used in Galilee before Christ."

THE TOWER OF BABEL, 1995

"In the late 1970s, I would travel from Minas Gerais with my amateur theater group Raízes to watch plays in São Paulo and Rio de Janeiro. That was when I saw Ruth Escobar in Fernando Arrabal's *The Tower of Babel*, and I was fascinated. Years later, when Marieta Severo proposed we work together, I suggested that beautiful script, with its lovely allegorical and metaphorical language, and she agreed. This play by Arrabal, the poet of improbabilities, of rebellion and unbridled fantasy, with his rabid ravings of surreal nonconformity, as we describe in the play's program, tells the disturbing story of a blind duchess called Latídia Teran, who opposes the sale of her old, termite-corroded castle to a group of real estate speculators. Stubborn and living in a dream world of her own, she resists asphyxiation by the Francoist dictatorship inside her tower, to where her imagination summons all the Spanish outcasts, myths and idols, like St. Teresa of Ávila, Goya, Don Juan and Cervantes. One of the character's strongest lines was the most popular couplet of the Francoist period: 'Poor Spain, grandeur in decay.' There was also the moment in which Marieta beautifully recited, in a state of trance, excerpts from Calderón de la Barca's *Life Is a Dream*. We brought from a London thrift store the basic material for Wanda Sgarbi's costumes, but modified them with embroidery, ornamentation, dyeing and customization."

MARY STUART, 1996

"The original script is in verse, but we used the prose adaptation by English poet Stephen Spender. I grasped the perfection of that dramaturgy. Schiller imagined a meeting, which never happened, between two strong women in history, two lionesses [Mary Stuart and Elizabeth I]. The dialogues are unbelievably fierce. They sound like two animals fighting in the savannah. I wanted to produce a very austere and serious performance."

O MAMBEMBE [THE TROUPE], 1996

"Staging this classic comedy of manners by Arthur Azevedo was a moment of joy and celebration, alongside a large cast comprised of people in a state of spiritual bliss and harmony. That is what I remember most: a constant gaiety on stage and backstage, a congruence of performers. I had to choose the cast through auditions, a process I am never comfortable with. We received four hundred résumés, but I held auditions with 160 artists to pick the cast of thirty, including five musicians. The stage floor was covered in golden linoleum, made especially for the show, because there are two ways to portray the travelling actor, the theme of this play: either on dirt roads or walking on gold, as he deserves. My adaptation was inspired by what Arthur Azevedo himself used to say to explain his motley work, brimming with citations: 'I take whatever is available.'"

A DREAM PLAY, 1996

"I was invited by the administration of the Castro Alves Theater in Salvador, Bahia, to stage a play of my choice with their cast. What intelligent, creative, friendly, articulate, politicized actors! Today I can affirm that it was one of the most beautiful shows I've ever made. It was like a staged poem, with iconographic power, almost as if I were making a movie. Incidentally, I sought a lot of inspiration in Nordic cinema, exploiting the fact that Ingmar Bergman, in *Fanny and Alexander*, ended the film with an excerpt from August Strindberg's *The Dream Play*, which was precisely the play I had chosen. That was also when I discovered Goran Bregović's score for the film *Queen Margot* and used it for the first time on stage. In *The Dream Play*, the gods of a polytheistic Olympus gaze upon a sad, bitter, frustrated man. The story is beautiful, about pain, about the human being worthy of compassion and the unrest and torments of the human soul on Earth. Agnes, the daughter of the god Indra, comes down to Earth in the flesh to unravel the anguish of existence. I like non-realistic texts, anchored to an oneiric dream proposal. Strindberg created a world of mysteries that you cannot reveal. A huge riddle, an enigmatic play made to be contemplated rather than deciphered. I am forever fascinated by this baroque paradox between being and seeming, between not knowing whether we are here living or dreaming what we live. The entire structure of the stage set was movable."

VENTANIA [GALE], 1996

"Whenever I try to talk about this play by Alcides Nogueira, based on the life and work of the Minas Gerais playwright Zé Vicente (1945-2007), it is always at the risk of oversimplifying, and this is not a simple script. It is poetic, stratified, full of layers and, especially, metaphors and allegories – two mainsprings with which I love working. Authors from the 1970s like Zé Vicente had to resort to such language resources to dodge censorship – and we could not leave that out. Alcides divided the character in two, Zé, more solar, and Vicente, more connected to the night. There was also their sister Luiza, a blind girl, 'daughter of twilight.' The dramaturgical texture of *Ventania* was similar to the noblest features of Latin American magical realism, especially Garcia Marquez. There were also references to the early days of rock, with Elvis invading through the radio the naive world of Brazilian rural families."

A AURORA DA MINHA VIDA [THE DAWN OF MY LIFE], 1997

"Like Salvador, the city of Curitiba – specifically the Guaíra Theater, directed by Mara Moron, with its theatrical core, the Paraná Comedy Theatre (TCP) – also invited me to produce a performance with local cast. Once again, the damned auditions, the tests – and the chance to meet great Curitiba artists, very well trained and open to multiple theatrical languages, including circus and dance. We opted for this anthological script by Naum Alves de Souza, which I had staged years before with my amateur group Raízes in Carmo do Rio Claro. The play addresses the theme of reminiscence, the world of magic enveloping our memories of school benches and, at the same time, paints an accurate picture of a complicated period in Brazilian history, the years of military dictatorship. Who, in their schooldays, has never been one of those cruel, sadistic, terrible, contrasting characters, some of them the victims and others the agents of bullying? I, for one, was always part of the aggressive clique, a supporter of fierceness rather than passivity. The play included the chubby girl in the classroom, the dupe, the bootlicker, the quiet kid, the twins, the handsome teacher, the sassy nun, the strict nun, and so on, all of them unforgettable. There was no lack of slapstick humor and mockery, but there was also a delicate trend, emphasizing the affections and disaffections we experience in life, friends that stay and friends that leave. It is a poignant script. I opted to stage a version with a lot of music, including live musicians and choreographed passages."

MORTE E VIDA SEVERINA [DEATH AND LIFE OF SEVERINO], 1997

"I staged this classic poem by João Cabral de Melo Neto (1920-1999) in Rio de Janeiro, when I took over as artistic director of the Glória Theater. My project for the theater was to work with the influences of the Iberian Peninsula in Brazilian dramaturgy and vice versa. As João Cabral lived some time in Spain, *Morte e vida severina* would fit well in my curatorship. I also found it appropriate to seek inspiration in the *Terra* (Earth) project, a photo book by Sebastião Salgado published that year, with a foreword by José Saramago and a CD by Chico Buarque. In fact, I used Salgado's photos in the stage set. I wanted to refer to all landless populations in Brazil or any part of the world. My idea from the beginning was to use clay on stage. The actors' makeup was based on *tabatinga*, a clay soil of colored hues. In addition to the well-known original score composed by Chico in 1966, we used songs from the *Terra* project record, such as 'Assentamento' (Settlement). We chose to introduce some irony into the play, with characters reborn from the dead, rising from their graves to act out the fable. At the Glória Theater I also restaged Calderón de la Barca's *Life Is a Dream*, which I had directed in 1991 with Regina Duarte and was also suitable to address Iberian baroque."

ALMA DE TODOS OS TEMPOS [SOUL OF ALL TIMES], 1999

"The challenge appealed to me. At that point, I had directed a few Brazilian popular music concerts, with singers such as Maria Bethânia and Milton Nascimento, but dealing with rock music would be different. I am anything but a rock fan, but I admired the scenic faith running in those boys' veins – not to mention their intrinsic contesting nature – and that nurtured me as an artist. We gave the show the subtitle 'A rock-epic.' The boys in the band were forever talking about destroying conventional and outdated artistic languages. I immediately threw James Joyce's *Ulysses* at them, including an unpunctuated monologue by the character Molly Bloom. They were odd figures, but very intelligent, and not only musically. The natural aggressiveness of youth also interested me. The show turned into a celebration of the Age of Aquarius and counterculture, with additional passages by Goethe, Shakespeare and Fernando Pessoa. They asked for visual references to the Celtic world, Avalon, stones, menhirs and dolmens, Stonehenge and early English rock. I dealt with an audience unfamiliar to me: half of them remained seated, the other half danced, and some even head-banged. The soundtrack was special: Raul Seixas, Lennon, Queen, The Doors, João Bosco, João do Vale, Caetano, the Communist International anthem, the Partisan song ('Bella ciao'), Elohi (a Yugoslavian dirge) and the Spanish revolution anthem."

REPLAY, 2000

"This was a kind of rock and roll script about a soccer nut in his fifties who went back thirty years in time and tried to take emotional stock of his life, in a kind of replay of his best and worst moves. This character was a youngster from a big city with all its urban mythology, itching to spread his wings and run away alone to enjoy carnival in Bahia. The text worked like a *canovaccio*, i.e., a *commedia dell'arte* script in which the actor could add his own story, filling it with further meanings. I went back to the teachings of the Italian master Francesco Zigrino, from Piccolo Teatro di Milano. The work resulted in a performance with a lot of freedom to improvise, perhaps like no other in my career. Our reference point to invest in such randomness was French Dadaism. The personality of each actor was also very important. I also chose to use clown performance, since most of the cast had this experience and the script had a typical freshness of youth that enabled its use."

ÓPERA DO MALANDRO [HUSTLER'S OPERA], 2000

"Again on based on auditions, we created a fixed repertory company with over twenty artists. As there was a promise of continuity, work proceeded in a happy, reassuring environment. We toyed a lot in this show with *purposeful error*, encouraging everyone to sing off-key all the time. I played an inversion game with the actors: throughout the performance, the prostitutes gradually turned into hustlers, and vice versa. It was one great promiscuous musical party, where, at one point, no-one knew anymore on what side everyone was. Unusual props drew attention, such as the deformed prosthetic genitalia, which I brought from London. The walls were made of mobile phones, computers, fake cocaine bags, whiskey bottles, calculators. There was also the saloon/stable moment, in which the hustlers of Rio's Lapa district evoked the notion of *asphalt cowboys*, a reference to the *agroboys* of Texan and Brazilian rodeos."

OS SALTIMBANCOS [THE MUSICIANS OF BREMEN], 2001 | 2003 | 2009

"This was my debut as a director of children's plays. I resorted to my inner child, which was not hard. Sometimes, when directing plays for adults, I opposed having a children's play sharing the same stage with my productions. When I passed onto the other side, I acknowledged my mistake and understood the distressing context of prejudice against children's theater inside the actual theatrical community. It is an art that requires special care, which lacks breathing space. The audience moved between spaces, which gave the show an extra charm, making the children interact with the set and get away a bit from their parents in the audience, but with the greatest possible care and gentleness. The play became a huge success in no time. Near the end of the run, two major Portuguese actors from the group Seiva Trupe, Júlio Cardoso and António Reis, were in São Paulo looking for shows and directors to perform in the city of Porto. They watched *Saltimbancos*, which resulted in an invitation for us to stage the same play in Porto with a local cast. They really appreciated the theme: four animals rebel against the exploitation of their bosses and make plans to flee the countryside and move to the city. We debuted in Porto in 2003. The show ran for months at the group's venue, in the Campo Alegre district. At the end of the run, audience demand was still extremely high. So, years later, in 2009, they called me to restage the play with a new cast."

GOTA D'ÁGUA [WATER DROP], 2001

"When I saw Bibi Ferreira perform in this musical by Chico Buarque and Paulo Pontes for the first time, at 18, I was extremely moved. I will never forget Joana's line, inspired by Medea, to Jason: 'Why are you snooping around here in my land?' Joana was the translation of the Rio marginal underworld, claiming social justice by coordinating and mobilizing people in her community, the so-called Vila do Meio-Dia (Noon Village). Today, I doubt if my directing was the best I could deliver. The cast was once again wonderful. The risk of citing names is forgetting someone, but I cannot fail to mention Cleide Queiroz, who played Joana. By mentioning her – a star of São Paulo theater – I extend my gratitude to all the others as well. An additional strong feature in the play was the presence of *Candomblé*. We carried out extensive research on the forces governing the *orishas*, the dances, the songs, and the entire liturgy of this Brazilian religious syncretism."

MIDSUMMER NIGHT'S DREAM: LOVE FRAGMENTS, 2002

"That was my first foray into the world of dance. We rewrote Shakespeare's play with the code, the spelling and the grammar of contemporary dance. It was a challenge to go back to Shakespeare, this time without words, for every Shakespearean word is action. But the advantage is that this play is a fantasy comedy, full of prodigious beings, elemental figures. The great issue we faced was ballet's eight-beat count. This established pattern alarmed us at first, because theater is immediate, there are no beat counts. It was almost a shock, because I could not work the dancers' theatrical rhythm. Another aspect is the routine of physical pain in dance, closely followed by the constant need to overcome it. We had to learn to deal with that. The first step was doing away with the idea of chorus and corps de ballet to which they were accustomed. We personalized the interpretations, making each dancer give his or her individualized shape to the characters of the fable. We also sought to adopt the techniques of popular theater, encouraging the dancers to make eye contact with the audience, one of the most powerful characteristics of Grupo Galpão, for example. I learnt to be totally tolerant with the physical and motor difficulties of the dancers so that the Shakespearean dialogue with dance could flow smoothly, beyond individual calluses and wounds. The experience was really fantastic, a master lecture in discipline, affection and care. The result of all this collective discipline was staged, blended with the mischief proposed by the play's plot. The result was light, extremely aerial, with a beautiful award-winning soundtrack."

A PONTE E A ÁGUA DE PISCINA [THE BRIDGE AND THE SWIMMING POOL WATER], 2002

"I consider this play a turning point in my career merely for the opportunity of working for the first time with Walderez de Barros, another of the great actresses of Brazilian theater, who turned my head, messed with my procedures, changed methodologies, zeroed concepts, expanded my insight of theater. We connected immediately because she was born in the country (Ribeirão Preto) and, despite being extremely cultured, well-educated, and above all politicized, never lost her fascination for her roots, which is how I see myself. It was as if Walderez showed me the mythical way back to my origins, the genuine road leading to self-knowledge, to making more sweeping choices without fear or insecurity, but, naturally, without forgoing survival. That was my second time directing a play by Alcides Nogueira (*Ventania*), who was born in Botucatu. The show was, therefore, fully developed and nurtured by the reminiscences of four countryside voices: author, protagonist, director and set designer, J.C. Serroni, who was born in São José do Rio Preto. That made all the difference. Alcides knows how to be imaginative and writes unrestrained by linearity, unattached to realism, exactly as I like it. The fable he created spoke of an extremely arid place, with no rainfall, and therefore no water and food. To survive, people had to sell the bones of their ancestors, which were turned into flour for fertilizing. Serroni created an impressive *naïf* set design, where everything was made of bone, including a chandelier."

QUARTETO/RELAÇÕES PERIGOSAS [QUARTET/DANGEROUS RELATIONS], 2003

"Following the success of *Os saltimbancos* in Portugal, I developed affective ties with the actors and the whole Seiva Trupe crew in Porto. There was, for example, the magnetic presence of Nina Teodoro, a great actress, producer and public relations professional, with a talent for overall organization. Seiva Trupe is a great school of integrity. So we decided to work together again. The proposal was to stage Heiner Müller in the smaller auditorium of the Campo Alegre Theater, a kind of venue for alternative performances, with 150 seats. The quality of the audience attending this small space interested me a lot. These people were cultured, distinct, intelligent, with a fine sense of humor. They induced me to improve my theatrical knowledge, inspired me to read new things, it was a beneficial contact. In my free time, I escaped to the bookstores, such as Lelo, with its architectural beauty, which became my second home in Porto at the time. I would spend hours there reading plays. These were my moments of isolation and immersion in works which were unavailable in Brazil. That was when I read, for example, much of the theatrical work of Gil Vicente, as well as Fernando Pessoa and Eça de Queiroz. The result was well resolved pauses on stage, reflective silences in the performance, for I was in love with the silence of Portuguese bookstores. The stage design also ended up owing a lot to those reading environments, to the textures of the books, to Portuguese tiles. On stage, the cast put on an immense and grotesque, sometimes bizarre, slapstick comedy, provoked by me, as if it were a circus ring within the ruins of a hypothetical bunker filled with works of art, as indicated in Heiner Müller's stage directions. It was delightful see two celebrated veteran Porto actors, Júlio Cardoso and António Reis, playing female roles with plenty of coquetry, in a very personal humoristic vein, intelligent, philosophical, committed and caustic, not a bit prudish. António Reis captivated me with his loud voice and exaggerated fondness for organization. And interacting with Júlio Cardoso was like being with our own Paulo Autran: a continuous learning process. He belongs to that breed of actors who practice generosity by giving out endless tips and hints. I must stress the presence of three great artists delivering a prologue on the archaic culture of Medea, Jason and the 'golden fleece' which greatly contributed to the success of *Quartet*: the actor and lighting designer of Seiva Trupe, Júlio Felipe, who played Jason; Júnior Sampaio, who played an unforgettable Medea with masks and shawls from Pernambuco, underscoring the barbaric nature of the character; and António Pedro, who played a dwarf nursemaid inspired by the Velásquez's baroque girls."

AUTO DA LIBERDADE [A PLAY ON FREEDOM], 2003

"An unforgettable experience I went through in Mossoró, a city distant 270 km from Natal, state capital of Rio Grande do Norte. It was simply a triumph of popular art, in which I had the opportunity of participating. For its magnitude, I call this event, to this day, *an open air popular opera*. The play is a tribute to four historical events that happened in the city: the Women's Mutiny (which recalls the rebellion against recruitment for the Paraguayan War), the first women's vote in Latin America, the resistance to bandit Lampião's gang and the freeing of the slaves five years before the Lei Áurea (Golden Law). At this time of year, September, Mossoró is a festivity. The entire population participates. The text is based on a poem by Joaquim Crispiniano Neto. We did it all in a 23-meter arena, with the flooring covered in sand, as in the style of Greek theater. There were many Greek drawings made with colored sand. All around the arena, rocks and fallen henhouse screens reminded us of ruins. Whoever looked at it from above would see a coliseum. Our goal was to establish relations between the historical feats that make those people proud and many references of freedom in world history: freedom as a daughter of Greek classicism (Prometheus bound), freedom crossing the Red Sea with the Hebrews, freedom guiding the people in the French Revolution, the Inconfidência Mineira[3] and the Statue of Liberty."

PROTO-FAUST, 2004

"A show that celebrated the 40th anniversary of the career of Walderez de Barros, with whom I had, once more, the pleasure of working with. A short time earlier, an exquisite and rewarded translation of *Proto-Faust* had been published by Cosac Naify. The translator, Christine Röhrig, is a great promoter of German culture in Brazil. I was fascinated by Christine and her competent plunge into Goethe. I knew a version written by Fernando Pessoa for this story of the so-called 'proto-Faust,' but it is an introspective, subjective and hermetic text that does not supply keys for dramatic action. In Christine's translation, on the contrary, I could see theater from beginning to end. And we decided to stage it. Walderez, who played Faust, at one point had to put her head into a small model of a neoclassic theater wearing a mask and a mechanical hand,

---

3. A revolutionary movement which happened in the state of Minas Gerais. The rebels fought against Portuguese colonialism.

thus celebrating the artificialism immortalized by Greek theater. The scene was beautiful. It was a disproportionate brain inside a tiny stage. There was also a loom on stage that went up and down the pit, like an elevator bringing spirits from within the Earth. That was how Maria do Carmo Soares entered the stage, all in white, wearing a dress full of brocades and sunglasses. It was pretty and ludic. During those days, a committee from the Moscow Theater Festival was passing through São Paulo and they came to watch us. They were very impressed with the strong presence of Walderez de Barros and all the cast, and ended up including us in their festival, which held performances at the Pushkin Theater – Theater of Great Actors, a venue known in Moscow for housing classic plays and veteran interpreters. It was quite an experience. The soap opera *Rei do gado* (Cattle King) was on in Russia and, because of that, Walderez was greeted with much applause as soon as she stepped on stage. A closed session was held for a construction worker's union and it was very impressive to see so many masons together – all of which showed they knew Goethe's work very well."

(RE)APARECEU A MARGARIDA [MISS MARGARIDA'S WAY], 2005

"Júnior Sampaio, from Pernambuco, actor and assistant director in some plays by Portuguese group Seiva Trupe, from the city of Porto, with whom I had produced *Os saltimbancos* (The Musicians of Bremen) and *Quarteto* (Quartet), invited me to direct a Brazilian text with his group, ENTREtanto Theater. They were researching Brazilian dramaturgy. I suggested a monologue by Rio de Janeiro author Roberto Athayde, which had been a great success in Brazil when enacted by Marília Pêra. As I wrote in the play's program, we did a dramatic and circus-like exercise for Júnior Sampaio, a prodigious centaur-actor, half Brazilian, half Portuguese. The play talks about power as the fuel that helps us discover the monsters that we all drag around, hidden in our bowels, during our entire life. Miss Margarida, the character, is an authoritarian teacher that embodies the spirit of tyranny, absolutism, terror, but also represents anarchy and nonsense. Júnior personified the *fascist-like* side of the character, mixing expressions of Hitler, Mussolini, Geisel, Médici, Franco, Salazar... It was a gallimaufry of tyrannical and despotic faces, which resulted in an incredible face-mask on stage. Júnior looked like an angry caterpillar. I saw people leaving the theater, scared and infuriated by the teacher's attitudes. It was the portrait of a tyrant's passion, and of one that also knew how to play with her sensuality and provoke her students during anatomy classes. I remember we toyed a lot in the text with the semantic and dramatic differences between the Portuguese language spoken in Brazil and in Portugal. I loved the jeer of the phrases, the almost lysergic clarity of the author. Our opening was in Lisbon, for a run at the venue of the group A Barraca, of the great actress Maria do Céu Guerra, with whom I had the honor of becoming acquainted and learning a lot."

WAITING FOR GODOT, 2006

"It was the year of the centenary of the birth of Irish playwright Samuel Beckett (1906-1989). I say in jest that, in theater, there are three gospels: according to Saint Sophocles, according to Saint Shakespeare and according to Saint Beckett, represented by *Oedipus the King*, *Hamlet* and *Waiting for Godot*, which conceal a holy word in their discourse that can only be revealed as one penetrates into dramaturgy. But Beckett wrote the theater of nihilism, and there is in *Godot* an encapsulating phrase about life that, in my opinion, is an epitaph for humanity: 'Astride of a grave and a difficult birth.' It is complex and even cruel dealing with this type of poetry, because I do not consider myself a nihilist. On the contrary, I am a man of faith and believe in almost anything; however, I enjoyed going back to working in an unconventional physical space, as in the first plays I did. Our staging of Godot was inspired by a territory devastated by forest fires, with dried-up rivers and decimated vegetation. The rehearsals happened in Minas Gerais. The day we had to do a preview for Sesc's managers, they came to us and I removed the cows from the shed to better reproduce the idea of a calcined scenography. The lights surrounding the area attracted a lot of insects, and these in turn brought in the frogs. The number of frogs in the audience was a hoot. We removed a drowned tree from inside Furnas lake and it became the main design element in the set. As for the costumes, we bought some dressing gowns in Chiado, Portugal, that had been used during the Second World War by people living in hostels. They were beautiful, made of a kind of linen that does not exist anymore. I wanted the characters to look like they were stuck between the lethargic state of sleep and the devastating nightmare of reality. A particularity was that the entire cast was female, something Beckett's copyright owners no longer authorize."

LEONCE AND LENA, 2006

"As he belonged to the final phase of German romanticism, Büchner directed a lot of irony and even mockery at the poetic spirit of his time, and that interested me a lot. We chose the cast through auditions, that is, I ended up working with a lot of new people. It was a numerous cast that could sing very well and had a great aptitude for improvisation. We decided that the soundtrack would be composed of guitar tunes and folk music. J.C. Serroni's set design was entirely made out of cardboard, including the chairs in the audience. It was a brilliant idea that is much mentioned to this day. Serroni prepared the paper modules and sent them to us bit by bit, and I awaited their arrival to create the scenes with the cast. In the end, we put it all together and it worked out great. There was, of course, a model of the complete set design for us to have an idea of the final result and of what the cast's movements through the space would be like. It was a different way of working, with set design as the starting point, and one which proved to be challenging and reinvigorating for creation."

SALMO 91 [PSALM 91], 2007

"It was unprecedented, or at least unusual in my career, for me to direct a play so deeply founded upon a real experience, the so-called 'Carandiru massacre' – a shameful event for our society, a wound that never heals. The social responsibility for this tragedy cannot be forgotten. It might also have been the most painful play to produce. The subject was hideous. My director's mind works better when leading with imagination. I was very careful not to unleash my fantasy onto something real and to alter that reality, especially considering that the text I had was based on a bestseller with the traces of a journalistic chronicle, as is the case of *Estação Carandiru* (Carandiru Station), by Drauzio Varella. The author, Dib Carneiro Neto, had the great idea of transforming what was *together and mixed up* in the book into ten monologues of affliction and pain, a huge challenge for any director; let's be honest, if one monologue is already hard, imagine ten. The result was one of the most concise plays I've ever directed. In each and every character throbbed a strong desire for life, a certain pleasure for humanity. They lived incarcerated, but never expected a tragic collective end such as the one they faced. There were complicated energies, it was necessary to pray a little every day before starting the play. Of course, behind a massacre like that there are strong archetypical ancestral mythic energies. The set design was the soberest and cleanest I have ever done. There were discreet enlarged portraits, in black and white and in synthetic voile, showing Gustave Doré's (1832-1883) illustrations of *The Divine Comedy*, such as the drawing of Charon conducting his boat to hell. They were cloths suspended over the set, mixing baroque well-shaped bodies on their way to hell. Indeed, the show was very baroque; humanity's blood gushed and overflowed in all of those stories. The cast was excellent, with five actors that were really committed. It was one of the moments in my career and life in which I loved theater the most."

CALIGULA, 2008

"It was at university that I fell in love with the mind and work of Albert Camus (1913-1960). During my theater course at USP, there was a year in which I wanted to present as a directing task a staging of *Caligula* with hundreds of actual rats *performing* together with actors. I even managed to get one of the campus research labs to lend me the live animals, but nothing could be done: the course's board didn't grant me an authorization. I ended up simply handing in a written project, which detailed how the play would be set up. The character Caligula, however, never left my plans. He is so absolute, so lascivious, so full of impulses of life and death, that you must find an actor with the right physique. Thiago Lacerda was exactly the same age as the character and he had an internal fury that blasted the work to the non-realistic side, exactly how I like it. Thiago is strong. However, the lack of sponsorship proved to be the difficulty. Companies fled when hearing the name Caligula, for their reference point always seemed to be the 1979 movie written by Gore Vidal at the request of *Penthouse*, which gave it a stigma of pornography and aggressiveness. Camus's play, on the other hand, has nothing to do with the film's script, but no one seemed to want to understand that until we knocked on Sesc São Paulo's door and got full support from Danilo Santos de Miranda. Sesc honors its social role of getting on stage what others don't want to produce, be it because of prejudice or other limitations. I wanted the soundtrack to deconstruct the character, in other words, that the music would begin organizing everything and then abandon order and head into chaos. I chose, once again, Goran Bregović, with songs from *Queen Margot*. At the end, the remarkable recording of Cássia Eller singing '*Non, je ne regrette rien*' came in, which matched perfectly with Caligula's last words before dying: 'I am still alive'."

VESTIDO DE NOIVA [BRIDAL GOWN], 2009

"This was another ball, so delicious, a show that was extremely fun and intriguing to everyone's eyes, for the cast was an inspired one. This unforgettable play by Nelson Rodrigues is very generous to actors, because it works at three levels of language and breaks with the structure of realistic theater, offering them a lot of freedom to create. We opted for a more narrative show, less melodramatic. The wedding gowns, albeit made basically of French satin, were covered with bubble wrap cases. We used many cylinders, as if the bubble wrap were *packing* the two sisters. I understood that, considering the level of language already reached by contemporary theater, it would be unnecessary to split the scenes into memory, hallucination and reality, as was done in the revolutionary inaugural staging. I preferred to mix it all up in my own way, without ignoring that this had already been done by other directors."

O SOLDADINHO E A BAILARINA [THE TIN SOLDIER AND THE BALLERINA], 2010

"The beauty of our profession is that while you make one calculation, the gods make another. So time goes by and suddenly, right before you, with an unrefusable offer, appears Luana *princess* Piovani, a talented woman, as pretty as a picture. She took me back to children's literature, a dive into the fabulous world of Hans Christian Andersen (1805-1875). We managed to get the best out of Luana – her healthy craziness, her ability to be a thousand people hidden in one; she is a bold entrepreneur that chases after every detail and keeps her word. We had auditions to pick the cast and, as I always say, that is very tough and awkward for me, especially in Rio de Janeiro, where all actors are born singing. We had very strong candidates, worthy of great musicals, but our play was theater with music, not a musical."

SUA INCELENÇA, RICARDO III [HIS EXCELLENCY, RICHARD III], 2010

"This street show brought together, on one side, the very strong popular culture from the Northeast of Brazil; on the other, a parodic language inspired by classic rock songs; and, down the middle, a universal fable created by Shakespeare. That is how I would describe nowadays this play I did with the group Clowns de Shakespeare, from Natal, Rio Grande do Norte. Because of this mixture, which ended up working out as we went along, I would say it was the most improvised play of my life; not because of me, but because of everyone involved. The solutions sprung up from the workshops with the group and were worked over during rehearsals until they became coherent scenes with the language of street theater and circus-theater. I include *Sua Incelença, Ricardo III* in the list of shows of my career that are pure muscle, or, better yet, in the series that compose the bedrock that sustains the musculature of the theater I do. The first time I went to Natal, I spent hours in the Alecrim district watching the traditional street clownery going on in the squares, parks and street corners. I decided to open the show like that, with a chorus of latex masks, alluding to this particularity of northeastern culture, but also to the choruses of Greek theater. The 'rock and roll' part of the costumes came from Prague, in the Czech Republic, where I bought and redid pieces by Christian Audigier & Ed Hardy, designer clothing used by popstars. As for the regional part, much of it had to do with the Rio Grande do Norte artisan Shicó do Mamulengo, whom I met during this staging and with whom I worked in all my subsequent productions. Shicó inherited from his ancestors the art of stitched leather. It is God acting through his hands."

CRÔNICA DA CASA ASSASSINADA [CHRONICLE OF THE MURDERED HOME], 2011

"I sincerely believe that Minas Gerais writer Lúcio Cardoso (1912-1968) produced the most beautiful novel ever written in Brazil, without considering, of course, those authors that changed the course of history for our literature, such as Guimarães Rosa and Machado de Assis. The fact is that I have never seen such a correct and sincere approach to provincial and agrarian culture in Minas Gerais as I find in Lúcio. The family he portrays, the Meneses, are part of a decaying rural aristocracy, with all its airs, mannerisms and madness. Sex is at the base of everything. It is a fable of lust and incest. Transposing this to theater stressed that practice of doing things *under the table*, so typical of people from Minas Gerais, and also the epistolary character of the text, with strong moments in which the characters unfolded their soliloquies. I keep this play close to my heart exactly because it was a staging that said a lot about the people of Minas Gerais without being a self-reference. I got to talk about Minas through an extremely important novel. I took a lot of inspiration from Nelson Rodrigues's *Álbum de família* (Family Album). Night howling is present in both works. I also used as a reference point to some extent the movie *Kaos*, by the Taviani brothers, in which the characters appear howling to the moon. At the heretic end, I wanted to have Christ turn his back on the family in the dining room. That is where I came in with a director's personal speech, in reference to the excess of Christian guilt."

HECUBA, 2011

"Staging Lúcio Cardoso had me fired up as never before to direct a Greek tragedy, because every melodrama, as is the case of *Crônica da casa assassinada*, has a deeply tragic structure, although it cannot reach the Greek conventions in regards to, mainly, the units of space, time and action. Besides that, I always had in actress and friend Walderez de Barros someone to whom I could talk about these things and, above all, on the matter of voice in Greek tragic theater. We had no records of how the voices were back then, only information about the artifacts used to amplify the voice, besides clues provided by the acoustics in the ruins of stadiums and arenas, ingenious architectural projects from those days. Hecuba is *a mater dolorosa*. She gradually loses her children and expresses her afflictions, always a different affliction for each loss. She has a rosary of afflictions and imprecations, one could say. It all fit very well with Walderez de Barros's deep voice, and she gave us a grand lesson in Greek interpretation at every performance. The cast went through a rich experience, in which everyone played their specific characters knowing that, immediately afterwards, they would have to liturgically return to the chorus. Another hint on voice in Greek tragedies comes from the shape of the mouths in the stucco and leather masks that can be found in the Museum of Epidaurus. The mouth region is always enlarged, so that the voice can come out amplified, strong, robust, immense. So I proposed to artist Shicó do Mamulengo that he make masks for a Greek choir. When I saw the result, I was in awe. For the costumes, I thought of colors, many colors, because I've always seen Greek tragedies produced in black in the Western world, albeit having learned that there was much color in the dithyrambs of fauns and satyrs and in the polyphonic and polychromatic Dionysian parties. I mingled together religious saris from Myanmar (former Burma) monks with ornaments from Cuzco, in Peru, such as the typical Peruvian dolls."

MACBETH, 2012

"I notice a weak and a strong point in my adaptation/direction of this somber tragedy by Shakespeare. The weak point was that, following my intuition, I cut out a certain part of the text that later proved to be a regretted absence. I suppressed the action that happens in Lady Macduff's house, thus amputating a significant limb of the fable's body. Lady Macduff represents, in the play, the submissive, weak side of women, and is therefore an important counterpart to the resolute and firm woman that is Lady Macbeth. Her side plot must happen in order to give dimension and contrast to the story's central phenomenon. I can honestly say that this removal weakened the adaptation. The strong point, in my opinion, was the fact that I did everything exclusively with male actors, reconstituting the conventions of Greek and Elizabethan theater, which did not allow women on stage. The cast was very good and understood the role of masculine strength on stage. That was what made the energy from the *walking woods* so strong. Lady Macbeth (Claudio Fontana) was inspired by the Shakespearian figures from Kurosawa's movies. It was as if she skated, gliding in translucent clothes. Claudio is an actor that has been working with me since my dawn in theater, so I felt very safe in taking him into transvestism as a form of exploring the character's strongest aspect: control over the theatrical machine. Yes, Lady Macbeth is the machine, she produces the play's action. The husband retreats, stops, thinks, fears, sees ghosts, hears voices, she doesn't – she determines the murders, she is *the ringmaster*."

THE MOUNTAIN GIANTS, 2013

"This marked my return to Grupo Galpão after so many years. We got back together in a slow, amorous process. Opting for this text followed a similar process to the choosing of *Romeo and Juliet*; that is, the group, as before, asked me to shortlist, initially, five plays. From those five it did not take long for them to choose Pirandello, because, above all, the author's last play tells the survival story of a theater group. This line of metatheater, of metalanguage, the baroque idea of a *great theater of the world*, all of that is constantly orienting my personal desires as a director. When we did the first reading with the group, however, an unpleasant look was blatant on the faces of most of them. From the start, they wanted logic in the intellection, and that destroys art. Pirandello's work is made out of mystery, it must be contemplated more than understood, especially this one, which is an inconclusive work, since he died before writing the final scenes. In a way, it is the testament of a playwright that revolutionized theater. It became a deadlock in the group: would Galpão's audience, who watches their plays in the streets and squares all over the country, understand this? After all, we would study everything to grasp the necessary comprehension, but the audience would arrive unwarned. For my part, I have always understood that you do not underestimate the intelligence of an audience, so far as the work establishes affective connections with them; and so it happened. The entire run was an enchanting experience, made out of what Galpão does best: the power and talent of looking the audience straight in the eyes, offering simplicity, lightness, grace and, precisely for that, practicing the sublime of art. They are high-spirited artists, provided with professional support from an impeccable production team that worries about solving problems even before they appear. In this play, the partnership inaugurated with Francesca Della Monica, voice coach and anthropologist, brought a new dimension to the use of actors' voices in an open space, making Galpão even stronger in what the group was already good at. Francesca arrived in our lives to forever remain."

UM RÉQUIEM PARA ANTONIO [A REQUIEM FOR ANTONIO], 2014

"Claudio Fontana and Elias Andreato have a long lasting partnership in theater, spiritual affinity and a tendency for the playful bungle, which I love. They are two actors with different personalities that complement each other. It's great when this happens: the actors have a history in common and can create a steady footing for the characters in the fable, supporting themselves on the safety provided by the consolidated partnership. It came from them the desire to create, on stage, Mozart and Salieri, with their quarrels, bickering and envy. When we started rehearsing, I understood that Claudio and Elias were very interested in turning the play into a sort of scenic commentary on their own relationship, two actor friends that provoke each other all the time, inspired by the ludic spirit of Paulo Autran, with whom both had worked previously. If allowed, both do as they please regardless of the text, because they want to frolic, they have the souls of clowns. The best way I found to transport this on to the stage was to adopt the arena format, exploring the circus ring and inspiring myself in traditional clown duets. Dib Carneiro Neto's playwriting emerges in lyrical scenes, with an acidic language, sometimes corrosive even, but in other moments it employs a colloquialism that was ideal for us to transform everything into clownery, with a series of resources derived from the circus ring repertoire. Costumes and set design, for example, were very colorful, supported by extremely focused lighting and saturated colors. Mozart was really an unmeasurable figure. Instead of remaining exclusively in the world of classical music, as would be expected, the soundtrack also toyed with this promiscuity of the circus ring. I fell completely in love with the play's opening monologue, one of the prettiest I've ever seen in playwriting, and which I considered literary-poetic-dramatic, and with the solemnity of the final text that narrates Salieri's death. It was time to interrupt the amusement, darken the scene, dehydrate the joke. It was one of the most beautiful play endings I was ever able to do in my life. Dib, just like Pushkin in the past, scrutinized the tragicomic verve of the protagonist Mozart and his antagonist Salieri without getting out of tune with the comic-dramatic structure, which is at the core of the personality of both composers."

MANIA DE EXPLICAÇÃO [EXPLAINING MANIA], 2014

"When I arrived at the first meeting, the sight of Luana Piovani and Adriana Falcão sitting together at the table immediately captivated me. They were two beautiful women from Avalon. Adriana, playwright and author of the awarded book that originated the play, is a sort of witch: she flows, falls apart, almost as if she were not a vertebrate. And Luana, who played the main character, the inquisitive girl Isabel, is always glowing. She had just become a mother. We also enjoyed the important presence of the man who adapted the book, Luiz Estellita Lins, who was very successful in creating a fable based on the questions and requests for explanations of the protagonist. The work rendered an eventful story and this allowed the creation of scenes that were enchanting not only to the eyes of children, but also for their parents. It was from the specificities of the dramaturgy that a motivation arose to design Isabel's disproportional room, which had high walls, a huge bed, and enormous windows. It was all enhanced by set designer Márcio Vinicius so that the actors would look like children, thus establishing a height illusion. The girl's 'journey' in search of self-knowledge enabled the staging of very beautiful and fantasy-filled scenes, for example, when the elements of nature start talking to her, such as earth and wind. The children would go crazy, motivated by the talent of the actors."

THE TEMPEST, 2015

"I have been crazy about *The Tempest*, the last play written by Shakespeare, since my time in theater college at USP. I'm fascinated by the last plays of playwrights' careers. That explains my interest for *The Mountain Giants*, by Pirandello. It's as if brilliant authors left in these works their artistic testaments. The biggest conflicts depicted in Shakespeare's work are always related to the crown, to the contests for power, to the usurping of the throne... In *The tempest*, however, there appears a resource that we call, in theater, morality. A set of moral values leads the main character, Prospero, to turn the plot upside down in a way that does not happen in the bard's tragic plays. This time, revenge is replaced with forgiveness. Celso Frateschi, an ethical and esthetic reference for Brazilian contemporary theater, brought his experience into our daily lives, composing a Prospero that is sometimes reflective, at others playful, but all the time mysterious. Every Shakespearian tragedy moves from order to chaos. In this one, it's the opposite: it goes from the chaos of a storm to an order rebuilt through reflections and the retrieval of human values. In that imaginary island, there is a game of antitheses, contrasts, and of a theater inside a theater, thus, once again, *the great theater of the world* – and that is, in my opinion, just a step away from the baroque. After the story of Mozart and Salieri and, before that, the experience with Galpão's Pirandello, I was very much tied to European sources of inspiration. It was time to go back to Minas Gerais once again. I cannot remain too long artistically distant from my roots; not that I need to explicitly mention Minas Gerais in my plays all the time, that's not it. In *The Tempest*, for example, I returned to the monochromy of clay, with little variation in colors; all the objects on stage, such as pots and other artefacts, were like pieces collected from a big shipwreck in Minas Gerais. There is a magic content imprinted in the writing of this play, a witchcraft that we must keep, preserve, protect, but without trying to understand it all the time. Humanity is not prepared to comprehend entirely the revelations offered by this plot. They are the imponderable forces of our craft, internal energies and potencies that simply explode, full of sound and wrath, signifying many things."

RAINHAS DO ORINOCO [QUEENS OF THE ORINOCO], 2016

"In my career, I've always liked alternating between staging a classical text and a contemporary creation. That explains why I left *The Tempest*, by Shakespeare, and immediately plunged into the universe of Mexican playwright Emilio Carballido (1925-2008), with his *Rainhas do Orinoco*. Not to mention that I already had plans to resume my partnership with great actress and friend Walderez de Barros. This time we wanted to talk about common and anonymous people. Carballido wrote a beautiful fable about two figures that are, apparently, utterly unimportant. However, his poetic writing, with strong roots in the Latin literary tradition of magical realism, ended up depicting the discouraged and sad profile, and at the same time full of love, tenderness and humanism, of two characters forsaken by Latin-American reality. The solitude that involves both friends in the boat adrift is of the size of Latin America. The parts of the text that refer to the barnstorming world of artists were a success among São Paulo's theater class already at the previews. The ordinary audience, in turn, had great fun with the coarse vocabulary employed by both characters, which included a vast range of swear words."

SHOWS AND OPERAS

"Music has and always will be vital in my artistic career. I look at a portrait and I think of music. I read a book and I think of music. I look at nature and I hear music. Besides working with so many wonderful people in theater, I also had the privilege of being invited to direct some shows and, thus, *graduating* in another class: MPB (Popular Brazilian Music). What they expected from me as a theater director, speaking in general terms, was to establish with them, stars of our popular music, an artistic dialogue that would result in the scenic enhancement of a previously established musical script. This script had to be strong enough to create moods, establish temperatures, determine spikes, so that the *coupling* of one song with the other would have a minimum of artistic support and scenic coherence.

Maria Bethânia, queen bee, was the first, in March 1994. The show was based on the album she had made in honor of Roberto Carlos, *As canções que você fez pra mim* (The Songs You Wrote for Me). Working with Bethânia is working with theater. She steps on stage and becomes an actress, in a way

I had never seen another singer do. She is an interpreter crafted by the hands of a goldsmith. She is rigorous with everything on stage. She follows religiously the established spikes. Even her interaction with the show's lighting is thought through in every detail. When she enters the stage, we can no longer know who she is; she becomes a mysterious giant, and the succeeding event happening before our eyes is never less than a grand lesson in interpreting.

In July 1997 it was Milton Nascimento's turn, with his *Tambores de Minas* (Minas Drums); pure luxury. The day I received the invitation to direct him I felt more of a native from Minas Gerais than ever before, as if entering a rite of faith. Working with him is to constantly live in a Stendhal syndrome: a state of contemplation that paralyzes the bones and all the muscles for beholding too much beauty. Directing Milton is to coexist with these esthetic paralyses. He would end the rehearsal and come and ask me: 'Is it good?' Can you imagine? I had to ask him to stop doing that to me. There I was tearing myself apart, nearly dying with so many memories of the dawn of my life, of my sweet childhood in the south of Minas Gerais, and he came over to ask me if it was good?! Milton is out of this world. Elis Regina used to say: Milton is God's voice on Earth. He is one of those people that you can only get to know up to certain point, after which it is impossible to access him because there is an impenetrable mystery.

The following year, in April 1998, the production team of a young Ivete Sangalo looked me up to direct her in a solo concert, which would be exclusive for opinion makers and sponsors because she was about to start a career away from Banda Eva. I met with a girl that was beautiful, enchanting, intelligent, smart, tender, affectionate, talented – all these adjectives and many more. As a director, I could not help noticing that her dynamics on stage was made for a carnival party. She was already the mistress of *burning up the dance floor*, a star built from Bahia's pleasurable mysteries. There was no interfering with that, even though the script for that show, *Ivete Sangalo solo*, had no axé music, only MPB classics.

As for the painful mysteries of Minas Gerais, they produced three very impressive percussive forces: Santonne Lobato, Sérgio Pererê and Geovanne Sassá, members of an ethnical group of African descendants of Minas Gerais, Tambolelê. I directed their show in January 2002, in Belo Horizonte, called *Kianda*. Pererê excelled for his compositions and danced like no one else, Santonne reigned with the thrilling sound of his drums, and Sassá was the voice of the party. I was fascinated by a group that was deeply worried with the liturgy present in the chants of their black forefathers. They are the Three Wise Men of my career.

After the kings came the Madonna of the Northeast: Elba Ramalho. I directed, in June 2012, in the show *Elba canta Luiz* (Elba Sings Luiz), with a repertoire basically composed of songs by Luiz Gonzaga. We did an extremely dancing show. Elba has an admirable energy, so beautiful, so Brazilian and exciting. She looked like a little girl, bouncing on the stage. It was pure combustion. At the same time, since she had already acted in theater, she knew how to personify a character of herself like no one else. She established her solid interpretation skills on stage and the public was entirely sold. In the numbers where she called a few men onto the stage to dance, if any one of them tried a bold move on her, she went even further, discomposing him; after all, she knew how to move around the stage and she surprised everyone with her admirable confidence, worthy of an actress.

Besides MPB, I also did a couple of incursions into the world of opera, both at the São Paulo Municipal Theater, though, of course, as a scenic director. One of them for Puccini's *Gianni Schicchi*, in November 1992, where I was part of a triptych with two other directors that were also invited, Jorge Takla and Bia Lessa. Like the other two operas, *Gianni Schicchi's* set stage was designed by architect Paulo Mendes da Rocha. Domingos Fuschini's costumes were also dazzling. We went mainly for the cheerful and merry climate of a Florence idealized by the protagonists. Much later, in August 2004, I was responsible for the controversial scenic direction of *Don Carlo*, by Verdi. There was a political and budgetary crisis involving regular members of the Municipal Theater going on, and the result was that I had to cope with more problems than I would have liked to. The artistic outcome was that I did not please the specialized critics. This time the stage set was designed by J.C. Serroni. The music gave me a feeling of animalistic ferocity, so I put ten trained dogs belonging to the Military Police on stage. It did not go down well."

EPILOGUE

"Every day I know less and less what theater is, what it's about, and less, also, about the mysterious universe of actors. The world has become a very ugly place, humanity has gone crazy, the migration flows swarming the planet are ever more intense, the Mediterranean has become an aquatic graveyard, brothers kill brothers. Against all this ugliness, there is only the poetry of words. I do theater to quench an insatiable curiosity about man. I feel that all of those plays I've done so far are no more than a systematic organization of a range of holy themes that are very dear to me, which, at some level, I'm trying to understand. It's as if, together, all those plays were trying to form a Gospel full of good news for mankind. I realize, nowadays, after taking stock of my career, that Brazilian theater is very strong. With all the problems it faces, it should have been debilitated by the general state of the planet; and yet it shows signs of vitality, with new playwrights wanting to produce a lot and, above all, with an abundant cast of actors, each day more dedicated. I have studied the traditional methods of interpreting, but I don't have any methods. I am inspired by Dercy Gonçalves, Grande Otelo, Oscarito and the circus-theater. That is how I try to turn my life into a theatrical spree that, today, has ended up in this book. It's my way of having fun. And now, as Guimarães Rosa magnificently wrote in the conclusive lines of *Grande sertão: veredas* (The Devil to Pay in the Backlands): 'As you can see, I've said it all. I head into old age with order and work. Do I know myself? I fulfill. [...] Friends we are. Trifle. There is no devil! This is what I say, and if it is so... What there is, is human man. Crossings.'"

THE DRAMATURGY OF PASSION
Eduardo Moreira

In a time increasingly pressed and compressed by immediate results and by fortuitous and circumstantial encounters and work, certain artistic alliances and partnerships bring to mind the permanence of another place, of a time of convergence of soul mates, of groups of people who share experiences of so many years and of such intensity that they become significant and decisive, an elusive miracle that only the theater is able to provide. The miracle of artisanal construction woven by encounters and the obsessive longevity of a common goal makes the art of theater a place that is unique, special, intangible, and, increasingly, absolutely necessary nowadays, something that evanesces in the fleeting moment of the here and now and that can never be reproduced, yet, paradoxically, survives the passage of time. The artistic partnership between Grupo Galpão and director Gabriel Villela is an example.

I remember our first encounter. It happened quite magically. The year was 1985 and Galpão was experiencing one of its worst crises. We were stumbling through a muddled process of collective leadership, with poorly defined roles and the lack of an outside view which could set the group in the right direction.

When we took part in a theatrical creation workshop at the Winter Festival of the Federal University of Minas Gerais (UFMG), conducted by Ulysses Cruz, then director of the Boi Voador group of São Paulo, we had the opportunity to discuss our crisis at length. One morning during the last week of activities, the director invited us for breakfast. He told us that he had given a lot of thought to our situation and recalled a young director who had completed his studies at the ECA-USP. Anticipating his potential to soon emerge as one of most important names in Brazilian theater, he recommended him as a direction to overcome the stalemate we were facing.

At night, during the workshop, Ulysses suddenly started shouting: "That's him! That's him!" With no prior explanation or arrangement, into the rehearsal room stepped the young director, who was no other than Gabriel Villela himself. He was on vacation, touring some of the historical towns of Minas Gerais. Passing through São João del Rei, he had heard that Ulysses was in town giving a workshop at the UFMG festival and dropped by to say hello.

After that first unexpected encounter, we met again, with no significant outcome, during a street performance by Galpão of the play *A comédia da esposa muda* (The Comedy of the Mute Wife) at the São José do Rio Preto festival, in São Paulo. The year was 1989 and we exchanged a few quick words, with no time to follow up on the suggestion of a partnership our common friend Ulysses had cheerfully proposed.

Two years later, in 1991, we met again, this time in Rio de Janeiro. Life was still simpler back then and we would tour the city streets in our 1974 Veraneio station wagon. Besides the six or seven actors, the intrepid vehicle carried all the props and costumes for two street plays. It was our rambling coach, conveying our circus wherever a performance could be set up.

It was at one of those performances, at Casa de Cultura Laura Alvim, on Vieira Souto Avenue, in Ipanema, that Gabriel showed up to see us. He discreetly took a place at the back of the audience. He watched the whole show standing and then came to speak to us, very modest and straightforward. Two days later, we met in an Italian restaurant next to Copacabana Palace and openly discussed the possibility and mutual desire of working together. His first proposal was a street staging of the Passion of Christ, a project he had been cherishing for some time.

Following our Rio de Janeiro season, we dismounted our circus and set off to São Paulo to watch the much celebrated version of Carlos Alberto Soffredini's *Vem buscar-me que ainda sou teu* (Come Get Me For I'm Still Yours) directed by Gabriel at the Sergio Cardoso Theater. At that point, the city of São Paulo had completely surrendered to the charms and magic of the popular theater and circus-theater conjured up by the magical hands of our director. The show, which was indeed splendid, confirmed our belief that the partnership must go ahead somehow. That was when Gabriel surprised us with a proposal that sounded quite unusual, to say the least: he was no longer so sure about the Passion of Christ, nor knew exactly what kind of performance he would like to stage with us. His only remaining conviction was producing a play with our dark red 1974 Veraneio station wagon as part of the set.

A few meetings later, the shock of the curious proposal now over, we agreed to create five scenes or workshops based on four themes suggested by Gabriel – Brazilian musical theater, tales from the book *Primeiras estórias* (First Stories) by Guimarães Rosa, the play *The Great Theater of the World* by Calderón de la Barca, and the poem "Morte e vida severina" (Death and Life of Severino) by João Cabral de Melo Neto. The fifth theme, suggested by us, was Shakespeare's *Romeo and Juliet*. It was then decided that over the following five weeks we would create five scenes of no more than fifteen or twenty minutes each, based on the five proposed themes.

Five weeks later, Gabriel arrived at Galpão's facilities, in the Sagrada Família district in Belo Horizonte, to watch the five scenes directed by the group's actors. That resulted in the decision to stage *Romeo and Juliet*. It was also the beginning of a profound transformation that completely altered our artistic practice and, especially, our workplace environment. The first step was to replace the coffee percolator with an automatic coffee maker. Gabriel also transformed our space's mezzanine into a costume design studio. Now, besides a costume collection, there were dyeing, sewing and embroidery activities, a constant process of creating and transforming costumes preceding the study of the play's scenes and dramaturgy.

The rather long story that describes our first interactions, of an artistic partnership that would turn upside down Galpão's artistic horizon and modes of production and organization, and make its mark in Brazilian theater, reveals one of the most striking characteristics of Gabriel's theatrical outlook: that of considering, first of all, the ground where the actors will walk. It is curious to realize how the initial drive of his work was always to transform the entire environment in which our craft was produced. It was so in the three shows we staged together. In addition to bringing his collection of textiles, costumes and props, Gabriel always produced actual stage facilities that help and stimulate the creative imagination of the actors and the collective.

In *Romeo and Juliet*, for example, before knowing exactly what to do with the play, Gabriel wanted to find a place where he could raise the staging, while conveying at the same time the rambling and nomadic atmosphere of the ancient comedians who have always roamed the world. How better to express that than by using our own rambling *wagon*, the 1974 Veraneio? Our daily means of transportation was thus elevated to the condition of an artistic item. Life imitates art, and art recreates life, fortunately for us and for our redemption, as well as the audience's.

A deeply intuitive director who designs scenes with magic hands, Gabriel has always worked with creative spurts. Besides the set design, always viewed as the ground and place to be inhabited by the actors, the costumes, the clothes that dress and populate the actors' bodies, are contemplated as part of the dramaturgy of the play and staging.

I remember that when we started the stage reading process of *Romeo and Juliet*, at a moment when the casting had just been decided, the rehearsal was cut short. We were still working on placing spikes on the stage, script in hand, when Gabriel called Wandinha and me, the two protagonists. Gathering a set of costumes, textiles and pieces of patchwork, he immediately starting composing Romeo and Juliet on our bodies. That costume design, created in a delirious creative impulse, remained practically unaltered until the show's debut. The lightness of the pearlescent and diaphanous fabrics of the two lovers was opposed to the vivid colors of the costumes of other characters, thus enhancing the dichotomy in the interpretation of the play's two cores. While Romeo and Juliet were played in a dramatic register, the other characters were marked by a humoristic tone.

His profound theatrical intuition has always been supported, in all of his productions, by solid and intense theoretical preparation, which functions as a compass to the delirium and fervor of his creative hands. Thus, our staging work was preceded by long and intense preparation on the setting of the play and its historical, social and philosophical connections. Theory and technique have always gone hand in hand in his staging process, even though magic and passion might prevail in the most crucial moments. For him and his actors, theoretical study has always been akin to preparing the land to be cultivated. All our productions were invariably preceded by lectures and meetings with experts and theorists, paving the way for the actors' performance.

No wonder that our work of staging *Romeo and Juliet* started with a peripatetic lesson in the baroque streets of Ouro Preto, the crown jewel of Brazilian colonial art. His great friend and companion of many epic undertakings, philosopher, architect and poet Carlos Antonio Brandão, Cacá Brandão, was chosen to guide us. His mission was to introduce and populate us with the mannerist world of Shakespeare's oeuvre, linking it to the chiaroscuro dichotomies of baroque, in an immersion leading to the essence of that popular and secret mannerism born in the outer fringes of Minas Gerais.

We also studied the prosody of the novel *Grande sertão: veredas* (The Devil to Pay in the Backlands) by Guimarães Rosa. Gabriel was clear about staging a *Romeo and Juliet* focused on the Brazilian countryside, with a popular rural taste and a narrator of sorts, a Shakespeare who spoke in verse, based on Rosa's prosody, created from the blend of oral and written language which, internally, in the process of producing the play, we started calling *sertanês* (backcountry speech). Consistent with the dichotomy of baroque language, Gabriel proposed a staging that combined classical and popular, street and stage, universal and regional.

Faced with a creation crisis, largely driven by the need to find a telluric and cosmogonic dimension for the staging, Gabriel did not hesitate to propose a U-turn in all rehearsal procedures. That was when we left the closed room at Galpão's facilities and set up our stage in the middle of the dirt floor square of the small and hidden colonial hamlet of Morro Vermelho, in the Caeté district, seventy kilometers from Belo Horizonte, the region where inhabitants of the state of São Paulo clashed with the Portuguese in the so-called Emboabas War.

The U-turn was essential to access the starry sky, the moon, the sun, the mineral soil, the deep Brazilian countryside inhabited by rural workers connected to the land. Once the stage set was mounted in the open space of Morro Vermelho, it was decided that light would play a key role in the show's structure: the play would start at 4 p.m. so that the scene of Mercutio's death and the subsequent separation of the two lovers – a turning point in the play's tragic development – would coincide with the onset of light changes caused by the sunset. The outdoor rehearsals, exposed to the immensity of the open sky, revealed to us the dimension of landscape theater, of the world-man, which, from there on, would completely redefine our way of saying our lines. That was when we realized that our lines should direct the gaze of the audience to the infinity of the horizon, aiming to reach the transcendence and telluric nature of the text. The frequency of the Greek theater space became our point of reference.

It should be noted that another key innovation in Galpão's street theater esthetics introduced by Gabriel was the use of wireless microphones. Even at a particularly difficult moment in the production of *Romeo and Juliet*, when we were deep in debt and with no sponsorship in sight, Gabriel demanded we buy them. Up to then, the use of words had been limited in our street theater, since we had to shout due to the lack of technical support in such an adverse environment as the open space of streets.

Romeo and Juliet was a huge success which would last, with a few interruptions, for more than ten years. There were memorable runs in places like Plaza Mayor in Madrid, in several cities in East Germany, as well as tours throughout Venezuela, Colombia, and much of the deep Brazilian countryside.

Besides all these extraordinary experiences, I must also mention the show's great success in the two-week run at Shakespeare's Globe Theatre in London in 2000. The English, always reverent of Shakespeare and his work, at first a little suspicious, would end giving in to the infidelities and daring proposed by the staging. The end was always deliriously cheered, with the audience thanking us for having rescued the authentic popular nature of the bard's theater. In his farewell speech at our last performance at the Globe, the theater's artistic director, actor Mark Rylance, declared that it took a Brazilian group to come to London and reveal to the English the true popular character of Shakespeare's theater.

Almost two years after the premiere of *Romeo and Juliet* in the churchyard of St. Francis' Church in Ouro Preto (MG), Galpão and Gabriel Villela collaborated once more in *A rua da amargura: 14 passos lacrimosos da vida de Jesus* (Bitterness Street: 14 Lachrymose Steps in the Life of Jesus), a circus drama based on *O mártir do calvário* (The Calvary Martyr) by Eduardo Garrido, an author from Rio de Janeiro of Portuguese descent.

The first step in the development of the idea was a theoretical immersion into the work and catechizing and educational theater of Father Anchieta. Cacá Brandão prepared a comprehensive research on Jesuit theater that was passed on to and discussed with the actors. Coincidentally, our first studies on Anchieta and Jesuit theater occurred in Carmo do Rio Claro, Gabriel's hometown, where we were performing for the first time our *Romeo and Juliet* in the streets. It was there, amid sweet desserts, looms, sugar cane spirits and plenty of pork that we took our first steps to stage the *Passion of Christ*.

When everything seemed to be running smoothly towards a radical adaptation of the text, we were hit by the accident and tragic loss of Wanda, one of the group's founders and a key member within its structure. Rehearsals were interrupted for over a month and the adaptation of the text was dropped. We were facing a profound impasse, directly confronted with the fragility of theatrical action and creation. In a flash, everything seemed to have collapsed. Besides being my wife, Wanda was the mother of my son João. There followed a period of mourning, and I ended up spending a month in Spain while the group tried heroically to move on, picking up the pieces of what was left of us. The extremely difficult moment coincided with our partnership and commitment to debut the new show at the Bank of Brazil Cultural Center, in Rio de Janeiro. Gabriel summoned up all his strength to be able to guide, with an iron hand, that group of debilitated and aimless actors. It was his most vertical stage direction with Galpão. Four months after the accident, we premiered the play.

The staging resorted to absolute iconoclasm, a plunge into the world of circus-theater, in which everything is absorbed and processed without much elaboration, in a mosaic of styles where the most diverse influences are blended and transformed, in a hotchpotch of appropriations and recreations that had no qualms – in perfect tune with the theater language developed by Gabriel, who never hesitated in mixing serenades with Elizabethan theater, spaghetti western with religious odes of Minas Gerais, Nativity processions with the pop group Mutantes, opera with popular songs of the Sanremo Festival.

Despite the development of all those elements, the actors' ground was not yet defined. That was when the image of the Palestinian desert sands, where Jesus walked, gave Gabriel the insight of covering the stage floor with a layer of foam about twenty centimeters high. Walking on foam reproduced in the actors' bodies the muscle tone of bodies walking over desert sands, automatically establishing theatricality on stage. We finally had our ground.

A rua da amargura was another hugely successful show, running consecutively for nearly ten years in various parts of the world and almost all of Brazil.

After a while, both Gabriel and Galpão felt the need to seek new paths and take new risks. As Galpão is a group that has always worked with a repertoire of plays of long runs and a large number of performances, and the two shows directed by Gabriel achieved great success, such was the group's identification with the director's creative process and vice-versa that the audience already saw us as *Gabriel Villela's group* and Gabriel as *Galpão's director*. The two outcomes of our partnership were particularly striking and acknowledged in such a way that there was a kind of pressure for a repeat, while our common artistic restlessness indicated the need to break the bond in search of other sites, other sources of growth. And we had the courage to do so. The marriage broke up with some trauma, but nothing that impeded constant partnership and artistic exchange. Our reunions were always marked by generous conversations about each other's activities and processes of artistic creation, and inevitably led to uncountable plans for working together on potential new stagings. What started out as long and lively chats turned into reality once again almost twenty years after the premiere of *A rua da amargura*. The year was 2012, Galpão was celebrating its 30th anniversary, and we had just been invited to take part in the Cultural Olympiad in London with a new run of our version of *Romeo and Juliet* at Shakespeare's Globe Theatre. The reunion was the trial balloon for what would be our third partnership – *The Mountain Giants*, the last play written by Luigi Pirandello, yet another old dream of Gabriel's.

The reinterpretation of the classic play written by Pirandello over many years and only finalized in 1936, the year of his death, started out with the selection of a repertoire of Italian songs, with special focus on songs from the Sanremo Festivals, which made such an impact in the 1960s. Italian popular music was the key proposed by Gabriel to find the spirit for a new interpretation of the play, whose proposal is essentially popular and street-oriented. The melodramatic nature of the lyrics and melodies created a bridge with Gabriel's ideas for the staging.

In this sense, one could say that not only *The Mountain Giants*, but also *Romeo and Juliet* and *A rua da amargura* are, in essence, musical shows in which the atmosphere and the characters are designed and defined by the presence of music. In this transfiguration of classic texts destined for varied street audiences, Gabriel created alongside Galpão an unusual dramaturgy that processes classics from the perspective of popular culture, in a process of appropriation which has music as a key element.

Designing costumes and the stage set to be populated by the actors was the subsequent and almost simultaneous step to choosing the musical repertoire. Once again, the two hundred square meters of Galpão's rehearsal room were invaded by a huge amount of fabrics, props and various antique tables in Minas Gerais colonial style, randomly arranged around the space, waiting for the development of the work to discover the stage where the play would be performed.

Age and time brought us closer and closer to text-based theater. If *Romeo and Juliet* had been an extremely feverish and dazzling spectacle of movement, what imposed itself in *The Mountain Giants* was the static image, highlighted by the stateliness of the actors' presence, costumes and makeup, as if the precipitation and passionate state of the Verona lovers had been replaced by the contemplative and resigned philosophy of the villa of Cotrone, Pirandello's wizard.

The creation process and the end result of our third partnership also illustrate to what extent Gabriel has always marked his directing work with a personal interpretation, seeking to reinterpret the meaning of classic texts from the perspective of popular culture, both universal and from Brazil and Minas Gerais. The spirit of carnivalization and allegory dialogues, subverts itself and blends with classic canons, creating awe and tension that unfold into something deeply critical and Brazilian. Artistic blood brothers, Gabriel and Galpão share the proposal of merging classic and popular, street and stage, universality and Brazilianness, in a medley that is part of our mongrel roots of Brazilians, heroes and creators with no character.

For me, Gabriel's work and cooperation with actors will always represent a place of boundless relationship, which goes beyond the limits of the craft to invade life with unbridled passion. Our work has made us life partners, soul mates. A great friend, companion and guide in moments of excitement, happiness, tragedy, and also memorable arguments, our artistic brotherhood is now more than 25 years old – a silver anniversary in this rambling course full of surprises, scares, joy and passion, great passion, always. Euhoe, bro!

WHEN THERE IS METHOD IN MADNESS
Walderez de Barros

First day of rehearsal of *A ponte e a água de piscina* (The Bridge and the Swimming Pool Water) by Alcides Nogueira. My first professional encounter with Gabriel Villela. I arrive fearful, insecure, I had heard so much about him as a demanding, strict director, I did not quite know what to expect. My expectations were that nothing would be exactly normal, I was prepared to face some sort of crazy activity in the *worm exercise* line – everyone crawling on the floor – which some modern directors like to try out. After all, I had not actually met Gabriel Villela, I was just an admirer of his work; all the plays I had seen directed by him were pure enchantment. At that time, and even today, many actresses and actors dreamed of being directed by Gabriel Villela. He was, and is, the great master in breaking with conventions. Since that first day I can say that Gabriel has always surprised me.

And the great surprise that day was learning that my character's costume was practically ready, lacking only the subtle details that would be tirelessly added during rehearsals. Generally, all we see are sketches of the costumes, which are produced by seamstresses and decorators in a parallel universe, while we actors and actresses are rehearsing and giving life to the characters. In most cases, the clothes and ornaments are ready right before the premiere. I have done plays in which my character's costumes (and they were period costumes!) arrived on the opening night.

Knowing right from the first day of rehearsal how the character will be dressed makes the acting flow differently, since clothing and ornaments are the character's skin. But with Gabriel nothing is fixed, immutable, everything is closely interconnected. Knowing from the beginning of the rehearsals that the character will wear a veil, bear a staff or have a mask is decisive for the acting. Similarly, any discovery from the point of view of acting can interfere with how clothing or ornaments are worn.

Gabriel often says that he is, above all, a costume designer. Of course, that is oversimplifying his creative process, because what he creates is not merely adequate or esthetically designed clothing. Implicit in the costumes and ornaments is his view of the staging and, moreover, they express not only the skin, but also the soul of the character.

I consider Gabriel responsible for my rebirth as an actress, for he reintroduced me to the pleasure of stage acting, of interplay, of having fun; he made me exceed my limits without a safety net. It is no coincidence that actors and actresses aspire to work with him. I remember Regina Duarte in *Life Is a Dream*, breaking all paradigms, poignant and helpless on stage through the magical hands of Gabriel, with the love he has for his actors.

Each play, each show entails somehow a different kind of rehearsal. The characteristics of the director and the crew working with him are the same, yet they take on specific hues depending on the play. In *A ponte e a água de piscina*, for example, perhaps due to the actual scenic language of circus melodrama, both the rehearsals and performances, especially during the play's run, had a playful mood, nurtured by Gabriel himself. Often, between one scene and another, I received messages from him in the wings brought by the assistant asking me to add a joke or take a shot of vodka to relax because I was thinking too much, I lacked craziness. Indeed, to access the world of Gabriel Villela one cannot think too much, a little madness is essential.

The myth of Faust has always interested me. Since my youth, I would read, reread, memorize Fernando Pessoa's *Primeiro Fausto* (First Faust). Then I would enthusiastically read Marlowe's *Doctor Faustus*. And, always, Goethe. For Gabriel, Goethe is one of the friendly ghosts that, along with Shakespeare, have always been by his side.

Proto-Faust is a fragmented play, and the rehearsals followed this feature to some extent because we were looking for something unexplained in the text and still not very clear to us. Were the rehearsals similar to others with Gabriel? Yes, but at the same time different, as that great paradox teaches us. The research work was profound, enriching, given the huge amount of material on Goethe we had available. Moreover, as in all plays, Gabriel always invites experts on the subject or author of the play to give a lecture or workshop, debate, answer questions.

And it was then that I witnessed for the first but not only time one of Gabriel's amazing creative spurts. I arrived for the rehearsal and saw him with Márcio Vinicius, the props and stage set designer. They were trying to balance a wooden toy house, which represented the theater, over a chair. Concentrated, eyes shining, nervous, angry, Gabriel gave orders without explaining his purpose, no-one could understand what he wanted. He told me to enter the little theater, sit in the chair and deliver the initial monologue of the play. Oh yes, I forgot to mention that before doing so, he put a neutral half mask on my face and a little green hat on my head, as if ready to plagiarize Michelangelo and order: *Parla!* But that was the intention. Stunned, the only thing I managed to say was, "But I don't know the monologue by heart," and he barked: "Then read it!" But how, my God, if I needed glasses and was inside a toy house with a mask on my face, barely able to move and almost on the verge of tears. Even so, I started saying a few lines of text that I recalled, and despite all the discomfort, I realized that something very powerful was happening. The other persons present at the rehearsal were moved, Gabriel was exultant. It was thus that Faust was born. Following that brilliant, and frightening, creative outburst by Gabriel, it seemed like all the pieces fell into place, the fragments of the script came together, because we, or rather, Gabriel had discovered the symbol that contained all parts.

"In the beginning was the Word," says Faust, which Gabriel reaffirms, revering the great playwrights. Such interest for the great authors would naturally lead him to the Greeks, without neglecting his permanent interest in the inexhaustible work of Shakespeare.

Hecuba, a Greek tragedy by Euripides, was another play I did directed by Gabriel Villela. A much longed-for gift from the gods. The rehearsals for *Hecuba* took place at a site where he had already been working, a huge shed concentrating all the creators of the show; literally a workshop, that is, a place of crafts, of artisans: costume designer Gabriel, the set designer, the decorator, seamstresses, embroiderers, assistants, technicians, acting, speech and singing coaches, and the actors and actresses, all exercising their crafts; a place appropriate to create theater in its most meaningful sense: collective art. Everyone is important and has the right and duty to occupy a place at the large table set up for the first readings, studies and discussions on the play.

Since our first play, I got used to seeing Gabriel in the audience, watching the performance among the playgoers, reacting like an ordinary spectator, laughing out loud in an unmistakable way when appropriate, or in the wings or backstage during the show. Often he stands in a corner of the wings listening to the play, and judges whether the scene was good or not based solely on speech. In *Hecuba*, I would leave the stage near the end of the performance and sometimes find him sitting in a chair behind the set, thrilled if the scene had been as strong as it should have. These loving gestures are what make me consider working with Gabriel Villela a privilege. He loves the theater. He loves his actors. I can only be thankful.

NOBODY STAGES THE CIRCUS WITH SUCH INSPIRATION AND TRUTH
Fernando Neves

I was born in a circus dressing room, the son of circus performers from circus backgrounds, and currently carry out research started in 2003 on the world of circus-theater together with Fofos Encenam, the company of which I am a member. So I know that the circus is made of magic and love, exactly what I feel for my friend Gabriel Villela and his magical oeuvre.

I met Gabriel in 1984 when he was coaching actors for a play called *Minha nossa* (Good Heavens) by Carlos Alberto Soffredini, produced by the Grupo de Teatro Mambembe.

Recalling that brilliant 31-year career in which life and art are blended, it is hard to elaborate unemotionally on such a vast and original oeuvre. Gabriel's résumé is a calendar on which no dates are needed for me to identity years and events, each show brings back memories, the most diverse, of my life in and outside the circus. The image I have of this unique artist is of a circus train from Minas Gerais with many cars, and authors occupying carriages according to their class; first class in first, second class in second, and so on. The difference is that all of them receive first-class treatment. My God, what first-class service could that be? Can we really provide the same white clothes, dishes, soundtrack, lighting to Shakespeare, Euripides, Max Müller, Pirandello, Nelson Rodrigues, H.C. Andersen, Chico Buarque, Goethe, Heiner Müller, Samuel Beckett, A. Camus, Dib Carneiro, João Cabral de Melo Neto, Fernando Arrabal, Eduardo Garrido, Luís Alberto de Abreu, C.A. Soffredini, Oskar Panizza, Arthur Azevedo, F. Schiller, Calderón de la Barca, Raymond Queneau? What train is that? The same for everyone? Yes; in that train, yes. The engine driver knows each one's class, he is not mistaken, and has the ability and coherence to afford everyone a wonderful trip.

The train image is powerful when we think of the circus. It travels back and forth, stopping at different sites, some of them more conservative, others less; some of them religious, others in need of information...

The professional debut was in 1989 with *Você vai ver o que você vai ver* (You Will See What You Will See), by Raymond Queneau. I remember Gabriel going to a workshop to saw a bus in half! Such determination in a young newcomer to serve a good comedy cast and tell the same story several times in different ways.

The show inaugurates a practice that will be repeated in many other shows, which is the blatant presence of the clown, not always with a red nose, as commonly identified, and not merely fulfilling a comic purpose, but often interpreting a dramatic role. Circus clowns have particular features and functions. The Whiteface clown, in a colorful and snobbish suit, is there to encourage, ridicule and serve as a counterpoint to the eccentric red clown, the Auguste. The latter wears oversized shoes, a suit three times his number, a huge, wide-collared shirt, often carries a thick, awkward stick, is poorer and more naive, gets beaten up a lot, but is very charismatic and always prepared to get out of difficult situations inflicted by the other. That is the comic pair, the stars of any circus. There is also the figure of the Character clown, which fills in the spaces between the numbers, contributing to keep up the pace of the show. His numbers are shorter, loud and appealing, with leaps, falls, blows. Character clowns are on the first rung of the circus ladder.

It is important to present this information about clowns because Gabriel instills the characters with these features, with no loss to their identities. We therefore have well-defined characters with the soul of a clown, fulfilling actions and functions intrinsic to that universe: serving as counterpoints, complementing jokes, or functioning as a chorus of Character clowns, and the scenes are resolved as sketches or skits, as in the numbers by Whiteface and Auguste.

In the stagings of *Romeo and Juliet* and *Sua Incelença, Ricardo III* (His Excellency Richard III), the former with Grupo Galpão and the latter with Clowns de Shakespeare, based on those two tragedies by Shakespeare, comedy prevails with different nuances, from the most restrained humor of Minas Gerais to the most shameless slapstick of northeastern Brazil. In *Romeo and Juliet*, especially, which was greatly appreciated in England, while the cast is in a comic register, the actors playing the protagonists are in a dramatic mood. In *Sua Incelença, Ricardo III*, this is a more subdued, for the protagonist, being a despot, has darker traits, but is nevertheless also on a different register.

In the stagings of *The Love Council* by Oscar Panizza, *Life Is a Dream* by Calderón de la Barca, *The Tower of Babel* by Fernando Arrabal, *Mary Stuart* by Friedrich Schiller, *Gota d'água* (Water Drop) by Chico Buarque and Paulo Pontes, and *The Mountain Giants* by Luigi Pirandello – despite being played by different actors at different times, addressing various themes and being specifically directed according to their characteristics – there is a circus present in illusion and magic, in the most fascinating place, which is risk: "People come to the circus for the risk, to remember that we may die at any moment," as stated by the Circus Owner in *Maria do Caritó*, by Newton Moreno.

Being a romantic play, *Mary Stuart* speaks more to the heart in Gabriel's conception. Unlike other stagings where the circus calls for greater excitement and feelings of fear, of risk, this play is located in a place of imagination and much poetry, similar to other works such as *The Love Council*, a satirical and grotesque tragedy that addresses the religiosity of circus through the viewpoint of guilt and punishment, in a ritual that depicts civilization in a dead end, imbued with the plague; *The Tower of Babel*, which is the circus of panic, the fear of falling at any moment, the theater of cruelty, of the absurd, of *not knowing whether to laugh or cry*, the theater of the incantatory rite; *The Mountain Giants*, because Galpão in the street is always circus between fable and reality, theater as an end in itself; *Gota d'água*, which is true circus anthropophagy: in the slums and in Greece, sorcery disguised as voodoo, the body of a vaudeville trickster with a Greek swagger, exploiting everything available, chewing and spitting it out on the stage without *batting an eyelid*.

What a delight to watch *Ópera do malandro* (Hustler's Opera) more than ten times. That was truly a scenic spree. You don't often see so many good actors on stage, playing comedy and drama with such precision and all of them singing so well. *Ópera do malandro* is an adaptation by Chico Buarque of Bertolt Brecht's *The Threepenny Opera*, which in turn is an adaptation of *The Beggars Opera* by John Gay. That creative and exquisite show, which qualifies the Brazilian musical as first-line entertainment, originates in opera, visits cabaret, and, to acquire a Brazilian soul, plunges into burlesque and vaudeville.

And now a final short account which says a lot about how Gabriel Villela sources textiles for his costumes, and, at the same time, is a wonderful anecdote on how the craft of theater is still viewed nowadays.

Together with Luciana Buarque, his costume design assistant, Gabriel was looking for patchwork quilts for the costumes of *A guerra santa* (The Holy War), a dramatic poem by Luís Alberto de Abreu. After much walking, visiting various houses and purchasing many quilts, we entered the home of Maria do Cabo Verde, a housewife in Carmo do Rio Claro, Minas Gerais, Gabriel's hometown. I remained in the living room while they went into the bedroom. I could not see them, only hear:

> Gabriel: "Dona Maria, how wonderful!"
> Luciana: "Yes, your quilts are really marvelous."
> Gabriel: "I'll take all of them."
> Dona Maria: "But Bié, what do you want so many quilts for, dear?"
> Gabriel: "For the theater."

(Pause – sound of closing drawer)

> Gabriel: "But Dona Maria, what's wrong? Don't you want to sell me the quilts?"
> Dona Maria: "Theater??!!! Trouble!"

THE COSTUME DESIGN OF GABRIEL VILLELA: DRAMATURGY AND TEXTILE POETICS
Fausto Viana and Rosane Muniz

He says he has no gift to write even a single line, yet turns everything he touches into poetry. His ideas are materialized by forming images that move between the sacred and the profane, from ancient times to the present, thus becoming atemporal.

Writing about Gabriel Villela's work in costume design is to reveal an artist in love with stage clothes. He states: "What motivates me is to be in the studio tinkering with these things, but I do not consider myself the costume designer. The clothes are managed from a director's point of view, not a costume designer's."[4] It is this blend that gives his costumes their strength on stage, since Vilella's creative process happens as a whole from the very beginning.

Much has been said and reflected about his creations in the field of dress – including by us – in magazines, newspapers, catalogs, books and academic papers. Therefore, it is impossible to avoid self-citations; after all, there no denying that his productions have always spurred our curiosity. "What will he do now?" is what we always wonder when he announces a new show. Not that this article intends to be in any way self-flattering or pamphleteering, but his career, many phrases and reflections that mark his relationship with garments deserve to be recorded here in this *Imagine!*

It all started in his hometown, Carmo do Rio Claro, Minas Gerais, a place whose economy is based on farming, but which is inserted in the culture of pedal looms, cotton fibers, sheep wool, natural dyes, primitive weft patterns and more. Who knows what cloths Gabriel Villela was wrapped in that later inspired him to create so much art with the most varied textiles and other kinds of materials!

> My first notions of texture and fabrics stem from memories of my aunt Zilda, who was a dressmaker. She sewed in a large studio inside in a big house with floorboards, and once a week she would pay me to retrieve the pins that fell in the crevasses between the boards and organize the fabrics, separating them by color, etc. I had to leave the studio when her customers came for fittings, and so spent my time leafing through copies of *Burda*, a fashion and clothes design magazine she had in the house.[5]

Gabriel Villela confirms provincial culture as the primary source. Observing the sheep bred for wool by his grandfather, on his father's farm, reinforced his taste for textiles. But one fact was decisive: when his mother started embroidering dresses and bridal trousseaus to help the family through a crisis.

> She had a spontaneous talent and specialized in it: the needle, richelieu stitch, shadow stretch, paris stitch, à jour stitch, multicolored embroidery... Each child held one side of the garment to help her embroider, and often we all sat around a wedding dress. I made

---

4. Gabriel Villela apud Fausto Viana; Rosane Muniz; Dalmir Rogério Pereira, *As delicadas tramas de Gabriel Villela*, in: Fausto Viana; Rosane Muniz (org.), *Diário das escolas: cenografia*, v. 1, Rio de Janeiro: Funarte, 2011, p. 80.
5. Gabriel Villela apud Rosane Muniz, *Vestindo os nus: o figurino em cena*, Rio de Janeiro: Senac, 2004, p. 185.

the cuts on the edges of buttonholes, my sisters made the buttonholes and my mother embroidered the pattern. I come from a very strict family, and as I was only six or seven years old, my biggest fear was to allow the embroidery to touch the floor and thus get a beating. But that experience gave me the opportunity to know the inside of embroidery, which I consider essential for a costume designer.[6]

That *fear of getting a beating* already reveals the *dramatic intensity* of the man of the theater he would become. It is akin to another strong statement he makes about his Minas Gerais origin: "I am at once a friend and enemy (of Minas Gerais). I'm actually an expatriate. [...] Minas Gerais is an awful mother and a great stepmother. [...]. A land of guilt, plenty of guilt."[7] Reflections that emerged in an interview about the staging of *Crônica da casa assassinada* (Chronicle of the Murdered Home — 2013), when he even extended his claims to the country as a whole: "In our culture everything is very well done, but all under the table. Including sex." Exaggeration? No matter. Villela is intense *per se*. But back to Minas Gerais.

His ventures started with his earliest work. In addition to directing, he would create the costumes for his theater group with clothes and materials sourced by himself and his friends. They would collect embroidery, cuttings, pieces of cloth and weaving leftovers in houses around town, which gave the group its name: Roots. The school had a handicraft and recycling center, where they experimented with making dyes from onion roots, among other natural colorants. They staged the plays *Morte e vida severina* (Death and Life of Severino), *Gota d'água* (Water Drop) and *Calabar*.

> Arriving in São Paulo, I went straight to USP and it was a shock! Because I carried with me this artisanal methodology. And I even had classes with Campello Neto. He wanted to kill me! Because I was good at it, he loved it, but it was too unconventional at the time.[8]

When he came to São Paulo to study stage direction at the School of Communications and Arts of the University of São Paulo (USP), he met professor and set designer Campello Neto, who, incidentally, would be unable to *kill* anybody. But the classical background of the professor – who did an internship at Cinecittà in Rome and was an ardent admirer of the costumes of Luchino Visconti's films – must have prevented him from promptly absorbing work proposals so deeply rooted in Brazilian popular culture, such as Villela's. It was a turbulent phase, but decisive to ensure that Villela's poetical foundations remained intense and ever-present throughout his career. It was there at USP, stimulated and provoked by some of his professors, that he noticed that his Minas Gerais background was the basis of his entire creative process, and therefore needed to be reaffirmed, never denied!

The costumes of *Romeo and Juliet*, meticulously assembled in a succession of delicate details, convey an ancestry which does not only evoke the early history of Minas Gerais and its people. It is not a mere reflection of family embroidery or past traditions passed down from parents to children. All the garments – the boots, the coats modified with sandpaper and plaster, the *exaggerations* of the football socks, Juliet's dress embroidered with pearls… – seem to tell stories common to all mankind. There is a close bond between them and the masks created with makeup, the tiny hair ribbons and the ornaments that gain life and movement, like a second skin of the actors, sometimes even when walking on stilts, playing a musical instrument. In fact, the dialogue of the costumes also extends to the music, interrelating affective memory, family caring, loves, friends…, rituals that are repeated from generation to generation.

The play enjoyed a long and successful career, with performances in many countries, including England. At the Globe Theatre (London) in 2000, the show fascinated actress Vanessa Redgrave, who was also on stage at the festival playing Prospero in *The Tempest*. Villela relates that the British actress "expressed the desire to dress in our actors' clothes because she felt that the English no longer knew how to make clothes that were entirely theatrical, of a swaggering and festive nature, as those worn by Grupo Galpão."[9] The great issue posed by Redgrave was that the English could reproduce the very fabrics used by Shakespeare and his actors, yet were unable to retrieve that playful and free spirit of producing theater.

If the initial classification of Gabriel Villela's work as baroque aimed to categorize it, this seems to have become a derogatory label, a commonplace judgment. What his work actually does is retrieve elements from the memory of Minas Gerais, from the street festivals, the Catholic processions and celebrations. Inspiration comes from the everyday garments of mythical or folk characters of Minas Gerais. Aleijadinho is brought to the fore, with a baroque that is brilliant in its simplicity compared to the baroque produced in European imperial courts, such as the Imperial House of Austria, where the excess in churches and palaces actually prevents direct observation of the work.

Despite being framed by a portico that evokes the Church of St. Francis of Assisi in Ouro Preto, whose design is attributed to Aleijadinho, the costumes of *Crônica da casa assassinada* are contained in their excess, with two exceptions: the costume of Christ, who slowly turns his back on the family, and the costume of the brother, who leaves the room after twenty years dressed in his mother's clothes. There is a curiosity: the quilt that is cloak or shroud, depending on the scene, *conceals* what is done under the table.

Villela creates based on an elaborate, expressive, dramatic baroque. And to the despair of those who wish to categorize his work, this baroque is less Brazilian and more related to Spanish America, where the statues do not *merely* weep blood, like ours, but also rubies and topazes.

> One must remember that this is not only about set and costumes. It is about creation, and involves all artistic genres. Despite the need to translate it into nomenclature – sometimes stage set, sometimes costume design – it is actually just a structural part of performing arts, whose end result is man, words and actors.[10]

Each element arranged by Villela on stage has dramaturgical force and a particular story. Some of them are repeated, but return with different functions, real or metaphorical. One is the umbrella. This object that covered deities and royalties in events of great spiritual significance, which is often used as protection against the elements, and may also serve as an elegant female accessory, in Villela's work evokes popular festivities and the circus, emerges framing characters or scenes. One recalls Villela's umbrellas as a balancing instrument on top of the station wagon in *Romeo and Juliet*; with Caifaz in the Sanhedrin scene in *A rua da amar-*

---

6. *Ibidem*.
7. *Entrelinhas*, São Paulo, TV Cultura, 5 October 2011. Available at: <http://www.nucleodevideosp.cmais.com.br/minas-e-uma-pessima-mae-e-uma-excelente-madrasta-ressalta-gabriel-villela>. Accessed in: Sept. 2015.
8. Gabriel Villela *apud* Fausto Viana; Rosane Muniz; Dalmir Rogério Pereira, "As delicadas tramas de Gabriel Villela", *op. cit.*, p. 75.
9. Gabriel Villela *apud* Rosane Muniz, *Vestindo os nus: o figurino em cena*, *op. cit.*, p. 190.
10. Gabriel Villela *apud* Carolina Braga, "As cores do mundo", *Estado de Minas*, EM Cultura, Belo Horizonte, 17 April 2013.

gura (Bitterness Street); spread around the stage in *The Mountain Giants*. Like the word, which derives from *shadow*, from the Latin *umbra*, Villela's umbrellas can also reveal on stage *shadows* of characters and much more! When, colorful, they support the witches conducting Macbeth to the path of shadows, while a large, red one highlights the narrator (incidentally, the same one that brings pain and the color of blood to Nina's hands in *Crônica da casa assassinada*). They can also be seen in the choir of Caligula, the one addressing Rome; as poetic representation in *O soldadinho e a bailarina* (The Tin Soldier and the Ballerina). In *Mania de explicação* (Explaining Mania) they dress the scene in Japanese style, evoking dreams. In short, they always return – from the circus world of *Sua Incelença, Ricardo III* (His Excellency Richard III) to the tragedy of *Hecuba*, or taking on diverse meanings in the turbulent waves of *The Tempest*. Who best summed up the use of umbrellas by Villela was Shicó do Mamulengo: "If a show by Gabriel has no umbrella, it's because he is even crazier than ever!"."

A WORLD OF POSSIBILITIES IN THE UNIVERSE OF VOICE
Babaya

In 1992, during the staging of *Romeo and Juliet* with Grupo Galpão, music brought us together. Then, in 1994, also with Galpão, we developed a work of script direction for *A rua da amargura* (Bitterness Street). Until then, my work had been restricted to voice coaching and musical rehearsals. Gabriel Villela then opens up for me a world of possibilities in the universe of voice. Each stage production requires from me new research and techniques to meet the demands of the imaginary world of this brilliant creator, who is forever surpassing, reinventing himself. He is always ahead of his time, but without ever losing the rural roots that permeate his sensibility in the delicacy of songs, in the color of harmonized voices filled with timbres, vibratos and duets, reminiscent of old serenades or processions, at once simple and extremely sophisticated. I understand that universe, because he and I share the same origins.

Music has always influenced the creation of the artist Gabriel, who has incredible musical perception and an enviable memory: he knows all lyrics by heart. So when the staging process begins, usually in the tranquility of his rural property, he summons us for a singing session. He already has everything in mind: arrangements, instruments, duets, solos, chorus, etc. He loves strong, epic voices, with a lot of vibrato, but also voices that sound delicate and poetic. Another lovely feature of Gabriel is always introducing in his plays classic popular songs that evoke the purity, feeling and memory of a people – from anywhere in the world. He is shamelessly capable of using a rock song by Raul Seixas in a children's musical, as in 2014 in the play *Mania de explicação* (Explaining Mania), or stage an entire Shakespeare play with nursery rhymes about sea and river, as in the recent *The Tempest* (2015). And it all sounds very coherent, because it has poetry and makes dramaturgical sense.

My method of working with vocal techniques has always been very ludic and full of accessories, which may look like toys at first site, but nevertheless are based on serious principles. The positive results are always immediate. For example, I use with the actors a small pipe, a kind of toy that vibrates a little ball, to work their breathing and diaphragmatic support. There is also a silicon tube adapted to a PET bottle two-thirds full with water. When we blow through it, this simple mechanism performs an intense massage on the vocal folds, producing a faint voice. I additionally use a small lollipop stick that, when blown, blocks the passage of air and lowers the larynx, expanding the resonance areas; a cork between the incisors, to improve articulation; a bucket to increase voice projection with minimal effort. Thus, I mix play and dramaturgy.

In the rehearsal room, the same care is given to the script. By means of extensive theory on expressive resources, I help actors gain a greater understanding of the text, of what they say and how they say it, according to the esthetics proposed by Gabriel for each play. In order to introduce and execute my work of script direction, I first try to understand what the director is proposing within his dramaturgical esthetics, then identify the problems that must be solved and the courses I can take. I must also know the actors, their capabilities, vocal limitations and understanding of the script. I believe that the difficulties are often due to lack of self-awareness regarding the voice and to limitations in interpretation. The human voice alters considerably depending on emotional factors, situations and contexts that cause impact or change in the relationships with others and with the world. To understand this universe, I use a study on the knowledge of appropriate voice adjustments for variation in timbre (voice quality), pitch (modulation), intensity, speed (tempo, meter, pause), breathing, articulation, resonance and inflection. In addition to voice self-knowledge and control, this study affords actors and singers control of their expressiveness and effect on listeners. The topics are: vocal adjustment exercises (warming-up, relaxation and flexibility of the larynx muscles); main types of voice; impressions conveyed by types of voice; voice variations; inflection charts; study use, evaluation and testing.

Of the 167 different productions in which I have worked in my whole life, 30 shows have been with Gabriel Villela, working with the actors' voices, caring for vocal health, creating forms, proposing interpretations, building a history in theater. To better illustrate this period, I have selected from my notebooks a few stories from all those years of partnership. There have been many hours of pure beauty, magical moments, anxieties, joys, stresses, acknowledgments, appreciation, partnership, loyalty, learning, friendship, love and many other emotions that are part of the creative process.

Staging of *Mary Stuart*, in São Paulo, 1995. To interpret this clash between two queens, the protagonists Renata Sorrah and Xuxa Lopes were almost yelling their lines during rehearsals, speaking with great effort. A possible hoarseness of both two actresses threatened us. Gabriel asks for a different voice texture. So I had the idea of making them hold a bucket before their faces while saying their lines. The result was surprising. Voice emission was perfect and well projected, with good quality of sound. Gabriel told me happily that I had done witchcraft. Both voices were well protected, and I never stopped using the bucket in my voice work, whether sung or spoken. When Gabriel requires delicacy in interpretation, he asks the actors to use the miraculous bucket! In fact, what happens is that with the bucket, we hear our voice more intensely, which reduces emission efforts and results in a voice with more harmonious brightness and full clarity.

Ventania (Gale), Rio, 1996. One of the most beautiful stagings of Gabriel's career, in my view. With the actors I worked on voice warm-ups, interpretation dynamics and song rehearsals. We experienced exciting moments and made incredible discoveries of new vocal possibilities that emerged during rehearsals. Voices the cast had never used, forms and expressions that highlighted speech, interesting timbres and correct projections made the script even clearer and more expressive. It was during this production that I met Chico Buarque, who attended the premiere to see his daughter (Silvia Buarque was part of the cast) and thanked me for seeing her sing *Let it be* at the end of the play, beautiful, expressive and with great feeling. Even that I owe to Gabriel: meeting Chico!

Then came Milton Nascimento's show *Tambores de Minas* (Minas Drums), in Rio in 1997. Gabriel invited nine artists to share the stage with Milton, among

11. Ibidem.

acrobats, actors and singers. The initial idea was for them to dance, play drums, perform acrobatic feats and... also *sing*. We had four actors who sang and five acrobats who didn't. So far so good, since they would form a chorus. The first rehearsal was in Milton's living room, and he listened from the bedroom. When the boys sang the first song it was a disaster! Milton told me he felt like crying and giving up. The artists themselves wanted to quit. But I was persistent, Gabriel was counting on me and I couldn't let him down. The work was hard and intense, demanding great dedication from all, with a lot of rehearsal and repetition. In the end the boys excelled. I once again received the title of *witch*, this time awarded by Milton Nascimento.

In 1997 we staged the play *Morte e vida severina* (Death and Life of Severino). I have never seen Gabriel so creative, a whirlwind of ideas. Five times he changed the stage set and costumes; totally crazy. The rehearsals were in his hometown of Carmo do Rio Claro, more precisely at his rural property, Esquentalho. We were staying in a boarding house in town, and would go there by van. Imagine what it meant for that small town to receive sixteen actors for almost three months. It caused quite a stir. Besides vocal technique, Gabriel asked me to work with strength and delicacy in the actors' voices and also enhance the vibrato he loves so much. Many a time I worked with the actors' body and breathing stamina in the middle of cornfields, among chickens, cows and dogs. It was an unusual process.

Working in Portugal was also very curious. In 2003, Gabriel, Ernani Maletta and I set out on an adventure to the city of Porto to stage the musical *Os saltimbancos* (The Musicians of Bremen), with local actors. Following the auditions, we selected a group of young actors who sang, danced and acted beautifully. We spent 75 days at the facilities of the famous theater company Seiva Trupe, in deep European winter, amidst rain and snow. From the very first readings we had to deal with differences in speech, the accent, obviously, but also regarding the actual understanding of the language. So I had to introduce several changes in my articulation exercises to adapt to the diction of European Portuguese. It was a very important learning process.

In the play *Macbeth*, in 2012, I worked with actor Claudio Fontana, producing, in my opinion, one of the most exquisite, delicate and expressive results in my career. He was playing the female role of Lady Macbeth. In the first readings, Fontana tried to speak in a falsetto register, but was not satisfied with the result. So I proposed to initially work his speech without any kind of predetermined interpretation. We researched vocal timbres, intensity of projection and word rhythm. Along with these details, I noticed that he almost glided when walking on stage, like a geisha, wearing a light flowing cloak. That inspired me to suggest he speak in a high-pitched tone, but without going into falsetto, almost without modulation and varying the intensity between medium and soft. His interpretation was perfect. While his movements were lithe and graceful, his voice was hard, cold and Machiavellian, representing a domineering character, but also distressed and long-suffering. Moreover, Gabriel asked him to speak using the epic narrative, without losing spontaneity and exchange with the interlocutor, as well as with the other actors in the cast. So what we achieved was remarkable.

In 2014, in *Um réquiem para Antonio* (A Requiem for Antonio), I once again work with actors Claudio Fontana and Elias Andreato. Their voice proposals are different and bold. Elias is a clown with a metallic and nasal timbre, Claudio has three characters and a different voice for each one: a clown in the form of a puppet, a clown as an imaginary character, and, at the end, those voices fade away and the character becomes real. The work with those two great actors was magnificent. Besides speech, I attended to the vocal health of the whole cast. That was when I first introduced in theater the technique of semioccluded vocal tract exercises, using a silicone tube inserted in a PET bottle two-thirds full of water, associated with vibration exercises. It was a success, providing all actors with greater delicacy in voice transmission, enhanced projection, and vocal health.

THE FULL DIMENSIONS OF A RENAISSANCE GIANT
Francesca Della Monica

A metaphor that I always use in my voice lessons is that of the *opposite bank of the river*, understood as a place of spatial distribution for the actor's voice. The voice, as a founding and relational gesture, contains a *fluvial* movement which extends beyond the solipsistic frame to reach the boundary where it is able to deliver speech in the hands of others. Even before speaking, giving, singing, shouting, whispering, the actor's body measures the distance, embraces otherness, sets the course and conduction of gesture. All of that must happen before the vocal *assault*, and that is why each emission relates to pitch, intensity, timbre, but also to space, proxemics, inclusion or exclusion.

But reaching the opposite bank also means leaving the space of history, of realism, of psychologism to enter the space of myth, of symbol, of poetry and of psyche. That happens when verbalism gives way to extraverbalism, and when *how to say* becomes more important than *what is plainly said,* and when the gestural sphere multiplies its breadth and the myth dimension can find its representation.

Years of research and life experience in theater allowed me to refound the parameters of music and voice, redefining their meaning in order to truly understand them. The theater where my voice dwells, as I understand it, has always been a space of poetry, of allusions, of lyrical short circuits and of encounters of the arts: the place where erudition is transformed into knowledge and life. My city is Florence, the nest of Renaissance, a meeting point of a space and a mythical time. When you live in Florence, the philosophy of the Renaissance invades your veins, as my professor at the university use to say. And, indeed, that dimension of comprehensive knowledge, of total art, of no separation between art and life really runs through my veins. I found it on the opposite side of the ocean and in the theater of Gabriel Villela.

A work of geography, archeology and geology is my craft in Gabriel's stagings. It is exploring with the actors the layers of meanings in the script, the hidden and explicit metrics, the symbols, the archetypes hidden in words, the sentence structures, the music dynamics, the dancing of images, of thought and of music that takes place among the parts that make up the propositions. In other words, it is opening up a dramaturgical path so the voices may flow and feed on the memories, the events, the references experienced by the bodies, the souls and the intellects of the actors. Once again, it is about unification and synthesis of dimensions, faculties and disciplines, as the Renaissance masters teach us.

Gabriel Villela's studio is, in itself, a work of total theater. His dramaturgy is a life course whose threads, more or less subtle, are the many speeches on tradition held in abeyance.

I think of this extremely original artist and his method of preceding the rehearsals for a show with the *factory* – in the Renaissance sense of the term –, the studio where the bodily forms of the characters and settings will be conceived. It's like hatching a cosmic egg. The germ of all phenomena and of the entire universe is there. The eggshell represents the confines of the world space. The germ occluded within the egg is the symbol of the inexhaustible dynamism of life *in the raw*. It is a studio of refined knowledge and wise manufacturing, non-repetitive and subject to surprise through ineffable artistic creation.

Gabriel, like the son of the bell manufacturer in *Andrei Rublev*[12], is heir to an ancient wisdom that is revealed, almost unexpected, only at the last moment of the creative process, forever stealthy, but inexorably crowned with the sound of the bell, the groaning and tears of poetry, and the awakening of the artist's word following the long cloistered silence that precedes the birth of an art object.

Similar to the urban configuration of a historical city is the stratigraphic process to which Gabriel Villela gives life in creating the costumes of theatrical characters. With demiurgical talent, he transforms the actor's actual body into a stage set, in an alchemical fruit born from the convergence of tactile, olfactory, visual, papillary, dreamlike, poetic memories. There is a distillate of iconographies obtained from autochthonous tradition and encounters with universal, popular and erudite art. Similar to an urban landscape, the actor's landscape/body is a meeting point of extremes, peripheries and centers; it gathers and resolves within itself the conflict between the beautiful and the ugly, between agreement and dissonance, between silence and rumor. It restores to the world the antitheses of life, dynamizing them poetically with the fever of art. Thus emerges a dramaturgical path that rewrites and translates the author's work. The actor's body rises to a glory of three, four, ten dimensions, ready to handle the complexity and multiplicity of the soul and the cosmos, ready to be *one, none and a hundred thousand*.

Gabriel Villela's compositional action is fast, phenomenic, feverish; similar to the action painting of Jackson Pollock. His gestures when creating a costume are choreographic, essential, surgical; the eye feverishly spreads colors, shapes, textures over the actor's bodily stage; he contaminates cultures, languages, images. Every costume by Gabriel has a smell, a flavor, a temperature, a taste. In short, it is an alcove where the bodies of the director and the actor meet and love.

CRAFTSMAN OF THEATRICAL VISUALS
Macksen Luiz

In the early 1990s, a generation of stage directors started drawing attention in theater for their original grammar and personal syntax. Among the names that emerged from the diversity of creative routes and concentration of expressive individualities, Gabriel Villela bore marks that pointed to a geography of regional outlines, transported from popular mysticism to contemporary drive. The memory time frame that underpins the lacework on stage expanded in space like a distaff that spins language, unraveling the memorial past up to the ritualized present, in an intersection of melancholy patches in the slits of the theatrical tissue.

The construction of this scenic machine, powerfully visual and forever poetic, is founded on the hometown of Carmo do Rio Claro, in Minas Gerais, from where Gabriel extracts the basic elements of his imagistic craftsmanship, saturated with the dirges of processions, the color of popular festivals, representations of travelling circuses and feelings walled in by the mountains. The formalization of an esthetic sustained by that small fiefdom of faded traditions and disappearing celebrations invigorates and breaches the boundaries of yearning reminiscence and nostalgic evocation to surpass, with crude and affective perception, the provincial soul.

To this universe, naive in its roots and sentenced to impermanence, is incorporated a theatrical liturgy that reinterprets signs and revises symbols. The hometown is an artistic area exploited like a field fertilized with memories, irrigated with furtive tears, and with a smell of earth that infuses the repertoire of universal dramas and tragedies. The means of appropriation are filtered by memories of images, intensely illuminated by the traces of affection and shaded by the clay masks of which human conflicts are made.

The visual explosion of Gabriel Villela's theater is in the refraction of candlelight on altars or in the limelight of dramas of circus rings, in the allegories of a religiosity that resonates medieval darkness or in clowns that subvert the solemnity of classics without stealing their souls. Illusion takes on baroque contours and lyricism gains satirical blotches, unmasking villainies, exposing truths. The dust of time, which often covers the faces of actors and ages costumes, is also used to hasten clouds and mark the passage of time through the imponderability of human acts. Everyday objects are transmuted into dreamlike parts – fabrics, discolored by wear, into seas and shrouds; bones, coffins, cages and baskets into arid backlands of secular injustice; and calico cloths, Eastern illuminations, mirrors and recycled portals into revelation of nudity.

The sounds surrounding this powerful theatrical iconography are surprising for the diversity of their sources. From litanies to plainsong, from the repertoire of old radio crooners to sentimental *sambas*, from the sonority of secret languages to the naivety of popular choruses, from herd-guiding chants to opera, music plays, in addition to commenting on the action, an essential role in constructing the actual scene.

Gabriel Villela's theatricality adopts all these signs not as exterior forms of a dramatic art based on visuality, but rather as portraits that come together as an original language, with coherent esthetic unity, drawn from various narrative settings. The poetic countenance of this illustrative power is the testimonial photograph of a world feeling. In the exercise of mystical imagism from Minas Gerais, the dramaturgical material conforms, at times in a distanced manner from others with adhering identification, to the director's obsessions. Albeit inseparable, word and image, rapture and refinement, there is room for provocative dissonance and freedom to shape and condense the script to formal fantasies. Each staging densifies this identifying language of a cultural basket which holds diffuse and passionate emotions and incantatory mirages.

A THEATER MADE OF TRAVELLING SHOTS AND LONG TAKES
Luiz Carlos Merten

Gabriel Villela once declared that theater is Dionysus, an agricultural god, and therefore he has always or increasingly felt connected to the land. By land he means his Minas Gerais origins in Carmo do Rio Claro. As a stage director, Gabriel travelled the world and settled in São Paulo, but he still keeps a rural property in Minas Gerais, to where he returns to renew his energy. In this sense, he somewhat resembles certain characters of Federico Fellini, such as Gelsomina in *The Road*, and Cabíria, both played by Giulietta Masina. In Fellini's fiction, in times of pain and despair, when all seems lost, not only those characters, but also Zampano (Anthony Quinn) in the same *The Road* and Marcello (Mastroianni), facing the sea, in the outcome of *La Dolce Vita*, fall to the ground, touch the ground and rise with renewed strength.

I have had the privilege of accompanying Gabriel Villela's creative process, especially in the last ten years. It was a prodigious decade in which I saw the restaging of *Romeo and Juliet* and revisited, on video, *A rua da amargura* (Bitterness Street). Gabriel nurtures the circus, like Fellini nurtured clowns, and loves melodrama, like Luchino Visconti. Everything is blended in Gabriel Villela's imaginary world, erudite culture as much as popular culture. And might not that

---

12. A historical Soviet movie from 1966, directed by Andrei Tarkovski.

be the secret of (post) modernity, as Peter Jackson has shown in his adaptation of J. R. R. Tolkien's cultured saga *The Lord of the Rings*? As a film critic I always tend to seek in movies the defining scenes. Most great movie directors tend to create a concept which often, if not always, allows us, based on one scene, to put together the whole picture. In the theater, I find it harder to talk about *scenes*, but not impossible. Gabriel Villela's theater feeds on classic influences, whether Shakespeare or Calderón de la Barca, whether Mozart or… Edith Piaf, whether Akira Kurosawa or Sergei Paradjanov.

The moviegoer knows, the movie buff remembers. In *Ran*, Kurosawa's re-invention of *King Lear*, Lady Kaede's movements are extremely delicate and elegant. Her entrance in scene is preceded by a sound, the rustle of silk of her kimonos. Lady Kaede is a doll, but a mortal one. Kurosawa overlays *Macbeth* on *Ran* and makes her a kind of lady that will inflate the husband's desire for power. It is worth remembering that Lady Kaede was the second Lady Macbeth created by Kurosawa, who, as early as the 1950s, had already made a free adaptation of the play – free to the point that neither he nor his screenwriter bothered to reread Shakespeare. Kurosawa's first Lady Macbeth, in *Throne of Blood*, was played by Isuzu Yamada. The facial mask, the way of sitting, of walking, the particular shuffling of clogs, all came from Noh, the traditional Japanese drama. In his *Macbeth*, Gabriel not only resorted to Noh and Kurosawa, but also returned to the origin of Elizabethan theater, when men dressed as women to play female characters.

He made Claudio Fontana his Lady Macbeth, moving around the stage with the gracefulness of a geisha. One cannot hear the rustling silk, but by seizing the spectator's gaze and making it follow the actor's hypnotic movement, Gabriel creates what is effectively a travelling shot, which, since Jean-Luc Godard, we know is a matters of morals – or are morals a matter of travelling shot? That is an interesting reflection for contemporary Brazil, and even more interesting is the intersection of Japanese classical theater with the Minas Gerais roots of Gabriel, who eagerly defines himself as a *hick*. He must be the most sophisticated hick in the world. And this blending of baroque and orientalism is far from being original or his own invention. In Minas Gerais sculptures, even those by Aleijadinho, the eyes of the statues are almond-shaped. And at Sabará, the chapel of Ó is the representation not of *Japanism*, but of a *Chinaism* imagined and created in Minas Gerais. Contextualized in time and space, such orientalism dates back to the colonial period, when Portugal possessed an enclave in Macau and Eastern influences circulating throughout the Portuguese empire.

Much has been said of Gabriel's baroque as a cultural heritage of Minas Gerais, as if he had absorbed it in the sacristy of the church of Carmo, but that is to impoverish it. Luchino Visconti's baroque enhances melodrama through tragedy (Greek), and Federico Fellini's incorporates into the circus the ritual of Christianity. The baroque concept of the world that inspires Gabriel is the same that drove Shakespeare to create his original concept of history. Both had to rethink Aristotelian philosophy.

Once again, the cinema in Gabriel's theater. If, in his *Macbeth*, he created genuine travelling shots on stage, in *Salmo 91* (Psalm 91) he created long takes. Each scene/monologue, treated in isolation, aimed at a unity of tone. Dadá is the narrator, who concentrates the meaning of the narration and of Psalm 91 as title and epigraph – "A thousand shall fall …" That is the outcome, and to get there we follow Véio Valdo, Zizi, Charuto, Véronique, etc. For the transvestite, Gabriel had an insight that alone would be sufficient to attest his genius as a stage director. He made the actor – Rodolfo Vaz, who won the year's top awards – transform himself while dubbing Gal Costa's version of the song "Índia", sitting on the toilet. The sound rotation speed is progressively reduced and Véronique becomes a tragicomic character, fading before the audience, an incredible contribution to the script. It was a brilliant combination, which introduces another essential element in this fascinating Gabriel Villela *equation*.

Every Brazilian actor should spend some time in Gabriel's (informal) elocution school. Today, actors take to the stage with *butterflies* or whatever other name is given to lapel microphones. Gabriel, with the exception of street performances, doesn't allow them: the actors have to project their voice to the entire audience. To this end, the director has relied on valuable collaboration from voice professionals Babaya, from Minas Gerais, and Francesca Della Monica, from Italy, who relate in this book how this voice miracle works in Gabriel's stagings. He gets famous TV actors, strips them of naturalism, and suddenly you have a Marcello Antony (playing Macbeth) and a Thiago Lacerda (Caligula) saying their lines in a way that would surprise the actual authors. But what does that have to do with cinema, the theme of this article? Consider this: few people still cite Joseph L. Mankiewicz, when they should. More than Shakespearean, Mankiewicz was Elizabethan, adapting Shakespeare (*Julius Caesar*, *Cleopatra*) as well as Ben Jonson (*The Honey Pot*). In Mankiewicz, all tragedy passes through speech and the *mise-en-scène* is elaborated in the dynamism of the dialogues. It could be the monologues. Like Mankiewicz, Gabriel works with speech in the long takes of *Salmo 91*, removing the words from paper and making them reverberate in the theater.

Gabriel loves both indoor and outdoor theater. With the Minas Gerais group Galpão, he gave life to *The Mountain Giants*, Luigi Pirandello's final text, in a street show. I attended several performances of the play, including one during a cold winter night in São João del Rei, and another on a warmer night, at Roosevelt square in São Paulo. On both occasions, the audience reacted ecstatically, proof that Gabriel had overcome his challenge. According to him, his goal was to popularize Pirandello's text so that everyone could understand it. Once more recalling the work of Peter Jackson, popularizing does not mean catering to popular taste, which also relates to Gabriel's staging of *The Mountain Giants*. Vilella usually discerns in this play the existence of a non-linear language, as there are advances in realism and naturalism, creating a lyrical surrealism. The theme of the play is the triumph of art and poetry over death. In the affirmation of life is a sense of death – they are indissoluble. His direction of Cotrone in this staging – the character who anticipates fascism – always makes me wonder how equally successful Gabriel would be staging *Julius Caesar*. No one would know better how to superimpose the tragedy of the defeated and disillusioned Republican on the tragedy of the assassinated politician.

For such a passionate Shakespearean, it must have been a great honor to produce "Galpão on Avon" – Stratford-upon-Avon (the birthplace of Shakespeare) – and also stage at the Globe Theatre in London, the bard's temple, *Romeo and Juliet*, being invited later to restage the play. Everything is superlative in *Romeo and Juliet*, the most Mediterranean and popular of Shakespeare's plays, the most famous tragedy of love of all times. Of course, the audience, especially in the streets, wants to see Romeo and his Juliet, and if there is one thing that Gabriel Villela has to win them over is the timing of humor, even within the tragedy.

Much has been said of Shakespeare in this article, but what about Sergei Paradjanov and his outrageous imagination[13]? To speak of Paradjanov and the

---

13. Following Paradjanov's death in 1990 there was a retrospective of his movies in London, and the reviewer of *The Guardian* celebrated what he defines as the great filmmaker's outrageous imagination.

Brazilian director's dialogue with his work, one must go back to Shakespeare. But before doing so, I share an experience linking Gabriel and the Georgian Russian who has always deserved his deep admiration. Imagine! On a recent trip to Italy, I visited in Assisi a photo exhibition dedicated to the memory of Armenia and the genocide. Could the many Byzantine chapels, with their colorful, golden and ornamented interiors, have inadvertently been confused and photographed in the Minas Gerais countryside? Paradjanov, baroque like Gabriel?

Sergei's childhood was marked by a creative mother who experimented with her house and her actual body. "Mom turned the house into a permanent Christmas and loved to dress up as fairylike as a tree." One cannot attribute Paradjanov's openly declared homosexuality to his mother's influence, but his taste for fabrics, for brocade, for icons certainly came from her. Sergei was a source of consistent scandal in a conservative Soviet Union. In 1947, aged 23, he is arrested for the first time for having homosexual relations with a KGB officer, which is forbidden and considered *decadent* in communist Georgia. Later, Paradjanov will be arrested again, accused of trafficking icons. Although he was older, he considered Andrei Tarkovsky to be his mentor. In the early 1960s, after seeing the Russian director's movie *Ivan's Childhood*, he renounced his previous work in cinema. And when he saw *Andrei Rublev*, he related to the tone and visuals used by Tarkovsky to tell the story of the 14th-century painter of icons and illuminations.

If Paradjanov's enlightenment came from *Andrei Rublev*, Gabriel's came from *The Color of Pomegranates*, a film that addresses the life, art and advanced ideas of Harutyun Sayatyan, an 18th-century Armenian troubadour who became known as Sayat Nova. Paradjanov proposes a lyrical approach to the poet, from childhood to his death in a monastery. He surrounds him with books which, open, disclose a world of color, textures and contextures. One can imagine, always the imagination, the effect the film had on the young Gabriel. His first stagings were *Paradjanovian*. He would fill the stage with books and visually recreated them like the Russian. *The Color of Pomegranates* is not a narrative film, it unfolds through frames, veritable *tableaux vivants*, which recreate the poems and illustrate passages of Sayat Nova's life. Paradjanov made other films in which he put on the screen the outrageous imagination that seduced critics so much. And why did it seduce? Because it situated his cinema at the antipodes of Soviet realism, which, even after the death of comrade Stalin, continued strangling new Soviet authors.

Tarkovsky, Paradjanov, Andrei Konchalovski, all of them faced problems with the communist authorities. Paradjanov was even banned from making films for five years, but yet he would film - without a camera - in jail. And he had, coincidentally, a Shakespearean vein. *Shadows of Forgotten Ancestors* transposes the fable - that word that seduces Gabriel so much - of *Romeo and Juliet* to the Carpathians. In Paradjanov's approach, Marichka (his Juliet) dies early, in an accident. But life goes on, and Ivan (Romeo) marries another woman, who has an affair with the village sorcerer. Ivan, unhappy, is always searching for death, hoping to join his beloved. Paradjanov creates spectacular camera movements, resorts to bizarre angles. To this day critics still wonder how he filmed the scene of the barge made out of logs to cross the river. In scenes like that, in frames like the ones that tell the story of Sayat Nova, Paradonov creates a dreamlike esthetic. He turns life into a dream, as did Gabriel with Calderón de la Barca.

Paradjanov thought of color in dramatic terms - in this case, a definite influence from his mother - to create the costumes, the sets. Gabriel, who also insists on designing the costumes for his plays and uses minimal scenography, is capable of being outrageous like the imaginative Paradjanov, if we recall the loom that dominates the visual design of Macbeth and ends up involving the character of Marcello Antony, the crucifix and dining table in *Crônica da casa assassinada* (Chronical of the Murdered Home). In the end, even Christ turns his back on that cursed and incestuous family. The emblematic image of *The Color of Pomegranates* depicts actress Sofiko Chiaurelli as Sayat Nova, considered by many to be the most handsome man in the world. Sofiko looks at the camera dressed as a troubadour, holding a white chicken in her right arm. Later, in the death scene in the monastery, the chickens surround Sayat, cackling and flying over him, and he dies amidst a shower of feathers. And before that, Sofiko doubles on scene to play Sayat Nova and his lover, a poetic scene tailored to demolish the enemies of gay marriage. Over and above the union of the poet and the lover, Paradjanov celebrates their union with God in mystical poetry. The Soviet regime tried to silence Paradjanov, but he never ceased to dare. Besides Sayat Nova's homosexuality and the frontal nudity of his actors and actresses, filming the death of a national poet among chickens is pushing the limits of provocation. The initiative would be puerile were it not for the density of thought and esthetic (and deadly) choices, like Gabriel's art in the theater.

If this article had a soundtrack, it could be a synthesis of the scores Goran Bregović created for the films by Emir Kusturica, another baroque artist Gabriel is passionate about, and whom he heard about through Hector Babenco. Babenco had approached Kusturica in Cannes and received from him a cassette tape (in those days) with the recording of his scores. Gabriel became wild about Kusturica, about Bregović, but it is actually the composer's score for another great director – Patrice Chéreau, of *Queen Margot* – that he used magnificently in *Caligula* and other plays. It might be fortunate for Brazilian filmmakers that Gabriel Villela has never actually faced the challenge of making a mythical film born from his imaginary world. Decades ago he made preliminary contacts to film *Lágrimas de um guarda-chuva* (Tears of an Umbrella), by the Minas Gerais author Eid Ribeiro. Nothing came out of it. He is, and to all appearances will remain, a man of the theater, despite the occasional invasion of his creative territory by cinema. When provoked, he usually says that he sticks to the theater because it is a bigger and more permanent media than cinema. Bigger, Gabriel? He answers with one of his favorite sayings: "Theater can be made even in the dark. Unplug cinema to see what happens."

ABOUT THE AUTHORS

DIB CARNEIRO NETO is a journalist with a degree from the School of Communications and Arts (ECA) of the University of São Paulo (USP). He was chief editor of the cultural supplement *Caderno 2* of the newspaper *O Estado de S. Paulo* and is one of the most active reviewers of children's theater in Brazil. As a playwright he won the 2008 Shell Award for best author with the play *Salmo 91* (Psalm 91). Other staged plays of his are *Adivinhe quem vem para rezar* (Guess Who Is Coming to Pray), *Depois daquela viagem* (After that Trip), *Crônica da casa assassinada* (Chronicle of the Murdered Home), *Um réquiem para Antonio* (A Requiem for Antonio) and *Pulsões* (Drives). He is the author of the books *A hortelã e a folha de uva* (The mint and the grape leaf), *Pecinha é a vovozinha* (Minor Play My Foot), *Já somos grandes* (We Are Already Big) and *Dia de ganhar presente* (Gift-Winning Day).

RODRIGO AUDI is an architect and urban planner with a degree from the School of Fine Arts of São Paulo. He worked at the CPT - Theater Research Center of Sesc in São Paulo, coordinated by Antunes Filho, as teacher and coordinator of the introduction course to acting method and coordinator of the Playwriting Department, besides acting in the plays *A Pedra do Reino* (The Stone of the Kingdom) and *Senhora dos afogados* (Our Lady of the Drowned). He was assistant director to Gabriel Villela in *Macbeth*, a partnership repeated as an actor in *The Tempest*.

BABAYA is a singer and voice teacher. She taught at Milton Nascimento's music school Música de Minas, and specialized in vocal training for actors and musical direction in theater. Her work is acknowledged by stage directors and actors in Brazil and countries such as Portugal, Italy, Uruguay and Chile. She has worked in 167 shows, receiving the Shell Award for the musical direction of *The Tempest*, directed by Gabriel Villela, with whom she has collaborated in thirty plays.

EDUARDO MOREIRA is an actor, director and playwright. In 1982 he founded Grupo Galpão, which he directed in the play *Um Molière imaginário* (An Imaginary Molière), and is co-author of *Nós* (We), besides writing several journals of theatrical productions. He has also directed performances of groups like Clowns de Shakespeare (*Much Ado About Nothing* by Shakespeare and *The Respectable Wedding* by Brecht), Teatro da Cidade (*Um dia ouvi a lua* [One Day I Heard the Moon]), Maria Cutia (*Como a gente gosta* [As We Like It] and *Ópera de sabão* [Soap Opera]), and Grupontapé (*Por de dentro* [From Within]), besides productions by Galpão Cine Horto.

FAUSTO VIANA is a clothing, fashion and stage costume researcher. He is a professor of set design and costumes at the School of Arts, Sciences and Humanities (EACH) and the School of Communications and Arts (ECA) of the University of São Paulo (USP). He holds a doctorate in arts and museology and has done postdoctoral research in costume conservation and fashion. He is the author of the books *O figurino teatral e as renovações do século XX* (Theatre Costume and Twentieth Century Renovation) and *Dos cadernos de Sophia Jobim: desenhos e estudos de história da moda e da indumentária* (From Sophia Jobim's Notebooks: Sketches and Studies on the History of Fashion and Clothing), among others.

FERNANDO NEVES started working in theater in 1978 with Companhia Dramática Piedade, Terror e Anarquia, and since 2000 has been a member of Companhia Teatral Os Fofos Encenam. Over almost forty years dedicated to the performing arts, in addition to work done in theater as actor, director and choreographer, he has appeared in soap operas and films, working with directors such as Carlos Alberto Sofredini, Márcio Aurélio, Francisco Medeiros and Gabriel Villela.

FRANCESCA DELLA MONICA is an Italian singer, teacher and researcher. She carries out unique research on the various possibilities of voice and musicality in contemporary theater, through a methodology of her own. She is considered one of the leading experts in the field in Europe, whether from a technical or creative viewpoint, with solid knowledge in both traditional and experimental and cutting-edge techniques, the result of an eclectic background combining philosophy, archeology, music, theater and visual arts.

LUIZ CARLOS MERTEN is a journalist and film critic. Since the 1990s he has written in the cultural supplement *Caderno 2* of *O Estado de S. Paulo*, and keeps one of the most widely read movie blogs in the country in the newspaper's website. He is the author of the books *Cinema: um zapping de Lumière a Tarantino* (Cinema: Zapping from Lumière to Tarantino), *Cinema: entre a realidade e o artifício* (Cinema: Between Reality and Artifice), and *Um sonho de cinema* (A Cinema Dream), among others.

MACKSEN LUIZ has been a theater critic of the newspaper *O Globo* since 2014. He was the only theater specialist of the newspaper *Jornal do Brazil* between 1982 and 2010, the longest-lived reviewer of a same media vehicle in Rio de Janeiro. He has also written for the magazines *Manchete* and *IstoÉ* and the newspaper *Opinião*. He has been a jury member for the theater awards Molière, Mambembe, Zilka Sallaberry of Children's Theatre, APTR, Shell and Cesgranrio. He was a curator at the Curitiba Theater Festival and the Recife National Theater Festival.

ROSANE MUNIZ is a journalist and researcher. After fifteen years of acting, she went backstage to do research on creative processes in set design. She wrote the book *Vestindo os nus: o figurino em cena* (Dressing the Nude: Costume on Stage) and organized works on performance design. She has a master's degree and PhD in performing arts from USP, and was a member of the Brazilian curatorship for the Prague Quadrennial in 2011, winning the Golden Triga in 2015. She is vice-coordinator of the Costume Design Group of the International Organization of Scenographers, Theater Architects and Technicians (OISTAT).

WALDEREZ DE BARROS has been an actress for over fifty years. Throughout her notable career, she has performed in some of the most striking and celebrated productions in Brazilian theater, such as *Medea*, *Electra*, *The Seagull*, *The Cherry Orchard*, *Madam Blavatsky*, *Abajur lilás* (Lilac Lampshade), *Proto-Faust* and *Hecuba*. Her outstanding work in television and film includes performances in *Beto Rockfeller*, *O Rei do Gado* (The Cattle King), *Laços de Família* (Family Ties) and *Copacabana*.

fonte Gotham e Knockout
papel capa: Supremo Duo Design 300 g/m²
miolo: Couché fosco 115 g/m²
impressão Nywgraf Editora Gráfica
data Março de 2017

MISTO
Papel produzido a partir
de fontes responsáveis
FSC® C044162